双流年鉴

SHUANGLIU YEARBOOK 2022

成 都 市 双 流 区 人 民 政 府　主办

中共成都市双流区委史志办公室　编

方志出版社

图书在版编目（CIP）数据

双流年鉴. 2022 / 中共成都市双流区委史志办公室编.
— 北京：方志出版社，2022.10
ISBN 978-7-5144-5373-7

Ⅰ. ①双… Ⅱ. ①中… Ⅲ. ①双流区—2022—年鉴
Ⅳ. ① Z527.14

中国版本图书馆 CIP 数据核字（2022）第 244035 号

责任编辑：王海荣
责任校对：刘玉霞
责任印制：梅中英
出 版 者：方志出版社
地　　址：北京市朝阳区潘家园东里 9 号（国家方志馆 4 层）
邮　　编：100021
网　　址：http://www.zgfzcb.cn
发　　行：方志出版社图书营销中心（010-67110500）
印　　刷：成都市兴雅致印务有限责任公司
开　　本：889 毫米 ×1194 毫米 1/16
印　　张：27.25
字　　数：780 千字
版　　次：2022 年 10 月第 1 版
印　　次：2022 年 10 月第 1 次印刷
定　　价：258.00 元

双流区新经济和科技局

冉维熙　王晓宇　张　伟　盛　良

双流区商务局

康纪明　杨　潇　李绍全

双流区投资促进局

陈　颖　母　祥　严　亮　陈　佳

夏春燕　徐福超　杜若兰

双流区行政审批局

贾志艳　吴春林　郑从林

双流区财政局

刘桂蓉　覃曼丽　丁　婧　明　红

符　蕾　刘垚洁　高　海

国家税务总局成都市双流区税务局

温元长　赵梦田　侯瑞朝　贾　茹

双流区审计局

刘　翔　谢铨璞

双流区统计局

王　玲

双流区档案馆

高存勇　潘　琳

双流区国有资产监督管理和金融工作局

黄乙峰　孙　倩

双流区规划和自然资源局

郭文彬　周　坚　苏廖丽

双流生态环境局

王　波　杨　锦　罗亚杰

双流区水务局

任冬梅　雷　琴　彭朝林　刘伟达

罗江萍　胡　桦　操嫒嫒　吴志忠

范钟轶　唐晓莉　张潇文　邓富贵

樊宝麟

双流区住房建设和交通局

蒲益中　王　乐　王文武　廖维国

帅　蓉　张学琴　魏小飞　黄　玲

王　瑞　陈英杰　王成龙　姜　琳

刘晓蓉　胡　敏

双流区城市管理局

杨志成　杨新领　季正宇　查　东

付　蕾　曹　石　宁　健　杨　聪

双流区综合行政执法局

邹念军　卢洪彬　曹　杰　孟庆冉

双流区市场监督管理局

吴海燕　冷　静　张小龙　蒋治龙

双流区人力资源和社会保障局

毛利和

双流区教育局

汤锡波　舒　展　许　虎

双流区文化体育和旅游局

王　敏　黄　超　顺明旻

双流区卫生健康局

刘　娜　赖　敏　邹　媛

双流区医疗保障局

伍盖天　昌　平　胡龙根　姬小丽

彭　炜

双流区应急管理局

毛达文　刘文华　朱　佳　曾银龙

朱兴玲　宋砚丁　葛　玮

双流区信访局

罗星鸿　李　旭　樊　荣　刘旺春

李　兵

双流区民政局

李何苗　黄凤羽　王　旭　张　旗

朱祥燚　林海英

双流区退役军人事务局

程晓宇　聂　超　崔延伟

双流区气象局

廖利娟　杨丰恺

双流区机关事务服务中心

袁　菊　李白伟　刘光林

双流区公共资源交易服务中心

周　昕

双流区城市更新中心

刘　钊　徐雨为　纪佳音　王　娟

任瀚颖　谢志强

双流区公园城市绿化服务中心

欧阳璐璐　甘　旭　谢宇科

双流区住房保障服务中心

（双流区土地征后管理服务中心）

刘　薇

双流区融媒体中心

王　辉　徐自毅　李　英　郑　怡

双流区供销合作社联合社

陶　勇　周冬妮　钟树军

成都芯谷发展服务局

黄镇林　何媛媛　张　强　向雨希

王正茂

双流区航空经济区管理委员会

杨莉琳　张恒宇　罗　宇　李佳春

熊　雄　刘韵芳　余茂霞　丁庆学

姚　睿　郭　超　陈　辉

西南航空港经济开发区管理委员会

邱永福　叶丽萍

双流区临空服务业管理委员会

（双流区大健康产业发展办公室）

罗云飞

双流国际空港产业促进中心

彭本常　李　雷

大运会双流赛区委员会办公室

彭本常　岳其林　霍陈鑫

双流区总工会

吴　军　罗　丹　胡　晓　郑洁颖

陈　苗

共青团双流区委员会

刘东慧　王　震

双流区妇女联合会

罗元彬　贾丽娜　鞠雨丹　刘彧梦

双流区残疾人联合会

罗经瑄　廖　华　周春丽

双流区红十字会

刘　强　郭　川

双流区工商业联合会（商会）

姜忠勇　付　勇　银　建　孙自甜

双流区烟草专卖局（分公司）

李万权　祝　琳　康　峰　王　松

黄　怡

国网四川省电力公司双流供电分公司

邵　霄　张　静　尤　远

中国邮政双流区分公司

包　攀

中国电信双流分公司

蒋金成　高树惠

成都空港兴城投资集团有限公司

杨晓娇　肖慧敏

成都空港科创投资集团有限公司

夏黎明　杨弘业　薛丁文　马耘耘

成都空港城市发展集团有限公司

赵丽丹　李官印　王以状

成都航都粮油有限责任公司

满　庆　魏　武

东升街道办事处

薛　涛　何　源

西航港街道办事处

刘　琴　杨松林　李宇嘉

九江街道办事处

苏　存

黄甲街道办事处

付舒响　江　颖　李义红　李　健

雷慧淋

怡心街道办事处

郭时奎　刘子蔚　蒲　霞

彭镇人民政府

游玉程　陈凌旭

黄水镇人民政府

唐　勇　涂　敏　车思涵

永安镇人民政府

李　元　李　敖　饶文涛

黄龙溪镇人民政府

李召林　师孟军　魏　薇　周亚茹

编辑说明

一、《双流年鉴（2022）》以马克思列宁主义、毛泽东思想、邓小平理论、“三个代表”重要思想、科学发展观、习近平新时代中国特色社会主义思想为指导，坚持辩证唯物主义和历史唯物主义的立场、观点和方法，坚持实事求是，汇集各方面信息，力求资料性、权威性与科学性相统一。

二、《双流年鉴（2022）》旨在全面、系统记述2021年成都市双流区自然、政治、经济、文化和社会状况，真实反映双流区社会主义现代化建设的历史进程，为各级党政机关、研究部门、社会各界人士及中外投资者了解和研究双流提供基本资料。

三、《双流年鉴》是公开出版物，以出版年号为卷次名称。2022年卷《双流年鉴》是总第33卷，主要记述2021年度双流区的基本情况、发展变化及年度大事要闻。

四、《双流年鉴（2022）》采用分类编辑法，按类目、分目、条目的框架结构组成主体内容，用条目体予以记述，各条目标题均加【】表示。大事记则采用编年体，按时间顺序排列；同日发生的事件，在首次标明日期之后，不再重复标明，而是提行用☆表示。

五、《双流年鉴（2022）》设置特载、大事记、双流概览、中共双流区委员会、双流区人民代表大会、双流区人民政府、政协双流区委员会、中共双流区纪律检查委员会（双流区监察委员会）、民主党派、群众团体、法治、军事、综合经济管理、城乡建设与管理、资源与生态环境保护、产业集聚发展、航空经济发展、农业和农村、工业、建筑与房地产业、商贸与现代服务业、交通运输·邮政·通信业、旅游业、教育、科技、文化、卫生、体育、社会·民生、街道·镇、附录类目。

六、《双流年鉴（2022）》中的度量单位，遵循国务院《关于我国统一实行法定计量单位的命令》的有关规定；使用汉字，一律以2013年国务院批准的《通用规范文字表》为准；数字书写，按照国家标准《出版物上数字用法》（GB/T 15835—2011）执行；标点符号用法，按照国家标准《标点符号用法》（GB/T 15834—2011）执行。

七、《双流年鉴（2022）》正文条目中的数据因统计口径等原因可能与统计数据不相符合，概以区统计局提供的数据为准。

2021年，双流区位居全国综合实力百强区第29位，获评高质量发展十佳县（市、区）、全国学前教育普及普惠区，连续第2年被评为中国最具幸福感城区，连续第4年获评中国营商环境百佳示范县市。

中国共产党成立100周年主题活动

7月1日，为庆祝建党100周年，成都市双流区组织各区级单位，在区体育中心篮球馆举行了一场主题为“听党话，跟党走”的歌咏比赛活动 （供图：区融媒体中心）

6月29日，在庆祝中国共产党成立100周年之际，成都市双流区委书记鲜荣生带领全区党员领导同志前往中国共产党双流历史展览馆参观，并重温入党誓词 （供图：区融媒体中心）

6月30日，双流区庆祝中国共产党成立100周年暨"两优一先"表彰大会举行

（供图：区融媒体中心）

6月29日，双流史志馆（中国共产党双流历史展览馆）正式开馆

（供图：区委史志办）

7月5日，成都市双流区庆祝中国共产党成立100周年座谈会召开（供图：区融媒体中心）

11月29日，东升街道举行2021年庆祝建党100周年系列活动（供图：东升街道）

5月30日，彭镇献礼建党100周年暨“一镇一特色·百姓大舞台”群众文艺会演举行　　（供图：彭镇）

5月27日，成都市双流区委史志办主办的中国共产党双流历史巡展在黄甲街道一里坡社区展出

（供图：区委史志办）

大美双流 DAMEI SHUANGLIU

成都大运会比赛场地——改造后的双流体育中心田径场馆 （供图：空港科创集团）

成都市双流区怡心湖 （供图：区住建交局）

成都市双流区主题绿地公园“萌宠乐园” （供图：区委史志办）

凤翔湖舞台广场　（供图：区委史志办）

棠湖公园薰风塔夜景　（供图：区公园城市绿化服务中心）

成都芯谷展示中心　（供图：成都芯谷发展服务局）

欢乐田园　　（供图：区文体旅游局）

黄水镇白塔新村　　（供图：区农业农村局）

彭镇临江村幸福美丽新村　　（供图：彭镇）

空港体育公园　　（供图：区文体旅游局）

黄龙溪镇白马社区　　（供图：区委史志办）

云华幸福美丽新村　　（供图：区融媒体中心）

产业兴城 CHANYE XINGCHENG

3月19日，中国航空经济之都一季度重大项目集中签约仪式在交子国际酒店举行（供图：西航港开发区管委会）

4月23日，武汉亚洲心脏病医院成都医院项目签约仪式在成都市双流区举行（供图：空港兴城集团）

4月28日，成都市双流区人民政府、顺丰集团、四川省机场集团签署顺丰西部航空货运枢纽项目投资合作协议

（供图：双流航空经济区管委会）

6月18日，2021年双流区重大项目集中开工仪式举行

（供图：西航港开发区管委会）

8月27日，成都市双流区片区综合开发项目正式启动，怡心湖C区首批次道路正式开工

（供图：空港兴城集团）

9月11日，2021年中国航空经济之都——成都·双流走进东盟博览会主题推介会举行　（供图：区外事办）

9月24日，成都市双流区“企业咖啡时”9月主活动·中信集团协同委员会四川分会合作交流会　（供图：区投促局）

12月4日，成都（双流）空铁国际联运港中老国际班列首发仪式举行

（供图：区外事办）

12月16日，第一届安哲斯生物新药创新发展国际高峰论坛暨首批认定十一大公共技术服务平台授牌仪式在成都天府国际生物城举行

（供图：区大健康办）

12月28日，“公园城市的国际时尚消费目的地打造——聚焦双楠大道时尚走廊”沙龙活动之双楠大道合作项目签约仪式举行

（供图：区商务局）

成都芯谷OVU创客星
（供图：成都芯谷发展服务局）

成都市双流区九江街道蛟龙社区蛟龙工业区　　（供图：九江街道）

SAISHI HUODONG 赛事活动

3月9日，黄甲街道联合区摄影协会、黄龙溪火龙队开展“二月二·龙抬头”彩龙闹春民俗摄影活动 （供图：黄甲街道）

4月10日，跑遍中国·中国铁建地产2020—2021双流空港云上马拉松线下赛举行 （供图：区文体旅游局）

5月14—16日，“相约幸福成都”2021年田径邀请赛在双流体育中心举行　（供图：区融媒体中心）

9月29日，双流“航都幸福荟”第一季在空港花田启动　（供图：区文体旅局）

10月23日，2021成都国际友城青年音乐周——中国航空经济之都双流分会场开幕　（供图：区外事办）

11月20日至12月14日，2021年中国足球协会甲级联赛（第四阶段）在双流体育中心举行

（供图：区文体旅游局）

5月26日，“2021年全国女子水球冠军赛暨第十四届全运会水球女子资格赛”举行

（供图：区融媒体中心）

10月15日，成都市双流区委宣传部、区文联联合四川爱乐乐团举行“魅力双流·逐梦青春”城市交响音乐会

（供图：区委宣传部）

3月28—30日，“空港双流杯”射箭项目东京奥运会最终阶段选拔赛举行　（供图：区融媒体中心）

12月17日，2021第四届“一带一路”成都全球象棋双人赛在双流区举行　（供图：区文体旅游局）

12月10—21日，第23届黄甲麻羊美食文化活动举行　（供图：黄甲街道）

社会生活

SHEHUI SHENGHUO

3月8日，东升街道群众在广都社区海棠VI参加插花活动（供图：东升街道）

10月22日，成都芯谷·企业幸福中心为入园企业提供高品质幸福场景（供图：空港科创集团）

9月8日，板桥枫林二期安置房竣工（供图：区住建局）

成都市双流区妇幼保健院　（供图：区融媒体中心）

2021年，锦绣苑增设电梯　（供图：区住建交局）

黄龙溪言几又廊桥阁楼书店　（供图：区融媒体中心）

双流明城购物中心　　　　（供图：区商务局）

改造后的水务小区“水文化院落”　　　　（供图：东升街道）

1月28日，成都市双流区“文化志愿者走基层——春联献福”迎新活动　（供图：区文体旅游局）

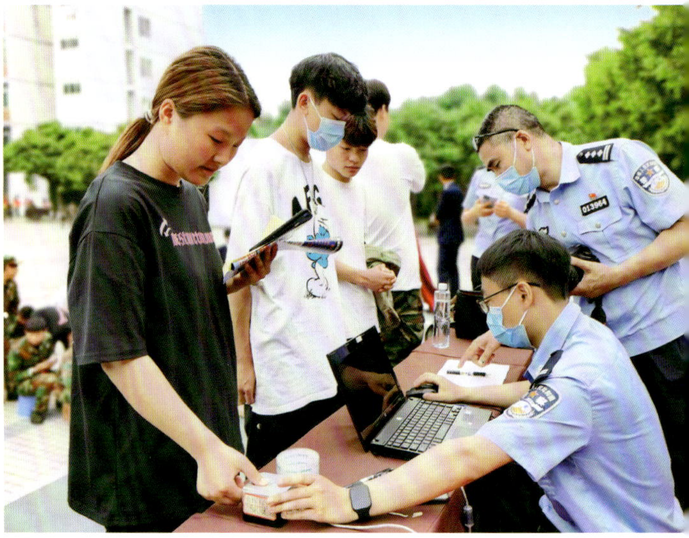

5月8日，成都市双流区公安分局“上门送服务”走进校园　（供图：区公安分局）

万达购物中心　（供图：区融媒体中心）

SHUZI SHUANGLIU 数字双流

- 土地面积：466平方千米
- 全区户籍人口：70.43万人
- 地区生产总值：1130.6亿元
- 规模以上工业增加值增幅：19.3%
- 社会消费品零售总额：443.41亿元
- 航空客运量：4011.75万人次
- 航空货运量：62.94万吨
- 财政总收入：284.27亿元
- 一般公共预算收入：91.25亿元
- 金融机构存款余额：2165.77亿元
- 住户存款余额：1300.38亿元
- 金融机构贷款余额：1634.64亿元
- 城镇居民人均可支配收入：55557元
- 农村居民人均可支配收入：34928元
- 三次产业结构比：1.3：34.1：64.6

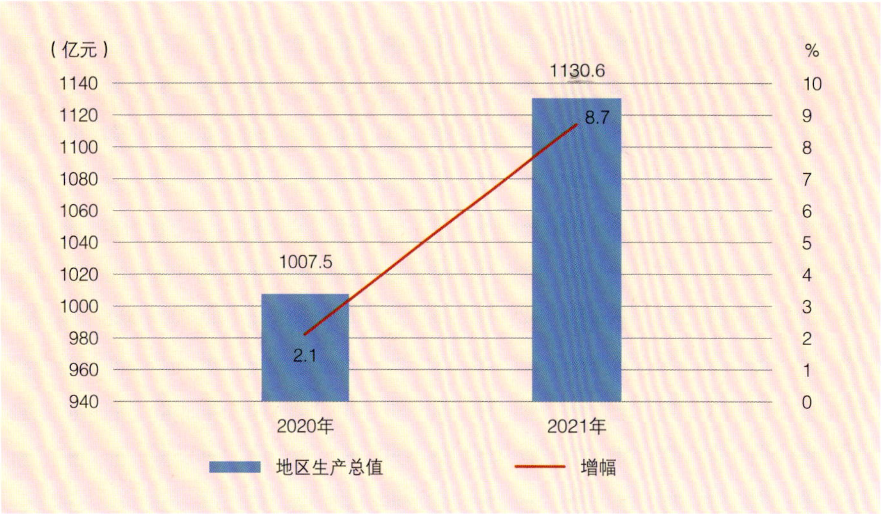

2020—2021年双流地区生产总值及其增长速度示意图

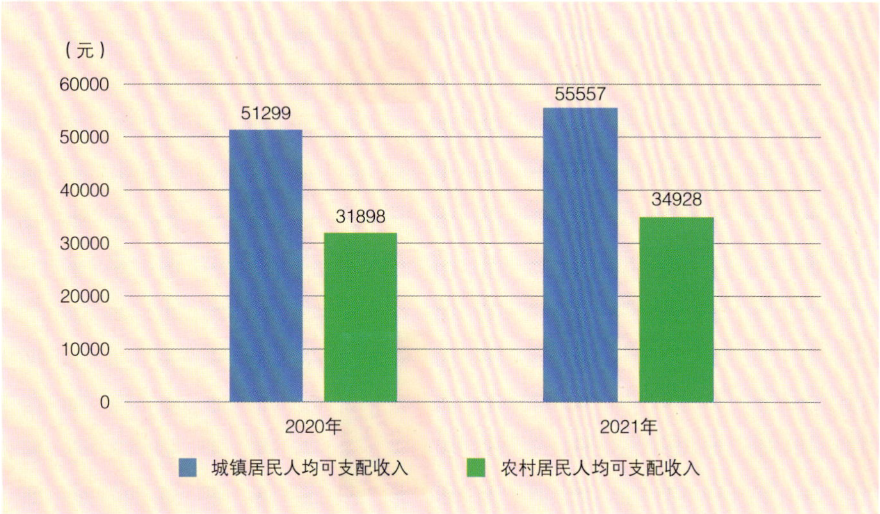

2020—2021年双流城镇居民与农村居民人均可支配收入示意图

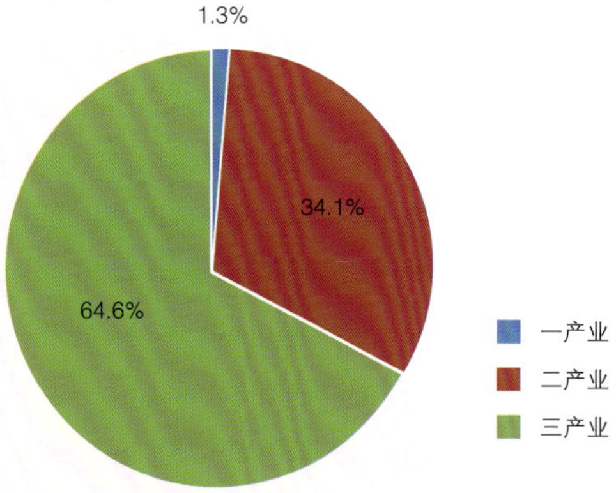

2021年双流三次产业结构示意图

目　录

特　载

中共成都市双流区委常务委员会工作报告……1
成都市双流区人民政府工作报告……7

大事记

1—12 月……15

双流概览

区情概貌
概况……25
区划沿革……29
地形地貌……29
气候特征……29
文化旅游资源……29
双流荣誉……29
国民经济与社会发展
概况……30
农业……30
工业和建筑及房地产业……30
国内贸易和旅游业……31
固定资产与投资……31
对外开放……31
交通邮电……31
财政金融与保险……31
科技教育……31
文体卫生……31
城市建设和安全生产……31
人民生活和社会保障……32
中国航空经济之都建设
概况……32
中国（四川）—东盟自由贸易合作中心建设……32
川渝自贸协同开放合作示范区建设……32
航空产业链构建……33
航空项目招引建设……33
临空经济示范区规划建设……34
临空经济示范区基础设施建设……34
“人港城产”融合发展……34
民营企业服务……34

对外开放合作……34
成渝双城通关合作……35
航空经济大讲堂……35
国际化营商环境建设
概况……35
营商环境政策体系构建……35
招投标营商环境建设……36
政务服务优化……36
企业服务优化……36
人才保障……36
金融保障……36
“企业咖啡时”……36
精神文明建设
概况……37
全国文明典范城市创建……37
群众性精神文明建设……37
公民思想道德建设……37
未成年人思想道德建设……38
精神文明示范创建……38
新时代文明实践与志愿服务……38

中共双流区委员会

区委机构
概况……39
双流区委领导名单……39
双流区委机构及主要负责人名单……39
区委重要会议
概况……40
中共双流区第十四次代表大会……40
双流区委全体会议……40
双流区委常委会会议……40
区委巡察
概况……43
常规巡察……43
专项巡察……43
巡察整改……43
巡察制度完善……43
巡察队伍建设……44
组织建设
概况……44
基层组织建设……44
“两新”组织建设……44
区镇村集中换届……44
干部队伍建设……44
人才队伍建设……45
公务员和参公人员管理……45
急需紧缺专业选调生培养……45
“红海棠”行动……46
宣传工作
概况……46
理论学习与宣讲……46
党史学习教育……46
新闻出版与电影管理……47
政务新媒体宣传……47
网络安全监管……47
对外宣传……47
统一战线
概况……48
民主党派和无党派人士统一战线……48
新的社会阶层人士统一战线……48
非公经济人士统一战线……49
民族宗教人士统一战线……49
党外代表人士队伍建设……49
留学人员服务行动……49
对口援建巴塘县……49
侨务和台湾事务
概况……50
侨务管理……50
侨资引进……50
涉台事务……50
涉台宣传……50
促进台企发展……50
对台交流活动……50
机构编制管理
概况……50

党政机构职能体系完善……51
行政管理体制改革……51
综合行政执法改革……51
镇（街道）体制机制改革……51
机构编制管理创新……51
机构编制监督检查……52
事业单位登记管理与公示……52

外事管理

概况……52
涉外事务管理……52
涉外活动服务……52
外事接待服务……52
国际友城建设……53
对外交流合作……53
对外交流活动……53
双流区对日招商网络推介会……54
双流走进东盟博览会主题推介会……54
“企业咖啡时”海外人才专场活动……54

档案管理

概况……54
档案接收与征集……55
档案利用与编研……55
档案行政管理与宣传……55
档案安全管理……55
档案信息化建设……55
党史学习教育阵地建设……56
“百年历程　档案记忆”档案展……56

机关建设

概况……56
机关思想教育与宣传……56
机关党组织建设……57
机关党风廉政建设……57
机关疫情防控与宣传……57

党史和志鉴编纂

概况……57
双流史志馆建设开馆……57
献礼建党百年图书编纂……58
《中国共产党成都执政实录·双流篇（2020）》编纂出版……58
《双流年鉴（2021）》编纂出版……58
地情资源开发与利用……58
数字史志建设与运用……58
史志宣传教育……58
镇志编纂启动……58

党校工作

概况……59
干部培训……59
课题研究……59
基层调研……59

老干部管理

概况……60
老干部政治待遇落实……60
老干部生活待遇落实……60
老干部活动阵地建设……60
老干部正能量活动……60
老干部志愿服务……60

双流区人民代表大会

人大机构

概况……61
双流区人大常委会负责人名单……61
双流区人大专门委员会及负责人名单……61
双流区人大常委会工作机构及负责人名单……62

人大重要会议

概况……62
双流区人民代表大会……62
双流区人大常委会会议……63

人大工作

概况……65
人大换届选举……65
重点工作推进……65
中心工作监督……65
经济运行监督……65

预算审查监督……65
生态文明建设监督……66
民生领域监督……66
依法治区推进……66
重大事项讨论决定……66
人事依法选举任免……66
人大代表履职平台打造……66
人大代表履职服务保障……66
人大代表议案建议办理……66

双流区人民政府

政府机构

概况……67
双流区人民政府负责人名单……67
双流区人民政府工作部门及负责人名单……67

政府重要会议

概况……68
双流区人民政府全体会议……68
双流区人民政府常务会议……69

人事与人才管理

概况……80
机关事业单位人事管理……80
机关事业单位工资管理……80
专业技术人才管理……81
人才引育……81
人才服务……81

行政审批

概况……81
“放管服”改革……81
商事登记制度改革……81
告知承诺制推进……81
政务公开……81
网络理政……82
“智慧城市”建设……82
“互联网+政务服务”模式运用……82
四川省一体化政务服务平台运维……82
电子政务项目管理……82
政务数据管理……82
审批服务管理……82
“市民茶话吧”活动……83

综合行政执法

概况……83
综合行政执法体制改革……83
综合执法能力素质提升……83
规划行政执法……84
国土行政执法……84
农业农村行政执法……84
水务行政执法……84
城市管理行政执法……84
交通行政执法……85
商务能源行政执法……85
建设行政执法……85
房管园林行政执法……85
环境保护行政执法……85
林业行政执法……86
教育档案行政执法……86
卫计行政执法……86
文化体育和旅游行政执法……86
劳动保障执法……87
拆违治违专项行动……87
“扫黄打非”专项行动……87
文化市场联合执法行动……87
校园周边文化市场专项整治行动……87
非法地面卫星接收设施专项整治行动……87
非法行医专项打击行动……87
文旅市场疫情防控执法检查……88
行政处罚案件审理……88
行政处罚案件办理……88
罚没物资管理……88
行政执法信访及网络理政……88

机关事务

概况……88
公共机构节能……88
公务用车管理……89
办公用房管理……89

会务服务保障……89
后勤服务管理……89
群众来信来访
概况……89
信访工作新格局探索……90
规范化接待场所建设……90
"群众工作之家"建设……90

政协双流区委员会

政协机构
概况……91
政协双流区委员会负责人名单……91
政协双流区委员会专门委员会及负责人名单……92
政协重要会议
概况……92
双流区政协十一届五次会议……92
双流区政协十二届一次会议……92
双流区政协常委会会议……92
双流区政协主席会议……93
双流区政协"有事来协商·众事好商量"暨"助力巩固脱贫 助推乡村振兴"工作推进会……94
政协工作
概况……94
专题协商……94
对口协商……94
界别协商……94
民主监督……94
提案办理……95
社情民意收集与办理……95
政协调查研究……95
政协理论研究……95
政协专委会和界别建设……95
政协双向发力制度完善……95
政协工作宣传……95
政协委员服务管理……95
庆祝中国共产党成立100周年书画展……96

中共双流区纪律检查委员会（双流区监察委员会）

纪检监察机构
概况……97
2021年双流区纪委（区监委）负责人名单……97
纪检监察重要会议
概况……97
双流区纪委全体会议……97
纪检监察工作
概况……98
纪检监察组织建设……98
纪检监察系统作风建设……98
换届纪律监督……98
重点领域专项监督……99
党风廉政建设联防联控机制建立……99
中央八项规定精神贯彻落实……99
反腐败推进……99
粮食领域腐败问题专项整治……99
违纪违法案件查处……99
信访举报受理……100
"廉影双流"摄影巡展活动……100

民主党派

中国国民党革命委员会双流区总支委员会
概况……101
民革组织建设……101
思想建设……101
参政议政……102
社会服务……102
"学党史、感党恩、跟党走"知识竞赛……102
中国民主同盟双流区总支委员会
概况……102
民盟组织建设……102
思想建设……102
参政议政……102

社会服务……103
中国民主建国会双流区支部委员会
概况……103
民建组织建设……103
思想建设……103
参政议政……103
社会服务……104
中国民主促进会双流区总支委员会
概况……104
民进组织建设……104
思想建设……104
参政议政……104
社会服务……105
"蓉城星力·同心文港"书画展……105
中国致公党双流区支部委员会
概况……105
致公党组织建设……105
思想建设……105
参政议政……105
社会服务……106
九三学社双流区委员会
概况……106
九三学社组织建设……106
思想建设……106
参政议政……106
社会服务……106

群众团体

双流区总工会
概况……107
工会换届选举……107
工会组织建设……107
困难职工帮扶……107
就业创业服务……108
职工关爱……108
职工维权……108
工匠培育与服务……108
职工技能大赛……108
"颂歌献给党·奋进新征程"双流区职工合唱比赛……108
2021年双流区"致敬奋斗者"颁奖活动……109
共青团双流区委员会
概况……109
共青团组织建设……109
思想政治教育……110
青年人才服务……110
青少年关爱行动……110
志愿服务……110
"两红两优"评选……110
全国县域共青团基层组织改革试点……110
中国共产主义青年团双流区第十五次代表大会……111
中国少年先锋队双流区第二次代表大会……111
双流区妇女联合会
概况……111
妇联组织建设……111
妇女儿童阵地建设……111
妇女儿童关爱行动……112
妇女儿童权益保护……112
妇女就业创业促进……112
社会风尚引导……112
新冠肺炎疫情防控……113
双流女企业家协会三八专场直播活动……113
"心手相牵"暑期关爱儿童活动……113
"美好空港·幸福双兴"空港新居民大学开学典礼暨"兴·集"美好生活节启动仪式……113
"保'未'花季·护航行动"启航仪式暨首轮宣讲活动……113
双流区工商业联合会
概况……114
工商联换届选举……114
工商联组织建设……114
工商联思想建设……114
参政议政……115
招商引资……115
企业服务……115
社会服务……115

双流区文学艺术界联合会

概况……115
文联组织建设……115
文艺创作……115
文艺交流……115
文艺活动……116

双流区残疾人联合会

概况……116
残联组织建设……116
兜底保障……116
就业培训……117
康复服务……117
文体服务……117
权益维护……117
民生实事……117
企业残疾人协会成立……117

双流区红十字会

概况……118
红十字会组织建设……118
惠民救助……118
救护培训……119
应急救援……119
防疫物资募捐管理……119
“三献”宣传……119
双流区红十字应急救护职工技能大赛……119
四川省首届红十字应急救护技能大赛……119

双流区社会科学界联合会

概况……119
课题规划和立项……120
社科成果评奖……120
社科基地建设……120
科技普及……120
学术沙龙活动……120

法　　治

依法治区

概况……121
依法执政……121
科学立法……122
依法行政……122
公正司法……122
社会依法治理……123
法治宣传教育……124

政法

概况……124
司法体制改革……124
矛盾纠纷多元化解……125
社会稳定风险评估……125
政法队伍教育整顿……125

公安

概况……125
扫黑除恶专项斗争……125
黄赌毒违法犯罪打击……125
“铁腕反诈攻坚会战”开展……125
枪爆危领域治安防控……125
公共娱乐服务场所治安防控……126
道路交通治安防控……126
社会与大型活动治安防控……126
“法治公安”建设……126
“空港智慧警务系统”建设……126
“一警通办”系统建设……126
公安政务服务……126

检察

概况……127
刑事检察……127
刑事监督……127
民事行政检察……127
公益诉讼检察……127
控告申诉检察……127
未成年人检察……127
检察司法改革……128

法院

概况……128
刑事审判……128
民事审判……128

行政审判……128
执行工作……128
审判司法改革……129
线上庭审推行……129
社会治理创新……129
诉非“大超市”运行……129
产业功能区司法服务……129
产业功能区纠纷调解中心成立……130
司法行政
概况……130
矛盾纠纷排查化解……130
诉源治理……130
“道交一体化”处理……131
“智能司法”打造……131
公证服务……131
法律服务……132
律师服务……132
法律援助……132
安置帮教……132
社区矫正……132
司法所建设……132
法治阵地建设……132

军 事

退役军人事务
概况……133
退役军人优抚……133
退役军人服务保障……133
退役军人就业安置……133
退役军人权益维护……134
军队离退休干部服务管理……134
烈士褒扬纪念……134
“空港税务先锋 退役军人之家”成立……134
双拥共建
概况……134
双拥共建结对……134
双拥共建活动……134
双拥共建文化宣传……135
拥军优属保障服务……135
军警联防联治……136

综合经济管理

经济体制改革与结构调整
概况……137
产业结构优化……137
现代化产业体系建设……137
产业发展配套建设……137
产业功能区建设……137
物价管理
概况……138
价格监测预警……138
价格收费政策落实……138
价格补贴联动机制实施……138
民生价格控制……138
固定资产投资管理
概况……138
项目招标投标管理……138
基本建设投资项目管理……139
特许经营权管理……139
政府投资项目评审管理
概况……139
重点项目评审……139
项目评审管理……139
公共资源交易管理
概况……140
“绿色通道”建设……140
交易平台智能化建设……140
交易项目管理与服务……140
“不见面”开标项目实施……141
远程异地评标……141
投资促进
概况……141
投资环境营造……141
招商策略研究……141

招商支持政策制定……142
招商促进行动……142
招大引强……142
招商队伍建设……142
投资促进活动……143

信用体系建设

概况……143
信用政策落实……143
市场主体信用管理……143
诚信模范塑造……143

市场监督管理

概况……143
市场监管行政执法检查……143
市场主体培育……144
市场规范监管……144
合同监管……144
商标监管……144
广告监管……144
价格监督检查执法……144
消费者权益保护……144
标准化管理……145
计量管理……145
特种设备安全监管……145
智慧食安监管打造……146
食品安全防范体系建设……146
食品生产安全监管……146
食品流通安全监管……146
餐饮安全监管……147
药品监管……147
医疗器械监管……147
知识产权保护……147

国有资产管理

概况……148
国资国企管理体系完善……148
国资国企改革……148
国有资产经营管理……148
国有企业融资管理……148

国有公司管理

成都空港兴城投资集团有限公司

概况……149
专业化公司成立……149
集团融资管理……149
集团项目建设……149
集团项目管理……150

成都空港城市发展集团有限公司

概况……150
集团融资管理……151
项目建设管理……151

成都空港科创投资集团有限公司

概况……151
集团融资管理……151
项目建设管理……151

成都航都粮油有限责任公司

概况……152
粮油库存检查……152
储粮管理……152
资产管理……152
企业管理……153

金融

概况……153
金融小环境建设……153
金融风险防范……153
股权投资产业发展……153
幸福美丽新村建设融资……153
适航基金运行……153
企业上市管理……153

财政

概况……154
财政收入……154
财政支出……154
财政收支平衡……154
财税体制改革……154
财政预算执行……155
部门决算管理……155

"金财大平台"管理……155
财政绩效监督管理……155
政府采购管理……155
政府债券争取……155

税务

概况……155
税收收入……155
税收征管……155
税收服务……156
税收宣传……156

统计

概况……156
统计报表管理……156
工业和能源统计管理……156
农业统计管理……157
服务业统计管理……157
综合核算管理……157
统计监督管理……157
统计信息化建设……157
统计服务……157
依法统计……157

审计

概况……158
财政审计……158
经济责任审计……158
政策跟踪审计……158
政府投资审计……158
国有企业审计……158

城乡建设与管理

城乡建设规划

概况……159
城市建设规划……159
工业区块线划定……159
农村连片发展规划……159
规划监督管理……159

公园城市建设

概况……160
天府怡心湖片区建设……160
空港中央公园之五湖四海建设……160
凤翔湖音乐创意公园建设……160
锦城公园双流段建设……161
缤纷彩林园建设……161
公园城市示范街区建设……161
小游园微绿地建设……161
绿道建设……162
老旧院落和小区改造……162

交通设施建设

概况……162
轨道交通建设……162
市政道路建设……162
环港路东段北段建设……163
黄龙溪片区道路PPP项目建设……163
成双大道与西航港大道互通工程建设……163
镇村公路建设……163
道路安全设施建设……164

污水处理设施建设

概况……164
三支四斗截污干管工程建设……164
西南航空港组团工业集中发展区第六期工业污水处理厂一期工程建设……164
九江污水处理厂一期工程建设……164
牧马山污水处理厂二期工程建设……164
航空港污水处理厂三期工程建设……164
公兴(中电子)再生水厂一期工程建设……165

电力设施建设

概况……165
变电站建设……165
输变电工程建设……165
电力线路工程建设……165
"630项目"攻坚……165

天然气设施建设

概况……166

天然气管网建设……166
天然气配气站建设……166
天然气用户开户……166

公建配套项目建设

概况……166
公共服务设施“三年攻坚”行动……166
安置房建设……166

城乡环境综合治理

概况……166
“大美双流”建设……167
城市环境品质提升……167
城乡环境整治提升……167
城乡环保排查治理……168

景观绿化建设

概况……168
全域增绿实施……168
绿化管护……169
绿地占用树木移植管理……169

城市管理

概况……169
市政设施建设管理……169
市容市貌管理……170
生活垃圾分类管理……170
扬尘污染管控……170
公交服务管理……171

九江新城建设

概况……171
新城规划发展……172
新城综合治理……172
新城安全稳定……172
新城公共服务……172
新城企业服务……172

资源与生态环境保护

土地资源保护

概况……173
国土空间规划编制……173
耕地保护……173
批而未供土地整改……173
闲置土地和低效工业用地整改……173
集体建设用地流转……174
征地补偿安置标准修订……174
土地市场管理……174
土地执法监察……174
不动产登记管理……174

水资源保护

概况……174
水资源管理……174
城镇居民饮用水安全保障……174
自来水生产与供应……175
节约用水……175

生态环境保护

概况……175
国家生态文明建设示范区创建……176
生态文明体制改革……176
环境监测……176
环评审批……176
环境执法……176
环保督察迎检……176
环保督察整改……176
长江经济带生态环境问题整治……176
环保宣传……176
环境信访……176

水环境治理

概况……177
河长制管理……177
河道管理……177
农村水环境治理……178
建设工程水环境治理……178
黑臭水体排查整治……178
金马河流域断面水质改善……178
锦江黄龙溪断面水质改善……178
水质自动监测站建设……178

雾霾治理

概况……179

大气污染防治网格化管理……179
大气污染防治“蓝天保卫战”……179
气象监测
概况……179
气候特征……179
强降雨天气……179
大风天气……179
高温与寒潮天气……179
秋绵雨与干旱天气……179
防灾减灾气象服务……179
农业气象服务……180
公园城市环境气象服务……180
重大活动气象保障服务……180
人工影响天气作业……180
气象行业安全监管……180
气象科普……180

产业集聚发展

成都双流自贸试验区
概况……181
自贸区改革创新……181
自贸区运营环境优化……181
贸易口岸建设……182
西南航空港经济开发区
概况……182
开发区企业发展……182
开发区招商引资……182
开发区项目促建……182
开发区基础配套建设……182
开发区转型升级……183
开发区创新发展……183
成都芯谷
概况……183
芯谷规划编制……183
芯谷机构改革……183
芯谷招商引资……183
芯谷项目促建……183
芯谷基础配套建设……184
芯谷企业发展服务……184
成都天府国际生物城
概况……184
生物城科技创新……184
生物城招商引资……185
生物城项目促建……185
生物城企业服务……185
生物城金融服务……185
生物城供应链服务……185
生物城产城融合发展……186
空港商务区
概况……186
商务区规划建设……186
商务区体制机制完善……187
商务区招商引资……187
商务区项目促建……187
商务区基础配套建设……188
商务区企业服务……188

航空经济发展

航空经济运行
概况……189
“高质量政策”“疫情八条措施”奖励政策落实……189
现代适航产业发展……189
精品商务航线枢纽建设……189
国际供应链通道打造……189
航空物流发展……189
跨境电商发展……190
双流航空经济区建设
概况……190
航空经济区规划发展……190
航空产业链构建……190
航空核心产业发展……191
航空经济区项目招商……191
航空经济区项目建设……191

航空项目建设

概况……191
航空产业化项目引进……191
中国商飞民机示范产业园建设……191
APU 维修厂房建设……191

空港口岸建设与监管

概况……192
口岸应用场景营造……192
口岸通关便利化改革……192
递四方跨境供应链西部集散中心一级口岸落户……192
空铁国际联运港建成投运……192

农业和农村

农业和农村经济运行

概况……193
农村集体产权制度改革……193
农业项目建设……193
农业经营主体培育……194
新型职业农民培训……194
富民增收工程实施……194

乡村振兴战略实施

概况……194
乡村振兴规划编制……194
乡村产业振兴……194
乡村人才振兴……194
乡村公服振兴……195
乡村生态振兴……195
乡村组织振兴……195
农村人居环境整治……195
幸福美丽新村建设……196
乡村旅游发展推进……196

都市现代农业发展

概况……197
农产品质量安全监管……197
粮油生产……197
经济作物生产……197
畜牧业发展……197
农机应用……197
农机服务……198
农产品品牌建设……198

农业管理

概况……198
农产品质量安全抽检……198
动物卫生监督管理……198
生猪屠宰监督管理……198
水产渔政监督管理……199
畜禽养殖污染专项整治……199
耕地撂荒和“非粮化”整治……199

林业管理

概况……199
林长制管理……199
森林资源保护……199
野生动植物保护……200
退耕还林成果巩固……200
林业科技推广……200
森林草原火灾预防……200
森林火灾宣传教育与培训……201

农田水利

概况……201
农田水利保障……201
农业水价综合改革……202
农田水利管理……202
农田灌溉……202

工　业

工业经济运行

概况……203
规模以上工业发展……203
中小企业培育……203
工业项目建设……204

航空制造和维修产业

概况……204
航空制造维修产业载体建设……204
航空制造维修产业发展……204

四川航空 APU 保税维修项目建设......204
电子信息产业
概况......204
电子信息产业链打造......204
电子信息项目招引......204
电子信息项目建设......205
新型显示产业发展......205
集成电路产业发展......205
智能终端产业发展......205
成都屏芯智能制造基地项目建设......205
成都中电熊猫显示科技有限公司......205
生物医药产业
概况......206
生物医药项目招引与建设......206
生物医药企业发展......206
四川恩威制药有限公司......206
成都欧赛医疗器械有限公司......206
绿色能源产业
概况......206
绿色能源产业发展......206
通威太阳能（成都）有限公司......206
成都中建材光电材料有限公司......207
新经济产业
概况......207
新经济项目招引......207
新经济应用场景打造......207
新经济企业培育......207
能源供应保障
概况......207
输变电工程建设......207
电力供应......208
天然气供应......208
成品油供应......208

建筑与房地产业

建筑行业管理
概况......209
建筑企业资质管理......209
建设项目招投标监管......209
工程造价管理......209
建设工程质量监管......209
建设工程安全生产管理......210
绿色施工工地创建......210
建筑农民工工资纠纷调解......210
房地产开发
概况......210
人才公寓建设和租售......210
商品房建设与销售......211
住房管理
概况......211
公有住房管理......211
单位自建经济适用住房管理......211
保障性住房管理......211
公租房管理......211
房屋安全监督管理......211
房屋白蚁防治......211
住房保障服务
概况......212
“拆而未用”土地核查......212
征地拆迁与管理......212

商贸与现代服务业

商业贸易
概况......213
国内贸易......213
国际贸易......213
商贸流通......213
商贸服务业政策落实......213
商贸特色示范街区打造......214
双楠大道时尚走廊沙龙活动......214
商业综合体
概况......214
海滨城购物中心......214
时代·奥特莱斯......215

城南优品道广场购物中心 215
双流万达广场 215
成都东航中心 215
中海右岸环宇坊 215
北京华联空港购物中心 215
蓝光空港 COCOMALL 215
BB · Mall 明城购物中心 216

楼宇

概况 216
楼宇项目建设发展 216
专业特色楼宇培育 216
“共筑新格局 共建经济圈”楼宇经济专题招商推介会 216

粮食物资储备

概况 217
粮食调控 217
粮食安全 217
粮食监管 217
粮食仓储建设与管理 217
物资储备管理 217

烟草专卖

概况 217
“非法三烟”查处 217
烟草市场整治 218
烟草专卖监管 218
卷烟营销与市场服务管理 218

供销合作经营

概况 219
供销社综合改革 219
农资供应管理 219
再生资源回收管理 219
为农服务创新 219
社区共享超市运营 219

服务业转型升级

概况 220
服务业市场管理 220
消费场景示范申报 220
三大消费活动开展 220

电子商务业

概况 220
电商新业态发展 220
电商企业发展 221
跨境电商示范基地(园区)创建 221
汇播时尚产业园打造 221
中国邮政跨境电子商务产业园发展 221

养老服务业

概况 221
养老服务体系建设 221
养老机构和设施建设 221
“颐养居”运营 222

交通运输 · 邮政 · 通信业

交通运输业

概况 223
公交运营 223
双流客运中心运营 223
黄龙溪客运中心运营 223
西航港客运中心运营 223
黄甲客运站运营 223

邮政业

概况 224
寄递业务发展 224
代理金融业务发展 224
集邮与文化传媒专业发展 224
渠道电商分销专业发展 224

通信业

电信通信

概况 225
电信网络品质提升 225
电信客户服务 225
疫情防控电信通信保障 225

移动通信

概况 225
移动客户服务 225
移动网络提升 225

移动 5G 发展……226
电信诈骗打击……226
移动通信保障……226
联通通信
概况……226
联通网络建设……226
联通政务合作……226
联通服务……226
联通通信保障……226
“智慧蓉城”建设……226
中国联通天府信息中心建设……226

旅 游 业

旅游业发展
概况……227
天府旅游名县建设……227
全域旅游示范区建设……227
旅游品牌打造……227
旅游项目建设……227
智慧旅游发展……228
旅游宣传推广……228
乡村旅游发展……228
旅游管理服务
概况……228
旅游行业管理……228
旅游安全管理……228
旅游市场管理……228
假日旅游管理……228
文明旅游宣传……228
旅游景区景点选介
概况……228
黄龙溪古镇……228
海滨城……229
黄龙溪·欢乐田园……230
空港花田……230
文武林盘景区……231
旅游节庆活动
概况……231
欢乐田园杂技节……231
双流“航都幸福荟”系列活动……232

教 育

教育事业发展
概况……233
“全国学前教育普及普惠县”创建……233
教育发展政策体系完善……233
“双减”政策落实……233
教育改革……234
教育信息化建设……234
教师队伍建设……235
德育教育活动……235
招生考试……235
教育资助……235
校园安全管理……236
学校疫情防控……236
教育对外交流……236
校地合作……237
巴塘援教……237
双流中学办学 80 年学术交流大会……237
教育教学
概况……238
学前教育……238
义务教育……238
普通高中教育……239
职业教育……239
体育教育……239
艺术教育……239
特殊教育……240
民办教育……240
社区（终身）教育……240
校园建设
概况……241

幼儿园建设 241
中小学校建设 241
西航港九龙湖幼儿园建设 241
东升三里幼儿园建设 241
东升广都幼儿园建设 241
协和柏顺路幼儿园建设 241
实验第一幼儿园建设 241
实验第四幼儿园建设 241
通江幼儿园建设 241
空港第三幼儿园建设 241
协和骑龙幼儿园及配套道路建设 242
九江新城幼儿园及配套道路新建 242
芯谷第一幼儿园建设 242
中电科配套第一幼儿园建设 242
西航港九龙湖学校建设 242
西航港顺风学校建设 242
东升星空小学建设 242
黄甲小学扩建 242
九江小学千子门校区扩建 242
棠湖小学（南区）扩建 242
双流区实验小学校园风貌改造及扩建工程建设 242
四川大学附属小学和幼儿园新建 243
彭镇小学综合楼食堂扩建及风貌改造 243
彭镇（金桥）小学师生食堂新建 243
双流中学风貌改造 243
东升二中风貌改造 243
协和初中扩建 243
协和长顺九年制学校新建 243
中电科配套九年制学校建设 243
九江通江中小学建设 243
成都信息工程大学实验学校常乐校区扩建 243
棠湖中学新校区游泳馆建设 244
棠湖中学海军航空航天科技馆建设 244

校园活动

概况 244
双流区中小学生艺术节 244
双流区“5·25”心理健康教育系列活动 244
双流区首届“最美校园”评比活动 244
双流区第五届青少年校园足球联赛 244

科　技

科技事业发展

概况 245
科创载体建设 245
高新产业发展 246
科技成果转化 246
科技扶持资金申报 246

科技普及

概况 246
“科技之春”科普活动月活动 246
全国科普日活动 247

科技活动

概况 247
“科创菁英汇”高效畅行·日新月异主题活动 247
“创业天府·菁蓉年汇”活动 247
双流区 2021 年“全国科技工作者日”活动 247
成都市“新兴向蓉·红色引擎”高校院所与产业功能区联合主题党日启动仪式暨双流专场活动 248

文　化

文化事业发展

概况 249
文化基础设施建设 249
基层文化建设 249
文化市场专项整治 250
文创产业发展 250
文化项目建设 250
文物遗存调查 250
文物保护 250
非物质文化遗产传承与保护 251

文化阵地

概况 251
文化馆 251

图书馆......251
非国有博物馆......252

文艺活动

概况......252
“航都幸福荟·中秋雅集”系列活动......252
2021年成都国际友城青年音乐周中国航空经济之都双流分会场......253
第十三届金钟奖艺术家送欢乐下基层慰问演出......253

广电出版事业发展

概况......254
广电硬件建设......254
电影管理......254
电影放映......254
农家（社区）书屋管理......255
全民阅读推进......255
版权管理......255

融媒体发展

概况......255
传播平台建设......255
“媒体＋政务＋服务”推进......255

新闻宣传

概况......256
对外宣传......256
创优争先......256
新闻队伍建设......256

卫　生

卫生事业发展

概况......257
卫生体制改革......257
药品耗材采购政策落实......257
医疗机构基础设施建设......257
医疗卫生信息化建设......257
医疗卫生人才引育......258
省市级重点医疗学科建设......258
公共卫生及应急管理......258
医疗质量控制......258
卫生监管......258
中医药服务......258
基层医疗卫生服务提升......259
家庭医生签约服务......259
医疗服务管理......259
异地就医管理......259
卫生支援合作......259

医院建设

概况......260
公立医院综合改革......260
分级诊疗制度建设......260
医联体建设......260
“三甲”综合医院创建......260
成都京东方医院建设......260
四川省公卫临床中心建设......260
双流区精神卫生保健院和公兴卫生院建设......260
双流区妇幼保健院二期建设......260

疾病预防控制

概况......261
传染病防控......261
艾滋病防控......261
结核病防控......261
血吸虫病防控......261
狂犬病防控......261
地方病防控......261
慢性非传染性疾病防控......261
严重精神障碍患者管理......261
免疫规划管理......262

新冠肺炎疫情防控

概况......262
疫情防控机制和管控标准固化......262
疫情防控信息化管理......262
疫情防控宣传和舆论引导......262
疫情防控排查监测......263
市场领域疫情防控监管......263
核酸检测......263
新冠病毒疫苗接种......263
医疗救治保障......263

防疫物资保障……264
“7·28”疫情应对……264
“11·2”疫情应对……264
“12·26”疫情应对……264
计划生育
概况……264
卫生计生惠民政策实施……264
计划生育特殊家庭帮扶……264
托育服务和母婴室建设……264
婴幼儿照护新模式探索……265
医疗保障
概况……265
多层次医疗保障体系完善……265
医疗政策落实……265
医保基金专项治理……266
医疗服务保障……266
医保跨区域合作……266
医保宣传引导……266
老龄健康
概况……266
医养结合机构建设……266
老年健康促进……266
敬老爱老助老活动……267
健康促进
概况……267
国家和省级卫生城镇创建……267
“健康城市”建设……267
妇幼保健……267
病媒生物防制……267
健康促进活动……268
体　　育
体育事业发展
概况……269
国家体育产业基地创建……269
国民体质监测……270
业余体育发展……270
业余体校运行……270
学校体育活动……270
大运会双流赛区筹备……270
“相约幸福成都”系列测试赛……271
竞技体育
概况……271
“空港双流杯”东京奥运会射箭最终选拔赛……271
“2020—2021 双流空港云上马拉松线下赛”……272
2021 年中国足球协会甲级联赛（第四阶段）……272
2021 年双流区第九届“柳河杯”象棋赛……272
2021 第四届“一带一路”成都全球象棋双人赛……272
群众体育
概况……273
成都市第八届全民健身运动会暨 2021 年成都市老年人绿道健身系列活动（双流站）……273
2021 年双流区干部职工云健身运动会年度总决赛……273
体育设施建设
概况……273
大运会场馆改造提升……273
空港体育公园建设……274
社会·民生
人口与户政管理
概况……275
户籍人口管理……275
常住人口管理……275
流动人口登记管理……275
居民生活
概况……276
民生工程
概况……277
教育工程建设……277
卫生工程建设……277

文旅工程建设……277
体育工程建设……277

社会治安综合治理

概况……277
社会治安防控体系构建……277
社会治安综治平台建设……277
网格化服务管理……278

社区发展治理

概况……278
党建引领社区发展治理……278
社区多元治理体系建设……278
社区人力资源管理……278
社区发展治理经费管理……279
社区党群服务中心亲民化改造……279
社区微更新项目打造……279
“15 分钟社区生活服务圈”打造……279
社区商业发展……279

应急管理

概况……279
应急预案体系建设……279
应急能力体系建设……279
应急管理体系完善……279
应急信息网络构建……280
应急安全协同联动机制构建……280
自然灾害风险普查……280
应急处置管理……280
应急演练……280
应急宣传教育……280

安全生产管理

概况……281
安全生产责任制健全……281
安全生产主体责任落实……281
安全生产监管……281
安全生产排查整治行动……282
安全生产违法行为查处……282
安全生产宣传教育……282
消防安全管理……282
安全生产月活动……283

防灾减灾

概况……283
防汛体系构建……283
防汛抢险队伍建设……283
防汛物资保障……283
汛期防汛度汛……283
内涝防治……284
防汛安全隐患排查整治……284
森林草原防灭火……284
地震应急体系建设……284
地震监测管理……284
防震减灾宣传……284
防灾减灾演练……284

劳动和社会保障

概况……285
就业促进……285
社会保障……285
劳动保障……286

民政事务

概况……286
基层政权建设……286
镇(街道)行政区划调整……286
社会组织建设……286
社工人才队伍建设……286
城乡低保……287
特困供养……287
儿童救助保护……287
临时救助与关爱援助……287
婚姻及收养登记管理……287
殡葬惠民补贴……287
慈善事业发展……287

民族宗教事务

概况……287
民族团结进步创建……287
少数民族流动人口服务管理……288
宗教团体和场所建设……288
和谐寺观教堂创建……288
宗教事务管理……288

街道·镇

东升街道

概况……289
营商环境优化……289
城市建设……290
安全与信访……290
社会民生……290
庆祝中国共产党成立100周年系列文化活动……290
廉政文化主题书画展……291
第二届艺术节主题活动……291

西航港街道

概况……291
营商环境优化……291
城市建设与发展……292
基层社会治理……292
信访工作……292
网络理政……292
污染防治……292
社会民生……293
新冠肺炎疫情防控……293

九江街道

概况……293
项目拆迁与建设……293
市场管理……294
环境治理……294
安全与信访……294
社会民生……294
新冠肺炎疫情防控……295

黄甲街道

概况……295
项目建设……295
乡村振兴……296
大排查大整治……296
环境治理……296
渣土治理……296
党史学习教育……296
新时代文明实践精品范例打造……296
“有事来协商”平台搭建……296
空港新居民大学创办……297
“文轩Books青年阅享空间”开放……297
第23届黄甲麻羊美食文化系列活动……297
新冠肺炎疫情防控……298

怡心街道

概况……298
政务环境营造……298
城市环境营造……299
营商环境营造……299
消费环境营造……299
新冠肺炎疫情防控……299
就地过年推行……299
暑期公益托管班开设……300
“百姓大舞台”系列活动……300
庆祝中国共产党成立100周年书法、摄影主题展……300
“永远跟党走”主题演讲比赛决赛……300
怡心街道社治人才挑战赛总决赛……300

彭镇

概况……301
镇村两级换届……302
国家卫生乡镇创建……302
乡村振兴战略实施……302
安置小区建设……302
草头堰便桥改建……302
城乡社区发展治理……303
城乡环境综合治理……303
信访案件化解……303
文化事业发展……303
党史学习教育……303
“企业咖啡时”活动……303
鲢鱼社区首届红枫节……303
新冠疫苗接种……304

黄水镇

概况……304
营商环境优化……304
乡村振兴战略实施……304

征地拆迁与项目建设……305
城市精细化管理……305
社区发展治理……305
城乡环境治理……305
“平安黄水”建设……306
社会民生……306
新冠肺炎疫情防控……307
永安镇
概况……307
征地拆迁与安置……307
生物城建设……307
乡村振兴……308
城市管理……308
社区发展治理……308
生态环境保护……308
森林防火……308
信访办理……309
社会民生……309
新冠肺炎疫情防控……309
生物城(永安镇)综合行政执法中队揭牌……309
“一镇一特色·百姓大舞台”系列活动……310
第二届国家地理标志双流永安葡萄文化季活动……310
黄龙溪镇
概况……310
城乡规划建设……311
文旅产业发展……311
综合治理……311
环境治理……311
安全管理……311
社会民生……312
新冠肺炎疫情防控……312

附　录

荣誉榜
国家部(委)级先进单位和个人……313
四川省级先进单位和个人……314
成都市级先进单位和个人……315
双流区级先进单位和个人……320
文献资料
双流区人民代表大会常务委员会工作报告……327
中国人民政治协商会议第十一届双流区委员会常务委员会工作报告……333
双流区2021年国民经济和社会发展计划执行情况及2022年国民经济和社会发展计划草案的报告……339
文件目录
2021年双流区委部分文件一览表……350
2021年双流区委办公室部分文件一览表……351
2021年双流区人民政府部分文件一览表……351
2021年双流区人民政府办公室部分文件一览表……352
调研报告
推进基层治理体系和治理能力现代化的双流实践……353
携手扩大国际门户枢纽城市“开放之窗”……355
统计资料
2021年成都市双流区国民经济和社会发展统计公报……358

索　引

A~Z……363

CONTENTS

SPECIAL REPORTS

.... 1

A CHRONICLE OF MAJOR EVENTS

January—December 15

OVERVIEW OF SHUANGLIU

General Introduction of Shuangliu District 25
National Economic and Social Development 30
Construction of China's Aviation Economic Capital 32
International Business Environment Construction.. 35
Spiritual Civilization Construction 37

THE CPC SHUANGLIU DISTRICT COMMITTEE

District Party Committee Institutions 39
Important Meetings of the CPC Shuangliu District Committee.. 40
Tour Inspection of the CPC Shuangliu District Committee.. 43
Organization Construction....................................... 44
Publicity Work.. 46
United Front... 48
Overseas Chinese Affairs and Taiwan Affairs......... 50
Organization Establishment Management 50
Foreign Affairs Management.................................. 52

Archives Management 54
Organs Construction 56
Party's History, Local Chronicles and Yearbooks Compilation 57
Party School Work 59
Retired Cadres Management 60

SHUANGLIU DISTRICT PEOPLE'S CONGRESS

People's Congress Agencies 61
People's Congress Important Meetings 62
People's Congress Work 65

SHUANGLIU DISTRICT PEOPLE'S GOVERNMENT

Government Agencies 67
Government Important Meetings 68
Personnel and Talents Management 80
Administrative Examination and Approval 81
Comprehensive Administrative Law Enforcement 83
Organs Affairs 88
Letters and Visits from the Masses 89

THE CPPCC SHUANGLIU DISTRICT COMMITTEE

Political Consultative Conference Agencies 91
Political Consultative Conference Important Meetings 92
Political Consultative Conference Work 94

THE CPC SHUANGLIU DISTRICT COMMISSION FOR DISCIPLINE INSPECTION (SHUANGLIU DISTRICT SUPERVISORY COMMISSION)

Discipline Inspection and Supervision Institutions 97
Discipline Inspection and Supervision Important Meetings 97
Discipline Inspection and Supervision Work 98

DEMOCRATIC PARTIES

Shuangliu District General Branch Committee of the Revolutionary Committee of the Chinese Kuomintang 101
Shuangliu District General Branch Committee of the China Democratic League 102
Shuangliu District Branch Committee of the China National Democratic Construction Association 103
Shuangliu District General Branch Committee of the China Association for Promoting Democracy 104
Shuangliu District Branch Committee of the China Zhi Gong Party 105
Shuangliu District Committee of the Jiusan Society 106

MASS ORGANIZATIONS

Shuangliu Federation of Trade Unions 107

Shuangliu District Committee of the Communist Youth League of China 109
Shuangliu Women's Federation 111
Shuangliu Federation of Industry and Commerce 114
Shuangliu Federation of Literature and Art Circles 115
Shuangliu Disabled Persons' Federation 116
Shuangliu Branch of the Red Cross Society of China 118
Shuangliu Federation of Social Science Associations 119

RULE OF LAW

Governing the District by Law 121
Politics and Law 124
Public Security 125
Procuratorial Work 127
Court 128
Judicial Administration 130

MILITARY

Veterans Affairs 133
Double Support and Joint Construction 134

COMPREHENSIVE ECONOMIC MANAGEMENT

Economic System Reform and Structural Adjustment 137
Price Control 138
Fixed Asset Investment Management 138
Government Investment Projects Review and Management 139
Public Resources Transaction Management 140
Investment Promotion 141
Credit System Construction 143
Market Supervision and Management 143
State-owned Assets Management 148
State-owned Companies Management 149
Chengdu Aerotropolis Xingcheng Investment Group Co., Ltd. 149
Chengdu Aerotropolis City Development Group Co., Ltd. 150
Chengdu Aerotropolis Sci-tech Innovation Investment Group Co., Ltd. 151
Chengdu Hangdu Grains and Oils Co., Ltd. 152
Financial Industry 153
Finance 154
Taxation 155
Statistics 156
Audit 158

URBAN AND RURAL CONSTRUCTION AND MANAGEMENT

Urban and Rural Construction Planning 159
Park City Construction 160
Transport Facilities Construction 162
Sewage Treatment Facilities Construction 164
Electricity Facilities Construction 165
Natural Gas Facilities Construction 166
Public Facility Supporting Projects Construction 166

Comprehensive Improvement of Urban and Rural Environment 166
Landscape and Greening Construction 168
Urban Management 169
Jiujiang New City Construction 171

RESOURCES AND ECOLOGICAL ENVIRONMENTAL PROTECTION

Land Resources Protection 173
Water Resources Protection 174
Ecological Environmental Protection 175
Water Environment Improvement 177
Haze Treatment 179
Meteorological Monitoring 179

INDUSTRIES AGGREGATION DEVELOPMENT

Chengdu Shuangliu Pilot Free Trade Zone 181
Southwest Airport Economic Development Zone 182
Chengdu IC Valley 183
Chengdu Tianfu International Bio-town 184
Airport Business District 186

AVIATION ECONOMIC DEVELOPMENT

Aviation Economic Operation 189
Construction of Shuangliu Aviation Economic Zone 190
Aviation Projects Construction 191
Airport Port Construction and Supervision 192

AGRICULTURE AND RURAL AREA

Agriculture and Rural Economy Operation 193
Rural Revitalization Strategy Implementation 194
Urban Modern Agricultural Development 197
Agricultural Management 198
Forestry Management 199
Irrigation and Water Conservancy 201

INDUSTRY

Industrial Economy Operation 203
Aviation Manufacturing and Maintenance Industry 204
Electronic Information Industry 204
Bioengineering and Pharmaceutical Industry 206
Green Energy Industry 206
New Economy Industry 207
Energy Supply Security 207

CONSTRUCTION AND REAL ESTATE INDUSTRY

Construction Industry Management 209
Real Estate Development 210
Housing Management 211
Housing Security and Service 212

COMMERCIAL TRADE AND MODERN SERVICES INDUSTRY

Commercial Trade 213
Commercial Complexes 214
Buildings 216
Grains, Oils and Material Reserves 217
Tobacco Monopoly 217
Supply and Marketing Cooperatives Operation 219
Transformation and Upgrading of Service Sector 220
E-commerce Industry 220
Elderly-care Service Industry 221

TRANSPORTATION, POST AND COMMUNICATION INDUSTRIES

Transportation Industry 223
Post Industry 224
Communication Industry 225
Telecom Communication 225
Mobile Communication 225
Unicom Communication 226

TOURISM

Tourism Development 227
Tourism Management Services 228
Tourism Attractions Selection and Introduction 228
Tourism Festival Activities 231

EDUCATION

Educational Undertakings Development 233
Education and Teaching 238
Campus Construction 241
Campus Activities 244

SCIENCE AND TECHNOLOGY

Development of Scientific and Technological Undertakings 245
Popularization of Science and Technology 246
Scientific and Technological Activities 247

CULTURE

Cultural Undertakings Development 249
Cultural Fields 251
Artistic and Cultural Activities 252
Development of Radio, Television and Publication Undertakings 254
Convergence Media Development 255
News Publicity 256

HEALTH

Health Undertakings Development 257
Hospital Construction 260
Disease Prevention and Control 261
COVID-19 Prevention and Control 262
Family Planning 264

Medical Security........265
Health of the Elderly........266
Health Promotion........267

SPORTS

Sports Undertakings Development........269
Competitive Sports........271
Mass Sports........273
Sports Facilities Construction........273

SOCIETY AND PEOPLE'S LIVELIHOOD

Population and Household Administration........275
Residents Life........276
People's Livelihood Projects........277
Public Order Comprehensive Governance........277
Community Development Governance........278
Emergency Management........279
Production Safety Management........281
Disaster Prevention and Reduction........283
Labor and Social Security........285
Civil Affairs........286
Ethnic and Religious Affairs........287

SUB-DISTRICTS AND TOWNS

Dongsheng Sub-district........289
Xihanggang Sub-district........291
Jiujiang Sub-district........293
Huangjia Sub-district........295
Yixin Sub-district........298
Pengzhen Town........301
Huangshui Town........304
Yongan Town........307
Huanglongxi Town........310

APPENDIX

Honor List........313
Documents and Literature........327
File Catalog........350
Research Reports........353
Statistical Data........358

INDEX

A~Z........363

特　载

SPECIAL REPORTS

中共成都市双流区委常务委员会工作报告

（2022 年 1 月 10 日，在中共成都市双流区第十四届委员会第二次全体会议上）

中共成都市双流区委书记　鲜荣生

2021 年，双流区委常委会坚持以习近平新时代中国特色社会主义思想为指导，全面贯彻落实中央和四川省委、成都市委各项决策部署，把握新发展阶段、贯彻新发展理念、融入新发展格局，统筹发展和安全、效率和公平、活力和秩序，抢抓成渝地区双城经济圈和成都都市圈战略机遇，坚持从全局谋一域、以一域服务全局，持续巩固“稳”的基础，坚定“进”的信心，高质量建设中国航空经济之都，加快打造新时代“三个地方”，聚焦聚力五件大事、四场攻坚战，取得五个新突破，较好完成全年目标任务，实现“十四五”良好开局。

一、坚定对表凝心聚力抓实五件大事，推动中央和省委市委重大决策部署落地见效

（一）深入学习贯彻党的十九届五中、六中全会精神和省委市委全会精神。区委常委会坚持对表对标，持续推进“三答三改”，坚定以习近平新时代中国特色社会主义思想统揽推进各项工作，严格落实“第一议题”“第一议程”制度，带动全区党员干部不断增强“四个意识”、坚定“四个自信”、做到“两个维护”。以党的十九届五中全会为指引，系统谋划双流“十四五”发展，高质量编制“十四五”规划纲要。坚持把学习宣传贯彻党的十九届六中全会精神，作为当前和今后一个时期最重要的政治任务，依托中心组学习、航空经济大讲堂等开展学习宣讲 112 场次，引导全区上下从百年党史中汲取奋进力量、担负时代使命，让坚决拥护“两个确立”、坚决做到“两个维护”成为双流干部的政治自觉。围绕贯彻省委十一届十次全会和市委十三届十次全会精神，召开区委常委会传达学习，研究形成贯彻落实的实施方案和具体措施，结合双流实际制定加快西开区转型升级创建国家级经开区空间发展规划、安全韧性城市建设方案。

（二）精心组织开展党史学习教育。区委常委会坚定贯彻落实党中央

和省委市委部署要求，以学习党的十九届六中全会精神为重点巩固党史学习教育成果。系统推进学党史、悟思想、开新局、办实事，策划“跟着总书记的足迹学党史”“全省媒体看成就·走进双流”等17个系列主题活动，覆盖驻区高校、科研院所、重点企业、在建工地等党员群众1万名，建成双流史志馆，创新推出“党史上的今天”“航空少年童心向党”等“有声书”200余期，相关经验做法得到省委巡回指导组肯定。组织开展庆祝中国共产党成立100周年系列活动，组织党员干部收听收看庆祝中国共产党成立100周年大会盛况，学习贯彻习近平总书记七一重要讲话精神，召开庆祝中国共产党成立100周年座谈会，举行“两优一先”表彰大会，评选表彰50个先进党组织、106名优秀共产党员、50名优秀党务工作者，走访慰问党员5237名，为3973名老党员颁发“光荣在党50年”纪念章，让红色基因代代相传。深化实化“我为群众办实事”实践活动，依托“企业咖啡时”“市民茶话吧”“科创菁英汇”等平台，畅通“线上+线下”民意表达渠道，抓好生态环保督察反馈问题整改、重拳整治道路交通安全、稳妥有序推动“双减”政策落地落实、深化市域社会治理等民生实事，用心用情用力解决群众“急难愁盼”问题1182件，不断提升市民获得感幸福感安全感。

（三）高质高效抓好集中换届工作。区委常委会坚决贯彻习近平总书记关于换届工作的重要指示精神，按照省委、市委统一部署，坚持把高标准、严要求贯穿换届工作全过程各方面，有序推进区镇村换届。严肃换届纪律，严格执行中央“十严禁”、省委“四必须”要求，压实“五个责任主体”责任，全覆盖开展谈心谈话、警示教育，全程开展换届风气巡回督导，确保换届清明清正清新。科学选优配强领导班子，落实新时代好干部标准，统筹联动调整部门和镇（街道）领导班子，换届后，处级干部平均年龄较换届前降低2.6岁，全日制大学、硕士研究生及以上学历干部占比分别提高6.8个、2.9个百分点。4个镇领导班子、118个村（社区）“两委”换届结束，镇村干部年龄、学历实现“一降一升”，真正换出班子新气象、换出干部好心气、换出事业新发展。高质量选好“两代表一委员”，召开区第十四次党代会，选举产生党代表270名。坚持党管干部与人大依法选举任免、政协依章协商相统一，严格执行选举任免的法律规定，规范任职提请、介绍见面、任职陈述、审议表决程序，依法选举产生区第十九届人大代表450名、新一届镇人大代表320名，协商产生十二届区政协委员427名。依法依规完成群团组织换届，全面加强党对群团工作的领导，召开区第十五次团代会，选举产生团代表280名；召开区第二次少代会，选举产生少先队员代表200名；召开区工商联（商会）第十二次代表大会，选举产生执委会委员79名，群团组织的政治性、先进性、群众性得到进一步增强。

（四）坚定推动经济高质量发展。区委常委会坚持稳中求进总基调，以中国航空经济之都建设为统揽，统筹抓好疫情防控和经济社会发展，经济发展态势总体平稳、稳中有进，2021年获评全国综合实力百强区第29位、高质量发展十佳县（市、区）。预计全年地区生产总值1120亿元，增长12%，一般公共预算收入91.25亿元，增长17.7%，规模以上工业增加值增长19.5%。实施建圈强链行动，坚持“项目为王”招商引资，扭住龙头企业和重大项目，积极构建产业微生态。全年新引进亿元以上产业化项目51个、协议总投资902亿元，其中先进制造业项目22个，协议总投资494.3亿元。做强航空经济，新引进顺丰西部航空货运枢纽、北京国星宇航“星河”卫星互联网一体化空间生产基地等航空经济类项目11个，协议总投资51.8亿元。加快引进空客再交付中心等重大项目，依托四川国际项目，打造航空发动机保税维修保障基地，依托中国商飞大飞机产业园，打造国产民机培训基地、国产民机维修保障基地，打造以航空运营为主、航空物流为支撑、航空维修制造为特色的产业链。预计全年航空经济实现主营业务收入1200亿元，增长44.6%。做强电子信息产业，依托成都芯谷和物联网产业园，聚焦“芯屏端网”产业链，打造电子信息国家核心基地，建成澜至电子、华大九天、中电九天3个项目，新引进中兴通讯西南总部基地、中电金信全国第二总部等电子信息类项目13个，协议总投资466亿元，预计全年电子信息产业实现产值1100亿元，增长56%。做强生物医药产业，协同成都高新区推动成都天府国际生物城高质量发展，新引进一心堂（四川）大健康智慧医药基地、美鑫达等生物医药类项目12个，协议总投资41.8亿元。全力推动西航港开发区转型升级，全面对照国家级经济技术开发区标准，高标准编制转型升级实施方案，优化空间布局，系统规划54.9平方千米全域空间，科学设计10.4平方千米示范区和2平方千米创业中心起步区，盘活园区低效用地1000亩，引进城市合伙人打造“物联网—京东方”转型示范区，带动园区品质整体提升。积极推动服务业发展和消费增长，加快建设双楠大道时尚走廊，策划“时尚印象提升、时尚感受营造、时尚参与植入”三大行动，培育新消费场景8个，建成运营太平园2期等商业项目8个，联合重点企业举办“航都幸福汇”“空港欢乐购”活动，不断激发空港消费活力。依托澳康达西南中心、盛屯西区总部基地等重大项目发展总部经济、特色会展、航空金融，大力推进成双大道商务走廊建设，空港体育公园、空港·云成为“近悦远来”的网红打卡地。

（五）纵深推进全面从严治党。区委常委会坚持以党的政治建设为统领，全面落实新时代党的建设总要求，营造干事创业良好政治生态，为高质量发展提供坚强保障。全面加强党的政治建设，严守党的政治纪律和政治规矩，严格执行《关于新形势下党内政治生活的若干准则》。扎实抓好对党忠诚教育，引导党员干部深刻认识“两个确立”的决定性意义、决定性作用，坚定政治信仰，不断增强做到“两个维护”的思想自觉。建强基层战斗堡垒，优化机关、村（社区）、农村专业合作社和行业领域党组织89个。建立老旧小区（院落）党建专项基金，全力推进“四有一化”建设。探索建立联合主题党日制度，承办全市首场“新兴向蓉·红色引擎”主题党日活动。实施“五大行动”“66项计划”，推动两项改革“后半篇”文章走深走实。培育市级示范社区（小区）34个，获评“全国社会治理创新示范区”。建设专业理性务实精进干部队伍，实行区领导、单位党委（党组）、“一把手”举荐干部，让更多埋头苦干的干部进入选用视野；累计选派298名干部到“治重化积”、疫情防控等急难工作中磨砺成长；用心用情关爱干部，以区委名义表彰表扬在重点工作和专项任务中表现突出的干部22批650人次，为155名干部举行荣退仪式。举办应急管理、规划建设“操盘手”专业提能等培训班38期、培训2700人次，着力提升干部专业能力。推行领导干部“领航双流”App管理，促进干部晒进度晒实绩。持续优化机构设置，将全区议事协调机构优化调整为161个，理顺航空经济区管理体制，推动西航港开发区、航空经济片区、天府国际生物城联动协同发展；着眼提升项目推进服务效能，挂牌设立区重大项目推进办公室，对全区项目实施全生命周期管理；针对城市发展需要，组建人口服务管理委员会、土地征后管理服务中心、小区管理服务中心。持之以恒正风肃纪反腐，严格落实中央八项规定精神，深化纠正“四风”和作风纪律专项整治，扎实做好疫情防控、粮食购销等关键领域监督工作。建立健全党风廉政建设联防联控、“一把手”离任不离责整改机制。抓实宣传文化思想工作，牢牢把握意识形态工作领导权，推动“两中心一平台”融合发展，出台深化媒体战略合作十条措施、支持融媒体中心高质量发展十条措施，举办“第二届全国县级融媒体中心能力建设年会”，全国县级融媒体中心智媒协同创享空间、中国新闻出版研究院融媒体研究基地落地双流。持续创新天府文化双流表达，引进何建明书院、李文信美术馆等重点文创项目8个。主动服务成都创建全国文明典范城市，全力保障第31届大运会筹办，改造提升8个大运会场馆，一体推进办赛营城，努力为成都向全球展示“雪山下的公园城市”贡献力量。

二、精准施策集中力量打好四场攻坚战，补齐短板赋能城市高质量发展

（一）践行“两山”理念打好生态环境保护攻坚战。区委常委会深入践行习近平生态文明思想，以创建国家生态文明示范区为牵引，持续改善生态环境，2021年空气优良天数279天，绿道蓝网、天朗气清的城市形态基本形成。抓实环保督察及“回头看”问题整改，推行“八定”工作法，压紧压实“区级领导包案督促、牵头单位专人调度、网格员自纠自查”三级主体责任，采取“红黑榜”挂牌督战，聘请专家现场诊断指导，持续堵漏洞、补短板，以点上问题整改推动面上问题共治，累计办结186件央督交办件、64件省督交办件。建设天更蓝水更清土更净的美好家园，坚持系统治理，深入开展工业源、移动源、扬尘源等重点污染源专项整治，整改“散乱污”点位114个，出台餐饮服务业污染防治管理办法，切实解决油烟扰民问题。以河长制为抓手推动治污治水同向发力，建成26座水质自动监测站，实现5个考核断面、金马河饮用水源水质全部达标；新投运污水处理厂6座，污水处理能力大幅提升。严控农业面源污染，抓好建设用地再开发利用场地调查评估，

强化“危固废”处置，组织企业转移危险废物9.37万吨，加速形成重点行业企业全生命周期监管闭环。以碳达峰碳中和为目标引领绿色发展，出台碳达峰碳中和2021年工作计划，推动玻璃制造、水泥制造等传统产业低碳转型，构建“轨道+公交+慢行”绿色交通体系，建成红枫海、紫薇海1100亩项目、空港绿道62千米，建成开放小游园微绿地4个，全区绿化、森林覆盖率分别达49.05%、20.91%，绿色低碳成为城市标识。

（二）坚持有解思维打好治重化积攻坚战。区委常委会坚持以“减存量、控增量、防变量”为主线，推动信访矛盾依法及时就地化解，信访总量由2018年的全市第1位下降到第8位。关口前移抓实信访工作，压实“三级书记”主体责任，构建信访局、镇（街道）和重点部门、村社干部参与的大信访工作格局，做实做细“群众工作之家”，积极探索简单信访事项7日办结实践，努力把各类风险化解在基层、消除在萌芽。持续用力“治重化积”，把“治重化积”作为区委常委会固定议题研究推进、集体定事，激励引领干部自信阳光、主动担当、合力化解信访积案，设立1亿元专项资金，制定9条激励措施，建立“一站式”接访调处机制，针对重点领域矛盾频发现象抓源头、盯舆情、强处置、重管控、真落实，以社会的和谐稳定为高质量发展保驾护航。

（三）聚焦品质提升打好城市“规建管运”攻坚战。区委常委会坚持全生命周期营城优城，一体推进“规建管运”，着力提升城市品质内涵。系统重塑规划建设体系，以国土空间规划为引领，合理划定“三区三线”，促进城乡资源要素科学配置、合理流动，不断优化城乡空间格局。聚焦征地拆迁和存量土地管理，成立土地征后管理服务中心，推进项目拆迁管理精细化、规范化。编制14个改革性文件，出台强化建筑高品质规划管理10条措施，统筹抓好政府性投资项目建设、管线迁改、土地要素保障等重点工作，推行政府投资项目施工图审查选派制。健全完善“按图施工”全生命周期监管平台、“动土必管”平台，将460个在建项目纳入平台全流程监管。以“三新城”为带动构筑城市现代空间，坚持“三生融合”理念，高水平打造成都芯谷，推动高品质科创空间成型成势，成都芯谷获评全市AAAA级智慧园区。高质量建设天府怡心湖，以片区综合开发配套规划高端商务、休闲旅游、居住服务等功能区，“临湖见景”扮靓城市颜值。高标准推进天府国际生物城建设，白纸画图、迅速崛起，规划设计天府医械谷和天府国际医疗中心，与四川大学华西医院共建华西国际肿瘤治疗中心，做优大健康产业发展载体。加快推进城市有机更新，集中整治双流机场、客运站等集疏运场所，重点推进环港路西片区改造升级，启动九江新城城市有机更新，利用闲置地块、城市“金边银角”，增加开敞空间40万平方米，整治背街小巷6条，改造提升老旧小区41个、建筑立面11栋，让“老城”焕新颜。紧扣公园城市示范区建设，系统规划构建“一环双井五廊多线多点”绿道空间体系，将区域、城区、社区三级绿道串珠成链、有机融合。以成都环城生态公园为中心外扩2千米，规划布局6个未来公园社区，率先启动规划面积5.13平方千米的九江未来公园社区示范点位建设。实施城市重要交通节点改造提升行动，投资125.8亿元开展“5+2”道路提升改造工程，打造快速集疏路网重要骨架。建设天保大道、双楠大道西延线等交通要道，完成怡心湖A区道路、环港路东段北段等10个道路项目建设，新（改、扩）道路35千米，打通元秀路（天府六街）、广牧路等3条断头路，建成开通成双大道与西航港大道互通工程，推动68条公交线路与地铁无缝接驳，让“路网”更畅通。积极推动双流西站TOD、二江寺站TOD项目建设，打造“轨道交通+特色商业+品质生活+公园社区”城市新地标。

（四）突出平战结合打好疫情防控攻坚战。“7·27”“11·2”疫情发生后，区委常委会以“坚决切断疫情传播链、坚决把疫情对经济社会发展和市民生活的影响降到最小、坚决防止疫情外溢”为目标，着眼常态、以战促治，全区党员干部闻令而动、尽锐出战，全体市民理解配合、守望相助，齐心协力打好两次疫情防控歼灭战。建立“常态化防控、应急化处置”双轨运行组织体系，实行“轮流值班、独立作战”AB角模式，明确重点任务“牵头人+协助人+工作专班”，实现指挥调度扁平、高效、顺畅。加快构建科学应急保障体系，建立“定期专训+实战演练”应急力量培养机制，建强流调溯源、核酸检测、核酸采样、酒店管控4支专业队伍，制定大规模核酸检测战区作战方案和区镇村三级作战图，建立应急物资“保底储备、动态平衡、去旧处新”机制。筑牢防疫“空中门户”，协同民航西南局、川监局、机场集团、成都海关及基地航司，完善入境人员闭环管理、机场及大周边联防联控机制，累计管控从双流口岸入境航班2757个，管控从其他口岸入境后转乘抵双航班5935个，服务管理入境旅客17.9万人、机组1.7万个、直接在双隔离3.1万人，拦截境外输入病例60人，完善冷链物流、航空货运、邮件包裹等常态化预警监测机制，守护城市安全安宁。

三、锚定目标集体奋斗取得五个新突破，双流发展更有质感更有温度

（一）聚力对外开放，门户枢纽提能取得新突破。区委常委会坚持“打码头、强枢纽”，壮大城市航空基因，服务成都建设国际门户枢纽。全力推动机场向“客货并举”转型，与机场集团、民航西南局和川航等结为城市合伙人，优化转场方案，稳住7家基地航司，保住发展根本。实施精品商务航线枢纽建设三年行动，增加宽体机和“北上广深拉乌”等商务快线投放量，建成投运成都东站、宽窄巷子城市候机楼，加快打造国际一流公务机FBO基地。新开通伦敦、阿姆斯特丹等全货机货运航线5条。1—12月，双流国际机场客运量4012万人次、居全国第2位。成都东站城市候机楼投运和打造精品商务航线枢纽相关工作做法，获得市委主要领导肯定性批示。打造融通全球供应链，创新快件中心安检前置，实现货物“一次装卸、一次查验、一次通关”，通关效率提升50%以上。开通中老南向国际班列、中菲海铁联运班列、中欧国际班列，以“航空＋西部陆海新通道”为特色构建“航空＋铁路＋公路”多式联运体系，国家第二批多式联运示范项目落地落实。构建自贸特色口岸平台应用体系，推动通道经济向口岸经济转型，高质量运营东盟自贸合作中心、数字贸易共享中心，实施7类指定口岸场景营造行动，打造四川首家“前店后仓＋快速配送”跨境电商体验店，强化口岸消费场景营造。双流综合保税区在全国综合保税区绩效评估中位列第1位，获得市委主要领导肯定性批示。

（二）聚力科创强区，协同融合创新取得新突破。区委常委会主动融入国家科技创新体系，充分激发高校、科研院所、企业和人才活力，不断厚植创新创业土壤，探索“科创强区”双流路径。持续深化校地合作协同，把高校科研院所作为城市前行重要战略伙伴，为川大妥善处理土地遗留问题，捐建30套院士公寓，共建四川大学江安幼儿园、江安小学，成都首个川大侨联专家工作站落户双流。与成都信息工程大学合作，共建集成电路、区块链、网络空间安全3个新型产业学院，电子科大产业园新引进企业38家。携手打造创新共同体，与中国电子、中核集团等企业共建鲲鹏智造生态联盟，新增国星宇航、晨光博达等市级院士创新工作站2家，新增产学研联合实验室、工程技术研究中心等科技创新平台28个，成都芯谷获批中国科协“海智”计划工作基地。谋划打造剑南大道科创走廊，探索经济区与行政区适度分离改革，共建共享高能级科技创新共同体、协作经济区，高质量建设中国西部（成都）科学城，助力成都打造具有全国影响力的科技创新中心。做优人才服务体系，成立人才和人事工作领导小组，强化统筹协调和资源整合。建立航都人才综合服务中心，整合22个部门126项服务事项，服务各类人才1.8万人次，让人才在双流工作安心、生活舒心、办事顺心。集成人才政策，设立10亿元专项扶持资金、3亿元创业投资基金、1亿元人才增信贷。建设“梧桐馨园”“天府菁萃里”等人才公寓项目，建成人才公寓1340套。以“办大学理念办社区”，共建空港新居民大学，精准服务10万产业工人。围绕环高校区域新建38所幼儿园和中小学，增强人才幸福感归属感，已集聚各类人才50万人。优化人才发展体制机制和政策体系相关工作做法，获得市委主要领导肯定性批示。

（三）聚力有感发展，营商环境打造取得新突破。区委常委会坚持以企业需求为导向，建设稳定公平可及的营商环境，加快打造新时代“企业容易做生意的地方”，连续4年获评“中国营商环境百佳示范县市”。一如既往当好企业“服务生”，对标国际规则，以市场主体获得感为标尺，优化工作机制，深化“放管服”改革，持续减环节、压流程、优服务，实现129项行政许可事项“一颗印章、全程审批”，在全省率先推出“证照并销”“证照联办”改革，全面推行企业住所申报登记制改革，为新增的3.3万户市场主体办理注册登记。推行“市场主体见面不拒绝”“诉求分级派单”“第三方测评”等机制，有效提高市场主体获得感，全区市场主体总量14.95万户，企业突破4万户，兑现惠企政策资金14.88亿元，减免企业税费、社保费18.58亿元。创新“投补结合、以投为主”支持方式，坚持“政府引导、企业主体、市场手段、专业运营”主线，以区属国有公司为平台，通过股权直投、产业基金参与、投育结合等方式，撬动社会资本力量，开展片区综合开发、共建产业园区、穿透引入高能级项目，推动实现高质量“以投促招”，全力支持企业在双流放心投资、安心经营、做大做强。创新“补改投”工作做法获得市政府主要领导肯定性批示，并全市推广。打造三大政务服务品牌，升级“企业咖啡时”，累计开展活动312场，收集诉求1666件，有效解决企业人才招聘、融资贷款等实际问题，办结率99.94%、满意率99.04%。做实“市民茶话吧”交流平台，开展活动623场，参与人数1.3万人次，解决噪音扰民、交通出行等疑难问题640件。依托“科创菁英汇”平台，建立“区委书记派单”和督办制度，收集解决高校科研院所诉求49条。鼓励驻区高校院所打开“无形围墙”，促进校院企地无缝对接合作。深入开展“三送三帮”活动，梳理延长针对疫情出台的支持工业、航空经济等方面的6个文件、240条措施的时效，成立11个工作专班，集中走访全区1063个重点企业项目，为企业送政策、送服务、送物资，在解决企业生产经营发展面临的具体问题上下功夫，收集解决企业诉求691个，帮助企业融通供应链，努力降低疫情对经济社会发展影响。

（四）聚力美好生活，民生事业发展取得新突破。区委常委会把改善和保障民生作为工作的出发点和落脚点，深入开展幸福美好生活十大工程、2021年十大民生工程暨50件民生实事，有序推动102项基本公共服务向常住人口全覆盖，连续两年获评“中国最具幸福感城区”。“家门口的好学校”越来越多，新建成中小学、幼儿园15个、新增学位1.13万座，新建区级名师工作室8个，引育市级以上优秀教师74人，扎实推进“双减”工作，普惠性幼儿园覆盖率达83.8%，获评“全国学前教育普及普惠区”。“家门口的好医院”提质增效，新建成投用成都京东方医院、公兴社区卫生服务中心，新增床位2600张、省市重点专科5个、名中医工作室2个，引育高级卫技人才70名，加快建设省公卫临床中心等9个项目，率先在全省实现区级医院“三甲”全覆盖。全面取消药品耗材加成，医疗价格惠民让利5600万元。广泛参与国家药品集采，减轻市民用药负担700万元。住房保障体系进一步完善，提供租赁住房5703套，建成幸福美丽新村22个，以商品房标准建成安置小区8个、5721位市民圆了新居梦。社会保障覆盖面持续扩大，不断提高社保待遇水平，城乡居民基本医疗保险参保率保持在99%以上，为农村特困供养人员、孤困儿童发放基本生活费和护理经费439万元，举办各类重点人群专场招聘149场，发放技能补贴、就业补贴、失业保险1.2亿元，惠及11.6万人次。

（五）聚力安全安定，精细化治理取得新突破。区委常委会着眼现代化治理，努力构建舒心安心放心的社会环境。以人为本完善治理体系，做优顶层设计和统筹调度，成立人口服务管理委员会、小区管理服务中心，联合社治委形成“两委一中心”治理架构，做实做细流动人口服务管理、小区治理，规划建设“15分钟社区生活圈”32个，推动自治、法治、德治“三治融合”，建设人人有责、人人尽责、人人享有的社会治理共同体，让城市温情关照每一个市民。用法治寻求城市治理最大公约数，一体建设法治双流、法治政府、法治社会，认真做好行政复议和行政诉讼应诉工作，行政机关负责人出庭应诉率为95.76%，增长2.36%，依法行政水平进一步提升。推进包容审慎柔性执法，实施柔性执法3.3万次。全力推动公正司法，初步建成区矛盾纠纷多元化解协调中心、调解成功率99.8%，成立全市首个产业功能区“纠纷调解中心”、未成年人“一站式”保护中心，让生活在双流的每一个人感受到公平正义。持续推进全民守法，深化“法律七进”，开展“以案说法”“法治体检”等公益普法活动156场次，惠及10万人。夯实安全韧性城市基础，以“空港智慧警务”为载体努力提升城市智慧治理水平，全区违法犯罪总警情、黄赌毒警情进一步下降。坚持抓早抓小，源头治理，建立疫情防控、安全生产、公共卫生、交通安全等风险防控常态机制，开展2轮大排查大整治和10个重点领域综合治理，排查整治安全问题隐患2.5万项。以安全生产清单制责任制为抓手，严格落实部门监管责任，压紧压实企业主体责任，生产安全事故起数、死亡人数下降79%、110%。召开道路交通安全及建设领域安全稳定工作会，针对“两危一客一重”运输企业、车辆、驾驶员开展专项整治。组织各类应急演练94场次，组建9个镇（街道）综合应急救援队，规范完善火灾、水灾、公共安全等6类应急处置流程，应急快速响应能力进一步增强。

一年来，区委常委会高度重视加强自身建设，充分发挥把方向、管大局、作决策、保落实作用，努力走在前、干在前。带头讲政治、顾大局，始终胸怀“两个大局”，心系“国之大者”，主动服务“省之大局”“市之大事”，深入推进“三答三改”，不断提高政治判断力、政治领悟力、政治执行力。带头落实“第一议题”“第一议程”制度，坚持以习近平新时代中国特色社会主义思想武装头脑、指导实践、推动工作，围绕碳达峰碳中和、区域经济发展、生态环境保护等专题开展中心组学习，不断增强“四个意识”、坚定“四个自信”、做到“两个维护”。带头落实民主集中制，严格按照程序研究部署重大工作、重大事项。自觉执行中央八项规定精神和省市相关规定，以实际行动推动党风政风持续好转。

过去一年，虽然工作取得一些成绩，但对照上级要求和市民期待，我们在勇于自我革命、强化使命担当、推进基层治理体系和治理能力现代化、做强先进生产性服务业、发现利用城市文化价值等方面还存在一些不足。这些问题，需要我们进一步增强工作责任感，树牢归零意识，重焕“敢为人先”的创业精神，主动担当、务实精进，推动双流各项工作只争一流。

成都市双流区人民政府工作报告

（2021年12月23日，在成都市双流区第十九届人民代表大会第一次会议上）

成都市双流区人民政府区长　杨　钒

一、回首过往：我们用汗水浇灌收获、以实干笃定前行，双流高质量发展谱新篇

五年来，我们坚持以习近平新时代中国特色社会主义思想为指导，牢记习近平总书记亲临双流视察所作的“三个转变”重大嘱托，在中央省市和区委坚强领导下，在区人大、区政协监督支持下，坚定以建设践行新发展理念的中国航空经济之都为统揽，抢抓机遇、创新攻坚，全区153项工作受到国家和省市表彰表扬，中国百强区排名由38位提升至29位，连续2年被评为“中国最具幸福感城区”，为双流重塑城市荣光、迈上崭新征程，奠定坚实基础、积蓄强劲动能。

五年来，我们坚持转方式、提能级，航空经济发展迈上新台阶。经济实力不断跃升。地区生产总值突破千亿大关，达1120亿元（2021年预计数，下同），较2016年增长67.4%，主导产业产值突破2200亿元，增长65%。社会消费品零售总额达438亿元，外贸进出口达900亿元，分别是2016年的2.5倍、3.6倍，累计完成固定资产投资2590亿元，居全市第4位。发展质效日益增强。可支配财力达227.6亿元，增长63%，一般公共预算收入增长70.2%；城乡居民人均可支配收入分别达5.5万元、3.5万元，分别增长44.5%、53.9%；产业功能区亩均产值、亩均税收实现“双提升”，单位地区生产总值能耗、二氧化碳排放量实现“双下降”；参与制定国家标准和行业标准44个，培育中国驰名商标8个。产业结构更具韧性。三次产业结构优化为1.6∶33.5∶64.9；航空产业规模超1200亿元，是2016年的1.6倍，战略性新兴产业产值超1000亿元，先进制造业占规模以上工业产值比重70%，金融业增加值达103亿元，占第三产业比重13%。市场活力不断激发。中国电子、中国商飞、中兴通讯等龙头企业加速聚集，市场主体突破15万户、“四上”企业达1270户，分别是2016年的2.4倍、2倍，聚集世界500强企业43家、上市企业7家、高新技术企业267家、专精特新“小巨人”企业9家。

五年来，我们坚持破瓶颈、增动力，改革开放创新迸发新动能。重点领域改革多点突破。自贸改革破冰前行，完成350项改革试验任务，“空铁联运一单制货物运输模式”等3项案例全国推广，飞机融资租赁在全省率先实现突破。创新产业功能区体制机制，成都芯谷成为全市首批法定机构改革试点。战略性重组3家区属国企，资产规模超1600亿元，较2018年改革前增

长90%，空港兴城、空港发展实现AA+评级。完成镇（街道）区划和村级建制调整，镇（街道）、村（社区）分别减至9个、118个。开放合作纵深推进。完成机场扩能改造，双流机场跻身全球十大最繁忙机场。与省机场集团等单位结成“战略合伙人”，7家基地航司扎根双流，新开通货运航线14条，新增进境商品指定口岸4个。综保铁路建成投运，“航空+铁路+公路”多式联运体系加快构建。高水平承办第18届世警会等重大活动，城市影响力不断提升。创新资源加速聚集。中国西部（成都）科学城双流分区加快建设，布局西部光源等大科学装置3个，吸聚国家级重点实验室等创新平台110个。成都信息工程大学3个产业学院落户成都芯谷，与电子科大等高校共建的8个产业园（研究院）入驻项目460个；全社会研发投入增长90%，科技成果就地转化率由14.5%提升至18.1%。创新设立区人才综合服务中心，人才总量超40万人，年均增长12.5%；获批中科协“海智”计划工作基地。遗留问题集中化解。创新办理江安花园等196个小区不动产登记，解决5万户群众的“揪心事”。攻坚化解企业历史遗留问题149件，助力企业轻装前行。盘活“批而未供”土地1.3万亩，办理国有企业不动产权登记63万平方米。营商环境大幅改善。健全“企业咖啡时”“科创菁英汇”“市民茶话吧”多维服务体系，建成企业幸福中心3个，温情服务企业、院所和市民。扎实开展“三送三帮”等服务，兑现惠企政策资金62亿元，减免企业税费、社保费190亿元。公共资源交易全流程电子化，交易额达717亿元，增长5.9倍。企业开办时限压缩至2.5个小时，工程建设项目、非工业项目审批时限分别压减至8个、14个工作日。中国营商环境百佳示范县（市）排名升至第14位。

五年来，我们坚持优环境、提品质，空港门户形象实现新改观。重点片区突破性崛起。大力推进片区综合开发，天府国际生物城成型成势，天府怡心湖惊艳亮相，成都芯谷蓄势待发，空港商务区重装启航，空港花田、空港体育公园、永安湖相映生辉，成为新晋网红“打卡地”，生产生活生态“三生融合”场景和谐呈现。城区品质持续性改善。坚持全生命周期营城优城，创新规委会打分排名、择优通过等机制，实施建设项目“动土必管”“大兵团作战”；聚焦政府投资项目、管线迁改等切口，出台14个改革性文件，系统推动城市建设更规范。环港路等70条道路建成通车，6条地铁、24个站点投入运营。整治提升背街小巷123条、改造老旧院落129个、增设既有住宅电梯157台。东升、西航港老城区加速更新，蛟龙片区城市治理体系不断健全、实现突破性变化。生态环境历史性好转。把良好生态环境作为最普惠的民生，4500亩空港中央公园、344千米空港绿道联网成片，成为市民沐浴阳光的休闲地。大气、水、土壤污染防治取得新成果，$PM_{2.5}$下降52%，空气优良天数增加116天；近3年投入42.3亿元新建和改造污水处理厂（站）18个、雨污管网238千米，水质考核断面达标率由50%提高至100%，锦江黄龙溪水质改善受到习近平总书记肯定。

五年来，我们坚持惠民生、增福祉，人民幸福生活谱写新篇章。疫情防控取得阶段性胜利。面对突如其来的新冠肺炎疫情，全区党员干部、医务人员、疾控人员、公安民警、社区工作者、志愿者闻令而动、尽锐出战，全体市民携手同心、守望相助，共同构筑起守护生命的铜墙铁壁。我们精心管理入境航班2600余个，用心服务入境旅客2.9万人，独立承担入境客货机机组人员、外交领事抵蓉人员管理服务，充分彰显“天府门户”的铁军担当。我们迅速构筑起全民防疫屏障，核酸检测超100万人次，新冠疫苗接种252万剂次，居全市第3位，连续600余天无本土确诊病例。医疗健康品质化发展。实施全生命周期健康管理，人均预期寿命由79.6岁增加到81.6岁；与3家省部级医院深度合作，华西空港医院、京东方医院、成都七医院等8所医院建成投用，住院床位、卫技人员分别增长64%、71%，率先在全省实现区级综合类、中医类、妇幼类医院“三甲”全覆盖。教育事业均衡化发展。财政累计投入103.5亿元保障教育优先，新增省级示范性高中2所，新改扩建中小学（幼儿园）73所，新增学位4.7万座、市级以上名优教师293名，普惠性幼儿园覆盖率达82.2%，成为全国首批学前教育普及普惠区。文体事业跨越式发展。新增国家级和省级旅游资源品牌4个，建成欢乐田园等文旅新地标50个，旅游总收入达143亿元、是2016年的2.5倍。成功创建国家级体育赛事产业示范基地，高水平承办ATP250成都公开赛等体育赛事，重大国际赛事承办数量居全省之首。社会事业系统性提升。实施全民参保计划，投入70亿元为被征地农民购买社保，发放失业保险金10.7亿元；城乡居民基本医疗保险参保率达98%，城乡养老服务设施覆盖率分别达100%、93%；新增城镇就业8.1万人。建成幸福美丽新村22个，以商品房标准建成安置小区36个，6.3万居民乔迁新居。获评全国民族团结进步示范区、全省双拥模范区。对口帮扶巴塘脱贫奔康，连续3年被省委、省政府表彰为“对口帮扶藏区彝区贫困县先进集体”。

五年来，我们坚持强基础、守底线，城市治理能力得到新提升。城市管理更加精细。持续整改城乡环境“负面清单”，创新城乡环卫一体化改革，开展违建治理“利剑”行动，拆除违法建设406万平方米，完成“两拆一增”点位295个，增加开敞空间120万平方米，金河路等7条街道获评全市“最美街道”。城市运行更加安全。坚持每月召开城市安全工作联席会，安全生产事故逐年下降。纵深推进“扫黑除恶”，违法犯罪警情下降38.7%。开展信访“大起底”“治重化积”行动，信访总量下降12.1%。基层治理更加系统。组建人口服务管理委员会、小区管理服务中心，创办空港新居民大学，用心服务新老市民；打造“15分钟社区生活服务圈”62个，“以共享经济推进城乡社区发展治理”入选全国十佳优秀案例，商品房小区“1+211”自治管理模式被央视新闻联播点赞，获评全国社会治理创新示范区。

五年来，我们坚持转作风、提效能，“三答三改”展现政府新形象。始终坚持党的全面领导，深入开展“不忘初心、牢记使命”、党史学习教育等主题教育，认真落实请示报告制度，确保政府工作始终沿着正确方向前进。坚决落实中央省市和区委决策部署，在创新攻坚中改进工作范式，在对表对标中提升工作标准，在狠抓落实中优化工作作风。定期向人大报告工作、向政协通报情况，办理人大代表建议723件、政协委员提案1294件，办结率和满意率均达100%。

五年来，国防动员及后备力量、退役军人、双拥工作、审计、统计、老龄、残疾人、工会、青少年、妇女儿童等工作协同有力，民族宗教、港澳台、外事、消防、气象、红十字、地方志、科协等工作成效明显。

各位代表，五年奋进征程，成绩令人鼓舞，我们深深感恩：得益于以习近平同志为核心的党中央举旗定向、掌舵领航，双流才能始终与国家战略同频共振、同向共行；得益于中央省市和区委的坚强领导、科学决策，双流才能持续走在前列、作出示范；得益于各位代表、各位委员，各民主党派、人民团体、驻区单位和部队官兵的鼎力支持、关心帮助，双流才能始终敢为人先、只争一流；得益于全区人民风雨同舟、携手奋进，双流才能永葆生机活力、欣欣向荣。在这里，我代表区人民政府，向所有参与、支持和关心双流改革发展的朋友们，表示衷心的感谢，致以崇高的敬意！

在看到成绩的同时，我们也清醒认识到，全区经济社会发展还存在不少短板和不足，主要表现在：科创资源、口岸平台优势等挖掘还不够充分，城市品质离精品城区还有不小差距，区域发展还不够均衡，产业质效还有待提升，基层治理体系还需进一步完善、治理能力还需进一步加强，政府自身建设还需进一步强化。对此，我们将坚持问题导向，积极创新攻坚，认真加以解决。

二、展望未来：我们起航新征程、接续再出发，奋力推动中国航空经济之都实现新跨越

各位代表，未来五年是双流开启现代化建设新征程的重要五年，是双流全面融入成渝地区双城经济圈建设的关键五年。根据区第十四次党代会部署，区政府工作的指导思想和总体要求是：坚持以习近平新时代中国特色社会主义思想为指导，深入学习贯彻习近平总书记对四川及成都工作系列重要指示精神，坚定落实中央、省、市和区委重大决策部署，统筹推进“五位一体”总体布局，协调推进“四个全面”战略布局，抢抓成渝地区双城经济圈建设机遇，坚持以人民为中心，以推动高质量发展为主题，大力推进“三区三廊三新城”建设，加快打造新时代“三个地方”，高质量建设中国航空经济之都，高水平推进基层治理体系和治理能力现代化，推动公园形态与空港城市肌理相融、公园场景与人民生活相适、生态空间与生产生活空间相宜，为成都建设践行新发展理念的公园城市示范区贡献更多双流力量。

未来五年，区政府工作的基本思路和路径支撑是：

——始终聚焦“一个定位”：基本建成践行新发展理念的中国航空经济之都。坚持以新发展理念为旗帜、空港公园城市为形态、适航产业体系为基础，推动“人港城产”融合发展、“校地企研”高度协同、“两场一体”良性互动，加快建设创新

活力充分迸发、城市功能集成完备、门户优势持续彰显的现代化国际空港都市区，打造新时代“企业容易做生意的地方”“市民获得感幸福感安全感增长较快的地方”“干部人才心齐气顺只争一流的地方”。到2025年，地区生产总值超过1400亿元，主导产业产值（营收）突破3700亿元，综合实力挺进全国百强区前25位，力争跻身前20强。

——协同推进“两翼齐飞”。一是协同推进机场东西片区“两翼齐飞”，形成各有侧重、互补支撑功能格局，城市内部各组团紧凑发展、精明增长、有机衔接;到2025年，东升、西航港、九江片区城市功能更趋完善，杨柳湖城市综合型副中心能级显著提升，天府怡心湖成型成势，天府国际生物城功能彰显，双流“一场两翼、东西互济、协同发展”格局基本形成。二是携手推进剑南大道东西片区“两翼齐飞”，双流与成都高新区、天府新区地缘相连、同根同源，我们将加强协同、相互成就，深化交通互联、资源互通、优势互补、产业互促、一体发展，依托剑南大道高起点打造科创走廊，携手建设成都高质量发展先行示范区、西部（成都）科学城主支撑。

——聚力打造“三区三廊三新城”。一是突出“三区”引领示范作用，承担更多国家使命，支撑百强区进位跃升，擦亮中国航空经济之都成色。二是突出“三廊”串珠聚流作用，构建区域间各美其美相互促进的通道纽带，增强中国航空经济之都活力。三是突出“三新城”标杆带动作用，打造承载城市重大功能、生产生活生态“三生融合”的产业新城、品质新城，构筑中国航空经济之都现代空间。

——攻坚落实“四新目标”。一是高质量发展迈上新台阶，一般公共预算收入占GDP比重超过8%，全社会研发经费支出占GDP比重超过4.5%，经济密度超过3亿元/平方千米，“四上”企业、高新技术企业数量和人才总量实现翻番。二是“两山”理念实践取得新突破，以碳达峰碳中和引领绿色发展，非化石能源占能源消费总量比重达45%，单位地区生产总值能耗下降10%以上，城市蓝绿空间占比达78%，水质考核断面全面达标，空气质量优良天数比率超过82%。三是宜居宜业实现新提升，公园城市形态基本呈现，教育主要发展指标位居全市前列，市民主要健康指标达到高收入国家水平，住房保障体系全面建立，城乡居民收入比缩减至1.52。四是现代化治理达到新水平，基层治理社会化、法治化、智能化、专业化水平明显提升，安全韧性水平全面提升，探索形成符合超大城市中心城区特点和发展规律的治理路径。

三、奋进2022：我们将只争朝夕、狠抓落实，加快把美好蓝图变成生动实践

各位代表，2022年是落实区第十四次党代会精神的开局之年，我们将在中央省市和区委坚强领导下，凝心聚力、接续攻坚，聚焦实施“七大行动”，奋力推动中国航空经济之都高质量发展迈出新步伐。2022年发展主要预期目标是：地区生产总值增长8%以上，力争10%，规模以上工业增加值增长9%以上，力争11%，服务业增加值增长9%以上，力争11%，社会消费品零售总额增长11%以上，力争13%，一般公共预算收入增长8%以上，力争11%，固定资产投资增长15%以上，力争20%，城镇居民人均可支配收入增长7.5%以上，力争8%，农村居民人均可支配收入增长8%以上，力争8.5%。

（一）全力实施科创强区引领行动。我们将放大中国西部（成都）科学城牵引作用，全面融入国家创新体系，以创新引领塑造发展新优势。举全区之力争创国家级经济技术开发区。坚持示范带动促转型，划定15平方千米示范区域，全面对标国家级经开区创建标准和先进园区补短板；在全市率先划定工业区块线，为建设制造强区留足承载空间。坚持规划引领优布局，聘请国际国内顶尖设计团队，高起点编制54.9平方千米全域空间规划、10.4平方千米物联网——京东方片区城市设计；优化用地比例，升级改造创业中心和电子信息示范片区，配建租赁型住房、标准厂房30万平方米以上。坚持功能提级优环境，改造提升长城路、腾飞路等道路，加快建设天保大道等干道；以人本理念营造场景，利用代征地串联打造慢行步道3千米、小型景观5处；推动园区节能减排，打造国家绿色产业示范园区，让生态宜居成为西开区新名片。坚持产业提质强支撑，围绕京东方等龙头企业完善产业链，促进天味食品等优势企业做大做强，加快建设航空动力产业园，形成航空制造维修、电子信息等产业承载新支撑；鼓励“工业上楼”，利用闲置厂房发展工业设计、科研孵化等都市工业；推动低效企业腾笼换鸟、增资扩产，盘活低效用地1000亩以上，园区实现产值1600亿元。协同打造剑南大

道科创走廊。建好走廊引领区，与成都高新区、天府新区等兄弟区县协同，探索建立统一编制规划、联合报批、共同实施的规划管理体制，推动招商引资、项目审批、市场监管等权限与行政区适度分离，全面融入成都“三区一城”创新主阵地，高起点规划建设怡心湖新经济示范区、生命科学创新区。做强走廊新经济，推动创新链产业链深度融合，与天府新区协同打造中科院光电所科技成果转化基地，实施创新型领军企业提能工程，引育科技服务业企业3家以上，落地区块链、大数据等新经济项目20个以上，供给智慧生产等场景应用10个、发布城市机会清单100条以上，培育准独角兽企业8家，新增高新技术企业60家以上。优化走廊新环境，充分发挥国家知识产权局四川中心作用，借力天府新区知识产权法庭，推动生产性服务业与先进制造业深度融合。携手校院企地实施科创三年行动计划。协同谋运营，打造“政府搭台、企业牵引、高校出智、中介联姻”利益共同体，有效整合校院企地资源，提升高校周边环境和业态，支持高校开放资源，打造环高校产业圈、生活圈、文化圈。协同搭平台，支持四川大学、中物院等参与大科学工程，依托西南交大研究院加快打造四川跨高校中试研发平台，新增产学研联合实验室、工业设计中心等创新平台5个以上。协同建载体，启动建设中核智慧科技园、电子科大科技园5期（B区），建成川大院士研究中心，创新载体利用率达75%。协同促转化，定期发布高校院所科技成果和企业技术需求“两张清单”，举办“科创菁英汇”活动16场，促进供需信息精准匹配，科技成果就地转化40项、完成技术合同交易额50亿元以上。

（二）全力实施建圈强链攻坚行动。我们将聚焦航空经济，以融合发展为方向、数字赋能为引领，加快构建支撑高质量发展的适航产业体系。以双楠大道时尚走廊和成双大道商务走廊为支撑做优现代服务业。推动生活性服务业品质化发展，以人的美好生活需求为导向，围绕“好吃”“好玩”“有趣”，积极发展美食、户外装备、轻医美等业态，力促九龙仓二期等项目加快建设、星荟天地漫乐城等项目盘活运营，塑造运营时尚品牌IP，助力国际消费中心城市建设。推动生产性服务业向链条化延伸，布局总部经济、航空金融等业态，力促空港商务展示展销综合体、澳康达西南中心主体竣工，生产性服务业占服务业增加值超50%。以智能制造为重点做强先进制造业。围绕产品链深挖产业链，紧盯新型显示、医疗设备等细分领域，推动先进制造业壮大发展。电子信息在质量上突破，依托新易盛等企业和屏芯智能制造基地等载体，攻克光电芯片等核心技术，支持京东方建设智能工厂、纬创实施智能自动化设备升级，力促产值突破1000亿元。航空制造维修在技术上突破，打通“整机—发动机—设备系统—维修保障”全链条，支持四川国际攻坚大型喷气客机发动机等细分领域，推动空客再交付中心等项目加快建设，大飞机示范产业园（二期）等项目建成投运，力促实现产值80亿元。生物医药在规模上突破，重点聚焦生物大分子创新药、现代中药等领域，加快迈克生物体外诊断产品产业园等项目建设，支持扬子江海汇等医药企业做大做强，力促实现产值80亿元。数字经济在赋能上突破，深度参与全市工业软件协同攻关平台建设，布局电子设计自动化软件等拳头产品，支持建设数字化车间（工厂），打造“5G+工业互联网”试点示范，推动数字经济和实体经济深度耦合。特色产业在创新上突破，推动新能源、新材料、绿色食品等存量企业技改升级、做大做强，力促产值达330亿元。以城乡融合为导向做精都市现代农业。保障粮食安全，落实“米袋子”“菜篮子”责任制，坚决遏制耕地“非农化”、防止“非粮化”，建成高标准农田1.1万亩，粮食和蔬菜种植面积分别稳定在8.7万亩、15万亩。促进乡村振兴，鼓励社会资本打造农商文旅新消费场景10个、高品质精品林盘4个，创建省级“五良融合”全程机械化示范区、市级乡村振兴战略城乡融合发展先进区。壮大集体经济，盘活闲置资源，力促流转集体建设用地700亩，年集体经济收入100万元以上村（社区）40个。以碳达峰碳中和为目标引领绿色发展。推广低碳生产，支持成都南玻等企业节能改造，单位地区生产总值能耗、二氧化碳排放分别降低3.2%、5%以上。推广低碳交通，打造“轨道+公交+慢行”融合绿色体系，建成充电站12座、充电桩600个，新增新能源公交车300辆。推广低碳建筑，完成公共建筑节能改造3万平方米，确保新建项目绿色建筑达标率70%以上。推广低碳创新，鼓励西南化工研究院等科研机构开展碳捕集利用与封存等技术攻关，探索推进“零碳机关”建设，让绿色低碳成为新时尚。

（三）全力实施公园城市宜居行动。我们将持续以公园城市理念引领城市营城模式变革，加快建设更有吸引力的高品质城区。推动“示范创建”相辅相成、齐头并进。争创国家生态文明建设示范区，对表创建标准促提升，确保空气质量优良天数达标；加快补齐雨污管网等短板，有序腾退应急污水处理设施，确保锦江黄龙溪等5个考核断面水质100%达标；提升绿化品质，红枫海、紫薇海全面开放，打造社区花园4个、公园城市示范街区3个，新增绿道20千米，实现“300米见绿、500米见园”。争创国家全域旅游示范区，实施文旅高质量发展三年行动计划，建设天府旅游名县，提标打造牧马山国际旅游度假区，加快实施“一带一路”国际艺术中心等8个文旅项目，创建一批工业旅游、研学旅游示范基地，推动黄龙溪古镇按AAAAA级景区标准提档升级，旅游总收入达150亿元。推动“三座新城”功能复合、加快成势。成都芯谷以打造全国集成电路创新策源地为目标，积极发展集成电路、人工智能、工业互联网等业态，推动芯谷金融中心城市地标主体封顶、芯谷加速器等项目和中国信通院等平台建成投运；创新“标准地”供地模式，建成高品质科创空间130万平方米，新聚集企业200家以上，落地百亿级企业1家；加快建设芯谷中学、人才主题公园等配套项目，聚集各类人才2万人。天府怡心湖片区以打造西部（成都）科学城标杆新城区为目标，携手更多“城市合伙人”实施D区、E区片区开发，加快推进道路、学校、医院等配套和天府梦想城、日航酒店等项目建设，推动盛和资源等总部项目落地运营，聚集各类人才3万人。天府国际生物城以打造世界一流生物产业园区为目标，抢抓生命科学创新区建设契机，发挥体制机制优势，以新型疫苗、医药外包等细分赛道增强比较优势，推动艾美疫苗研发生产基地等项目落地，聚集各类人才3万人。推动“规建管运”高效衔接、精致精细。高质量完成国土空间规划编制，以运营前置思路统筹做好九江新城等区域城市设计和各类规划。对标精品城区，出台道路通勤效率提升规划导则，加快双楠大道西延线等31条道路建设，构建快速通畅路网体系；坚持外立面、绿化景观等施工环节“样板引路”，推行安置小区等建设项目“市民开放日”工程质量监督机制；强化市场化思维和政策引导，实施环港路西片区等区域有机更新，推进双流西站等3个TOD项目建设，协同提升机场红线内外门户形象。坚持大城区细管理，紧盯“三部”“五边”等薄弱区域，深入开展城乡环境综合治理，打造“两拆一增”点位40个，每季度评选“最美、最差”街道和小区院落；深化违法建设治理，创建示范镇（街道）2个、示范村（社区）10个、示范小区40个。强化经营理念，高效盘活闲置用地、城市公园、运动场馆、安置小区商铺等资源，让城乡资源价值得到充分激发。

（四）全力实施改革开放赋能行动。我们将强化改革先导和突破作用，依托国际航空枢纽、口岸平台优势，在国内国际双循环相互促进的新格局中作示范、当先锋。坚持问题导向深化改革。深化经济区与行政区适度分离改革，做实两项改革“后半篇”文章，实施以片区为单元编制镇（街道）和乡村国土空间规划等5项行动，引领城乡产业、基础设施和公共服务优化布局。深化国资国企改革，组建空港资本集团，合理整合二三级公司，进一步优化国有资本布局，力促经营性收入增长30%以上。深化财政零基预算改革，坚持政府过“紧日子”，健全财政支出标准体系，提高财政资源配置精准性；推动财税国资金融国土高效联动，力促可支配财力稳定增长。完成20项自贸试验改革任务，积极推进供应链供地等创新试点，提升投资贸易便利化水平。聚焦流量拓展深化开放。建设亚蓉欧航空货运枢纽，新开通国际货运航线3条以上，落户顺丰货运基地，构建外连欧亚、内接鄂州通道格局，推动综保铁路融入出川战略走廊，每周稳定开行南向西部陆海新通道班列5列以上。推动自贸区、综保区、开放口岸联动，支持仁宝、纬创等外贸龙头拓展市场，用好中国东盟（四川）中心平台，发展跨境电商、市场采购等外贸新业态，力促新增外贸主体40家、外贸进出口1000亿元以上，加快打造“一带一路”供应链核心节点和资源配置中心。紧扣“双圈”互动深化合作。全面融入成渝地区双城经济圈、支撑服务成都都市圈，推动西航港与成都高新区无缝衔接，支持天府新区整合资源建设成都科学城，与成都东部新区协同打造泛欧泛亚国际门户枢纽；深化与重庆渝北、眉山东坡等区县合作。推进川桂产业合作示范园建设，放眼全国全球寻找更多合作伙伴。

（五）全力实施营商环境优化行动。我们将倍加呵护珍惜各类市场主体，努力提供更好更优服务，全力打造新时代“企业容易做生意的地方”。优化审批监管服务。全面落实营商环境4.0版政策，优化占道施工多事联办、并联审批流程，扩大企业项目投资承诺制适用范围，提升土地供给、竣工验收、不动产登记等服务效率。深化包容审慎柔性执法，加大对不正当竞争行为的执法力度，切实保护企业知识产权等权益。优化财税金融服务。全面落实减税降费政策，丰富“企业咖啡时”“科创菁英汇”内涵外延，实施惠企政策“一口办理、免申即享”服务，及时兑现扶持资金。大力支持民营经济发展，强化中小微企业和个体工商户服务；创新开展“政企银保投”合作试点，设立科技支行，民营企业贷款增长10%以上。优化存量企业服务。推动个转企、分转子、小升规、大转强，新增市场主体3万户、企业1万家、“四上”企业250家，培育专精特新“小巨人”企业2家，新增上市（挂牌）企业8家。优化项目招引服务。设立40亿元重大产业化项目投资基金，推动高质量“以投促招”。强化楼宇载体招商，培育税收亿元楼2栋、甲级写字楼1栋。引进亿元以上项目65个，实际到位市外内资165亿元、利用外资4亿美元以上。

（六）全力实施基层治理固本行动。我们将持续深化基层治理创新，以有效治理破解发展之困、满足群众之需，推动高质量发展和高效能治理互促共进。创新人口服务管理，增强“航都主人”归属感。完善空港居民库，做实人口基础信息和个性标签，建设市民幸福中心2个，线上线下实时感知、及时回应市民需求。推动残疾人托养等102项基本公共服务向常住人口全覆盖，切实保障市民基本权益。围绕流动人口、产业工人等新市民需求，整合高校、企业、志愿者力量，创新提供特色优质公共服务。用好10亿元人才专项扶持资金池，实施“航都人才金卡”计划，引进高端领军人才50名、产业紧缺人才1500名以上。做细各类小区治理，共绘“美丽家园”新景象。坚持党建引领小区精细治理，科学划分小区网格片区，组建以村社干部为片长的“3+1+N”片区专班，建立小区专班吹哨、协同力量报到机制，推动网格化管理延伸到小区。建立智慧小区管理系统，常态化举办“市民茶话吧”“有事来协商”等活动，推动社情民意快速收集、限时办结、闭环管理。积极推进城中村改造，实施社区微更新项目9个。分类制定商品房、农集区、老旧小区治理标准，有序推进870个老旧院落实现专业物业管理，完成20个老旧商品房小区改造，加强老旧农安小区更新管理。推进综合行政执法中队规范化建设，强化街区和小区综合执法。提升智慧治理能力，打响“数智双流”新品牌。主动融入智慧蓉城建设，规划打造数字孪生城市，以数字赋能产业发展、市民生活和政务服务，整合智慧治理、综治中心、公安信息等平台资源，系统升级“城市大脑”，加快实现“一网统管”“一网通办”。加快布局数字设施，新建成5G基站1000个以上，适度超前建设物联网感知器，打造智慧应用场景30个以上，争创全省新型智慧城市试点区。筑牢城区安全防线，塑造“韧性双流”新形象。把韧性城市要求融入城市规划建设管理全过程，打造韧性社区、韧性街区、韧性项目。常态化开展城市体检，完善城市安全风险定期分析、调度解决机制，及时解决道路交通、建筑施工、城乡消防、燃气、危化品、冷链食品等领域隐患，攻坚整改城中村安全问题。提高街面见警率，深化扫黑除恶、禁毒人民战争，严打网络诈骗等违法犯罪。提高积案化解率，确保“治重化积”案件清零。

（七）全力实施共享发展暖心行动。我们将以共同富裕为导向，聚焦回应群众所需所盼，打造新时代“市民获得感幸福感安全感增长较快的地方”。打好疫情防控和健康服务“组合拳”。坚持平战融合，确保应急机制随时激活、高效运转；强化信息化手段运用，整合存量资源建设“健康驿站”，推动防控更加精准更有效率。用心呵护市民健康，嫁接用好华西医院等高端医疗资源，柔性引育高级卫技人员100名，新增省市重点（特色）专科3个、二乙综合医院1家；加快省公卫临床中心、空港亚心心脏病医院等9个医院建设，新增床位700张，创建全国中医药工作示范区。当好教育“双减”和质量提升“先锋队”。坚持向课堂要质量，强化校外培训机构监管，实施质量提升“一十百千万”工程。培育更多好老师，实施名校、名校长、名师“三名工程”，引育区级以上名优教师400名。建设更多好学校，完成西航港顺风学校等8个中小学（幼儿园）建设项目、新增学位5310座；力促普惠性幼儿园覆盖率达83%、中小学优质学校覆盖率达75%，支持“双中”“棠中”建成成都领航高中、艺体中学创建省一级示范高中、永安中学创建省二级示范高中。推动普职教育、家校共育协调发展。提升文明城市和文体服务“软实力”。深入推进文明典范城市创建，持续纠治垃圾乱堆等八乱现象，常态化开展专项治理九项行动，共建共享文明新家园。强化文体服务精准供给，精心办好第31届世界大学生夏季运动会等重大赛事，开展群众性文体活动300场以上；创新天府文化双流表达，打造广都文化等4个特色文化IP，丰富市民文体生活。织密民生工程和兜底保障“温情网”。兼顾好“职”和“住”，举办“春风行动”等招聘会150场以上，确保新增城镇就业1.5万人以上、登记失业率控制在4%以内；按照商品房标准，建设保障性租赁住房700套、人才公寓500套、安置小区20个。照顾好“老”和“小”，高标准建设社区养老服务综合体3个，加快实施社区道路、休憩设施、超市、医院等无障碍改造，65岁以上老人健康管理率达70%；实施儿童友好项目，建设婴幼儿托育场所4个，打造儿童早期发展指导中心，推进城市建设适应儿童身心发展。服务好“军”和“民”，严格落实退役军人及优抚对象服务保障，切实为驻区部队办实事、解难题；推动军民互促深度发展，加强军属烈属服务；持续加大民生投入，扎实办好56项年度民生实事，全力满足市民对美好生活新期盼。

各位代表，不负韶华，唯有奋斗。我们将持续深化政府自身建设，提升执行效率和落实水准。讲政治，对党忠诚。认真落实党的十九届六中全会和省委市委区委全会精神，坚决捍卫“两个确立”，不断增强“四个意识”、坚定“四个自信”、做到“两个维护”，牢记“国之大者”，严格执行请示报告制度，以“钉钉子”精神抓好中央省市和区委决策部署落地落实。强法治，对权力敬畏。坚持在法治轨道上推进政府治理能力和治理体系现代化，用法治思维推动发展、促进和谐。严格依法政务公开，充分保障市民全过程人民民主权利。自觉接受区人大法律监督、工作监督和区政协民主监督，确保代表建议和委员提案办理满意率达100%，严格执行重大行政决策法定程序，确保行政机关负责人出庭率达100%。重实干，对事业负责。每月举办航空经济大讲堂，督导政府公职人员静心钻研业务、专业推动工作，不断增强干的本领。强化战略思维、系统思维、创新思维、复盘思维，精准对标先进地区经验做法，不断提升干的方法。强化干部积分管理，坚持重点工作周调度、月通报、季考核，构建有部署有督办有复命工作闭环，不断激发干的状态。守底线，对自己严格。认真落实党风廉政建设责任制，加强国资国企、规划建设、政府采购等重点领域和关键岗位监管，常态整治不作为、慢作为、乱作为，打造廉洁高效服务型政府。

各位代表，新征程任重道远，新使命催人奋进。让我们更加紧密地团结在以习近平同志为核心的党中央周围，认真落实中央省市和区委决策部署，奋发有为、勇开新局，高质量建设中国航空经济之都，高水平推进基层治理体系和治理能力现代化，为成都建设践行新发展理念的公园城市示范区贡献更多双流力量！

名词解释

1.“三送三帮”：为企业送政策、送服务、送物资，帮融通供应链、帮解决难题、帮促进发展。

2.“1+211”自治模式：“1”即小区党组织，“211”即小区业主大会+业主代表大会、业主委员会、业主监督委员会。

3.“三答三改”：系统回答中国航空经济之都“是什么”“怎么建”“谁来建”的问题；坚决改工作范式、改工作标准、改工作作风，锻造专业、理性、务实、精进的新时代高素质干部队伍。

4.“三区三廊三新城”：“三区”即国家级经济技术开发区、国家生态文明建设示范区、国家全域旅游示范区，“三廊”即剑南大道科创走廊、双楠大道时尚走廊、成双大道商务走廊，“三新城”即成都芯谷、天府怡心湖、成都天府国际生物城。

5.“三区一城”：四川天府新区、成都高新区、成都东部新区和中国西部（成都）科学城。

6.“五良融合”：良种、良法、良制、良田、良机融合。

7.“三部”：城乡接合部、区县接合部、镇（街道）接合部。

8.“五边”：场站边、线路边、工地边、铁路边、河湖边。

9.“两项改革”：乡镇行政区划和村级建制调整改革。

10.“3+1+N”：“3”为两委干部、居民小组长、综治网格员，“1”为小区专员，“N”为小区（院落）党组织、自治组织、物业人员、居民骨干等。

11.“一十百千万工程”：引进1个专家指导团队，打造10所“双减”课程建设示范校，培育100名“双减”领航教师，评选1000节精品课，推出10000课时精品作业。

大事记

A CHRONICLE OF MAJOR EVENTS

1月
January

6日 双流区“5+2”道路提升改造工程集中启动。“5”是指五环路双流段、双楠大道西延线、环港路、川藏路一期、大件路节点快速化改造5条道路，“2”是指剑南大道(长顺路口)下穿隧道、剑南大道和第二绕城高速公路立交改造2个节点项目，总投资125.78亿元。

6—8日 双流区村(社区)党组织换届选举举行，全区118个村(社区)党组织选举产生党组织书记118名、委员670名。

8日 双流区城市更新中心挂牌成立。

18日 成都至阿姆斯特丹定期商业货运航线开通。

20日 成都芯谷产业功能区法定机构——成都芯谷发展服务局挂牌，负责功能区开发建设、运营管理、产业发展、综合协调等。

☆ 双流区人民法院联合成都天府国际生物城政务服务中心线下首次运用“产业功能区法庭”机制成功调解两起劳动争议纠纷，涉及工资金额4万元。

24—26日 中国人民政治协商会议第十一届双流区委员会第五次会议召开。

25—27日 成都市双流区第十八届人民代表大会第七次会议召开。

26日 位于双流国际机场二跑道西南侧的中国商飞大飞机示范产业园1号维修机库投入试运行。

☆ 双流区人民法院采取社区法庭方式，在西航港街道近都社区某小区公开开庭审理《中华人民共和国民法典》施行后双流区首例高空坠物案件并当庭宣判。

28日—2月5日 双流区表扬2020年度重点企业开展“送奖牌、送政策、送服务”活动举办，向294家企业发放全口径税收50强、纳税大户、工业产值50强、服务业营业收入50强、抗疫情促发展先进集体等11类584个奖牌，兑付“六稳”政策奖励资金1500万元。

29日 以“谋远健行·服务发展”为主题的双流区2021年第一场“企业咖啡时”活动举行。

2月
February

20日 四川省药品监督管理局成都天府国际生物城工作站挂牌成立。

21日 中兴终端有限公司入驻仪式在双流区企业幸福中心举行，中兴通讯“中国终端项目”正式入驻。

25 日 双流区“企业咖啡时”主题活动暨“高校进园区”校企交流合作活动在成都天府国际生物城文化中心举行，红云制药、登特牙科和绿叶维信等企业与成都医学院达成初步合作意向。

26 日 双流区走在前列作出示范动员大会召开。

3 月
March

1 日 中国共产党双流区第十三届纪律检查委员会第十一次全体会议召开。

4 日 中国商飞客户培训中心成都基地启用仪式举行。

5 日 双流区进口冷链食品集中监管仓投用。

☆ 双流区宣传工作会议召开。

6 日 “至美巾帼·女企筑梦”——2021 年双流女企业家协会三八专场直播活动通过“线上 + 线下”双场景开展，吸引 3.6 万名网友在线观看。

9 日 中国航空经济之都人才工作大会举行，发布《2020 年双流区属地人才资源状况报告》《2021 年双流区人才开发指引》《成都市双流区空港科创人力资源协同创新政策措施》，为四川大学、西南民族大学、成都信息工程大学、四川警察学院、四川文化产业职业学院、四川现代职业学院等“中国航空经济之都人才工作站”授牌。

10 日 “共建 5G+ 智慧园区”战略合作签约仪式在成都芯谷展示中心举行，四川移动天府新区分公司与成都芯谷产业园发展有限公司签署战略合作协议。

11—12 日 双流区工会第十二次代表大会召开。

12 日 双流区 2021 年空港金融座谈会召开，通报双流区 2020 年金融业发展情况、2021 年工作思路，解读《成都市双流区关于促进金融业高质量发展的若干意见（征求意见稿）》，推介成都芯谷金融中心，向 12 家工作突出贡献金融机构代表颁奖。

14 日 “成都—达卡”全货机航线首航，为顺丰 2021 年在西南地区布局的首条国际货运航线。

15 日 “成都—伦敦”全货机航线首航，为递四方在西南地区布局的首条国际货运航线。

☆ 双流区与中建三局集团签署战略合作协议。双方将采取城市综合开发、股权投资、PPP、施工总承包等投融资模式，推动在重点基础设施、城市综合开发、新兴产业等项目投资建设上的合作。

19 日 中国航空经济之都一季度重大项目集中签约仪式举行，双流区与厦门市建潘集团有限公司、云知声智能科技股份有限公司、保利（成都）实业有限公司等企业签订 15 个项目投资合作协议，协议资金 277.3 亿元。

☆ 四川省和成都市党政军领

3月19日，中国航空经济之都一季度重大项目集中签约仪式举行（供图：区投促局）

导在双流区参加2021年义务植树活动。

20日　双流区村（居）民委员会换届选举举行，全区105个居民委员会、13个村民委员会选举产生新一届村（居）民委员会班子成员。

22日　以“澜谷铸芯　智启天府”为主题的澜谷科创园竣工落成和开园仪式在成都芯谷举行。

22—28日　四川省经济和信息化厅公示四川省第一批国家重点支持专精特新“小巨人”企业拟推荐名单，双流区成都晨光博达橡塑有限公司和成都千嘉科技有限公司名列其中。

24日　国务院教育督导委员会办公室认定双流区为首批“全国学前教育普及普惠县”，为全国仅有的两个首批通过学前教育普及普惠国家认定的区（市）县之一。

26日　中国航空经济之都城市规划建设大会召开。

☆　2021双流区对日招商投资环境网络推介会在线上举行。

28日　四川航空运行指挥大楼投用仪式举行。

29日—4月14日　国家体育总局射击射箭运动管理中心、四川省体育局主办，双流区文化体育和旅游局、四川省陆上运动学校承办的“空港双流杯”东京奥运会射箭最终选拔赛在双流区中国现代五项赛事中心举行。

30日　成都市工业互联网企业供需对接大会——工业互联网助力制造业数字化转型会议在双流区电子科技大学科技园举行。

31日　“双流区企业咖啡时·电子信息产业投资环境推介会”在深圳市举行。

4月
April

2日　四川大学华西空港医院（双流区第一人民医院）创建为三级甲等综合医院，双流区实现区级医院“三甲”全覆盖。

☆　2021年甘孜州巴塘县副校长到双流区“校对校”跟岗培训高级研修班开班仪式在双流区棠湖小学举行。

8日　双流区人民政府、四川省机场集团有限公司与西藏航空有限公司合作协议签约仪式举行，三方将重点围绕双流区区位优势、双流国际机场服务保障能力以及西藏航空运营特色三个方面开展合作。

☆　双流区政府、省机场集团、西藏航空战略合作协议签约仪式举行。

9日　国家体育总局发布《关于命名、认定2020年国家体育产业基地的通知》，双流区被命名为“国家体育产业示范基地”。

☆　中国航空经济之都高质量推进城乡融合发展大会暨村（社区）“两委”干部培训会召开。

10日　双流中学办学80年学术交流大会举行。

☆　“2020—2021双流空港云上马拉松”线下赛在双流体育中心举行。

14日　双流区举行2021年“社治群英汇·携手爱社区”专项保障激励资金项目对接暨社区商业需求清单发布会，发布2021年全区专项保障激励资金项目，共647个项目，涉及9个镇（街道）和118个村（社区），总资金9521.72万元。

16日　“成渝地区双城经济圈”双创联动新发展——双流区“企业咖啡时”漫客空间专场活动在重庆市举行，成都双流“企业咖啡时”重庆服务中心在漫客空间设立。

☆　中国航空经济之都组织工作会议召开。

18日　国家税务总局成都市双流区税务局“空港税务先锋退役军人之家”揭牌成立。

21日　“中国旅游景区欢乐指数2020年度优质体验景区”颁奖典礼举行，双流区黄龙溪镇欢乐田园获评“中国旅游景区欢乐指数2020年度乡村田园类优质体验景区”第1名。

22日　双流国际机场FBO（Fixed Base Operator）规划发展战略合作签约仪式暨西南地区川藏快线公务救援飞机驻场签约活动在双流国际机场卫星厅举行。双流区携手四川省机场集团，与金鹿商务航空、华龙商务航空、中一太客商务航空等4家亚太地区公务机行业的龙头企业签署战略合作协议。

☆　2021年中国西部地区商业保理行业发展论坛在双流区举行。

23日　成都空港兴城投资集团有限公司、武汉亚洲心脏病医院、武汉亚洲实业有限公司共建武汉亚洲心脏病医院成都医院签约仪式在双流区举行。武汉亚洲心脏病医院成都医院项目选址双流区第一人民医院老院区，总建筑面积6.48万平方米。

☆　2021年成都市“侨商进园区”双流行暨“创业中华·海归蓉漂”双流区校企地合作对接活动在双流区举行。

24日　“更好的成都，成就更好的你”——空港英才·筑梦航都

2021双流区“‘蓉漂’人才日”活动举行，双流区发布《城市机会清单》。

25日 全球物联网创新企业BOE（京东方）斥资60亿元打造的智慧医院、四川省最大民营医院——成都京东方医院开诊。

☆ 四川省大规模人群新冠病毒疫苗接种演练在双流区黄水镇板桥临时接种点举行。

27日 陈彼得《天府之水天上来》新歌发布会在黄龙溪古镇举行。

28日 顺丰西部航空货运枢纽项目签约仪式在双流区举行。顺丰集团将深化与四川省机场集团和双流区的合作，投资10亿元，建设现代航空物流中心。

5月
May

6日 成都市首个以产业功能区命名的综合执法中队——成都天府国际生物城综合执法中队成立。

7日 双流区人民政府第四次廉政工作会议暨双流区法治政府建设工作会议召开。

10日 由成都市节约用水监管事务中心主办，双流区节约用水监管事务中心承办的“你好·小水滴”节水主题活动在双流区实验小学举行。

11日 赛迪顾问城市经济研究中心评估的《幸福百强区（2021）》发布，双流区上榜并排名第88位。

14日 《人民日报》第14版刊发题为《久久为功水渐清》的报道，提到黄龙溪国控断面水质提升，特别提到锦江黄龙溪段镇级河长罗园园巡河履职工作以及双流区水务局在17个市设断面基础上新增34个区设考核断面，推动河长制从全面建立到全面见效等。

14—16日 “相约幸福成都·2021年中国田径邀请赛”在双流举行。

16日 国务院联防联控机制督导组到双流区黄水板桥临时疫苗接种点督查疫苗接种工作。

17日 成都市首个产业功能区纠纷调解中心——成都天府国际生物城纠纷调解中心在成都天府国际生物城揭牌成立。纠纷调解中心由成都天府国际生物城管委会、双流区人民法院、成都高新区建筑劳务和民工权益保障协会联合成立。

5月17日，成都天府国际生物城纠纷调解中心揭牌仪式举行　（供图：区大健康办）

21日 “爱成都·迎大运”“魅力空港·活力社区”双流区第二届社区运动节在永安湖城市森林公园举行。

25日 成都天府国际生物城与世界500强企业赛默飞世尔科技共同打造的“ThermoFisher—国际生物城联合创新实验室”在成都天府国际生物城揭牌投用。

25—31日 中国橄榄球协会、成都大运会执委会主办的“相约幸福成都”系列赛事之2021全国女子水球冠军赛暨第十四届全运会女子水球资格赛在双流区中国现代五项赛事中心举行。

26日 2021年双流区残疾人绿道健康徒步（路跑）活动在双流区运动公园举行。

28日 双流区举行2021中国航空经济之都产业功能区推介暨投资机会清单发布会，发布双流区2021年重点推荐的13个片区投资机会清单。

☆ 成都市“国家安全教育”主题教研活动在双流区东升讲堂举行。

30日 双流中学实验学校独立承担的全国教育科学“十三五”规划2016年度教育部重点课题“基于核心素养培养的初中综合实践活动课程开发与实施研究”成果公开报告会、成果推广会暨四川省中小学综合实践活动课程教研员和骨干教师专题培训在双流中学实验学校举行。

31日 双流区首个政府采购“不见面”开标项目——黄甲街道办事处街道园区道路清扫服务采购项目完成开标。

☆ 双流区“空港·云”正式对外开放。

6月
June

1日 《小康》杂志社发布“2021中国最具发展潜力百佳县市”榜单，双流区上榜并位列第10位。

4日 以“人与自然 和谐共生”为主题的双流区2021年“六五世界环境日”宣传活动在白河公园举行。

8日 双流区2021年中国航空经济之都城市合伙人招募暨片区综合开发推介会举行，推出成都芯谷杨柳湖片区、西开区转型升级片区、怡心湖A片区、东盟自由贸易合作中心区域、东升环港路西片区、未来美好公园社区六大重点片区。

☆ 成都欧林生物科技股份有限公司在科创板上市，成为成都天府国际生物城第3家科创板上市企业。

☆ 第2届提升国际交通物流环境发展枢纽经济政企交流研讨会在双流举行。活动由成都市政协经济界别主办，双流区分享了航空枢纽建设思考与实践。

10日 四川省商务厅对2020年四川省获批的7家国家级外贸转型升级基地授牌，双流区西航港开发区获“国家外贸转型升级基地（电子信息）”授牌。

11日 成都市首个两区（双流区和成都高新区）合作共建产业功能区人才工作站——成都市人才工作站天府国际生物城分站挂牌成立。

16日 2021年双流区“致敬奋斗者”颁奖活动举行。

6月11日，成都市人才工作站天府国际生物城分站授牌仪式举行 （供图：区大健康办）

17日 成都市“新兴向蓉·红色引擎”高校院所与产业功能区联合主题党日启动仪式暨双流专场活动在电子科技大学科技园举行。

☆ 成都市妇女联合会、国家税务总局成都市税务局主办的“永远跟党走幸福美好生活巾帼建功”颁奖仪式在双流区举行。

18日 双流区第二季度重大项目集中开工仪式在西航港开发区三维电子项目地块举行，集中开工项目38个，涵盖电子信息、生物医药等产业领域，协议总投资218亿元。

☆ 双流区名师工作室授牌仪式在棠湖小学举行。

20日 四川省人民政府公布四川省特色小镇名单和创建名单，双流生物医药特色小镇上榜四川省特色小镇创建名单。

21日 双流区总工会、区委政法委、区法院、区人社局、区司法局、区仲裁委等联合成立的双流区劳动纠纷“一站式”联处中心正式运营。

21—22日 双流区委宣传部主办的庆祝中国共产党成立100周年集中采访活动举行，来自新华社、中新社、《中国改革报》、《中国经济时报》、人民网、《四川日报》等近20家媒体记者走进双流区，采访双流区在各个领域“走在前列、作出示范”的生动实践，挖掘中国航空经济之都建设故事。

23日 “颂歌献给党 奋进新征程”双流区职工合唱比赛决赛在双流体育中心举行，双流区教育局教师合唱团获金奖，西南民族大学教职工合唱团、四川大学教职工合唱团分获银奖，双流区公安分局代表队、双流区人社局代表队、双流区税务局代表队分获铜奖。

25日 胡润·百富学院走进中国航空经济之都活动在双流区举行。

26日 以“产城谋局 从芯出发”为主题的2021成都新经济“双千”发布会提升产业功能区专业化运营水平专场活动在双流区举行，发布《成都市提升产业功能区专业化运营水平新场景新产品清单》，双流区30个新场景和34个新产品名列其中，新场景和新产品数量在各区（市）县中位列第一。

27日 中国首家生物血液制品博物馆——中国生物血液制品博物馆在成都天府国际生物城开馆。

29日 双流区社工总站成立，加快社会组织和社工人才培育发展。

30日 《成都市双流区"企业咖啡时"提档升级工作方案》出台，"企业咖啡时"3.0版本正式上线。

☆ 双流区庆祝中国共产党成立100周年暨优秀共产党员、优秀党务工作者和先进基层党组织表彰大会举行。

7月
July

1日 飞友科技发布《2021年上半年民航运营报告》，双流国际机场位列全球第七、中国第一。

5日 双流区庆祝中国共产党成立100周年座谈会召开。

☆ 双流区公共资源交易服务中心与眉山市政务服务和公共资源交易服务中心实施"地铁30号线一期工程高碑坝车辆段居民出行通道施工"首个跨区域远程异地评标。

9日 成都市委办公厅（市档案局）、市档案馆联合主办，双流区委办公室（区档案局）、区档案馆承办的"百年历程 档案记忆"档案展览在双流区档案馆开展。

12日 递四方跨境供应链西部集散中心一级口岸落户暨成都—马德里国际货运航线首飞仪式在双流区举行，递四方一级口岸落户双流区。

16日 "庆祝中国共产党成立100周年·全省媒体看成就"全媒体短视频联合报道公益行动在双流区启动。

☆ 以"关爱生命 '救'在身边"为主题的四川省首届红十字应急救护技能大赛在双流区举行。

☆ 双流国际空港商务区投资环境推介活动在浙江省杭州市举行。

19日 工业和信息化部中小企业局公示第三批专精特新"小巨人"企业名单，双流区5家企业上榜，分别为成都嘉纳海威科技有限责任公司、成都国星宇航科技有限公司、成都中寰流体控制设备股份有限公司、森泰英格（成都）数控刀具有限公司和希望森兰科技股份有限公司。

20—23日 中国工业互联网产业联盟第十七次工作组全会在双流区召开。

22日 双流区与成都信息工程大学深化校地合作共建协议签约暨新型产业学院落户成都芯谷揭牌仪式在成都芯谷举行，双流区与成都信息工程大学签订深化校地合作共建协议，举办集成电路、网络空间安全、区块链三个新型产业学院揭牌仪式。

23日 双流区首起引用《中华人民共和国未成年人保护法》条款实施处罚案件结案。

27日 西安博瑞集信电子科技有限公司西南总部及研发中心项目签约仪式在双流区举行。项目选址成都芯谷，投资金额1亿元。

☆ 中国航空经济之都选调生大会举行。

☆ "温郫崇双龙"医疗保障事业协同发展联席会议第二次会议在双流区召开。

29日 双流区首张"交地即交证"不动产权证书颁发。

30日 双流区辖内企业四川天微电子股份有限公司在上海证券交易所科创板上市，成为双流区首家科创板上市企业。

8月
August

3日 "双流区共享碧水蓝天 共建大美航都企业咖啡时"生态环境保护专场活动举行。

12日 四川省人民政府办公厅印发《深化政务公开促进基层政府治理能力提升工作方案》，确定25个深化政务公开促进基层政府治理能力提升先行县，双流区上榜。

14日 成都天府国际生物城供应链服务中心保税仓库收到四川省首票通过保税物流模式进口的生物制品——Grifols（基立福）公司人血白蛋白2万瓶。

19日 成都市人民政府新闻办公室召开"突出创新驱动 强化功能支撑 以产业生态圈引领产业功能区高质量发展"新闻发布会，发布2021成都市产业生态圈和产业功能区名录，双流区成都芯谷分别入选电子信息产业生态圈、人工智能产业生态圈，成都天府国际生物城入选医药健康产业生态圈，双流航空经济区分别入选航空航天产业生态圈、先进生产性服务业产业生态圈。

☆ 成都东站城市候机楼投用暨精品商务航线三年行动计划发布仪式举行，双流区8家基地航空公司参加，双流国际机场股份有限公司与携程旅行网签订合作协议。

☆ 成都市南部片区上线省平台调研会在双流区召开。

30—31日 双流区第十八届人民代表大会第八次会议召开，依法选举杨钒为双流区人民政府区长。

9 月
September

5 日 中国共产主义青年团双流区第十五次代表大会开幕。

6—11 日 四川省文化和旅游厅综合执法监督局主办，双流区综合行政执法局承办，在双流区组织一场网络文化执法活动，重点审查西藏自治区和涉藏工作重点省（自治区）互联网文化、出版物发行销售、旅行社等经营单位在线产品和业务，西藏自治区、青海省、甘肃省、云南省、四川省涉藏重点地区的文化综合执法人员共 30 人参加。

7 日 四川省电子信息产业成果转化基地授牌仪式举行，双流区成为首批转化基地承载单位。

☆ 全国首个电子信息概念验证中心、西南地区首个专业形态技术概念验证平台——四川省电子信息概念验证中心建设启动。项目由双流区与四川省科技协同创新促进会共建，拟选址成都芯谷。

☆ 双流区委、区人民政府承办的以“精彩视界 超清呈现”为主题的超高清视频产业海内外人才峰会举行。

7 日—12 月 3 日 “幸福空港·双流表达”——2021 年双流区“走基层”文化惠民活动举行，共 40 场。

8 日 中国航空经济之都庆祝教师节大会举行。

9 日 由商务部和海关总署牵头实施的 2020 年度全国综合保税区发展绩效评估结果公布，成都高新综合保税区（含双流园区）被评定为 A 等，在全国 121 个参加评估的综保区中绩效排名继续位列第一，在全国 134 个参加评估的海关特殊监管区中排名第二，仅次于上海外高桥保税区。

13 日 成都市“最美”大运社区、“最美”社区游线和“最美”社区导游发布，双流区黄水镇云华社区被评为“最美”大运社区，空港花田新地标之旅被评为“最美”社区游线，6 名社区导游获评“最美”社区导游。

16 日 第十八届中国西部国际博览会开幕，双流区“空港 1 号中邮跨境全球购”同步亮相。

☆ “2021 新联接·新生态”双流物联网产业发展交流研讨会在华为成都物联网云创新中心召开。

24 日 双流区“共筑新格局 共建经济圈”楼宇经济专题招商推介会在重庆市举行，发布 2021 双流区优质楼宇载体投资机会清单。

☆ 全国集成电路“创业之芯”大赛成都专场活动在双流区电子科技大学科技园举行。

☆ 海豚数字医疗产业园启动仪式暨 2021 中国成都数字医疗产业高峰论坛在成都芯谷举行。

27 日 成都（双流）空铁国际联运港始发首趟班列，驶向老挝万象，标志中国西部地区“空铁公水”多式联运陆海新通道全面打通。

☆ 空港发展·怡心城项目封顶仪式在怡心湖 B 区一号地块举行。

29 日 “航都启梦·造动未来”第一届航都幸福荟——2021 双流牧马山区域文旅产业推介活动在

9月27日，空铁国际联运港国际通道首发仪式举行 （供图：双流航空经济区管委会）

空港花田举行。

☆ “庆丰收 感党恩”中国农民丰收节双流区庆祝活动暨第二届国家地理标志双流永安葡萄文化季活动在成都天府国际生物城文化中心举行。

☆ 双流乡村振兴项目清单发布会举行，推介牧马山会客区、锦江流域待客区、成新蒲留客区三大片区共16个项目招商点位，包括4个市级精品林盘、3个旅游型林盘、8个村（社区）以及1个乡村旅游景区。

☆ 2021年双流区优化政府采购营商环境“政企银”对话会活动在“空港·云”展示中心举行。

10月
October

3日 央视《晚间新闻》报道“最长寿婆婆看成都乡村振兴实践”。

8日 双流区协和清河社区综合体项目获2021年度四川省全国百强县百强区培育资金（服务业发展资金）项目第一名，成功申报2021年度四川省全国百强县百强区培育资金（服务业发展资金）1000万元。

8—24日 双流区委宣传部和温江区委宣传部联合主办的“柳河流彩”双流温江美术作品联展在双流图书馆举行。

9日 2021年四川民营企业100强榜单出炉，双流区6家企业上榜，分别为成都蛟龙投资有限责任公司（成都蛟龙经济开发有限公司）、四川特驱农牧科技集团有限公司、成都华阳建筑股份有限公司、四川贵通控股集团有限公司、四川天味食品集团股份有限公司、兴发铝业（成都）有限公司。

10日 双流空港新居民大学开学典礼暨“兴·集”美好生活节启动仪式在黄甲街道双兴国际社区举行。

14日 据中国载人航天工程办公室消息，经空间站阶段飞行任务总指挥部研究决定，翟志刚、王亚平、叶光富3名航天员执行神舟十三号载人飞行任务。双流籍航天员叶光富是首次飞行。

☆ “走进绿道 欢度重阳”“爱成都·迎大运”“运动成都”成都市第八届全民健身运动会暨2021年成都市老年人绿道健身系列活动（双流站）在双流区凤翔湖森林公园水上音乐广场举行。

17日 赛迪顾问城市经济研究中心发布2021赛迪百强区，双流区入围并位列第32位。

20日 在2021年成都全球创新创业交易会“双千”“双百”发布会上，双流区成都瑞迪威科技有限公司入选成都市新经济“双百工程”重点培育企业名单。

21日 “筑梦双流·创新引领”在深圳市福田区举行，推介双流区投资环境。

22日 四川航空APU维修项目竣工暨投产仪式在双流区举行。项目位于双流综合保税区特殊监管区内，总投资5亿元，其中固定资产投资3亿元。

☆ 成都芯谷·企业幸福中心投用。

23日 2021年成都国际友城青年音乐周——中国航空经济之都双流分会场演出在双流区运动公园足球场举行。

25日 2021年四川省级重点专题培训项目——农村生态环境保护专题研讨班在双流区开班。

27日 总投资5亿元的莱弗斯基因高端数字化基因检测设备全球总部及产业化基地项目落户成都天府国际生物城。

28—29日 中国共产党双流区第十四次代表大会召开。

11月
November

1日 澳洲最大的连锁药房品牌、澳大利亚零售头部企业Chemist Warehouse西部首店落户双流区，是西部地区第一家获得政府和海关特殊批准的“保税＋新零售”业态门店。

10日 双流区2020年度贷款贴息和企业信用评级补贴政策完成兑付，为179家符合条件的企业兑现贷款贴息和企业信用评级补贴1654.46万元。

11日 双流区不动产登记中心依靠“区块链”技术为成都双流兴城置业有限公司办理国有建设用地使用权首次登记，实现全区首个登记业务“零材料”办理。

15日 北京证券交易所开市交易，首批上市的81家企业集体开市，双流区成都中寰流体控制设备股份有限公司位列其中。

16日 2021年度成都市城乡社区发展治理重大贡献工作和创新突破项目出炉，双流区申报的3个项目上榜，分别为“加快推进产业社区建设 促进生产生活生态融合发展”项目、“创新‘三社’融合共享模式 激活社区集体经济发展新动能”项目、“创新社区干部竞进比拼新机制探索人才培养新模式”项目。

17—23日　四川省农业农村厅公示四川省第二批乡村治理示范村镇名单，双流区永安镇双坝村、彭镇鲢鱼社区入选。

18日　双流区人民法院与重庆市永川区人民法院签署《成渝地区双城经济圈跨域云上共享法庭协作协议》，共享两院审判法庭资源。

20日—12月14日　2021年中国足球协会甲级联赛（第四阶段）在双流体育中心举行，12支球队600名运动员参加8轮比赛。

23日　双流区委农村工作领导小组会议暨区镇（街道）行政区划调整和村（社区）体制机制改革“后半篇”文章专项工作领导小组会议召开。

☆　“成都双流—钦州—菲律宾”首趟海铁联运班列开行。

24日　中国商飞大飞机示范产业园国产民机维修基地投运暨成都航空ARJ21飞机整机维修启动仪式在双流区举行，为成都航空首次在大飞机示范产业园国产民机维修基地对国产ARJ21飞机开展整机维修，也是四川首次开展国产民机高级别定检维修。

25日　由成都博恩思医学机器人有限公司与斯坦福大学机器人中心主任、美国工程院院士Oussama Khatib教授联合打造的博恩思奥萨玛人工智能机器人实验室揭牌落户成都天府国际生物城。

☆　“双流新机遇·空港云连线”活动在线上举行，通过线上视频、语音方式对接成都重庆两地企业代表，推介双流区营商环境和大健康产业并发布机会清单。

26日　双流航空经济区航空物流投资环境“云”推介活动举行，推介双流航空产业发展情况和要素保障等投资环境，并面向全球发出“第四届中国西部航空物流合作论坛”邀请函。

30日　双流区委社治委组织举行2021年“幸福生活·美好社区”社区微更新项目竞赛活动，21个社区微更新项目同台路演。

☆　空客宣布空客全生命周期服务项目选址双流。

12月
December

2日　“运动成都”成都市第八届全民健身运动会暨首届社区运动会闭幕式举行，双流区分别获区（市）县体育行政部门优秀组织奖、区（市）县社治委优秀组织奖，黄龙溪镇黄龙社区和东升街道清泰社区分别获评最佳体育活力社区。

☆　“立西南之‘芯’·驻产业高地”成都芯谷产业功能区网络推介会在线上举行。

☆　双流区工商联（商会）第十二次代表大会举行。

4日　成都（双流）空铁国际联运港中老国际班列首发仪式在成都（双流）空铁国际联运港举行。

7日　双流区人民政府第八次全体会议召开。

8日　2022“蓉漂杯”高层次人才创新创业大赛——双流区走进粤港澳大湾区专题赛暨“企业咖啡时”活动在深圳市举行。

8—14日　“打卡多元新场景·乐享乡村新生活”在双流区举行，展示30余个乡村旅游点位，包括空港花田、板坡良舍等乡村项目网红点。

9日　双流西TOD·四海云锦取证，双流区首个TOD示范项目上市。

☆　2021年新都区、龙泉驿区、双流区行政审判和行政执法府院联席会议暨行政争议区域化解中心授牌仪式举行。

10日　成都齐碳科技有限公司发布国内首台全自主研发的纳米孔基因测序仪QNome-3841及配套芯片和试剂，并宣布位于成都天府国际生物城的生产基地竣工。

10—21日　第23届黄甲麻羊美食文化活动“善美·黄甲”摄影展在双流区中心公园举行。

11日　2021“创业中华·海归蓉漂”——“海潮国风—海归科技文创嘉年华”在双流区城南优品道举行。

☆　“爱成都·迎大运”2021年双流区第九届“柳河杯”象棋赛在黄水镇开赛，全区各镇（街道）150名象棋爱好者参赛。

12日　双流区举行“四个十佳”志愿服务先进典型及区新时代好少年宣传发布会，表彰双流区“四个十佳”志愿服务与“新时代好少年”。

12—16日　以“廉政文化”为主题的“丹青颂盛世·重彩绘航都”双流区东升街道廉政文化主题书画展在双流爱心公园举行。

14日　“双流新机遇，空港云连线——国际空港商务区机会清单发布活动”在双流区“空港·云”展示中心举行，成都国际空港商务区发布8宗地块和4个楼宇载体投资机会清单。

16日　第一届安哲斯生物新药创新发展国际高峰论坛暨首批认定

“公园城市的国际时尚消费目的地打造——聚焦双楠大道时尚走廊”沙龙活动之大咖论坛（供图：区商务局）

11大公共技术服务平台授牌仪式在成都天府国际生物城举行。

17日 “共筑新格局·共建经济圈”电子科大校友企业走进双流暨海智基地成都创新中心行动计划发布活动在成都芯谷举行。

☆ “‘双’创共赢·‘留’才之港”——“企业咖啡时”海外人才专场活动在成都芯谷举行。

☆ 2021第四届“一带一路”成都全球象棋双人赛在双流区星宸航都国际酒店举行。

☆ 四川大学侨联专家工作站（双流）签约授牌仪式举行。

18日 2021第二届全国县级融媒体中心能力建设年会在双流区开幕，“中国新闻出版研究院融媒体研究基地”“全国县级融媒体中心智媒协同创享空间”揭牌，落户双流区融媒体中心。

21日 四川省“2021·政务新媒体融合发展大会”在双流区举行。

21—24日 中国人民政治协商会议第十二届双流区委员会第一次会议召开。

22—25日 双流区第十九届人民代表大会第一次会议召开，依法选举产生新一届区人大常委会和“一府一委两院”领导，通过新一届人大各专门委员会组成人员名单。

24日 成都天府国际生物城市政管网检修工程（一期）监理项目完成成渝双城远程异地开、评标，在双流区率先实现成渝两地异地远程评标。

28日 “公园城市的国际时尚消费目的地打造——聚焦双楠大道时尚走廊”沙龙活动在双流区举行，星荟天地·漫乐城项目、九江未来社区片区综合开发项目签约。

30日 新华社《瞭望东方周刊》、瞭望智库共同主办的2021中国幸福城市论坛在北京举行，发布2021中国最具幸福感城市榜单，双流区再次上榜，被评为“2021中国最具幸福感城市（城区）”。

31日 Chemist Warehouse西部首店在双流空港商圈东航中心开业。

双流概览

OVERVIEW OF SHUANGLIU

区情概貌

General Introduction of Shuangliu District

【概况】 双流区地处成都市西南面，地理位置介于北纬30° 13′～30° 40′、东经103° 47′～104° 15′；东连龙泉驿区、简阳市，南接眉山市仁寿县、彭山区，西邻新津区、崇州市，北靠温江区、青羊区、武侯区、锦江区；区政府驻东升街道。2021年，双流区行政区划面积1068平方千米，其中城市建成区面积123平方千米；实际管辖5个街道、4个镇，有105个社区、13个村；年末常住人口149.01万人，户籍人口70.43万人（其中城镇人口54.78万人、乡村人口15.65万人）。全区全年出生人口5235人，死亡人口2937人，人口自然增长率2.47‰。

（葛丽平）

2021年双流区镇（街道）、村（社区）及小组基本情况表

表1　　单位：个

镇（街道）名称	排序	村（社区）名称	村村民小组	社区居民小组	城市社区居民小组	办公地址
东升街道	1	白鹤社区	—	—	10	长顺路二段万家巷1号
	2	广都社区	—	—	10	鸿兴路118号
	3	花月街社区	—	—	7	花月东街17号
	4	龙桥社区	—	—	10	龙桥社区1组200号
	5	普贤社区	—	—	6	航园路418号
	6	三义桥社区	—	—	6	航园路418号
	7	双桂社区	—	—	8	楠桂街118号
	8	棠湖社区	—	—	10	棠湖西路一段40号三楼
	9	五洞桥社区	—	—	7	五洞桥北路一段77号
	10	城塔社区	—	—	16	一杆旗北街71号
	11	接待寺社区	—	—	8	星空路一段172~180号

续表 1

镇(街道)名称	排序	村(社区)名称	村村民小组	社区居民小组	城市社区居民小组	办公地址
东升街道	12	葛陌社区	—	—	7	星空路一段 600 号
	13	迎春桥社区	—	—	9	商都路 265 号
	14	芦蒿社区	—	—	4	双桂路 112 号
	15	紫东阁社区	—	—	12	北坛路 101 号
	16	长兴社区	—	—	9	三里坝街 1 号
	17	丰乐社区	—	—	8	瑞吉路 161 号
	18	清泰社区	—	—	8	石佛路二段 37 号
	19	双巷社区	—	—	6	双巷社区 2 组 2 号
	20	永乐社区	—	—	6	香榭园邻二期一栋一楼
	21	永福社区	—	—	8	吴家坝北街 306 号
	22	三里坝社区	—	—	6	永安路五段 188 号
	23	花园社区	—	—	10	双江路 300 号
西航港街道	1	莲花社区	—	—	4	西航港大道中三段 789 号 1 栋
	2	白家场社区	—	—	4	川大南路二段 99 号
	3	成白路社区	—	—	7	川大南路二段 59 号
	4	常乐社区	—	—	6	学府西路 158 号
	5	光明社区	—	—	5	川大路三段 108 号 67 栋
	6	桂花堰社区	—	—	6	黄荆路 128 号
	7	湖夹滩社区	—	—	4	文星大道 207 号
	8	花红社区	—	—	5	黄河中路一段 317 号
	9	江安社区	—	—	8	新街 308 号
	10	近都社区	—	—	5	黄河北路 128 号
	11	九龙湖社区	—	—	9	双华路三段 1122 号
	12	龙港社区	—	—	7	西航港大道中四段 64 号
	13	蜀星社区	—	—	4	蜀龙街 120 号
	14	寺圣社区	—	—	7	月星路 125 号
	15	星月社区	—	—	10	月星路 66 号
	16	机场路社区	—	—	10	黄河中路二段 36 号
黄水镇	1	白塔社区	—	—	10	宜城西路 25 号
	2	桂花社区	—	—	9	云燕路 9 号
	3	楠柳社区	—	14	—	柳清街 512 号
	4	桃荚社区	—	12	—	燕杨路 333 号
	5	板桥社区	—	6	—	金河路六段 301 号
	6	扯旗社区	—	7	—	扯旗社区 7 组
	7	红桥社区	—	7	—	红桥七组 306 号
	8	文武社区	—	8	—	文武社区
	9	杨公社区	—	8	—	杨公社区 3 组
	10	长沟社区	—	9	—	润槽南街 5 号

续表 1

镇(街道)名称	排序	村(社区)名称	村村民小组	社区居民小组	城市社区居民小组	办公地址
黄水镇	11	应天寺社区	—	7	—	应天寺农贸市场 A 栋
	12	云华社区	—	8	—	云华社区 3 组 6 社
	13	花龙村	7	—	—	花龙村七组 200 号 45 栋
九江街道	1	泉水凼社区	—	—	9	泉葫路 1 号
	2	金岛社区	—	—	8	草金路 1 号
	3	通江社区	—	—	7	渔江路 108 号
	4	石井社区	—	5	—	石井社区 2 组
	5	龙池社区	—	7	—	龙池社区 2 组 500 号
	6	石牛社区	—	7	—	石牛社区 3 组
	7	万家社区	—	8	—	五显庙路 85 号
	8	大井社区	—	8	—	大井社区 3 组 288 号
	9	蛟龙社区	—	7	—	大渡路 33 号
	10	马家寺社区	—	8	—	金湾美湖金湖路 211~221 号
	11	邹家场社区	—	8	—	龙池西锦路 458 号
怡心街道	1	公兴场社区	—	—	4	政府街 74 号
	2	骑龙社区	—	—	10	华府大道二段 82 号
	3	河池社区	—	—	7	剑南大道南段 1656 号
	4	兰家沟社区	—	—	9	牧鱼一路 285 号
	5	草坪社区	—	—	7	牧鱼一路 40 号
	6	藕塘社区	—	—	12	荷韵路 68 号
	7	双塘社区	—	—	14	荷韵一街 2~4 号
	8	清河社区	—	—	12	和顺路一段 92 号
	9	高峰社区	—	—	3	和顺路 1 段 92 号
	10	长顺社区	—	—	7	长顺大道一段 389 号
	11	三江社区	—	—	7	警校路二段 550 号
	12	红瓦社区	—	—	9	华府大道二段 1129 号
黄甲街道	1	青云寺社区	—	—	9	青云寺社区 7 组 319 号
	2	文庙社区	—	—	11	文庙社区 1 组 92 号
	3	双华社区	—	—	9	广场巷 64~68 号
	4	长埂社区	—	—	3	家园路 141 号
	5	王家场社区	—	—	7	升平街 178 号
	6	一里坡社区	—	—	8	升平街 255 号
	7	八角社区	—	—	6	黄桷树街 185 号
彭镇	1	彭家场社区	—	—	4	春波路 112 号
	2	合水社区	—	—	9	合水村 4 组 168 号
	3	布市社区	—	—	11	金葡路 26 号
	4	木樨社区	—	8	—	木樨社区 1 组 166 号
	5	兴福社区	—	12	—	兴福社区 6 组 142 号

续表 1

镇（街道）名称	排序	村（社区）名称	村村民小组	社区居民小组	城市社区居民小组	办公地址
彭镇	6	燃灯社区	—	6	—	罗汉路 448 号
	7	柑梓社区	—	6	—	柑梓社区三组
	8	光荣社区	—	6	—	光荣社区居委会
	9	羊坪社区	—	7	—	羊坪小区
	10	金桥社区	—	5	—	金桥社区 2 组 300 号
	11	红石社区	—	8	—	红石社区五组
	12	鲢鱼社区	—	5	—	鲢鱼社区一组鲢鱼寺街 151~153 号
	13	新安社区	—	8	—	新安社区四组 315 号
	14	昆山社区	—	8	—	昆山社区兴业巷 29 号
	15	歧阳社区	—	7	—	歧阳社区四组
	16	金湾社区	—	4	—	金湾路 41 号
	17	岷江村	5	—	—	金红路岷江村 2 组 300 号
	18	永和村	6	—	—	永和村 2 组 80 号
	19	金马村	6	—	—	金马村 5 组 301 号
	20	金河村	9	—	—	金河村
	21	临江村	7	—	—	临江村 1 组
	22	舟渡村	3	—	—	舟渡村二组
永安镇	1	付家坝社区	—	—	16	四兴街 25 号
	2	松柏社区	—	—	8	松柏 3 组 200 号
	3	凤凰里社区	—	—	12	黄龙大道三段 501 号
	4	双坝村	9	—	—	双坝村 4 组
	5	景山村	22	—	—	景山村 13 组
	6	三新村	9	—	—	三新村 7 组
	7	梨园村	10	—	—	梨园村 4 组
黄龙溪镇	1	黄龙社区	—	—	6	金华东街 139 号
	2	大河社区	—	—	7	大河社区 4 组 205 号
	3	嘉禾社区	—	—	8	黄龙大道四段 2780 号
	4	古佛社区	—	—	11	黄龙大道四段 2200 号
	5	白马社区	—	—	12	黄龙大道四段 681 号
	6	响水村	7	—	—	响水村 1 组
	7	川江村	8	—	—	川江村 7 组
合计			108	234	593	

说明：红色标注为 74 个按照城市《居民委员会组织法》实施选举社区，黑色为 31 个按照《村民委员会组织法》实施选举社区，蓝色标注为 13 个村

（林海英）

【区划沿革】 双流古称广都。古蜀王蚕丛、杜宇、开明氏等曾先后以广都为治所。秦惠文王后元九年（公元前316年），秦灭蜀，双流地属蜀郡。西汉元朔二年（公元前127年），置广都县，属蜀郡。新王莽始建国元年（9年），广都县更名为就都亭，东汉永平元年（58年）复名广都县。蜀汉时期，广都县隶属关系不变。东晋永和八年（352年），以蜀之流人置宁蜀郡（侨郡），广都县改属宁蜀郡。北周武成元年（559年），废宁蜀郡，广都县仍属蜀郡。隋仁寿元年（601年），避太子杨广讳，借左思《蜀都赋》中“带二江之双流”，改称双流，属蜀郡。唐龙朔三年（663年），析双流县复置广都县，同属成都府。北宋，双流县、广都县仍属成都府。北宋熙宁五年（1072年），废陵州，以贵平、籍县为镇，划入广都县。南宋，隶属关系不变。元世祖忽必烈中统元年（1260年），废广都县，部分区域划入双流县。元至元十二年（1275年），双流县属成都路录事司，至元二十三年（1286年）隶属四川等处行中书省。明洪武九年（1376年），改四川等处行中书省为四川布政使司。洪武十年（1377年），撤销双流县建制并入华阳县。洪武十三年（1380年），复置双流县，隶属关系不变。明崇祯十七年（1644年），张献忠在成都建立“大西”政权，双流县曾一度属“大西”。清康熙六年（1667年），双流县并入新津县（曾一度用名“新双县”）。清雍正八年（1730年），双流县复置，属成都府。1914年，双流县属西川道。1929年，双流县直属四川省辖。1935年，双流县属四川省第一行政督察区。中华人民共和国成立之初，四川省分为川东、川南、川西、川北4个行署区，在行署区之下设专区，双流县隶属川西行署区温江专区。1952年，撤销行署区，恢复四川省建制，双流县属四川省温江专区所辖。1959年，双流县一度与华阳县合署办公，同年7月撤销双流县建制并入温江县。1962年，双流县复置，隶属关系不变。1965年，华阳县撤销并入双流县。1976年，仁寿县籍田区划入双流县；同年，双流县划归成都市管辖。2015年12月，双流县撤县设区获批。2016年3月1日，成都市双流区人民政府发布公告，宣布撤销双流县，设立成都市双流区，以原双流县的行政区域为成都市双流区的行政区域。

【地形地貌】 双流区位于龙泉山脉中段西侧，地形地貌多样，境内分布有坝区、丘区和绵延起伏的浅丘台地。双流区境内海拔423 ~ 988.1米，主要有龙泉山、牧马山两大山脉。龙泉山是东北向西南走向的狭长褶皱构造低山，长210千米、宽10 ~ 18千米，从龙泉驿区柏合街道入境内，经太平、永兴、籍田3个街道，到双青桐出境入眉山市仁寿县。牧马山源起东升街道，山脉经东升、西航港、黄甲、黄水、怡心、永安、黄龙溪等镇（街道），绵延入新津区至眉山市彭山区双河口止，长35千米，宽11千米，山脉走向由西北至东南，山势平缓微倾。双流区境内河流属岷江水系，多集中分布于平原地区，流向近于由东北向西南，主要河流有金马河、锦江、江安河、杨柳河、白河和鹿溪河，河流总长为117.65千米。

（葛丽平）

【气候特征】 双流区属四川盆地亚热带湿润季风气候区，四季分明，气候温和，春秋季短，夏冬季长，雨量充沛，日照偏少，无霜期长；年平均气温16.8℃，极端最高气温38.6℃，极端最低气温 -4.6℃；年总降水量911.2毫米，年平均相对湿度80%；年平均风速每秒1.2米，最多风向为北风。双流区主要气象灾害有暴雨、高温、大雾、雷暴、大风、寒潮、低温、干旱等。

（廖利娟）

【文化旅游资源】 双流区境内有被称为古蜀农耕文化发祥地的“瞿上城”遗址，亦有出土于东升街道清泰的晋碑、省级文物保护单位金华庵等文物古迹，以及黄龙溪古镇、古佛堰等名胜。黄龙溪景区为国家AAAA级旅游景区。黄龙溪古镇位于双流区西南，有2100多年历史，先后被评为“中国民间艺术（火龙）之乡”“中国环境优美小城镇”“中国民间文化遗产旅游示范区”“中国历史文化名镇”。黄龙溪民俗文化历史悠久，融合古蜀、三国等众多文化内涵于一身，其中龙狮文化中的火龙灯舞因悠久的历史渊源、深具民族民间韵味被列入国家级非物质文化遗产代表性项目名称。黄龙溪打造完成一湖两河、七街九巷、六寺十古，无论是清新灵动的“黄龙见水”——真龙街，还是静怡俊秀的“上河衢田园水村”都成为古镇独特的标志。

【双流荣誉】 双流县于1995年获“全国农村青年星火科技示范活动先进示范县”、四川省“乡镇企业十强县”称号；1996年，获评“全国科技工作先进县”；2000年，被命名为“全国广播电视先进县”“全国造林绿化百佳县”；2003年，被民政部命名为“全国村民自治模范县”；2005年，获“全国文化先进县”称号，被教育部列为全国“义务教育监测项目县”；2006年，率先通过四川省“义务教育示范县”专家组评估验收；2007年，入围“全国最具投资潜力中小城市百强县”，列第21位，获“全国中小城市综合实力百强”称号，被授予“全国文物工作先进县”称号；2008年，被水利部确定为全国节水型社会建设试点地区，是四川省唯一被确定为国家级节水型社会建设的县级试点地区，获“国家科技进步优秀示范县”称号，为四川省唯一获得此荣誉的县；2009年，被国家中医药管理局批准为全国农村中医工作先进县，被国家体育总局评为“全国农民体育健身工程先进县”；2010年、2011年连续获“中国全面小康十大示范县（市）”称号；2012年，入选2012中国县（市）级十大最具幸福感城市，获中国儿童慈善奖“突出贡献奖”，获评全国社会主义新农村建设档案工作示范县、全国敬老模范县，获“慧聚中国·2012中国最佳生态环境魅力城市（区县）”称号；2013年，被全国爱国卫生运动委员会授予国家卫生县城称号。2016年，双流县域经济基本竞争力全国百强排名升至13位，连续7年获“中国全面小康十大示范县市”称号。2016年度中国中小城市科学发展指数研究成果发布，双流区跻身2016年度中国中小城市综合实力百强区、中国最具投资潜力中小城市百强区，分别列第38位、第99位。2017年，双流区经济综合实力在全国百强区排名第38位，获评全省县域经济发展先进县、县域经济发展模范县；4月，获批国家级临空经济示范区。2018年，双流区获评全国投资潜力百强区、全国幸福百县、全省县域经济先进县，位居全国综合实力百强区第37位、全国营商环境百强区县第18位、全国科技创新百强区第36位。2019年，双流区获评“2019年度中国全面小康十大示范县市”“中国营商环境百佳示范县市”，成为全国综合实力百强区排行榜（全国百强区）第32名、2019年度全国科技创新百强区。2020年，双流区获评2020中国最具幸福感城市（城区），中国营商环境百佳试点县市排名升至第14位，中国城市品牌形象百优县区排名第5位；获评四川省级体育产业示范基地，成功创建全国象棋之乡、四川省级敬老模范区、四川省级食品安全示范区，入选天府旅游名县候选县；成都芯谷研创城获评“全市最理想科创空间”。2021年，双流区位居全国综合实力百强区第29位，获评高质量发展十佳县（市、区）、全国学前教育普及普惠区，连续两年被评为中国最具幸福感城区，连续四年获评中国营商环境百佳示范县市。

（葛丽平）

国民经济与社会发展
National Economic and Social Development

【概况】 2021年，双流区实现地区生产总值1130.6亿元，增长8.7%，列中心城区第4位、全市第6位，一、二、三产业增加值分别增长4.3%、11.5%、7.4%，三次产业结构比为1.3：34.1：64.6；其中规模以上工业增加值增长19.3%，创9年来历史新高，排名中心城区第1位、全市第2位。全区全年完成固定资产投资555.1亿元，增长13.7%；实现一般公共预算收入91.25亿元，增长17.7%，其中地方税收收入76.32亿元，增长11.7%；社会消费品零售总额完成443.4亿元，增长12.4%；外贸进出口总额900亿元以上；城镇、农村居民人均可支配收入分别为55557元、34928元，分别增长8.3%、9.5%。

（周德君）

【农业】 双流区推进乡村振兴，新增四川省级示范村2个、成都市级示范村5个，建成黄龙溪镇大河村等幸福美丽新村3个，黄水镇创建为四川省乡村振兴先进镇；新建高标准农田1.38万亩，新培育农业经营主体30家，其中成都市级以上农业龙头企业2家；加快推进永安镇周家院子等4个林盘修复。全区农业总产值24.17亿元，增长4.7%；粮食面积8.76万亩，产量3.9万吨；经济作物面积25.47万亩，油料面积5.0万亩，水果产量4.09万吨。

【工业和建筑及房地产业】 双流区有纳入统计的规模以上工业企业393户；实现工业增加值345.88亿元，增长15.2%，其中规模以上工业增加值增长19.3%；实现主营业务收入1866亿元，利税总额81亿元，利润总额64亿元；完成规模以上工业总产值1788亿元，增长40.7%。全区电子信息规模以上企业实现工业总产值1149.63亿元，比

2020年增长63.3%；绿色能源规模以上企业实现工业总产值188.57亿元，比2020年增长15.7%；航空制造与维修规模以上企业实现工业总产值56.55亿元，比2020年增长31.6%；生物医药规模以上企业实现工业总产值68.65亿元，比2020年增长12.9%。截至年底，双流区有建筑施工企业86家，其中总承包企业57家，全年建筑业总产值增长13.4%。双流区房地产开发投资下降2.7%；商品房销售面积273.2万平方米，其中住宅销售面积139.9万平方米；实现商品房销售额307.47亿元，其中住宅销售额234亿元。

【国内贸易和旅游业】 双流区实现社会消费品零售总额443.41亿元，增长12.4%。按经营地统计，城镇实现零售额421.03亿元，增长11.7%；乡村实现零售额22.38亿元，增长27.5%。按消费形态统计，商品零售收入389.35亿元，增长8.9%；餐饮收入54.06亿元，增长46.9%。双流区全年接待国内外游客1833.67万人次，增长14.1%；旅游总收入154.72亿元，增长19.7%。

（王　玲）

【固定资产与投资】 双流区全年完成固定资产投资555.1亿元，增幅13.7%，其中农业完成投资7.1亿元，增幅5.1%；工业完成投资111亿元，增幅10.2%；服务业完成投资437亿元，增幅14.9%。全区全年计划实施省市重点项目65个（不含生物城项目），计划总投资1012.7亿元，年度计划投资134.2亿元，2021年完成投资166.5亿元。

（周德君）

【对外开放】 双流区实现外贸进出口总额981.3亿元，增长25.6%；实际利用外资29.57亿元，实际到位内资159.66亿元；新签约引进重大项目16个，新签约引进重大项目落地13个。

【交通邮电】 双流区交通运输、仓储和邮政业完成固定资产投资22.7亿元，实现交通运输、仓储和邮政业增加值192.50亿元，增长5.3%。全区公路里程914.38千米，公路桥梁239座（含乡道、村道，不含86座县级以上公路桥梁）；内河航道通航里程6千米。双流国际机场飞机起降架次300862架，下降3.5%；航空货邮吞吐量62.94万吨，增长1.8%；航空旅客吞吐量4011.75万人次，下降1.5%。

【财政金融与保险】 双流区实现一般公共预算收入91.25亿元，增长17.7%，占地区生产总值的8.1%，地方税收收入76.32亿元，增长11.7%；实现全口径财政总收入284.27亿元，增长2.1%，其中全口径税收收入156.40亿元，增长8.6%；全口径财政总支出247.86亿元，其中一般公共预算支出111.65亿元，增长9.1%。全区金融机构人民币存款余额2165.77亿元，增长14.5%，其中住户存款余额1300.38亿元，增长12.3%；金融机构人民币贷款余额1634.64亿元，增长17.7%。全区人寿保险业实现保费收入5.7亿元；财产保险业实现保费收入7.7亿元，其中政策性农业保险1151万元，涉农贷款投放130.3亿元。

【科技教育】 双流区认定通过高新技术企业380家，截至年底实现高新技术产业营业收入1298.64亿元，实现技术合同交易额51.4亿元；建有创新平台209个，其中国家级33个、四川省级99个、成都市级77个；新获专利授权5053件，其中发明专利756件；有效发明专利拥有量3604件。全区普通高考（包括职教）参考人数4879人；有普通中学5所、职业高中8所，在校学生2.65万人；有小学23所、初中12所、九年一贯制学校18所、十二年一贯制学校2所、特教学校1所，在校学生10.12万人；有幼儿园154所，在园幼儿5.02万人，学龄儿童入学率124%（包含流动人口子女）。

【文体卫生】 双流区有公共图书馆1个，馆藏图书162万余册，其中纸质图书87.7万册、纸质中文报纸510种，电子图书75万册、电子期刊6500种；有大型公共体育场馆6个、镇（街道）综合文化服务中心（服务站）12个、网吧152家、歌舞娱乐场所65家；开展“走基层”文化惠民演出40场次、“月月大舞台”144场次、公益电影5238场次、线上线下图书馆公益活动217场次、线上线下全民阅读活动86场次、全民健身体育活动310场次、青少年竞赛与培训400场次，100余万人次群众受益。全区有各级医疗卫生机构633家，其中医院50家、基层医疗卫生机构578家、专业公共卫生机构3家、其他卫生机构2家；有床位数6139张，医疗卫生技术人员11180人，其中执业（助理）医师5771人；婴儿死亡率2.3‰，5岁以下儿童死亡率3.1‰。

【城市建设和安全生产】 双流区公

路通行里程 866.39 千米（不含高速），城市道路长 651.31 千米，建成区面积 123 平方千米，道路面积 1789 万平方米，其中人行道面积 125 万平方米；绿化覆盖面积 6034.38 公顷，公园绿地服务半径覆盖的居住用地面积 2700 公顷，公园 9 个，公园面积 292.86 万平方米；全年空气质量优良天数 280 天，空气质量优良天数比例 76.7%。全区天然气供气管道长 4190.67 千米，天然气销售总量 4.24 亿立方米，其中居民家庭用气量 1.49 亿立方米；自来水厂3 个，供水管道长 3958.69 千米，综合生产能力 60 万立方米/日，城市自来水供水总量 27304.70 万立方米（含天府新区成都直管区部分区域）。全区全年交通事故 62 件，下降 3.1%；火灾事故 480 件，下降 20%。

【人民生活和社会保障】 双流区城镇居民每百户拥有电视机 141 台、洗衣机 105 台、电冰箱 109 台、摩托车 8 辆、移动电话 295 部、空调 204 台、家用汽车 81 辆，农村居民每百户拥有电视机 144 台、洗衣机 104 台、电冰箱 107 台、固定电话 2 部、移动电话 293 部、空调 136 台、生活用汽车 69 辆、摩托车 29 辆；城镇职工养老保险参保 54.19 万人，城乡居民养老保险参保 7.16 万人、参保率 95%，城乡居民基本医疗保险参保 46.05 万人、参保登记率 99%，城镇登记失业率 3.35%；救助农村低保 2.33 万人次，发放低保救助金 1682.52 万元；救助城市低保 0.80 万人次，发放低保救助金 694.40 万元，救助率 100%；医疗住院救助城乡困难群众 1345 人次，发放医疗救助金 151.1 万元，其中城市医疗救助 98 人次，发放医疗救助金 10.98 万元，农村医疗救助 1247 人次，发放医疗救助金 140.12 万元，救助率 100%；有 14310 名 80 岁及以上的高龄老年人享受高龄津贴，补贴金额 1683.18 万元；有 2078 名 90 岁及以上的高龄老年人享受高龄津贴，补贴金额 578.97 万元；有 53 名 100 岁及以上的高龄老年人享受高龄津贴，补贴金额 38.16 万元；对 250 名精神病患者实施免费服药救助服务。双流区残联资助 3686 名符合条件的残疾人及残疾学生儿童参加城乡居民基本医保保险、大病医疗补充保险，完成 298 名 0 ~ 15 岁学生儿童、残疾儿童康复训练，对 137 名重型精神病患者实施阳光救助。

（王　玲）

中国航空经济之都建设

Construction of China's Aviation Economic Capital

【概况】 2021 年，双流区实现地区生产总值 1130.6 亿元，外贸进出口总额突破 900 亿元；新引进顺丰西部航空货运枢纽、中兴通讯西南总部基地等项目 51 个，协议总投资 902 亿元；双流国际机场实现客运、货运吞吐量分别达 4011.75 万人次、62.94 万吨，分别居全国第 2 位、第 7 位；建成投运空铁国际联运港，高质量建设践行新发展理念的中国航空经济之都加速推进。

【中国（四川）—东盟自由贸易合作中心建设】 中国（四川）—东盟自由贸易合作中心位于双流综保区国际商品展示中心，上海东航资产管理有限公司负责整体策划、招商、运营、管理，成都涨沃公司整体租赁，负责投资、装修、改建。项目计划总投资 5 亿元，围绕四川东盟中心主题，打造“东盟之窗”主题商业集群、“东盟之翼”酒店会务区、“东盟之心”品质办公场所，致力于打造与东盟各国在经济、文化、旅游、教育等全方位交流合作的战略大平台和东盟资源集成转化高地，在更宽领域、更高层次参与全球资源整合和竞争，为成都市更好发挥四川省“主干”作用和对接国家顶层设计，以及四川省乃至西部开放型经济发展作出贡献。项目于 2018 年 10 月 18 日挂牌成立，2021 年 9 月完成载体（国际商品展示中心）整体移交，项目运营方上海东航资产管理有限公司启动招商，同时完成 2800 平方米招商中心装修并投运，锦江国际音乐艺术酒店、太极 O2O 国际教育、争嗨网络等首批入驻项目完成签约。

【川渝自贸协同开放合作示范区建设】《成都市推动成渝地区双城经济圈建设 2021 年重点任务》提出“协同构建‘通道 + 枢纽 + 网络’现代物流运行体系”的重点任务。双流区会同四川省机场集团，形成《深化合作发展备忘录》，就打造全国领先精品商务航线枢纽、泛欧泛亚航空货运枢纽等方面合作。《关于共同抓好〈成都平原经济区“十四五”一体化发展规划〉等区域发展规划和成都平原经济区一体化发展 2021 年度工作部署的函》提出“高标准建成投用成都天府国际机场，基本实现与双流国际机场‘两场一体’运营”的重点任务。双流区服务省市大局，支持成都天府国际机场高水

中国（四川）—东盟自由贸易合作中心（2021年） （供图：双流航空经济区管委会）

平投运。《关于认真贯彻落实〈加强重庆成都双核联动引领带动成渝地区双城经济圈建设行动方案〉的通知》提出"双核联动建设成渝地区双城经济圈"的重点任务。双流区聚焦服务成渝地区主导产业供应链需求，拓展空域航线，双流国际机场新开至阿姆斯特丹、伦敦、达卡等国际全货机航线 5 条，截至年底开通航线 374 条，其中国际及地区航线 131 条（中西部第一）、国际货运航线 15 条，至全球枢纽城市的通达性和覆盖率大幅提升；融入成都重庆世界级机场群和成都"两场一体"运营，推动双流国际机场转型发展，打造全国知名的精品商务航线枢纽和泛欧泛亚航空货运枢纽，建成投运成都东站和宽窄巷子 2 个城市候机楼，首次将航空服务及配套功能延伸到高铁和景区，其中成都东站城市候机楼是四川省首个"空铁联运"城市候机楼，每年可为 200 万人次提供便捷中转乘机服务；助推成都完善国际供应链体系，引进顺丰西部航空货运枢纽、递四方国际中转中心等货运重大平台项目 2 个；创新实施国际快件中心安检前置，实现机场空侧延伸，通关效率提升约 25%；发挥国际空港优势，聚焦服务 RCEP（《区域全面经济伙伴关系协定》）下东盟产业链和供应链优化布局，建成投运西南首个空铁国际联运港。

【航空产业链构建】 双流区加快洽谈空客全生命周期服务项目，围绕退役飞机，建设全国首个飞机循环利用项目，打造"四中心一平台"（停放维修中心、升级改装中心、飞机拆解中心、客改货中心和航材交易平台），开展飞机停放与存储、飞机转租和恢复运营需要的升级改装服务、飞机机身维修维护、飞机拆解服务、客改货服务以及二手飞机及可用航材的管理和贸易等业务，补齐双流区航空产业链薄弱环节，构建整机维修、发动机维修、部附件维修等航空维修产业链；加快引进顺丰货运基地航司项目，填补成都市全货运基地航司空白，提升全货机业务占比，整合顺丰航空、顺丰西部航空货运枢纽、顺丰四川分拨中心等资源，推动顺丰与国航、川航、递四方等联手，构建"陆路运输 + 智能仓储分拨 + 专业货站 + 全货机运输 + 门到门服务"航空物流产业链；签约引进民航西南医学中心，加快洽谈机载航电设备适航审定中心，助力建立航空航电设计、研发、制造、维修、审定取证于一体的完整产业链，吸引国内外更多航空资源向成都市投入，形成产业集聚效应，助推航空产业集群发展。

【航空项目招引建设】 双流区依托中商飞头部项目，落地中国商飞客户培训中心成都基地，强化航空培训能力，拓展国产民机运营全产业链；签约引进民航西南地区医学中心，增强航空人员保障能力；签约引进广州航润发动机检测维修中心项目，建强发动机检测维修能力；签约引进川航科瑞特保税维修项目，川航 APU 维修项目建成投运，增强航空维修能力；投运国产民机维修基地，形成国产ARJ21大修能力；签约引进顺丰西部货运枢纽项目和维双数智化供应链项目，顺丰四川分拨中心产业园、圆通西南总部基地两个项目建成投运，航空物流能级提升。

【临空经济示范区规划建设】 成都临空经济示范区规划范围以双流国际机场为中心，包括示范区及其协同发展区。示范区规划面积100.4平方千米，其中国际航空港面积17.7平方千米、临空高端制造产业功能区面积43.7平方千米、航空物流与口岸贸易功能区面积10.4平方千米、临空综合服务功能区面积17.1平方千米、生态防护功能区面积11.5平方千米。示范区周边双流区域为协同发展区，与示范区同步规划、同步发展。示范区建设临空高端产业集聚区重点工程，包括航空动力小镇、中国商飞民机示范产业园项目、成都双流国际机场扩能改造、顺丰大型物流总部基地、四川航空北头运行基地扩建等航空产业项目，成都芯谷先导区、中电子8.6代液晶面板生产线项目、中电科信息安全产业园项目、紫光成都集成电路基地等电子信息产业项目，成都康弘制药有限公司新厂建设一期、四川华西国际医院、扬子江天府药坊大健康产业园项目、区级GCP中心、京东方数字医学中心等大健康产业项目，黄龙溪现代农业创意博览园、绿地T7站前商务区项目、双流数字媒体创新创业中心项目等文化创意产业项目，圆通速递西南管理区总部项目、中国南方股份有限公司成都总部基地等总部经济项目；建设新型生态智慧空港城重点工程，包括能源基础设施、水利工程、地下综合管廊、教育配套工程、卫生健康配套工程、文体配套工程、空港市民服务中心、智慧城市工程；建设国际航空通信枢纽重点工程，包括轨道交通建设项目、高速公路建设项目、快速通道建设项目、区域路网建设工程、信息通信节点建设工程；建设临空经济创新高地重点工程，包括环川大国际化创新创业示范带、前沿技术孵化基地、天府新区大学科技创新园、怡心湖；建设内陆开放先行区重点工程，包括提升口岸能力、建设“信用空港”、开辟“网上丝绸之路”、东盟自由贸易小镇；加强生态环境保护重点工程，包括节能技术推进项目、机动车清洁能源建设项目、充电站网络建设项目、污水综合治理工程、公园绿道工程、生态居住区建设工程、水源地生态隔离带建设、水利工程等。示范区初步形成以航空运营服务、航空维修制造、航空物流、航空金融、跨境贸易为主导的临空服务业体系。

【临空经济示范区基础设施建设】 双流区完成综保横路西段和中商飞片区污水临时处置工程建设，为川航APU、顺丰等项目投运奠定基础；启动顺丰南侧道路和中商飞周边环境景观提升改造工程，并加快建设；加快圆通拟选址西侧道路、骨干网三条道路等基础设施建设，争取民航医学中心项目南侧道路工程纳入2022年全区政府投资建设项目年度计划。

【“人港城产”融合发展】 双流区规划建设产业功能区，统筹考虑产业与功能，有序推进航空经济区80平方千米空间范围、功能定位、名称优化调整；按照“人港城产”融合发展要求，推动川航科瑞特项目、顺丰西部航空货运枢纽、民航医学中心、紫荆谷东盟中心4个项目方案加快报批，加快民航医学中心、维双供应链、兴科蓉3个项目方案编制；完成双流国际机场站前片区、二跑道西片区控规局部优化，促进产城融合；抢抓成乐高速建设契机，深入研究物流园区产业转型升级和形象整体提档升级，对接国内外第三方知名机构，形成提档升级初步成果。

（罗　宇）

【民营企业服务】 双流区强化政策“落地感”，提升民营企业获得感，以民营企业实际需求为出发点，动态跟踪、主动对接，构建全生命周期政策体系；深化营商环境综合改革，增强民营企业发展信心，坚持以国际化营商环境建设为主线，以市场主体获得感为基本评价标尺，聚焦民营企业反映集中的问题，推动民营企业健康发展；坚持产业生态圈理念，加快大中小企业融通发展，以产业生态圈理念为引领，聚集人才、技术、资金、专业服务等高端要素资源，培育生产生态、完善创新生态、重构生活生态、建设政策生态，释放新动能，助力民营经济乘势而上，打造基于产业生态的融通模式，推动大中小企业融通发展；推进要素供给改革，降低企业要素成本，以需求为导向深化要素供给改革，以创新求突破，实现全要素有效供给。

（张伟　盛良）

【对外开放合作】 双流区落实四川省委构建“四向拓展、全域开放”立体全面开放新格局要求，加快打造

3月27日，双流区委理论学习中心组（扩大）学习会暨第十五届“航空经济大讲堂”举行　（供图：区融媒体中心）

中国—东盟中心、数字贸易共享中心两大国际开放合作平台，有效联动广西壮族自治区、云南省等区域，促进西部企业“走出去”、东盟企业“引进来”，推动“内陆与沿海沿江沿边协同开放”；建成投运空铁国际联运港，被评为国家第二批多式联运示范工程，9月27日实现班列首发，开行经磨憨口岸到老挝万象的全国首列中老空铁公多式联运班列、经德阳黄许从霍尔果斯出境至华沙的国际铁路班列，截至年底开通班列10列，带动成都新增外贸进出口1.6亿元。

【成渝双城通关合作】 7月15日，重庆两路寸滩保税港区调研成都双流自贸试验区，双方重点交流共同推动“争取实现成渝144小时过境免签互认互通”等对上争取事项。双流区抢抓《成渝地区双城经济圈建设规划纲要》机遇，争取成都海关支持，联动重庆市，向国家争取。11月19日，海关总署围绕提升通道效能、推动开放平台建设、促进外贸新业态发展、提升监管执法水平、加强海关国际合作五个方面内容，出台支持成渝地区双城经济圈建设12条举措，持续优化成渝地区口岸营商环境，提升两地通关便利化程度。

（罗　宇）

【航空经济大讲堂】 双流区全年开展“航空经济大讲堂”5场，围绕“什么是航空枢纽、航空经济、航空商圈”，邀请30余名专家学者，以国际和国内、理论和实际相结合的视角，从航空产业、电子芯片、数字经济、城市规划、碳中和等方面，讲授前沿知识，分享观点，提升全区干部人才的认知水平，拓展建设中国航空经济之都的视野和思路；针对双流区发展中的难点痛点问题，组织专家学者、区级相关部门和企业负责人开展专题研讨，商谈破解良方；面向全体参会人员开展“金点子”征集活动，就专家授课内容，结合自身工作岗位，提出具体建议，截至年底，收集到意见建议1300余条。

（郑　怡）

国际化营商环境建设
International Business Environment Construction

【概况】 2021年，双流区按照中央、四川省、成都市关于深化“放管服”改革优化营商环境会议精神和文件要求，对标国内外营商环境建设先进经验，形成具有双流特色的深化“放管服”改革优化营商环境“四张清单”，构建营商环境“四位一体”政策体系，营商环境各项指标提质增效。双流区在中国营商环境百佳示范县市排名升至第14位；在赛迪投资竞争力百强区（2021）榜单中排名全国第35位，在全省上榜区（市）县中位列第2位；在成都市2021年营商环境评价中跻身优异等次。

【营商环境政策体系构建】 双流区构建具有双流特色的25大项营商环境3.0政策体系，制定企业容易做生意的地方和稳定公平可及国际化营商环境建设工程工作措施各26

8月25日，举行双流区国际化营商环境建设工作特邀监督员聘书颁发仪式　（供图：区行政审批局）

项、双流区2021年深化“放管服”改革优化营商环境226条工作要点；梳理全区深化“放管服”改革优化营商环境“四张清单”，起草双流营商环境4.0具体措施，构建营商环境“四位一体”科学政策体系；召开2次国际化营商环境建设工作特邀监督员座谈会，聘任30名特邀监督员。

（郑从林）

【招投标营商环境建设】 双流区房屋建筑、市政、水务、能源领域工程建设项目均使用标准招标文件招标，房建、市政、交通领域施工、监理、勘察设计标段全面实行“不见面”开标。双流区公共资源交易服务中心全年完成“不见面”开标工程建设项目140个，完成远程异地评标工程建设项目16个，其中主场4个、副场12个，与眉山市、德阳市开展异地远程评标2个。双流区2021年营商环境招投标指标被评为年度优秀指标。

（周德君）

【政务服务优化】 双流区构建全域覆盖的“1+8+N”三级政务服务体系［“1”即做强区政务服务大厅主导，“8”即做优不动产登记、公安办证、公安车辆、人社、医保、税务、婚姻、公共资源交易8个政务分中心，“N”即延伸镇（街道）市民服务中心、村（社区）便民服务站功能、下沉169项审批服务事项至镇（街道）］，全区全年行政许可和审批服务事项受理212.7万件，免费邮政快递1609件；依托四川省一体化和“蓉易办”平台，构建“互联网+政务服务”政务服务模式，推动网上办事大厅应用；深化以“全程网办、容缺受理承诺补正、免费邮寄”为主要内容的“审批不见面”改革，落实政务数据共享；纵深推进综合窗口审批改革，党建引领政务服务，结合“我为群众办实事”，为企业群众提供便捷的“一站式”服务体验，41个部门780项政务服务事项纳入综合窗口实行无差别受理。

【企业服务优化】 双流区深化非接触式纳税服务，推进178项业务全程网上办，19项业务线上线下融合办，9大类255项业务“最多跑一次”落地落实；率先建成全省首家智能办税服务厅，集成精准推送、税务健康体检、智能远程咨询服务；探索大数据智能分析，“智慧税云”小程序精准识别纳税人缴费人个性需求并提供个性化服务。

【人才保障】 双流区行政审批局落实四川省、成都市、双流区社保减、免、缓和就业返、补、贴等惠企政策，为全区1.69万户参保企业减征社保费6亿元，为68家企业发放用人单位社保补贴354.26万元，岗位补贴485.07万元，吸纳就业补贴167.4万元，拨付技能提升补贴746.9万元；举行“春风行动助复工·才聚双流共战疫”等主题招聘活动149场，11087家次用工企业参与，提供岗位35.99万个次，达成就业协议16368人，保障区域内通威、仁宝、纬创等8家重点企业用工17070人；推动区级劳动纠纷“一站式”多元化解联动处置机制及联处中心建设，依托区人社局场地提档升级建设联处中心。

【金融保障】 双流区行政审批局利用“中小企业上市挂牌系统”金融信息推送功能、“融资信息推送群”渠道，开展企业融资需求线上“一对一”服务，实现银企不见面贷款；成立金融纾困工作专班，全过程协调服务；在全省创新推出“空港易贷——银政保”纯信用政策性产品，有效降低企业融资门槛。全区21家银行机构帮助6018户中小微企业贷款247亿元。

【“企业咖啡时”】 6月30日，《双流区“企业咖啡时”提档升级工作方案的通知》印发，创新机制保障、企业服务和品牌建设，建立活动统一发布、诉求闭环处理、领导跟踪督办、目标考核问效等机制，激发市场主体积极性，提高区级领导参与度，增强“企业服务生”执行力，加大活动品牌宣传，加强活动区域联动。双流区全年开展“企业咖啡时”活动319场（主活动12场、子活动304场、走进广东等省外活动3场），收到企业诉求1666件，办结率99.94%，满意率99.04%。

（郑从林）

精神文明建设
Spiritual Civilization Construction

【概况】 2021年，双流区精神文明建设工作围绕举旗帜、聚民心、育新人、兴文化、展形象的使命任务，着力培养时代新人，着力发展天府文化，着力推动城乡社区发展治理，着力弘扬共筑美好生活梦想的时代新风，培育和践行社会主义核心价值观，开展理想信念教育，深入实施公民道德建设工程，持续深化群众性精神文明创建活动，推进志愿服务制度化常态化，推进新时代文明实践中心建设，提高市民文明素质和社会文明程度，为高质量建设践行新发展理念的航空经济之都提供精神力量和良好社会环境。

【全国文明典范城市创建】 双流区推动成都市第七届全国文明城市和首届全国文明典范城市创建，建立领导督导机制，成立由区委书记、区文明委主任任指挥长的创建全国文明典范城市指挥部；整合文明城市、卫生城市创建和城乡环境治理相关内容，建立“两创一治”协同机制，统筹推进文明城市创建；建立领导包联、镇领导包片、几长（河长、渠长、街长、口长）包点机制，层层压实创建责任；建立问题发现整改机制，通过责任单位自查、委托第三方专业机构实地督查、开设媒体曝光台、发挥群众监督“四种”途径收集问题；每月召开文明城市创建联席会议，分阶段分主题研究重点工作，针对收集难点问题，集中商讨解决方案，落实整改责任人和整改时限，确保整改到位；建立测评实战演练机制，组建巡回指导组，由18名区级分管负责人对口联系镇（街道）文明城市创建，每月开展文明城市测评实战演练，通过实地督促检查，指导问题整改。

【群众性精神文明建设】 双流区精神文明办公室推进市民友善优雅行动，开展市民文明礼仪宣传普及，推动文明礼仪进街区、进社区、进学校、进家庭、进机关、进网络等，举行友善优雅市民文明大讲堂活动600余场，加强市民文明礼仪宣传教育；开展文明旅游，健全工作协调机制，突出抓好重点人群，加大宣传引导力度，引导游客养成良好出游习惯；开展文明交通、文明餐桌教育实践行动，大兴移风易俗、文明礼仪、勤俭节约的时代新风，推动形成良好社会风尚；推进天府文化融入群众性精神文明创建，融入乡风文明建设，推动传承与发展；围绕发展天府文化，挖掘重要传统节日的思想文化内涵，深化“我们的节日”主题活动，弘扬中华优秀传统文化和传统美德；开展爱国主义教育活动，双流区档案馆、川齿记忆馆入选成都市爱国主义教育基地，《弘扬“三线”精神，传承家国情怀》入选成都市爱国教育基地爱国主义教育创新案例。

【公民思想道德建设】 双流区精神文明办公室着力提高市民思想觉悟、道德水准、文明素养和社会文明程度，加强公民道德建设；发掘推介先进典型，在全区宣传树立一批“奋进新时代、筑梦新征程”的榜样；开展“道德模范在身边”基层巡讲、巡演、现场交流系列主题

双流区“走基层”文化惠民演出 （供图：区融媒体中心）

活动，组织各类媒体宣传先进典型的事迹，在全社会营造宣传榜样事迹、学习榜样品质、践行榜样精神的浓厚氛围，并举办道德模范座谈会。全区全年入选“四川好人”1人、“成都好人”5人、成都市道德模范1人。

【未成年人思想道德建设】 双流区精神文明办公室建立健全未成年人思想道德建设区级部门联席会议制度，推动联席会议常态化，统筹推进未成年人思想道德建设；拓展网络阵地建设，创新打造“学校、家庭、社会、网络”四育融合的工作阵地；结合新时代文明实践中心建设，推进社区未成年人社会实践活动指导站、城乡学校少年宫等课外活动场所建设；利用城乡学校少年宫、未成年人心理成长中心、社区家长学校等阵地，开展“我和我的祖国”“新时代好少年”“双流故事我来讲”“争做美德少年”等主题实践等活动；开展“新时代好少年”学习宣传活动，入选成都市新时代好少年3人，评选双流区新时代好少年81人。

【精神文明示范创建】 双流区精神文明办公室开展社会主义核心价值观引领行动，突出培育时代新人，注重提高人的文明素质、塑造人的精神；将发展天府文化弘扬中华文明作为培育和践行社会主义核心价值观的生动实践，深入开展中国特色社会主义和中国梦宣传教育，强化教育引导、实践养成、制度保障，把社会主义核心价值观融入思想道德教育、文化知识教育、社会生活实践、法治建设、城乡建设管理各个领域、各个环节，引导市民自觉践行；培育黄龙溪镇嘉禾社区“嘉禾记忆·红色茶馆”、西航港街道川齿记忆馆、怡心街道三江国防教育馆3个社会主义核心价值观示范点；开展文明城市示范点建设，打造黄水镇云华社区、怡心街道三江社区文明城市示范点位2个；深化“三美”示范村（社区）建设，推动农村移风易俗，推动农村精神文明建设出成果，全年打造“三美”示范村（社区）4个，黄水镇花龙村、九江街道通江社区入选成都市级“三美”示范村（社区）；开展文明细胞创建，入选四川省级文明家庭1个、成都市级文明家庭5个，4个单位（村镇）被纳入全国（省级）文明单位（村镇）梯度培育计划。

【新时代文明实践与志愿服务】 双流区精神文明办公室健全社工引领志愿者服务机制，全区注册志愿服务队伍1429支，注册志愿者11.6万人；组织开展志愿服务“四个十佳”评比宣传活动，弘扬奉献、友爱、互助、进步的志愿服务精神；组织开展“文明祭祀·让清明更‘清’”“爱，要大声说出来”“建党百年守初心 砥砺奋进新征程”网络文明传播活动，培育“互联网+学雷锋种子项目”36个；举行“永远跟党走 榜样面对面”献礼中国共产党成立100周年主题宣讲进校园活动，承办“诵读经典 红心向党”教育活动阶段成果展示暨第五期国学论坛；完成128个新时代文明实践中心（所、站）建设，实现区、镇（街道）、村（社区）三级全覆盖；开展新时代文明实践活动，双流区新时代文明实践中心、黄甲街道新时代文明实践所、怡心街道长顺社区新时代文明实践站获评成都市级示范点位，黄甲街道新时代文明实践所、东升街道五洞桥社区新时代文明实践站、怡心街道新时代文明实践站、彭镇鲢鱼社区新时代文明实践站入选成都市新时代文明实践精品范例。

（蒋　玲　梁　桔　黄　齐　黄　曦　何佳颖　刘云涌）

中共双流区委员会

THE CPC SHUANGLIU DISTRICT COMMITTEE

区委机构

District Party Committee Institutions

【概况】 2021年，中共双流区委工作机关共10个，分别为区纪律检查委员会（与区监察委员会机关合署办公）、区委办公室［区委保密机要局（区国家保密局、区密码管理局）、区政府外事办公室、区档案局］、区委组织部（区委非公有制经济组织和社会组织工作委员会、区委直属机关工作委员会、区委老干部局、区公务员局）、区委宣传部［区精神文明办公室、区委对外宣传办公室（区政府新闻办公室）、区新闻出版局（区版权局）、区互联网信息办公室］、区委统一战线工作部（区政府侨务和台湾事务办公室，和区民族宗教事务局合署办公）、区委政法委员会、区委政策研究室、区委城乡社区发展治理委员会、区委机构编制委员会办公室、区委巡察工作领导小组办公室。

（刘　醒）

【双流区委领导名单】

书　记　鲜荣生

副书记　袁顺明（7月离任）

杨　钒（7月任职）

李　建

常　委　罗万能

王　毅（8月离任）

毛　军

刘　伟（9月离任）

谭英华（8月任职）

张瑞琴（9月任职）

王明虎

刘拥军（8月离任）

董洪荣

苏　巍（9月任职）

杨　莲（9月任职）

【双流区委机构及主要负责人名单】

一、区委工作部门

区纪律检查委员会（区监察委员会）

书　记（主任）：罗万能

区委办公室

主　任：梁　飞（9月离任）

谭英华（兼）（9月任职）

区委组织部

部　长：王　毅（8月离任）

谭英华（8月任职）

区委宣传部

部　长：刘拥军（9月离任）

张瑞琴（9月任职）

区委统一战线工作部

部　长：杨　莲（9月任职）

区委政法委员会

书　记：王明虎

区委政策研究室

主　任：张亚丁（11月任职）

区委城乡社区发展治理委员会

主　任：王　毅（9月离任）

谭英华（9月任职）

区委机构编制委员会办公室

主　任：高　琴

区委巡察工作领导小组办公室

主　任：赵兴荣（5月离任）

二、区委工作部门挂牌单位

区委保密机要局

（区国家保密局、区密码管理局）

局　长：梁　飞（9月离任）

谭英华（9月任职）

区政府外事办公室

主　任：王丽川（8月任职）

区档案局

局　长：梁　飞（9月离任）
谭英华（9月任职）

区委直属机关工作委员会

书　记：王　毅（9月离任）
谭英华（9月任职）

区委老干部局

局　长：李翠霞（5月离任）
谢红英（8月任职）

区精神文明办公室

主　任：李蔚然（5月离任）
陈杨林（5月任职，12月离任）
陈　艳（12月任职）

区委对外宣传办公室（区政府新闻办公室）

主　任：李蔚然（6月离任）

区新闻出版局（区版权局）

局　长：廖莎莎（5月任职）

区政府侨务和台湾事务办公室

主　任：陈蜀峰（5月任职）

（周　鹏）

区委重要会议
Important Meetings of the CPC Shuangliu District Committee

【概况】 2021年，双流区委召开代表大会1次、全体会议3次、常委会会议26次。

【中共双流区第十四次代表大会】 10月28—29日，中国共产党双流区第十四次代表大会召开。大会听取、审议并批准中共双流区第十三届委员会的报告，肯定十三届区委的工作；明确今后五年双流区工作的指导思想和总体目标；选举出35名中共双流区第十四届委员会委员、8名候补委员，选举出27名中共双流区第十四届纪律检查委员会委员；通过关于十三届区委工作报告的决议和区纪委工作报告的决议。

【双流区委全体会议】 7月28日，中国共产党双流区第十三届委员会第十六次全体会议召开。会议深入学习习近平新时代中国特色社会主义思想和习近平总书记在庆祝中国共产党成立100周年大会上的重要讲话精神，贯彻习近平总书记对四川及成都工作系列重要指示精神，落实党的十九届五中全会和四川省委十一届九次全会、成都市委十三届九次全会精神，听取和讨论双流区委常委会的工作报告，审议通过《中共双流区委第十三届第十六次全体会议关于召开中国共产党双流区第十四次代表大会的决议》，讨论关于贯彻落实《中共成都市委关于全面推进科技创新中心建设加快构建高质量现代产业体系的决定》《中共成都市委关于高质量建设践行新发展理念的公园城市示范区高水平创造新时代幸福美好生活的决定》的实施方案和《关于坚持创新驱动引领西航港经济开发区转型升级的实施方案》。会议肯定双流区委十三届十五次全会以来区委常委会的工作。

10月25日，中国共产党双流区第十三届委员会第十七次全体会议召开。会议审议通过提交中国共产党双流区第十四次代表大会审议的《中国共产党双流区第十三届委员会报告（草案）》《中国共产党双流区第十三届纪律检查委员会工作报告（草案）》；对第十四届区委委员、候补委员，第十四届区纪委委员候选人建议名单作说明；酝酿第十四届区委、区纪委组成人员候选人预备人选名单。

10月29日，中国共产党双流区第十四届委员会第一次全体会议召开。会议选举产生新一届双流区委领导班子，鲜荣生当选双流区委书记，杨钒、李建当选双流区委副书记，罗万能、毛军、谭英华、张瑞琴、王明虎、董洪荣、苏巍、杨莲当选双流区委常委。会议通过双流区纪委十四届一次全会的选举结果，罗万能任双流区纪委书记，蒋红、曾大鹏任双流区纪委副书记。

（王　非）

【双流区委常委会会议】 双流区委常委会全年召开会议26次。

2021年双流区委常委会会议一览表

表2

序号	时间	届次	会议内容
1	1月15日	13届区委常委会第203次（扩大）会议	传达学习习近平总书记在中央政治局民主生活会上的重要讲话精神、成都市委常委会会议精神、成都市加快推进锦城公园锦江公园建设及一环路市井生活圈改造提升工作专题会议精神以及市委书记调研锦城公园双流段建设有关指示精神，研究贯彻落实措施

续表 2

序号	时间	届次	会议内容
2	2月2日	13届区委常委会第204次（扩大）会议	传达学习习近平总书记在省部级主要领导干部学习贯彻党的十九届五中全会精神专题研讨班开班式上的重要讲话精神和成都市委常委会会议精神，以及市政协主席、市人大常委会党组书记督导双流区委常委班子2020年度民主生活会上的讲话精神及在双流区开展2021年春节前走访慰问时的指示精神，研究贯彻落实措施；学习《四川省市县重大经济事项决策规定（试行）》
3	2月8日	13届区委常委会第205次会议	传达学习四川省、成都市两会精神和市委书记参加双流代表团审议时的讲话精神，审议通过《双流区幸福美好生活十大工程推进工作领导小组方案》
4	2月25日	13届区委常委会第208次会议	传达学习省委、市委人大工作会议精神；传达学习四川省、成都市两会精神和市委书记参加双流代表团审议时的讲话精神；学习《政府采购促进中小企业发展管理办法》《政府购买服务管理办法》，研究我区贯彻落实措施；传达学习市纪委十三届九次全会精神
5	3月19日	13届区委常委会第209次会议	传达成都局级领导干部读书班精神，审议通过《中国航空经济之都高质量推动城乡融合发展大会方案》及有关实施意见、中国航空经济之都规划建设大会有关文件、《关于推进以防未病为导向的审计全覆盖的实施意见》及相关配套文件
6	4月2日	13届区委常委会第211次（扩大）会议	传达学习中央、四川省委、成都市委农村工作会议精神，决定召开中国航空经济之都高质量推动城乡融合发展大会；传达学习成都市产业功能区及园区建设工作领导小组第八次会议精神；听取区级议事协调机构运行情况的汇报，审议通过《双流区镇领导班子换届工作暨组织工作会议方案》
7	4月15日	13届区委常委会第212次会议	传达学习中办、国办《关于进一步深化税收征管改革的意见》，研究我区贯彻落实措施；传达学习习近平总书记对打击治理电信网络诈骗犯罪工作的重要指示精神及平安成都建设领导小组有关文件精神，安排部署全区打击治理电信网络新型违法犯罪相关工作；传达学习成都党史学习教育市级领导班子中心组学习暨市级领导干部专题读书班精神，听取全区党史学习教育开展情况汇报，审议《全区党史学习教育总体安排（送审稿）》；传达学习市委关于持续推进成都大运会筹备工作的部署要求，研究我区贯彻落实措施
8	5月8日	13届区委常委会第216次（扩大）会议	传达学习习近平总书记关于职业教育工作重要指示精神、国务院总理李克强在成都考察时的指示精神和成都市委常委会会议精神，听取双流区庆祝中国共产党成立100周年活动安排和党史专题宣讲工作方案的汇报，研究贯彻落实措施
9	5月21日	13届区委常委会第218次会议	集中学习成都市委书记在四川省推进成德眉资同城化发展领导小组第三次会议上的讲话精神，研究贯彻落实措施；传达学习《四川省委、省政府关于深化医疗保障制度改革的实施意见》；审议区级领导牵头省、市重点项目和联系省、市重点产业分工的请示
10	5月15日	13届区委常委会第217次会议	传达学习《中共中央关于加强新时代党外知识分子思想政治工作和无党派代表人士队伍建设的意见》，研究我区贯彻落实措施；传达学习市委近期重要会议精神，安排部署近期重点工作
11	5月28日	13届区委常委会第219次会议	传达学习成都市委理论学习中心组（扩大）专题学习会暨全市碳达峰碳中和工作推进会精神
12	6月4日	13届区委常委会第220次会议	学习贯彻习近平总书记在两院院士大会和中国科学技术协会第十次全国代表大会上的重要讲话精神、全省政协“有事来协商”工作推进会精神和成都市委常委会会议精神，研究贯彻落实措施；审议通过《关于支持区融媒体中心高质量发展的十条措施》，安排部署近期重点工作
13	6月18日	13届区委常委会第222次会议	传达学习习近平总书记重要指示和国务院总理李克强批示精神，全国、全省、全市安全生产工作会议及文件精神，四川省委十一届九次全会精神和成都市委常委会会议精神；听取全区扫黑除恶专项斗争三年工作总结报告，审议通过《双流区开展扫黑除恶专项斗争先进集体、先进个人评选工作方案》；审议通过《关于表扬保障农民工工资支付工作先进集体和先进个人的通报》

续表 2

序号	时间	届次	会议内容
14	7月16日	13届区委常委会第225次（扩大）会议	传达学习习近平总书记在庆祝中国共产党成立100周年“七一勋章”颁授仪式上的重要讲话精神，全省、全市防汛减灾和地质灾害防范应对工作调度会精神；听取全区2020年经济社会运行态势司法大数据情况汇报，审议通过《双流区促进中医药传承创新发展工作方案》
15	8月29日	13届区委常委会第235次（扩大）会议	传达全市领导干部大会会议精神，听取迎接第二轮中央生态环境保护督察情况汇报，研究部署疫情防控工作
16	9月14日	13届区委常委会第238次（扩大）会议	传达学习中央民族工作会议精神和习近平总书记在2021年秋季学期中央党校（国家行政学院）中青年干部培训班开班式上的重要讲话精神，以及《法治政府建设实施纲要（2021—2025年）》；传达学习四川省2021年耕地保护督察工作动员部署电视电话会议精神，听取全区“两违”治理情况汇报；传达学习成都市委书记重要指示批示精神、在双流区督导检查防汛减灾和锦江水生态治理时的指示精神
17	7月21日	13届区委常委会第226次会议	深入研究学习贯彻习近平总书记在庆祝中国共产党成立100周年大会上的重要讲话精神，传达学习《中共中央关于加强新时代检察机关法律监督工作的意见》和中央“治重化积”有关文件精神以及国家信访局调研组到双流区调研工作要求；审议通过《两项改革“后半篇”文章“25＋1”工作方案》《两项改革“后半篇”文章领导小组工作规则和领导小组办公室工作细则》，决定于7月28日召开中国共产党双流区第十三届委员会第十六次全体会议
18	8月13日	13届区委常委会第231次（扩大）会议	传达学习习近平总书记近期重要讲话精神和国务院、省、市疫情防控有关会议及文件精神，学习《成都市加强经济运行调度聚力完成全年经济增长目标十条措施》等文件精神，研究部署统筹推进疫情防控和经济社会发展工作；传达学习中办、国办《关于进一步减轻义务教育阶段学生作业负担和校外培训负担的意见》
19	8月27日	13届区委常委会第234次会议	传达学习中央财经委员会第十次会议精神，国务院、省、市疫情防控会议精神；传达学习国务院和省、市疫情防控有关会议及文件精神；传达学习全省农民工工作会议精神，听取我区保障农民工工资支付工作情况汇报
20	9月26日	13届区委常委会第241次会议	传达学习中共中央办公厅、国务院办公厅推动现代化职业教育高质量发展的意见、地方党政领导干部安全生产责任制规定，审议《双流区技能人才队伍建设引育激励办法》《双流区安全生产巡查工作制度》《双流区对口支援甘孜州巴塘县规划（2021—2025年）》，部署下阶段工作
21	10月15日	13届区委常委会第242次会议	传达学习习近平总书记在陕西省榆林市考察时的重要指示精神，在纪念辛亥革命110周年大会、生物多样性公约第十五次缔约方大会领导人峰会上的重要讲话精神以及中央人才工作会议、中央人大工作会议精神，成都市委常委会（扩大）会议和市委区（市）县委书记座谈会精神，安排部署党的建设、经济发展、民生实事、安全生产等方面重点工作；传达学习《四川省落实党委（党组）国家安全责任制督查考核实施办法（试行）》和成都市委国安委有关会议精神
22	10月25日	13届区委常委会第243次会议	传达学习成都市委庆祝中国共产党成立100周年活动暨党史学习教育领导小组第四次会议、成都市深入推进“我为群众办实事”实践活动工作座谈会、全市深化全国文明城市创建暨争创全国文明典范城市动员大会精神，研究贯彻落实措施；听取赛迪全国百强区和全国综合实力百强区相关情况汇报，同意对创建工作先进单位予以通报表扬，并纳入积分管理
23	11月15日	14届区委常委会第2次（扩大）会议	传达学习党的十九届六中全会精神以及四川省委常委会会议和成都市委常委会会议精神，研究部署贯彻落实措施；传达学习《成都市配合中央和省委巡视加强巡视整改工作规范（试行）》，听取中央和四川省委巡视反馈意见整改督查情况汇报
24	12月1日	14届区委常委会第4次会议	学习《中华人民共和国土地管理法实施条例》，研究贯彻落实措施；传达学习《中国共产党党和国家机关基层组织工作条例》《关于加强中央和国家机关部门机关纪委建设的意见》；听取双流区走访企业“三送三帮”活动和协调企业对上争取政策相关工作情况汇报，听取双流区天府旅游名县创建工作领导小组第四次会议议定事项办理落实情况报告，审议通过《双流区巩固全国民族团结进步示范区工作实施方案》

续表 2

序号	时间	届次	会议内容
25	12 月 13 日	14 届区委常委会第 5 次会议	传达学习习近平总书记重要讲话精神和四川省委十一届十次全会、成都市委会议精神，审议双流区两会有关事项、文件和材料；审议通过《关于召开双流区第十九届人民代表大会第一次会议有关事项的请示》《关于召开双流区政协十二届一次会议有关事项的请示》《关于双流区政协十二届一次会议有关问题的请示》，审议通过《关于审定〈政府工作报告（送审稿）〉的请示》《关于审定〈双流区 2021 年国民经济和社会发展计划执行情况及 2022 年国民经济和社会发展计划（草案）的报告（送审稿）〉的请示》《关于审定〈双流区 2021 年财政预算执行情况和 2022 年财政预算（草案）的报告（送审稿）〉的请示》《关于审定〈双流区人民法院工作报告（送审稿）〉的请示》《关于审定〈双流区人民检察院工作报告（送审稿）〉的请示》
26	12 月 31 日	14 届区委常委会第 7 次会议	传达学习习近平总书记在中国文学艺术界联合会第十一次全国代表大会、中国作家协会第十次全国代表大会开幕式上的重要讲话精神，中央农村工作会议精神和四川省委经济工作会议、成都市委十三届十次全会暨市委经济工作会议精神，审议双流区委十四届二次全会有关事项、文件和材料；审议通过《关于贯彻落实〈中共成都市委关于以实现碳达峰碳中和目标为引领优化空间产业交通能源结构促进城市绿色低碳发展的决定（草案）〉的行动计划（2022 年）（送审稿）》《加快西开区转型升级创建国家级经济技术开发区空间发展规划（送审稿）》《双流区安全韧性城市建设方案（送审稿）》《2022 年全区经济工作要点（送审稿）》《关于贯彻落实〈中共成都市委关于进一步激励广大党员干部传承红色基因担负时代使命在新征程上展现新作为的意见（草案）〉的行动计划（2022 年）（送审稿）》《2022 年十件要事》

（郑　怡　李睿杰　卢洲冰）

区委巡察

Tour Inspection of the CPC Shuangliu District Committee

【概况】 2021 年，双流区委巡察工作贯彻落实中央巡视工作方针和四川省委、成都市委巡视巡察工作要求，完成对 76 个单位党组织的巡察监督和对 118 个村（社区）的延伸巡察，完成十三届区委巡察全覆盖。

【常规巡察】 双流区委巡察办按照区委巡察工作领导小组安排，开展 2 轮常规巡察，巡察 21 个区级部门、7 个区属学校，巡察“回头看”16 个党组织，开展个别谈话 2064 人次，查阅资料 30147 件，明察暗访 138 次，受理来信来访来电 45 件，发出情况说明通知书 3 份，提出建议 153 条，发现问题 786 个，向被巡察单位反馈问题 773 个，移交重要问题线索 13 个。

【专项巡察】 双流区委按照四川省委、成都市委新冠肺炎疫情防控专项联动巡察要求，组建专项联动巡察组和专项联络组，配合成都市委第六专项巡察组开展第二阶段新冠肺炎疫情防控专项联动巡察，发现问题 73 个，推动建立长效机制 24 个。双流区委巡察办按照四川省委、成都市委粮食购销领域专项巡视巡察安排部署，10—11 月对 4 个区级部门、1 个区属国有粮食公司开展粮食购销领域专项巡察，开展个别谈话 145 人次，实地调研 12 次，明察暗访 6 次，查阅资料 720 件，召开会议 20 次，收到来信来电 3 人次，提出建议 9 条，发现问题 39 个，向被巡察单位反馈问题 37 个，移交重要问题线索 2 个。

【巡察整改】 双流区委巡察办制发《双流区巡察成果运用暂行办法》，规范化、制度化压紧压实整改责任；坚持领导督办机制，区委书记直接督办巡察整改，约谈领导班子民主测评好评率低于 95% 的主要负责人，约谈部门主要负责人 8 名；分管区领导落实“一岗双责”，区领导参加反馈会 33 人次、专题民主生活会 22 人次；创新“一把手”离任不离责整改机制，离任“一把手”参加反馈会 30 人次，认领和协助整改问题 183 个；探索建立巡察整改成效评估机制，通过单位自查、现场评估、综合评估，对被巡察单位整改落实质效予以百分制量化评价，确保巡察反馈问题整改落地落实。

【巡察制度完善】 双流区委巡察办

总结十三届区委巡察工作，形成“四汇编一报告”（制度汇编、特色亮点工作汇编、成果运用汇编、典型案例汇编和总结报告）；围绕“三个聚焦”（聚焦党的理论路线方针政策和党中央、四川省委、成都市委、双流区委决策部署贯彻落实情况，聚焦群众身边腐败问题和不正之风，聚焦党组织领导班子和干部队伍建设）内容，建立45项巡察规范化制度，形成15个特色亮点工作做法，推动集中整顿3次、各行业专项治理7次、各项规章制度废改立180个，精选16个典型案例汇编成册，确保巡察过程中各环节有据可查、有章可循、有疑能解。

【巡察队伍建设】 双流区委巡察办加强巡察干部队伍建设，提升精准发现问题的能力，开展巡察业务培训3轮122人次；印发《关于抽调干部参加巡察工作的办法（试行）》，抽调工作纳入积分制管理和目标绩效考核。

（张国丽）

组织建设

Organization Construction

【概况】 2021年，双流区组织系统贯彻中央和四川省委、成都市委、双流区委决策部署，以思想政治建设为统揽，以服务中心大局为导向，着力优化干部结构激发队伍活力，围绕“两个覆盖”（党的组织覆盖和工作覆盖）推进抓实基层治理，立足体制机制创新厚植招才引智优势，为高质量建设中国航空经济之都提供组织保证。

【基层组织建设】 双流区委组织部推进老旧小区（院落）党建“四有一化”［有党的组织覆盖、有党员示范带动、有党群服务阵地、有党建经费保障，推动老旧小区（院落）治理党建引领机制制度化］建设，摸清党员底数，采取单建或联建等方式推动老旧小区（院落）党的组织覆盖，完成2021年度分解目标；抓实党建促乡村振兴行动，培育担当作为好支书4名，选派第一书记118名，开展“头雁提能”培训，集体经济年收入10万元以下村（社区）全部“清零”、超100万元的40个。

【“两新”组织建设】 双流区委组织部聚力“两个覆盖”攻坚，新增建制型党组织41个，新发展党员154名；推行“一码通”管理，摸排流动党员532名，新招聘全职指导员16名，动态调整兼职指导员150名；实施“双向培养”，124名优秀管理人才和技术骨干被发展成党员；开展党员示范岗、示范车间（班组）创建，细化星级评定办法，创建成都市级五星党组织2个、四星3个，新挂牌“蓉城驿站·党群服务中心”2个，新增中远海运等党建示范点8个；谋划功能区党建，3个产业功能区全部建立综合党委，创新“开展活动建联、成立组织建家、岗位示范建功”三建工作法，实现党建与经济发展、基层治理等精准对接、深度融合；抓行业推动“两新”党建，建立物业行业综合党委，18家物业企业全部建立党组织，物流行业党建工作经验在全市基层党建工作会上作交流发言。55个小区建立“1+211”（“1”即党组织，“211”中的“2”即业主大会和业主代表大会，两个“1”分别是业委会和监督委员会）自治模式，12人被评为“成都工匠”“双流工匠”，19名党员快递小哥加入“蓉城先锋骑手”。

【区镇村集中换届】 双流区委组织部把严肃换届纪律贯穿全过程，对重点对象开展全覆盖攻心式谈心谈话，重要事项重要环节重要文件严密把关，确保“十严禁”（严禁结党营私、严禁拉票贿选、严禁买官卖官、严禁跑官要官、严禁个人说了算、严禁说情打招呼、严禁违规用人、严禁跑风漏气、严禁弄虚作假、严禁干扰换届）、“四必须”（必须提高政治站位，必须树牢大局意识，必须严格遵规守纪，必须强化责任担当）全面落实；通过区外引进、竞争选用等方式，联动调整镇（街道）、部门领导班子，选优配强村（社区）“两委”干部1278人，其中村“两委”干部平均年龄较上届降低2.9岁、大专及以上学历占比较上届提高15.7%，镇党委班子平均年龄降低3.9岁、全日制本科及以上学历占比较上届提高21.6%。

【干部队伍建设】 双流区委组织部落实成渝地区双城经济圈、践行新发展理念的公园城市示范区建设等中央、四川省、成都市重大战略部署，聚焦项目促建、产业功能区建设、基层治理和疫情防控等，提拔使用急难险重岗位“啃硬骨头”的优秀干部20名；建立竞争性选拔干部机制，拓宽选人用人视野，打破论资排辈，拿出2个区管正局职、7个区管副局职、2个区属国企副职、3个法定机构副职岗位开展竞争性选拔；开展7场干部座谈会，通过理论水平比武、临场表现比拼、综合素质比选等方式，为全区干部搭建展示平台，促进优秀干部脱颖而出；在全市范围引进13名专业干部担任领导职务，平均年龄37.6岁（低于全区县处级领导干部平均年龄7.6岁），硕士研究生及以上学历10人，专业涉及工程建设、公共管理、国际贸易、生命科学等领域，补足干部队伍专业化水平不高的短板；加强梯队建设，制订《2021—2026年双流区干部选拔任用梯次选育计划》，对关键岗位“一把手”、镇（街道）党（工）委书记、部分专业岗位干部及2026年镇换届领导班子人选等按照1∶2的比例储备，形成“1名接任人选+2名重点培养对象+N名储备干部”的干部队伍建设思路。

【人才队伍建设】 双流区委组织部实施人才引领发展战略，实施人才工作“一把手工程”，加强人才工作顶层设计，以激发人才创新创造活力的26条措施为统揽，分类制定高层次人才、技能人才、教育卫健人才等引育政策，构建“人才+项目+金融+科技”人力资源协同创新体系；搭建“科创菁英汇”校院企地对接平台，实行区委书记派单服务；率先在全省设立蓉漂青年知识产权学院，成立全市首个“川港科技创新人才基地”，建成国家级孵化器2家、众创空间2家、高品质科创空间91.75万平方米，拥有生物治疗国家重点实验室等创新平台198个、高新技术企业267家；设立10亿元专项扶持资金和3亿元创业投资基金，在全省首创设立1亿元“人才增信计划”；建立人才统计监测系统，制定空港人才荣誉奖励制度，构建“1个中心+N个工作站”人才综合服务体系，22个部门、126个服务事项集成办理。全区全年集聚各类人才40.2万人，位列全省行政区（市）县第1位；聚集高层次人才187名，其中“两院”院士团队9个、高层次创新创业团队51个，高层次创新创业人才总量连续五年稳居全市前列。

【公务员和参公人员管理】 双流区委组织部印发《双流区公务员平时考核实施细则（试行）》，将平时考核中个性指标的能、绩2项内容，与个人积分挂钩，重点围绕高质量发展目标，设置9大类、25项正向指标、7项负向指标，构建全方位、多维度的评价体系；建立“1+4+N”平时考核程序，单位制定1份平时考核工作方案，明确共性指标和个性指标的占比和具体内容，公务员每季度书面或口头小结、分管领导提出考核结果等次建议、机关主要负责人或领导班子审定、分管领导或机关党委（党组）向公务员本人反馈考核结果4个考核环节，单位可自选增加民主测评、服务对象评议等环节，多渠道、多侧面了解评价分析，考准公务员一贯表现；坚持平时考核结果与干部选拔任用、职级晋升结合起来，对一贯表现好、积分靠前干部适时选用，对不作为慢作为、积分靠后干部予以调整。全区全年晋升一至四级主任科员581人次，超过50名干部因疫情防控和复工复产工作表现突出晋升职级。

【急需紧缺专业选调生培养】 双流区委组织部制定出台《双流区选调生管理办法》，为全区选调生工作的第一个规范性文件，从选调录用、培养锻炼、日常管理、选拔使用、工作机制等方面作出系统详细的规定，覆盖选调生成长的全生命周期，其中设立编制“周转池”、到一线岗位跟班学习、设立“选调生日”、制定职业规划等亮点工作得到四川省、成都市肯定；针对42名新进选调生特点特长开展入职培训，上好“思想第一课、区情第一课、实践第一课、纪律第一课”；开展第七期优秀年轻干部递进班，扩大遴选范围、拓宽选人视野，培训优秀年轻干部50名；将新入职选调生选派到新组建机构、产业功能区、经济一线等跟班学习3个月，促进年轻干部提站位、拓眼界、

10月25日，举办成都市2021届选调生初任培训班（双流） （供图：区委党校）

转思维、增格局；选派68名选调生到村任职，抽调637名干部到疫情防控一线、313名干部到大运会双流赛区、45名干部到区环督办、7名干部到党史学习教育领导小组、9名干部到信访岗位开展实践锻炼，提升年轻干部面对复杂矛盾、解决复杂问题、驾驭复杂局面的能力。

【“红海棠”行动】 双流区共产党员先锋服务联盟开展“同庆百年 圆梦百愿”党员志愿服务活动，以各社区居民中精准扶贫户和低保户、五保户、贫困留守儿童、孤寡老人、空巢老人、残疾人等弱势群体以及“在党50年”人员为重点，由红海棠党员志愿者队伍为其圆梦；紧扣中国共产党成立100周年、五个“走在前列作出示范”、幸福美好十大工程等重大主题和党委政府中心工作，构建“党员志愿服务+”模式，通过“党员志愿服务+宣讲”“党员志愿服务+评比”“党员志愿服务+常态”的特色模式，打造党的理论宣传点、文明新风传播点、社情民意收集点；建立红海棠党员志愿服务应急响应微群，在疫情防控中主动集结、冲锋在前，深入疫情防控第一线，在小区卡口、古镇景区等地，筑起疫情防控“红色”堡垒。

（周 鹏）

宣传工作
Publicity Work

【概况】 2021年，双流区深入学习贯彻党的十九届六中全会精神和四川省委十一届九次、十次全会精神以及成都市委十三届九次、十次全会精神，开展党史学习教育，努力做到学党史、悟思想、办实事、开新局，提高运用党的创新理论武装头脑、指导实践、推动工作的能力。双流区作为三个区（市）县之一，在四川省委巡回指导组调研成都座谈会上作经验交流；“三变三为”（变“政府下单”为“群众点单”、变“被动服务”为“主动问需”、变“流动人口”为“空港居民”）实践路径推动“我为群众办实事”相关做法在全省全市推广，信息报送工作在全市各区（市）县中排名第一。双流区委宣传部获评“区（市）县委理论学习中心组学习组织工作先进单位”，并获“全市党史学习教育宣讲大赛优秀组织奖”。

【理论学习与宣讲】 双流区委宣传部出台《2021年双流区党（工）委（组）理论学习中心组专题学习安排意见》，围绕习近平新时代中国特色社会主义思想和习近平总书记对四川及成都工作系列重要指示精神，重点学习意识形态、生态文明等专题，通过专题讲座辅导报告等形式开展中心组学习会8场；深入开展党的十九届六中全会精神及四川省委、成都市委、双流区委全会精神宣讲，抽调高校教师、部门负责人、区委兼职讲师团成员组建区委宣讲团，组建“航都之声”理论宣讲队，通过报告会、座谈会、院坝会等深入机关、社区、企业、学校、农村交流互动式宣讲200余场。

【党史学习教育】 双流区委宣传部构建“实施意见+总体安排+专项方案”的“1+5+N”工作体系，开展专题学习、专题培训等规定动作，制定《区委常委班子带头开展党史学习教育工作方案》等文件30余个，统筹运用好全区红色资源，深入开展“永远跟党走”系列群众性主题宣传教育活动，确保党史学习教育有力推动；以学习动员讲话、“四史”（党史、新中国史、改革开放史、社会主义发展史）、七一重要讲话精神为主线，召开区委理论学习中心组专题学习会6次，举办处级以上领导干部专题轮训班10期，区级领导带头讲党课100余场，人人以党员身份参加所在支部组织的专题生活会；以习近平总书记视察过的成都中电熊猫显示科技有限公司为现场

8月21日，全区宣传工作会议暨区委理论学习中心组党史学习教育（扩大）会议召开（供图：区委宣传部）

4月23日，成都市双流区党史学习教育红色经典阅读季启动仪式举行（供图：区委宣传部）

教学点，组织开展“我在双流看发展”“感知航都·驻双高校学子双流体验行”等活动17项；以时间轴、人物轴为坐标，将双流党史馆等6个现场教学点设置为党史学习教育东、西两条实践教学线路，面向社会开展“我在双流学党史”“主播带你学党史”等活动；强化联动效应，营造“听、看、讲、说”4D浸入式党史学习教育体验。双流区委宣传部搭建“空中课堂”听“党史”，打造“学习强国”学习小站3个，推出《双流党史100年》等系列“有声书”200余期，推动党的理论进入寻常百姓家；强化“可视教育”看“党史”，深入挖掘双流重大革命史实、英雄人物事迹等，拍摄制作《100堂党史课》等主题视频和微电影；构建“立体宣讲”讲“党史”，开展“航都之声”党史学习教育宣讲大赛，组建党史宣讲团、“航都之声”宣讲队，采取“一课两讲”开展互动化、分众化宣讲。

【新闻出版与电影管理】 双流区委宣传部规范新闻出版和影院安全管理，助推影院、出版行业复工复产，开展影院疫情防控、安全巡查50次；完成辖区14家电影放映单位年检，向影院拨付中央和省级国家电影事业发展专项资金128.44万元；加强全民阅读活动建设，为全区118个农家（社区）书屋配备出版物10700册，开展阅读活动500场次；加强版权管理，登记版权作品4650个，转化作品680个；深入开展“清源”专项行动，查处涉“扫黄打非”类案件13件，销毁非法出版物4万册（份）。

【政务新媒体宣传】 双流区委宣传部围绕全区重点工作和重大活动，加强与网络媒体的深度合作，在央级网络媒体开辟专栏4个，先后组织17家中央及省、市网络媒体集中宣传21次，发稿872篇（条）。全区政务新媒体矩阵全年推出稿件2.6万条次，其中阅读量超过10万次稿件79条。11月，双流区政务微博“空港融媒”“天府双流”分别被成都市委网信办评为“全市优秀政务新媒体”“全市十佳优秀舆论引导政务新媒体”。双流区委网信办组织拍摄的微电影《追寻》被四川省委宣传部推选至中宣部参加2022年全国社会主义核心价值观微视频大赛评选。

【网络安全监管】 双流区互联网信息办公室梳理排查属地网站5032个，渗透测试属地重点网站572家，提高网络防范水平；开展全区网络安全排查3次，对存在安全漏洞和隐患的7个网站通报整改，确保中国共产党成立100周年庆祝活动、全国两会和四川省委、成都市委、双流区委全会以及新冠肺炎疫情防控期间网络生态平稳；按照“三同步”（同步规划、同步建设、同步使用）原则，加大对辖区700余家行业网络安全监督管理，对120余家未落实主体责任单位开展行政处罚和限期责令整改；开展对侵犯公民个人信息、非法破坏计算机信息、帮助信息网络犯罪案件打击，侦破涉网案件186起，抓获271人，打掉贩卖公民个人信息团伙2个、网络黑灰色团伙3个。双流区委网信委成员单位严查黑客攻击、“网络黑产”等违法犯罪活动。

【对外宣传】 双流区委宣传部聚焦中国共产党成立100周年、三大产业、公园城市、大运会等重大主题，策划推出系列报道1431篇，其中海外平面媒体原创新闻稿件8篇、中央级平面媒体原创新闻稿件278篇、省级平面媒体原创新闻稿件442篇、市级平面媒体原创新闻稿件703篇，获国家和省市新闻奖项排名四川省第一；承办第二届全国县级融媒体中心能力建设年会，双流区融媒体中心获评“全国县级融媒体中心能力建设十大典型案例”，同时“中国新闻出版研究院融媒体研究基地”和“全国县级融媒体中心智媒协同创享空间”落户双流区；组织参与新华社、《环球时报》等媒体组织的全国性评选活动，提升城市影响力和知名度，城市传播力指数位居全市第一，双流区获评“中国最具幸福感城区”“高质量发展十佳县（市、区）”“国际化高质量发展环境建设标杆城区”等；依托“相约幸福成都”双流系列赛事，联系中央、省、市媒体对外发声，新华社、中央电视台等平面媒体发表重点原创新闻报道163篇（条），人民网、新华网等1267家网络媒体转发比赛信息61.7万篇（条），阅读量、播放量达42.5亿人次，收获点赞和好评50.2万余次；打造“媒体＋政务＋服务”综合服务平台“空港融媒”App，建立由政务新闻网站、微信、抖音号等200余个官方账号组成的融媒体传播矩阵，以“双流发布”“天府双流”“双流汇”为代表的政务新媒体连续四年获评优秀县域融合政务新媒体、最佳突发应对奖、优秀舆论引导政务新媒体；把握宣传思想的领导权、管理权和话语权，以坚持整体抓好新闻舆论工作体系的思维，邀请舆情专家、法务专家共同参与，形成“两册一图”［《新闻网络舆论引导手册（试行）》《成都市双流区新闻发布工作手册（试行）》《突发舆情事件舆论引导图（试行）》］的新闻舆论引导体系。

（蒋　玲　梁　桔　黄　齐
黄　曦　何佳颖　刘云涌）

统一战线
United Front

【概况】 2021年，双流区委统战部贯彻落实中央和四川省委、成都市委关于新时代统战工作的决策部署，推进基层统战创新发展，获表彰奖励29项，其中省部级9项、成都市级11项、双流区级9项。双流区被国家民族事务委员会命名为“全国民族团结进步示范区”，连续三年获评“全省对口帮扶藏区彝区贫困县先进集体”，民营经济、留学人员统战工作经验在全市作交流发言，新的社会阶层人士创新实践基地建设受到中央和四川省委、成都市委统战部调研组肯定。

【民主党派和无党派人士统一战线】 双流区委统战部以中国共产党成立100周年为契机，以《中国共产党统一战线工作条例》为指导，以中共党史学习教育为主线，引导民主党派、无党派人士学习习近平总书记在庆祝中国共产党成立100周年大会上的重要讲话精神、中共十九届六中全会精神以及中国共产党党史、新中国史、改革开放史、社会主义发展史、多党合作史。双流区各民主党派基层组织、区知联会将学习教育融入日常中，开展“不忘合作初心，继续携手前进”“弘扬爱国奋斗精神、建功立业新时代”等主题教育，以学习会、讨论会、知识竞赛、文艺会演、现场参观等形式组织民主党派和无党派代表人士党史学习教育51次，增进民主党派对中国共产党和中国特色社会主义的政治认同、思想认同、理论认同、情感认同，巩固共同奋斗的思想政治基础。双流区委统战部协商确定各民主党派基层组织2021年调研题目，支持民主党派围绕“十四五”规划及双流区“走在前列作出示范”等重要热点难点问题开展调查研究；召开党外人士座谈会，听取区级各民主党派、区工商联负责人和无党派人士代表对《在中国共产党双流区第十四次代表大会上的报告（征求意见稿）》的意见和建议，各民主党派、无党派人士提出人大建议68条、政协提案189件，其中48件被评为成都市、双流区优秀提案建议；深化社会服务品牌打造，按照一党派一特色，重点打造“博爱成长”“同心卫康”“同心优教”“同心文港”“同心思源”等服务项目，各民主党派开展法律服务、教育帮扶、医疗服务、文化惠民等社会服务活动15次，惠及群众2000人次；支持民主党派开展民主监督，为民主党派履行民主监督职能搭建平台、拓展渠道，与区法院建立常态化沟通联络机制，丰富民主监督的内容和形式；贯彻落实《中国共产党统一战线工作条例》，贯彻实施关于加强参政党建设三个文件精神，支持民主党派基层组织加强“五个建设”（思想政治建设、组织建设、能力建设、作风建设、制度建设）、提升“五种能力”（政治把握、参政议政、组织领导、合作共事和解决自身问题的能力）；指导各民主党派基层组织加强内部制度建设，协助民主党派按照协商确定的范围和对象发现和吸纳优秀新成员，充实后备力量，提升基层组织制度化规范化水平；按照“五有”（有经费、有场地、有培训、有平台、有评价）标准，建成“民革党员之家”“民盟盟员之家”“民建会员之家”“致公党员之家”等“党派之家”，“以家聚人”增强凝聚力与向心力。

【新的社会阶层人士统一战线】 双流区委统战部聚焦“空港同心”双流

统战工作品牌，按照“五有四见”（有党的组织、有制度台账、有平台载体、有活动阵地、有示范作用，见人、见物、见事、见效）要求，在东升街道接待寺社区打造“双流新力·星空驿站”新阶层人士实践创新基地，发挥新阶层中社会组织人士专业优势，开展公益活动，服务社区群众，助力社区治理。基地已汇聚14家社会组织，培育孵化8家社区自组织，100余名新阶人士在基地开展社会服务活动300余场次，服务社区群众5万人，先后接待全国各地统战系统和社区等参观学习24批1000余人次。3月，“双流新力·星空驿站”基地被成都市委统战部授予“成都市新的社会阶层人士统战工作实践创新基地”称号。4月，中央、四川省、成都市统战部调研组先后两次到基地调研，并对工作给予肯定。双流区委统战部会同区级有关部门、行业协会开展全区新的社会阶层人士摸底调查，对涉及的新阶层人士“四类群体”（民营企业和外商投资企业管理技术人员、中介组织和社会组织从业人员、新媒体从业人员、自由职业人员）分门别类摸查并建立120名新阶人士数据库。12月23日，双流区新阶统战工作作为四川、重庆、云南和贵州四省市唯一区（县）代表在2021成渝地区专业人士合作峰会暨新的社会阶层人士联谊组织建设研讨会上作经验交流。

【非公经济人士统一战线】 双流区委统战部落实中央关于进一步加强民营经济统战工作决策部署及《四川省贯彻落实〈关于加强新时代民营经济统战工作的意见〉重点任务分工方案》精神，组织召开全区民营经济统战工作推进会，制定贯彻落实《关于加强新时代民营经济统战工作的意见》27条具体措施；围绕强化企业家队伍建设规划引领，会同区级相关部门拟制《双流区民营企业家英才行动计划》，其中落实三个“1+3”（一个主题+三大引领、一个体系+三大行动、一杯咖啡+三大体系）举措，打造“双流新商”特色品牌经验做法在全市民营经济统战工作会上作交流发言；对标学习浙江省温州市“两个健康”（民营企业家健康成长、民营企业健康发展）经验做法，启动开展民营企业家健康成长评价指标体系工作；推荐70家优秀民营企业进入成都市“蓉商总会”进行重点引导和培育，推荐9名热心社会公益事业的民营企业家加入成都市光彩事业促进会贡献社会责任。双流区在全市率先完成区工商联换届，并于12月2日召开换届大会。12月30日，双流区青年民营企业家“新老传承·共谱新章”创业经验分享沙龙活动举行，助力青年民营企业家成长和发展，引导青年民营企业家继承和发扬“老一代”企业家的光荣传统。

【民族宗教人士统一战线】 双流区委统战部组织甘孜州驻双流区老年协会95名离退休少数民族党员代表，到蒲江县参观成都战役纪念馆和瞻仰烈士陵园；召开“学党史、强信念、跟党走——庆祝建党100周年”座谈会，开展“忆党史·感党恩”庆祝建党100周年歌咏比赛等；在东升街道广都社区组织“蓉城一家亲·中华文化讲堂”活动，利用重阳节、元旦等节日组织召开“民族团结一家亲·同心共筑中国梦”“甘孜州亲情服务团联谊活动”等民族主题活动，增强各族群众的凝聚力和幸福感；7月1日组织全区宗教界人士和信教群众集中收听收看庆祝中国共产党成立100周年大会实况，增强“爱国爱教”意识；国庆节组织全区宗教界教职人员和部分信教群众在应天寺举行“庆国庆升国旗”仪式，增加宗教界人士和信教群众对祖国、中华民族、中华文化、中国共产党、中国特色社会主义的认同。

【党外代表人士队伍建设】 双流区委统战部加强党外干部选拔使用，全年新提拔市管领导干部3名、正处级干部2名、副处级干部2名；选优配强区工商联新一届班子，74名优秀民营经济代表人士担任区工商联执委；做好区人大、区政协换届中党外代表人士相关工作，考察推荐86名区人大代表、191名区政协委员；发挥“两新”组织凝聚人才、培养人才作用，在民营经济代表人士中发展党员90名，在非公有制经济组织和新的社会阶层组织中推选区党代表16名。

【留学人员服务行动】 双流区留学人员联谊会针对会员个性化需要，开展活动10场，服务海归人才100余人次；举行高新技术企业政策解读会、“情暖冬至　你我同行”交流专场活动、“聚焦双碳目标　共谋绿色发展”主题讲座、省市区人才政策宣讲暨人才项目申报解读活动等活动，帮助留学人员站稳立场、把准形势、拓展思维、提升能力。

【对口援建巴塘县】 双流区委统战部拨付援建资金3878万元，实施住房安全、教育、医疗、产业、就业、干部人才智力、社会力量、基础设施等对口帮扶项目19个；协助区委组织部完成新一轮对口支援干部人才的选派、培训等；推进全域结对工作，推动巩固脱贫攻坚与乡村振兴有效衔接。5月，双流区和甘孜州巴塘县分别被四川省委、省政府表彰为2020年四川省内对口帮扶先进集体、脱贫攻坚先进县。

（魏玉章）

侨务和台湾事务
Overseas Chinese Affairs and Taiwan Affairs

【概况】 2021年，双流区人民政府侨务和台湾事务办公室（简称区侨台办）重点突出以侨为桥，搭建平台，引导服务中心工作；贯彻执行党和国家对台工作方针，加强民间交流；为台胞台企、侨胞侨企提供优质服务，支持台资侨资企业发展。双流区侨台办被成都市侨联评为2021年度工作先进单位（综合），被四川省台办评为2021年度四川对台经济（台商投诉协商）工作先进单位。

【侨务管理】 双流区侨联与四川大学侨联共同组建成都市首家"四川大学侨联专家工作站（双流站）"，并于年底挂牌成立；与辽宁省大连市中山区侨联缔结成为友好侨联，共同构建侨联资源共享网络；加强与广州市黄埔区侨联、重庆市渝北区侨联的沟通和交流，探索新时期侨联工作的新思路，发挥新时期侨联组织的作用，推动两地的经贸合作和科技交流。双流区侨台办发挥双流区留学人员联谊会资源优势、"空港同心"实践创新基地和"空港海外人才项目预孵化基地"作用，开展2021年成都市"侨商进园区"双流行暨"创业中华·海归蓉漂"双流区校企地合作对接活动，为海内外侨界精英搭建创新创业、成果转化、学习交流、项目对接的平台。

【侨资引进】 双流区参与第十九届中国西部海外高新科技人才洽谈会，利用平台聚集优势，营造鼓励创新、支持创业的环境，汇聚各方力量搭建创业者展示成长平台、投融资对接平台、孵化培育平台，实现项目、人才、资本的有效对接，推动创业分享、路演展示、风险投资、成果转化、项目孵化的综合集成；组织新侨人员参与第七届"海科杯"全球华侨华人创新创业大赛并进入半决赛；承办第十九届海科会"超高清视频产业海内外人才峰会"专场活动，是唯一指定由区（市、县）具体承办的分会场活动。

【涉台事务】 双流区侨台办有序推进各项对台工作，妥善处理涉台投诉和帮助解决台商台企困难问题13件次；落实落细扶企惠企政策和同等待遇，确保企业应享尽享，鼓励企业抢抓新基建建设发展机遇，化危为机、做大做强。

【涉台宣传】 双流区侨台办不断探索对台宣传的工作机制，注重对台宣传的方式方法，利用掌上新闻客户端、双流电视台微信公众号、双流空港之声、报刊等媒体加大宣传；以服务好在双流生活的台商、台胞、台属为出发点，利用好"双流台胞台属联谊会"平台，发挥台商建言献策的积极作用，助推双流经济发展。

【促进台企发展】 双流区有台资企业12家，其中规模以上企业2家（仁宝、纬创）。双流区侨台办建立"服务台商走访活动"长效机制，全覆盖走访12家台资企业，定期听取意见建议，解决租金、土地、用工、扩产等实际问题15个；帮助仁宝、纬创等重点台资企业解决用工短缺和员工宿舍不足问题，组织开展专项招聘2600余人，协调黄甲街道双兴1、2社区为员工提供住宿支持；助力企业稳产满产，着力解决供应链保障问题，对接联动内江市、眉山市等地保障仁宝、纬创零配件有效供应，做强生产要素支撑。

【对台交流活动】 双流区侨台办完成2021东莞台商子弟学校中学生成都研学营棠湖中学开营仪式，增强两岸一家亲理念，增进台湾学生对成都的了解和认识；做好在双流台胞台属2021年春节慰问，让其感受到来自党和政府的关心关怀；做好台胞子女入学、中考加分等工作，解决双流台胞工作学习的后顾之忧。双流台胞台属联谊会开展"养生与健康讲座中秋茶话联谊会""情暖冬至，你我同胞"等活动，增进台胞之间了解，搭建交流合作平台。

（魏玉章）

机构编制管理
Organization Establishment Management

【概况】 2021年，双流区各级行政机构63个，其中党委工作机关10个、人大常委会机关1个、政府工作部门27个、政协机关1个、市委市政府派出机构1个、区政府派出机构1个、法院1个、检察院1个、群团机关9个、街道办事处5个、镇政府4个、法定机构1个、工商联1个。

【党政机构职能体系完善】 双流区委编办贯彻党管机构编制、优化协同高效、机构编制刚性约束、瘦身与健身相结合的原则，创新体制机制，科学设置机构，合理配置职能，统筹使用编制，提高效率效能；制定出台《双流区贯彻〈中国共产党机构编制工作条例〉实施方案》《双流区机构编制事项申请工作指南（试行）》，规范机构编制事项审批权限和程序，细化具体决策程序，严肃机构编制纪律，推进机构编制管理程序化、规范化和制度化；规范部门职责分工协调，理顺部门职责关系，提高行政效能。

【行政管理体制改革】 双流区委编办着眼市场化专业化，深化产业园区体制机制创新，探索双流航空经济区"一区多园"管理体制，印发《双流航空经济区运行机制工作方案》，构建统筹有力、协同高效的管理运行体系；优化整合原有机构，印发《双流航空经济区党工委管委会职能配置、内设机构和人员编制规定》，党工委管委会挂西南航空港经济开发区党工委管委会、成都高新综合保税区双流园区党工委管委会、成都双流自贸试验区管理局、成都市双流区大健康产业发展办公室牌子，形成统一领导下相对独立、协同发展格局；深化人事制度改革，印发《双流航空经济区岗位管理实施方案》，开展以岗位管理和全员聘用为核心的新型干部人事管理，赋予管委会自主定岗权。双流区委编办开展法定机构改革试点，成立成都芯谷发展服务局，实行"领导小组＋发展服务局＋专业公司"决策、管理、执行分离运行机制；明确职能定位，由发展服务局全面承担园区开发建设、运营管理、产业发展、综合协调等"政事企三合一"职能，职能部门和属地镇（街道）负责社会事务管理职责，促进发展服务局专注主责主业；释放人才动能，采取不受行政编制和薪酬待遇限制的市场化方式聚集专业人才，赋予发展服务局独立自主的用人管人权限，优化薪酬体系和管理模式。

【综合行政执法改革】 双流区委编办按照中央和四川省委、成都市委关于深化市场监管等领域综合行政执法改革要求，持续深化综合行政执法改革，实施区市场监管领域"局队合一"，加强和改革市场监督管理领域执法；制定印发《双流区综合行政执法协作办法》，完善综合行政执法案件移送的相关流程和要件规定，构建执法权相对集中、执法职责明确、执法行为规范、运转协同高效的综合行政执法体系。

【镇（街道）体制机制改革】 双流区委编办按照四川省、成都市、双流区关于做好两项改革"后半篇"文章的部署要求，制定出台《双流区构建简约高效基层管理体制工作实施方案》，为构建简约高效的基层管理体制规划"路线图""任务书"；在镇（街道）全面推行职责任务、公共服务、属地管理"三张清单"管理制度，制定出台双流区镇（街道）职责任务清单7大类272项、公共服务清单11大类155项、属地管理清单10大类102项；在全市统筹下印发《双流区下放镇（街道）县级行政权力事项清单（第一批）》，分别赋予4个镇、5个街道行政权力事项30项、17项，变"端菜式"赋权为"点菜式"赋权；制定出台《双流区部门职责事项下放若干措施》，配套拟制《部门职责事项下放交接清单》《部门职责事项下放审核审批流程图》，逐一明确区级部门职责事项下放涉及的前期论证、审批程序、组织实施、运行监督等有关程序，推动镇（街道）需求、部门意见、权责匹配统筹衔接、有机统一；持续优化镇（街道）机构职能配置，将各镇（街道）原由财政审计办公室承担的审计职能职责调整到综合办公室，同步将财政审计办公室更名为财政办公室，不再负责审计相关工作，实现财政、审计"两分离、互监督"，强化镇（街道）审计监督职责；增加各镇（街道）直属事业单位农业综合服务中心负责辖区畜牧生产技术推广以及畜禽粪污资源化利用的职能职责，突出农业综合服务中心为民服务属性。

【机构编制管理创新】 双流区委编办优化重点领域体制机制，设立小区管理服务中心，负责全区小区管理服务，同时挂牌设立重大项目推进办，牵头全区项目规划设计、推进促建等；加强机构职能整合，将园林绿化和公园城市建设、土地征后管理职责分别交由区公园城市绿化服务中心、区住房保障服务中心统一行使、独立运行；强化重大工作重要部门重点岗位机构编制保障，向上争取正处级领导职数4名、副处级领导职数10名，统筹调配140名编制重点保障发改、民政等经济发展、民生领域，优化发改、生态环保、新科等31个部门和镇（街道）内设机构职责，建立200名事业编制“周转池”保障“三重”人才引进，为新体制幼儿园配备事业编制26名，开展议事协调机构专项清理，撤销8个、优化15个，镇（街道）改革“后半篇”文章、生态环境保护体制调整等7项特色工作得到成都市委编办肯定；制定出台《双流区中小学优秀教育人才专编管理办法》和《双流区员额教师管理实施细则（试行）》。

【机构编制监督检查】 双流区委编办按照“机构清、编制清、领导职数清、实有人员清、历史沿革清”要求，对全区机关事业单位开展机构核查，实现机构编制与组织、人社、财政、社保“五账合一”，机构编制资源的数量、结构、分布等实际配置情况进一步核清，实名制管理进一步规范，获评全市2021年度机构编制核查和实名制管理先进单位；加强机构编制常态化管理，建立机构编制月末同组织、人社“对账”制度，完善协调制约机制；结合换届工作，实时更新相关数据，全年受理文档和函件1100余件，办理编制手续5300余人次。

【事业单位登记管理与公示】 双流区委编办运用“互联网+政务服务”，规范事业单位登记管理范围、内容、程序和材料，提高管理服务水平；抓好事业单位在线公示，全年公示报送事业单位年报272家，年报率100%。

（刘　醒）

外事管理
Foreign Affairs Management

【概况】 2021年，双流区贯彻中央外事工作会议及四川省委、成都市委外事工作相关会议精神，融入四川省、成都市对外开放合作战略，推动外事外资外经外贸外宣“五外”联动，推进优势资源转化，推动外事工作取得新成效、迈上新台阶。双流区全年开展国际合作与对外交流活动46项，包括举行“2021成都国际友城青年音乐周”双流分会场、组织参加中美友城青少年英语辩论挑战赛等年度重大国际交流活动6场，协办2021中国创新创业成果交易会和“进博会走进四川”双流系列活动、参加2021第十一届世界和平合唱节公开赛等国家级国际活动12场，棠湖小学与奥地利维也纳巴赫音乐学校建立友好学校关系；与资阳市探讨适航产业高质量发展等成德眉资同城化发展举措1项，开展涉外接待4批20余人次；做好大运会礼宾筹备，开展大运会外事礼宾培训1次；完成“相约幸福成都”系列测试赛5场。

【涉外事务管理】 双流区委外事办做好疫情防控“外防输入”，截至12月31日管理进港入境航班2682个29663人（外籍4244人），全年完成108批共271名外交领事人员在双流留观管理服务，得到四川省疫情防控指挥部外事工作组负责人、省委外办主要领导认可；推进54件外资企业诉求解决，除政策原因无法解决的8件外，办结44件，办结率95.65%；走访并为中电熊猫等15家重点企业办理外国人来华邀请的属地初审23批次122人，其中116人获四川省外办签发邀请函；到新易盛、纽瑞特等10余家重点企业上门推介，线上面向700余家企业推介APEC商务旅行卡7批次；牵头为双流外籍人士疫苗接种，协调卫健、公安等部门做好保障，为212名外籍人士预约登记，组织接种6次306剂次；召开双流区涉外安全事件指挥部会议，部署重大时间节点涉外安全工作，常态化开展领事保护宣传活动，通过微信发布疫情防控、海外安全提醒等方面推送20余条；牵头制发《双流区中日韩开放合作示范项目2021年工作要点》，更新对日韩合作重点项目、优势资源等清单，推进中日韩开放合作等项目。

【涉外活动服务】 双流区委外事办按照《大运会双流赛区场馆中心工作方案》，推进田径场馆中心、羽毛球场馆中心、网球场馆中心、水球场馆中心和射箭场馆中心5个竞赛场馆中心的外事礼宾筹备运行；率先探索礼宾接待模块化运行，打造双流示范；组织40余名工作人员开展大运会外事礼宾专题培训1次，提升各场馆礼宾接待组核心工作人员和各比赛项目储备人才外事礼宾业务水平；会同相关部门及区内高校志愿者开展大运术语进社区活动4场，举行“爱成都·迎大运”双流区全民英语角活动4期；完成“相约幸福成都”田径、网球系列测试赛5场。

【外事接待服务】 双流区全年接待法国驻成都总领事馆经济领事法宇连、日本贸易振兴机构上海代表处首席代表水田贤治、新加坡企业发展局中国司华西区副司长符安琪、成都墨尔文学校执行校长吉尔·考伊博士等重要外交、涉外商务团组4批20余人次。

【国际友城建设】截至年底，全区已建国际友好城市1个——韩国光州广域市南区，发展友好合作关系城市5个，分别为美国阿肯色州拉塞尔维尔市、土耳其伊兹密尔市加兹密尔区、摩尔多瓦奥尔海伊市、匈牙利布达佩斯市、波兰卢布兹省绿山城。受新冠肺炎疫情影响，年度交流合作主要以线上方式开展。双流区与韩国光州广域市南区外事部门就大运会筹办交流经验，推动双流区棠湖中学和光州广域市南区湖南三育中学开展交流；邀请光州广域市南区和布达佩斯市十八区以视频方式参加2021成都国际友城青年音乐周双流分会场活动。双流区借中国春节契机，与友城高层领导互致新年贺信。

【对外交流合作】1月，双流区依托德国中信通顾问咨询有限公司在德国设立“海外双流工作站”，联系欧洲商协会和企业，开展对外宣传和项目招引。2月5日，递四方跨境供应链西部集散中心项目签约落户双流。3月15日，递四方成都至英国伦敦全货机航线首航仪式发布会举行，“成都—伦敦”定期货运航班出港货物均为电商包裹，满载货量约60吨，每周一、三固定两班。3月14日，顺丰航空“成都—达卡”全货机航线首航仪式举行，“成都—达卡”全货运航线的开通有利于中国西南地区与南亚地区的经贸往来和双边合作。6月21日，双流区与日本东悟株式会社签订中日IT产业创新中心项目合作备忘录。9月16日，双流区棠湖小学与奥地利维也纳巴赫音乐学校举行建立友好学校关系云签约仪式，双方在国际课程、音乐、艺术共建共享等方面加强交流和合作。11月，双流区获批设立中国科协海智计划工作基地（四川成都芯谷），是2021年四川省首家（全省累计6家）、成都市第3家获批的海智基地。12月4日，成都（双流）空铁国际联运港中老国际班列首发仪式在成都双流综保铁路专用线货站举行。

【对外交流活动】1月11日，双流中学承办中美友城青年线上交流活动，学校2020级的9名学生与美国纳什维尔的中学生线上交流。4月，双流棠湖中学的2个代表队通过区内选拔赛，代表双流区参加2021年度中美友城青少年英语辩论挑战赛。4月2日，四川大学留学人员联谊会、四川欧美同学会日韩分会、四川音乐学院欧美同学会·留学人员联谊会、双流留学人员联谊会共同举办的“解政策　促交流”政策解读暨“企业咖啡时”校地合作沙龙活动在成都芯谷展示中心举行。4月14日，由美国犹他州教育厅、北京语言大学和双流棠湖中学空港校区联合主办的“成都——不夜城”主题春令营活动开营仪式在棠湖中学空港校区举行。5月22日至6月12日，双流棠湖小学新苗合唱团参加2021第11届世界和平合唱节公开赛获金奖。6月25日，胡润·百富学院走进中国航空经济之都活动在双流区举行。7月3日至8月7日，四川师范大学和双流中学实验学校联合承办2021年美国青年学习汉语奖学金项目，100余名美国优秀青年学生参与为期6周的沉浸式汉语学习和中国文化体验活动、课程，四川省教育对外交流中心授予双流中学实验学校“中国教育交流协会NSLI-Y项目基地校”称号。7月8日，“进博会走进四川”双流系列活动举行，现场重点对接美国高通公司、爱特思集团，并邀请欧姆龙、思爱普2家重点意向企业到双流区实地考察。9月10—13日，双流区带队组织中国水电五局、成都宏盟置业发展有限公司等企业参加第18届东盟博览会，扩展国际市场、拓宽贸易渠道。10月23日，2021成都国际友城青年音乐周——中国航空经济之都双流分会场演出在双流区运动公园足球场举行，以“爱成都迎大运　唱响空港之声”为主题，通过“线上+线下”的方式开展，线下800余名观众观看，线上总播放量近20万人次。11月26日，双流航空经济区航空物流投资环境“云”推介活动举行，推介双流航空产业发展情况和要素保障等投资环境，并面向全球发出“第四届中国西部航空物流合作论坛”邀请函。12月8日，2022“蓉漂杯”高层次人才创新创业大赛双流区走进粤港澳大湾区专题赛在深圳市举行，113个优质项目报名参赛，最终35个项目进入现场路演、15个港澳项目线上参赛。12月10日，“爱成都·迎大运”第十八届成都国际美食节双流体验会场暨“双流星美食”活动启动，推介双流美食，打造创新消费新场景，通过数字赋能，激活消费新市场，扩大全球知名度和影响力，促进美食文化国际交流。12月14—19日，“穗港澳蓉青年技能竞赛”在成都、广州、香港、澳门四

6月25日，胡润·百富学院走进中国航空经济之都活动在双流区举行（供图：区外事办）

3月26日，2021双流区对日招商投资环境网络推介会举行（供图：区外事办）

地同时举行，移动机器人项目比赛在双流区举办，被央视《新闻联播》报道。12 月 25—26 日，“2021 年中国四川—日本广岛友城青少年线上交流会”举行，双流区 4 名高中生参加，双流中学实验学校达瓦卓玛代表四川学生发言交流。

【双流区对日招商网络推介会】 3 月 26 日，2021 双流区对日招商投资环境网络推介会举行。推介会通过网络连线与日方企业交流对接，双流区投促局推介双流区投资发展环境，四川驻日本投资促进代表处首席代表、日本东悟株式会社总裁王春生介绍日本 IT 企业（成都）创新中心项目情况。日本东悟株式会社、Gazeru 株式会社、Virtualex Consulting 株式会社等知名日资企业代表以及四川省经济合作局、双流区人民政府和相关区级部门参加推介会。

【双流走进东盟博览会主题推介会】 9 月 11 日，2021 年中国航空经济之都——成都·双流走进东盟博览会主题推介会活动在广西壮族自治区南宁市举行，邀请中国电子北海产业园发展有限公司、泛太运贸（越南）有限公司等 60 余家与东盟有贸易往来企业参加。推介会上，中国邮政成都市国际业务分公司与中国邮政广西国际业务分公司签订蓉桂国际海铁联运通道建设合作框架协议，成都空港发展集团与中铁集装箱南宁分公司签订西部陆海新通道建设合作协议。双方将共同推动创新空铁联运、国际联运、铁海联运、公铁联运等物流方式，打造多式联运现代物流综合物流服务体系。活动发布成都（双流）空铁国际联运港、中国（四川）—东盟自由贸易合作中心两个开放新平台。

12月17日，“‘双’创共赢·‘留’才之港”——“企业咖啡时”海外人才专场活动在成都芯谷·企业幸福中心举行（供图：区外事办）

【“企业咖啡时”海外人才专场活动】 12 月 17 日，“‘双’创共赢·‘留’才之港”——“企业咖啡时”海外人才专场活动在成都芯谷·企业幸福中心举行，推介双流区人才政策和营商环境，发布“外籍人士眼中的双流”调研成果。亚太经济合作组织电子商务工商联盟数字贸易创新委员会执行秘书长 David Kovacs 等 3 名中外人才代表分享在双流创新创业故事。

（陈　祝）

档案管理
Archives Management

【概况】 2021 年，双流区档案馆贯彻落实习近平总书记对档案工作重要批示精神，践行“为党管档、为国守史、为民服务”的职责使命，获评2020年度《中国档案》宣传工作先进单位、四川省档案工作先进集体、成都市2020年度档案工作先进集体，为高质量建设践行新发展理念的中国航空经济之都贡献档案力量。

【档案接收与征集】 双流区档案馆采取统一指导、统一收集、统一归档、统一数字化的方式方法，接收疫情防控文书档案200盒4283件，接收精准扶贫档案110盒2800件，接收2010年档案进馆11449盒235459件、数码照片3790张；开展国有企业退休人员社会化管理人事档案接收，办理完结档案移交手续的国有企业2家88袋，完成率100%；收集《平民教育家傅葆琛传记相册》1本、《刘鉴泉先生学行年表》印刷本20本。

【档案利用与编研】 双流区档案馆馆藏235个全宗，保存有各门类、不同载体档案以卷为保管单位20.1万卷、以件为保管单位181万件（其中民国档案12327卷19.67万件），代管各部门档案47.7万卷；根据疫情形势变化，在不同时期采用不同方法，通过暂停服务—预约查档—限额服务的措施，接待查阅10919次（折合2.27万人次、1.62万件次）；办理群众来信来访等诉求30件，按时办结率100%，群众满意率100%；组织开展《成渝地区双城经济圈城市概览》双流篇目、《红色四川》丛书成都分册双流编辑，制作双流机场抗疫、田家英生平微视频，选派优秀干部到区政协、西航港街道常乐社区等单位宣讲田家英许党报国事迹；在《空港双流》报开设建党百年党史学习“奋斗百年路·启航新征程——双流党史历程·地标（人物、事件）”专栏，登载23期，并整理集结汇编成内部资料；依托田家英生平展，联合区委组织部、区融媒体中心等拍摄、录制音视频在抖音蓉城先锋平台、“学习强国”学习平台、《双流新闻》等媒体上展播。双流区档案馆档案编研工作成果被国家级、省级、市级宣传刊物或媒体采用26次。

【档案行政管理与宣传】 双流区档案馆召开专项研讨会，开展问卷调查和实地调研，完成10个单位159个项目21537卷/盒197247件档案统计，形成《双流区城市建设档案管理办法（试行）》，并于12月17日通过合法性审查；完成56个单位［24个部门、9个镇（街道）、20个村社区、3家国有企业］的检查；登记重点建设项目65个，完成四川省、成都市重点项目验收各1项，完成率100%；完成71个立档单位机关文件材料归档范围和档案保管期限表重新审核、68个区一级单位的全国档案事业统计调查等；开展普法活动12次，发放宣传资料3000余份，接受公众咨询1000余人次，赠送《中华人民共和国档案法》释义100本；开展线上线下业务指导和培训200余次，2000余人次参与。

【档案安全管理】 双流区档案馆落实中央和四川省、成都市、双流区疫情防控决策部署，按照双流区疫情防控指挥部要求做好疫情防控应急处置预案、物资保障、来馆办事人员引导等；落实馆库安全措施，抓好库房、机房、信息化加工现场等重点点位安全监管，温湿度监控系统、消防系统、安防系统等日常监控，做到人防、物防、技防“三位一体”，抽查档案实体17批次8584卷次；维护档案信息化安全，检查全文数据3456万页6.4太字节。

【档案信息化建设】 双流区档案馆完成全区立档单位紫晶数据的整理和迁移至数字档案馆系统；完成数字档案室馆室一体化共享平台软件模块开发，开展数字档案室馆室

6月23日，西藏自治区档案专职人员业务培训班学员参观双流区档案馆　（供图：区档案馆）

3月10日，四川省档案局、省财政厅到双流区档案馆调研档案信息化建设工作　（供图：区档案馆）

一体化共享平台软件上线应用；按照《数字档案室建设指南》标准，开展对区民政局、东升街道、西航港街道等12个单位档案信息化管理检查、调研，开展东升街道、彭镇等9个镇（街道）共享试点，根据需求建立户籍、独生子女、婚姻等民生档案共享利用库；完成11449盒235459件、11794卷数字化成果检查和挂接；与市档案馆、市网络理政办、区新科局、区大数据局等单位对接成都市一体化协同办公平台电子档案归档事宜，推动电子档案在线归档。

【党史学习教育阵地建设】“从永福乡到永福堂——毛泽东秘书田家英生平展”“不忘初心、牢记使命”主题展被双流区委党史学习教育办公室确定为“双流区党史学习教育实践教学点”，面向党员群众开展党史学习教育现场教学，接待四川航空地面服务部、岷江水厂、成都南玻有限公司、西南民族大学、棠湖小学等参观99批次2363人次。

【“百年历程　档案记忆”档案展】双流区档案馆争取对上支持，承办由成都市委办公厅（市档案局）和市档案馆联合主办的“百年历程　档案记忆”档案展。7月8日，“百年历程　档案记忆”档案展在双流区档案馆展出。展览以时间轴为主线，以100份珍贵档案为载体，从档案视角展示建党以来成都百年发展历程。

（潘　琳）

7月8日，“百年历程　档案记忆”庆祝建党100周年档案展在双流区档案馆展出　（供图：区档案馆）

机关建设
Organs Construction

【概况】2021年，双流区有机关党组织351个，其中一级机关党组织61个［机关党委31个（其中垂管单位4个）、党总支7个（其中垂管单位1个）、党支部23个（其中垂管单位3个）］，下设党组织290个，党员6687名。

【机关思想教育与宣传】双流区委组织部将开展党史学习教育纳入机关党建工作要点重要内容，印发《全区机关开展党史学习教育的指导方案》，指导机关党组织抓好8项重点工作；督促机关党员学习习近平总书记重要讲话和系列学习材料，编发《政治理论学习材料》9期，举办学习习近平总书记在庆祝中国共产党成立100周年大会上重要讲话精神等宣讲报告会5场，跟进学习习近平总书记系列重要讲话精神以及上级重要精神，强化学习成效；丰富学习形式，创新开展“政治生日”暨红色经典（家书）悦读主题活动3场，指导开展“支部赛歌、团队齐唱”歌咏活动，遴选区卫健局《歌声飘过一百年　我为党来唱首歌》、区综合执法局《7月的鲜花献给党》等微视频集中展播，精编党史知识150道题，指导257个机关党支部进行考学活动；开展党员示范活动，在全区创建“党员先锋示范岗”243个，制作统一标识，推动党员亮身份、树形象、显作用。

【机关党组织建设】 双流区委组织部紧跟区委中心工作，调整机关党组织设置，为区城市更新中心和成都芯谷发展服务局成立党组织，调整区公园绿化中心党总支隶属关系，指导13个机关党组织调整组织设置；牵头成立双流赛区临时党委和田径场馆中心等7个临时党支部，推行执行（专职）副主任和临时党支部书记“一肩挑”，指导建立“一报告、两同步、三协调、N个小组”的“123N”工作机制，形成目标明确、分工协作、相互衔接的工作闭环；指导区对口支援指挥部党支部等6个党组织完成换届选举，任免党组织书记、专职副书记7人；规范下放机关党委下设党支部审批权限，完成备案25次；严把发展党员入口关，新发展机关党员141名，转正预备党员65名；组织41名机关党组织书记到广西百色干部学院开展落实主责主业培训；以高质量开展主题党日、创新开展“政治生日”为小切口，“双管齐下”督促指导机关党组织抓好“三会一课”（党支部党员大会、党支部委员会会议、党小组会和党课）等基本制度落实，开展按期换届检查4次，建立主题党日活动基地12个，举办“政治生日”集中活动3场，指导部门开展活动30余场；深化星级示范党支部创评，把抓重大工作任务落实作为检验党支部战斗力的试金石，推动机关党组织在服务中心大局中作示范、创先进，实现党建与业务互融共进，全年确定重点培育对象38个，实地评估入围的24个党支部，工作先后被《成都组工信息》等刊登；开展区直机关党代表选举，编印“一手册、一清单”，细化5个环节、20个步骤，选举出席区第十四次党代会代表126名；做好“两优一先”评选表彰，80名党员、40名党务工作者、38个党组织获表彰；加强党内关心关怀，为282名生活困难党员等发放慰问金13.5万元。

【机关党风廉政建设】 双流区委组织部推动党风廉政建设优化作风，认领四川省委第九巡视组巡视成都市反馈意见整改事项2个，制定整改措施3个，建立长效机制2个；将机关党组织加强党风廉政建设纳入工作要点，明确要求机关党组织每年至少开展1次党风廉政专题学习和1次警示教育；开展廉政教育活动，将党纪党规学习作为党支部书记等培训必修课；严格执纪监督问责，协助区纪委监委做好党员违纪问题处置，先后指导区级有关部门对1名违纪党员处分，做好2名不合格党员除名处置和1名预备党员延长预备期后续工作。

【机关疫情防控与宣传】 双流区委组织部聚焦常态抓好疫情防控，牵头落实《机关事业单位疫情防控工作要点九条》，督促机关党组织持续贯彻《充分发挥机关党组织战斗堡垒作用和共产党员先锋模范作用的八条措施》；7月、11月成都市本土疫情发生，第一时间发出通知、倡议书，动员党组织把党旗立在一线、党员干部坚守岗位，聚焦旅客转运、集中隔离等关键点位，先后成立临时党支部17个、调整充实组成人员74人次，实现全覆盖；引导机关党员干部下沉支援，协助镇（街道）、社区做好疫情防控；加强工作宣传，上报先进事迹材料20个，总结形成的《双流区各级党组织和广大党员干部全力以赴打好疫情防控阻击战》被《成都组工信息》刊登。

（周　鹏）

党史和志鉴编纂

Party's History, Local Chronicles and Yearbooks Compilation

【概况】 2021年，双流区委史志办公室推进党史编研、志鉴编纂和数字史志建设等开展，建成双流史志馆，打造双流历史文化名片；编纂出版《中国共产党成都执政实录·双流篇（2020）》《双流年鉴（2021）》；服务区委、区政府中心工作，主动建言献策；利用地情信息资料向社会提供服务，利用史志资料、编研成果做好宣传教育，充分发挥史志资料“存史、资政、育人”的社会功能。

【双流史志馆建设开馆】 双流区委史志办按照区委、区政府工作部署，深度挖掘双流党史、地方志资料，以“节约、精致、客观、精准”为原则推进双流史志馆建设。双流史志馆内设中国共产党双流历史展览馆（双流党史馆）、双流方志馆。6月29日，双流党史馆开馆试运行，先后接待双流区各部门、镇（街道）、村（社区）、学校等30余批次1000余人次，成为双流区党史学习教育现场教学的重要阵地。12月底，双流方志馆开馆试运营，内设历史文脉馆、乡土民俗馆、历史名人馆、中国航空经济之都发展历程馆、史志成果馆，全面系统展示双流的历史人文、社会建设、山川形胜、风土人情、经济成果等。

【献礼建党百年图书编纂】 双流区委史志办编纂出版《百年征程·共铸辉煌》（双流党史学习资料汇编），共14万字，图片390余张，全面介绍建党100年来，双流人民在党的带领下进行革命、建设、改革开放和现代化建设的奋斗历程。《百年征程·共铸辉煌》于6月25日印刷出版，并在双流区庆祝中国共产党成立100周年暨"两优一先"表彰大会向全体参会人员发放。双流区委史志办于年初面向双流区各部门、镇（街道）、村（社区）征集双流历史图片2000余张，精选380余张，分为产业富民、文化乐民、保障亲民、生态利民、时代生活掠影，编纂出版《百年征程·幸福双流》影集，集中收录百年来中国共产党以人民为中心、为人民谋幸福的双流实践，展现双流人民蒸蒸日上的幸福生活。

【《中国共产党成都执政实录·双流篇（2020）》编纂出版】 12月，双流区委史志办编纂的《中国共产党成都执政实录·双流篇（2020）》出版。全书共58万字，设彩页、工作综述、执政方略、执政实践、执政思考、大事记和附录7个部分，主要记述2020年双流区委贯彻党的路线、方针、政策，带领全区各级党组织推进的执政实践和取得的执政成果。

【《双流年鉴（2021）》编纂出版】 12月，《双流年鉴（2021）》由方志出版社出版。全书共72万字，设置特载、大事记、双流概述、中共双流区委员会、双流区人民代表大会、双流区人民政府、政协双流区委员会、中共成都市双流区纪律检查委员会（成都市双流区监察委员会）、民主党派、群众团体、法治、军事、综合经济管理、城乡建设与管理、资源与生态保护、产业集聚发展、航空经济发展、农业和农村、工业·建筑业、商贸与现代服务业、交通运输·邮政·通信业、旅游业、教育·科技、文化·传媒、卫生·体育、社会·民生、街道·镇、附录28个类目，下设189个分目、1214个条目，24个图表，卷首及文内刊载272幅图片。卷首图部分设大美双流、产业兴城、社会生活、疫情防控、数字双流5个板块。

【地情资源开发与利用】 双流区委史志办创新体裁和内容，编纂通史类读本《双流四千年》，以时间为经，以历史名人、重大事件为纬，纵横交错展现双流四千多年的发展演变轨迹；以生动活泼、通俗易懂的行文方式，激活深沉厚重的历史，向读者展示双流鲜活的历史。双流区委史志办编纂出版《双流区抗击新冠肺炎疫情图记》，记录新冠肺炎疫情发生以来，双流区委、区政府领导全区坚持以人民为中心，抗击新冠肺炎疫情。

【数字史志建设与运用】 双流区委史志办完善集"史志网站、资料年报、业务编纂、图文数据库、数字史志馆、全景双流"于一体的双流数字史志平台建设，提升史志编纂效率，拓展读史、用史、传史新渠道。双流史志网站运行全景双流VR系统，方便读者沉浸式体验。双流史志馆试运营后，"双流史志"微信公众号开通"线上展馆"，读者可通过手机参观双流史志馆。

【史志宣传教育】 双流区委史志办联合区委宣传部、区融媒体中心开展"线上+线下"庆祝建党百年活动，自3月起推出《双流党史100年》有声书100期，在双流FM100.9空港之声连续播出，在《空港双流》报开辟建党百年党史学习专栏"奋斗百年路·启航新征程"，每周二、五刊载共40余篇；联合区融媒体中心制作"讲述红色故事·赓续红色血脉"双流党史短视频6个，并报送四川省委、成都市委党史研究室；开展双流区建党100周年党史知识竞赛；制作"庆祝建党100周年中共双流历史"展板、"双流历史文化"展板，在双流区基层党组织、社区巡展；联合区纪委监委，在廉建互动"坝坝会"上讲授党课；配合开展"我讲党史给你听"主题送训下基层宣讲活动，宣讲150余人次；推动西航港街道莲花社区"川齿记忆"申报成都市级党史教育基地。

【镇志编纂启动】 双流区委史志办按照四川省志办《关于印发四川省乡镇（街道）志、村志编纂有关规范的通知》要求，拟定报告上报区政府；10月25日下发《关于印发〈双流区镇（街道）、村（社区）志编纂工作实施方案〉的通知》，并召开镇志编纂推进会议，正式启动全区镇（街道）志编纂工作。

（葛丽平）

党校工作
Party School Work

【概况】 2021年，中共双流区委员会党校（简称区委党校）深入学习贯彻习近平总书记关于党校办学治校系列重要指示精神，贯彻落实《中国共产党党校（行政学院）工作条例》以及各级关于党校工作的部署要求，聚力干部培训、科研资政、分类改革、党建引领工作，全面建设全省一流、全市领先，与中国航空经济之都城市能级相匹配的基层示范党校。双流区委党校获全市党校系统第一届“教学管理优秀奖”，被评为双流区党风廉政主体责任建设先进单位、双流区组织工作先进单位，机关党支部获评“双流区先进基层党组织”“中国航空经济之都建设先锋党支部（五星级）”。2名教师入选成都市委宣讲团，5名教师入选双流区委宣讲团，2名教师入选成都市级本土讲师。

【干部培训】 双流区委党校全年举办“学习贯彻党的十九届六中全会精神专题培训班”等培训班次43期，培训党员干部8698人次；依托手机、腾讯会议等载体开展在线学习，共享中央党校“网上党校”等网络课堂；创新“领导干部上讲台、先进模范进课堂”实践课堂，各级领导到党校授课99人次，15门课被评为学员最受欢迎的本土课程；坚持凡训必考，将培训情况纳入积分制管理，所有培训班次均安排专人全程跟训；挖掘整合全区资源优势，将特色产业、亮点项目、最新成果等纳入现场教学基地建设，打造“红橙蓝绿”四色教学基地品牌，新创AI卫星互联网培训基地、电子科技大学科技园等成都市级教学基地3个。

【课题研究】 双流区委党校围绕服务党委政府工作中心、民生热点、党建亮点和难点开展科研资政，健全“专家指导＋部门参与＋党校牵头＋骨干负责＋全员科研”的科研格局，依托2名成都市级“教研英才”“教研新秀”打造名师工作室，推动全校教学科研能力提升；立项四川省、成都市科研项目11项，其中四川省级4项、成都市级7项，首次立项完成四川省委党校“智库研究基地项目”，连续4年立项7项成都市社科资助项目，位居全市区（市）县党校第一；有14篇成果入选中国社会学会理论学术研讨会、全国高校马克思主义理论学科研究会等高层次理论研讨会并作交流，《“一市两场”背景下成都临空经济区的发展战略》获全市党校（行政学校）系统科研优秀成果一等奖（全市仅3项）；做实做细“送学上门”“送教上门”，选派骨干教师到基层宣讲50余次，受众5100余人。

12月6日，双流区学习贯彻党的十九届六中全会精神暨区第十四次党代会精神专题轮训班（第一期）举办
（供图：区委党校）

【基层调研】 双流区委党校围绕双流经济社会发展热点难点问题，立项11项成都市级及以上调研项目，调研小组先后到区委社会治理委员会、黄水镇云华社区、成都芯谷产业园、天府生物城等地开展调研；与四川省委党校、成都市委党校、重庆市渝北区委党校、四川大学等科研院所建立纵向资源共享调研机制，合作攻关开展调研，同时与区级部门及参训学员建立横向资源共享调研机制，依托参训学员完成干部心理健康状况等调研项目；促进调研成果转化，力求做到“四个一”（提炼一篇有理论水平的文章、争取获得一个奖项、形成一个精品案例、锻炼一支调研队伍），全年在调研的基础上汇编内部资料《党校论坛》2期，开发15门精品课程。7—9月，双流区委党校教学科研人员根据课程开发和科研立项情况，以课题组及科室为单位，组建调研小组，组织开展调研30余次。

（卓莉娟）

老干部管理
Retired Cadres Management

【概况】 2021年，双流区推进离退休干部党的建设、服务管理、发挥作用等各项工作，“双流做法”得到上级肯定，“美丽空港”法治老党员工作室、人大离退休支部先后被评选为成都市级示范点，6个支部、7名书记、25名老党员受到市区两级表彰。

【老干部政治待遇落实】 双流区委老干部局坚持政治统领，举办习近平总书记七一重要讲话和党的十九届五中、六中全会精神专题辅导班8期，培训离退休干部360余人次；牵头策划“三助力、四专题、七个一”（助力中心大局、基层治理、党史教育，抓好专题学习、宣讲、党课、培训，开展座谈、征文、调研、示范创建、主题教育、书画展览、走访慰问）特色活动，推进党史学习教育，开展专题学习宣讲活动353场次，离退休党员参与面达85%；探寻以“定量明标、抓规范，定向创标、抓带动，定性验标、抓提升”为主要内容的“三定三抓”工作法，细化“共性+个性”考核内容36条、评分办法39项，促进离退休干部党建工作标准化规范化；为57个离退休支部选优配强班子成员，100%按期换届；依托延安干部学院、大巴山干部学院培训110名离退休党组织骨干和书记，选送8名离退休支部书记参加四川省、成都市调训；全域开展“十百千”和“先锋”“星级”支部示范创建行动，选树“先锋”“星级”离退休党支部14个，培育“美丽空港老党员工作室”成都市级示范点2个、双流区级示范点12个。

【老干部生活待遇落实】 双流区委常委会定期听取老干部工作汇报，专题研究部署重点工作；区委、区政府、区人大、区政协主要领导，通过“一对一”“多对一”方式，直接联系25名离休干部。双流区委老干部局为68名退休干部举行荣退仪式，涉及退休干部党员的工资关系、组织关系、医保、社保等7个办理事项整合为“一件事”，实现部门间数据共享、流程再造、业务协同，干部在职与退休的管理服务无缝衔接；走访慰问离休干部（遗孀）、新中国成立初期参加工作的老干部、离退休支部书记（老党员）、困难老干部500余名，推行“一人一策”为老干部办实事解难事；帮助48名老干部签约家庭医生，为265名失能老干部办理“长照险”，为126名特殊困难老干部落实帮扶资金28.4万元，56名中华人民共和国成立初退休干部医疗照顾政策得到落实；为离退休党员干部订阅《老年报》、《晚霞杂志》等2300余份，为700余名区级机关离退休人员送上生日祝福。

【老干部活动阵地建设】 双流区委老干部局在“建管用”上下功夫，加强老干部活动中心建设，设体育锻炼厅、歌舞排练厅、影视播放厅、模拟激光射击室、电脑网吧室、书画练习室、会友聊天室、学习会议室、机麻棋牌室、休闲按摩室等，坚持每日9：00—17：00（除双休日、节假日）对老干部开放，并安排2名专职人员做好服务；完善《老干部休养所岗位目标考核制度》《活动器材保管制度》等，做到工作有标准、管理有制度、考核有依据，提升服务管理效能，推动工作科学化、规范化运行。

【老干部正能量活动】 双流区委老干部局聚焦高质量发展主题，围绕推进“三区三廊三新城”建设、加快打造新时代“三个地方”等重点工作，组织参观考察、座谈交流、专题调研30余次，收集建议136条，形成具有资政辅政作用的调研报告15篇；120名“五老”走进机关、社区、学校，开展“四史”专题宣讲320余场次，帮助8.2万名青少年“扣好人生第一粒扣子”；30余名“银发使者”为党员干部群众讲述“党史故事”129场次；1000余名老干部创作书法、绘画等作品2000余幅，举办主题展出120余场次；创编文艺节目50余个，到镇（街道）社区演出400余场次；撰写上报“土特产”“闪光点”68篇，被《中国老年报》《天府晚霞》《成都日报》等媒体采用50余篇次。

【老干部志愿服务】 双流区600名老党员老干部志愿加入“蓉城金秋”双流中队、“美丽空港”老党员工作室等平台，服务群众3900余人次，时长1.1万小时，帮助基层群众解决邻里纠纷、用电用水、院落美化整治等“操心事、烦心事、揪心事”1300余件次。

（周　鹏）

双流区人民代表大会

SHUANGLIU DISTRICT PEOPLE'S CONGRESS

人大机构

People's Congress Agencies

【概况】 2021年是区、镇两级人大的换届之年。换届前，双流区第十八届人民代表大会设置6个专门委员会，即监察和司法委员会、经济委员会、社会事业委员会、城乡建设与环境保护委员会、农业和农村委员会、预算委员会。换届后，双流区第十九届人民代表大会设置8个专门委员会，即监察和司法委员会、经济委员会、教育科学文化卫生委员会、城乡建设与环境保护委员会、农业和农村委员会、社会建设委员会、预算委员会、代表委员会。大会闭会期间，各专门委员会在区人大常委会领导下，研究、审议和拟定有关议案，开展调查研究，提出建议。双流区人大常委会组成人员45名，设立办公室、人事代表工作委员会、研究室、信访办4个工作机构，负责处理常委会重要日常工作。双流区人大常委会办公室下设综合科、秘书科、机关事务管理中心、财务科。

【双流区人大常委会负责人名单】

·双流区十八届人大常委会·

主　任　陈　琳

副主任　景逢均

张晓华

鲜　明

严宗明

丁远平

·双流区十九届人大常委会·

主　任　刘　航

副主任　李根富

周洪彬

胡洪军

朱永康

夏奠强

【双流区人大专门委员会及负责人名单】

·双流区十八届人大专门委员会·

监察和司法委员会

主任委员：帅　明

经济委员会

主任委员：何海志

社会事业委员会

主任委员：谢正英

城乡建设与环境保护委员会

主任委员：王维东

农业和农村委员会

主任委员：吴　进

预算委员会

主任委员：王佑涛

·双流区十九届人大专门委员会·

监察和司法委员会

主任委员：卢光荣

经济委员会

主任委员：邱良芳

教育科学文化卫生委员会

主任委员：谢　艳

城乡建设与环境保护委员会

主任委员：徐尚成

农业和农村委员会

主任委员：李　云

社会建设委员会

主任委员：唐　玲

预算委员会

主任委员：周化杰

代表委员会

主任委员：曹　睿

【双流区人大常委会工作机构及负责人名单】

办公室

主　任：胡洪军

人事代表工作委员会

主　任：应跃龙（8月离任）

曹　睿（8月任职）

研究室

主　任：冯长富（11月任职）

信访办

主　任：文　波（8月离任）

张登峰（8月任职）

（李云寿）

人大重要会议
People's Congress Important Meetings

【概况】 2021年，双流区人民代表大会召开3次会议，区人大常委会召开16次会议。

【双流区人民代表大会】 1月25—27日，双流区第十八届人民代表大会第七次会议召开。会议安排3次全体会议、3次主席团会议、5代表团会议、1次党员代表会议。会议听取和审查双流区人民政府工作报告；审查和批准双流区2020国民经济和社会发展计划执行情况及2021年国民经济和社会发展计划草案的报告，批准2021国民经济和社会发展计划；审查和批准双流区2020财政预算执行情况和2021预算草案的报告，批准2021双流区级财政预算；听取和审查双流区人民代表大会常务委员会工作报告、区人民法院工作报告、区人民检察院工作报告，并作出相关决议。会议收到代表提出的建议、批评和意见167件，其中经济方面13件、交通城建环保方面40件、农林水利方面24件、教科文卫方面27件、政法方面12件、其他51件，涉及天府新区的20件，涉及44个承办单位，闭会后交由有关机关、组织研究办理。

8月30—31日，双流区第十八届人民代表大会第八次会议召开。会议安排2次全体会议、3次主席团会议、4代表团会议、1次中共党员代表大会。会议听取和审查双流区人民政府2021年上半年疫情防控和经济社会发展情况的报告，选举杨钒为双流区人民政府区长。

12月22—25日，双流区第十九届人民代表大会第一次会议召开。会议安排3次全体会议、4次主席团会议、6代表团会议、1次党员代表会议。会议听取和审查双流区人民政府工作报告；审查和批准双流区2021国民经济和社会发展计划执行情况及2022年国民经济和社会发展计划草案的报告，批准2022国民经济和社会发展计划；审查和批准双流区2021财政预算执行情况和2022预算草案的报告，批准2022双流区级财政预算；听取和审查双流区人民代表大会常务委员会工作报告、区人民法院工作报告、区人民检察院工作报告，并作出相关决议。大会选举刘航为双流区第十九届人民代表大会常务委员会主任，李根富、周洪彬、胡洪军、朱永康、夏奠强为双流区第十九届人民代表大会常务委员会副主任；选举杨钒为双流区人民政府区长，毛军、潘智、薛燕、童韬、梁飞、龚光辉为双流区人民政府副区长；选举罗万能为双流区监察委员会主任；选举曾耀林为双流区人民法院院长；选举古剑为双流区人民检察院检察长；选举王驭未等39名人员为双流区第十九届人民代表大会常务委员会委员。会议表决通过双流区第十九届人民代表大会专门委员会组成人员人选名单。会议收到代表提出的建议、批评和意见436件，涉及天府新区127件、成都高新区17件、双流区292件。涉及双流区的292件建议、批评和意见，含经济方面41件、交通城建环境方面53件、农林水利方面34件、教科文卫方面69

8月31日，成都市双流区第十八届人民代表大会第八次会议第二次全体会议召开　（供图：区人大办）

12月23日，成都市双流区第十九届人民代表大会第一次会议第一次全体会议召开　（供图：区人大办）

件、政法方面18件、其他77件，涉及54个承办单位。闭会后交由有关机关、组织研究办理。

【双流区人大常委会会议】 1月18日，双流区第十八届人大常委会第三十五次会议召开。会议传达学习习近平总书记系列重要讲话精神以及中央和四川省委、成都市委、双流区委重要会议精神；审议通过《双流区人民代表大会常务委员会关于召开双流区第十八届人民代表大会第七次会议的决定（草案）》，决定双流区第十八届人民代表大会第七次会议于1月25—27日在东升街道召开；审议通过双流区第十八届人民代表大会第七次会议议程（草案）、日程（草案）和区人大常委会工作报告（草案）、主席团和秘书长建议名单、主席团常务主席建议名单、主席台就座人员建议名单、列席人员名单（草案）、议案审查委员会建议名单、代表资格审查报告；听取和审议区人民政府、区人民法院、区人民检察院、主任会议提请的有关人事事项。

1月22日，双流区第十八届人大常委会第三十六次会议召开。会议选举袁顺明、林锐为成都市第十七届人民代表大会代表，并报请成都市人大常委会代表资格审查委员会对其代表资格审查确认。

1月29日，双流区第十八届人大常委会第三十七次会议召开。会议选举李仲彬为成都市第十七届人民代表大会代表，并报请成都市人大常委会代表资格审查委员会对其代表资格审查确认。

3月25日，双流区第十八届人大常委会第三十八次会议召开。会议传达学习习近平总书记系列重要讲话精神以及中央和四川省委、成都市委、双流区委重要会议精神，审议通过区人大常委会2021年工作要点，听取和审议区监察委员会提请的有关人事事项。

5月31日，双流区第十八届人大常委会第三十九次会议召开。会议传达学习习近平总书记系列重要讲话精神以及中央和四川省委、成都市委、双流区委重要会议精神；听取和审议区人民政府所作的关于2020年生态环境状况和生态环境保护目标完成情况的报告、区审计局受区人民政府委托所作的关于2019年审计查出问题整改情况的报告、区财政局受区人民政府委托所作的关于政府性债务管理工作的报告；审议主任会议关于提请确定全区新一届镇人民代表大会代表名额的议案，决定全区新一届镇人民代表大会代表名额为彭镇102名、黄水镇83名、永安镇69名、黄龙溪镇66名；听取和审议区人民政府、区监察委员会提请的有关人事事项；审议主任会议提请审议的人事议案。会议决定许可对何某某采取取保候审刑事强制措施；接受胡泽龙辞去双流区第十八届人民代表大会代表职务，并予以公告；接受赵兴荣、白玛拥西辞去双流区十八届人大常委会委员职务，接受鲜明辞去双流区人大常委会副主任职务，并报双流区第十八届人民代表大会备案。

8月4日，双流区第十八届人大常委会第四十次会议召开。会议传达学习习近平总书记系列重要讲话精神以及中央和四川省委、成都市委、双流区委重要会议精神；听取和审议区财政局受区人民政府委托所作的区人民政府关于预算绩效管理情况的报告，区人民政府、区人民法院、区人民检察院关于区第十八届人大七次会议以来代表建议、批评和意见办理情况的报告；听取和审议区人民政府、区监察委、区人民法院、区人民检察院、主任会议提请审议的有关人事事项。会议决定接受李华章辞去双流区第十八届人大常委会委员职务；接受袁顺明辞去双流区人民政府区长职务，并报双流区第十八届人民代表大会备案；任命杨钒为双流区人民政府副区长，代理区长。

8月16日，双流区第十八届人大常委会第四十一次会议召开。会议决定在永安镇第3选区补选1名区人大代表，补选日期为8月29日；表决通过选举办法，根据《中华人民共和国全国人民代表大会和地方各级人民代表大会选举法》和《四川省〈选举法〉实施办法》的规定，补选实行等额选举。

8月30日，双流区第十八届人大常委会第四十二次会议召开。会议决定双流区第十八届人民代表大会第八次会议于8月30—31日在东升街道召开，会期一天半，主要任务为听取区人民政府2021年疫情防控和上半年经济社会发展情况的报告以及选举事项；审议通过区十八届人大八次会议议程（草案）、日程（草案）、主席团和秘书长建议名单、主席团常务主席建议名单、副秘书长建议名单、列席人员名单（草案）、选举办法（草案）、代表资格的审查报告。

9月15日，双流区第十八届人大常委会第四十三次会议召开。会议决定接受肖健、陈建霖、张瑞琴、蒋黎旺、苏巍辞去双流区人民政府副区长职务，并报双流区第十八届人民代表大会备案；任命潘智、薛燕为双流区人民政府副区长。

9月15日，双流区第十八届人大常委会第四十四次会议召开。会议决定任命童韬、梁飞为双流区人民政府副区长。

9月15日，双流区第十八届人大常委会第四十五次会议召开。会议决定任命龚光辉为双流区人民政府副区长；听取和审议区监察委员会提请的有关人事事项。

9月28日，双流区第十八届人大常委会第四十六次会议召开。会议传达学习习近平总书记系列重要讲话精神以及中央和四川省委、成都市委、双流区委重要会议精神；决定双流区区、镇两级人民代表大会于12月26日前依法完成换届选举，按照区、镇同步的原则进行。行政区划调整后的各镇人民代表大会同步进行换届选举，届次顺延。天府新区、成都高新区中和街道与双流区区级人大换届统一安排、同步实施。依法设立双流区选举委员会、各镇选举委员会。区、镇选举委员会组成人员由区人大常委会任命，在区人大常委会的领导下，负责主持本级人民代表大会代表的选举。双流区选举委员会设立办公室，负责办理换届选举的具体事务。会议审议主任会议关于提请任命区选举委员会组成人员、各镇选举委员会组成人员的议案，决定任命鲜荣生为区选举委员会主任，任命陈琳、刘航、谢强为区选举委员会副主任，任命罗万能、谭英华、严宗明、周洪彬、潘智、姜明茂、张古哈、胡洪军、杨金富、陈艳、姜忠勇、徐尚成、高飞、夏于燕、胡继恒为区选举委员会委员；听取和审议区财政局受区人民政府委托所作的区人民政府关于双流区2020年财政决算（草案）和2021年上半年财政预算执行情况的报告、区审计局受区人民政府委托所作的区人民政府关于双流区2020年度区级预算执行和其他财政收支情况的审计工作报告、区国资管理局受区人民政府委托所作的区人民政府关于双流区2020年度国有资产管理情况的综合报告，表决通过相关决议；听取和审议区人民法院所作的区人民法院关于刑事庭审实质化改革工作情况的报告、区人民检察院所作的区人民检察院关于开展公益诉讼工作情况的报告；听取和审议区人民政府、区人民法院、主任会议提请审议的人事事项。

10月25日，双流区第十八届人大常委会第四十七次会议召开。会议传达学习中央人大工作会议精神、习近平总书记系列重要讲话精神以及中央和四川省委、成都市委、双流区委重要会议精神；听取和审议区人民政府、区人民法院、区人民检察院、主任会议提请审议的人事事项。会议决定接受何良彬辞去双流区人民法院院长、审判委员会委员职务，并报双流区第十八届人民代表大会备案；接受邹军平辞去双流区人民检察院检察长、检察委员会委员、检察员职务，并报成都市人民检察院检察长提请成都市人民代表大会常务委员会批准；决定曾耀林为双流区人民法院代理院长，古剑为双流区人民检察院代理检察长；许可对何某某进行刑事审判。

11月18日，双流区第十八届人大常委会第四十八次会议召开。会议传达学习中国共产党第十九届中央委员会第六次全体会议精神、中国共产党双流区第十四次代表大会精神；决定接受鲜荣生等35人辞去区、镇选举委员会组成人员职务；听取和审议区人民政府、区人民法院提请审议的人事事项。

11月30日，双流区第十八届人大常委会第四十九次会议召开。会议传达学习习近平总书记系列重要讲话精神以及中央和四川省委、成都市委、双流区委重要会议精神；听取和审议区财政局受区人民政府委托所作的区人民政府关于双流区2021年财政预算调整方案的报告，表决通过相关决议；听取区行政审批局关于稳定公平可及营商环境建设工程推进情况的报告、区民政局关于全龄友好包容社会营造建设工程推进情况的报告、区商务局关于生活成本竞争力提升工程推进情况的报告；听取和审议区人民法院、主任会议提请审议的人事事项。

12月14日，双流区第十八届人大常委会第五十次会议召开。会议传达学习习近平总书记系列重要讲话精神以及中央和四川省委、成都市委、双流区委重要会议精神；决定双流区第十九届人民代表大会第一次会议于12月22—25日在东升街道召开，会期四天；审议通过双流区第十九届人民代表大会第一次会议议程（草案）、日程（草案）、区人大常委会工作报告（草案）、主席团和秘书长建议名单、主席团常务主席建议名单、副秘书长名单（草案）、列席人员名单（草案）以及议案审查委员会主任委员、副主任委员、委员建议名单和计划预算审查委员会主任委员、副主任委员、委员建议名单；审议通过双流区第十九届人民代表大会第一次会议选举办法（草案）、关于双流区第十九届人民代表大会专门委员会设置的建议（草案）的议案、关于通过双流区第十九届人民代表大会各专门委员会组成人员人选办法（草案）；审议双流区第十八届人大常委会代表资格审查委员会关于双流区第十九届人民代表大会第一次会议代表资格的审查报告。经审查，全区选举产生双流区第十九届人民代表大会代表450名，各选区的选举工作符合法律规定，代表当选有效。会议决定许可对谢旭伟采取取保候审强制措施；听取和审议区人民政府提请审议的人事事项。

（李云寿）

人大工作
People's Congress Work

【概况】 2021年，双流区人大常委会坚持党的领导、人民当家做主、依法治国有机统一，在坚定正确政治方向上旗帜鲜明，在坚持人民主体地位上矢志不渝，在围绕中心服务大局上担当尽责，在联系代表服务群众上倾情用力，在推进人大事业发展上创新力行，为推动双流区经济发展稳中有进、民生福祉持续改善、社会大局和谐稳定发挥地方国家权力机关的积极作用。

【人大换届选举】 双流区人大常委会坚持把强化组织领导、细化安排部署、优化队伍建设、深化正风肃纪贯穿全过程，倒排时间节点，细化任务清单，压紧压实责任；严把代表政治关素质关结构关，确保代表先进性代表性广泛性；依法划分选区，开展选民登记，规范提名推荐，组织疫情背景下的投票选举；统一组织代表候选人与选民见面，督办选民提出问题225件。行政区域内的19个镇（街道）（东升街道、西航港街道、九江街道、怡心街道、黄甲街道、彭镇、黄水镇、黄龙溪镇、永安镇、华阳街道、万安街道、正兴街道、兴隆街道、煎茶街道、新兴街道、籍田街道、太平街道、永兴街道、中和街道）、176个选区依法选举产生区十九届人大代表450名、新一届镇人大代表320名。

【重点工作推进】 双流区人大常委会把握高质量建设践行新发展理念的中国航空经济之都的发展要求，召开常委会会议16次，听取审议"一府两院"工作报告15项，牵头推进污染防治"三大战役"、依法治区、新冠肺炎疫情防控、大运会筹备等多项重点工作；助推成都天府国际生物城率先探索行政区与经济区适度分离取得成效，建成"中国生物医药最佳园区"。

【中心工作监督】 双流区人大常委会对接区委重大决策部署，谋划落实19项监督议题，召开16次区人大常委会会议，听取审议65项工作报告；专项督导重大基础设施建设，为打造新时代"三个地方"献计出力。

【经济运行监督】 双流区人大常委会聚焦高质量建设践行新发展理念的中国航空经济之都重大战略开展监督，听取航空经济发展、成都芯谷项目促建等专项报告13次；专题调研功能区产业生态圈构建，促进产业要素集聚和产业转型升级发展；调研抢抓"两场一体"运行契机推动航空货运枢纽建设工作，推动双流区在"两场一体"运营背景下，提升供应链、价值链整合能力，科学构建航空经济产业体系。

【预算审查监督】 双流区人大常委会推进"全方位、全过程、全覆盖"预算绩效管理改革，管好政府"钱袋子"，改革经验被《中国财经报》宣传报道；听取财政预决算报告、预算调整报告、审计工作和审计查出问题整改报告，推动出台全过程预算绩效管理实施办法，建立审计查出问题整改监督机制；坚持以项目绩效、单位整体绩效指标体系建设为抓手，建立支出标准体系、预算联网监督系统和专家咨询制度，强化"事前"绩效目标编审、"事中"预算执行监控、"事后"评价结果运用。双流区人大常委会听取国资管理综合报告和专项报告，促进国资管理提质增效；听取政府性债务管理报告，督促化解债务存量，杜绝新增隐性债务。

【生态文明建设监督】 双流区人大常委会坚持问题导向、目标导向、结果导向，调研双流区贯彻落实长江经济带发展座谈会精神和环境状况及环境保护目标完成情况，听取环境状况和环境保护目标完成情况专项工作报告；15次调研生活垃圾分类、人居环境整治、饮用水源保护区整治、污水厂站管网建设、智慧水务建设，打好污染防治"三大战役"；首推"代表巡河"主题监督，邀请497名市、区、镇三级代表参与巡河，督促解决问题96个。锦江黄龙溪国控断面水质提升两次受到习近平总书记肯定，锦江双流段作为全省唯一河流入选全国10条"最美家乡河"。

【民生领域监督】 双流区人大常委会视察民生项目实施工作，听取"幸福美好生活十大工程"专项工作推进情况报告，督促把好事办实、实事办好；视察双流区"成都大运会"筹备工作，推动筹备工作有序开展、城市形象整体提升；推动全龄友好包容社会营建，推动高品质公共服务倍增，推进生活竞争力提升，关注智慧韧性安全城市建设，调研文化事业发展、乡村振兴暨农商文旅体融合发展，为打造新时代"市民获得感幸福感安全感增长较快的地方"献计献策。

【依法治区推进】 双流区人大常委会聚焦行政权、监察权、审判权、检察权依法正确行使，依照法定职责、法定范围、法定程序开展工作监督和法律监督，推动宪法法律法规有效实施，促进依法行政、依法监察、公正司法、全民守法；做好规范性文件备案审查、政府招商引资合同合法性审查；推进《中华人民共和国监察法》贯彻实施，支持区监察委员会依法实施监察；听取区人民法院关于刑事庭审实质化改革情况的报告、区人民检察院关于开展公益诉讼情况的报告，增强司法监督法定性和权威性；调研法律援助工作，配合上级人大做好立法调研。

【重大事项讨论决定】 双流区人大常委会健全人大讨论决定重大事项协调机制，推进人大讨论决定重大事项、政府重大决策出台前向人大报告规范化制度化；围绕区委工作部署、"一府一委两院"工作安排讨论决定重大事项，研究属于区人大常委会职权范围、关系全区改革发展稳定大局的重大事项，适时作出决议、决定，为重大项目、重要改革、重点任务提供支持；听取区人民政府关于2021年上半年国民经济和社会发展计划执行情况及下半年工作安排的报告，推动区十八届人大七次会议确定的工作总体部署、发展目标和主要任务顺利实施。

【人事依法选举任免】 双流区人大常委会坚持党管干部与人大依法选举任免相统一，严格执行选举任免的法律规定，规范任职提请、介绍见面、任职陈述、审议表决程序，建立法律知识考试、宪法宣誓制度，人事任免日臻完善；强化任后法律监督和工作监督，督促正确行使好党和人民赋予的权力。双流区人民代表大会全年选举任免国家机关工作人员127人次，实现任前法律知识考试和宪法宣誓全覆盖。

【人大代表履职平台打造】 双流区人大常委会打造"智慧人大"履职平台、优化改进"代表巡河"App，构建"线上+线下"融合履职范式，"智慧人大"和"代表巡河"工作获国家、省、市级媒体报道17次，其中"智慧人大代表之家"建设经验获《中国人大》刊载推广。

【人大代表履职服务保障】 双流区人大常委会创新联动机制，"四级"代表同堂学法、同心抗疫、协同监督，走访企业群众，收集反馈问题；健全重大情况通报、列席常委会会议、参加重点监督和"双联系"4项制度，拓展代表对常委会和专委会工作的参与，保障代表知政知情；引导代表深度调研、熟悉议题，提高审议发言"含金量"；鼓励代表"亮身份"、践承诺，回原选区向选民述职，架好"连心桥"。

【人大代表议案建议办理】 双流区人大常委会贯彻"内容高质量、办理高质量"要求，支持代表履职"下深水"，多提"金点子"；常态化听取"一府两院"代表建议办理报告，坚持主任会议成员领办重点建议，督促承办单位"马上就办"，做到件件有着落、事事有回音；表彰人大工作先进单位，推动办理工作由答复型向落实型、满意型转变；评选年度优秀代表建议，鼓励代表争当"履职明星"。

（李云寿）

双流区人民政府

SHUANGLIU DISTRICT PEOPLE'S GOVERNMENT

政府机构
Government Agencies

【概况】 2021年，双流区人民政府工作部门27个，分别为区人民政府办公室、区发展和改革局（区粮食和物资储备局）、区新经济和科技局（区经济和信息化局、区能源局）、区教育局、区民政局、区司法局、区财政局、区人力资源和社会保障局、区住房建设和交通局（区人民防空办公室、区公园城市建设局）、区城市管理局、区水务局、区农业农村局（区乡村振兴局）、区商务局、区投资促进局、区文化体育和旅游局（区广播电视局、区文物局）、区卫生健康局、区退役军人事务局、区应急管理局、区审计局、区国有资产监督管理和金融工作局、区市场监督管理局（区知识产权局、区市场监管综合行政执法大队）、区统计局、区信访局、区医疗保障局、区行政审批局（区政务服务管理和网络理政办公室）、区综合行政执法局、区航空经济局（区物流管理办公室、区重大项目推进办公室）。

（刘　醒）

【双流区人民政府负责人名单】

区　长　袁顺明（8月离任）
　　　　杨　钒（8月任职）
副区长　毛　军
　　　　肖　健（9月离任）
　　　　张瑞琴（9月离任）
　　　　陈建霖（9月离任）
　　　　蒋黎旺（9月离任）
　　　　苏　巍（9月离任）
　　　　潘　智（9月任职）
　　　　薛　燕（9月任职）
　　　　童　韬（9月任职）
　　　　梁　飞（9月任职）
　　　　龚光辉（9月任职）

【双流区人民政府工作部门及负责人名单】

区人民政府办公室
主　任：刘　亮

区发展和改革局（区粮食和物资储备局）
局　长：曾学良（兼区粮食和物资储备局局长）

区新经济和科技局
（区经济和信息化局、区能源局）
局　长：马　骏（5月离任）
　　　　徐雪峰（5月任职）（兼经济和信息化局局长、区能源局局长）

区教育局
局　长：樊明建（5月离任）
　　　　陈廷刚（5月任职）

区民政局
局　长：朱　越（5月离任）
　　　　邓永清（5月任职，12月离任）
　　　　陈加玉（12月任职）

区司法局
局　长：伍　涛（11月离任）
　　　　刘茜珂（11月任职）

区财政局
局　长：刘志勇

区人力资源和社会保障局
局　长：唐　玲（12月离任）

李德良（12月任职）

区住房建设和交通局（区人民防空办公室、区公园城市建设局）

局　长：刘　雨（兼区人民防空办公室主任、区公园城市建设局局长）

区城市管理局

局　长：苏　强

区水务局

局　长：罗雪梅（9月离任）

朱文明（10月任职）

区农业农村局（区乡村振兴局）

局　长：杜贤文（兼区乡村振兴局局长）

区商务局

局　长：高　峰

区投资促进局

局　长：蒋　思

区文化体育和旅游局（区广播电视局、区文物局）

局　长：谢　艳（5月离任）

张亚飞（5月任职）（兼区广播电视局局长、区文物局局长）

区卫生健康局

局　长：屈　勤（5月离任）

王功玉（5月任职）

区退役军人事务局

局　长：卢文毅

区应急管理局

局　长：程　宇（5月离任）

何　伟（5月任职）

区审计局

局　长：王久斌（10月离任）

区国有资产监督管理和金融工作局

局　长：马　麟

区市场监督管理局（区知识产权局、区市场监管综合行政执法大队）

局　长：尹宏波（5月离任）

程　宇（5月任职）（兼区知识产权局局长、区市场监管综合行政执法大队大队长）

区统计局

局　长：曾　琦

区信访局

局　长：夏　勇（5月离任）

邓　建（5月任职）

区医疗保障局

局　长：付　勇（5月离任）

伍盖天（8月任职）

区行政审批局（区政务服务管理和网络理政办公室）

局　长：罗　萍（兼区政务服务管理和网络理政办公室主任）

区综合行政执法局

局　长：曹优德

区航空经济局（区物流管理办公室、区重大项目推进办公室）

局　长：蒋黎旺（8月离任）

（周　鹏）

政府重要会议
Government Important Meetings

【概况】 2021年，双流区人民政府召开全体会议2次、常务会议38次。

【双流区人民政府全体会议】 1月14日，双流区人民政府第七次全体会议暨2021年一季度开门红工作推进会议召开。会议贯彻落实习近平新时代中国特色社会主义思想、习近平总书记对四川及成都工作系列重要指示精神和党的十九届五中全会、中央经济工作会议、四川省委十一届八次全会、四川省委经济工作会议、成都市委十三届八次全会暨市委经济工作会议、双流区委十三届十四次全会、双流区委十三届十五次全会暨区委经济工作会议精神，总结2020年政府工作，部署2021年政府工作重点，安排2021年一季度开门红工作；讨论《政府工作报告（讨论稿）》《双流区国民经济和社会发展第十四个五年规划和二〇三五年远景目标纲要（讨论稿）》《双流区2020年国民经济和社会发展计划执行情况及2021年国民经济和社会发展计划（草案）的报告（讨论稿）》《双流区2020年财政预算执行情况和2021年财政预算（草案）的报告（讨论稿）》《关于双流区第十八届人大五次会议以来代表建议批评和意见办理情况的报告（讨论稿）》《关于双流区政协第十一届四次会议及闭会期间提案办理工作情况的通报（讨论稿）》。

12月7日，双流区人民政府第八次全体会议召开。会议贯彻落实习近平新时代中国特色社会主义思想、习近平总书记对四川及成都工作系列重要指示精神和党的十九届六中全会、中央财经委员会第十次会议、四川省委十一届十次全会、四川省委财经委员会第十一次会议、成都市委财经委员会会议、双流区委十四届一次全会、双流区委财经委员会第一次会议精神，总结2021年政府工作，部署2022年政府工作重点；讨论《政府工作报告（讨论稿）》《双流区人民政府幸福美好生活十大工程实施情况报告（讨论稿）》《双流区2021年国民经济和社会发展计划执行情况及2022年国民经济和社会发展计划（草案）的报告（讨论稿）》《双流区2021年财政预算执行情况和2022年财政预算（草案）的报告（讨论稿）》。

【双流区人民政府常务会议】 1月8日，双流区人民政府第153次常务会议召开。会议传达学习《中华人民共和国基本医疗卫生与健康促进法》、成都市人民政府办公厅《关于建立市政府会议及政务活动考核通报制度进一步严肃纪律提升质效的通知》，听取双流区司法局《关于双流区2020年行政复议和行政应诉工作情况的报告》和怡心街道、区住建交通局《关于社会重点矛盾风险隐患“大起底”及集中治理重复信访专项行动推进情况的报告》，审议双流区行政审批局《关于审定〈双流区建设新时代“企业最容易做生意的地方”若干措施（送审稿）〉的请示》、区规划和自然资源局《关于设立双流区地下管线普查成果更新工作领导小组的请示》、黄水镇《关于空港花田项目涉及国有土地搬迁相关事宜的请示》、区市场监管局《关于拨付双流区2019年度知识产权项目资助（奖励）资金的请示》、区公安分局《关于开展“国家安全发展示范城市建设任务分工表”相关工作的请示》、区航空经济局《关于解决参与成都双流国际机场口岸一线防疫协管员工作补助及核酸（含抗体）检测费用的请示》、区卫健局《关于提升双流区城市核酸检测基地能力的请示》、区住建交通局《关于审定五环路（双流段）相关事项的请示》、区发改局《关于审定〈双流区关于设立“六稳”工作突出贡献奖表扬企业核心团队的实施意见（送审稿）〉的请示》、区新经济和科技局《关于紧急采购2021年新冠肺炎疫情防疫物资的请示》、区人社局《关于黄曦等4人职务任免的请示》。

1月13日，双流区人民政府第154次常务会议召开。会议传达学习《四川省委书记、代理省长在四川省委经济工作会议上的讲话》《四川省委关于制定四川省国民经济和社会发展第十四个五年规划和二〇三五年远景目标的建议》《成都市委关于制定成都市国民经济和社会发展第十四个五年规划和二〇三五年远景目标的建议》、零基预算有关规定、《成都市委办公厅关于印发〈领导批示办理工作指南（试行）〉的通知》、成都市对口支援阿坝州甘孜州工作领导小组办公室等四部门《关于印发〈成都市对口支援阿坝州、甘孜州项目管理实施办法〉的通知》，听取区政府督查室《关于2020年度区政府常务会议议定事项办理落实情况的报告》，审议双流区人民政府办公室《关于审定〈政府工作报告（送审稿）〉的请示》、区对口支援领导小组办公室《关于审定〈双流区对口帮扶巴塘县2021年度专项实施方案（送审稿）〉的请示》、区发改局《关于审定〈双流区国民经济和社会发展第十四个五年规划和二〇三五年远景目标纲要（送审稿）〉的请示》《关于审定〈双流区2020年国民经济和社会发展计划执行情况及2021年国民经济和社会发展计划（草案）的报告（送审稿）〉的请示》、区财政局《关于审定〈双流区2020年财政预算执行情况及2021年财政预算（草案）的报告（送审稿）〉的请示》、区人民政府办公室《关于审定〈关于区第十八届人大第五次会议以来代表建议、批评和意见办理情况的报告（送审稿）〉和〈关于区政协第十一届四次会议及闭会期间提案办理工作情况的通报（送审稿）〉的请示》《关于对2020年人大代表建议和政协委员提案办理工作先进单位进行表扬的请示》、区发改局《关于审议〈双流区表扬2020年度重点企业开展“送奖牌、送服务”活动工作方案（送审稿）〉的请示》、空港发展集团《关于联合竞买黄水镇105.361亩住宅用地的请示》、区国资金融局《关于审定〈德韬（北京）投资有限公司智能科技股权投资基金项目投资合作协议（送审稿）〉的请示》。

1月21日，双流区人民政府第155次常务会议召开。会议传达学习国务院应对新型冠状病毒肺炎疫情联防联控机制综合组和中央农村工作领导小组办公室《关于印发冬春季农村地区新冠肺炎疫情防控工作方案的通知》和1月18日四川省委应对新冠肺炎疫情工作领导小组会议精神、四川省人民政府第七次全体会议、成都市人民政府第六次全体会议精神、《国务院办公厅关于印发消防安全责任制实施办法的通知》《四川省人民政府办公厅关于印发四川省消防安全责任制实施办法的通知》，听取双流区应急局《关于全区城乡火灾防控工作开展情况的报告》、区信访局《关于开展重复信访积案和“大起底”清单案件攻坚工作的报告》，审议双流区市场监管局《关于审定〈双流区进口冷链食品疫情防控工作方案（送审稿）〉的请示》、区信访局《关于审定〈双流区特殊疑难信访问题专项资金管理使用办法（送审稿）〉的请示》、区人社局《关于成立双流区就业工作领导小组的请示》、空港兴城集团《关于选择保定天威集团重整案受偿方式有关事宜的请示》、空港发展集团《关于将所持四川空港花田建设发展有限公司49%股权委托管理有关事宜的请示》、区规划和自然资源局《关于购买异地增减挂钩指标的请示》、区发改局《关于审议〈全区2021年政府性工程建设项目实施计划(草案)〉的请示》。

1月28日，双流区人民政府第156次常务会议召开。会议传达学习四川省2021年疫情防控工作指南(第二版)，通报国内本土疫情典型案例，安排部署全区春节春运期间疫情防控工作(同为双流区疫情防控指挥部第38次会议议题)，审议双流区疫情防控指挥部办公室《关于审定〈成立机场周边疫情联防联控工作专班方案(送审稿)〉等7个方案的请示》(同为双流区疫情防控指挥部第38次会议议题)、区政府督查室《关于审定〈2021年政府工作报告确定的主要目标任务分解方案(送审稿)〉的请示》、区商务局《关于申请特殊疑难信访问题专项资金的请示》、区消防救援大队《关于解决九江小型消防站投入使用有关事宜的请示》、区航空经济局《关于拨付成都长虹租赁有限责任公司一次性开办奖励的请示》、黄龙溪古镇景区管理局《关于黄龙溪古镇景区设施设备恢复相关事宜的请示》、空港发展集团《关于变更成都国际供应链管理有限公司出资方式有关事宜的请示》《关于成都高新综合保税区(双流园区)货场及基础配套工程变更有关事宜的请示》、空港兴城集团《关于非公开协议转让所持成都中电熊猫显示科技有限公司股权的请示》、成都芯谷发展服务局《关于与中电九天智能科技有限公司签署〈合作备忘录〉相关事项的请示》、空港兴城集团《关于参与怡心街道双塘社区88.5737亩国有建设用地竞买报名的请示》。

2月5日，双流区人民政府第157次常务会议召开。会议传达学习四川省纪委关于违反中央八项规定精神典型问题的通报，安排部署春节期间及2月重点工作，审议双流区发改局《关于审定〈双流区服务保障人民群众就地过年十五条措施(送审稿)〉请示》、区国资金融局《关于审定2019年度金融系统工作目标绩效考核结果的请示》、区航空经济局《关于审定〈递四方跨境供应链西部集散中心项目投资合作协议(送审稿)〉的请示》《关于审定〈顺丰西部航空货运枢纽项目投资合作协议(送审稿)〉的请示》《关于审定〈开通成都至孟加拉达卡全货机航线合作协议(送审稿)〉的请示》、区人社局《关于谢爽职务任免的请示》。

2月23日，双流区人民政府第158次常务会议召开。会议传达学习成都市人民政府办公厅《关于贯彻〈四川省国有土地上房屋征收与补偿条例〉的通知》，听取东升街道、双流区规划和自然资源局《关于社会重点矛盾风险隐患“大起底”及集中治理重复信访专项行动推进情况的报告》，审议双流区统计局、区新科局、区发改局、区航空经济局、双流生态环境局、区委社治委《关于审定〈双流区走在前列作出示范指标评价体系和5个实施方案(送审稿)〉的请示》、区发改局《关于整合政府性投资建设项目对上争取资金的请示》、区文体旅游局《关于拨付2020年10月7日至12月31日机场工作组相关费用的请示》、区应急局《关于审定〈关于实施2020年洪涝灾害受灾群众住房重建、维修加固补助政策的通知(送审稿)〉有关事宜的请示》、区住建交通局《关于审定〈成乐高速扩容项目双流段征地拆迁工作协议(送审稿)〉的请示》、成都天府国际生物城管委会《关于向生物城公司拨付第四期2亿元增资款项有关事项的请示》、空港发展集团《关于双流西站TOD综合开发项目股东借款有关事宜的请示》、空港兴城集团《关于大运会西航港片区道路提升工程涉及杆管线迁改工程有关事宜的请示》、彭镇《关于拨付金康花园、杨柳湖畔和柳湖锦苑安置小区临时沟渠迁改资金的请示》、区规划和自然资源局《关于拨付柳湖锦苑临时沟渠迁改工程(黄水段)搬迁资金的请示》《关于空港国际学术交流中心综合体项目宗地搬迁工作有关事宜的请示》。

3月11日，双流区人民政府第159次常务会议召开。会议传达学习《成都市生活垃圾管理条例》、党中央国务院关于食品安全工作决策部署精神、全国全省全市审计工作会议精神，安排部署双流区2021年审计工作；听取双流区城管局《关于生活垃圾分类工作有关情况的报告》，审议双流区市场监管局《关于支持创建国家食品安全示范城市工作事宜的请示》、区审计局《关于审定〈关于推进以防未病为导向的审计全覆盖的实施意见(送审稿)〉的请示》及相关配套文件和区发改局、区规划和自然资源局、区住建交通局、区城管局、区公园城市绿化服务中心、区国资金融局、区新经济和科技局、区农业农村局《关于审定〈中国航空经济之都规划建设大会相关文件（送审稿）〉的请示》、区卫健局《关于审定〈双流区关于促进3岁以下婴幼儿照护服务发展的实施方案（送审稿）〉的请示》《关于全区大规模人群新冠疫苗接种点建设及设施设备采购相关事项的请示》、空港发展集团《关于启动怡心湖一号地块精装建设项目有关事宜的请示》、成都芯谷发展服务局《关于审定〈重庆市环境保护工程设计院有限公司多源复合物联网感知装备研制项目投资合作协议（送审稿）〉的请示》、西航港街道《关于和航家园（南园、北园）安置小区建设项目涉及四川航空技贸工程公司协议搬迁相关事宜的请示》、区规划和自然资源局《关于梧桐大道（双楠大道—中电科成都产业基地段）项目用地追加搬迁资金有关事宜的请示》、区民政局《关于追加双流区城乡低保资金的请示》、区住建交通局《关于对空港发展集团承接的东升街道、西航港街道等8个镇（街道）城中村改造项目进行清算的请示》《关于对空港兴城集团承接的金桥片区、彭镇片区二批次城中村改造购买服务项目进行清算的请示》、区人社局《关于易劲松等3人职务任免的请示》《关于杜昔航职务任免的请示》。

3月18日，双流区人民政府第160次常务会议召开。会议审议双流区农业农村局《关于表扬2020年度全区农村改革和农民增收工作先进单位有关事宜的请示》、区航空经济局《关于对推进与四川省机场集团〈合作备忘录〉及研究“两场一体”格局下双流国际机场机遇对策过程中作出突出贡献单位及个人进行表扬的请示》、区投促局《关于审定〈云知声智能科技股份有限公司西南总部基地项目投资合作协议（送审稿）〉的请示》、区投促局《关于审定〈中兴新通讯有限公司5G新经济产业园项目投资合作协议（送审稿）〉的请示》《关于审定〈产业园基金合作项目框架协议（送审稿）〉的请示》、区投促局《关于审定〈保利中法文化交流中心项目框架协议（送审稿）〉的请示》《关于审定〈亚美国际智慧教育科技园项目框架协议（送审稿）〉的请示》、西航港开发区管委会《关于审定〈北京国星宇航科技有限公司“星河”卫星互联网一体化空间基础设施项目投资合作协议（送审稿）〉的请示》《关于审定〈厦门市建潘集团有限公司、金牌橱柜家居科技股份有限公司成都建潘德韬科技园项目投资合作协议（送审稿）〉的请示》《关于审定〈眉山市智祥兴科技有限责任公司智能吊装设备关键传动系统及飞机维修改造平台数字化生产项目投资合作协议（送审稿）〉的请示》、区新经济和科技局《关于审定〈双流区人民政府香港城市大学合作协议（送审稿）〉的请示》、区市场监管局《关于审定〈红云智慧生物医药生产基地项目投资合作协议（送审稿）〉的请示》、空港发展集团《关于审定〈行云集团西南总部项目投资合作协议（送审稿）〉的请示》。

3月25日，双流区人民政府第161次常务会议召开。会议传达学习《四川省应对新型冠状病毒肺炎疫情应急指挥部关于印发四川省新冠病毒疫苗接种实施方案的通知》，审议双流区卫健局《关于审定〈双流区新冠病毒疫苗接种工作方案（送审稿）〉的请示》、区应急局《关于审定〈双流区应急避难场所管理暂行办法（送审稿）〉的请示》、区民政局《关于对双流区新增道路命名的请示》、区财政局和区发改局《关于申报2021年第一批专项债券的请示》、区国资金融局《关于审定〈关于对双流区人大常委会就双流区2019年度国有资产管理报告审议意见办理落实情况的报告（送审稿）〉的请示》、区公园城市绿化服务中心《关于双流区空港中央公园一期电力迁改项目电缆价格复核有关事宜的请示》、九江街道《关于拨付江安河变电站220千伏输变电工程配套电力通道项目涉及国有土地上房屋搬迁补偿资金的请示》、区人社局《关于做好机关事业单位养老保险制度改革后退休的部分工作人员一次性退休补贴发放工作有关事宜的请示》、西航港开发区管委会《关于拨付中兴终端有限公司落户奖励的请示》。

4月2日，双流区人民政府第162次常务会议召开。会议传达学习中央、四川省委、成都市委农村工作会议精神，审议中国航空经济之都高质量推进城乡融合发展大会暨村（社区）“两委”干部培训会方案及相关文件、区委组织部《关于审定〈双流区空港科创人力资源协同创新政策措施（送审稿）〉的请示》、区航空经济局《关于审定〈双流区人民政府四川省机场集团西藏航空有限公司战略合作协议（送审稿）〉的请示》、空港兴城集团《关于向四川发展（控股）有限责任公司借款有关事宜的请示》。

4月9日，双流区人民政府第163次常务会议召开。会议传达学习中央全面依法治国工作会议精神、四川省法治政府建设工作电视电话会议精神、四川省省长对成都市大气污染防控工作的指示精神以及成都市大气、水、土壤污染防治“三大战役”领导小组2021年第一次会议精神、《四川省2021年新冠肺炎疫情防控工作指南（第三版）》，审议双流生态环境局《关于成立双流区生态环境保护委员会的请示》《关于审定〈双流区生态环境责任制保护清单（送审稿）的请示〉》、区新科局《关于采购2021年新冠疫苗接种防护物资的请示》、西航港开发区管委会《关于兑现成都虹宁显示玻璃有限公司区级实际经济贡献奖励的请示》《关于兑现通威太阳能1GW高效晶硅电池生产项目科技创新和研发投入补助的请示》《关于兑现兴发铝业（成都）有限公司项目专项扶持款有关事项的请示》、区航空经济局《关于给予成都东站城市候机楼项目补贴的请示》《关于给予川航集团与川航股份及其高管及核心人员奖励的请示》、综保区管委会《关于拨付戴尔成都项目2017—2019年增量补贴区级资金的请示》《关于拨付戴尔成都项目2019年第4季度5A物流补贴区级资金的请示》、区委政法委《关于开展西航港街道、彭镇网格事项外包试点工作有关事宜的请示》、区住建交通局《关于委托技术服务机构开展特殊建设工程消防设计审查的请示》、空港兴城集团《关于环城生态区（锦城公园）双流段资产收购工作有关事项的请示》《关于武汉亚洲心脏病成都医院项目投资建设相关事项的请示》《关于适航母基金设立成都市拓疆股权投资基金中心（有限合伙）的请示》、区规划和自然资源局《关于审定购买建设占用耕地易地占补平衡指标价格的请示》《关于双楠大道片区经营性用地项目用地搬迁有关事宜的请示》《关于锦城公园项目东升街道范围搬迁扫尾工作有关事宜的请示》、九江街道《关于拨付环城生态区锦城公园项目涉及国有土地上房屋（私产部分）搬迁补偿资金和工作经费的请示》、空港发展集团《关于对川〔2021〕双流区不动产权第0003816号宗地内附属构筑物进行核销有关事宜的请示》、空港兴城集团《关于借款给炼石航空科技股份有限公司有关事宜的请示》。

4月22日，双流区人民政府第164次常务会议召开。会议传达学习《政府督查工作条例》，审议双流区发改局《关于审定〈双流区工程招投标领域深化系统治理、落实巡视问题整改工作方案（送审稿）〉的请示》、区航空经济局《关于审定〈四川省机场集团航空地面服务有限公司、双流区人民政府与亚联公务机有限公司等4家公司三方合作框架协议（送审稿）〉的请示》、区投促局《关于审定〈北京亚美合众投资管理有限公司亚美国际智慧教育科技园项目投资合作协议（送审稿）〉的请示》、区新经济和科技局《关于审定〈双流区人民政府成都信息工程大学深化校地合作共建协议（送审稿）〉的请示》、西航港开发区管委会《关于审定〈北方工业科技有限公司军警军贸新装备研制基地建设项目投资合作协议（送审稿）〉的请示》《关于审定〈达时科（意大利）有限责任公司物联网精密量具研发制造项目投资合作协议（送审稿）〉的请示》、空港兴城集团《关于拨付尚善居C区安置小区项目建设资金的请示》、黄龙溪景区管理局《关于黄龙溪景区基础设施项目退出财政部PPP综合信息平台项目库的请示》、区规划和自然资源局《关于追加拨付锦城公园项目西航港街道范围搬迁资金有关事宜的请示》《关于追加拨付锦城公园项目九江街道范围搬迁资金有关事宜的请示》《关于解决全区征地社保历史遗留问题有关事项的请示》。

4月30日，双流区人民政府第165次常务会议召开。会议审议双流区规划和自然资源局《关于审定〈XZ成都老干部休养基地建设工作协议（送审稿）〉有关事宜的请示》。

5月14日，双流区人民政府第166次常务会议召开。会议学习《政府采购需求管理办法》；听取双流区财政局《关于切实加强政府采购监督管理有关情况的报告》、东升街道和九江街道《关于“治重化积”专项工作推进情况的报告》，通报全区集访情况；审议双流区审计局《关于审定〈双流区人民政府关于2019年度审计查出问题整改情况的报告（送审稿）〉的请示》、区发改局《关于审定〈区级领导牵头省市重点项目和联系省市重点产业分工（送审稿）〉的请示》、区财政局《关于审定〈双流区人民政府关于政府性债务管理工作的报告（送审稿）〉的请示》、区财政局和区国资金融局《关于申报2020年度财政金融互动奖补资金的请示》、空港发展集团《关于西航港大道中四段148亩工业用地开发有关事宜的请示》《关于双流大市场板房和大棚资产核销处置有关事宜的请示》《关于与合景泰富旗下成都市中天盈房地产开发有限公司成立合资公司的请示》《关于成都国际航空枢纽开发建设有限公司利润分配事宜的请示》、空港科创集团《关于向聚源担保公司增资的请示》、区国资金融局《关于划转部分国有资本充实社保基金有关事宜的请示》、区住建交通局《关于审定〈五环路(双流段)PPP项目实施方案(送审稿)〉的请示》《关于拨付3个城市基础设施项目租赁款的请示》、区航空经济局《关于审定〈菜鸟网络科技有限公司公募REITs补充协议(二)(送审稿)〉的请示》《关于给予成都航空有限公司2019年度ARJ21飞机飞行员优惠政策奖励的请示》《关于拨付递四方项目货运补贴有关事宜的请示》、区人社局《关于通报表扬保障农民工工资支付工作先进集体和先进个人的请示》、区人社局《关于徐雪峰等人职务任免的请示》《关于邓永清等人职务任免的请示》《关于张涛挂职的请示》。

5月21日，双流区人民政府第167次常务会议召开。会议审议双流区文体旅游局《关于审定〈双流区关于支持重大文旅项目落地见效的政策措施(试行)(送审稿)〉的请示》。

5月27日，双流区人民政府第168次常务会议召开。会议传达学习《地方党政领导干部安全生产责任制规定》和《生产安全事故报告和调查处理条例》，听取双流区委督查室《关于2020年度市级目标考评结果的分析报告》，审议双流区应急局《关于“党政同责、一岗双责”落实情况的报告》、区财政局《关于双流区对上争取和财源建设有关情况的报告》、区政府办《关于审定〈双流区重大经济事项决策规定实施细则(试行)(送审稿)〉的请示》、区市场监管局《关于进口冷链食品集中监管仓建设及运行有关事宜的请示》、区民政局《关于对双流区新增道路命名的请示》《关于成立双流区未成年人保护工作领导小组的请示》《关于解决区殡改站迁建工程款的请示》、综保区管委会《关于拨付仁宝、纬创2019年区级财政扶持资金的请示》、双流生态环境局《关于支付隔离酒店生活污水消毒设备及运维资金的请示》、区新经济和科技局《关于兑现成都蛟龙投资有限责任公司2015—2018年财政扶持资金的请示》、区新经济和科技局《关于审定〈高质量推进双流区能源互联网建设战略合作协议(送审稿)〉的请示》和《关于审定〈双流区人民政府国网四川省电力公司成都供电公司国网四川省电力公司天府新区供电公司战略合作协议(送审稿)〉的请示》、空港产业促进中心《关于审定〈深圳盛屯集团有限公司盛屯集团西区总部基地项目补充协议(二)(送审稿)〉的请示》、区文体旅游局《关于审定〈熊猫国际家园项目补充协议(送审稿)〉的请示》、区住建交通局《关于审定〈双流区人民政府与中铁二局集团有限公司战略合作协议(送审稿)〉的请示》、成都芯谷发展服务局《关于审定〈四川联合晶体新材料有限公司大尺寸蓝宝石光电窗口量产项目投资合作协议(送审稿)〉的请示》《关于审定〈中电金信全国第二总部项目投资合作协议(送审稿)〉的请示》、成都芯谷发展服务局《关于使用省级JMRH产业发展专项资金的请示》、区委宣传部《关于建设双流美术馆(李文信美术馆)的请示》、区规划和自然资源局《关于网安片区B2B3道路项目用地搬迁相关事宜的请示》《关于东升街道39.36亩、50.12亩经营性用地搬迁工作有关事宜的请示》《关于九江新城配套项目(中小学、幼儿园、消防站、停车场)用地搬迁工作有关事宜的请示》、区人社局《关于白玛拥西等人职务任免的请示》《关于王功玉等人职务任免的请示》《关于陈廷刚等人职务任免的请示》《关于赵浦、白钧华任职的请示》。

6月11日，双流区人民政府第169次常务会议召开。会议传达学习《四川省人民政府办公厅转发住房城乡建设厅应急厅关于全省房屋建筑和人员聚集场所安全风险排查整治工作方案的通知》，听取双流区住建交通局《关于城乡房屋安全隐患排查整治工作情况的报告》，审议双流区住建交通局《关于双流正源国际荟产城融合项目配套道路调整为2021年新建计划的请示》、区住建交通局和区发改局《关于怡心湖片区市政道路一期等PPP项目遗留问题有关事宜的请示》、成都芯谷发展服务局《关于成都芯谷杨柳湖片区综合开发有关事宜的请示》、西航港开发区管委会《关于西航港开发区转型升级示范区建设有关事项的请示》《关于以EPC模式建设怡心湖C区片区综合开发项目相关事宜的请示》《关于拨付浪潮集团有限公司运营补贴的请示》、区教育局《关于新建川大附属小学、幼儿园相关事项的请示》、区消防救援大队《关于建设彭镇中心消防救援站的请示》、区公安分局《关于新建广都派出所业务用房的请示》、空港兴城集团《关于参加东升街道一宗商住用地竞拍相关事宜的请示》《关于砂石处置有关事项的请示》、空港科创集团《关于交大研究院公司增资有关事宜的请示》、空港发展集团《关于与成都轨道集团签订项目代建合同有关事宜的请示》《关于参与双流区东升街道一宗混合用地竞买的请示》、东升街道《关于实施东升星空小学、葛陌幼儿园外葛陌路全段排洪渠道护栏建设工程的请示》、区规划和自然资源局《关于五环路(双流段)项目用地搬迁有关事宜的请示》《关于黄水镇115.3282亩、46.14亩经营性用地搬迁工作有关事宜的请示》《关于西航港街道10.68亩经营性用地拆迁工作有关事宜的请示》《关于黄水镇601.6218亩经营性用地项目用地搬迁有关事宜的请示》、区规划和自然资源局《关于成都天友旅游文化投资有限公司所涉案件一审判决有关事宜的请示》、区投促局《关于审定〈双流区驻外招商干部管理办法(送审稿)〉的请示》《关于审定〈日本东悟株式会社合作备忘录(送审稿)〉的请示》《关于审定〈五矿二十三冶建设集团有限公司战略合作协议(送审稿)〉的请示》、区航空经济局《关于审定〈联想集货出口项目补充协议书(送审稿)〉的请示》《关于审定〈四川川航物业管理有限公司航空保障服务项目投资合作协议(送审稿)〉的请示》《关于审定〈四川航空科瑞特工程技术有限公司航空部附件保税维修项目投资合作协议(送审稿)〉的请示》《关于审定〈能投金石页岩气设备租赁项目投资合作协议(送审稿)〉的请示》《关于审定〈递四方跨境供应链西部集散中心项目补充协议(送审稿)〉的请示》、区航空经济局《关于成都双流空港口岸一体化经营货站安检前置项目运营费用有关事宜的请示》《关于进口肉类指定监管场地运营培育期有关事宜的请示》、区人社局《关于李召林等人职务任免的请示》《关于周鹏等人职务任免的请示》《关于伍盖天职务任免的请示》。

6月24日，双流区人民政府第170次常务会议召开。会议传达学习成都市委书记关于防汛减灾工作重要批示精神和全市防汛抗旱暨地质灾害防治工作电视电话会议精神、四川省省长和成都市委书记对青羊区“6·23”火灾事故的重要批示精神，安排部署双流区安全生产有关工作；传达学习四川省生态环境保护督察成都市意见反馈会、成都市大气、水、土壤污染防治“三大战役”领导小组2021年第三次会议、成都市落实国家长江经济带发展战略领导小组2021年第一次会议精神以及全市自然资源督察执法重点专项工作电视电话会议和全省“大棚房”问题清理整理行动“回头看”电视电话会议精神，听取双流区气象局、区应急局、区水务局、区规划和自然资源局工作情况汇报，安排部署全区防汛抗旱和地质灾害防治工作；听取双流区规划和自然资源局《关于双流区落实推进督察执法重点专项工作情况的报告》，审议双流区财政局《关于审定〈关于调整镇(街道)财政体制实施意见(送审稿)〉的请示》、区财政局《关于2020年新增税收分成的请示》、区国资金融局《关于审定〈双流区国企改革三年行动实施方案(2020—2022年)(送审稿)〉的请示》、空港发展集团《关于以成都西川交投能源公司为主体与中国石油天然气股份有限公司成立合资公司有关事宜的请示》、区行政审批局《关于审定〈双流区“企业咖啡时”提档升级工作方案(送审稿)〉的请示》、区住建交通局《关于审定〈双流区国有土地上房屋征收与补偿工作中有关问题的通知(送审稿)〉的请示》《关于依规安排政府投资项目图审机构统一选派工作经费的请示》、区民政局《关于对双流区新增道路命名的请示》、空港兴城集团《关于金牌橱柜项目用地内电力线路迁改有关事宜的请示》、空港发展集团《关于双流西站TOD项目管线迁改工程有关事宜的请示》、东升街道《关于拨付成都国际空港商务区凌云湾1号道路涉及1宗国有土地搬迁补偿资金的请示》、西航港街道《关于地铁30号线高碑坝车辆段站建设项目涉及嘉里粮油(四川)有限公司国有土地上房屋搬迁相关事宜的请示》《关于地铁30号线高碑坝车辆段站建设项目涉及成都市红缨食品机械制造有限公司国有土地上房屋搬迁相关事宜的请示》、区规划和自然资源局《关于东升街道龙泽花园安置小区东北侧幼儿园项目及周边配套用地搬迁有关事宜的请示》《关于彭镇净水分厂建设项目用地搬迁有关事宜的请示》《关于拨付彭镇电科新苑安置小区征地费用有关事宜的请示》《关于启动双流区城乡公示地价体系更新编制工作有关事宜的请示》、黄龙溪镇《关于修复黄龙溪景区文保点的请示》、区市场监管局《关于消除房屋重大安全隐患有关事项的请示》《关于审定〈一心堂（四川）大健康智慧医药基地项目投资合作协议（送审稿）〉的请示》、成都芯谷发展服务局《关于审定〈云天瀚科技发展有限公司指静脉技术西南研发中心项目投资合作协议（送审稿）〉的请示》、区审计局《关于审定〈凯塔数据科技有限公司供应链金融总部项目投资合作协议（送审稿）〉的请示》、区商务局《关于审定〈宏盟汽车文化博览中心项目补充协议书（送审稿）〉的请示》、区投促局《关于审定〈深业集团有限公司战略合作协议（送审稿）〉的请示》、空港科创集团《关于审定〈西安博瑞集信电子科技有限公司西南总部及研发中心项目投资合作协议（送审稿）〉的请示》、区文体旅游局《关于审定〈通过购买公共文化服务推动成都“芯”智慧音乐博物馆项目落地合作协议（送审稿）〉的请示》、区人社局《关于陈奇、梁东岳任职的请示》《关于李蔚然等人任职的请示》。

6月29日，双流区人民政府第171次常务会议召开。会议审议双流区人社局《关于屈中华等人任职的请示》。

7月9日，双流区人民政府第172次常务会议召开。会议传达学习四川省和成都市安全生产、环保督察、疫情防控、防汛减灾有关工作重要会议及文件精神，安排部署双流区贯彻落实措施；学习《国务院关于进一步深化预算管理制度改革的意见》《成都市人民政府办公厅关于印发市内跨区域协作招引财税利益分享办法的通知》，听取双流区水务局《关于双流区水功能区划分工作推进情况的报告》，审议双流区财政局《关于审定〈预算绩效管理情况的报告（送审稿）〉的请示》、区委社治委《关于审定〈双流区深化城乡社区减负提能增效实施细则（送审稿）〉的请示》、区发改局《关于审定〈双流区2021年争先创优升位工作方案（送审稿）〉的请示》《关于审定〈双流区推动项目快投快建快统考核办法（试行）（送审稿）〉的请示》、区卫健局《关于审定〈双流区促进中医药传承创新发展工作方案（送审稿）〉的请示》、区国资金融局《关于审定〈双流区片区综合开发导则（修订版）（送审稿）〉的请示》、西航港开发区管委会《关于审定〈怡心湖C区片区综合开发建设运营方案（送审稿）〉的请示》《关于审定〈西航港经济开发区转型升级示范区片区综合开发项目总体方案（送审稿）〉的请示》、区公园城市绿化服务中心《关于支付三江公园项目相关费用的请示》、区文体旅游局《关于审定〈“爱成都·迎大运”系列活动方案（送审稿）〉的请示》、成都芯谷发展服务局《关于拨付成渝（成都）信息通信研究院有限公司开办奖励的请示》《关于拨付成都芯谷产业园发展有限公司先导区8号地块第三笔固定资产投入补助的请示》、区新经济和科技局《关于拨付香港城市大学成都研究院2021—2022年度运营经费的请示》《关于对31条道路通信架空线缆实施迁改下地的请示》、空港兴城集团《关于正源荟项目用地范围内杆管线迁改工程有关事宜的请示》《关于10千伏星金线、星花线26~56号杆电力迁改工程有关事宜的请示》、怡心街道《关于拨付怡心街道红瓦社区5组74亩拟供经营性用地项目涉及1宗国有土地上房屋搬迁补偿资金的请示》、空港科创集团《关于设立成都空港一号企业管理中心（有限合伙）的请示》《关于向成都空港商业保理有限责任公司增资的请示》《关于提前归还国开基金投资款的请示》《关于投资成都国生菁蓉股权投资基金项目的请示》、空港花田公司《关于股东增资有关事宜的请示》、区规划和自然资源局《关于审定〈双流区人民政府成都设计咨询集团有限公司战略合作协议（送审稿）〉的请示》、区航空经济局《关于审定〈意大利维龙投资（中国）有限公司维双数智化供应链项目投资合作协议（送审稿）〉的请示》、区国资金融局《关于审定〈上海均和集团成都空港均和国际贸易项目投资合作协议（送审稿）〉的请示》、空港发展集团《关于与上海均和集团设立合资公司的请示》。

7月22日，双流区人民政府第173次常务会议召开。会议传达学习贯彻习近平总书记关于防汛减灾救灾重要指示和四川省人民政府第77次常务会议精神，安排部署双流区防汛减灾和新冠肺炎疫情防控有关工作；学习国务院办公厅《关于坚决制止耕地“非农化”行为的通知》《关于防止耕地“非粮化”稳定粮食生产的意见》，听取双流区规划和自然资源局《关于2020年土地卫片执法违法用地梳理情况及处置方式的报告》，安排部署双流区贯彻落实措施；听取区政府督查室《关于2021年省、市、区民生实事目标任务上半年推进情况的报告》，审议双流区卫健局《关于2021年双流区国家卫生城市复审暨国家卫生乡镇创建工作推进情况的报告》，安排部署国家卫生城市复审有关工作；审议双流区卫健局《关于区妇幼保健院建设发热门诊的请示》、区委政法委《关于审定〈关于增加全区网格化管理资金的工作方案（送审稿）〉的请示》、空港产业促进中心《关于确定九江新城未来美好公园社区片区综合开发实施主体的请示》、区规划和自然资源局《关于未来城冰雪世界项目用地搬迁工作有关事宜的请示》、区发改局《关于审定2021年度拟召开产业（行业）会议、论坛的请示》、区国资金融局《关于审定〈双流区国有企业主要负责人奖惩评价实施导则（送审稿）〉的请示》、西航港开发区管委会《关于解决智能吊装设备关键传统及飞机维修改造平台数字化生产项目交通出行问题的请示》、区公园城市绿化服务中心《关于启动美樾运动公园建设的请示》、空港兴城集团《关于江安河防洪治理（双流段）供水管道及天然气管道迁改工程有关事宜的请示》、成都芯谷发展服务局《关于审定〈成都市工业互联网标识解析应用创新平台项目合作共建协议（送审稿）〉的请示》、综保区管委会《关于审定〈成都锦心空客A321NEO飞机租赁项目投资合作协议（送审稿）〉的请示》、区人社局《关于朱光春等人职务任免的请示》《关于吕军任职的请示》。

7月26日，双流区人民政府第174次常务会议召开。会议审议双流区人社局《关于李堂兵等人任职的请示》。

8月6日，双流区人民政府第175次常务会议召开。会议传达学习《成都市人民政府办公厅关于印发成都市加强经济运行调度聚力完成全年经济增长目标十条措施的通知》，研究双流区贯彻落实措施；传达学习习近平总书记在中共中央政治局第三十二次集体学习会上的重要讲话精神，听取双流区信联办《关于"治重化积"专项工作情况的报告》、黄龙溪镇《关于开展锦江流域龙王庙沟水生态治理工作相关情况的报告》、区招审委办公室《关于2020年度招标审查工作的报告》，审议区信联办《关于使用特殊疑难信访问题专项资金的请示》、区退役军人局《关于拨付2020年、2021年八一专项慰问经费的请示》、区招审委办公室《关于通报表扬区招标审查工作先进单位和先进个人的请示》、区营商办《关于通报表扬2020年度国际化营商环境建设工作先进集体和先进个人的请示》、区委政法委《关于表扬奖励熊军见义勇为行为的请示》、区住建交通局《关于启动荟才路、正润路2条道路及双江路北侧与荟萃路交接处公共绿地建设的请示》、区税务局《关于免征2020年2—12月疫情期间中小企业房产税的请示》《关于2020年度全区房产税困难减免工作的请示》、区投促局《关于审定〈中兴通讯股份有限公司西南总部基地项目投资合作协议（送审稿）〉的请示》《关于审定〈成都双流·粤浦科技创新港项目投资合作协议（送审稿）〉的请示》、西航港开发区管委会《关于成都归谷环境科技有限责任公司原项目用地诉讼案有关事宜的请示》、区人社局《关于杨钒、袁顺明职务任免的请示》。

8月9日，双流区人民政府第176次常务会议召开。会议审议成都芯谷发展服务局《关于审定〈中科微电子产业技术西南研究院项目补充协议书（送审稿）〉的请示》《关于审定〈成都华微科技有限公司合作备忘录（送审稿）〉的请示》、空港兴城集团《关于调整和航家园北园及配套道路工程开工计划的请示》《关于调整嘉禾馨苑及配套道路工程开工计划的请示》、区人社局《关于朱文明等人职务任免的请示》。

8月11日，双流区人民政府第177次常务会议召开。会议传达成都市人民政府主要领导对双流工作指示要求，审议双流区财政局《关于审定区财政预算调整审核工作委员会通过部分项目资金的请示》、西航港开发区管委会《关于解决成都归谷环境科技有限责任公司项目用地遗留问题的请示》。

8月18日，双流区人民政府第178次常务会议召开。会议审议双流区卫健局《关于通报表扬第四届中国医师节双流区优秀医务人员的请示》。

8月20日，双流区人民政府第179次常务会议召开。会议传达学习新修订的《中华人民共和国未成年人保护法》《国务院未成年人保护工作领导小组关于加强未成年人保护工作的意见》《中华人民共和国审计法（修订草案）》《"十四五"国家审计工作发展规划》《审计署审计长在中央审计委员会第4次会议精神传达学习会上的讲话》，研究双流区贯彻落实措施；学习《四川省委办公厅印发〈关于加强对"一把手"和领导班子监督的工作措施〉的通知》《最高人民法院关于正确确定县级以上人民政府行政诉讼被告资格若干问题的规定》，听取双流区未成年人保护工作领导小组办公室《关于双流区未成年人保护工作推进情况的报告》、区司法局《关于2021年上半年行政应诉工作情况的报告》，审议双流区应急局《关于审定〈双流区应对极端洪涝灾害总体工作方案（送审稿）〉的请示》、区新经济和科技局《关于审定〈双流区全资国有企业修建标准厂房产权分割管理办法（送审稿）〉的请示》、东升街道《关于确定环港路西片区综合开发实施主体的请示》、成都芯谷发展服务局《关于审定〈成都芯谷杨柳湖片区综合开发EOD项目总体方案（送审稿）〉的请示》、空港兴城集团《关于转让成都双流一心湖房地产开发有限责任公司67%股权及对应债权有关事宜的请示》、区教育局《关于审定教育高质量发展系列文件的请示》、区人社局《关于林向利等人职务任免的请示》。

9月6日，双流区人民政府第180次常务会议召开。会议传达《中华人民共和国乡村振兴促进法》《中国共产党农村工作条例》《四川省贯彻落实〈中国共产党农村工作条例〉实施办法》《四川省市县重大经济事项决策规定（试行）》《成都市关于贯彻落实〈四川省市县重大经济事项决策规定（试行）〉的实施意见（送审稿）》《双流区重大经济事项决策规定实施细则（试行）》，以及四川省委书记在中央第五生态环境保护督察组督察四川省动员会上的讲话精神和四川省委省政府、成都市委市政府关于配合落实中央生态环境保护督察工作有关要求、《成都市委办公厅关于进一步加强民生领域重大事项请示报告工作的通知》，审议双流区农业农村局《关于审定〈双流区制止耕地撂荒管理办法（试行）（送审稿）〉的请示》、空港产业促进中心《关于审定〈九江新城未来公园社区片区综合开发项目总体方案（送审稿）〉的请示》、综保区管委会《关于审定〈广州航润航空技术有限公司航空发动机检测维修中心项目投资协议书（送审稿）〉的请示》、空港科创集团《关于审定〈上海天数智芯半导体有限公司西南总部及研发中心项目投资合作协议（送审稿）〉的请示》《关于确定成都智能科技股权投资基金项目出资主体的请示》、空港发展集团《关于向空港轨道公司提供股东借款用于TOD综合开发项目有关事宜的请示》《关于向二江寺轨道公司提供股东借款用于TOD综合开发项目有关事宜的请示》、区水务局《关于确定成都市排水有限责任公司、成都空港环境投资有限公司营运双流区污水处理项目利润率的请示》、区住建交通局《关于拨付迎宾大道南三段一标段工程判决款的请示》、区人社局《关于蒋黎旺免职的请示》《关于潘智、肖健职务任免的请示》《关于王丽川等人职务任免的请示》《关于阎立勇任职的请示》。

9月14日，双流区人民政府第181次常务会议召开。会议传达学习新修订的《中华人民共和国安全生产法》和四川省安委会2021年第三次全体成员会议暨第三季度全省安全生产工作电视电话会议精神、成都市安全生产工作会议精神，审议双流区应急局《关于审定〈双流区安全生产巡查工作制度（送审稿）〉的请示》、区人社局《关于审定〈双流区技能人才队伍建设引育激励办法（送审稿）〉的请示》、区人社局《关于薛燕等人职务任免的请示》《关于罗雪梅、赵思思免职的请示》。

9月26日，双流区人民政府第182次常务会议召开。会议传达学习《法治政府建设实施纲要（2021—2025年）》，听取《关于双流区2021年1—8月法治政府建设工作情况的报告》（同为双流区法治政府建设工作领导小组2021年第3次会议议题）、化合物半导体概述及市场前景，听取双流区卫健局《关于全区2021年重大疾病防治工作开展情况的报告》《关于全区2021年1—8月艾滋病防治工作推进情况的报告》、区卫健局《关于全区深化医药卫生体制改革工作推进情况的报告》（同为双流区医药卫生体制改革领导小组2021年第1次会议议题），审议双流区发改局《关于审定〈双流区关于做好当前重点工作奋力完成全年经济增长目标任务的通知（送审稿）〉的请示》、区卫健局《关于审定〈2021年双流区艾滋病防治工作重点任务（送审稿）〉的请示》（同为双流区重大疾病防治工作委员会2021年第1次会议议题）、区财政局《关于审定〈关于双流区2020年财政决算（草案）和2021年上半年财政预算执行情况的报告（送审稿）〉的请示》、区审计局《关于审定〈双流区2020年度区级预算执行和其他财政收支情况审计工作报告（送审稿）〉的请示》、区国资金融局《关于审定〈双流区2020年度国有资产管理情况的综合报告（送审稿）〉的请示》、区投促局《关于审定〈通威集团有限公司化合物半导体研发生产基地项目战略合作协议（送审稿）〉和〈投资协议（送审稿）〉的请示》、东升街道《关于审定〈环港路西片区综合开发项目总体方案（送审稿）〉的请示》、区新经济和科技局《关于进一步做好新冠肺炎防疫物资储备工作的请示》、区教育局《关于加快推进胜利初级中学等72所学校监控整改工作有关事项的请示》、空港兴城集团《关于拨付尚善居C区安置小区项目建设资金的请示》、空港发展集团《关于成立成都空港大健康产业发展有限公司的请示》、区人社局《关于蒲晓芸任职的请示》。

10月19日，双流区人民政府第183次常务会议召开。会议传达学习习近平总书记重要讲话精神、国务院总理李克强关于森林草原防灭火工作的重要批示和全国秋冬季森林草原防灭火工作电视电话会议精神以及《四川省党政领导干部森林草原防灭火工作责任制规定（试行）》、《四川省森林草原防灭火工作考核办法（试行）》、《安全生产和防灾救灾减灾等相关政策法规知识汇编》、全省疫情防控和安全工作视频调度会议精神、《双流区突发事件应急处置手册》，开展突发事件应急处置培训，听取双流区级相关单位主要负责人三季度安全生产工作述职报告和区政府安办《关于1—3季度安全生产工作情况的报告》，安排部署四季度安全生产工作；听取成都四十九中事件复盘分析、双流区政府督查室《关于2021年省、市、区民生实事目标任务第三季度推进情况的报告》，审议双流区公园城市绿化服务中心《关于审定〈双流区森林草原防灭火标本兼治总体方案（2020—2025年）（送审稿）〉的请示》、区司法局《关于设立双流区人民政府行政复议咨询委员会的请示》、区文体旅游局《关于隔离酒店相关事项的请示》、空港产业促进中心《关于空港体育公园运营管理相关事宜的请示》、区发改局《关于表扬2021赛迪全国百强区创建工作先进单位的请示》、怡心街道《关于宏森家具有限公司行政赔偿案有关事宜的请示》、空港兴城集团《关于成都双流兴屹著城房地产开发有限公司增资扩股相关事宜的请示》、空港发展集团《关于成都海荣置业有限公司增资扩股有关事项的请示》、区人社局《关于朱文明职务任免的请示》《关于王久斌等人职务任免的请示》。

11月12日，双流区人民政府第184次常务会议召开。会议传达学习成都市委、市政府领导重要批示精神，听取双流区民政局《关于不规范地名清理整治工作情况的报告》，审议综保区管委会《关于审议〈民航四川地区（双流区域）核酸检测“应检尽检”人员组织实施方案（送审稿）〉的请示》、区财政局《关于审定区财政预算调整审核工作委员会通过部分项目资金的请示》、区发改局《关于审定〈关于促进产业高质量发展培育壮大市场主体的政策措施（送审稿）〉的请示》、区国资金融局《关于组建空港国有资本投资运营集团的请示》《关于审定〈关于建立双流区重大产业化项目投资基金推进补改投实施方案（试行）（送审稿）〉的请示》、空港兴城集团《关于大运会西航港片区道路提升工程涉及燃气迁改有关事宜的请示》、区民政局《关于双流区新增道路命名及更名的请示》《关于推动基本公共服务向常住人口全覆盖和实施特色公共服务项目有关事宜的请示》、区行政审批局《关于审定〈双流区深化政务公开促进基层政府治理能力提升实施方案（送审稿）〉的请示》、区残联《关于罗经瑄任职的请示》、区人社局《关于刘茜珂等人职务任免的请示》。

11月23日，双流区人民政府第185次常务会议召开。会议传达学习《成渝地区双城经济圈建设规划纲要》、《发挥区（市）县改革创新主体作用推动成渝地区双城经济圈建设工作方案（2021—2025）》和成都市委书记在市委常委会会议暨市推动成渝地区双城经济圈建设领导小组第二次会议上的讲话精神，研究双流区贯彻落实措施；审议双流区市场监管局《关于修订完善〈关于支持小微市场主体健康发展的政策措施〉的请示》，安排部署应对疫情冲击全力实现年度目标有关工作；审议双流区文体旅游局《关于推动国家全域旅游示范区及天府旅游名县创建有关工作的请示》、区财政局《关于审定〈双流区2021年财政预算调整方案的报告（送审稿）〉的请示》、区规划和自然资源局《关于追加2021年土地报征费的请示》《关于购买异地挂钩指标的请示》、区人社局《关于吴忠等人职务任免的请示》《关于王陆军、晏巍职务任免的请示》、空港兴城集团《关于成都紫光集成电路产业股权投资基金合伙企业（有限合伙）基金份额退伙有关事项的请示》。

11月30日，双流区人民政府第186次常务会议召开。会议审议双流区人社局《关于陈加玉等人职务任免的请示》。

12月1日，双流区人民政府第187次常务会议召开。会议传达学习中央办公厅、国务院办公厅印发的《地方党政领导干部食品安全责任制规定》和国务院联防联控机制综合组印发的《冷链食品生产经营新冠病毒防控技术指南和冷链食品生产经营过程新冠病毒防控消毒技术指南》以及《四川省人民政府办公厅关于深入实施财政金融互动政策的通知》，研究双流区贯彻落实措施；传达学习四川省委书记、省长、副省长关于根治欠薪工作的重要批示和成都市市长在市政府研究清理拖欠农民工工资有关工作专题会议上的讲话精神，听取双流区市场监管局《关于2021年度食品安全工作情况的报告》、区人社局《关于双流区根治拖欠农民工工资有关情况的报告》（同为双流区根治拖欠农民工工资工作领导小组2021年第5次会议议题），听取《关于双流区1—11月大气、水、土壤污染防治工作情况的报告》，审议双流区市场监管局《关于审定第三届区政府质量奖评选结果的请示》、区新科局《关于采购2021年冬季第二批医疗防疫物资的请示》、九江街道《关于拨付成都环城生态公园（双流段）项目金城木业等3家国有土地上房屋搬迁补偿资金的请示》、西航港街道《关于拨付成都环城生态公园建设项目涉及希望森兰科技股份有限公司国有土地上房屋搬迁补偿资金的请示》、黄水镇《关于拨付正源国际（学校和安置小区用地）项目涉及国有土地上房屋搬迁补偿资金和搬迁工作经费的请示》、东升街道《关于拨付夏宇扬、王秀蓉1宗国有土地搬迁补偿资金的请示》、区住建交通局《关于启动星荟天地（原美国城）东侧市政规划道路建设的请示》、区城管局《关于大件路江安河中桥进行水毁病害整治的请示》、区水务局《关于采购中电子再生水厂提标升级项目运维服务（2022—2024年）有关事宜的请示》、西航港开发区管委会《关于中兴终端有限公司研发投入奖励有关事项的请示》、综保区管委会《关于拨付四川国际2018—2020年扶持资金的请示》《关于四川金石租赁股份有限公司等三个项目经营奖励扶持兑现的请示》、区市场监管局《关于审定〈口腔数字化医疗器械研发与产业化建设项目投资合作协议（送审稿）〉的请示》、成都芯谷发展服务局《关于终止中国电子科技集团有限公司成都产业基地项目有关事项的请示》、区新经济和科技局《关于审定〈科创中国·成都电子信息概念验证中心合作协议（送审稿）〉的请示》。

12月6日，双流区人民政府第188次常务会议召开。会议传达学习国务委员王勇在全国城镇燃气安全排查整治动员部署电视电话会议上的讲话精神，听取双流区新经济和科技局《关于全区燃气安全排查整治工作情况的报告》，安排下一步工作措施（同为双流区政府安委会2021年第五次全体成员会议议题）；听取双流区应急局《关于〈中华人民共和国安全生产法〉执行情况的报告》（同为双流区政府安委会2021年第五次全体成员会议议题）、区行政审批局《双流区智慧城市推进情况的报告》（同为双流区智慧城市建设领导小组第2次会议议题），审议双流区政府政策研究中心《关于审定〈政府工作报告（送审稿）〉的请示》《关于审定〈幸福美好生活十大工程实施情况的报告（送审稿）〉的请示》、区发改局《关于审定〈双流区2021年国民经济和社会发展计划执行情况及2022年国民经济和社会发展计划（草案）的报告（送审稿）〉的请示》、区财政局《关于审定〈关于双流区2021年财政预算执行情况和2022年财政预算（草案）的报告（送审稿）〉的请示》、区公园城市绿化服务中心《关于开展公园城市高品质生活空间（双楠大道）示范街区项目（一期）和赛事场馆周边及城市重要节点绿化品质提升项目有关事宜的请示》。

12月20日，双流区人民政府第189次常务会议召开。会议传达学习《国务院关于进一步提高上市公司质量的意见》，听取双流区国资金融局《关于上市公司工作情况和拟上市企业培育情况的报告》[同为双流区企业上市（挂牌）工作领导小组2021年第1次会议议题]，审议空港兴城集团《关于审定〈成都中电熊猫显示科技有限公司定向保障人才公寓项目“一企一策”实施方案（送审稿）〉的请示》、综保区管委会《关于仁宝纬创人力资源招募补贴相关事宜的请示》、区商务局《关于审定〈北京青云科技股份有限公司青云科技西南研发中心项目投资合作协议（送审稿）〉的请示》、区新经济和科技局《关于审定〈关于推进工业互联网标识解析国家顶级节点（成都托管与灾备节点）建设的合作协议（送审稿）〉的请示》、区投促局《关于审定〈斯伦贝谢公司中国区陆地服务总部、结算中心项目及设备维护保养基地项目投资协议书和备忘录终止协议（送审稿）〉和〈斯伦贝谢（中国）投资有限公司中国区陆地服务总部和结算中心项目投资合作协议（送审稿）〉的请示》、成都芯谷发展服务局《关于审定〈中国电子科技集团有限公司成都产业基地项目投资合作备忘录终止协议（送审稿）〉及5个子项目相关终止协议（送审稿）的请示》《关于拨付成渝研究院项目扶持资金有关事宜的请示》、区国资金融局《关于兑现2018—2020年双流区资本招商奖励补贴有关事宜的请示》、西航港街道《关于拨付疫情防控工作专项经费的请示》《关于拨付成都环城生态公园建设项目涉及成都武侯管理集团有限公司国有土地上房屋搬迁补偿资金的请示》《关于拨付成都环城生态公园建设项目涉及中恒天越野汽车有限公司国有土地上房屋搬迁补偿资金的请示》、怡心街道《关于拨付怡心湖项目（D区）（即怡心湖基础设施配套建设项目）涉及国有土地上房屋搬迁补偿资金的请示》、区教育局《关于拨付2021年“双减”工作经费的请示》、区卫健局《关于拨付新冠疫苗临时接种点4—9月运行经费的请示》、空港兴城集团《关于空港绿道公司参与彭镇临江村119.42亩集体经营性建设用地使用权流转项目竞拍的请示》、区市场监管局《关于审定双流区2020年度知识产权项目的请示》、空港发展集团《关于参与彭镇5宗集体经营性建设用地使用权竞拍相关事宜的请示》、区信访局《关于表扬第一批“治重化积”专项工作先进集体和先进个人的请示》、区人社局《关于审议〈双流区委双流区人民政府关于表彰双流区打造航空经济之都先进集体和先进个人的决定（送审稿）〉的请示》、区人社局《关于张哲通等人职务任免的请示》《关于高琴、刘忠免职的请示》。

12月21日，双流区人民政府第190次常务会议召开。会议传达学习《粮食流通管理条例》《四川省粮食安全保障条例》《四川省地方粮食储备管理办法》，听取双流区发改局《关于粮食安全情况的报告》、区卫健局《关于全区2021年1—11月艾滋病工作推进情况的报告》，审议双流区发改局《关于审议〈2022年全区经济工作要点（送审稿）〉的请示》、区农业农村局《关于审定〈双流区农业农村现代化“十四五”规划（送审稿）〉的请示》、成都芯谷发展服务局《关于审定〈重庆摩尔环宇软件技术有限公司摩尔实验室西南总部基地项目终止协议（送审稿）〉的请示》《关于成都芯谷先导区产业载体项目相关资金补贴事项的请示》、西航港开发区管委会《关于拨付成都虹宁显示玻璃有限公司2020年度奖励资金有关事宜的请示》《关于拨付通威太阳能1GW高效晶硅电池生产线项目2019年固定资产投资补贴的请示》《关于拨付通威太阳能1GW高效晶硅电池生产线项目2020年固定资产投资补贴的请示》、空港发展集团《关于双流东升双巷社区保障性租赁住房建设项目有关事宜的请示》《关于增加实收资本的请示》、区委政法委《关于表扬奖励何川见义勇为行为的请示》、区政府督查室《关于表扬2021年人大代表建议和政协委员提案办理工作先进单位的请示》。

（陶　锐）

人事与人才管理

Personnel and Talents Management

【概况】2021年，双流区人力资源和社会保障局（简称区人社局）聚焦高质量发展要求，推动人才发展体制机制改革和政策创新，推进专业技术人才和技能人才队伍建设，人力资源服务产业高水平发展，不断增强事业干部队伍素质能力、专业水平、干事创业活力。

【机关事业单位人事管理】双流区人社局通过高校校招、人才引进、考核招聘、面向社会公招等方式，为教育系统招聘教师152名、卫健系统招聘专业技术人才94名，招聘公共类事业单位人才30名、政府雇员3名；完成1606人次事业单位岗位晋升与聘用；开展2021年事业单位工作人员定期奖励，嘉奖1245人，记功113人；安置2021年转业士官；完成2020年事业单位工作人员统计报表，全区252个事业单位在册正式工作人员9055名，其中管理人员1228人、专业技术人员7234人、工勤技能人员593人；承办市区两级人事考试任务17场，4.04万人参考实现“零事故”；审核备案机关（参公）工勤人员和事业单位人员退休143人，其中机关工勤退休10人、事业干部退休102人、事业工人退休31人；开展双流区2020年度打造航空经济之都先进集体和先进个人评选表彰活动，30个先进集体、100名先进个人受到表彰；完成42名参加抗美援朝出国作战的、健在的志愿军老战士“中国人民志愿军抗美援朝出国作战70周年”纪念章申报发放。

【机关事业单位工资管理】双流区人社局完成全区事业人员和机关（参公）工勤人员9074人晋升薪级工资，完成教育系统58所学校、

3月9日，召开中国航空经济之都人才工作大会　　（供图：区人社局）

4973名教师员工的奖励性绩效审批和752名教师岗位聘用工资调整。

【专业技术人才管理】 双流区人社局深化专业技术人员职称评审制度改革，组织开展企事业单位专业技术人员职称评定2004人，其中认定初级1186人、中级94人，评审初级200人、中级212人、副高级287人、正高级25人；选派教育、卫生行业60名专业技术人员到农村基层开展支援服务。

【人才引育】 双流区人社局实施产业功能区人才引育工程，组织中电熊猫、通威太阳能等企业226家次，参加高校“双选会”“蓉漂·人才荟”，开展成都信息工程大学“校园行”、重庆“城市行”等招才引智活动21场，为重点产业企业引进急需紧缺人才1255人；实施“航都英才智培计划”，联合校企地举办“企业咖啡时”、“科创菁英汇”“乐享”培训课等交流学习活动，促进四川大学、成都信息工程大学专家人才互动交流780人次；实施人才统计监测，编制《2021年双流区属地人才资源状况报告》和《双流区属地人才开发指引（2022）》，双流区属地人才总量51.7万人。

【人才服务】 双流区人社局建成区人才服务中心，营造“一站式”人才便捷服务场景，集中服务事项126个；在10家高校院所和重点企业设立人才工作站，提供人才认定、档案转接、职称办理等服务1.8万人次。

（毛利和）

行政审批
Administrative Examination and Approval

【概况】 2021年，双流区行政审批局深化行政审批制度改革，创新审批服务方式，推行“一窗受理”，探索“跨域通办”；融入智慧蓉城布局，谋划“1+4+2”全域双流智慧城市总体框架；以“大数据”赋能，抓实疫情防控；打造新时代“企业容易做生意的地方”，开展网络理政，深化“企业咖啡时”“市民茶话吧”活动，政务服务品牌效应彰显，审批服务质效提升。

【“放管服”改革】 双流区行政审批局按照四川省、成都市深化“放管服”改革优化营商环境要求，11月9日印发《双流区2021年深化“放管服”改革优化营商环境工作要点》，分8大工作要点、24个工作项目和41条新增重点任务，共226条工作措施，其中双流特色5条、攻坚任务3条，安排部署高质量推进幸福美好生活之营商环境建设工程、稳步做好行政职权事项承接等工作。

【商事登记制度改革】 双流区行政审批局精简企业开办流程，开辟企业开办主题审批专区，企业开办最快2.5小时完成；实现企业开办“零费用”，为新开办企业免费刻制印章32294枚，为企业节省成本322.94万元；推行网上办掌上办，通过网页端“一窗通”平台、政务服务App手机终端等渠道，实现企业开办“不见面”审批，全年全程网办企业设立登记7696户，网办率72.73%；推行企业住所申报登记制改革，通过企业住所自主申报方式办理市场主体注册登记40359户；深化简易注销制度改革，企业简易注销公告时间由45天压缩到20天，为适用简易程序的企业办理注销登记1812户。

【告知承诺制推进】 双流区行政审批局制发《双流区政务服务容缺受理管理办法（试行）》，将612项行政许可事项纳入容缺受理清单管理。

【政务公开】 双流区全年通过政府信息公开目录公开政府信息10740条，其中区政府各部门公开政府信息5809条，镇（街道）公开政府信息4931条；处理政府信息公开申请422件、行政复议27件、行政诉讼86件，其中区行政审批局代区政府处理政府信息公开申请67件、行政复议7件（维持率100%）、行政诉讼18件（胜诉率100%）。双流区成为全省“深化政务公开促进基层政府治理能力提升先行县”。

【网络理政】 双流区行政审批局构建网络理政闭环管理机制，全年受理市民诉求17.76万件，其中市级网络理政平台14.39万件，办结率98.56%，区级网络理政平台3.37万件、办结率100%。双流区人民政府获评“2021年度四川网络理政优秀单位”、《四川日报》全媒体“问政四川”网民留言办理工作先进单位，《飞机噪音扰民心 一杯清茶解民忧》被评为“2021年度四川网络理政优秀案例”。

【“智慧城市”建设】 双流区谋划搭建“1+4+2”智慧城市总体框架，即1个支撑平台（实现城市发展“一脑统筹”）、4种应用场景（推动政务服务“一网通办”、城市运行“一网统管”、公共服务“一网惠民”、数字经济“一网强产”）、2个基础保障（信息设施保障、网络安全保障）；搭建社会诉求平台，为“企业咖啡时”“市民茶话吧”提供支撑；加强政企合作，引进深圳云天励飞技术股份有限公司运用AI（Artificial Intelligence）技术构筑全区“空港智慧警务”系统，部署5000路空港智慧警务人脸识别点位，建设完成22个小区的人脸和车辆识别终端硬件；与四川华体照明科技股份有限公司合作，实施智慧路灯改造2589柱，搭建“动土必管”平台，将758个项目纳入平台全流程监管，《创新推出“动土必管”机制促进动土项目监管闭环化》获评2021年成都市优化营商环境建设优秀案例。全区累计建成智慧应用场景22个。

【“互联网+政务服务”模式运用】 双流区行政审批局搭建全区政务数据交换共享平台，在全市率先完成市区平台对接；强化四川省一体化政务服务平台和“蓉易办”平台业务培训，组织培训11次，培训1100余人次；完成部门、镇（街道）和社区事项认领5147项，完成300余项事项电子证照制作、绑定等，梳理“蓉易办”事项120余个；完成省级下放双流区的1394个政务数据资源目录编制、审核、上报。

【四川省一体化政务服务平台运维】 双流区行政审批局组织8次全区省一体化平台培训会议（含视频会议），培训600人次；完成部门、镇（街道）和社区事项认领4226项；完成事项基础信息调整，实现政务服务事项网上可办实现率100%，一次办实现率100%，承诺提速率88%，全程网办实现率90%，就近办实现率75%，行政许可类事项平均跑次数0.02次，行政许可类事项即办率51%；完成全区省一体化平台35个部门、9个镇（街道）电子印章在线申请和300余项事项电子证照制作、绑定。

【电子政务项目管理】 双流区行政审批局印发《双流区电子政务项目管理办法》，从电子政务项目的可行性、必要性、最高限价等方面评审项目42个，核减预算资金832.58万元。

【政务数据管理】 双流区共享交换平台梳理数据目录214条，字段5160个，数据7亿条，其中对社会开放共享目录101条，开放字段871个，开放数据16万余条。

【审批服务管理】 双流区行政审批局建立政务服务“好差评”机制，将1061项政务服务事项纳入“好差评”评价范围，覆盖率100%，全年全区“好差评”评价总数1617336件，满意率99.98%；在全省率先推行水电气讯报装“一件事”改革，依托“动土必管”平台推送38个项目到相关供应单位靠前服务；推出“1+N”（以一张营业执照注销为核心，实现“N”张准入类许可证件注销联办）证照并销新模式，制定《“证照并销”一件事改革实施方案》，梳理发布第一批证照并销许可事项25项；优化占道施工审批服务，联合区住建交通局等7个部门出台《双流区关于强化审管联动进一步优化占道施工相关审批服务改革实施方案》；与重庆市渝北区实现237项政务服务事项“川渝通办”，与眉山市东坡区、乐山市市中区和峨眉山市实现62项政务服务事项“跨区域通办”，办理“川渝通办”事项1547件、“跨区域通办”事项2339件；与广东省广州市从化区、广西壮族自治区南宁市青秀区、贵州省贵阳市开阳县、山东省滨州市惠民县等六省十地签订“跨省通办”协议，涉及事项148项；组建红海棠金牌管家党员志愿服务队，制定119项服务清单，为企业提供“点单式”上门服务，提供上门指导7次，办理企

9月9日，以“‘茶’话城市治理　共商公园解‘噪’良方”为主题的“市民茶话吧”活动在凤翔湖公园举行
（供图：区行政审批局）

业营业执照35户、个体工商户99户、相关许可证16个。

【“市民茶话吧”活动】 8月4日，双流区国际化营商环境建设工作领导小组办公室印发《关于进一步加强“市民茶话吧”活动的实施方案的通知》。全区累计开展“市民茶话吧”活动566场，参与人数12355人次，解决疑难问题608件，收集建议类问题756件；开展“科创菁英汇”活动13场，收集高校院所诉求69条，解决66条。

（郑从林）

综合行政执法

Comprehensive Administrative Law Enforcement

【概况】 2021年，双流区综合行政执法局以“执法能力提升素质年”为主线，以“打造全省综合执法典范”为目标，通过执法大练兵、编制“执法清单”、实施律师驻队和综合执法中队规范化建设等系列举措，推进依法行政，强化执法办案主责主业，为增强城市治理体系和治理能力增效赋能提供执法保障。双流区综合行政执法局全年办理一般行政处罚案件2416件，罚没金额5520.35万元，办案数量比2019年、2020年分别增长61.39%和74.44%，罚款金额比2019年、2020年分别增长401.25%和112.84%。所办案件中，4件案件分别获评成都市自然资源和农业行政执法优秀案卷，1件文化案件入选“四川省2021年度查处侵权盗版重大案件名单”。双流区综合行政执法局受到市级及以上部门通报表扬21次，受到区委、区政府通报表扬11次，工作在省市会议交流、媒体刊载和简报交流等51次，工作受到市级领导及区委、区政府主要领导肯定性批示6次。

【综合行政执法体制改革】 双流区综合行政执法局修订出台《双流区综合行政执法协作办法》，完善与行业主管部门、司法部门、镇（街道）之间的执法协作机制；邀请四川省社科院专家评估全区改革效果，厘清改革的方向和思路；通过开展执法大练兵、“一月一主题”执法、“清单式”执法、律师驻队、规范化执法中队建设以及在全省率先开展新款执法制服换装等系列举措，提升队伍素质与办案水平，推进执法队伍正规化建设。

【综合执法能力素质提升】 双流区综合行政执法局实施“强素质、守纪律、提能力、树形象、当尖兵”2021综合执法能力素质提升年专项行动，开展“2021春季大练兵”，培训700余人次；开展“强素质提能力业务培训”，组织高校教授、资深律师、法

7月1日，成都市双流区综合行政执法局换装仪式举行
（供图：区综合行政执法局）

3月8日，双流区综合行政执法局组织队列训练　（供图：区综合行政执法局）

律专家、业务骨干授课12场次；开展“综合执法大讲堂”，组织会前学法21次；实施“一月一主题”专项执法行动，打击住改商、餐饮油烟、拆违治违、农资打假、非法行医等领域违法行为。通过理论与实践结合、训练与实战结合，综合执法队伍能力素质得到提升。

【规划行政执法】 双流区综合行政执法局规划执法队负责违法建设、改变房屋使用性质等案件查处，打击违法建设、住改商等行为，全年收到区规划和自然资源局移送案件证后处罚线索20宗，立案查处20宗，结案18宗，销案2宗，涉及罚款410余万元，拆除违法建设37宗、总面积3518平方米；受理并调查人民网、信访系统、市长信箱、市长热线、公共信息服务中心、网络理政等渠道群众信访投诉358件，均处理并回复；接到中央生态环境保护督察组交办件6件、四川省环境保护督察组交办件5件，均规范办理并回复。

【国土行政执法】 双流区综合行政执法局开展土地、矿产违法案件查处，打击违法用地、非法开采连砂石行为，全年收到区规划和自然资源局移送案件线索223宗（含批量推送案件206宗），面积800余亩，立案查处23宗，下达行政处罚决定13宗，结案8宗；完成2020年卫片执法检查立案查处的违法用地37宗，补充图斑24宗，涉及罚款1974.60万元；完成2021年一、二、三季度卫片执法检查立案查处的违法用地25宗，涉及罚款859.22万元；会同兴城建材公司，处置砂石项目10个，砂石方量约188.7万立方米，总成交价3.15亿元。6月16日，成都市规划和自然资源局发布《关于2021年自然资源执法案卷质量评查工作情况的通报》，双流区综合行政执法局国土执法案件获评2021年全市自然资源系统案卷质量集中评查优秀案卷。

【农业农村行政执法】 双流区综合行政执法局开展长江流域十年禁捕、春季禁渔和绿剑护农保增收、农资打假、农产品质量安全、打击生猪调运和屠宰行业违法行为百日行动等8项专项执法行动，出动车辆230台次、执法人员424人次；配合相关部门完成全国农产品质量安全区（县）检查；配合相关部门开展市场巡查和活禽售卖、宰杀及野生动物销售行为执法检查，检查农贸市场及农村集市46个；开展春季禁渔及长江十年禁捕检查，收缴鱼竿115根，收缴其他工具6副，宣传劝导620多人次，发放宣传资料1000余份，放归渔获物17千克，当场处罚（书面警告）游钓者28人；配合区农业主管部门完成省市下达的农业投入品和农产品执法抽样送检，检测蔬菜、水果、鱼样品43个（130份样），检测4家农药经营商铺和1家农药厂共20份样品；立案调查涉农产品质量安全、动物卫生案件41起，其中简易程序29起、一般程序12起，罚没金额64.5万元，1起移送公安机关，3个案卷获评成都市农业行政处罚优秀案卷，所办案件实现零复议、零诉讼。

【水务行政执法】 双流区综合行政执法局开展长江经济带生态问题排查整治专项工作，按照《中共双流生态环境局党组关于印发〈双流区长江经济带生态环境问题集中排查整治工作方案〉的通知》要求，配合双流生态环境局加强对饮用水源保护地、污水处理厂及配套设施、入河排入口及各类污染源等重点领域的执法检查，全年立案查处13起，结案13起，罚款47.1万元（含4起警告）。

【城市管理行政执法】 双流区综合行政执法局城市管理行政执法队抓好露天烧烤专项治理、露天焚烧专项整治、疫情防控（占道售卖、宰杀活禽整治、占道售卖冷链食品整治）、犬只管理专项整治、校园周边市容秩序整治、餐厨垃圾收运处置整治、水污染专项整治、生活垃圾分类专项整治、牛皮癣专项治理、餐饮油烟治理、噪声扰民治理等执法，办理案件1344件，其中市政类39件、广告招牌及照明类33件、生活垃圾分类122件、餐厨垃圾类51件、占道经营类767件、扬尘类207件、水环境类27件、油烟及烟尘类27件、其他类71件，罚款171.04万元。

【交通行政执法】 双流区综合行政执法局交通执法队以“快乐年·平安路”春节期间道路交通安全治理、道路客货运输突出违法违规行为整治、冷链食品运输车辆防疫查验等专项行动为载体，加强“两客一危一重一冷”（旅游包车、三类以上班线客车、危化品、重型货车、冷链车）重点车辆和道路运输及相关业务企业执法检查，检查客货运输车辆7225台次、道路运输以及相关业务企业（含车站、码头、机动车维修、物流、驾培等）590家次，查验冷链车2683台次，办理行政处罚案件681件，罚款86.23万元。

【商务能源行政执法】 双流区综合行政执法局多措并举，开展汽车销售、会展业、单用途商业预付卡、二手车市场、再生资源回收管理、大型商超等商务方面及天然气、液化石油气等能源方面联合检查和执法，出动执法人员500余人次、车辆220余台次，执法检查汽车销售企业、再生资源回收点、燃气企业及配送站300余家，发放安全宣传资料1800余份，处理投诉37件，立案查处商务能源类案件15件，罚款19.73万元，罚没物资9.25吨，罚没、暂扣违规液化气钢瓶950余个。

【建设行政执法】 双流区综合行政执法局以强化联动、齐抓共管、专项整治为抓手，突出敏感时间节点和时间段执法检查，制定在建项目专项整治方案，开展中高考期间夜间违法施工专项执法行动和绿色工地宁静夜夜间违法施工专项执法行动；下沉夜间违法施工执法权限，加强行政执法检查力量，减少夜间施工扰民行为，指导镇（街道）中队办理夜间施工扰民类案件24件。双流区综合行政执法局建设执法中队全年立案查处违法案件125件，其中扬尘类案件82件、安全类案件26件、未报先建类案件11件、未落实监理职责2件、未经竣工消防验收投入使用类案件1件、未修建战时可用于防空的地下室类案件1件、夜间施工2件，罚没381.09万元。

【房管园林行政执法】 双流区综合行政执法局以疫情防控日常巡查、电动自行车安全集中整治、房地产市场秩序违法违规问题整治、房屋使用安全管理等专项行动为抓手，立案调查行政处罚案件22件，办结行政处罚案件22起，其中房管类10件、园林类12件，处罚33.53万元；受理并调查人民网、信访系统、市信市话、“96110”电话、公共信息服务中心、网络理政等渠道群众信访案件594件，处置率和回复率均为100%。

【环境保护行政执法】 双流区综合行政执法局持续开展2017年中央督查、2018年中央督查“回头看”、2020年长江经济带排查的33个案件及17个点位的执法检查，防止问

1月11日，双流区综合行政执法局交通执法队在成雅北出口查验冷链食品运输车辆
（供图：区综合行政执法局）

12月，双流区综合行政执法局执法人员检查燃气配送点
（供图：区综合行政执法局）

题反弹；完成第二轮中央环保督察工作，办理央督件43件，其中主办件1件、协办件42件；完成2021年四川省环保督察工作，办理省督件23件，其中主办件6件、协办件16件、专办协办函1件。

【林业行政执法】 双流区综合行政执法局开展盗伐、滥伐林木，毁坏、非法占用林地、林木，违反野生动植物保护法，违反森林防火法规等案件办理，涉林类违法犯罪行为得到遏止和惩处，违法案件查处率100%；办理案件40件，其中林地类15件、林木类19件、野保类2件、火情类4件，罚没金额51.72万元；开展执法检查224人次，动用车辆63台次，有效发挥执法监督作用；开展以森林防火、保护野生动物等为主题的普法宣传3次，发放宣传小册、书籍1200余份。

【教育档案行政执法】 双流区综合行政执法局推动“双减”政策落地落实，依法依规查处违法办学行为，并推动档案行政处罚事项落地落实，检查证照不全培训机构192家，督促54户符合基本设置要求的培训机构办理完善办学许可证、营业执照等证照，责令整改46家次，立案查处4起、罚没金额0.38万元，实现双流区近几年在教育领域行政处罚零的突破，对全区教育行政执法队伍的能力建设和教育行政处罚案件办理起到促进和参考借鉴作用。

【卫计行政执法】 双流区综合行政执法局卫计执法中队会同区卫健局、区公安分局联合打击非法行医5次，出动执法人员22人次、车辆5台次，责令10个“非法行医点”停止违法行为；联合区卫健局开展医疗机构疫情防控执法检查，落实强化防控措施，出动执法人员180人次、车辆64台次，检查250家医疗机构，处罚130家医疗机构并要求立即整改；联合区卫健局开展职业卫生专项执法检查，出动执法人员20人次、车辆8台次，检查九江片区企业30家，对10家企业要求整改；会同区卫健局、区住建交局、区市场监管局、区应急管理局、区教育局、区消防大队对全区40家托育机构联合检查，督促经营者按照相关部门要求整改；会同区卫健局、各镇（街道）开展“四小”（小旅店、小公共浴室、小美容美发店、小歌舞厅）单位专项整治，确保双流区顺利通过成都市2021年国家卫生城市复审；开展游泳池健康专项整治，检查游泳池经营场所10家，对5家要求整改；开展学校及周边安全与环境专项整治，处罚案件203件，罚没金额50.42万元。卫计执法中队按照“谁执法、谁普法”原则，多种方式开展卫生法律法规宣传，提高人民群众的法治观念和法律素质，会同区卫健局、区民政局、区人社局、区医保局、区总工会等部门举行第19次《中华人民共和国职业病防治法》宣传活动，会同区卫健局开展以“生命至上、终结艾滋、健康平等”为主题的“12·1”世界艾滋病日进学校宣传活动。

【文化体育和旅游行政执法】 双流区综合行政执法局开展文化和旅游市场疫情防控、校园周边文化市场专项整治行动、“扫黄打非”专项行动、打击非法安装和使用卫星电视广播地面接收设施专项整治行动、歌舞娱乐场所曲库内容清查专项行动、高危险性体育项目经营场所专项整治、全面打击无证照经营违法行为7项专项执法行动，出动车辆103台次、执法人员519人次，立案查处文旅市场违法案件28件，结案26件，罚没10.37万元，没收出版物16320册、音像制品1022张，没收电脑设备536台，其中1个案件获评文化和旅游部2019—2020年度全国文化市场综合执法重大案件，1个案件获评四川省2021年度查处侵权盗版重大案件，1个案件获评成都市文

11月，双流区综合行政执法局教育执法人员检查校外培训机构　（供图：区综合行政执法局）

化市场2021年度“十大案件”，所办案件均实现零复议、零诉讼。

【劳动保障执法】 自9月开始，双流区综合行政执法局在民政劳动专项执法领域，突出重点促成效，启动实施“百日维薪”专项执法行动，开展农民工工资拖欠“两清零”行动、打击非法社会组织、清理行业协会商会违规涉企收费行为等专项执法检查30余次，办理执法案件3起，立案查处1件，罚款5万元。

【拆违治违专项行动】 双流区违法建设治理领导小组办公室在完成2018—2020年拆违治违三年“专项行动”拆除任务的基础上，接续开展违法建设治理“利剑行动”，重点整治住宅小区违法建设，全年拆除违法建设925宗24.7万平方米，遏制新增违法建设势头，治违成效获成都市违法建设治理领导小组肯定，获成都市城管委专项奖励资金131万元，违法建设治理工作经验在全市推广。双流区综合行政执法局被评为2021年全市违法建设治理先进单位。

【“扫黄打非”专项行动】 双流区综合行政执法局深入扫除消解社会主义核心价值观、危害未成年人身心健康的淫秽色情低俗、暴力恐怖迷信等有害信息和出版物，净化网上网下文化环境；实施“扫黄打非·新风”“扫黄打非·正道”专项行动，以印刷企业为检查对象，重点检查印刷企业是否落实“五项制度”（承印验证制度、承印登记制度、印刷品保管制度、印刷品交付制度、印刷活动残次品销毁制度）、是否印刷非法出版物、是否有超范围经营行为，深入镇（街道）排查“黑印刷厂”“黑印刷手工作坊”“黑打字复印社”等非法印刷场所，出动执法人员134人次，检查印刷企业57家次，责令改正7家，立案查办违法违规案件2起，罚没金额1.65元，没收非法出版物14560册、非法音像制品1022张；深入开展文化市场综合执法领域知识产权专项行动，立案查处1家未经著作权人允许擅自放映其作品的私人影院，没收违法所得0.17万元。

3月，双流区综合行政执法局文旅执法人员对文具店进行执法检查　（供图：区综合行政执法局）

【文化市场联合执法行动】 4月21日，双流区城市更新中心牵头，区公安分局、区综合行政执法局、区文体旅游局、九江街道共66人组成联合执法组，对九江新城蛟龙片区经营网吧集中整治，依法查处隐蔽在城中村违规自建房中的无证网吧，取缔无证网吧3家，查缴电脑主机221台、电脑显示器229台、收费主机2台、服务器4台。

【校园周边文化市场专项整治行动】 双流区综合行政执法局清理整顿校园周边地区出版物市场，重点检查书店、文具店是否销售含有淫秽色情、校园暴力、自杀自残、恐怖灵异、封建迷信或有害青少年身心健康的音像制品、书刊、软件制品等，杜绝非法出版物和有害信息流入校园；依法查处校园周边违法违规文化经营活动，查处网吧、歌舞娱乐场所以及电子游艺场所在国家法定节假日以外接纳未成年人行为。专项行动期间，双流区综合行政执法局立案查处校园周边出版物经营单位4家，没收出版物859册，罚没金额2.31万元。

【非法地面卫星接收设施专项整治行动】 双流区综合行政执法局以城市居民小区和农村新型社区等居民集中居住区为重点，动员非法安装和使用非法地面卫星接收设施的个人和单位限期自行查处非法设施设备，拆除非法地面卫星接收设施20套。

【非法行医专项打击行动】 双流区综合行政执法局会同区卫健局、区公安分局联合打击非法行医5次，出动执法人员22人次、车辆5台次，责令10个非法行医点停止违法行为，暂扣相关器械、药品，要求设置者在未取得有效医疗机构执业许可证、医师执业证书前不得开展诊疗活动。

【文旅市场疫情防控执法检查】 双流区综合行政执法局加强文化和旅游市场巡查力度，强化歌舞娱乐场所、游戏游艺、互联网上网服务营业场所、影院、A级景区、旅行社网点等经营场所检查，出动检查人员478人次，检查场所312家次，联合区文体旅游局、镇（街道）责令5家违反文化场所疫情防控要求的互联网上网服务场所停业整顿。

【行政处罚案件审理】 双流区综合行政执法局审查和登记备案一般程序行政处罚案卷2312件；组织召开案审会20次，集中会审125项重大行政处罚案件，重大决定法制审核覆盖率100%；做好重大行政处罚案件备案及听证相关工作，备案125件，均属罚款类案件，召开听证会24次；开展执法案卷专项评查活动1次，按照评查结果逐项查漏补缺。

【行政处罚案件办理】 双流区综合行政执法局基于新修订的《中华人民共和国行政处罚法》，参考《四川省行政执法文书标准》（DB51／T 2722—2020）、住房和城乡建设部办公厅印发的《城市管理行政执法文书示范文本（试行）》以及各行业领域行政执法文书式样，修订完善《双流区综合行政执法文书（式样）》；贯彻《全面推进依法行政实施纲要》，制作说理式文书模板，化解执法办案过程中的行政争议，提高执法办案水平，在农业、文化旅游等重点行业领域推广试行；优化修订《重大行政处罚、重大行政强制集体审查裁定制度》《行政执法决定法制审核办法》等行政执法制度，并不定期开展执法案卷评查，严把案卷质量关，以评促改，提高案件办理整体质量。

【罚没物资管理】 双流区综合行政执法局按照罚没（扣押）物资管理制度，管理处置罚没（扣押）液化气钢瓶482支，处置罚没扣押报废机动车发动机8台、报废汽车壳12个、汽车前后桥15件，处置罚没生猪820.2公斤，处置拍卖罚没扣押电脑（显示器）408台。

【行政执法信访及网络理政】 双流区综合行政执法局重新修订《综合行政执法信访及网络理政工作管理办法》，制定完善《联合接访工作制度》《领导干部接访工作规范》等5项制度规定，完善“快查、快处、快结”“全程监督跟踪整改”信访事项闭环处置机制，创新建立投诉举报“即查即处”和“1+N”矛盾纠纷调处工作机制，实行“一中心接待，多中队参与”的一站式联合接待群众工作模式，规范信访事项的依法分类办理程序、办理依据等，制定行政程序告知书、行政程序处理决定书模板，召开信访稳定工作培训会，依法、及时、就地解决群众诉求，化解矛盾纠纷，全年受理群众来电来信来访2022件次。

（孟庆冉）

机关事务
Organs Affairs

【概况】 2021年，双流区机关事务服务中心紧扣高质量建设践行新发展理念的中国航空经济之都定位，围绕区委、区政府中心工作，创新管理服务举措，推进节约型机关建设，公共机构节能彰显成效、公务用车管理安全规范、办公用房管理提质增效、会务服务保障提档升级、后勤服务管理扎实有力，获评“相约幸福成都”双流赛区系列赛事先进单位、中国航空经济之都尊师重教先进单位。双流区获评成都市机关事务管理综合工作先进区（市、县）[全市仅7个区（市、县）]，排名二圈层区（县）第一。

【公共机构节能】 双流区机关事务服务中心聚焦示范打造，指导区委办、区人大办、区政府办、区政协办等首批37家单位获国家机关事务管理局、中央直属机关事务管理局、国家发展和改革委员会、财政部联合颁发的“节约型机关”称号；参加全市“十百千”成果展示活动，在市政府第四办公区A座顶楼打造“蔬香清苑”生态农业展示区，以低能耗、低污染、低排放为目标变碳源为碳汇，构建智慧碳中和生态价值系统，助力打造绿色低碳集中办公区；聚焦餐饮浪费，发动各单位组织开展节能、节粮、低碳日系列活动的宣传教育，鼓励机关干部职工参与“光盘打卡”活动，全区打卡32192人次，排名成都市区（市）县第3名；聚焦垃圾分类，会同区教育局、区妇联等单位开展垃圾分类宣传进学校、进社区、进院落、进家庭互动体验活动，征集宣传作品288个，话题浏览量14万人次，并联合区城管局举行垃圾分类趣味运动会，获“团队二等奖”。

8月23日，双流区37家单位获得“节约型机关”证书

（供图：区机关事务服务中心）

9月24日，双流区会议中心会务保障团队在“2021年成都百万职工技能大赛政务会务服务比赛”中获个人赛第三名

（供图：区机关事务服务中心）

【公务用车管理】 双流区机关事务服务中心创新工作机制，联合区纪委机关、区财政局、区公安分局等部门在全区范围内开展“公务用车安全管理专项督查”，形成公务用车闭环管理机制；结合公务用车管理平台，以全生命周期管理的新思路，提高全区公务用车信息化管理水平；首创重大工作应急指挥车保障机制，为领导调度、信息外联、物资保障补给等指挥中枢正常运转提供支撑，为全区疫情防控、抢险救灾、应急处突等重大工作开展提供保障，该机制在国家机关事务管理局官方微信公众号上宣传推广；对车况老旧且长期未使用的“僵尸车”启动限期报废程序，全年报废老旧车 102 辆，调剂的车编用于保障疫情防控、应急处突、经济建设等一线所需；购置公务用车 27 辆，一般公务用车新能源汽车更新配备占比 87.5%，推进机关干部职工绿色低碳出行。

【办公用房管理】 双流区机关事务服务中心强化刚性统筹，在全市率先建立办公用房管理联席会议制度，规范党政机关办公用房调配、租用、维护、装修等审核把关、跟踪问效，审议区政协办、区纪委监委、区教育局等 19 家单位涉及调配、租用、装修等 19 个议题，完成办公用房日常维修备案 24 件，调剂审核 6 件，租用审核 6 件，装修审核 7 件，办公用房管理更加规范有序，该机制在全市推广；推进办公用房管理信息化平台建设，完成对全区 72 家机关事业单位（87 处办公用房点位）办公用房信息管理系统操作培训，提升各单位办公用房管理信息化、规范化水平。

【会务服务保障】 双流区机关事务服务中心探索建立会议“碳中和”机制，完成 4 个会议室的无纸化会议系统升级改造；组织全区 158 家公共机构常态化开展线上知识讲座，通过购买碳排放量，获得碳中和证书，实现“零碳会议”新突破；修订完善会议服务保障系列制度和工作规范，通过提档升级会务软硬件，区会议中心会务保障团队在“2021 年成都百万职工技能大赛政务会务服务比赛”中获个人赛第三名。

【后勤服务管理】 双流区机关事务服务中心创新标准规范，出台《双流区机关事业单位办公区物业管理服务工作规范》和《双流区机关事业单位食堂餐饮服务工作规范》，在全市率先明确机关事业单位物业服务、餐饮保障支出标准和服务规范，为提高财政支出绩效、降低行政运行成本、促进节约型机关建设、推动机关事务治理能力和治理体系现代化标准化奠定基础；完成迎接第二轮中央生态环境保护督查工作组下沉双流、中共双流区第十四次代表大会等重大活动期间的餐饮、住宿等后勤保障；提高业务技能，承办“2021 年双流区机关事业单位及国有公司食堂厨艺技能大赛”，提升机关事业单位及国有公司后勤服务水平。

（李白伟　刘光林）

群众来信来访
Letters and Visits from the Masses

【概况】 2021 年，双流区信访工作围绕“高质量发展攻坚年”主题，抓好“一条主线”(做好中国共产党成立100周年信访工作),构建“三道防线”(初信初访办理、重复信访积案化解、舆情预警监测处置),开展“两项工程”(信访“三无”创建、群众工作之家建设),推动“三个转变”(信访工作由维稳思维向求解思维转变、被动受理办理向主动源头防范转变、粗放式管理向高效能治理转变),为高质量建设践行新发展理念的中国航空经济之都营造和谐稳定的社会环境贡献信访力量。双流区信访局全年信访总量2765批(件)次,信访事项办理及时受理率100%、按期办结率100%、群众满意率98.4%,被四川省委、省政府评为2021年度信访工作先进集体。双流区委、区政府获评2021年度人民网网上群众工作民心汇聚单位。

【信访工作新格局探索】 双流区信访局探索信访工作联席会议镇(街道)全覆盖,构建大信访工作格局,畅通和规范群众诉求表达、利益协调、权益保障通道,实现基层的事在基层办;开展信访“三无”[无走访村(社区)、无进京走访镇(街道)、无积案单位]创建活动,落实初信初访办理“五个一次性”(一次性把群众诉求弄清楚、一次性把矛盾症结找准确、一次性把政策法规用到位、一次性把解决方案定合理、一次性把诉求请求办满意)和“三查”(自查、核查、抽查),探索简单信访事项7日办结机制,提高群众满意率,提升初信初访办理质效;依托“治重化积”专项工作,压实镇(街道)和区级部门及其主要领导、分管领导、包案领导的责任,区委、区政府定期听取信访工作汇报,区领导带头包案,化解信访积案;开展全区涉众型不稳定因素排查,排查不稳定因素53个,成立工作专班协同镇(街道)、区级相关部门先期介入搭建协调沟通平台,将事态控制在萌芽状态。

【规范化接待场所建设】 双流区群众接待中心升级打造接访大厅,将来访接待人员、法律顾问、责任部门摆上前台,完善接待场所工作制度,明确接访大厅人员工作职责,改进工作作风,提升服务水平,一站式解决群众疑难问题;落实周三“信访接待日”制度,推行领导干部亮身份接访、局领导带班接访、工作人员排班接访,实行首问负责制,“谁接访、谁负责、谁督办、谁跟踪”。

【“群众工作之家”建设】 双流区信访局坚持和发展新时代“枫桥经验”,提能增效推进村(社区)“群众工作之家”及“人民满意窗口”建设,深化村(社区)“群众工作之家”矛盾纠纷排解、信访全程代理、人民建议征集三项职能,注重发挥基层党组织、群众自治组织作用,组织群众民主协商解决发生在身边的矛盾问题,推动信访工作深度融入基层社会治理。

(李　旭)

升级打造后的接访大厅(2021年)　　(供图:区信访局)

政协双流区委员会

THE CPPCC SHUANGLIU DISTRICT COMMITTEE

政协机构

Political Consultative Conference Agencies

【概况】 2021年是政协双流区委员会的换届之年。换届前，中国人民政治协商会议第十一届双流区委员会由中共、无党派、总工会、共青团、妇联、工商联、科协科技界、文体新闻界、经济界、农业界、教育界、社会福利与社会保障界、医药卫生界、民族宗教界、特邀人士15个界别组成。双流区政协机关设“三室七委”，即区政协办公室、研究室、委员联络办公室和提案委员会、经济科技委员会、城乡建设和资源环境委员会、农业和农村委员会、教育卫生健康委员会、社会法制和民族宗教委员会、文化体育和文史委员会;在东升、九江、西航港、怡心、黄甲5个街道设立政协街道工作委员会，在彭镇、黄水、永安、黄龙溪4个镇设立政协镇委员联络委员会，实现政协工作向基层延伸全覆盖。双流区政协办公室下设综合科、秘书科、信息科、财务科、机关事务管理服务中心；区政协研究室下设理论研究科；区政协委员联络办公室下设民情信息科。

换届后，中国人民政治协商会议第十二届双流区委员会由中共、无党派、总工会、共青团、妇联、工商联、科协科技界、文体新闻界、经济界、农业界、教育界、社会福利与社会保障界、医药卫生界、民族宗教界、特邀人士15个界别组成。双流区政协机关设“三室七委”，即区政协办公室、研究室、委员联络办公室和提案委员会、经济科技委员会、城乡建设和资源环境委员会、教育卫生健康委员会、社会法制和民族宗教委员会、文化体育和文史委员会、农业和农村委员会；在9个镇(街道)设立政协街道工作委员会和政协镇委员联络委员会，实现政协工作向基层延伸在镇(街道)的全覆盖。双流区政协办公室下设综合科、秘书科、信息科、财务科、机关事务管理服务中心；区政协研究室下设理论研究科；区政协委员联络办公室下设民情信息科。

【政协双流区委员会负责人名单】

·政协第十一届双流区委员会·

主　席　李德龙
副主席　漆贵全
　　　　李根富
　　　　李宏坤
　　　　郭建武
　　　　刘　昶
秘书长　朱永康

·政协第十二届双流区委员会·

主　席　唐劲松
副主席　邹军平
　　　　刘　昶
　　　　朱　峰

刘志勇
韦　瑜
杜贤文
秘书长　唐学才

【政协双流区委员会专门委员会及负责人名单】

·政协第十一届双流区委员会专门委员会·

提案委员会
主　任：焦建萍
经济科技委员会
主　任：林传能
城乡建设和资源环境委员会
主　任：李忠全
教育卫健委员会
主　任：郑树明
社会法制和民族宗教委员会
主　任：邱万高
文化体育和文史委员会
主　任：杨　燕
农业和农村委员会
主　任：唐学才

·政协第十二届双流区委员会专门委员会·

提案委员会
主　任：卢　鸿
经济科技委员会
主　任：敖　邈
城乡建设和资源环境委员会
主　任：吴　东
教育卫生健康委员会
主　任：高　飞
社会法制和民族宗教委员会
主　任：赵成俊
文化体育和文史委员会
主　任：谭云天
农业和农村委员会
主　任：郑美玲

（徐　宁）

政协重要会议
Political Consultative Conference Important Meetings

【概况】 2021年，双流区政协召开区政协十一届五次会议和区政协十二届一次会议，并召开常委会会议5次、主席会议5次和其他重要专题会议。

【双流区政协十一届五次会议】 1月24—26日，中国人民政治协商会议第十一届双流区委员会第五次会议召开。会议审议批准政协第十一届双流区委员会常务委员会工作报告和提案工作情况报告；听取并赞同双流区人民政府工作报告，赞同双流区人民法院工作报告、区人民检察院工作报告以及其他报告，并提出意见建议。

【双流区政协十二届一次会议】 12月21—24日，中国人民政治协商会议第十二届双流区委员会第一次会议召开。会议审议并批准政协第十一届双流区委员会常务委员会工作报告，审议并批准政协第十一届双流区委员会常务委员会提案工作情况报告，选举产生政协第十二届双流区委员会主席、副主席、秘书长和常务委员；听取并赞同双流区人民政府工作报告，赞同区人民法院工作报告、区人民检察院工作报告以及其他报告，并提出意见建议。

【双流区政协常委会会议】 1月19日，中国人民政治协商会议第十一届双流区委员会常务委员会第十六次会议召开。会议传达学习中共十九届五中全会精神和四川省委、成都市委、双流区委全会精神，通报2020年提案办理情况以及2020年提案办理及推动提案办理工作先进单位和优秀提案，审议通过召开双流区政协十一届五次会议有关事项。

4月3日，中国人民政治协商会议第十一届双流区委员会常务委员会第十七次会议召开。会议传达学习习近平总书记在党史学习教育动员大会上的重要讲话精神，学习全国政协十三届四次会议精神，学习双流区走在前列作出示范动员大会精神，审议通过双流区政协2021年工作要点、2021年政治协商和民主监督计划。

9月1日，中国人民政治协商会议第十一届双流区委员会常务委员会第十八次会议召开。会议学习习近平总书记在庆祝中国共产党成立100周年大会上的重要讲话，传达学习四川省委、成都市委、双流区委全会精神和市政协十五届十五次常委会会议精神，听取和协商区人民政府2021年上半年全区经济社会发展情况。会议强调，要深入学习习近平总书记在庆祝中国共产党成立100周年大会上的重要讲话，从伟大的历史性成就中坚定信心，继承弘扬伟大建党精神，汲取奋斗前进力量，增强“四个意识”、坚定“四个自信”、做到“两个维护”，坚定信心永远跟党走；要助推公园城市示范区建设和西开区工业区转型升级，坚持“区委中心工作推进到哪里、政协履职就跟进到哪里”，把思想行动统一到省委、市委、区委最新决策部署上来，组织开展调查研究、协商议政、民主监督，高水平建言献策，助推区委、区政府决策部署贯彻落实；

9月1日，政协第十一届双流区委员会常务委员会第十八次会议召开 （供图：区政协办）

要推进协商视察和委员换届“两不误”，做到思想不松、状态不减、热情不退，切实抓好各项履职工作，以优异成绩为常委履职画上句号，同时梳理经验做法，为区政协总结五年来常委会全面工作提供素材。

11月1日，中国人民政治协商会议第十一届双流区委员会常务委员会第十九次会议召开。会议传达学习全国政协系统党的建设工作经验交流会、四川省政协工作经验交流会、成都市政协十五届十六次常委会会议精神和双流区第十四次党代会精神，双流区纪委监委通报2021年全区党风廉政建设情况，双流区政协委员围绕党风廉政建设和区法院、区检察院“两院”重点工作协商建言。

12月14日，中国人民政治协商会议第十一届双流区委员会常务委员会第二十次会议召开。会议传达学习中共十九届六中全会精神，通报2021年提案办理情况，书面听取双流区政协常委2021年履职情况汇报，协商决定政协参加单位、委员名额和人选及界别设置，审议召开双流区政协十二届一次会议有关事项。

【双流区政协主席会议】 3月11日，双流区政协主席会议视察赛事营城成都大运会双流赛区筹备工作，并围绕主题建言献策。会议对双流赛区委员会筹备工作取得的成绩表示肯定。

7月8日，双流区政协主席会议视察航都大街地铁站和双流广场地铁站周边公交线路及站点接驳地铁情况，并召开专题会听取双流区城管局等行业主管部门有关构建全接驳、零换乘、高质量、智能化公交地铁接驳体系的实施路径和经验做法。会议肯定近年公交接驳地铁工

3月11日，双流区政协主席会议视察赛事营城成都大运会双流赛区筹备情况 （供图：区政协办）

作，对推动双流区公交高质量发展、满足市民美好出行需求提出多项建设性意见建议。

7月27日，双流区政协主席会议专题协商双流区生态优先绿色发展走在前列作出示范情况，围绕主题进行协商议政。双流区政协主席会议成员先后到空港·云城市会客厅、空港商务区、泉水河综合整治项目，通过听取介绍、实地参观等形式了解双流区生态环境建设情况，并在随后召开的座谈会上听取相关工作汇报。会议肯定双流区生态环境建设取得的成绩。

10月12日，双流区政协主席会议视察乡村振兴推进情况，到黄水镇白塔社区瞿上新村、板坡良舍实地调研，并召开座谈会，围绕主题协商建言。

10月19日，双流区政协主席会议专题协商打造幸福美好生活培育品牌学校推进情况，就深入落实全区教育高质量发展大会精神，如何提升双流教育品牌影响力进行协商议政。

【双流区政协“有事来协商·众事好商量”暨“助力巩固脱贫　助推乡村振兴”工作推进会】 7月6日，双流区政协“有事来协商·众事好商量”暨“助力巩固脱贫　助推乡村振兴”工作推进会召开。会前，与会人员参观黄甲街道一里坡社区“有事来协商·众事好商量”议事室建设情况。会议要求，不断总结提升和相互学习借鉴，坚持正确方向和问题导向，努力将“有事来协商”工作打造成为更好发挥专门协商机构作用，推动政协协商和基层协商有效衔接的专业化品牌，成为宣传党的创新理论和方针政策、加强思想政治引领、凝聚共识的制度化平台，成为政协走进基层、委员服务群众的常态化机制，持续推动“有事来商量·众事好商量”工作走深走实。

（徐　宁）

政协工作
Political Consultative Conference Work

【概况】 2021年，双流区政协及其常委会坚持以习近平新时代中国特色社会主义思想为指导，贯彻中共中央大政方针和四川省委、成都市委、双流区委决策部署，把握团结和民主两大主题，发挥专门协商机构作用，坚持“区委中心工作推进到哪里、政协履职就跟进到哪里”，履行政治协商、民主监督、参政议政职能，凝聚共识，为建设践行新发展理念的中国航空经济之都做出贡献。

【专题协商】 双流区政协加强政协协同互动，和资阳市政协开展“助力成资临空经济产业带发展”专题协商会议，组织相关委员开展调研，积极建言献策，助力成（都）德（阳）眉（山）资（阳）同城化发展。

双流区政协主席会议召开两次会议，分别专题协商双流区生态优先绿色发展走在前列作出示范情况和打造幸福美好生活培育品牌学校推进情况。

【对口协商】 双流区政协各专委会加强与对口部门联系，围绕党政重点工作开展对口协商6次。双流区政协经科委围绕“空港商圈建设情况”与空港产业促进中心开展对口协商，区政协城资环委围绕“双流区垃圾分类处理工作推进情况”与区城管局开对口协商，区政协农业农村委围绕“村（社区）集体经济发展情况”与区农业农村局开展对口协商，区政协文体文史委围绕“双流区文物发掘、修复与保护工作情况”与区文体旅游局开展对口协商，区政协社法民宗委围绕“大运会通勤保障情况”与市交警十二分局开展对口协商，区政协教育卫健委围绕“双流群众医保、商保报销‘一站式’结算服务推进情况”与区医保局开展对口协商。

【界别协商】 双流区政协各界别组突出界别特色，发挥界别优势，围绕中心工作开展协商、建言献策。中共界别组围绕“社区微更新工作”开展协商，经济科技界别围绕“支持企业创新能力建设”开展协商，农业界别围绕“都市休闲农业融合发展”开展协商，文体新闻界别围绕“区属国有体育场馆运营机制”开展协商，工青妇界别围绕“职工队伍技能提升工程实施情况”开展协商，无党派民宗社福保界别围绕“持续提升失能老人长期照护保障”开展协商，教育界别围绕“中小学生心理健康工作”开展协商，医卫界别围绕“公共卫生体系建设”开展协商，工商联界别围绕“双流商会大厦建设”开展协商，特邀界别1组围绕“双流赛事名城建设”开展协商，特邀界别2组围绕“双流稳定公平可及营商环境建设情况”开展协商。

【民主监督】 4月15日，2021年双流区政协民生实事特邀监督工作面对面座谈会召开，总结2020年区政协民生实事特邀监督工作，安排部署2021年相关工作。受邀担任双流区政协民生实事特邀监督员的20名区政协委员，分为5个小组，每组分别联系4～6个牵头单位，围绕幸福美好生活十大工程实施，按要求对联系的牵头单位实施的民生实事项目进行民主监督。

【提案办理】 双流区政协十一届五次会议立案281件，占提案总数的78.05%，未予立案16件，转为意见建议办理63件。立案提案中，委员提案258件，占立案总数的91.81%；联名提案8件，占立案总数的2.85%；党派、集体提案15件，占立案总数的5.34%。立案提案中，航空经济类30件，占立案总数的10.68%；文化社会类88件，占立案总数的31.32%；公园城市建设和管理类63件，占立案总数的22.41%；党务、政务、政法类80件，占立案总数的28.47%；农业农村类20件，占立案总数的7.12%。立案提案中，涉及天府新区提案16件，涉及成都高新区提案4件。双流区政协十二届一次会议立案437件，占提案总数的82.45%，未予立案13件，转为意见建议办理80件。立案提案中，委员提案408件，占立案总数的93.37%；联名提案6件，占立案总数的1.37%；党派、集体提案23件，占立案总数的5.26%。立案提案中，产业发展类76件，占立案总数的17.39%；文化社会类182件，占立案总数的41.65%；公园城市建设和管理类91件，占立案总数的20.82%；党务、政务、政法类63件，占立案总数的14.42%；农业农村类25件，占立案总数的5.72%。立案提案中，涉及天府新区提案81件，涉及成都高新区提案12件。

【社情民意收集与办理】 双流区政协委员围绕做好常态化疫情防控、公园城市示范区建设、食品药品安全、公共交通建设、养老就医就学等社会热点反映社情民意41条，相关单位认真办理，推动相关意见建议采纳落实。

【政协调查研究】 双流区政协主席会议成员围绕校院企地协同创新、婴幼儿托育服务业发展、无废城市建设、法律队伍建设等开展课题调研，形成调研报告6篇，提出意见建议。

【政协理论研究】 双流区政协开展习近平总书记关于加强和改进人民政协工作的重要思想学习研讨，交流工作经验；加强基层政协工作的重大理论研究和实践经验总结，形成《提高调查研究能力与人民政协要“说得对”》《创新工作理念、服务发展大局》《对人民政协性质定位的再认识》《政协专委会要“实起来、专起来、活起来”》等研究成果，多次在四川省、成都市政协理论研讨会上作交流发言。双流区政协理论研究成果得到全国和四川省、成都市政协理论研究会的肯定。

【政协专委会和界别建设】 双流区政协发挥专委会基础性作用，完善专委会与区级党政部门对口联系制度，专委会与对口部门开展联系活动17次，助力区级各部门相关工作开展；加强对界别工作的指导，召开界别工作座谈会，落实主席会议成员和专委会对口联系界别工作制度，专委会对界别活动指导35次；深化完善各界别召集人、界别协商、界别考评等工作制度，突出界别主体意识，提高界别活动水平。

【政协双向发力制度完善】 双流区政协加强与全区各民主党派基层组织、工商联、无党派人士的团结合作和走访联系，宣讲中共十九届六中全会精神和区第十四次党代会精神，为各民主党派基层组织、工商联、无党派人士搭建履职平台，巩固团结奋斗的共同思想政治基础；把凝聚共识贯穿政协履行政治协商、民主监督、参政议政全过程，发挥政协重要阵地、重要平台、重要渠道作用，把党委决策部署宣传下去，把群众意见建议收集上来，厚植党的执政根基和群众基础，协助做好协调关系、理顺情绪、化解矛盾工作。

【政协工作宣传】 双流区政协突出政协文化建设，加强文史资料工作，完成《双流文史资料选辑》和《华阳国志·注译》编印，与省内外相关区（市）县政协建立文史资料交流机制；编印《双流政协》杂志2期，《双流政协》办刊水平和质量得到各界好评；举行庆祝中国共产党成立100周年主题书画展，多次与兄弟区县政协书画院开展美术书法联展活动；区政协门户网站点击率和影响力提升，7篇稿件在《人民政协报》《四川政协报》刊登。

【政协委员服务管理】 双流区政协

6月10日，双流区政协书画院庆祝中国共产党成立100周年美术、书画作品展开展　（供图：区政协办）

按照“懂政协、会协商、善议政，守纪律、讲规矩、重品行”要求，坚持靠前服务、强化管理，健全完善委员服务管理、履职考核、退出机制等6个制度，做到委员服务、考核、监督和激励工作有据可依；坚持委员向界别述职、常委向常委会述职制度，实现委员述职全覆盖；实施“委员进高校培训工程”，举办中国人民大学、西安交通大学等高校培训5期，实现委员高校培训全覆盖；在政协机关设立“委员之家”，接待委员来信来访180件次，协助解决委员反映问题。

【庆祝中国共产党成立100周年书画展】 6月10日，双流区政协书画院“丹青溢彩歌盛世　翰墨留香颂党恩”庆祝中国共产党成立100周年美术、书画作品展开展仪式在区图书馆举行，展出《红岩烈士丁地平》《徐海东烈士》等书画作品70余幅。

（徐　宁）

中共双流区纪律检查委员会（双流区监察委员会）

>>> THE CPC SHUANGLIU DISTRICT COMMISSION FOR DISCIPLINE INSPECTION（SHUANGLIU DISTRICT SUPERVISORY COMMISSION）<<<

纪检监察机构
Discipline Inspection and Supervision Institutions

【概况】 2021年，中共成都市双流区纪律检查委员会（简称区纪委）与成都市双流区监察委员会（简称区监委）合署办公，实行一套工作机构、两个机关名称机制，履行党的纪律检查和国家监察两项职责，在成都市纪委监委和双流区委的双重领导下开展工作。双流区纪委监委机关内设办公室、组织部、宣传部、研究室（法规室）、党风政风监督室、信访室、案件监督管理室、第一至第六纪检监察室、案件审理室、纪检监察干部监督室共15个室（部）和机关党委。

【2021年双流区纪委（区监委）负责人名单】

书　记　罗万能（区监委主任）
副书记　蒋　红（区监委副主任）
（9月任职）
曾大鹏（区监委副主任）
高　飞（区监委副主任）
（5月离任）
常　委　张腾宏（区监委委员）
赵兴荣（5月离任）
冯　科（5月离任）
罗荣平（区监委委员）
（5月任职）
吴　昊（6月任职）
赵思思（9月任职）
监委委员　梁启勇（2月任职）
樊宏明（6月任职）

（魏强强）

纪检监察重要会议
Discipline Inspection and Supervision Important Meetings

【概况】 2021年，中共成都市双流区第十三届纪律检查委员会召开3次全体会议（第十次、第十一次、第十二次），中共成都市双流区第十四届纪律检查委员会召开1次全体会议（第一次）。

【双流区纪委全体会议】 1月7日，中共成都市双流区第十三届纪律检查委员会第十次全体会议召开。会议专题开展镇（街道）、区级部门、区属国有公司主要负责人述责述廉工作。会议要求深入学习贯彻习近平总书记在十九届中央纪委四次全会上的重要讲话精神，坚持问题导向，紧盯问题整改，以点带面，积小胜为大胜，不断巩固发展全区良好政治生态，为高质量建设践行新发展理念的中国航空经济之都提供保障。

3月1日，中共成都市双流区第十三届纪律检查委员会第十一次全体会议召开。会议传达学习十九届中央纪委五次全会、四川省纪委十一届五次全会、成都市纪委十三届九次全会精神，学习讨论区委书记的讲话；总结区纪委十三届九次全会以来全区党风廉政建设和反腐

3月1日，成都市中国共产党双流区第十三届纪律检查委员会第十一次全体会议召开（供图：区纪委监委）

败工作，研究部署2021年工作任务；审议通过区纪委常委会所作的《以高质量监督推动高质量发展，为建设践行新发展理念的中国航空经济之都提供坚强保障》工作报告。

10月14日，中共成都市双流区第十三届纪律检查委员会第十二次全体会议召开。会议审议并通过《中国共产党双流区第十三届纪律检查委员会工作报告（草案）》。

10月29日，中共成都市双流区第十四届纪律检查委员会第一次全体会议召开。会议选举产生第十四届区纪委领导班子。罗万能当选区纪委书记，蒋红、曾大鹏当选区纪委副书记，张腾宏、罗荣平、吴昊、赵思思当选区纪委常委。

（魏强强）

纪检监察工作
Discipline Inspection and Supervision Work

【概况】 2021年，双流区纪委监委坚持“全面从严治党首先要从政治上看”，增强“四个意识”、坚定“四个自信”、做到“两个维护”，以“优化政治生态，厚植廉洁土壤”为主线，追逃追赃、以案促改、家风建设等6项工作获得四川省纪委、成都市纪委领导肯定，全区纪检监察工作取得积极成效。

【纪检监察组织建设】 双流区纪委监委统筹推进区、镇（街道）、村（社区）三级纪委换届，选优配强三级纪委班子成员；研究制定标准化规范化建设实施方案，深化完善镇（街道）、村（社区）纪检监察组织；加强区属企业纪委建设，制定《区属企业纪委工作规定（试行）》，公开遴选3名区属企业纪委副书记；试点探索向区属企业派出监察专员，健全完善区属企业纪委和监察专员近距离全天候监督区属国企公职人员机制。

【纪检监察系统作风建设】 双流区纪委监委严格内部监管，开展“抓反思、查风险、严纪律、铸铁军”纪检监察系统作风建设活动，发现并督促整改问题13个，查找廉政风险点62个，制定措施116条；加大队伍整肃力度，约谈提醒纪检监察干部4人次，处置纪检监察干部问题线索8条，给予党纪处分1人，责令检查1人；开展“以案促改”，层层召开专题民主生活会、反思剖析会，分类查摆问题24个，制定整改措施65条，完善日常管理、风险防控制度机制6个。

【换届纪律监督】 双流区纪委围绕党中央和四川省、成都市、双流区重大决策部署，开展换届纪律监督等工作，利用微信公众号、公示栏、横幅标语等平台，全方位宣传换届选举工作纪律，制发张贴海报2万余张，组织督查换届筹备情况72次，随机走访提名人选、落选人选、群众等230余人次，抽查卷宗资料400余盒；深入推进换届风气监督，回复

1月25日，双流区疫情防控专项联动巡察组到企业检查疫情防控措施落实情况（供图：区纪委监委）

涉及换届干部党风廉政意见 206 人次，出具否定性意见 1 人，快查快办涉及换届的信访举报 22 件、立案查处 1 件 1 人。

【重点领域专项监督】双流区纪委监委深化生态环保领域专项监督，先后派出 295 人次靠前监督、跟进监督，督查点位 543 个，发现并督促整改问题 272 个，问责履职不力的单位 14 个、干部 25 人，给予党纪政务处分 7 人；落实疫情防控监督，会同区委组织部等 3 个单位组建 4 个疫情防控专项督查组开展全覆盖监督检查 290 余次，抽查点位 1756 个；开展“4+2”（发改、经信、人社、住建、卫健、人防）重点行业领域突出问题系统治理，立案审查调查 16 件 20 人；加强惠民惠农财政补贴资金监管，“一卡通”阳光审批平台上线运行；开展违法采砂石问题专项排查整治，推动解决问题 6 个。

【党风廉政建设联防联控机制建立】双流区纪委监委转“被动等待”为“主动沟通”，打通问题信息壁垒，以区纪委监委机关、区委组织部、区委巡察办、区行政审批局、区审计局等 15 个部门为成员单位，建立党风廉政建设联防联控机制，梳理履行自身监督职责发现的共性问题、常见问题、新型问题，并形成分析报告，先后召开联席会议 2 次；以联防联控办公室为信息中心和中转站，梳理成员单位报告，将典型问题纳入问题台账，将问题摆在成员单位面前共商共议，督促推动解决 3 大领域 7 个典型问题；先后组织 12 个工作组开展调研督导 2 批次，发现并推动解决 19 类 127 个问题，问责 19 件 22 人 14 个党组织，其中给予党纪政务处分 6 件 7 人，谈话提醒 5 人，诫勉 7 人；推动 6 个重点行业部门出台《双流区投资项目管理保障机制》《双流区定点医药机构医疗保障主体责任制度》等制度性文件，推动相关成员单位修订完善执法车辆和公务油卡管理制度；统筹监督力量、统筹工作任务，形成“信息更加共享、监督更加聚焦、结果运用更加精准”的格局，推动党内监督与职能监督同向发力，发挥监督保障执行、促进完善发展作用，促进党风廉政建设深入开展，巩固发展双流区良好政治生态。

【中央八项规定精神贯彻落实】双流区纪委监委落实中央八项规定及其实施细则精神，查处 11 件 15 人；配合成都市纪委开展“阳光监督·线上坝坝会”双流专场活动，收集群众意见 61 个，督促整改问题 44 个；以优化营商环境为抓手，开展群众监督、联企清风、阳光问廉、前沿听风等专项行动，召开坝坝会 197 场，收集群众意见建议 476 个，督促解决问题 405 个。

【反腐败推进】双流区纪委监委整治基层“微腐败”，查处群众身边腐败和不正之风 66 件 104 人；惩处涉黑涉恶腐败和“保护伞”，查处涉黑涉恶腐败案件 3 件 3 人，给予党纪政务处分 3 人。

【粮食领域腐败问题专项整治】双流区纪委监委做深做实粮食领域专项监督，巩固粮食购销领域腐败问题专项整治成效，区纪委书记实地调研重点部门和重点企业、开展包库巡库 5 次，专题调度工作推进情况 3 次；处置涉粮系统问题线索 19 件，督促相关单位自查自纠发现并整改问题 31 个；专项巡察发现粮食安全责任制、执法检查不力、国有资产闲置等问题 39 个，整改反馈问题 37 个，移送区纪委监委问题线索 2 个；对 2013 年以来涉粮领域信访件和问题线索进行“大起底”，立案查处 7 件 8 人。

【违纪违法案件查处】双流区纪检监察系统处置问题线索 427 条，立案审查调查 224 件 233 人，给予党纪政务处分 178 人；立案查处违反政治纪律问题 3 件 3 人；立案查处

10月20日，双流区粮食购销领域腐败问题专项整治工作动员部署会召开　（供图：区纪委监委）

3月25日，双流区纪委监委进行案件质量评查 （供图：区纪委监委）

职务犯罪案件13件，采取留置措施4人，对10人移送检察机关依法审查起诉，追回2名在逃严重职务犯罪人员；立案查处收受名贵特产、红包礼金等享乐主义、奢靡之风10件10人，给予党纪政务处分8人；查处贯彻党中央重大决策部署有令不行或表态多、落实差等形式主义、官僚主义案件4件8人，给予党纪政务处分7人；落实党委主体责任、纪委监督责任、党委书记第一责任、班子成员一岗双责的“四责”协同机制，实施“一案双查”19件22人；运用监督执纪“四种形态”，给予批评教育、提醒谈话、诫勉谈话等咬耳扯袖、红脸出汗的“第一种形态”401人次，给予党内警告、党内严重警告、政务警告、政务记过、政务记大过、降级等党纪政务轻处分的“第二种形态”139人次，给予撤销党内职务、留党察看、开除党籍、撤职、开除公职等党纪政务重处分的“第三种形态”29人次，给予开除党籍和开除公职处分后移送司法审查起诉和司法机关判处刑罚后移送纪检监察机关给予开除党籍、政务开除等的“第四种形态”30人次，分别占比66.9%、23.2%、4.8%、5%。

【信访举报受理】 双流区纪委监委畅通群众诉求表达渠道，深入基层一线开展“流动接访”62次，发放信访举报明白卡2万余份，接待群众230余人次；全年受理信访举报186件，较2020年同期下降29%。其中检举控告139件，较2020年同期下降25%（初次检举控告114件，较2020年同期下降28%）；申诉1件，较2020年同期上升100%；批评建议3件，较2020年同期上升67%；业务范围外43件，较2020年同期下降44%。其中本级受理84件，占45%；上级转交办102件，占55%。其中来信66件，占36%；来访41件，占22%；网络举报60件，占32%；来电17件，占9%；其他2件，占1%。双流区纪委监委组织开展不实信访举报澄清2件2人；开展重复信访举报突出问题集中治理，排查出党的十九大以来重复信访举报114件，并从中筛查出反映次数较多、时间跨度较长的5件进行领导包案，包案领导每月到信访人所属单位或镇（街道）了解情况，做政策解答，走访信访人30余次。

【“廉影双流”摄影巡展活动】 6月30日至7月15日，双流区纪委监委开展“廉影双流”摄影巡展活动，立足学习贯彻习近平新时代中国特色社会主义思想和党的十九大精神，用影像记录全区纪检监察干部学习周永开，以实际行动践行“忠诚、干净、担当”的新风貌，集中展示双流纪检监察工作落实全面从严治党的生动实践，在全区营造思廉尚廉崇廉的浓厚氛围。活动收到摄影作品680余幅，接待全区党员干部群众参观5000余人次，并在《人民日报》四川频道、封面新闻、成都日报社锦观、清廉蓉城网站和微信公众号、空港融媒等多家媒体平台报道，点击量8万余次。

（魏强强）

6月30日，“廉影双流”摄影巡展活动开幕 （供图：区纪委监委）

民主党派

DEMOCRATIC PARTIES

中国国民党革命委员会双流区总支委员会

Shuangliu District General Branch Committee of the Revolutionary Committee of the Chinese Kuomintang

【概况】 2021年，中国国民党革命委员会双流区总支委员会（简称民革双流总支）有党员112名，有正处级领导1名、副处级领导1名、中层干部11名，有成都市、双流区人大代表、政协委员27名。民革双流总支获"全国民革优秀党员之家""四川省民革组织工作先进集体""成都市民革党务工作先进集体"等中央、省、市表彰6项。

中国国民党革命委员会双流区总支委员会主委：文红霞。

【民革组织建设】 民革双流总支深化"周四回家"组织活动品牌建设，持续开展"半月一话题、两月一讲堂"活动，发挥党员特长，开展医疗保险知识等专题讲座和话题分享15次；拓展活动形式，与四川大学支部、企业支部等4个支部举办知识竞赛活动，邀请总支老党员到空港花田开展"久久重阳节"活动，活动关注度、参与度持续提升；严格遵守民革成都市委会、双流区人大、双流区政协换届纪律要求和工作流程，与考察对象、代表委员开展谈心谈话，引导总支党员增强大局意识、组织观念，刘畅、苏非当选民革成都市委会委员，江雪松等8人当选双流区人大代表，李梁良等19人当选双流区政协委员。

【思想建设】 民革双流总支推进主题教育，先后开展"一起读党史""庆祝中国共产党成立100周年党史知识竞赛""追寻先烈足迹、传承红色基因"等活动，组织党员收看庆祝中国共产党成立100周年纪念大会，学习习近平总书记在庆祝中国共产党成立100周年大会上的重要讲话精

5月28日，民革双流总支举行"周四回家——半月一话题"活动　　（供图：区委统战部）

神和中共十九届六中全会精神，增强“四个意识”、坚定“四个自信”、做到“两个维护”；按照《民革中央关于加强思想政治建设的意见》要求，学习习近平总书记关于中国新型政党制度重要论述、中共中央关于加强参政党建设“三个文件”精神以及新修订的《中国共产党统一战线工作条例》，组织党员参加民革四川省委、民革成都市委、中共双流区委统战部等组织的培训63人次；坚持每季度组织支委及青年党员代表专题学习中共中央、四川省、成都市重要会议精神和民革各级重要会议精神，推动思想政治建设落地生根；加强《团结报》征订，全年征订《团结报》106份，持续运用“成都民革”“双流统战”微信公众号平台，传达上级指示精神，宣传双流民革工作动态，增强总支凝聚力和战斗力。

【参政议政】 民革双流总支深化“空港献策”参政议政品牌建设，按照调研与中心工作相结合、与个人特长相结合、与发展需求相结合的原则，将党员划分为产业发展、规划建设、教育医疗等专题小组，团队式推进重点课题调研，深化与西南民族大学支部及专家智库合作，双流区两会期间提交代表建议、委员提案49件，形成《关于推动西开区转型升级的建议》等重点课题成果4个，得到区委、区政府主要负责人高度评价；召开参政议政工作会，邀请上一届区人大代表、政协委员分享履职经历和经验，对新一届区人大代表、政协委员明确要求和任务，抓好委员代表参政议政能力建设。

【社会服务】 民革双流总支打造“博爱成长”社会服务品牌，以“蓉城星力·博爱成长”实践活动为载体，联合东升街道、棠湖小学打造“蓉城星力博爱成长实践基地”，开展首届书香励志少年评选活动，通过设立“博爱成长”奖助学金、打造“博爱成长”公益课堂、组织“博爱成长”实践活动等方式，为关怀青少年成长、建设“书香空港”做出贡献；组织党员参加民革四川省委“以购代捐”武胜县农产品活动，购买价值16408元农产品。疫情防控期间，贾华君、李春梅等4人到抗疫一线，为守住成都人的“绿码”贡献民革力量。

【“学党史、感党恩、跟党走”知识竞赛】 6月19日，民革双流总支组织区域协同第六片区开展“学党史、感党恩、跟党走”知识竞赛，民革四川大学基层委员会、双流总支、企业支部、西南民族大学支部及资阳市乐至县总支应邀参加比赛。民革双流总支获一等奖。

（魏玉章）

中国民主同盟双流区总支委员会

Shuangliu District General Branch Committee of the China Democratic League

【概况】 2021年，中国民主同盟双流区总支委员会（简称民盟双流总支）有盟员93名，有副区级领导1名、副处级领导1名。

中国民主同盟双流区总支委员会主委：夏奠强。

【民盟组织建设】 民盟双流总支新入盟7名年轻盟员，外转入3名盟员，新增加的7名盟员中具备民盟教育文化界别的有3人，机关干部1人；强化组织规范化建设，修订和完善原有的12项工作制度，加大对盟员参与活动的考勤考核，规范总支和各支部组织活动开展；健全财务制度，规范财务支出管理，严格落实成员在征文投稿、调研课题和社情民意撰写报送等方面的考核奖励，激励盟员主动参与；加强“盟员之家”阵地建设，丰富内涵，营造家园氛围。

【思想建设】 民盟双流总支通过总支大会、支委（扩大）会开展学习教育5次，组织盟员座谈交流学习2次，开展专题培训学习1次，参加民盟成都市委会、中共双流区委统战部组织的培训会2次；开展“不忘合作初心，继续携手前进”主题教育，组织盟员到邛崃红军长征纪念馆开展“学党史盟史、践初心使命”教育活动；围绕庆祝中国共产党成立100周年暨中国民主同盟成立80周年主题和贯彻学习中共十九届六中全会精神要求，组织盟员撰写征文和心得体会，提交征文5篇、心得体会30篇；教育支部和老龄支部持续开展传帮带教育活动，6名盟员结合“讲党史、盟史·传帮带·开新局”主题作交流发言；在修订、续编、校稿及盟员故事素材整理的基础上，编印《中国民主同盟双流组织史稿》800本，组织盟员讨论《成都民盟史上册初稿》，提出修改意见5条。

【参政议政】 民盟双流总支围绕双流区经济社会发展中的难点和热点问题，开展调研课题申报和调查，选定申报“关于实施公园城市公共

5月15日，民盟双流总支组织盟员及入盟积极分子到邛崃红军长征纪念馆开展“学党史盟史、践初心使命”教育活动 （供图：区委统战部）

艺术研究传承发展天府文化的几点思考”和“关于‘两场一体’格局下双流机场面临形势机遇及对策的几点思考”2份调研课题；通过实地调研、收集意见、讨论交流、反复修正，向民盟成都市委会和中共双流区委统战部提交2份调研报告。双流区两会，民盟双流总支及盟员人大代表、政协委员提交人大建议意见和政协提案38件、集体提案2件，其中7件个人建议提案获得优秀，1件集体提案获得优秀。

【社会服务】 民盟双流总支持续开展“蓉城星力·同心优教”暨“烛光行动”系列活动，聚焦青少年心理健康问题，发挥盟内优质教育资源，与学校搭建学生心理健康干预机制，通过引入专家团队、开展学情普查、学生心理健康测评和心理健康辅导、建立学生心理健康档案、加强教师、家长心理辅导培训指导等方式，助力胜利初级中学学生心理健康，并为胜利初级中学贫困学生捐赠5000元助学金。

（魏玉章）

中国民主建国会双流区支部委员会

Shuangliu District Branch Committee of the China National Democratic Construction Association

【概况】 2021年，中国民主建国会双流区支部委员会（简称民建双流支部）有成员46名，有副处级干部1名、处级干部1名。民建双流支部获成都市民建“2021年度先进集体”称号，并获组织工作、参政议政工作、社会服务工作3项专项工作先进集体表彰。

中国民主建国会双流区支部委员会主委：李永芳。

【民建组织建设】 民建双流支部坚持以举行支委会会议的形式讨论组织发展、重大活动计划、实地调研等重要工作，召开支委会会议4次，开展组织生活10次；新发展会员2名，新增积极分子4名；承办2021年度双流区统一战线中秋主题活动。

【思想建设】 民建双流支部召开专题会议，集中学习各级重要会议精神；邀请民建成都市委会主委到会员之家，指导支部工作；开展党史学习教育，为每个会员购买《中国共产党简史》，深入学习中国共产党百年奋斗历史，到邛崃市“重走红军路”，并以学习民建会章会史为主题，引导会员重温历史、学习先进；做好支部宣传，报送信息27篇，在省市级媒体发表6篇。

【参政议政】 民建双流支部围绕双流区水环境治理、农民集中安置区物业管理等问题开展集体调研活动，形成《补强排水户监督短板，共

6月24日，2021民建蒲江、双流、新津支部联合开展“不忘初心 勠力同行”活动（供图：区委统战部）

建美好水环境》调研报告；与民建成都市委会联合调研完成《成都市农民集中安置区物业管理现状、问题及对策调研报告》，并作为双流区政协党派发言上报区政协；刘吉、陈自伟等多名会员参与区监委、区营商环境、区民生实事等社会监督活动，履行监督职责。民建双流支部全年提交提案53篇。

【社会服务】 民建双流支部开展送法送医下基层活动，在黄甲街道、金桥镇的社区开展《中华人民共和国民法典》专题培训和慢病管理服务等，在天府新区精神卫生中心开展法律讲堂活动；王尧等多名会员在疫情防控期间，深入基层一线，贡献个人力量；组织会员参与民建中央发起的助力河北省承德市丰宁满族自治县光伏扶贫专项行动，网上捐款8000余元；在邛崃市夹关镇开展“蓉城星力·同心桑梓”活动，通过消费扶贫方式助力当地产业发展。

（魏玉章）

中国民主促进会双流区总支委员会

Shuangliu District General Branch Committee of the China Association for Promoting Democracy

【概况】 2021年，中国民主促进会双流区总支部委员会（简称民进双流总支）有会员98名，有副区级干部1名。

中国民主促进会双流区总支部委员会主委：杜贤文。

【民进组织建设】 民进双流总支于4月组织会员参加中共双流区委统战部在陕西省延安市举办的“风雨同舟忆初心”双流区党外代表人士学习党史专题培训班，接受党史教育，坚定理想信念；5月组织会员参加民进成都市委会举办的参政议政工作培训会，提高会员参政议政能力；10月组织会员参加民进四川省委在湖南省长沙市举办的民进四川省委宣传干部综合素质提升培训班，提高新闻稿件的质量和水平，强化宣传骨干的责任意识和工作能力；10月组织会员参加中共双流区委统战部在西南交通大学（峨眉校区）举办的“双流区统一战线综合能力提升培训班”，提升会员综合能力。

【思想建设】 民进双流总支通过专家领导辅导以及座谈会、研讨会、专题报告会、经验交流会、纪念会、理论征文等形式组织会员学习，提高统一战线理论水平，其中4月以“重温百年党史，逐梦双流未来”为主题，开展2021年第一季度学习活动；5月召开“学党史、跟党走”专题学习会，上《革命战争年代中国共产党如何塑造政党能力》《中国共产党为什么能夺取全国政权》《新中国政治制度是如何确立的》等党史专题课，会员围绕“中国共产党为什么能、马克思主义为什么行、中国特色社会主义为什么好”展开交流；7月召开学习贯彻习近平总书记在庆祝中国共产党成立100周年大会上的重要讲话精神座谈会；11月组织会员通过分支部学习领会中共十九届六中全会精神。

【参政议政】 民进双流总支于1月到成都芯谷产业功能区调研学习；4月召开总支第二季度重点工作推进会，安排部署参政议政、课题调研、学党史活动、会刊编制等工作；7月召开支委扩大会议，讨论会刊编制方案和《关于构建高端康养体系》等提案。8月，民进成都市委会、民进双流总支与双流区农业农村局联合召开乡村振兴暨城乡融合发展研讨会，围绕破解城乡融合发展的用地限制，推进一、三产业互动，促进农商文旅体融合发展等探讨交流。民进双流总支两会期间提交提案和建议22份，包括《加强初次信访办理质效，切实减少重复访的建议》《关于推进中医药文化进校园的

5月22日，民进双流总支“学党史、跟党走”专题学习会举行　（供图：区委统战部）

建议》《关于在全区公办中小学、幼儿园实施“净手暖手行动”装配热水供应系统的建议》等。

【社会服务】 民进双流总支发挥界别优势，创新社会服务活动形式，整合会内外资源，开展社会服务活动，其中2月到黄甲街道八角水寨开展送春福活动。“春联万家”活动已持续开展26年。

【“蓉城星力·同心文港”书画展】 9月18日，“蓉城星力·同心文港”书画展在双流区图书馆举行。活动由民进成都市委会、中共双流区委统战部主办，成都开明画院、民进双流总支承办，双流区文化馆、双流区图书馆协办，展出书画作品68幅。作品围绕“中国梦”时代主旋律，宣扬双流统一战线同心协力，通过文艺创作，彰显双流时代风貌、本土文化元素，展现双流区建设中国航空经济之都取得的成就。

（魏玉章）

9月26日，致公党双流区支部召开“发扬优良传统，争取更大贡献”主题教育活动动员会暨支部组织生活会

（供图：区委统战部）

中国致公党双流区支部委员会

Shuangliu District Branch Committee of the China Zhi Gong Party

【概况】 2021年，中国致公党双流区支部委员会（简称致公党双流区支部）有党员17名，其中博士1名、硕士3名、大学本科13名，年龄30～40岁11人、40～50岁4人、50岁以上2人；有区人大代表2名、区政协委员5名。致公党双流区支部被致公党成都市委会表彰为2021年度参政议政工作先进集体、2021年度思想宣传工作先进集体、致公党成都市“参政议政”标杆支部、致公党成都市“社会服务”工作标杆支部，支部委员袁宗太被致公党成都市委会表彰为2021年度参政议政工作先进个人、2021年度思想宣传工作先进个人。

中国致公党双流区支部委员会主委：郭建武。

【致公党组织建设】 致公党双流区支部联合西南交大支部开展联谊共建活动，就如何结合支部工作开展好、实施好“幸福美好生活十大工程”宣讲活动作交流与沟通；联合致公党四川大学总支开展“听党话跟党走”中国共产党党史学习教育主题活动，探索民主党派基层组织发展建设的新思路、新途径、新载体。

【思想建设】 致公党双流区支部贯彻习近平总书记在庆祝中国共产党成立100周年大会上和在纪念辛亥革命110周年大会上的重要讲话精神，深入学习中共十九届六中全会精神以及中共四川省委、成都市委、双流区委全会精神，领会精神实质，团结引领支部党员增强“四个意识”，坚定“四个自信”，做到“两个维护”；把中共党史学习教育作为长期政治任务抓牢抓实，通过“线上+线下”的方式，开展学习教育20余次，推动中共党史学习教育入脑入心；坚持将中共党史学习教育同《中国共产党统一战线工作条例》学习相结合，落实“开展优良传统，争取更大贡献”主题教育，做到学深悟透，实现学用转化；通过开展“同心跟党走 致力新发展”庆祝中国共产党成立100周年基层组织联合生活会、召开专题学习研讨会议等方式，坚持集中学和自主学相结合，分层次、多维度开展学习教育，筑牢支部党员思想根基。致公党双流区支部全年有12篇宣传信息被致公党四川省委、成都市政协、致公党成都市委会、中共双流区委统战部等单位采用。

【参政议政】 致公党双流区支部多次召开专题会议，党员相互交流参政议政工作体会，结合支部党员工作领域的优势，围绕中心工作，邀请专家学者参与，深入开展调查研究，完成调研提案4篇，支部党员撰写社情民意信息5篇。致公党双流区支部提交的《关于高质量建设中西部国际交往中心提升成渝地区对外开放能级的建议》被致公党四川省委选为高质量论文，并在川渝致公研讨会上代表致公党四川省委作交流发言；报送的《关于融入RCEP提升双流自贸区开放发展能级的建议》被双流区政协评为年度优秀提案。

【社会服务】 致公党双流区支部助力“致泸合作‘十百千’工程”，号召党员以企业或个人名义参与扶贫捐款活动，募集捐款7万元；参与消费扶贫，购买重庆市酉阳县优质农产品，助力酉阳县农村优势产业、集体经济发展和产业振兴；坚守岗位，为抗击疫情贡献力量，支部副主委赖凯获致公党四川省抗击新冠肺炎疫情先进个人表彰。

（魏玉章）

九三学社双流区委员会
Shuangliu District Committee of the Jiusan Society

【概况】 2021年，九三学社双流区委员会有社员149名、入社积极分子28名，有正处级干部1名。

九三学社双流区委员会主委：王功玉。

【九三学社组织建设】 九三学社双流区委员会吸纳优秀人才入社，新发展社员8名，其中硕士研究生2名，其余均为本科学历；选派社员参加素质能力提升培训，年底人大、政协换届中，产生新一届人大代表6名、政协委员19名；选送小合唱《唱支山歌给党听》参加双流区统一战线2021年“画好同心圆·奋进新征程”迎中秋主题活动，组织开展重阳节健康专题知识讲座活动。

10月12日，九三学社双流区委员会开展重阳节健康专题知识讲座活动　（供图：区委统战部）

【思想建设】 九三学社双流区委员会举行“学党史、筑同心”庆祝中国共产党成立100周年党史学习主题活动，举行“致敬峥嵘岁月，筑梦美好生活”喜迎中国共产党成立100周年音乐晚会，邀请成都市社会科学院历史与文化研究所研究员、史学博士胡越英作《从成都到延安——最广泛的统一战线和最艰苦的自力更生》党史宣讲；组织召开习近平总书记在庆祝中国共产党成立100周年大会上的重要讲话精神座谈会，学习习近平总书记在庆祝中国共产党成立100周年大会上的重要讲话精神及九三学社中央委员会主席《不忘合作初心，携手开创未来》讲话精神；组织召开“凝心聚力谋发展，同心共启新征程”双流区第十四次党代会精神传达学习会，通过线上线下多种形式组织社员深入学习中共十九届六中全会精神。

【参政议政】 九三学社双流区委员会完成参政议政成果58件，其中提案建议43件、社情民意8件、调研报告4件、政协民主协商会和专题会发言材料3件；提交集体提案2件、个人提案和建议41件。

【社会服务】 九三学社双流区委员会在黄水镇扯旗社区开展“同心卫康”社会服务试点，组织九三学社双流区委员会和川大华西支社的专家团队定期开展线上线下义诊活动12次；依托“蓉城星力·同心卫康”急难救助平台，继续做好爱心救助项目。9月9日，九三学社双流区委员会联合成都公益慈善联合会、双流区志愿者协会组织参加腾讯99公益日活动，实施双流“残疾儿童保护墙计划项目”，为40名残疾人儿童筹集到爱心善款13235.8元。

（魏玉章）

群众团体

MASS ORGANIZATIONS

双流区总工会

Shuangliu Federation of Trade Unions

【概况】 2021年，双流区总工会围绕中心服务大局，紧扣增强政治性、先进性、群众性，履行维权服务基本职责，各项工作取得良好成效，10项工作获中华全国总工会、四川省总工会、成都市总工会通报表扬，并在2021年全市工会系统11项重点工作评比中，宣传教育等8项工作被评为先进。

双流区总工会主席：刘伟（9月离任），苏巍（9月任职）。

【工会换届选举】 3月11日，双流区工会第十二次代表大会召开，完成换届。换届首次面向高校院所选举产生兼职副主席1名，委员和代表中新增经济、法律、舞蹈、绘画、体育等领域的专业人才，代表总人数248名，较第十一届提高19.2%；经济类、法律类、艺术类等领域专业人才47名，占比18.9%；代表平均年龄43岁，低于全区干部队伍平均年龄44.1岁的水平；大专以上学历234人，占比94.4%。第十二届工会代表人数增加，人员专业、年龄、学历结构更加优化。

【工会组织建设】 双流区总工会推动“两新”组织普遍建会，快递员、网约工、货车司机等八大群体普遍入会，打造一批“户外劳动者驿站”，支持单位建设各具特色的“职工心灵驿站”；新建企业、社会组织、新就业形态工会组织227个，新增会员人数6950人。

【困难职工帮扶】 双流区总工会做实工会服务品牌，推进“四季送”等帮扶系列工作；为3户建档困难职

7月，成都市双流区总工会评星定级竞技拉练暨“职工之家”阵地建设经验交流活动举行

（供图：区总工会）

工和17名临时困难职工开展节日慰问，送去慰问金1.32万元。7月，双流区总工会被四川省总工会评为城镇困难职工解困脱困“做出重要贡献的集体”，获四川省五一劳动奖状。

【就业创业服务】 双流区总工会举行2021年“就业航空经济之都，共享双流美好生活”线上线下大型就业招聘会，通威太阳能（成都）有限公司等165家企业参会，提供岗位554个（岗位需求人数6200人），到场求职者870余人（含多名退役军人），达成就业意向234人，线上直播间浏览量5176人次；采取“线上＋线下”“理论＋实操”相结合的模式，在各镇（街道）、产业功能区开展“互联网营销师培训班”，培训职工1000人；开展创业援助，向11户符合条件的创业户发放创业补助10.6万元。

【职工关爱】 双流区总工会围绕中心、精准问需、订单服务，助力疫情防控、防汛抢险、环保督察等工作，慰问全区2万名疫情防控、高温户外、困难职工、先进工作者等一线工作人员，下拨防疫慰问专项经费500万元；开展新就业形态劳动者中秋国庆节日慰问、“双十一”慰问，为13899名一线职工、环卫工人、新就业形态劳动者等开展“四送”（送岗位、送清凉、送助学、送温暖）活动共263.52万元；慰问住院费用超过1万元的生病职工365人次，发放慰问金32万元；完成127家单位5.34万名职工互助保障计划续保，保费476.54万元；完成1020人次互助金赔付，赔付379.63万元。

【职工维权】 双流区总工会健全维权长效机制和劳动关系多方协调机制，牵头成立区劳动争议人民调解委员会，提档升级区劳动纠纷一站式联处中心并投入运行，为群众提供舒适的调解场所和便捷的调处服务。职工维权工作窗口全年接待职工咨询373人次，处理并公开回复成都市总工会交办的舆情信访19件，指派援助律师为劳动者代理劳动仲裁、诉讼或执行案件13件，涉及职工262人，涉案金额500万元。

【工匠培育与服务】 双流区总工会推荐获评“四川工匠”1名、“成都工匠”10名、“成都市五一劳动奖章”8名，新评选命名“双流工匠”129名，共有“四川工匠”1名、“成都工匠”32名、“双流工匠”340名；举行“匠心筑梦”年度颁奖等活动，推荐55名职工参与成都市第四届“百佳”职工创客明星评选活动，3名职工入选；组织劳模工匠进机关、进企业、进社区、进学校开展劳模工匠先进事迹报告会和宣讲活动5场、工匠炫技18场；加强劳模工匠服务管理，发放“成都工匠”卡32张，组织30名劳模工匠到山西省开展疗休养活动，为48人开展免费健康体检，发放劳模荣誉津贴52人、7.32万元。

【职工技能大赛】 双流区总工会动员组织6000余名职工、133家企业参加成都市“我要当主播　就买成都货”互联网直播营销大赛，线上成交订单42634个，卖出“成都货”258.45万元，带动双流企业线上销售920万元，参赛选手获成都市二等奖2个、三等奖1个，获评金牌营销师6人、银牌营销师2人、铜牌营销师9人，区总工会获“优秀组织奖”；组织2952名选手、93家商家参加四川省2021年“天府有好货　我来当主播”互联网营销师大赛，9000万元销售额获四川省第一名，双流区“噜噜花园”主播邱亚敏获四川省二等奖。

【“颂歌献给党·奋进新征程”双流区职工合唱比赛】 4—6月，双流区总工会开展“颂歌献给党·奋进新征程”双流区职工合唱比赛，各镇（街道）、产业功能区、卫健系统、

1月29日，双流区总工会2021年春节“送温暖”活动　（供图：区总工会）

6月23日，“颂歌献给党·奋进新征程”双流区职工合唱比赛比赛现场
（供图：区总工会）

6月16日，“匠心筑梦·建功航都”2021年双流区“致敬奋斗者”颁奖活动举行
（供图：区总工会）

教育系统等共 44 支队伍参赛，3000 余名干部职工和企业员工参与。经过初赛、复赛，12 支队伍进入决赛，其中双流区教育局获得金奖，西南民族大学、四川大学获得银奖，双流区公安分局、区税务局、区人社局获得铜奖。

【2021 年双流区“致敬奋斗者”颁奖活动】 6 月 16 日，双流区举行“匠心筑梦·建功航都”2021 年双流区“致敬奋斗者”颁奖活动，向四川省劳动模范（先进工作者）、成都市劳动模范（先进工作者）和模范集体代表、全国和成都市五一劳动奖获奖者代表、优秀工会工作者、“成都工匠”献花，为 2021 年“双流工匠”、2021 年双流区“建功航都最美奋斗者”颁发荣誉证书。

（陈　苗）

共青团双流区委员会

Shuangliu District Committee of the Communist Youth League of China

【概况】 2021 年，共青团双流区委员会深入学习贯彻党的十九大和中央、四川省、成都市、双流区委会议精神，围绕双流区委各项决策部署，以增强政治性、先进性、群众性，防止机关化、行政化、贵族化、娱乐化为主线，落实青年中长期发展规划，推行共青团改革试点，为高质量建设践行新发展理念的中国航空经济之都贡献共青团力量。

共青团双流区委员会书记：谢爽（1 月离任），游茜（8 月任职）。

【共青团组织建设】 共青团双流区委员会开展村（社区）团组织换届攻坚行动，选拔 118 名优秀青年担任村（社区）团支部书记；开展社会领域团建攻坚行动，建立机关企事业单位团支部 591 个，新建小区团组织 40 个、农业产业非公经济及农合社团组织 50 个、农业园区团组织 4 个、其他非公企业团组织 35 个；开展团组织规范化建设，在中学（中职）全覆盖建立团校 39 个，利用“智慧团建”进行团员团干部和团组织管理、“三会两制一课”（支部团员大会、支部委员会、团小组会，团员教育评议制度、团员年度团籍注册制度，团课）开展、团日活动和团内激励记载。截至年底，双流区有团员 17911 人，其中 2021 年新发展团员 1798 人。

4月18日，共青团东升街道白鹤社区支部委员会第四次团员大会召开　（供图：共青团双流区委员会）

【思想政治教育】 共青团双流区委员会常态化开展"四史"教育、党的十九届六中全会宣讲、党史学习教育专题活动,"青年大学习"网上主题团课完成率排名四川省前五,参学青少年20万人次,被共青团四川省委授予"优秀组织奖";开展"青春向党 时代向上"庆祝五四青年节、"红色电影放映室"等党史学习教育活动60余场,覆盖1万人次;利用"互联网+"平台开展网络宣传教育,在"青春双流"微信公众平台开辟党史学习教育专栏,发布党史知识,组织团员青年利用"学习强国""蓉城先锋"等平台开展线上自学;深化少先队主题教育,引导少先队员听党话、跟党走,组织开展"童心向党""红领巾爱学习"等主题教育100余场,覆盖少年儿童9万人次;通过"红领巾奖章"二星章评选活动,评选出"红领巾奖章"二星章少先队员3849名、"红领巾奖章"二星章少先队集体108个。

【青年人才服务】 双流空港青年(大学生)综合性创业孵化中心升级为四川省级创业孵化基地,服务种子期、初创期创新创业项目200余个,服务创业青年1000余人。共青团双流区委员会深化校地企融合发展,建立大学生实践基地1个,吸纳返(在)乡大学生兼职、实习100余人;建立"企业青年之家"4个,服务在职青年2000余人次;优化双流区青年人才驿站服务供给,向到双流区的优秀青年人才提供7天免费入住800余次,共享招聘岗位信息200余条。

【青少年关爱行动】 共青团双流区委员会开展困境青少年儿童关爱工作,邀请专业社会组织整合共青团有利资源,开展关爱活动50余次,直接服务400余人次;开展青少年法治宣传、自护教育300余场、服务3万人次,走访慰问困境青少年儿童30余次、点对点帮扶100余人;开展"流动少年宫"进社区进学校活动,丰富艺术体育和自然科学内容供给,落实"双减"政策,服务进城务工随迁子女等1万人次。

【志愿服务】 共青团双流区委员会参与疫情防控,团区委机关及下属单位全员参加11月10日在东升街道万达广场举行的核酸检测应急演练,组织部抽调3名机关干部在隔离酒店提供服务;机关干部、青年志愿者常态化参与疫情防控督导,派出工作力量78人次,发现上报问题260余个,拍摄督导视频200余段;11月成都疫情防控期间派出应急青年志愿者600余名,提供入户排查、防疫宣讲、核酸检测信息录入、秩序维护等志愿服务2400余小时。共青团双流区委员会推动"双小青"志愿服务项目化品牌化,组织885名青年志愿者保障"相约幸福成都"系列赛事活动,选派3名机关干部和1名骨干青少年事务社工到大运会场馆担任志愿者组组长或副组长,组织10名青年志愿者为区人大换届提供志愿服务。

【"两红两优"评选】 共青团双流区委员会授予共青团永安镇委员会等5个单位"五四红旗团委"称号、共青团彭镇布市社区支部委员会等5个单位"五四红旗团支部"称号、张松林等5人"优秀共青团干部"称号、李瑶等5人"优秀共青团员"称号,激励全区各级团组织、团干部和团员青年保持和增强政治性、先进性、群众性的前进方向,在高质量建设践行新发展理念的中国航空经济之都中发挥生力军和突击队作用。

【全国县域共青团基层组织改革试点】 6月28日,双流区被共青团中央委员会确定为第二批县域共青团基层组织改革试点,试点时间1年。共青团双流区委员会按照《关于扩大县域共青团基层组织改革的指导意见》要求,在改革创新团干部选用、

12月28日,青年志愿者常态化参与疫情防控督导　　(供图:共青团双流区委员会)

9月5日，中国共产主义青年团双流区第十五次代表大会召开　（供图：共青团双流区委员会）

团组织设置和运行、团员教育管理、领导保障等方面深入探索，改革成效明显。

【中国共产主义青年团双流区第十五次代表大会】 9月5日，中国共产主义青年团双流区第十五次代表大会召开。大会设置280名代表，呈现出数量明显增加、覆盖范围大幅扩大、学历水平显著提升的特点。大会选举产生共青团双流区第十五届委员会，包括委员39名、候补委员11名；审议通过共青团双流区第十四届委员会工作报告。在共青团双流区第十五届委员会第一次全体会议上选举产生13名常委，并在常委中选举产生一正五副6名书记。

【中国少年先锋队双流区第二次代表大会】 9月29日，中国少年先锋队双流区第二次代表大会召开。200名少先队员代表和成人代表审议通过中国少年先锋队双流区第一届工作委员会工作报告，选举产生中国少年先锋队双流区第二届工作委员会，新一届工作委员会由11名少先队员委员和49名成人委员组成。在中国少年先锋队双流区第二届工作委员会第一次全体会议上选举产生2名少工委主任、5名少工委副主任，聘任1名区少先队总辅导员。

（王　震）

双流区妇女联合会
Shuangliu Women's Federation

【概况】 2021年，双流区妇女联合会（简称区妇联）围绕“党政所需，妇女所急，妇联所能”下功夫，以实为导向，以高质量建设践行新发展理念的中国航空经济之都为中心，把践行群众路线放在首位，突出“妇”字特色，发挥“联”字优势，积极探索、勇于创新，引领全区妇女儿童参与和谐文明创建，提升妇女儿童整体素质，完成全年各项目标任务，在促进全区妇女就业创业、服务妇女儿童发展、维护妇女儿童权益方面取得显著成效，增强妇女儿童获得感、幸福感、安全感和满意度。

双流区妇女联合会主席：白玛拥西（5月离任），杨婉妮（5月任职）。

【妇联组织建设】 双流区妇联强化组织建设，完善镇（街道）、村（社区）各级妇联组织，配齐配强基层妇联干部队伍，层层落实责任，细化分工，统一部署，推动各类资源下沉社区开展服务，镇（街道）、村（社区）两级妇联换届新选举主席127人、副主席155人、执委1497人；配备村（社区）“两委”女性成员302人，超额完成村（社区）“两委”成员中至少有1名女性的目标任务。

【妇女儿童阵地建设】 双流区妇联新建儿童之家6个，提档升级儿童之家9个，有托婴托幼示范点位6个、区级儿童友好社区示范点4个，在彭镇歧阳社区和黄甲街道双兴社区试点建设服务产业功能区和产业社区儿童之家；发挥双流女企业家协会、非公领域妇联执委等作用，指导通威太阳能（成都）有限公司和四川海汇药业有限公司新建2个“两新”妇联组织；10月10日牵头设立空港新居民大学，形成1个办公室、5个学院、9个分学院的办学体系，开设传统文化、艺术体育、家庭教育、文明素养、直播创业、法律维权等课程40余门和桌游、科学实验、手工DIY等沉浸式体验活动10余类，辐射周边群众2000余人。

【妇女儿童关爱行动】 双流区妇联配合区卫健局开展“两癌”（宫颈癌、乳腺癌）免费检查，完成检查1.24万人次；开展慰问疫苗接种点一线医护活动，慰问医护人员近400名；开展“市民茶话吧”活动2场；深入基层开展走访慰问，通过发放慰问金和慰问物资，慰问困境妇女儿童、对口部队和困难老党员等150余人；联合相关职能部门、镇（街道）、村（社区）力量，在118个社区牵头开展“心手相牵”暑期关爱儿童活动；牵头开展“送健康送法律”暨“幸福美好生活十大工程”活动，以健康知识宣讲和法律知识讲座等形式做好妇女健康知识普及和法律政策宣传，截至年底开展送健康9场，受益妇女群众1000余人，送法律12场，受众880余人；完成全域结对共建目标任务，与甘孜州巴塘县妇联签订2021—2025年全域结对帮扶协议，截至年底慰问困难生300名，并邀请巴塘县妇联参观考察双流区龙港家庭教育指导中心。

【妇女儿童权益保护】 双流区妇联建立保障妇女权益的跨部门合作机制，联合区司法局成立巾帼律师志愿者队伍，与区民政局关爱援助中心签订《守护妇女儿童 家家幸福安康》社会心理服务合作协议，联动区委政法委开展“保未花季”护航行动，与区公安分局联合下发《关于落实反家庭暴力八项措施》的通知，并召开反家庭暴力培训会，在区法院建立家庭矛盾诉前调解联系点，在区公安分局及各派出所设立家庭暴力投诉站；联动区法院发放人身保护令1份，以区妇联名义申请立案撤销监护人监护权案件1起，跨区联动做好未成年案件处置1例。

【妇女就业创业促进】 双流区妇联指导双流女企业家协会发展壮大，新吸纳会员12名，开展女创交流推介活动9场；举办女性专场招聘会3场，组织用工企业230余家，提供岗位800余个，400余人达成初步就业协议；开展3期每期5天共121人参加的病患陪护、面点师、母婴护理等方面巾帼就业培训，结业120人，其中69人取得专项职业能力证书；指导四川自贸区妇女之家接待12次，服务500人次；接待创业咨询5次，咨询回复5次，企业调研回访5次，回复准确率100%；开展线上线下女创交流活动5次，阵地全年免费开放，入驻四川企业45家，展示女创产品100余件；发布双流女企协平台阵地，为女企业家提供思想政治教育资源，开设创业就业、致富消息专栏窗口，激发女企协活力。

【社会风尚引导】 双流区妇联注重家风家庭家教建设，联合区委宣传部开展双流区2021年“五好家庭”评选活动，推荐全国最美家庭1户、成都市家庭教育示范基地3个、成都市五好家庭6户、成都市级家庭工作先进集体3个、成都市家庭工作先进个人3人、双流区级五好家庭2户；围绕优化营商环境，发挥巾帼文明岗典型示范引领作用，开展巾帼文明岗（标兵）创建活动，承办成都市妇联“永远跟党走 幸福美好生活巾帼建功颁奖仪式”，双流区4个单位被授予成都市级“幸福美好生活巾帼文明

6月17日，“永远跟党走 幸福美好生活巾帼建功颁奖仪式”在双流区举行 （供图：区妇联）

岗”称号，5人被授予成都市级“幸福美好生活巾帼建功标兵”称号；开展2021年“双流区幸福美好生活岗位建功先进集体（个人）”评选活动，评选出巾帼文明岗11个、巾帼建功先进集体14个、巾帼建功标兵16人；借助节日评选推动美德宣传，评选出双流区级三八红旗集体20个、三八红旗手40人、三八红旗标兵5人、最美逆行者43人、优秀女企业家10人；注重妇女儿童素质提升，配合区民政局完成常住人口服务管理，牵头市民素质提升工作组；制定《2021年生活垃圾分类宣传动员工作方案》，发动志愿者370余名，开展垃圾分类志愿者活动60余场，联合区城管局、东升街道办举办“小小环保员·慧分类·绘双流”垃圾分类宣传进社区、进院落、进家庭全民垃圾分类互动体验月活动。

【新冠肺炎疫情防控】 双流区妇联组织动员妇女群众贯彻落实党中央和四川省委、成都市委、双流区委的决策部署，参与疫情防控党员志愿服务活动，配合东升街道做好维护检测秩序、人员数量统计等工作，完成核酸检测近2万人；选派4名优秀党员干部到隔离酒店、疾控中心参与疫情防控。

【双流女企业家协会三八专场直播活动】 3月6日，由双流区妇联主办，双流区女企业家协会承办的“至美巾帼·女企筑梦”双流女企业家协会三八专场直播活动在双流区感知成都中心·企业幸福中心举行。活动以线上线下双场景形式开展，在双流区“空港融媒”App同步线上直播。双流区妇联主席分享女企协改组重建工作，双流区女企协5名优秀女企业家就在各自行业中贡献自身力量作分享，中国建设银行双流分行副行长卫巍、国家知识产权局专利局专利审查协作四川中心党委（纪委）副主任腾蕾分别就两个单位在融资和知识产权方面可以给女企协提供的服务作专题分享，四川省三八红旗手鹿雯立与双流区女企业家协会秘书长就新时代如何找准新女性定位展示时代女性新风采进行对话。

3月6日，“至美巾帼·女企筑梦”双流女企业家协会三八专场直播活动举行　　（供图：区妇联）

【“心手相牵”暑期关爱儿童活动】 7月，由双流区妇联统筹，整合各级党委政府、相关部门力量，招募160名大学生志愿者在9个镇（街道）、118个村（社区）87个点位开展为期1个月的“心手相牵”暑期关爱儿童活动。活动期间开展课业辅导、手工课堂、垃圾分类、护水植绿、安全普法、禁毒等活动。9月17日，双流区妇联开展2021年双流区“心手相牵”暑期关爱儿童活动总结会暨优秀点位和志愿者表彰会。

【“美好空港·幸福双兴”空港新居民大学开学典礼暨“兴·集”美好生活节启动仪式】 10月10日，由双流区委、区政府主办，黄甲街道办事处、双流区妇联、双流区精神文明办公室、双流社区发展基金会承办的“美好空港·幸福双兴”空港新居民大学开学典礼暨“兴·集”美好生活节启动仪式在双流区双兴国际社区举行，空港新居民大学首次亮相。开学首课堂开设有彩妆课、直播课、羽毛球课等。

【“保‘未’花季·护航行动”启航仪式暨首轮宣讲活动】 12月6日，由双流区委政法委主办，区妇联、区公安分局、区教育局、区民政局、区融媒体中心协办，东升一中、区志愿者协会承办的“保‘未’花季·护航行动”启航仪式暨首轮宣讲活动在东升一中举行，区委政法委、区妇联负责人以及区人民检察院、区法院、区司法局等9个部门相关科室负责人和全区9个镇（街道）18所学校代表参加。

（贾丽娜）

双流区工商业联合会
Shuangliu Federation of Industry and Commerce

【概况】 2021年，双流区工商业联合会（简称区工商联）坚持学习贯彻习近平总书记在民营企业、企业家座谈会上的重要讲话以及对做好新时代民营经济统战工作的重要指示精神，深入学习贯彻四川省、成都市、双流区委全会精神，围绕信任、团结、服务、引导、教育方针，不断强化政治引领，优化企业服务，深化组织建设，促进“两个健康”，为打造新时代“三个地方”、高质量建设中国航空经济之都贡献工商联力量。全区民营经济实现增加值624.15亿元，增长8.9%，占地区生产总值的54.9%。双流区工商联获2021年全国工商联系统“创新中国”奖，是成都市唯一获奖单位，并再次获评全国“五好”县级工商联。

双流区工商业联合会主席：黄玉蛟（12月离任），刘昶（12月任职）。

【工商联换届选举】 12月2日，双流区工商业联合会（商会）第十二次代表大会在星宸国际航都酒店召开，全区近300家民营企业代表参加。大会听取和审议双流区工商联（商会）第十一届执委会工作报告，选举产生79名区工商联（商会）第十二届执委会委员，完成大会确定的各项议程。代表大会闭幕后，双流区工商联（商会）第十二届执行委员会第一次会议召开，选举产生第十二届执委会主席、常务副主席、副主席、秘书长、常务委员会组成人员和区商会会长、副会长，其中区工商联主席、常务副主席、副主席、秘书长15人，区商会会长（主席兼任）、副会长（副主席兼任副会长3人）14人。从选举结果来看，结构更加优化、平均年龄降低、学历层次提高，队伍更有活力，为做好新时代民营经济“两个健康”工作打下基础。

【工商联组织建设】 双流区工商联推进工商联机关“转职能、转方式、转作风”，开展“三改”（改范式、改标准、改作风）工作，打造“专业、理性、务实、精进”干部队伍，全年4人次获得组织工作、政法工作等先进个人；在发挥好商会综合服务中心作用的基础上，增设非公经济发展服务中心正科级事业机构，核定编制人数5人；印发直属商（协）会工作经费补助实施细则，引导商（协）会健全完善制度机制，争取财政经费27万元，为符合条件的商（协）会给予工作经费补助。

【工商联思想建设】 双流区工商联强化政治引领和思想建设，利用官方网站、微信公众号、工作群等发布信息200余条，教育引导全区民营企业把思想和行动统一到区委、区政府的决策部署上来；结合庆祝中国共产党成立100周年和党史学习教育，组织民营企业开展“建党百年、海洋礼赞”歌舞表演、“党旗在心中、安全伴我行”知识竞赛、“勇做学史增信共产党员”学习分享会等活动。

12月2日，双流区工商业联合会（商会）第十二届执行委员会第一次会议召开　（供图：区工商联）

10月13日，双流区对口支援巴塘县工作座谈会召开，区工商联会员企业参与巴塘援建工作（供图：区工商联）

【参政议政】 双流区工商联引导民营企业家增强大局意识和责任意识，发挥在政治协商、民主监督中的作用，举办专题协商、界别协商4场，四川省、双流区政协调研组专题调研2场，向有关单位提交社情民意、政协提案14件，提交调研报告1篇；在区政协换届之际，工商联界别推荐政协委员提名人选16人。

【招商引资】 双流区工商联带领民营企业到上海市、深圳市、苏州市拜访高能级企业，组织参加东盟博览会、西博会等大型展会，协办四川省民营企业资本市场培育和“走出去”培训班，协调对接川商总会、眉山市彭山区工商联等单位，为企业学习考察、推介宣传搭建平台、提供信息、构建网络。

【企业服务】 双流区工商联聚焦民营企业困难问题和诉求，举办财务安全知识、税收政策解读、商务礼仪等培训5场，开展商（协）会健康发展、“学党史·迎七一·感党恩”青年企业家座谈等沙龙活动3场，与中国建设银行双流分行签署全面战略合作协议，为企业提供融资、政策等针对性服务；走访企业100家次，承办、协办“企业咖啡时”子活动4场，收集企业困难问题21个、协调解决6个，收集意见建议29条并予以答复；坚持利用节庆和企业家生日之际，采取送慰问品、送贺卡等形式，实现对会员企业慰问全覆盖。

【社会服务】 双流区工商联组织民营企业到甘孜藏族自治州巴塘县开展投资考察合作、就业促进、公益助学等活动，向巴塘县甲英镇黄新廷红军小学“红色爱心运动场”、巴塘县金弦子小学“阳光书吧走廊”等建设项目捐赠20万元，对口支援捐赠95万元助力巴塘县乡村振兴事业发展。

（孙自甜）

双流区文学艺术界联合会

Shuangliu Federation of Literature and Art Circles

【概况】 2021年，双流区文艺工作坚持“二为”（为人民服务、为社会主义服务）方向和“双百”（百花齐放、百家争鸣）方针，团结带领全区文艺工作者，以创作为本，以活动为要，以阵地为基，发展文艺事业，弘扬中华文明，发展天府文化，传承地方文化，为双流区高质量建设中国航空经济之都提供文化助力。

双流区文学艺术界联合会主席：刘泽夫（5月离任），杨燕（12月任职）。

【文联组织建设】 双流区文联按照新时期文艺工作新要求，重新分类构建下属协（学）会，整合一些协（学）会构架，调整充实一大批艺术家到管理岗位；狠抓协（学）会换届工作，指导各协（学）会按照章程到期换届；招募文艺人才组建朗诵协会；制定协（学）会考评管理办法，组织起草《文艺工作奖励扶持办法》《双流区文联协（学）会管理办法》等考核办法。

【文艺创作】 双流区文联组织指导艺术家创作文艺作品800余件，编撰出版《双流故事：一群奋斗的人和一座幸福的城》《历代名人咏双流》等书籍，展示双流城市魅力和人文精神；编辑出版《双流文艺》4期，在“双流文艺”微信公众号上推送宣传展示文艺家及其作品70余期；开展“唱响双流”原创城市形象歌曲征集活动，评选原创优秀词曲16首，在FM100.9“空港之声”展播；组织庆祝中国共产党成立100年诗歌创作活动，创作主题诗歌30首，录制音频并积集成册。

【文艺交流】 10月8—24日，“柳河流彩”双流·温江美术作品交流展在

10月8日，“柳河流彩”双流·温江美术作品学术展开展（供图：区委宣传部）

双流区图书馆举行。展览由双流区委宣传部、温江区委宣传部、双流区文联、温江区文联联合主办，围绕时代主旋律展现巴蜀风情、时代风貌和改革开放伟大成就，展出国画和油画作品70幅。展览意在促进双流、温江两地文化艺术交流、传承传统艺格，为“传承巴蜀文明、发展天府文化”、推动社会主义文化事业繁荣发展做出贡献。

【文艺活动】双流区文联举办“百人百米写百年”书法名家邀请展，联合四川爱乐乐团举办“魅力双流·逐梦青春”城市交响音乐会2场；完成四川省首届乡村文化振兴魅力乡镇竞演成都赛区大赛和双流大赛，黄水镇代表双流区参加成都赛区比赛获成都市竞演一等奖。

（蒋 玲 梁 桔 黄 齐 黄 曦 何佳颖 刘云涌）

双流区残疾人联合会
Shuangliu Disabled Persons' Federation

【概况】2021年，双流区残疾人联合会（简称区残联）落实党中央和四川省委、成都市委、双流区委关于党史学习教育决策部署，开展“我为群众办实事”实践活动，克服新冠肺炎疫情影响，完成残疾人各项工作任务，被四川省人民政府残疾人工作委员会授予“残疾人之家”称号。

双流区残疾人联合会理事长：李虹（5月离任），罗经瑄（5月任职）。

【残联组织建设】双流区残联组织百年党史学习教育，开展习近平总书记在庆祝中国共产党成立100周年大会上的重要讲话精神等专题学习15场，到成都战役纪念馆等地参观学习5场，订阅《中国共产党简史》等专业书籍150本，党员干部撰写心得体会和读后感40篇；实施中层干部轮岗交流，选拔培养“信念坚定、为民服务、勤政务实、敢于担当、清正廉洁”的人员到中层干部岗位。

【兜底保障】双流区残联投入105万元慰问1750户困难残疾人家庭，投入163.3万元资助3682名符合条件的成年残疾人、残疾儿童及残疾家庭儿童参加基本医疗保险，投入

4月27日，双流区残联到区档案馆参观田家英事迹展（供图：区残联）

5月26日，2021年双流区残疾人绿道健康徒步（路跑）活动举行　（供图：区残联）

318.04万元为623名重度残疾人购买养老保险，投入30万元为177户有需求的残疾人家庭实施居家无障碍改造，为421名残疾人家庭的学生子女和残疾学生发放自强助学金47.7万元，新办、到期换证和换发三代智能残疾人证10292张。

【就业培训】 双流区残联着眼增强残疾人“造血”功能，通过技能培训、政策扶持、项目引导，提升残疾人职业技能，促进就业创业和增收;结合残疾人自身特点、就业需求，开展实用技能培训培训12期，培训残疾人220人；支持企业开发适残岗位128个，举办残疾人线上直播专场招聘会和线下招聘会，帮助89名残疾人成功就业；新开发的残疾人居家灵活就业项目——垃圾分类宣传员，助力17名残疾人就业增收；鼓励扶持303名残疾人自主创业、灵活就业，发放就业创业补贴资金34.88万元;运用“互联网+”打造“云上有道”残疾人就业创业服务平台，帮助残疾人拓宽就业渠道。全区就业年龄段有就业意愿的残疾人群就业率达90.5%。

【康复服务】 双流区残联落实残疾人家庭医生签约11160人，为701名白内障患者提供复明手术补贴70万元，完成720名残疾人基本型辅助器具个性化适配；为106名精神残疾人提供“阳光救助”住院生活费补贴，对250名有服药需求的精神残疾人实施服药补贴；结合世界孤独症日、爱耳日、爱眼日、全国助残日等重要纪念日，组织开展残疾预防和康复知识宣传，发放资料4900余份。

【文体服务】 双流区残联着眼丰富和活跃双流区残疾人精神文化生活，促进残疾人身心健康，与区融媒体中心联合开展电视手语栏目《一周新闻集锦》、“共享阳光FM1009”残疾人服务热线等专题节目，举办双流区残疾人绿道健康徒步（路跑）、基层残疾人文艺会演、“五个一”活动、残疾人书画摄影展等活动，营造残健共融的氛围。双流区残联选送的手语舞蹈节目《锃锃亮》获成都市第三届残疾人文化艺术周文艺类一等奖。

【权益维护】 双流区残联依托“12348”“12385”等公共法律服务热线、残疾人服务热线和网络信访平台，做好涉残维权法律援助保障，办理残疾群众来信来访、政策咨询200余件次，满意率100%；开展残疾人政策法律服务进企业、进社区活动，引导残疾人树立尊法、学法、守法意识，理性维权，依法维权；探索残疾人法律教育新模式，双流区选送的《国家通用法律手语及聋人法治探析》被纳入中国残疾人联合会编制的《平等的历程》专著。

【民生实事】 双流区残联两项工作（0~15岁残疾儿童康复救助，智力、精神和重度肢体残疾人居家托养服务）被列入双流区幸福美好生活十大工程项目。双流区残联开展0~15岁残疾儿童康复救助，完成审批和救助脑瘫、智力障碍、孤独症、听力障碍、视力障碍及肢体残疾儿童298人，投入补贴资金659万元，并委托双流区妇幼保健院，对30名居家残疾儿童少年进行“送康送教上门”服务；实施智力、精神和重度肢体残疾人居家托养服务，为1450名符合条件的残疾人发放托养补贴210万元。

【企业残疾人协会成立】 5月12日，双流区残联根据“残联改革方案”要求，贯彻落实《关于加强和改进专门协会工作的意见》，在集中安置300余名残疾人就业的成都全益食品公司成立残疾人协会，成为成都市首个在企业成立的残疾人协会。协会本着“关注弱势群体、服务生产企业”的理念，为残疾职工提供心理辅导、技能培训、康复体育训练、法律援助等“量体裁衣”式服务，增强残疾人参与社会生活的信心和能力，促进残健融合发展。

（周春丽）

双流区红十字会
Shuangliu Branch of the Red Cross Society of China

3月18日，双流区红十字会对黄水镇开展救护员培训　（供图：区红十字会）

【概况】 2021年，双流区红十字会立足“三救”（救援、救护、救助）、“三献”（无偿献血、造血干细胞、遗体和人体器官捐献）职能，深入学习贯彻党的十九大和十九届五中、六中全会精神，开展党史学习教育，推动红十字事业高质量发展，弘扬“人道、博爱、奉献”的红十字精神，发挥党和政府在人道领域的助手和联系群众的桥梁纽带作用。双流区红十字会获中国红十字会总会红十字应急救护知识竞赛组织一等奖，获评报刊宣传先进集体，获四川省红十字会宣传短视频优秀组织奖，获2021年成都百万职工技能大赛红十字应急救护技能竞赛优秀组织奖，被成都市红十字会评为疫情防控优秀红十字志愿服务集体。

双流区红十字会会长：薛燕（3月任职）。

【红十字会组织建设】 双流区红十字会开展“制度建设年”活动，修订完善内部管理制度及核心业务流程，走访受助对象、爱心捐助企业、红十字志愿者，宣传红十字精神，收集意见建议，促进社会对红十字工作的了解，提升红十字影响力、公信力。全区成立38个学校红十字会，9个镇（街道）均成立基层红十字会，实现基层组织、阵地、工作有效覆盖，会员和志愿者积极性有效调动。

【惠民救助】 双流区红十字会围绕幸福美好生活十大工程，助力居民收入水平提升，发放29.33万元的慰问金和物资，受益群众1200余

4月20日，双流区红十字会在双流龙池小学举行救护知识培训　（供图：区红十字会）

5月25日，2021年双流区红十字应急救护职工技能竞赛举行 （供图：区红十字会）

人次；以红十字博爱送万家为抓手向300户低保户和困难家庭发放物资，致力帮助因病致贫、因病返贫的困难群众；协调区退役军人事务局、区教育局等部门，发挥红十字优势，为爱心企业、人士搭建拥军重教、奉献爱心的平台，募集成都拥军事业基金32.8万元、成都市教职工帮扶资金14.2万元。

【救护培训】 双流区红十字会开展“应急救护推进年”活动，开展“五进”（进机关、进学校、进企业、进社区、进农村）应急救护培训，提高应急救护知识普及率，完成普及培训2.5万人次，新增救护员2106人；在全区人流密集场所配置12台自动体外除颤仪（AED），提升公众的自救互救意识和能力。

【应急救援】 双流区红十字会坚持打造“灾前准备、灾中应急、灾后救助”的备灾救灾完整“工作链”，更新完善备灾物资清单，推进红十字应急备灾物资储备库标准化建设；组织81名红十字应急救援队员、培训师资、志愿者开展专题应急救援演练，提升应急救援技能，做好应对突发状况的准备。

【防疫物资募捐管理】 双流区红十字会向区级部门、镇（街道）等防疫一线单位调（划）拨7000余个防疫口罩、43顶备灾救灾帐篷等物资用于全区30多个点位的新冠肺炎疫情防控，同时动员社会爱心力量参与全区疫情防控，成都派斯光科技有限公司捐赠26.88万支滤芯吸头用于全区核酸检测及医学检验。

【“三献”宣传】 双流区红十字会利用“世界红十字日”“世界急救日”等契机，发动红十字组织、会员和志愿者，在学校、社区、机关和企业等开展无偿献血、造血干细胞捐献、遗体器官捐献宣传活动，发放宣传册3万份，提升市民认同感。双流区遗体器官捐献志愿者登记数2770人，参与无偿献血人数11849人。

【双流区红十字应急救护职工技能大赛】 5月25日，双流区红十字会联合区教育局、区总工会举行2021年双流区红十字应急救护职工技能大赛，65支代表队、260名选手参赛，参赛选手地域范围覆盖双流区全域。双流区棠湖小学、双流区公安分局、双流区综合行政执法局、成都电子信息学校、双流区东升第一初级中学、双流区实验小学（东区）分别获前六名。比赛展示双流区红十字应急救护培训成果，群众参与度高，辐射地域广，培训的救护员在社区治理、城市文明建设中起到积极作用。

【四川省首届红十字应急救护技能大赛】 7月16日，双流区红十字会承办的“关爱生命，救在身边”——四川省首届红十字应急救护技能大赛在双流区举行，来自全省21个市（州）和3个省级高校救护培训基地的红十字会人员集中展示全省应急救护培训成果，检验应急救护技能实际应用能力。四川大学灾后重建与管理学院获一等奖，内江市红十字会、攀枝花市红十字会获二等奖，阿坝藏族羌族自治州红十字会、自贡市红十字会、宜宾市红十字会获三等奖。

（郭　川）

双流区社会科学界联合会
Shuangliu Federation of Social Science Associations

【概况】 2021年，双流区社会科学界联合会（简称区社科联）组织动员全区社科工作者和人民群众，积极开展社科活动；坚持以人民为中心，用明德引领时尚，传承弘扬中华优秀传统文化，社科研究成果凸显，社科普及有声有色，社科工作成效显著。

双流区社会科学界联合会主席：何敏（5月离任），陈杨林（5月任职）。

【课题规划和立项】 双流区社科联围绕区委、区政府中心工作，开展双流区社会科学研究课题规划，发挥好“思想库”和“智囊团”作用，15项区级课题均结项，推荐的“双循环背景下建设西部航空货运枢纽推动经济高质量发展研究”课题被列入成都市社科规划一般资助项目立项。

【社科成果评奖】 双流区社科联组织区委史志办课题组申报的专著《黄龙溪镇志》在成都市第十五次哲学社会科学优秀成果评奖中获三等奖。

【社科基地建设】 双流区社科联立足深挖本地优秀的社科文化资源，指导社科普及基地品牌化建设，成功创建四川省级社科普及基地1个、成都市级社科普及基地2个、双流区级社科普及基地7个。10月，双流区社科联指导成都市级科普基地参加四川省委宣传部、省教育厅联合举办的中华经典诵写演讲系列活动，获四川省一等奖。

【科技普及】 双流区社科联做好社科应用研究，指导省市区三级社科普及基地开展品牌公益性讲座“瞿上讲坛”、“益趣课堂”系列读者公益活动、生活美学提升课堂、农耕文化普及课程、“健康新双流·中医养生堂”等社科普及活动86场，受众2万人次，社科普及品牌效应得到凸显。

【学术沙龙活动】 双流区社科联指导办好学术沙龙，坚持基地每季度开展学术沙龙活动，全年指导基地举办天府文化传承、槐轩文化交流、红色经典读书等区级社科活动5场，社会效益明显。

（蒋　玲　梁　桔　黄　齐
黄　曦　何佳颖　刘云涌）

法　治

RULE OF LAW

依法治区

Governing the District by Law

【概况】 2021年，双流区深入学习贯彻习近平法治思想，贯彻党的十九大和十九届二中、三中、四中、五中、六中全会精神，落实四川省委全面依法治省、成都市委全面依法治市工作部署和四川省委、成都市委、双流区委全会精神，以深化党委依法执政、政府依法行政、司法公正高效、社会有效治理为主线，统筹推进法治双流、法治政府、法治社会一体建设，为高质量建设中国航空经济之都"三个地方"提供法治保障，为成都建设践行新发展理念的公园城市示范区贡献双流法治力量。

【依法执政】 双流区落实党政主要负责人履行推进法治建设第一责任人职责，健全党委定期听取法治建设工作汇报、研究重大事项等制度机制。7月16日，双流区委全面依法治区委员会第三次会议召开，学习《关于加强社会主义法治文化建设的意见》和成都市委全面依法治市工作会议等会议精神，审议通过《中共双流区委全面依法治区委员会2021年工作要点》。双流区制定印发《双流区2021年政府常务会议会前学法计划》，区委常委会会议会前学法26次，学法内容31项；将法治素养和依法履职情况纳入考核评价干部的重要内容，将习近平法治思想、党的十九届五中全会精神、宪法法律等纳入全区干部教育培训计划、党校主体班课程重要内容、国家工作人员在线学法考试重点内容；建立公务员、参公人员和具有执法职能的事业单位人员个人法治档案制度；在四川省委、成都市委、双流区委全会精神轮训班等班次中设置"党纪法规知识""学习贯彻《中华人民共和国政务处分法》护航中国航空经济之都建设"等法治专题讲座；落实宪法宣誓制度，抓好"关键少数"带头尊崇、遵守宪法和法律，组织宪法宣誓5次；组织干部任前法律知识考试12人次，依法任免国家机关工作人员32人次；健全区委依法治区办和立法、执法、司法、守法普法4个协调小组"1+4"法治建设工作机制。双流区委依法治区办牵头"四个五年规划"（《法治双流建设规划（2021—2025年）》《双流区法治政府建设实施方案（2021—2025年）》《双流区法治社会建设实施方案（2021—2025年）》《双流区"八五"普法规划》）起草编制，探索编制《双流区法治人才建设规划（2021—2025年）》；备案审查区政府报送的《双流区人民政府办公室关于进一步规范国有土地上房屋征收与补偿有关工作的通知》规范性文件。

【科学立法】 双流区配合四川省、成都市做好地方性法规和地方政府规章立法，在省市立法工作中发出“双流声音”，完成立法征求意见22件。

【依法行政】 双流区健全镇（街道）职能体系，发布《双流区区本级行政审批中介服务事项清单》，明确审批中介服务事项法定依据、办理时限、工作流程、申报条件、收费标准等要素信息；推动镇（街道）扩权赋能，形成《双流区下放镇（街道）县级行政权力事项清单》47项；建立“企业最容易做生意的地方”“稳定公平可及营商环境建设工程”“双流区全面深化国际化营商环境建设工作（3.0）推进”3个任务台账；推进“证照分离”改革全覆盖，全面推行证明事项和涉企经营许可事项告知承诺制；研究制定营商环境4.0版政策，发布“零跑腿”事项清单；全面推行企业开办全程网上办、掌上办，通过网上渠道办结企业设立登记6040户，网办率78.24%；出台《关于支持小微市场主体健康发展的政策措施》；制定《双流区关于开展质量提升品牌引领促进经济高质量发展的实施办法》，出资1500万元支持企业实施品牌培育，新增市场主体19753户，同2020年比增速71.51%，列成都市第3位，其中新增企业5037户，同2020年比增速55.32%，列成都市第4位；与重庆市渝北区实现237项政务服务事项“川渝通办”，与眉山市东坡区、乐山市市中区、峨眉山市实现62项政务服务事项“跨区域通办”，与广东省广州市从化区、广西壮族自治区南宁市青秀区、贵州省贵阳市开阳县、山东省滨州市惠民县等六省十地签订“跨省通办”协议，涉及公安、民政、交通、住房等领域事项148项，办理“川渝通办”事项1547件、“跨区域通办”事项2339件；开展合法性审查事项458件，其中规范性文件审查14件、重大行政决策审查11件、领导批示审查23件、会前合法性审查410件；开展重大行政决策示范案例和法治政府建设创新项目“双评选”，区司法局“四大工程”助推复议为民化解行政争议作为候选项目参加成都市专家评审；完成“全国行政复议行政诉讼平台试运行”“全省行政复议咨询委员会工作机制项目试点”“成都市行政复议体制改革的试点单位”3项部、省、市改革任务；推动科学民主依法决策，区级领导出庭应诉率100%，区行政机关负责人出庭应诉率95.7%，高于成都市平均水平；行政应诉败诉1件，败诉率2.8%，低于成都市11%的平均败诉率；制定《双流区综合行政执法协作办法》2.0版，加强部门联合“双随机、一公开”监管，联合“双随机”的部门增至25个，制定方案166个，涉及抽查对象860户，联合检查36户；推进执法力量下沉镇（街道），下沉执法事项255项；加强行政执法队伍建设，组织全区12个执法单位、453人参加行政执法人员法律知识考试，通过290人；组织开展行政执法人员“大学习大练兵大比武”活动，双流区2支队伍参加成都市司法局组织的区（市、县）执法队伍知识竞赛，区市场监管局获第1名；对市场经营主体开展柔性执法33094次；集中评查行政执法案卷180件，持续开展人民群众最不满意行政执法突出问题承诺整改活动；公开政府信息9074条；完善“双流区治理中心信息系统”，形成经济运行、社会管理、公共服务、环境保护、社会诉求、市场监管六大可视化主题模块；区共享交换平台梳理数据目录214条，字段数5160个，数据7亿条；实施智慧路灯改造2589柱，实施智慧应用场景建设22个;启动“空港智慧警务”建设，建成西南地区首个“区域级”人像轨迹系统（含5000路人脸识别前端设备和后台系统）并建立警企联合创新实验室，采集人像11.2亿张，协助抓获违法犯罪嫌疑人620人，找回走失人员125人，相关经验做法得到新华社、《法治日报》等推广。双流区利用“企业咖啡时”“市民茶话吧”“科创菁英汇”等平台，打造群众可感知、可参与、可互动的新体系，开展“企业咖啡时”活动260场，收集企业诉求1375件，办结率99.93%，满意率98.98%；开展“市民茶话吧”活动536场，参与人数11540人次，解决疑难问题520件，收集建议类问题655件。双流区被确定为四川省深化政务公开促进基层政府治理能力提升先行县，形成《双流区深化政务公开促进基层政府治理能力提升实施方案（送审稿）》，持续推进基层政务公开标准化规范化。

【公正司法】 双流区开展民事诉讼程序繁简分流改革、智慧法院建设、诉源治理改革、衍生案件治理等，深化刑事庭审实质化改革，推进证人对质试点；加强和规范裁判文书释法说理，出台《关于民法典施行后加强和规范裁判文书释法说理的工作指南（试行）》；开展行政诉讼实战大练兵“示范观摩庭+研讨会”活动，落实行政诉讼优化审；推进执行工作改革，严格执行过程中的查封、扣押、冻结措施，完善执行实施权运行机制，推进执行指挥中心实质化运行，实现执行案件信息全面监控，执行指令全过程线上交办、实施和反馈；发现公益诉讼案件线索46件，立案进入诉前程序比例97%，其中办理行政公益诉讼案件43件，比2020年上升30%，民事公益诉讼案件3件，比2020年上升33%；坚持把诉前实现维护公益目的作为最佳司法状态，向行政机关发出诉前检察建议42件，比2020年上升23.5%；依托成都市、德阳市、眉山市、资阳市检察协作机制，联合眉山市彭山区检察院，对黄龙溪镇龙王庙沟水域跨区环境污染实施跨区域公益诉讼协作；开展耕地占用税专项监督，立案8件，发出诉前检察建议8件，督促税务机关追回税款390万元；助推固体废物污染环境防治，结合办案实际制发诉前检察建议，督促相关部门查处固废污染源5处，处置清运固体废物100余吨；围绕省环督发现的重点问题和领域，办理涉农面源污染案件4件，发出诉前检察建议4件、社会治理检察建议1件，督促区农业农村局就规范农药、肥料经营开展专项整治，确保长效常治；印发实施《关于贯彻落实〈中共中央政法委员会、中共中央纪律检查委员会机关、国家监察委员会关于严格执行防止干预司法“三个规定”的工作意见〉的工作措施》《双流区委政法委员会对政法单位执法活动进行监督的若干措施》《双流区政法部门执法监督工作联席会议制度》等规章制度；组织开展“万案大评查”“涉法涉诉信访案件清查”“法律监督检查”“警情排查”“智能化数据排查”等专项活动。

【社会依法治理】 双流区提档升级法治文化主题公园和青少年法治教育基地，实现“区、镇(街道)、村(社区)、小区”四级阵地全覆盖；开展“法治书法”“法治抖音”“法治文化作品”评选，征集作品32件，吸引投票10万人次；将“空港融媒”App打造成为基层治理平台，实现法治资讯“一端通览”，实现法治服务“一端通联”、便民服务“一端通用”；健全“党建引领、双线融合”社会治理机制，建立政法委、社治委“双线融合”联席会议机制，推进社治综治工作联动、问题联解、绩效联评；推进东升街道、西航港街道“四个一”(一支队伍统管、一张网格统揽、一个平台统调、一套机制统筹)管理机制改革试点；发挥社会组织在基层社会治理中的重要协同作用，培养专业社工人才；推广“五网四图三治”(组织网、责任网、宣传网、社情网、服务网，资源图、态势图、任务图、流程图，行业联治、街区共治、院落自治)，夯实社会治理基层基础；推动扫黑除恶常态化，将扫黑除恶专项斗争纳入平安建设全面谋划推进；固化升级公检法联合会商办案、黑恶线索双向移交反馈等机制；牢固树立总体国家安全观，成立双流区国家安全人民防线建设领导小组，聚焦打好防范化解重大风险攻坚战，对境内外敌对势力、分裂势力、暴恐势力、邪教组织坚持露头就打；健全政治重点人员“列、教、转、控、打”一体化工作体系，持续开展政治重点人员教育管控；推进“双公示”(过程公示、结果公示)工作，落实行政审批事项公示，在成都市食品药品安全信息公示查询平台、成都市政府信息公开网站公示食药许可办结事项，办理食品经营许可件2778件、药品经营许可件290件；强化企业信用主动承诺，落实市场主体信用承诺公示制度；全面推行证明事项告知承诺制，35个证明事项实现告知承诺制，信用承诺信息归集至成都市政务信息资源共享网站；印发实施《关于健全诉源治理机制深入推进矛盾

5月28日，双流区司法局在兰亭半岛小区开展“为民办实事”法治宣讲活动 （供图：区司法局）

纠纷源头预防和前端化解的实施方案》，深化诉源治理，健全人民调解、行政调解、司法调解联动体系，突出“辖区万人起诉率”“民商事纠纷起诉增长率”关键指标考核；推进区县、镇（街道）两级矛盾纠纷多元化解协调中心建设，印发《双流区关于加强“一站式”矛盾纠纷多元化解协调中心（诉源治理中心）建设工作实施方案》；在三级公共法律服务实体平台基础上，将公共法律服务向人口聚集小区延伸；加强法律服务志愿者队伍建设，以直通制为抓手，回应群众法律服务需求；整合公共法律服务数据资源，提升信息化水平，做好“12348”热线和四川法网运行；强化“村（社区）法律顾问”工作，指导法律顾问通过手机小程序开展“指尖上的法律服务”；在成都芯谷产业功能区人才服务中心设立法律服务窗口。全区全年未发生政治安全事件。

【法治宣传教育】 双流区落实《双流区贯彻落实“谁执法谁普法”普法责任制重点任务清单》，开展“法律进小区”活动，组织40个部门到108个集中居住小区开展“以案说法”，发放宣传资料、宣传用品20万份，解答咨询3000余人次，覆盖人数20万人；开展“法律进村（社区）”活动，开展法治文艺演出100余场次，118个村（社区）法律顾问和村（社区）法律之家全覆盖，200个大型小区设立法治宣传栏，覆盖人数10万人；开展“法治四川行”一月一主题活动200余场次，解答法律咨询3000余人次，发放宣传资料30万份；开展三八妇女节维权周法治宣传教育活动，发放《中华人民共和国反家庭暴力法》等宣传资料500余份；以“美好生活·民法典相伴”为主题，开展《中华人民共和国民法典》专项普法活动100余场次，发放宣传资料20万份；开展青少年法治宣传教育，举办“开学第一课”“普法直通车”“模拟法庭”“法治夏令营”“法治训练营”等活动100余场次，形成学校、学生、家庭“三位一体”青少年法治教育格局。

（崔　玲）

政　法
Politics and Law

【概况】 2021年，双流区政法系统践行习近平法治思想，以党史学习教育固忠诚、以教育整顿树铁军、以庆祝中国共产党成立100周年安保维稳强担当，围绕建设中国航空经济之都战略部署，在重大任务中打头阵，在维稳一线当先锋，在社会治理前沿担主力，切实履行捍卫国家政治安全、维护社会大局稳定、促进社会公平正义、保障人民安居乐业的职责使命。

【司法体制改革】 双流区推进民事诉讼程序繁简分流改革试点、衍生案件治理、刑事庭审实质化、人证对质试点等改革，出台《关于民法典施行后加强和规范裁判文书释法说理的工作指南（试行）》；开展行政诉讼实战大练兵“示范观摩庭+研讨会”活动，落实行政诉讼优化审；推进执行指挥中心实质化运行，实现执行案件信息全面监控，执行指令全过程线上交办、实施和反馈；常态化推进独任制审理，独任制程序适用率达98%；用活“五区法庭”机制，提高联动解纷效能，拓展前端纠纷化解空间，满足人民群众多元司法需求，源头化解纠纷效果突出；深化刑事案件认罪认罚从宽制度适用，推进认罪认罚案件繁简分流、量刑建议透明化，开展认罪认罚及量刑建议过程公开听证、同步录音录像，增强制度公信力；落实受立案和刑事案件“两统一”改革，理顺案件管理中心职责，推进警情案件全流程监督服务平台建设；推进行政复议体制改革试点，持续推行“公证最多跑一次”改革，“最多跑一次”公证事项占比达80%以上；统筹推动区法院、区检察院财物统一管理改革。

10月12日，双流区人民法院行政诉讼实战大练兵“示范观摩庭+研讨会”活动开幕　（供图：区法院）

【矛盾纠纷多元化解】双流区委政法委坚持以人民为中心的发展思想，坚持和发展新时代“枫桥经验”，将医疗领域“小病小医、大病大医、急慢分治”的理念融入社会矛盾化解，以分级负责保稳定，着力构建“1+9+9”[1个区级矛盾纠纷多元化解协调中心+消费纠纷、婚姻家庭、环境污染、道路交通、劳动争议、医疗纠纷、物业管理、文化旅游、土地流转9个专业性、行业性调解组织+东升街道、西航港街道、怡心街道、九江街道、黄甲街道、黄水镇、彭镇、永安镇、黄龙溪镇9个镇(街道)级矛盾纠纷多元化解调处中心]矛盾纠纷多元化解工作格局，通过构建社会矛盾纠纷一站式、全链条化解体系，形成矛盾纠纷层层分流、逐级化解的良性运行态势。全区全年调解成功案29513件，调解成功率99.8%。

【社会稳定风险评估】双流区委政法委完善社会稳定风险评估体系，全年评估备案32件。

【政法队伍教育整顿】双流区委担负起政法队伍教育整顿主体责任，区委政法委、政法单位党委(党组)扛紧扛实政法队伍教育整顿的直接责任，召开领导小组会议8次，研究部署重要工作，3次与政法单位“一把手”谈话，区委主要领导带领区委、区政府、区人大、区政协4套班子27名区级领导干部签订遵守防止干预执法司法“三个规定”(《司法机关内部人员过问案件的记录和责任追究规定》《领导干部干预司法活动、插手具体案件处理的记录、通报和责任追究规定》《关于进一步规范司法人员与当事人、律师、特殊关系人、中介组织接触交往行为的若干规定》)承诺书。各政法单位开展政法队伍教育整顿，优化良好政治生态，分层分类组织理论学习1319次，观看警示教育片4817人次，15名干警被表彰为双流“最美奋斗者”。全区干警填报自查事项1758件，核实整改六大顽瘴痼疾(违反防止干预司法“三个规定”，违规经商办企业和配偶、子女及其配偶违规从事经营活动，违规参股借贷，违规违法减刑、假释、暂予监外执行，有案不立、压案不查、有罪不究，法官检察官离任后违规从事律师职业、充当司法掮客)问题357个。双流区建立健全政法领导干部交流轮岗、干警素质能力提升等制度204项，出台为群众办实事项目52个、便民利民举措85条，解决一批群众“急难愁盼”问题。中央第十四督导组、四川省第一指导组、成都市教育整顿办先后5次到双流区督导指导，都给予充分肯定，127项特色亮点工作在公安部主页、《四川法治报》、四川省高院《思想政治建设专刊》等刊发，25条动态信息在省市教育整顿办简报上登载，全区政法队伍教育整顿工作通过四川省教育整顿领导小组评估验收，群众给予满意率95.6%的点赞好评。

(杨　恒)

公　安

Public Security

【概况】2021年，成都市公安局双流区分局围绕庆祝中国共产党成立100周年安保维稳主线，坚持以习近平新时代中国特色社会主义思想为指导，履行党和人民赋予的新时代使命任务，全区违法犯罪总警情、黄赌警情比2020年分别下降22.99%、16.6%，打击处理人数比2020年上升43.1%，其中违法犯罪总警情下降幅度全市第一。

【扫黑除恶专项斗争】双流区公安分局固化升级公检法联合会诊办案、黑恶线索双向移交反馈等机制，加强对易滋生黑恶势力犯罪的重点区域、重点行业、重点领域各类线索的摸排、研判、核查、跟踪，持续巩固专项斗争成果，全年破涉黑涉恶刑事案件82件，刑事打击200余人。

【黄赌毒违法犯罪打击】双流区公安分局以警情为导向制定专项整治方案，结合“信息研判式查处”，加大对黄赌违法犯罪活动的打击整治力度，通过持续管控、有效打击，全区黄赌警情得到有效控制，较往年同期持续大幅下降，比2017年下降61.83%。

【“铁腕反诈攻坚会战”开展】双流区公安分局落实“反诈十条”，开展“铁腕反诈攻坚会战”，提高打击治理电信网络新型犯罪的能力和水平，实现“6月底电信网络诈骗案件高发态势得到有效遏制”和电信网络诈骗案件“双降一升”目标；全年打掉涉诈团伙13个，止付冻结涉案资金5亿元，见面劝阻率排名全市前列。

【枪爆危领域治安防控】双流区公安分局落实公安部缉枪治爆专项整

治要求，按照全国公务枪支管理3.0管理系统的使用和规范化管理，组织开展公务用枪安全检查、涉枪涉爆涉危专项行动和公务枪支安全教育培训，办理涉枪案件5件（已破案），办理剧毒、制易爆危险案件2件。

【公共娱乐服务场所治安防控】 双流区公安分局开展公共娱乐服务场所专项整治，梳理掌握基础信息，规范备案登记，强化对无证无照、证照不齐场所的抄告力度，配合相关部门督促场所落实各项疫情防控措施，严防场所内发生重大刑事、治安案件以及涉及场所的负面舆情，全年检查公共娱乐服务场所1256家次，责令场所整改隐患156处，停业整顿场所12家次。

【道路交通治安防控】 双流区公安分局紧盯道路交通事故预防“减量控大”目标，依法严管道路交通秩序、维护道路交通安全，提升城市道路通勤效率，为城市正常运行、市民安全出行打造良好道路交通环境，推动整改隐患108处；检查重点运输企业217次，处罚重点企业102笔，发送抄告89笔；完成双楠大道龙桥路口、双楠大道星空路口、双楠大道藏卫路口等30处交通节点信号灯配时优化，累计配时118次，提升早晚高峰重点路口通行效率约20%；查处交通违法587613件，处理道路交通事故23071件。

【社会与大型活动治安防控】 双流区公安分局坚持“万无一失、一失万无”标准，确保各项警卫和大型活动安全，全年完成警卫任务87趟次、大型活动及勤务106次。

【“法治公安”建设】 双流区公安分局按照《四川省公安厅刑事案件管辖分工规定》，规范刑事案件、行政案件管辖分工，研究制定派出所办理刑事案件“负面清单”，制定下发《成都市公安局双流区分局关于进一步规范案件管辖和审核的规定（试行）》《成都市公安局双流区分局刑事案件管辖分工规定（2021版）》《成都市公安局双流区分局行政案件管辖分工规定（2021版）》，健全派出所与其他执法勤务机构刑事案件移交机制；在派出所设立派驻法制员，执法勤务较重的执法勤务部门配备专职法制员，其他执法勤务部门配备兼职法制员，选好、管好、用好法制员；调整优化派出所办案考核制度，制定《双流区公安分局2021年执法质量考核办法》，通过不断优化考评指标，树立正确的执法导向，按季度考核各执法执勤单位；加大执法视音频管理系统、网上办案系统、智能笔录系统、均衡量裁系统、涉案财物管理系统应用考核力度，试点启用警情案件监督服务平台，充分运用信息化手段加强对派出所等执法勤务机构现场执法、案件办理、涉案财物管理等执法活动的网上监督。

【“空港智慧警务系统”建设】 双流区公安分局完成全区老旧天网点位高清升级改造，完成空港智慧警务三期点位前期勘点，融合天网、智能交通和人脸结构化数据，优化完善共享交换大数据平台，提升分局数据承接能力和数据共享交换能力；成立警企合作创新实验室，联合设计开发并上线“深海大数据平台”“一警通办”“警务管家”等App，提升交管、户政、出入境等公安业务部门的工作效率。

【“一警通办”系统建设】 双流区公安分局创新研发“一警通办”系统，整合户籍、出入境、车驾管等103项公安政务服务，在四川省率先实现“一次都不跑、办完所有证”，得到新华社、央视、公安部等肯定推广。截至12月31日，“一警通办”系统办理各项业务2023件。

【公安政务服务】 双流区公安分局优化高端人才落户服务保障，推进全日制本科以上学历入户，本科以上学历入户3001人；打造16个“一站

6月7日，双流区公安分局确保高考安全　（供图：区公安分局）

式服务办证点”，实现就近办理、跨界服务，拓宽“绿色通道”服务事项，新增“六项便利老年人办证新举措”，畅通老年人受理流程通道；在成都市率先推出并持续开展“一站式服务办证点”居住证办理延时服务举措，全年办理户籍业务99481笔、身份证业务37381笔、居住证72350个。

（胥　翔）

检　察

Procuratorial Work

【概况】2021年，双流区人民检察院始终把维护社会稳定、促进经济社会高质量发展放在首位，以争创一流业绩为动力，各项检察工作取得新进展，多项次工作受到上级机关表彰和各级领导肯定。双流区人民检察院全年批准逮捕犯罪嫌疑人1136人，起诉1583人。

双流区人民检察院检察长：邹军平（10月离任）；代理检察长：古剑（10月任职）。

【刑事检察】双流区人民检察院深度参与安全生产综合治理，与区应急管理局建立6项安全生产行刑衔接机制，起诉交通肇事、重大责任事故犯罪70人；依法从严打击故意杀人、抢劫、盗窃等影响群众安全感的刑事犯罪，起诉304人；保持毒品犯罪高压打击态势，批捕103人、起诉79人；起诉制售假药、有毒有害食品犯罪9人，起诉破坏生态环境资源犯罪16人；起诉合同诈骗、集资诈骗、非法吸收公众存款等经济犯罪19人，办理的杨某等人生产、销售假冒注册商标的商品案分别被四川省知识产权领导小组、省检察院评选为典型案件；全链条打击电信网络诈骗及关联犯罪，起诉132人；助推营造公正廉洁的政务环境，起诉职务犯罪9人，追赃挽损2140万元。双流区人民检察院全年受理审查逮捕案件805件1136人，比2020年分别上升38.79%、36.21%；受理审查起诉案件1214件1583人，比2020年分别上升43.33%、40.96%。

【刑事监督】双流区人民检察院监督侦查机关立案25件，撤案11件，纠正漏捕21人、追加起诉漏罪漏犯46人，纠正侦查违法71件；适用“两法衔接”机制督促行政执法机关移送涉嫌犯罪案件10件；对认为确有错误的刑事裁判提出抗诉5件，纠正刑事审判违法15次；检察长列席区法院审委会6次并代表检察机关发表意见；纠正刑事执行违法23件，提出财产刑监督8件；办理逮捕后羁押必要性审查案件124人，变更强制措施18人。

【民事行政检察】双流区人民检察院提出裁判结果监督再审检察建议10件，比2020年上升67%；针对审判程序、执行违法等发出检察建议22件，比2020年上升83%；虚假诉讼监督实现突破，向法院提出再审检察建议6件；保障弱势群体合法权益，支持农民工起诉16件，帮助追回劳动报酬47万元；提出行政审判、执行监督检察建议13件，比2020年上升44.4%；强化诉源治理，受理行政争议实质性化解案件6件，化解率100%；与新都区、龙泉驿区检察院联合开展的跨区行政诉讼监督交叉管辖协作机制在全省推广。

【公益诉讼检察】双流区人民检察院向行政机关发出诉前督促履职检察建议45件，比2020年上升25%；开展耕地占用税专项监督活动，发出诉前检察建议8件，督促税务机关追回税款390万元；依托成都市、德阳市、眉山市、资阳市检察协作机制，联合眉山市彭山区检察院，对黄龙溪镇龙王庙沟水域跨区环境污染开展跨区域公益诉讼协作，用法治力量守护绿水青山；助推固废污染环境防治，督促查处固废污染源5处，处置清运固体废物110余吨；围绕省环督发现的重点问题和领域，针对涉农面源污染，发出检察建议5件，督促相关部门开展农药、肥料经营专项整治，促进长效常治。

【控告申诉检察】双流区人民检察院做好“迎大庆，保大运”信访工作，接待群众来访172人次，接收来信81件，100%做到7日内程序回复，3个月内办理过程或结果答复；聚焦信访群众司法需求，制定《信访接待容缺受理推进群众来信件件有回复工作规定》，让信访群众“只跑一次路”；践行新时代“枫桥经验”，邀请律师、代表委员、人民监督员参与案件调解、信访案件化解，举行公开听证6次，邀请律师参与化解涉法涉诉信访积案3件；将“治重化积”作为重点，对最高人民检察院和各级信联办交办的15件重复信访案件实行领导包案，化解率100%。

【未成年人检察】双流区人民检察院落实“一号检察建议”，起诉侵害未成年人犯罪47人；依托“9+4”绿萝宣传团队和“法治教育云课堂”平台，开展线上线下法治宣讲，受众学生超1万人次；全院20名员额检察官均受聘担任重点中职、义务教育阶段中小学法治副校长，实现员额检察官担任法治副校长全覆盖；会同相关部门制定侵害未成年人案件强制报告实施办法，建立未成年人公益诉讼观察员制度，在华西空港医院设立未成年人"一站式"取证保护中心，推动形成共管共治的未成年人保护体系。

【检察司法改革】 双流区人民检察院落实刑事诉讼主导责任，全年认罪认罚适用率93.50%，确定刑量刑建议率96.28%，法院采纳率97.13%；将量刑建议透明化作为重点，制定《认罪认罚控辩协商同步录音录像工作规范》，实行量刑建议控辩协商全过程同步录音录像，确保认罪认罚的真实性、自愿性、合法性；深化运用"案－件比"评价标准，从严把握案件"退"和"延"的必要性，引导侦查取证率比2020年上升2.19%，案件退查率比2020年下降13.1%，"案－件比"下降至1∶1.08，办案"往复"流程有效压缩；深化检察人员分类管理改革，完善员额检察官遴选、退出、动态调整、等级升降制度；修订《检察官绩效考评细则》，实现检察人员业绩考评全覆盖。

（左大鹏）

法　院
Court

【概况】 2021年，双流区人民法院受理案件24195件（其中新收23311件），审结22297件，结案率92.16%，法官人均结案数464.52件；与2020年同期相比，新收案件数上升38.06%，结案数上升21.49%，结案率下降3.24个百分点。双流区人民法院获成都市级以上表彰奖励11项次40人次，领导肯定批示14次。6月25日，双流区人民法院"服刑人员未成年子女权益保护案"被评为"成都市未成年人保护十大优秀案例"。12月30日，人民法院新闻传媒总社授予双流法院微博"2020年度全国法院'十佳百优'新媒体账号"称号。

双流区人民法院院长：何良彬（10月离任），曾耀林（10月任职）。

【刑事审判】 双流区人民法院严惩危害群众生命财产安全犯罪，审结抢劫、抢夺、盗窃等多发性犯罪252件，判处300人；审结醉驾等危害公共安全犯罪391件，判处391人；配合开展"断卡"行动，打击电信诈骗等犯罪69件，判处122人；审结毒品犯罪65件，判处71人；会同区级部门制定侵害未成年人案件强制报告实施办法，在区人民医院建立未成年人"一站式"取证保护中心，选派46名法官任职区内学校法治副校长，实现全覆盖，组建"豌豆荚"青少年法治宣传团进校园开展"防范校园霸凌"等活动，2件案例入选成都市未成年人司法保护优秀案例。双流区人民法院全年受理刑事案件1147件，审结1117件。

【民事审判】 双流区人民法院推进区劳动纠纷"一站式"联处中心实体化运行，截至12月31日区劳动纠纷"一站式"联处中心调解纠纷1003起，现场司法确认149件，为劳动者落实工资及补偿金等1600万元，平均解纷天数26天；成立服务保障全区"双减"工作领导小组，对接职能部门，化解涉"双减"纠纷57起，涉及学生600余名；承担四川省高级人民法院《中华人民共和国民法典》施行后判决书法律条文引用和释法说理调研，为全省法院规范相关工作提供支持，四川省高级人民法院致函成都市中级人民法院和双流区委予以表扬。《中华人民共和国民法典》实施后成都市首例高空坠物案在涉案小区公开开庭并当庭宣判，受到《人民日报》关注。双流区人民法院全年受理民商事案件13696件，审结12637件，结案标的额29.44亿元。

【行政审判】 双流区人民法院依法稳慎办结双流区非诉执行案件26件，保障重点工作推进；与区检察院、区司法局共推行政争议实质性化解机制，会同新都区、龙泉驿区共建行政争议区域化解中心，共同实质性化解行政争议61起；针对修订后实施的《中华人民共和国行政处罚法》，分析全区近三年实施行政处罚的非诉执行案件情况，向区政府提出司法建议。双流区人民法院全年受理新都区行政诉讼案件179件，审结155件。

【执行工作】 双流区人民法院依托执行指挥中心事务组集约、高效办理执行事务，推进执行指挥中心实质化；落实员额法官全面负责、全案负责、全流程负责，开展"案款集中兑付""我为群众办实事""感受公平正义"等专项执行行动13次，收到感谢信30封、锦旗34面，被《人民日报》《四川法治报》等新闻媒体专题报道44次，1件涉疫情案件被纳

1月26日，成都市双流区人民法院社区法庭暨《中华人民共和国民法典》宣传进社区活动举行（供图：区法院）

9月6日，双流区劳动纠纷“一站式”联处中心妥善化解群体性劳资纠纷（供图：区法院）

入成都法院服务“六稳”“六保”十大典型案例。双流区人民法院全年受理执行案件9157件，执结8374件，执行到位7.69亿元，执行案件总体结案率91.45%；首次执行案件执行到位4亿元，有财产可供执行案件法定期限内执结率98.97%。

【审判司法改革】 双流区人民法院推进民事诉讼程序繁简分流改革，小额诉讼、简易程序以及独任制审理案件数分别较改革前提升165%、16.75%和14.61%，实现民商事案件诉讼周期同期缩短21%；推进民事庭审优质化改革以及行政诉讼优化庭审改革，在全市法院首届民事庭审优质化竞技活动中，区人民法院法官夺得“金法槌”奖；完善法官、审判辅助人员、司法行政人员绩效考核实施细则及绩效奖金分配实施细则，制定聘用制法官助理、书记员、司法辅警的分类管理办法和薪酬管理办法，改革经验在全省聘用制书记员改革动员会上作交流发言。

【线上庭审推行】 双流区人民法院推行“互联网+诉讼”模式，常态化利用远程开庭审理各类案件，全年网上开庭1448次；完善信息化建设基础设备设施，建成并保障24个科技法庭同时运转，配置语音识别、录音录像、庭审直播、一键报警等功能；搭建“云上法庭”“智能审判平台”，联通区检察院、四川省各看守所和监狱远程提讯审判系统等互联网庭审平台，提升审判质效；推动“和合智解”e调解平台进社区，提供在线咨询评估、调解、确认等一站式解纷服务，在线司法确认案件121件。

【社会治理创新】 双流区人民法院持续探索基层诉源治理新模式，深化“五区法庭”机制建设；与西南民族大学、双流棠湖中学等学校联建“校区法庭”，通过模拟法庭、法律知识讲座、走进法庭听审判等活动形式为学校师生常态化开展普法教育；依托“社区法庭”机制为群众提供法律服务，组织干警12次走进社区，预防社区可能面临的住房租赁、物业管理、防控物资诈骗犯罪等风险源头；依托“航空经济区法庭”机制，联合政府各职能部门、各协会开展“企业咖啡时”活动6次，为企业提供定制化司法服务建议。6月29日，双流区人民法院独立承担的四川省法学会2020年度法治实践创新专项课题“‘走出去’：深化基层诉源治理实质化的路径探索”结项并获评“优良”。

【诉非“大超市”运行】 双流区人民法院在诉非“大超市”配置2个员额法官团队共6人专施矛盾纠纷化解，邀请159名特邀调解员参与矛盾纠纷化解，前端参与指导化解矛盾纠纷2582起，联动多元解纷力量于院内化解案件1978件，形成典型案例10件。10月，双流区人民法院将诉非“大超市”升级成“一站式多元解纷中心”。

【产业功能区司法服务】 双流区人民法院深化产业功能区司法服务保障机制，以审理成都天府国际生物城首案为契机，召开“一院多区”联席会，倾听司法需求；为园区企业、员工提供调解16次，调解成功率95.3%，工作经验被《人民法院报》等媒体报道；送《中华人民共和国民法典》进产业功能区，针对“法定代表人对外签字的法律后果、高空抛物物业责任承担”等园区企业、员工感兴趣的话题，开展“民法典的那些事儿”主题宣讲活动2次。7月14日，四川省高级人民法院院长到双流区考察调研成都芯谷“产业功能区法庭”，对双流法院以产业功能区法庭机制融入地方发展的做法给予高度评价。

【产业功能区纠纷调解中心成立】5月，双流区人民法院联合成都天府国际生物城管委会、成都高新区建筑劳务和民工权益保障协会，在成都天府国际生物城设立成都市首个产业功能区纠纷调解中心，相关工作经验被成都市委《每日要情》推介，被《人民法院报》等媒体报道。

（杨　伟）

司法行政
Judicial Administration

【概况】2021年，双流区司法局贯彻党的十九大和十九届历次全会精神，以开展党史学习教育和政法队伍教育整顿为抓手，推动法治双流、法治政府、法治社会建设取得新成效。双流区司法局被列为“全国行政复议行政诉讼平台试运行”“全省行政复议咨询委员会工作机制项目试点”“成都市行政复议体制改革试点”3项部、省、市试点单位，社会矛盾风险化解、服务保障大运会等重点工作得到双流区委、区政府主要领导批示3项，行政复议、法治宣传等工作经验被行业主管部门和各级主流媒体报道推广18篇（国家级媒体推广6篇、省级媒体推广7篇、市级媒体推广5篇）；作为牵头或协作单位，获表彰50项，其中集体表彰28项（国家部委表彰1项，四川省委、省政府表彰3项，成都市委、市政府表彰9项，双流区委、区政府表彰15项），个人表彰22项（四川省政府表彰1项，成都市政府表彰1项，双流区级各类表彰20项），高亮被评为“2016—2020年全国普法工作先进个人”；律师行业获表彰17项。

【矛盾纠纷排查化解】双流区司法局推进双流区矛盾纠纷多元化解协调中心实体化运行，发挥统筹调度作用，集中调解资源，着力化解重大纠纷、处置群体性事件，办结区委、区政府交办大案10余件，涉及1754人，涉案金额1631.56万元，牵头或参与处置远大林语城“油烟扰民”、“树童教育”等“双减”纠纷、蛟龙港“12·22”火灾等事件，得到区领导肯定；引进专职化人民调解社会组织入驻中心，参与调处疑难复杂纠纷，为其他调解组织提供业务支持。双流区司法局健全“呼叫制”“派单制”“片区制”“直通制”等矛盾纠纷多元化解、联动联调机制，完善案件受理、分流、派单、调处、回访的全流程闭环管理；建立重大突发事件全时间响应、跨区域调度，快反快处、合成作战的应急机制；创建东升街道长兴社区人民调解委员会示范调解室和九江街道人民调解委员会驻九江派出所示范调解室2个示范调解室，设有3名专职调解员、3名兼职调解员，调处纠纷450件，调解成功率100%；联合区总工会、区人社局等单位建立“双流区劳动争议人民调解委员会”，指导川开实业集团有限公司成立“川开实业集团有限公司人民调解委员会”。双流区司法局坚持和发展新时代“枫桥经验”，推进“访调对接”“公调对接”“诉调对接”机制，构建矛盾纠纷多元化解体系；落实“访调对接”，在各镇（街道）的公共法律服务工作站和信访工作站、村（社区）“社区法律之家”和“群众工作之家”设立“访调对接联络点”，派驻1名工作人员和1名律师在区信访局值守，运用人民调解方式化解涉及信访事项的矛盾纠纷，引导当事人依法表达诉求，减少信访增量；开展“公调对接”，在全区各公安派出所设立人民调解工作室，指导引入专职人民调解员开展工作，化解矛盾纠纷，实质性做到矛盾不上交；落实“诉调对接”，与区人民法院协作，在立案大厅设立人民调解室，建立“诉非大超市”，引入律师事务所和专业调解组织开展诉前调解，采用非诉方式解决纠纷，降低涉法涉诉信访风险隐患。双流区司法局全年调解组织受理案件20958件，调处成功20905件，成功率99.75%。

【诉源治理】双流区被司法部、四川省司法厅、成都市分别确定为行政复议体制改革相关工作试点单位。双流区司法局完成“全国行政复议行政诉讼平台试运行”“全省行政复议咨询委员会工作机制项目试点”“成都市行政复议体制改革试点”3项改革任务；办结66件行政复议案件，经调解申请人主动撤回19件，化解率28.8%，仅5件经行政复议后又提起行政诉讼，诉讼率7.6%，经复议后又提起行政诉讼案件获法院支持率100%；开展合法性审查事项458件，其中规范性文件审查14件、重大行政决策审查11件、领导批示审查23件、会前合法性审查410件；开展重大行政决策示范案例和法治政府建设创新项目“双评选”，区司法局1个候选项目参加成都市专家评审；推动科学民主依法决策，区级领导出庭应诉率100%，区行政机关负责人出庭应诉率95.7%，高于成都市平均水平；行政应诉败诉1件，败诉率2.8%，低于成都市11%的平均败诉；设立政策研究中心，事业编制5名；开展案卷评查，实现行政执法公示制度、全过程记录制度、重大行政执法决定法治审核制度“三项制度”全覆盖；推行证明事项告知承诺制；推进严格公正文明执法和包容审慎柔性执法，在成都芯谷设立法律服务窗口。

【“道交一体化”处理】 双流区司法局深化交警、法庭、交调委、保险、法律援助道路交通事故“五位一体”赔偿机制，维护道路交通事故中弱势群体的合法权益，调处纠纷1548件，涉案金额6327.5万元。

【“智能司法”打造】 双流区司法局融合公共法律服务实体平台、热线平台、网络平台和手机小程序，推广应用自助服务系统，形成“线上+线下”公共法律服务体系；通过四川省一体化政务平台、“12348”四川法网、“12348”公共法律服务热线，线上提供公共法律服务；应用“社区公共法律服务小程序”，为村（社区）居民提供法律服务；在150个服务窗口投放400个座牌、1万份宣传海报，让“云普法”二维码随处可见、抬手能扫；融合空港特色，制作“双双”普法微信表情包，促进群众从普法“旁观者”变身法治“参与者”，提升法律服务群众满意度。双流区司法局构建行政复议“一网通办”服务平台，坚持“开门办案”，建设行政复议服务大厅，依托智能化工作平台，推行复议申请“一网通办、全域受案”，实现群众申请行政复议“一次办”；对办案过程中重大环节设置申请、受理、审理、决定等具体步骤，实现办案活动全程留痕、电子归档，得到成都市司法局肯定。行政复议“一网通办”服务平台全年办理79件行政复议案件，做到平台运行后新收案件在线办理全覆盖，在全国复议案件率先实现申请、办理和审批为一体的网上“一站式”通办。双流区司法局推行公证“智慧办”，根据群众提供的信息线索，采取远程视频、部门数据共享等形式，对当事人婚姻、房产等信息在线核实，改变当事人为办理索取证明奔走各部门的传统做法，打破坐堂办证、以证换证的服务模式，将“当事人跑腿”“公证难办”转变为“公证跑腿”“数据代跑”，解决当事人“举证难”问题；购买“新我社区矫正云平台”服务，组织1205名社区矫正对象开展线上法律法规知识学习、考试及定位监管，运用微信、疫情防控码、雪亮工程、手机App和电子手环等现代信息技术手段，全时空、全方位对社区矫正对象开展信息化核查，取得良好教育监管效果。

【公证服务】 1月1日，双流区司法局对公证处实行绩效考核，推动公证处按事业体制实际运行。双流公证处推进公证“最多跑一次”改革，办理“最多跑一次”公证事项3512件，“最多跑一次”公证事项占比82%，平均办证效率提速90%以上，高于四川省平均水平51个百分点；创新推行“1+7+5”（提供“一对一”服务、打造7名“导办员”专业团队、实行“一问二阅三补四书五导”5步工作法）一对一导办服务新模式，优化办证流程，提升办证效率，辅佐引导、帮助、指导群众办证，解决群众办证难、办证慢、多头跑、来回跑等问题，获得中央广播电视总台宣传报道，指派“导办员”提供“一对一导办”服务1714件；开通公证“绿色通道”，为妇女儿童、老年人、农民工、残疾人等特殊困难群体及中小微企业提供公共法律服务，实际开通“绿色通道”256次；开展便民、利民、惠民服务，免费提供代办公证书外文翻译及代为邮寄公证书服务，免费为办证群众代办公证书外文翻译238件，免费代为邮寄公证书67件；开展公证法律服务供给质量提升行动，保持公证

7月2日，双流区人民政府行政复议咨询委员会工作机制专家论证会召开 （供图：区司法局）

质量“五零”（零投诉、零争议复查、零错证、零假证、零赔偿）记录，全年未发生公证服务质量事件。双流公证处全年办理公证4385件，无信访、投诉发生，无错证假证。

【法律服务】 双流区司法局采取以案说法、培育法律明白人、“法治四川行”一月一主题活动等形式，打造普法亮点，覆盖100万人；开展企业“法治体检”等公益法律服务；开通公共法律服务直通车，在成都芯谷设立法律服务窗口并派驻人员开展工作，为涉及农民工用工企业提供农民工劳动合同普查和体检，实现园区基本公共法律服务全覆盖。全区118个村（社区）均配备村（社区）法律顾问，为服务区域群众提供法律服务。空港法律志愿服务中心面向机场旅客和机场公安提供专业法律服务，重大节假日均派专职调解员、律师志愿者在中心值守服务，截至年底提供法律咨询309人次、语言及法律手语翻译24次，开展普法宣传活动30余场次，调解纠纷150余件，涉及金额超过320万元。司法部、四川省司法厅、成都市司法局等领导实地调研并予以肯定。

【律师服务】 双流区司法局深入开展律师行业突出问题专项治理，全面覆盖执业律师，规范律师执业行为；组织律师开展“法治体检”、法治宣传、“万所联万会”、法律服务进园区等工作；推进律师行业优秀人员担任市区党代表、市区人大代表和区政协委员，引导律师在参政议政中发挥作用；指导律师参与重大矛盾纠纷化解，在维护社会稳定中发挥作用。截至年底，双流区有律师事务所19家，执业律师164名。

【法律援助】 双流区司法局落实法律援助法律法规，构建横向到相关部门、纵向到镇（街道）的法律援助服务体系；为未成年人、残疾人、老人、农民工等特殊群体开辟法律援助律师通道，实行优先指派、优先办理；充实法律援助志愿律师库，开展法律援助案件随机指派和点援制结合，提升办案质量。双流区司法局全年办理法律援助697件，法律援助服务5269人次。

【安置帮教】 截至年底，双流区有刑满释放人员安置帮教对象2318人。双流区司法局继续与四川通润机械有限公司合作共建“亲情回归之家”安置帮教基地，推进安置帮教工作；督促指导镇（街道）、村（社区）做好刑满释放人员安置帮教，对生活困难刑满释放人员安排就业1人，为生活特别困难刑满释放人员申请临时救助金1人，协调学校为刑满释放人员未成年子女办理转学1人；协调川内各监狱加强远程视频探视帮教，促进教育转化，全年远程视频会见预约数646次，成功会见502次，参加会见亲属1040人次。

【社区矫正】 截至年底，双流区有社区矫正对象694人，其中缓刑674人、暂予监狱执行7人、假释12人、管制1人。双流区司法局加强社区矫正对象监督管理和教育帮扶，未发生责任性脱管漏管和重新违法犯罪；深入开展扫黑除恶专项斗争；贯彻落实《中华人民共和国社区矫正法》，开展2679件社区矫正案件大评查，自查自纠101件“减、假、暂”案件；加强重要时段、重大活动期间的社区矫正对象监管和刑满释放人员风险排查；开展“四史”教育学习活动，增强社区矫正对象爱党爱国意识。社区矫正对象及其家属、爱心人士、志愿者在双流区司法局指导下成立双流区新燃点社区矫正服务中心，提倡“为善修己，热爱生活”的理念，为社区矫正对象开展参与公益活动搭建平台，形成“新燃点”社区矫正新模式。截至年底，双流区司法局组织参与公益活动30余场，社区矫正对象参与人数600余人次。

【司法所建设】 双流区因镇（街道）合并，12个司法所设9个办公点。双流区司法局开展司法所梯次培育，制定双流区《司法所“1+N+1”梯次培育实施方案》，指导西航港司法所创建“标杆司法所”、黄龙溪司法所创建“个性化司法所”。

【法治阵地建设】 双流区把法治阵地建设纳入城乡建设规划，融入机关文化、企业文化、校园文化、村（社区）文化，营造深厚的法治文化氛围；升级法治文化主题公园和青少年法治教育基地。全区9个镇（街道）建有法治文化广场、公园、长廊等阵地12个，118个村（社区）均建有法治大讲堂“7+3”（“宣传栏、公告栏、讲堂、图书角、意见箱、报架、电影日七项基础设施+志愿者、文艺演出队、宣讲团三支队伍”）基础配套，200个居住人口较多的小区安装有普法宣传栏200余个，形成区、镇（街道）、村（社区）、小区四级法治文化阵地全覆盖。

（崔　玲）

军　　事

MILITARY

退役军人事务

Veterans Affairs

【概况】2021年，双流区退役军人事务系统深入学习贯彻习近平总书记关于退役军人工作的重要论述，落实“走在前列作出示范”的要求，把握“两个服务”（服务经济建设、服务国防建设）方针，按照“13331”（围绕建强“一个核心”，突出党建引领；注重抓好“三大结合”，融合统筹发展；重点突出“三大创新”，切实拓展思路；着力解决“三大问题”，强化作用发挥；实现“一个愿景”，同心共筑和谐）工作法，提升退役军人获得感、幸福感、荣誉感，擦亮退役军人事务“双流品牌”，开创退役军人工作高质量发展新局面。

【退役军人优抚】双流区退役军人事务局定期足额发放优抚金，为优抚对象通过“一卡通”发放抚恤生活补助；为符合资助条件的优抚对象购买城乡基本医疗保险，对符合医疗报销条件的优抚对象按政策规定比例报销医疗费用；走访慰问全区退役军人和其他优抚对象；为全区残疾军人、伤残人民警察、伤残国家机关工作人员开展残疾等级评定专项核查和残疾军人证等证件换发，对全区优抚对象开展年度身份确认和数据核查。

【退役军人服务保障】双流区退役军人事务局以创建全国示范型退役军人服务中心（站）为契机，推进“一区域一样本、一街道一特色，一社区一品牌”示范创建，6个服务中心（站）创建为全国示范型退役军人服务中心（站），4个镇（街道）、13个村（社区）服务站创建工作通过四川省级验收；推动信息化赋能，公众号上线退役军人事项办理专区，开启退役军人创业就业、“战旗红”志愿服务、“服务超市”等线上服务；开通线上退役军人“服务超市”直通车，打通退役军人“战旗红”志愿服务线上服务平台，实现线上参观国防教育馆、学习先锋模范、倾听老兵故事、预约心理和法律咨询服务、办理退役落户、退役金查询服务；组建退役军人“战旗红”志愿服务队、特色服务队，参与社区治理服务活动582场次，参与疫情防控；建立三级退役军人“服务超市”89个，签约入驻企业70家，在通信、金融、教育、医疗、生活服务等方面为退役军人提供78项优先优惠服务。

【退役军人就业安置】双流区退役军人事务局接收秋季自主就业退役士兵，发放一次性地方经济补助；接收安置转业军官和转业军士；完成符合条件退役军人就业创业摸底统计，建立实名制就业创业信息台账；开展退役军人全员适应性培训，组织2021年度退役军人培训，组织自主就业退役士兵参加免费职业技能培训；开展“退役军人促就业双访”活动，走访87家企业，发放宣传资料500余份，与48家企业签订退役军人就业合作协议，收集企业提供录用退役军人岗位906个，区退役军人事务局被成都市退役军人事务局表彰为2021年成都市退役军人事务系统“促就业双访活动”成绩突出单位；举办退役军人线上线下专场招聘会11场，参与企业790余家，提供岗位3400余个；发挥双流区退役军人创孵基地作用，引进退役军人企业，免费为入驻退役军人企业（项目）提供法务、财务、咨询、管理等“一站式”创业服务，助力企业成功经营；参加第二届四川省退役军人创业创新大赛，双流区退役军人创孵基地孵化企业的太空机器视觉平台项目获全省新兴产业组唯一一个一等奖。

【退役军人权益维护】 双流区退役军人事务局办理退役军人事务网络理政等218件；依托双流区退役军人关爱援助专项资金，关爱援助困难退役军人。

【军队离退休干部服务管理】 双流区退役军人事务局承办“成都军休少年军校双流活动基地”签约授牌仪式，成都市退役军人事务局分别与协和实验小学、协和实验初级中学、怡心街道和武警警官学院签署合作协议；建设完成“党建军旅文化馆”，以“咱当兵的人”为主题完成老兵口述历史的微视频拍摄；挂牌成立“双流区退役军人事务局图书基层流转点”和“双流区退役军人书画创作室”，组建4个军休人员兴趣班，并定期组织活动。

【烈士褒扬纪念】 双流区退役军人事务局以创建成都市爱国主义教育基地为契机，围绕纪念设施“四好”（规划建设好、修缮保护好、管理运营好、服务保障好）标准，在规划建设、修缮保护、管理运营、服务保障上下功夫；坚持陵园管理“三结合”（社会化服务保障、信息化远程监管和常态化监督检查相结合）原则，在社会化服务保障、信息化远程监管、常态化监督检查上使长劲，提升烈士陵园的管理、服务和宣传水平；营造“崇尚英烈、缅怀英烈、学习英烈”的浓厚社会氛围；编撰《双流英烈谱》，留存传播双流红色文化；做好清明节和“烈士纪念日”等重大节日活动，开展“守护·2021清明祭英烈”主题宣传纪念活动；结合疫情防控，利用新媒体平台发布活动专栏，倡议网上祭扫；组织“9·30”烈士纪念日活动，240余人次参加向人民英雄敬献花篮仪式。双流烈士陵园全年接待到园群众1.7万人次（含青少年0.6万人次），免费讲解200余场次。

【“空港税务先锋　退役军人之家”成立】 4月18日，双流区“空港税务先锋　退役军人之家”揭牌。双流区“空港税务先锋　退役军人之家”是集学习交流、爱国教育、应急快反、风采展示等多功能于一体的退役军人集结阵地，旨在激励税务老兵践行“五特别”精神，发扬退役不褪色、退伍不退志的优良作风，继续投身服务新时代经济建设主战场，以军人之姿续军旅情怀。

（崔延伟）

双拥共建
Double Support and Joint Construction

【概况】 2021年，双流区双拥工作贯彻习近平总书记关于新时代双拥工作重要指示精神，落实党的十九大和十九届二中、三中、四中、五中、六中全会精神及四川省委十一届十次全会、成都市委十三届十次全会、双流区第十四次党代会精神，按照区委、区政府重大决策部署，围绕服务党和国家工作大局、国防和军队建设，紧扣新时代双拥工作特点，强化新时代双拥工作举措。

【双拥共建结对】 双流区退役军人事务局贯彻落实习近平总书记新形势下双拥工作“只能加强、不能削弱”的指示精神，密切军政军民联系，细化职能职责，划分“责任田”，层层压实责任，夯实双拥工作根基；结合创建四川省级双拥模范区工作需要和机构改革，增加3个区双拥工作领导小组成员单位，调整40个区双拥工作领导小组成员单位与驻区部队结对共建并签订共建协议，建立健全军地相互支持、互办实事“双清单”制度，年底对账销号，巩固四川省级双拥模范区创建成果。

【双拥共建活动】 双流区退役军人事务局以创新的活动方式，发挥桥梁纽带作用，增强军政民三方交流，

9月8日，双流区双拥篮球队与部队开展体育竞技互动　（供图：区退役军人局）

促进军政军民和谐关系，为军地共建活动提供平台；组织开展双拥主题的篮球竞技活动，增进相互了解，促进军地关系融洽，共研双拥工作持续发展；整合军地资源，依托双流区的成都军休少年军校活动基地，推动成都军休少年军校国防教育活动深入普及，营造爱国拥军、尊崇军人的浓厚社会氛围；树立典型模范，发挥表率作用，通报表扬双拥工作中表现突出的双拥模范单位及优秀个人；落实宣传教育、双拥活动、军民共建等工作，购买电脑用于征兵；组织新兵欢送仪式和欢迎退役军人返乡。

【双拥共建文化宣传】 2021年，双流区退役军人事务局利用新旧媒体宣传平台，弘扬双拥优良传统，引导军政民树立双拥意识；升级打造党建军旅文化馆、三江社区国防教育馆等主题鲜明、内涵丰富的双拥文化宣传阵地，面向社会开展国防和双拥政策知识宣传教育；拍摄双拥主题《海天之约》微电影，强化棠湖中学青少年航空班领航作用，提升社会效应；在微信公众号开设双拥工作微官网，扩大宣传覆盖面；发挥中国双拥网、《中国双拥》、《空港双流》、双流电视台等媒体和微信、板报、墙报及社区宣传栏等功能，展示双拥共建成果，宣传双拥工作亮点；开展国防教育进机关、进企业、进校园、进社区、进家庭、进军营、进网络“七进”工作，结合征兵宣传、“军事日”“全民国防教育日”“军营开放日”、重大节日等时机加强国防教育，培养全区军民的爱国主义精神。

【拥军优属保障服务】 2021年，双流区退役军人事务局建立健全拥军优抚保障服务，以“让军人成为全社会尊崇的职业”为抓手，依法规范落实优抚优待政策，提升军人军属的荣誉感、幸福感、归属感；建立常态化互通互联制度，为驻区部队提供精准化保障服务，支持国防和军队建设，营造军政民团结一家亲的浓厚社会氛围；结合春节、八一等时间节点，为驻区部队官兵送去生活物资和慰问信；组织军地文艺会演活动，丰富军民业余文化生活；开辟“绿色通道”为驻区部队办实事、做好事、解难事，帮助驻区部队解

3月25日，双流区退役军人事务局为立功受奖现役军人家庭送喜报　（供图：区退役军人局）

决战备训练等方面实际问题，为部队提升遂行多样化军事任务能力提供保障；落实优抚优待政策，推进军人荣誉体系建设，依法规范流程；做好军队转业干部和退役士兵接收安置、自主择业干部待遇落实、驻军家属就业安置、军人子女入学入托、军队离退休干部和无军籍退休退职职工接收安置，开展退役军人教育培训、岗位开发、就业招聘、创业扶持等；常态化开展送喜报、悬挂光荣牌、“情系边海防”等活动，评选表彰12名“最美军嫂”。

【军警联防联治】 双流区退役军人事务局参加文明城市、文明村镇、文明行业、文明社区等活动，弘扬社会主义文明新风；支持驻地普通高等学校、高级中学开展军训，支持小学和初级中学开展少年军校活动；开放部队军史馆、荣誉室、武器装备陈列馆等场所，支持开展全民国防教育；协助地方维护社会和谐稳定，加强军警民联防联治，发扬部队特别能吃苦、特别能战斗的精神。

（崔延伟）

综合经济管理

COMPREHENSIVE ECONOMIC MANAGEMENT

经济体制改革与结构调整
Economic System Reform and Structural Adjustment

【概况】2021年，双流区发改局围绕区委、区政府中心工作及国家发展改革委、四川省发展改革委、成都市发改委关于产业建圈强链的统一部署，坚持做大做强航空经济、电子信息和生物医药等现代适航产业，全年主导产业产值(营收)突破2000亿元。

【产业结构优化】双流区发改局坚持全面提升主导产业发展能级，航空制造维修、电子信息、生物医药产值占规模以上工业总产值的81.7%；新签约引进亿元以上产业化项目51个，协议总投资902亿元，16个项目被认定为成都市级重大项目。

【现代化产业体系建设】双流区发改局推动产业聚焦细分领域，突出比较优势，在关键环节强链补链。航空产业聚焦航空枢纽服务、航空制造与维修等领域，新引进科瑞特保税维修等亿元以上项目13个，协议总投资75亿元，国产民机维修基地、川航APU等6个项目竣工投运，民航机载航电适航审定中心等项目加快推进，航空核心产业实现营收1200亿元；电子信息产业聚焦"芯屏端网"重点环节，澜至电子、九芯微等9个项目建成投产，电子信息产值首次突破1000亿元；生物医药产业聚焦生物技术药、新型化学药、高性能医疗器械等领域，新引进查士利华等31个项目，协议总投资150亿元，京东方数字医学中心等11个项目竣工，欧林生物、康诺亚、海创药业3家企业上市或过会，生物医药实现产值210亿元。

【产业发展配套建设】双流区发改局聚焦85%的产业配套和85%的生活需求在产业功能区解决，发挥牵头作用，加快标准厂房建设，屏芯智造基地、电子科大产业园等12个建成及在建标准厂房建筑面积296.4万平方米，建成80.7万平方米。双流区围绕科技型企业办公偏好和高净值人群需求，成都芯谷研创城建成专业楼宇70万平方米、在建86.3万平方米，建成投运14.62万平方米；规划建设梧桐馨园、中电子G8.6代线配套住房项目(倒班房)等人才公寓及园区配套住房项目8个，共7484套、120万平方米，建成梧桐馨园、梧桐馨园南区等2900套。

【产业功能区建设】双流区发改局立足全区"一场两翼、东西互济、协同发展"城市总体规划，按照产业功能区规划设计标准，全域规划8个产业功能区，构建形成"3+5"市、区两级分类管理功能区体系，其中立足航空经济、电子信息、生物医药三大主导产业比较优势，打造双流航空经济区、成都芯谷、成都天府国际生物城三大市级功能区；聚焦商务商贸、空港文旅等优势特色产业，协同布局空港商务区、西航港开发区、牧马山国际旅游度假区、黄龙溪国际旅游度假区、九江新城5个区级产业功能区，推进优势特色产业集聚发展。成都芯谷、西航港开发区、成都天府国际生物城成为四川省“5+1”（电子信息、装备制造、先进材料、食品饮料、能源化工和数字经济）重点培育特色园区。成都天府国际生物城是国家重大新药创制示范基地，建成生物科创园85.1万平方米，在全国生物医药产业园综合竞争力排名第4位。成都芯谷研创城（高品质科创空间）获评成都市唯一AAAA级智慧园区，被列为成都市2021年度工业互联网支持项目。西航港开发区由工业区向功能区转型，启动全域空间规划、示范区和创业中心起步区城市设计。

（周德君）

物价管理
Price Control

【概况】 2021年，双流区发改局围绕区委、区政府中心工作及国家发展改革委、四川省发展改革委、成都市发改委关于价格工作的统一部署，在抓紧抓实抓细新冠肺炎疫情防控的同时，贯彻落实各项价格改革和保供稳价措施，为全区经济高质量发展和社会和谐稳定营造良好的价格环境，价格总体水平保持基本稳定。双流区发改局获评“2020—2021年度全国价格监测工作先进单位”“四川省2021年度价格监测工作成绩突出单位”“四川省2021年度成本调查监审工作成绩突出单位”“成都市2021年保供稳价和粮食先进单位”。

【价格监测预警】 双流区发改局坚持每周二、三采集和分析双流大市场和成都农产品中心批发市场蔬菜、猪肉价格及相关情况，特别是新冠肺炎疫情防控期间，开展粮油肉蛋菜及防疫等商品价格应急监测，实行“日监测、日巡查、日报告”，关注市场价格动态，第一时间掌握市场价格情况并报送价格信息，向国家和四川省、成都市、双流区上报报表885期、信息12期。

【价格收费政策落实】 双流区发改局贯彻落实价格收费政策措施，动态调整公布双流区行政事业性收费目录清单、双流区考试考务费目录清单、双流区涉企行政事业性收费目录清单3张收费目录清单；落实第二监管周期输配电价政策，两部制输配电价至少下调18.62%，目录销售电价下调约5%；全面取消工商业目录销售电价，燃煤发电上网交易电价上下浮动范围扩大20%；根据国家、四川省、成都市关于“双减”（减轻义务教育阶段学生作业负担和校外培训负担）工作部署，推进学科类校外培训监管；向上争取惠企政策，双流区中国移动（四川成都）数据中心项目一期工程、中国联通四川天府信息中心、通威太阳能1—4期晶体硅太阳能电池项目入选2021年重点产业电价政策企业用电项目名单，全年降低企业用电成本12747万元。

【价格补贴联动机制实施】 双流区发改局落实社会救助和保障标准与物价上涨挂钩联动机制，根据国家统计局成都调查队按月测算，2021年未达到联动机制启动条件，无价格补贴发放。

【民生价格控制】 双流区发改局受理价格咨询169件，办结率100%；开展行业协会商会乱收费专项清理整治，清理规范城镇供水供电供气行业收费；加快完善生态环保收费政策，依法依规开展双流区城市（镇）生活垃圾处理收费标准定价；办理价格认定398件，涉案金额798.52万元；开展成本监审13件、成本调查1件，审核申报成本60453.97万元，核减不合理成本费用12022.49万元，平均审减率19.887%。

（周德君）

固定资产投资管理
Fixed Asset Investment Management

【概况】 2021年，双流区完成固定资产投资468亿元，增长8%，其中民间投资占比43.8%。

【项目招标投标管理】 双流区完成招标投标核准74件，区招审委召开审查会议25场次，纠正违法违规行为103件次，涉及总投资131.63亿元。双流区发改局、区住建交局、区水务局、区新经济和科技局等行政监督部门，通过分行业资料核实、现场核查等方式自查开展系统治理以来实施的项目，发现问题线索83个，核实83个，建立问题台账83个，整改完成问题83个，其中集中或个别约谈批评79批次，合同处罚金额122.1万元，扣减招标代理机构从业单位信用分8起。双流区制定《招标人信用考核办法》《代理机构信用评价考核办法》《评标专家信用评价考核办法》《延时、隔夜评标现场管理办法》，落实各方交易主体行为规范积分管理办法，申请原评标委员会复核2次，记录交易各方主体不规范行为24项，其中评标专家（含业主评标代表）不规范行为12项。

【基本建设投资项目管理】 双流区全年计划实施项目394个（不含房地产），计划总投资3558.6亿元，年度计划投资313亿元，完成投资359.3亿元，其中农业项目6个，年度计划投资8.8亿元，完成投资9.8亿元；工业项目62个，年度计划投资103.4亿元，完成投资117.3亿元；服务业（不含房地产）项目326个，年度计划投资200.8亿元，完成232.2亿元。双流区制定《双流区推动项目快投快建快统考核办法（试行）》等14个项目管理的配套政策，新开发双流区项目投资管理信息系统，并成立区重大项目推进办公室；召开领导小组会议22次，区分管领导调度项目486次；策划中央、四川省、成都市预算内资金项目13个，计划总投资48.68亿元，申报资金5.56亿元，策划专项债目标30亿元，实际争取35.81亿元。

【特许经营权管理】 双流区发改局按照《成都市公共资源交易目录（2021年版）》中政府特许经营权出让要求，梳理特许经营资源，符合双流区出让项目6项，即区水务局“污水处理经营权”和“城市自来水生产和供应经营权”、区城管局“户外广告载体使用权”和“建筑垃圾经营权”、区公安分局“机动车占道停放点经营权”、区新经济和科技局“充电基础设施建设及运营权”；根据《基础设施和公共事业特许经营管理办法》《成都市人民政府特许经营权管理办法》等法规，牵头制定《双流区基础设施和公用事业特许经营管理细则》，明确盘活政府特许经营的总体思路、基本原则、特许范围、出让方式、出让流程、重点工作，为双流区开展特许经营提供基本遵循。双流区公开出让项目10个，污水处理经营权出让项目8个，其中东升、航空港、牧马山3个污水处理厂处于项目运营期，运营年限20年，到期时间2033年；西航港工业厂、九江一期、牧马山二期、航空港三期、公兴再生水厂一期二阶段5个项目处于建设期，运营年限最长30年，到期时间最快在2047年。户外广告载体使用权出让项目1个，即智慧路灯建设项目，处于建设期，运营年限15年，到期时间2034年；城市发展集团出资600万元，控股10%。建筑垃圾经营权出让项目1个，即建筑垃圾资源化利用项目，处于建设期，运营年限28年，到期时间2048年。

（周德君）

政府投资项目评审管理

Government Investment Projects Review and Management

【概况】 2021年，双流区评审中心完成政府投资项目预算控制价评审176项，送审金额1528940.81万元，审定金额1421921.29万元，审减率7%，其中招标预算控制价评审项目154个，送审金额1494430.48万元，审定金额1391607.28万元，审减率6.88%；管线迁改预算控制价评审项目13个，送审金额26172.55万元，审定金额22369.11万元，审减率14.53%；工程变更预算控制价评审项目9个，送审金额8337.78万元，审定金额7944.9万元，审减率4.71%。

【重点项目评审】 双流区评审中心聚焦“三区三廊三新城”、片区综合开发等重点项目，加大评审力度，保障项目尽快挂网招标和建设推进。

【项目评审管理】 双流区评审中心针对项目管理薄弱环节和主要问题，修订《双流区政府性工程建设项目评审管理细则》，强化工程类政府采购项目、区属国有公司自筹资金项目评审；制定《双流区政府性工程建设项目工程变更管理细则》，明确变更管理程序，建立动态信息化

2021年双流区预算控制价评审项目领域分布情况表

表3

序号	类别	项目数（个）	送审金额（万元）	审定金额（万元）	审减率（%）	投资占比（%）
1	城市基础设施	78	673045.11	619155.39	8.01	43.54
2	社会事业	54	665824.57	626861.55	5.85	44.09
3	农林水利	19	30867.15	28335.35	8.20	1.99
4	交通运输	5	69541.48	64362.04	7.45	4.53
5	能源	7	52110.93	49012.10	5.95	3.45
6	产业配套	13	37551.57	34194.86	8.94	2.40

管理系统及监测预警机制。

（周德君）

公共资源交易管理
Public Resources Transaction Management

【概况】 2021年，双流区公共资源交易服务中心完成交易项目1100个，交易金额744.47亿元，比2020年增长338.9%，项目个数和交易金额均排名成都市第一，节约资金6.97亿元，节约率4.08%。其中，工程建设招投标项目205个，交易金额734.93亿元，增长365.35%，节约资金6.54亿元，节约率3.93%；国有土地（工业）使用权出让6宗，面积505.07亩，交易金额1.84亿元，下降75.36%；政府采购项目506个，采购金额5.39亿元，增长356.78%，节约资金0.43亿元，节约率9.19%；国有资产交易项目383个，交易金额2.3亿元，下降24.34%，实现溢价0.44亿元，溢价率23.36%。双流区公共资源交易服务中心被成都市公共资源交易服务中心表彰为"2021年度公共资源交易服务先进单位""2021年度信息化建设专项工作优秀单位""2021年度交易数据统计专项工作优秀单位"。成都芯谷杨柳湖片区综合开发EOD项目获评"2021年度成都市公共资源交易精品项目"。

【"绿色通道"建设】 双流区公共资源交易服务中心开展减环节、减材料、减时限、减费用、减风险"五减"服务，针对重点项目、民生工程强化标前指导，安排专人提供咨询、衔接、协调等服务，实现"一站式"咨询引导、"一次性"告知服务、"一窗式"业务受理和"一键式"评价体系。双流区公共资源交易服务中心全年完成成都芯谷产业功能区配套设施建设、怡心湖C区片区综合开发、柳荷晓月安置小区等重点项目72个，成交金额635.13亿元，其中城市合伙人项目4个，成交金额575.43亿元；民生工程26个，成交金额30.26亿元；其他项目42个，成交金额29.44亿元。

【交易平台智能化建设】 双流区公共资源交易服务中心启用全市统一的全流程电子化集采系统3.0（政府采购云平台），上线工程建设招投标项目中标通知书在线发送、中标合同在线签订系统功能；推进公共资源交易平台数字证书和电子签章互联互通，实现一地注册、全省通用、兼容互认；推广使用电子保函1531笔，涉及金额3.96亿元，有效减少投标企业资金占用；实现全程网办事项43项，网办率100%；登记设立双流区政府采购中心，接入省级政府采购供应商库系统，实现供应商线上抽取，提升资格预审阶段工作效能，压缩政府采购工程项目周期12～13天；争取区委、区政府60万元资金支持，对开评标区现场设备、音视频数据存储系统等实施迭代升级，开评标数据稳定率保持在95%以上。

【交易项目管理与服务】 双流区公共资源交易服务中心开展全省公共资源交易服务标准化规范化建设"示范交易中心"创建，实现场地建设标准化、公开事项全面化、服务流程规范化、管理制度科学化；建立政府采购闭环管理体系，构建"年度计划＋月度清单＋过程监管"项目受理全生命周期管理机制，变被动受理为主动服务，打好项目组织实施的"提前量"；建立政府采购组织实施联动会商机制，解决采购过程中出现的共性问题，规避法律风险；按照项目实施进度分类实行"绿色告知、黄色提示、红色暂停"三色管理机制，督促采购人保质按时推进项目；制定场内《招标人信用考核办法》《代理机构信用评价考核办法》《评标专家信用评价考核办法》，根据12分、6分、3分、1分四档扣分评价结果，分类记录上

10月25日，安置小区底商公开招租网上竞价操作指导服务专场活动举行（供图：区公共资源交易服务中心）

9月14日，双流区—资阳市雁江区公共资源交易战略合作签约　（供图：区公共资源交易服务中心）

报现场不良行为，落实各方交易主体行为规范积分管理；打造“精准服务、阳光高效、亲民惠民、严谨专业、务实担当”五大党建示范品牌，在黄水镇开展“亲民惠民——安置小区底商公开招租网上竞价操作指导服务”专场活动，针对现场评标专家创新推出“精准服务”事项明白卡等，相关活动被人民网、《经济日报》等官媒报道。

【“不见面”开标项目实施】 双流区公共资源交易服务中心持续推进“不见面”开标全覆盖，5月31日实施双流区首个政府采购“不见面”开标项目——双流区人民政府黄甲街道办事处街道园区道路清扫服务采购项目，全年实施工程建设“不见面”开标140个、政府采购“不见面”开标115个，减轻企业投标时间、人力成本，有效防范围标串标交易风险和现场人员聚集疫情风险，提升交易主体满意度。

【远程异地评标】 双流区公共资源交易服务中心与简阳市、德阳市广汉市、眉山市东坡区、资阳市雁江区交易中心签订友好合作共建协议，依托智慧交易系统音视频交流同步、评审流程同步、评标结果同步功能，实现成都市、德阳市、眉山市、资阳市四地评标专家优质资源共享和远程异地评标常态化，解决本地专家“熟面孔”问题，从源头上遏制评标风险，提升评审质效。双流区公共资源交易服务中心于7月5日与眉山市政务服务和公共资源交易服务中心实施首个跨市域远程异地评标项目——地铁30号线一期工程高碑坝车辆段居民出行通道施工/标段，11月29日与德阳市公共资源交易中心、简阳市公共资源交易服务中心实施双流区首个“三地同台”远程异地评标项目——华府片区配套道路建设工程监理/标段，全年组织实施远程异地评标项目20个。

（周　昕）

投资促进
Investment Promotion

【概况】 2021年，双流区投资促进局以着力破解“招什么项目”“怎么招项目”“项目如何落地”3个问题，将“能否形成一个产业、强化一种功能、培育更多税源”作为项目准入标准，坚持招商引资与招财引税并举，创新招商方式，调度要素资源，为打造中国航空经济之都贡献投促力量。双流区新引进亿元以上产业化项目51个，协议总投资902亿元，其中先进制造业项目22个，协议总投资494.3亿元，是2020年同期的1.8倍；提前2个月完成成都市级重大项目、工业“专精特新”项目、生产性服务业项目3项目标，市级重大项目引进完成率114.29%，FDI（国际直接投资）完成率150.87%，内资完成率107.19%；党政主要领导到外开展投促活动28批次。

【投资环境营造】 双流区投资促进局通过新华社、人民网、中国经济新闻网、今日头条、《中国企业报》、《四川日报》、《经济日报》等主流媒体宣传双流区投资环境260余次，提升双流区的美誉度和影响力；创新开展4场“企业咖啡时”系列活动，解决企业发展难题；向3家外商投资企业兑现奖励金额22.50万元。

【招商策略研究】 双流区投资促进局编制双流区《招商引资服务流程图》《可用地块及载体热力图》《双流区2021年产业功能区投资机会清单》《关于双流区转变重大产业化项目支持方式加快推进“补改投”工作有关情况的报告》《投资促进活动及领导外出拜访工作指南》《关于规范平台项目管理推动平台经济高质量发展的若干措施（试行）》，为项目洽谈引进提供具有实操性的指南，推动更多优质项目与产业链资源精准匹配，其中“补改投”（通过股权直投、产业基金参与、投育结合等方式，放大发挥社会资本无形之手作用，以有限的财政资金牵动金融市场“大船”，推动重大产业化项目签约落地、做大做强）工作获成都市人民政府主要领导肯定性批示。

【招商支持政策制定】 双流区投资促进局聚焦主导产业，坚持给优惠、给机会和给服务并重，研究编制《双流区高水平利用外资十条措施》《双流区关于支持东盟企业到双流区发展的若干措施》，提升外资利用水平，加大东盟企业在双流区发展支持力度。

【招商促进行动】 双流区投资促进局对照“两图一表”（产业链全景图、产业生态发展路径图、重点企业和配套企业名录表），聚焦航空制造维修、高端芯片、创新药物等重点细分领域，锁定目标企业172家，动态更新各产业功能区“两图一表”，实施目标企业走访“全覆盖”；坚持“红黄绿”亮灯预警机制，每月初分管区领导召开项目调度分析会，提高调度审议项目数量和质量；筹办项目调度和投资促进工作领导小组会22次，调度、审议项目104个，过会签约项目48个，协议总投资748亿元。

【招大引强】 双流区开展“链主”企业配套招商、产业资本招商、载体招商、片区综合开发招商，成建制洽谈引进总投资165亿元的中兴新5G新经济产业园、中兴新5G新经济产业基金、中兴通讯西南总部基地等“中兴系”项目，引进总

6月8日，2021中国航空经济之都城市合伙人招募暨片区综合开发推介会举行 （供图：区投促局）

投资200亿元的顺丰航空成都基地“顺丰系”项目，收到福建万达集团、深圳清溢光电等“京东方系”上下游配套企业投资意向，与空客签订再交付中心项目谅解备忘录，首次跻身全市重大项目招引“红榜”；新设立或参与设立产业基金14支，总规模457.23亿元，实缴出资24亿元，撬动164亿元资金，投资国星宇航等项目46个，引进落地瓴盛科技、云天励飞等行业龙头及细分领域领军企业10家，此项工作获成都市委、市政府主要领导肯定性批示；屏芯制造基地建成面积去化25%；与中铁建、中交投等央企结成“城市合伙人”。

【招商队伍建设】 双流区投资促进局牵头开展“招商5：30课堂”，培训1000人次以上；制定《双流区驻外招商干部管理办法》，在全区范围内选拔5人到北京市、上海市、深圳市开展驻外招商，拜访企业257家，收集项目信息21条，参加投资促进活动35次；实施部门科室招商质量提标工程，牵头组建

9月11日，2021年中国航空经济之都——成都·双流走进东盟博览会主题推介会在广西壮族自治区南宁市举行 （供图：区投促局）

4支招商辅导工作队，包联22家招商责任单位。双流区有招商专员29名，拜访企业558家，接待企业考察239家，到外参加投资促进活动109次，收集项目信息129条，签约项目29个，占全区项目签约数的59%，其中中兴通讯西南总部、中电金信全国第二总部、粤浦科技创新港等市级重大项目12个，占全区市级重大项目签约数的75%。

【投资促进活动】 双流区举行2021成都市双流区对日招商投资环境网络推介会、2021中国航空经济之都产业功能区推介暨投资机会清单发布会、2021年中国航空经济之都——成都·双流走进东盟博览会主题推介会等线上线下投资促进活动52场，推出西航港开发区转型升级等6个片区开发项目，发布国内首条“航空+”西部陆海新通道，吸引高通、思爱普、爱特思等200余家企业到双流区寻求合作机会，被《人民日报》、新华网、四川新闻等多家头部媒体关注，相关工作获得区委主要领导肯定性批示；重点参与第十八届中国—东盟博览会、第十八届中国西部国际博览会、第四届中国国际进口博览会等国家级展会活动40余场，推介双流区投资环境，对接高能级目标企业，获取项目信息。

（徐福超）

信用体系建设
Credit System Construction

【概况】 2021年，双流区社会信用体系建设领导小组办公室印发《双流区2021年社会信用体系建设年度计划》，以“双公示”和信用承诺数据归集、拓展“信易+”应用领域和失信专项治理等3大类共13条重点目标任务推进双流区信用体系建设。

【信用政策落实】 双流区按照国家发展改革委、四川省发展改革委、成都市发改委要求开展信用服务机构专项治理、“屡教不改、屡禁不止”严重违法企业专项治理，涉及1个信用服务机构、3家严重失信企业，均已退出治理台账。双流区信用体系建设领导小组办公室根据《成都市关于加强政务诚信建设任务分工方案》和《成都市关于建立健全政府守信践诺失信担责机制的工作方案》，制定《双流区关于建立健全政府守信践诺失信担责机制的工作方案》，方案中在政府采购、招标投标、政府与资本合作、招商引资、政府债务等17个领域规定政府部门规划调整、政策变化造成合法权益受损的企业补偿救济相关要求。

【市场主体信用管理】 双流区新增市场主体数9145户，新增市场主体承诺量9145条，承诺率100%。承诺总数主动做出承诺的主体数量60828户。双流区市场主体中的企业总数39362户，其中国家企业信用信息公司系统“经营异常名录”中的企业数量3346户，占双流区企业总数的8.5%；国家企业信用信息公司系统“严重违法失信企业”中的企业数量224户，占双流区企业总数的0.57%；在信用中国中被列入“重点关注名单”的企业数量2263户，占双流区企业总数的5.7%。

【诚信模范塑造】 12月8日，四川省发展改革委会同省级24个部门开展的四川省“诚信企业”评选活动结果出炉，双流区希望森兰、通威太阳能、金发科技等29家企业获评，获评企业获得四川省税务局、省人力资源社会保障厅等14个省级部门共39项联合激励政策。

（周德君）

市场监督管理
Market Supervision and Management

【概况】 2021年，双流区市场监督管理局围绕食品、药品、特种设备和知识产权等重点领域，狠抓市场行为监管执法，致力优化营商环境培育优质市场主体，获评“四川省食品安全工作先进集体”“2021年重大食品安全事故应急演练工作先进单位”“2021年省级重大活动食品安全保障工作先进集体”，被四川省市场监管局评为“春雷行动2021”先进集体，3人代表成都市晋级四川省深入学习贯彻习近平法治思想·首届行政执法人员技能“大比武”决赛并获三等奖。

【市场监管行政执法检查】 双流区市场监管局以专项整治和突击检查为抓手，组织开展“春雷行动2021”“长江禁捕”“农村假冒伪劣食品”“亮剑”“铁拳”“校外培训”等16项执法整治行动，并联合区公安分局、区住建交局、区综合执法局、区烟草局等部门开展“蟹卡”“餐饮安全整治”“假冒侵权产品”等23次执法突击行动。双流区市场监管局立案食品、特种设备、药械化、价格等违法案件838件，结案638件，罚没金额504.03万元；在四川省一体化平台同步录入案件641件，结案案件全部公示，案件公示率100%；落实行刑衔接制度，向公安机关移送涉嫌刑事犯罪案件9件，公安立案侦查6件，刑拘5人；与区检察院协作配合，办理检察建议书12件。

【市场主体培育】 双流区市场监管局多措并举推进市场主体培育，截至12月31日全区在册市场主体149529户，注册资本6090.01亿元，其中在册企业40996户，占市场主体总量的27.42%（全市企业占比38.50%），注册资本6003.69亿元；在册个体工商户108533户，注册资本86.32亿元。全区市场主体总量和企业总量均列全市第9位，市场主体和企业总量同比增长分别列全市第3位和第5位。全区2021年新增市场主体33357户，其中新增企业10323户，注册资本571.15亿元；新增个体工商户23034户，注册资本18.54亿元。其中，第一产业新增市场主体713户，第二产业新增市场主体774户，第三产业新增市场主体31870户，同比增速分别为23.29%、14.89%和54.98%。

【市场规范监管】 双流区市场监管局牵头全区规范经营性无证无照行为，以教育培训、烟草行业、食品、公共娱乐服务等16个领域为重点整治对象，按照"规范一批、查处一批、关闭一批"的原则开展综合治理，召开培训会2次、调度会11次，排查商户42809户，下达行政指导文书824份，规范引导办理证照2164户，立案查处204起，罚没金额160.83万元，停业关闭167户。双流区无证无照经营综合治理工作连续两年排名全市第一。

【合同监管】 双流区市场监管局开展集中整治校外培训机构利用不公平格式条款侵害消费者权益违法行为，对随机收集的校外培训机构45份合同格式条款点评、分析和审查；与区教育局共同组织召开双流区校外培训机构格式条款约谈会，对36所校外培训机构集体警示教育，对6所格式合同存在问题的校外培训机构书面约谈；推广使用《中小学生校外培训服务合同（示范文本）》；指导57家新申报企业填写申请公示验收表，其中50家新申报企业经过初评，7家企业自愿退出公示；开展房地产商品房买卖合同、补充协议及认购行政指导34件。

【商标监管】 双流区有效注册商标拥有量23596件，高价值专利拥有量1300件以上，居成都市第4位，国家地理标志保护产品4个（冬草莓、二荆条海椒、枇杷、黄甲麻羊）。双流区市场监管局建立知识产权保护直通车制度，畅通企业维权绿色通道，把重点企业的主要商标、高价值专利等核心知识产权纳入重点监测，实行快保护、严保护；组织开展"春雷行动2021"、蓝天行动等专项执法行动，立案查处知识产权案件52件，罚没金额82.81万元。

【广告监管】 双流区市场监管局响应"献礼建党百年市场监管亮剑"专项行动安排，针对社会反映强烈、人民群众关注较多的药品、医疗、保健食品、房地产等广告开展集中整治，形成严厉打击虚假违法广告的高压态势，维护消费者合法权益；制作发布《关于依法依规开展商业营销宣传的提示》，对区内房地产和校外培训机构开展集中排查检查，查处广告违法案件33件，其中食品广告7件、房地产广告1件、教育培训类广告4件、其他广告21件，罚没金额84.77万元。

【价格监督检查执法】 双流区市场监管局通过全国"12315"举报系统、省（市、区）长信箱（电话）、人民网、微信、微博受理价格咨询、举报、投诉1345件，较2020年减少28.6%，其中价格咨询322件，占23.9%，价格举报投诉1023件，占76.1%，价格举报投诉办结率100%，满意率97%；重点加强对防疫及生活必需品的价格执法检查，对892家药店及所有大型超市全覆盖检查，查处案件26件，罚没金额2.95万元。

【消费者权益保护】 双流区市场监管局依托全国"12315"平台和成都市网络理政平台实现24小时投诉举报的受理机制，确保企业、消费者诉求能及时回应。截至年底，双流区市场监管局受理投诉举报咨询20923件，受理率100%，满意率95.97%，为消费者挽回经济损失518.43万元。食品安全消费投诉按时处理率100%，食品安全举报按时核查率98.35%，食品安全投诉举报按时办结率100%。双流区市场监管局以"3·15"宣传为契机，在60个大型商业综合体、商场、超市、市场设点开展消费维权宣传活动，制作宣传栏、展板220个，张贴、发放宣传手册、资料9万份。

3月15日，协和市场监管所开展“3·15”宣传活动　　（供图：区市场监管局）

【标准化管理】 双流区市场监管局发挥标准化的基础性、引领性、战略性作用，助推企业高质量发展，引导、指导5家企业参与6个国家标准、2个行业标准的制（修）订；按照成都市市场监管局要求开展2021年企业标准、团体标准“双随机、一公开”（在监管过程中随机抽取检查对象、随机选派执法检查人员，抽查情况及查处结果向社会公开）抽查检查，指导、督促3家企业完成整改，提升标准质量和标准化水平；开展对标、达标、贯标工作，鼓励、推动工业企业实施国际国内先进标准，组织企业开展“百城千业万企”对标达标提升专项行动，指导5家企业的6个标准完成“百城千业万企”对标达标提升市级目标；服务35家次企业，制定发布有市场竞争力和创新需要的18个企业标准，并登录国家标准信息自我申明公开服务平台公示。

【计量管理】 双流区市场监管局组织量值传递溯源和计量比对，对双流区行政区域内已备案或新增备案的56台（件）社会公用、部门和企业、事业单位在用的最高计量标准器具，4.41万台（件）用于贸易结算、安全防护、医疗卫生、环境监测方面的列入强制检定目录的计量器具，组织开展免费强制检定；组织开展重要节假日对医疗机构、集贸市场、商场超市、加油站等场所民生计量监督检查，检查806家市场主体、5890台（件）强检计量器具，立案查处计量违法违规案件10余件；结合市、区两级环境污染防治、安全防护安排，开展对使用环境监测和安全防护强检计量器具的企业、机构监督检查，检查28家次使用环境监测、60家次使用安全防护计量器具的企业、机构；落实区委、区政府生态环境保护责任清单相关工作，结合业务范围内环境污染防治，对区内保健类、中秋类、冲调类等食品生产企业开展28批次限制商品过度包装监督抽查，立案查处1家过度包装企业。

【特种设备安全监管】 双流区市场监管局根据全区特种设备实际情况，制订特种设备年度监督检查计划，对有投诉举报和高风险点位、高风险设备、高风险企业共314家纳入日常监督检查计划，结合“双随机、一公开”的方式实现监督检查全覆盖，提高监督抽查比例；按照“隐患整治年”“特种设备三年整治专项行动”等专项检查要求，开展专项整治，检查特种设备生产使用单位740家次，发现安全隐患296处，督促完成整改296处，下达特种设备安全监察指令书109份，立案查处20起；通过购买服务的方式，完成340台电梯、100台锅炉、100台压力容器、100台起重机械的安全技术抽查，并对所有在用大型游乐

5月11日，区市场监管局执法人员检查超市计量器具　　（供图：区市场监管局）

设施以及吊装熔融金属等部分特定场所使用的起重机械开展风险评估，保障设备安全平稳运行；针对电梯实际监管过程中仍存在主体责任缺失、管理不当、维保质量不高、群众对电梯的基本原理不了解的情况，采用“监管＋技术＋企业”的全新构架，建成全省首个集中培训讲堂、电梯展馆、实操训练于一体的体验式区级电梯安全教育培训基地，改变以往电梯安全教育培训“形式重于内容，惠及受众单一，缺乏系统性”的局面，发放宣传资料4000余份，培训相关从业人员480余人次。

【智慧食安监管打造】 双流区市场监管局在全区学校（幼儿园）食堂开展线上线下监管融合，推行“互联网＋明厨亮灶”系统监管模式，通过数据的自动采集传输分析，实现人员管理、食材溯源、加工制作、餐具洗消、餐厨垃圾管理、培训考核、自查自纠等信息的全程智能化监管，并将管理过程向家长开放，构建家、校、政、企高效互动的阳光共治平台。8所学校（覆盖幼儿园、小学和中学3种类型）试点打造“智慧食堂”，截至年底上传人员信息586条、晨检信息15万条、出入库信息6.38万条以及菜品种类信息、成品信息、留样信息等6.1万条，发现并整改问题56个，自查报告250余份，行为分析异常抓拍100余条，食材临过期、健康证临过期、温湿度异常等告警信息500余条。

【食品安全防范体系建设】 双流区财政全年安排食品安全工作经费预算3204万元，比2020年增长20%，保障全区食品安全宣传、监督检查、检验检测等工作开展。双流区市场监管局研究制定印发双流区区级党政领导干部食品安全工作责任清单，明确区级党政领导食品安全工作职责，将食品安全纳入领导干部综合考核评价体系，分层分类细化各成员单位的考核指标，明确责任和完成时限，按时检查验收，确保工作落地落实、取得实效；完善应急管理制度，细化任务分工、完善舆情监测和处置、强化信息通报和闭环管理，依托区第一人民医院、区中医医院等8个哨点医院进行食品安全风险监测，报告食源性疾病病例1052例；加强应急处突队伍建设和能力培养，组织区级相关部门和镇（街道）开展食品安全突发事件应急演练，提升应急处突能力。12月11—13日，双流区完成国家食品安全示范城市现场评审工作组现场验收。

【食品生产安全监管】 双流区市场监管局严把食品生产准入标准，在食品生产许可监管层面对新办企业高标准严要求，指导双流区43家企业取得食品生产许可证；督促食品生产企业落实主体责任提升管理能力，组织食品生产企业质量安全管理员全员参加“食安员抽考”App考试，全区111家企业管理人员通过考核，覆盖率和合格率均为100%；配合成都市市场监管局完成食品生产企业飞行检查、突击检查和体系检查17家次，对全区食品生产企业开展全覆盖“双随机”检查，完成108家食品生产企业检查任务，按期完成系统录入，完成目标要求；持续开展食品小作坊提升，分别对食用植物油、糕点、白酒小作坊召开专项工作会，清理小作坊备案，着力打造3家“阳光小作坊”点位。

【食品流通安全监管】 双流区市场监管局落实食品流通环节安全监管，深入开展食品、食用农产品产品质量监督性快检，完成快检抽检27633批次，其中阳性18批次，合格率99.93%，包括重点活动保障730批次；推进非洲猪瘟、禽流感、农产品质量安全等食品安全工作，非洲猪瘟监督检查132批次，生猪入川调运联合审批9起，调运208吨，禽流感市场环节监督检查653

9月18日，区市场监管局在双流万达开展食品安全宣传　（供图：区市场监管局）

批次，有效防范禽流感疫情；牵头组织食品经营环节（销售）主体风险分级管理培训，督促各市场监管所对全区流通环节有效期内食品经营主体8586户开展风险等级评定，完成7973户，完成率93%；制定食品经营环节（销售）专项治理方案10余个，涵盖散装食品、标签标识、食用油、酒类食品、特殊食品等经营行为规范和产品质量安全，指导各属地市场监管所完成经营主体整改135个；处理各级专项督察工作53次，完成督察整改125个，夯实双流区食品流通安全基础，保障人民群众的食品安全和身体健康。

11月3日，区市场监管局党组书记、局长程宇检查药店疫情防控工作 （供图：区市场监管局）

【餐饮安全监管】 双流区市场监管局制定关于开展2021年餐饮服务风险分级管理的方案，开展餐饮服务风险分级评定，持有效食品经营许可证已完成风险评级管理经营主体5870家，完成率100%，持有效小餐饮备案证已完成风险评级管理经营主体2357家、完成率100%；规范涉嫌违规网络订餐经营主体968家，立案查处10件，罚款金额11488元；完成“相约幸福成都”系列赛事活动重大活动餐饮安全监管，制定餐饮安全应急预案，对网球、田径、水球、羽毛球、射箭测试赛供餐点位全程监督保障，开展快检634批次、食品抽检30批次，食源性兴奋剂抽检13批次；完成糖酒会、公务员考试、中高考等重大活动食品安全保障41次，无重大群体性食品安全事件。

【药品监管】 双流区市场监管局结合中药饮片专项整治、药品零售使用环节专项整治、疫苗质量监督检查、药品网络销售专项整治、含兴奋剂药品专项整治等专项工作，检查零售企业772家次、医疗机构55家次，立案查处药品案件89件，罚没金额32.60万元；开展药品监督抽检110批次，完成药品不良反应报告943例，百万人口报告数641例。

【医疗器械监管】 双流区市场监管局按照成都市市场监管局《关于落实2021年四川省医疗器械质量抽查检验工作任务的通知》要求，开展医疗器械监督抽样7批次，采集样品已送至四川省医疗器械检测中心；结合疫情防控、日常检查、专项整治、环保、安全等开展医疗器械生产企业监督检查25家次、经营使用环节监督检查1480家次，责令整改22家次，查办案件7件，罚没金额8.31万元；完成医疗器械不良事件报告419例，百万人口报告数286例。

【知识产权保护】 双流区加强知识产权保护，搭建知识产权服务平台，与重庆猪八戒知识产权服务有限公司合作，共建双流区知识产权大数据公共服务平台，通过平台提供集知识产权创造、保护、运用、培训、政务服务等为一体的综合性公共服务，已招纳服务机构477家，其中四川省前20强知识产权服务机构入驻12家，双流区内240家企业在平台注册，107家企业通过平台申领服务券800万元。双流区市场监管局组织申报四川省级知识产权项目22项，获四川省级知识产权专项资金254万元；组织申报成都市级知识产权项目23项，获资金228万元；与双流区知识产权大数据公共服务平台运营团队合作，走访区内企业88家，收集企业对知识产权服务的实际需求100余条，并根据企业需求，组织开展10期“知识产权创新赋能强企系列培训”；推进知识产权转移转化服务市场化配置改革，申报的“探索知识产权转移转化服务市场化配置改革试点”被四川省发展改革委列入四川省要素市场化配置改革试点（第一批）任务清单，并通过四川省发展改革委组织的专家组对改革试点现场检查和调研。全区全年新获授权专利5053件，比2020年增长43%，其中发明专利756件，增长50.8%。全区有效发明专利拥有量3604件，增长25.6%。

（蒋治龙）

国有资产管理
State-owned Assets Management

【概况】 2021年，双流区国资国企按照“以国资改革引领国企改革”总体思路和“五个同步”（国资国企同步改革、赋能减负同步实施、体制机制同步健全、机构人员同步考虑、监管绩效同步完善）工作要求，逐步构建“1+13+N”（“1”为《进一步深化国资国企改革发展实施方案》，“13”为13个专项实施意见和方案）国资监管制度体系，通过优化国有资本布局、强化投融资管控、深化国有资产赋能等举措，持续推动区属国有企业做优做大做强。

【国资国企管理体系完善】 双流区国资金融局建立健全《党委会议事规则》《董事会议事规则》等制度，3家集团公司分别设立集团党委，整合下属全资控股公司党员情况，设立党支部17个（其中成都空港兴城投资集团有限公司5个、成都空港城市发展集团有限公司6个、成都空港科创投资集团有限公司6个），实现集团及下属子公司党组织全覆盖；3家集团公司均设立董事会，下属二三级企业根据运营管理需要设立董事会12家。双流区属国有企业集团公司均设立纪委，委派纪委副书记和纪检监察专员，强化廉政监督。双流区国资金融局推进区属企业经理层任期制和契约化管理改革，自5月启动改革，制定及完善12个配套制度，建立专项督办、专项考核、专项通报3个专项工作机制；完成双流区41家子企业、77个经理层岗位签约，实现企业户数和人员签约数完成率100%，同时有2家子企业开展职业经理人管理试点，4个经营管理层成员纳入职业经理人管理范畴。

【国资国企改革】 双流区国资金融局在构建“1+13+N”国企改革政策体系的基础上，结合成都市国资国企改革发展暨片区综合开发推进工作会议重要精神，制定双流区国企改革三年行动实施方案（2020—2022年）并于9月1日印发；根据方案内容，梳理形成双流区2021年国企改革重点工作任务清单，细化明确58项任务，其中自选改革任务5项，督促相关责任单位按照时间节点完成各项任务，每月就任务完成情况形成月度报告，按要求上报成都市国资委，完成制定《双流区区属国有企业负责人经营业绩考核办法》、完善《双流区片区综合开发导则》、制定《国有企业主要负责人奖惩评价实施导则》、成立区属国有企业集团纪委等10项任务，其余48项正常推进。双流区国资金融局启动双流区国资国企改革发展“十四五”规划编制，完成双流区国资国企改革发展“十四五”规划初稿初步草拟；完成双流区国资国企发展现状诊断报告，同时针对国企国资未来发展趋势研判、考核评价体系研究、国资经营方式转变等重点领域，开展专题研究并形成相应报告；建立总规模不低于40亿元的双流区重大产业化项目投资基金，《建立双流区重大产业化项目投资基金推进补改投实施方案（试行）》已经区委十四届常委会第2次会议审定、区政府第184次常务会审议通过。

【国有资产经营管理】 双流区国资金融局优化片区综合开发配套制度，渐次铺开片区综合开发，制定出台《双流区片区综合开发导则（修订版）》，在怡心湖C区项目基础上，新增芯谷杨柳湖片区、西开区转型升级示范区、东升环港路西片区、怡心湖DE区、九江未来美好社区、航空科技产业园六大片区项目，部分项目完成城市合伙人招引；持续赋能区属国有企业，截至12月31日，已为3家区属国有企业办理158宗资产不动产权证，涉及房屋面积69.98万平方米、土地面积2282.21亩；提高国有资产盘活率，成立由区政府主要负责人为组长的国有资产产权办理专班，为区属国有企业赋能资产57.7万平方米，截至12月31日，3家区属国有企业经营性房屋面积160万平方米、经营性土地面积1897亩，其中3家区属国有企业盘活经营性房屋面积152万平方米、盘活率95%，镇（街道）盘活面积22万平方米，盘活率69%。

【国有企业融资管理】 双流区国资金融局召开融资项目调度会11次，区属国有企业新增融资提款359.06亿元，调整还款计划17.69亿元，加权平均综合融资成本4.98%/年，较2020年下降33BP（0.33%）；加大银行对接力度，获得中国农业发展银行、国家开发银行和中国进出口银行融资资金，在政策性银行贷款方面进一步突破。双流区属国有企业抢抓政策窗口期，拓展资本市场融资，打通国家发展改革委、上海证券交易所和中国银行间交易商协会等融资渠道；在每笔债券发行前，关注经济市场动向，动态掌握债券估值定价水平，提前锁定债券发行成本区间，科学制订发行计划，实现发行利率新低。

（孙　情）

国有公司管理
State-owned Companies Management

成都空港兴城投资集团有限公司

【概况】 2021年，成都空港兴城投资集团有限公司（简称空港兴城集团）有全资、控股、参股公司33家，代管公司20家，其中全资二级公司7家（空港兴城产投公司、空港兴城建管公司、空港兴城置业公司、空港兴城教育投资公司、空港兴城建材公司、空港兴城物业公司、空港绿道公司），二级参股公司12家，三级全资公司9家，三级参股5家，参股基金7支。空港兴城集团紧扣高质量建设践行新发展理念的中国航空经济之都，聚焦基础设施和公服配套建设、片区开发与产业功能区建设、经营性地产开发、建材贸易、教育与医疗投资、公园城市投资与建设等主营业务，致力成为"先进生产要素聚集者、重大战略落地推动者、市民美好生活建设者、全域开放发展先行者"，全年营业收入43.34亿元，净利润8.1亿元。

成都空港兴城投资集团有限公司董事长：易劲松（2月离任），袁甫（2月任职，10月离任），王久斌（10月任职）。

【专业化公司成立】 2月9日，成都空港产业兴城投资发展有限公司下成立成都双流一心湖房地产开发有限责任公司。7月8日，成都空港产业兴城投资发展有限公司下成立成都江盛兴宸房地产开发有限公司。7月22日，成都空港产业兴城投资发展有限公司下成立成都空港亚心心脏病医院有限公司。12月14日，空港绿道公司下属全资子公司成都临江归园田居生态农业发展有限责任公司成立，开展乡村振兴集体土地开发经营。

【集团融资管理】 空港兴城集团营造良好金融环境，集团国内主体评级保持AA+正向、国际主体评级BB+正向，建管公司国内主体评级AA，整体信用水平逐步提高；通过"融建""信用证+融资租赁""超短融"等融资方式，降低非标准债权融资成本；通过提前归还高成本融资、存量贷款协商降低贷款利率等方式，节约融资成本；在"产业功能区配套+公共服务配套"、股权投资再盘活等创新领域，分别与国家开发银行、中国建设银行等金融机构开展合作；发行的超短融、双创债、中期票据、企业债、公司债等直接融资产品受到资本市场青睐，夯实集团在公开市场的信用评级，发行利率等条件处于同层级平台公司第一梯队；利用银行传统流贷、项目贷产品夯实与当地金融机构的合作，取得双流区单笔注册规模最大的企业债，获准金额36亿元，成为全国区县级AA+城投企业的单笔注册规模最大的企业债券。2021年空港兴城集团发行的超短期融资券创双流区历史同一品种最低利率2.8%。

【集团项目建设】 空港兴城集团有项目179个，其中安置房项目33个、学校及配套项目40个、公建项目18个、市政水利项目69个、公服配套项目2个、配套住房项目3个、医院项目2个、片区开发项目12个，年度计划投资82.38亿元，全年完成投资72.59亿元，竣工交付项目30个。空港兴城集团建成板桥枫林二期、龙峰佳苑、团结馨苑3个安置小区，提供房屋2787套，可安置3565人；建成扩建黄甲初中、协和长顺九年制学校等学校15个，提供

9月8日，板桥枫林二期安置房竣工　（供图：空港兴城集团）

双流区妇幼保健院二期主楼（2021年）
（供图：空港兴城集团）

学位92105座；建成区妇幼保健院二期、新建精神卫生保健院和迁建公兴卫生院、迁建黄甲卫生院，新增床位637个；完成300座检查井盖病害治理、41条道路排水设施清淤检测以及2020年36处受损河道修复，整治河段总长4410.5米；完成三支四斗截污干管及三支四斗、三支六斗治理工程建设，改善水生态环境；完成丛桂街等5条建筑立面一体化改造，总长4.1千米，完成改造点位29个；完成14个老旧院落改造，改造面积13783平方米，涉及房屋737套。

【集团项目管理】 空港兴城集团于10月成立空港兴城集团促建委员会，设立三级调度制度，促建委员会办公室设在集团规建部；实施重大项目领导包联工作方案，按照重点关注项民生工程、涉及信访维稳项目、重点安置房项目、两办督查项目四种类型共84个项目，由集团领导班子包联包抓，负责项目建设的协调督导服务，实现工程建设有序推进；建立工程日报、周报、月报机制，实行重点项目每日报送、包联项目每周报送、工程建设情况每月报送，落实重大事项报告制度；在制度建立上统规范、补短板，立足于项目全生命周期管理，编制“1+N”项目标准化管理体系文件（“1”指《标准化项目管理操作手册》，“N”指《工程奖惩细则》等系列文件），规范建设管理；印发并实施《标准化项目管理操作手册》《工程质量体检清单》，同步研究编制资金进度专篇制度办法，形成《工程奖惩细则》。空港兴城集团通过推行“样板引路＋材料锁样”制度，在方案阶段完成外立面材料锁样，施工阶段确定材料锁样、工艺样板、交房样板，并制定质量管理手册，推行质量清单式管理等措施，保障项目出“精品”，空港兴城建管公司的7个项目获评“成都市结构优质工程”、1个项目获“芙蓉杯”；开展安置房“开放日”，邀请百姓到现场验房，让群众提前了解住房的结构、布局、质量等；组织成立安置房“维保小分队”，在交房后不定期巡查、回访各安置小区，了解群众诉求，建立台账，逐一整改落实，让百姓住得开心、安心、放心。空港兴城集团统筹推进环境保护、安全生产、大气污染防治及城乡环境综合治理等，开展联合督查5次、专项督查8次，发现问题108个，闭环问题整改95个，整改率87.9%；以督查为抓手，强化促建整改，紧盯进度和质量红线，把握节点、统筹力量，项目进度滞后率降低15个百分点，项目建设推动初见成效。1个项目获“四川省安全文明标化工地”称号，2个项目获“四川省绿色施工示范工程”称号，13个项目获“成都市安全文明工地”称号，5个项目获“成都市绿色施工工程”称号，8个项目获“成都市绿色标杆工地”称号。空港兴城集团优化片区综合开发工作机制，组建由区分管领导任组长、区级部门组成的片区综合开发工作推进小组，组建由区级部门组成的片区综合开发促建工作专班，协调解决项目推进中存在的困难和问题；推行“项目负责制”，建立项目投资策划、规划设计、要素保障、建设管理、招商运营全生命周期管理体系，推进项目建设；完善片区综合开发政策体系，修订《双流区片区综合开发导则（试行）》，明确各方职责、简化工作环节、优化推进流程、缩短工作时限；制定《怡心湖C区建设运营方案》《怡心湖C区补贴奖励资金管理办法》《双流区片区综合开发项目补贴及奖励资金管理办法》，保障项目推进有制可依有章可循，废、改、立《项目全生命周期管理制度》《投资管理制度》《合约招采管理制度》等规章制度，搭建“位阶分明、全面覆盖”的内控制度体系。

（肖慧敏）

成都空港城市发展集团有限公司

【概况】 2021年，成都空港城市发展集团有限公司（简称空港发展集团）下辖成都市空港置业有限公司、成都空港建设管理有限公司、成都空港产融投资有限公司、成都空港现代服务业发展有限公司、成都空港公共交通有限公司、成都空港交通综合服务有限公司、成都空港大健康产业发展有限公司7家核心二级子公司，资产规模、营业收入、净利润分别比 2020 年增长 15.16%、5.61%和 14.9%，完成固定资产投资 61.63 亿元，完成率 112.7%。

成都空港城市发展集团有限公司董事长：陈激扬（2 月离任），易劲松（2 月任职）。

【集团融资管理】 空港发展集团国内信用评级 AA+、国际信用评级 BBB-（投资级），全年融资提款 180.78 亿元（含政府债券 4.72 亿元及调整还款计划 7.6 亿元）；3 亿美元境外债发行利率 2.8%，创近年来中西部地区区属国企最低发行利率纪录；10 亿元非公开公司债发行利率 3.8%，创西部地区私募公司债有史以来同评级同期限发行价格最低；通过“一次报价，价低者得”择优选取成都银行作为全区首笔房开贷项目贷款银行，贷款利率 4.4%/年，较双流区国资委审议成本下降 172.5 个 BP。

【项目建设管理】 空港发展集团以规划设计品质提升为主线，推动 12 个项目一次性通过区规委会审查；承建基础设施项目 89 个，正常推进率 97.8%，13 个项目提前完工，26 条道路共 38 千米建成通车，天府怡心湖日航酒店提前 7 天实现结构封顶；推动全区国有企业首个市场化房地产项目——云璟铂樾项目 105 亩住宅项目开工建设，万科梦想城项目一批次 646 套公寓、双流西站 TOD 一批次 256 套住宅开售，二江寺 TOD 项目 384 套住宅开盘即售罄。双流区第一人民医院项目先后获国家优质工程奖、天府杯、芙蓉杯。

（李官印）

成都空港科创投资集团有限公司

【概况】 2021 年，成都空港科创投资集团有限公司（简称空港科创集团）下属全资及控股公司 11 家（保理公司、担保公司、创投公司、科服公司、文旅公司、基金公司、资管公司、体产公司、创新私募基金公司、双创公司、聚源金融服务），代管公司 2 家（人才公司、双流农产担公司），参股成都西南交大研究院有限公司等 33 家。空港科创集团植根双流区科技创新和产业培育第一线，做强“金融 +”主引擎，布局拓展金融服务、产业投资、科技服务、人才服务、产业开发、文旅体产六大核心业务，截至年底实现资产规模 86.91 亿元，比 2020 年增长 60.32%，净资产 46.86 亿元，比 2020 增长 36.54%，营业收入 4.57 亿元，比 2020 年增长 117.67%，新增授信 39.18 亿元，对外投资项目 8 个，总金额 6.31 亿元，获年度“菁蓉创投之星”“2021 供应链金融数智创新企业”等奖项 10 余项，总体发展趋势持续向好。

成都空港科创投资集团有限公司董事长：杜昔航。

【集团融资管理】 空港科创集团强化投融资协同联动，首次成功申报并发行政府专项债，取得政府专项债低息资金 2.6 亿元；完成 AA 主体评级打通直融通道，取得发行 7.5 亿元公司债券资本市场“通行证”，融资结构进一步优化；围绕投资项目资金需求，夯实资金计划及支付节点，取得授信 39.18 亿元；新增提款 22.84 亿元，其中银行类提款 16.34 亿元、非银行类提款 6.5 亿元；新增融资综合成本 5.62%，较 2020 年新增融资综合成本降低 90BP，投融联动效应持续增强；偿还全部隐性债务，为发挥产业投资引领作用奠定资金基础。

【项目建设管理】 空港科创集团全年实施打造 14 个项目。大运会场馆改造项目建设内容包括双流体育中心体育场、体育馆、现代五项赛事中心马术体育场、游泳馆和棠湖中学体育场 5 个区属场馆的场地及配套功能设施设备改造升级，总投

宽窄巷子城市候机楼（2021年） （供图：空港科创集团）

成都芯谷·企业幸福中心内景（2021年）　（供图：空港科创集团）

资16470万元，建筑面积37495平方米，于4月全面竣工。空港科创集团以双流历史文化、名人名家为线索，创新双流传统文化表达形式，推动双流文化空间建设取得新突破，宽窄巷子城市候机楼、凤翔湖舞台、双流史志馆、何建明书院先后竣工，城市文化显示度不断提升；以做优城市品质释放投资机会，东盟中心亮化提升工程于6月完成所有节点点亮，成都芯谷·企业幸福中心于10月投用，人才综合服务中心、成都芯谷发展服务局等单位入驻；推动西南交通大学、双流区合作打造四川省首个跨高校院所新型中试研发平台；运营的双流空港（青年）大学生综合性创业孵化中心获评四川省级创业孵化基地，成为双流区唯一一家四川省级大学生创业孵化基地。双流空港（青年）大学生综合性创业孵化中心累计培育35家国家高新技术企业、6家四川省级"专精特新"企业，服务企业400余家，帮助企业申请知识产权1632件、授权1013件，为企业申报政策资金5000余万元。

（薛丁文　马耘耘）

成都航都粮油有限责任公司

【概况】 2021年，成都航都粮油有限责任公司（简称成都航都粮油公司）坚持迎难而上、逆势而扬、稳中求进、进中求好的总基调，坚持新发展理念，坚定不移推进改革，沉着有力应对各种风险挑战，持之以恒做好新冠肺炎疫情防控和企业生产经营，高质高效履行企业责任，推动企业发展；配合区委第二专项巡察组开展粮食购销领域腐败问题专项巡察检查，做好巡察整改，确保整改有序有力推进；做好"稳定、安全"工作，确保各级储备粮油安全，资产经营更加规范，基本实现预期目标，显现出良性运行质量和态势。成都航都粮油公司完成粮油购进2011吨，销售13吨，"四无"粮比例95%以上；实现营业收入1393万元，取得储备收入661万元，资产经营收入1344万元，亏损控制额77万元，比2020年减少亏损2万元；严格控制费用支出，业务招待费开支17万元，比2020年减少8万元，小车费开支13万元，比2020年减少4万元。公司全年无重大群体性上访事件和安全事故。

成都航都粮油有限责任公司总经理：满庆。

【粮油库存检查】 成都航都粮油公司以4月30日粮油库存统计结报日为检查时点，经查，账面数与实际数一致，账实相符；储备粮油库存成本与中国农业发展银行贷款一致，资金占用合理。成都航都粮油公司迎接2021年全省政策性粮油库存检查，账实相符，粮油品质均符合各级储备粮质量管理的要求，库存粮食安全。

【储粮管理】 成都航都粮油公司做好各级储备粮轮换入库，通过四川粮油批发中心网上公开竞价交易方式进行，按照公开、公正、公平的原则完成储备粮轮换，在轮换过程中严把粮食出、入库质量关，经具有质量检验资质的检验单位检测入库粮油品质均符合各级储备粮质量管理的要求；落实"一规定两守则"（《粮油储存安全责任暂行规定》《粮油安全储存守则》《粮库安全生产守则》），明确责任，确保储粮"四无"（无虫害、无鼠雀、无霉变、无事故）；推进1.75万吨低温库建设项目；开展粮油仓储规范化管理活动，提高规范化管理水平。

【资产管理】 成都航都粮油公司对拟出租的资产通过第三方机构评估然后公开招租，提高国有资产经营效益，盘活国有经营性资产；在全公司范围内使用区国资金融局统一的资产管理软件；制定实施《成都航都粮油有限责任公司企业资产招商管理办法实施细则》。

【企业管理】 成都航都粮油公司加强民主决策管理，执行《“三重一大”决策制度实施细则》《董事会议事规则》和《总经理办公会议事规则》等民主决策制度；加强目标管理，强化绩效考核；全面实行预算管理，完善企业基础管理；加强工程维修管理，工程维修按照规定招投标，规范运行，代管资产维修总投资110.9万元，公司资产维修总投资79.9万元。

（魏　武）

金　融
Financial Industry

【概况】 2021年，双流区金融机构人民币存款余额2165.77亿元，比2020年增长14.46%，人民币贷款余额1634.64亿元，比2020年增长17.65%，存款、贷款年度新增规模成都市（不含锦江区、青羊区、金牛区、武侯区、成华区）均排名第1位。全区有银行、保险、证券、基金、地方金融组织等金融机构102家，其中银行机构22家、保险机构39家、证券机构4家、基金23支以及小贷、担保、融资租赁、商业保理等地方金融组织14家，金融机构数量在成都市中心城区（锦江区、金牛区、成华区、武侯区和青羊区）以外排名第1位，金融生态环境建设连续2年获评成都市前三。

【金融小环境建设】 双流区国资金融局加大中小微企业帮扶力度，召开融资对接会10场，帮助58家企业解决融资贷款20.16亿元；通过驻区金融机构参与“空港之声”、空港融媒体、“企业咖啡时”、“85615333”金融服务热线等平台，畅通企业融资渠道，落实区内银行机构为4735家中小微企业放款282.5亿元，为2754家涉农企业（个体工商户）放款98.6亿元，为283家科技型企业放款25.1亿元；发挥1亿元风险补偿金池作用，新增银政保模式等空港易贷产品，为801家中小微企业提供39亿元政策性优惠贷款。

【金融风险防范】 双流区国资金融局组织日常经营监管，督促地方金融组织使用天府金融风险监测大脑，按期填报“沙箱”数据，截至年底小额贷款公司为28名客户提供2.83亿元贷款，商业保理公司为47名客户提供11.99亿元贷款，聚源担保公司为140名客户提供8.95亿元贷款担保，锦融、长虹、芯鑫融资租赁公司共为106名客户投放23.76亿元融资租赁；防范化解区域重大金融风险，会同四川银保监局双流监管组、中国人民银行双流支行，根据《防范和处置非法集资条例》草拟《双流区非法集资案件防控导则》，并征求相关部门意见。

【股权投资产业发展】 双流区稳步推进股权投资产业发展，在引进社会资本出资设立基金落户的同时，区属国有公司参与组建和发起设立多支股权投资基金，有效促进双流区重点产业发展和重大项目引进。全区股权投资基金24支（社会化基金15支、区属国有公司出资的基金9支），总规模148.13亿元，累计投资项目78个。

【幸福美丽新村建设融资】 双流区国资金融局加强金融机构与合作社的信息沟通，推广幸福美丽新村“政府引导+合作社主导+金融创新”贷款模式，拓宽新村建设的资金来源。截至年底，幸福美丽新村授信规模10.61亿元，提款9.03亿元，闭环11个项目，还款4.05亿元。

【适航基金运行】 双流区国资金融局与四川航空集团有限责任公司双方旗下公司共同出资设立的适航基金对外投资15000万元（其中腾盾科创8000万元、拓疆基金7000万元），腾盾科创项目于2021年以转让价格28529万元实现退出。截至12月31日，适航基金认缴规模5亿元，实缴规模2.01亿元，在管项目7000万元。

【企业上市管理】 双流区国资金融局用好《双流区支持企业上市（挂牌）倍增行动计划（2020—2022年）》政策优势，发挥“双流企业上市（挂牌）管理信息系统”智能分析功能，加强金融赋能和纾困帮扶，提升上市公司高质量发展和抵御市场风险的能力，为区内14家“四板”（天府股权交易市场“一带一路”“军民融合”“科技金融”“双创”板块）挂牌企业申报奖励资金70万元，争取成都市级专项资金720万元，新增股改企业1家、四川证监局辅导企业2家、科创板报会企业2家、“四板”挂牌企业7家。全区上市（挂牌）企业95家，其中上市企业5家、新三板挂牌企业8家、

7月30日，四川天微电子股份有限公司在科创板上市　　（供图：区国资金融局）

四板挂牌企业82家，库内企业超过520家，重点拟上市企业14家。7月30日，双流区辖内企业四川天微电子股份有限公司在上海证券交易所实现科创板上市，成为全区首家科创板上市企业。11月15日，双流区辖内企业成都中寰流体控制设备股份有限公司在北京证券交易所实现上市，成为全国首批、全市首家北交所上市企业。

（孙　情）

财　政
Finance

【概况】 2021年，双流区财政局以"财政绩效年"为抓手，围绕"提质量、精预算、抓管理、防风险"下功夫求实效，为高质量建设践行新发展理念的中国航空经济之都贡献财政力量。双流区全年减税降费18.6亿元，其中税收减免10.4亿元、社保费减免7.7亿元、行政事业性收费减免0.5亿元；兑现扶持资金14.88亿元，惠及企业1426户；通过"蓉采贷"融资产品向9家中小企业发放贷款0.25亿元，授予中小微企业合同金额15.69亿元，占采购金额的92.62%。

【财政收入】 双流区全年完成全口径财政总收入2842677万元，同口径增长2.1%，其中全口径税收收入完成1563977万元，比2020年增长8.6%；地方财政收入完成2041937万元，比2020年增长0.8%；一般公共预算收入完成912455万元，比2020年增长17.7%；地方税收收入完成763237万元，比2020年增长11.7%；政府性基金收入完成1105767万元，比2020年下降9.8%。

【财政支出】 双流区全年完成财政支出2478635万元，比2020年下降3.9%，其中一般公共预算支出完成1116495万元，比2020年增长9.1%；一般公共服务、公共安全、教育、科学技术、社会保障和就业、医疗卫生、节能环保、城乡社区事务8项支出完成686917万元，比2020年下降8.4%；政府性基金支出完成1359345万元，比2020年下降12.3%。

【财政收支平衡】 双流区一般公共预算收入完成912455万元，加上上级补助收入288318万元、调入资金105858万元、2020年结转结余66637万元、一般债务转贷收入2490万元、动用预算稳定调节基金20000万元，收入总计1395758万元。全区一般公共预算支出完成1116495万元，加上上解支出159283万元、安排预算稳定调节基金67755万元、一般债务还本支出2490万元，支出总计1346023万元。收支相抵，年终结转结余49735万元，按规定结转2022年继续使用。

【财税体制改革】 双流区财政局调整和完善镇（街道）财政体制，着力建立权责清晰、财力协调、区域均衡的镇（街道）财政管理体制；出台基本公用经费、城市清扫环卫、信息化建设等6项支出标准，对重点专项资金实行切块管理；推动预算管理一体化，全面规范预算管理和硬化预算约束。

2021年双流区社会事业发展财政支出情况表

表4

项目	单位	实绩	比2020年增长
科学技术支出	万元	53787	102.2%
教育支出	万元	218526	15.7%
文化和体育支出	万元	30097	8.4%
医疗卫生支出	万元	67086	-7.9%

【财政预算执行】 双流区一般公共预算收入完成912455万元，比2020年增长17.7%，其中地方税收收入完成763237万元，比2020年增长11.7%；非税收入完成149218万元，比2020年增长62.1%。双流区人大批准的一般公共预算支出完成925784万元，加上省市专项和2020年结转后，支出决算数为1116495万元。

【部门决算管理】 双流区财政局自启用部门决算网络版系统以来，在总结以往经验做法的基础上，将整个决算编审按时间节点流程化，明确各节点的任务、分工和需完成的工作量，不断改进和优化工作程序；在决算会审时，结合历年审核要求，在上级部门参数更新前，提前设置部门审核模板及公式，实现各单位发现问题可随时在各单位修改，确保数据及时性与准确性。

【"金财大平台"管理】 双流区财政局深化财政国库管理制度改革，所有预算单位全部实现国库集中支付，实现国库集中支付制度全覆盖，1月对系统进行升级；强化区级财政专户资金和单位账户管理，防范资金存放管理风险；深化公务卡改革，推进公务卡办卡量及刷卡信息管理，提高支付透明度，从源头上预防支付风险。

【财政绩效监督管理】 双流区财政局强化财政监督检查力度，牵头检查4个行政事业单位、1个镇（街道）、1个国有公司会计信息质量，重点关注"三公"经费、培训费和差旅费等；推进双流区预算绩效管理，初步形成全方位、全过程、全覆盖的管理格局，对2022年年初预算51个项目开展绩效目标审核或评估，涉及金额392623.10万元，对30个项目开展财政重点运行监控，涉及资金22483.04万元；持续开展绩效评价，在单位自评价的基础上，重点选择19个支出项目开展财政重点评价、涉及资金167874.81万元，选择13个单位开展部门整体支出评价、涉及资金253290.1万元，选择4个项目开展财政政策评价、涉及资金7260.43万元。

【政府采购管理】 双流区财政局围绕"程序导向型向结果导向型"的变革思路，以深化"简政放权、放管结合、优化服务"为主线，创新开展政府采购需求价格评审，持续深化营商环境建设。全区政府采购预算金额17.41亿元，实际采购金额16.95亿元，其中货物类采购金额4.63亿元，占采购总额的27.32%；工程类采购合同金额0.86亿元，占采购总额的5.07%；服务类采购金额11.46亿元，占采购总额的67.61%。

【政府债券争取】 双流区财政局全年争取政府债券358120万元，其中新增债券256300万元、再融资债券101820万元，较好发挥政府债券稳投资、扩内需、补短板的重要作用，为双流区经济高质量发展提供资金保障。

（高　海）

税　务

Taxation

【概况】 2021年，国家税务总局成都市双流区税务局（简称区税务局）落实中央办公厅、国务院办公厅《关于进一步深化税收征管改革的意见》，端对"四精"（精确执法、精细服务、精准监管、精诚共治）要求，遵循"因地制宜、科学赋能、稳妥推进、持续优化"原则，形成4个专业管理部门、3个专业化管事部门、2个重点税源管理部门、3个属地税务所。双流区税务局各单位和个人全年获得成都市级或市级单位以上奖励10项，区税务局被四川省妇女联合会表彰为四川省"巾帼心向党·建功新征程"先进集体，被成都市医疗保障局表彰为企业医疗（生育）保险费征收职责划转工作先进集体，被成都市妇女联合会表彰为成都市三八红旗集体。

【税收收入】 双流区税务局全年组织各项收入238.2亿元，比2020年增长39.5%，增收67.25亿元，其中组织税收收入156.64亿元，比2020年增长6.35%，增收9.35亿元；组织社保基金收入74.16亿元，比2020年增长315.9%，增收56.33亿元；其他非税收入7.4亿元，比2020年增长26.7%，增收1.57亿元。双流区税务局组织地方一般公共预算收入81.45亿元，比2020年增长12.68%，增收9.17亿元。

【税收征管】 双流区税务局建成税费服务支持中心，创新将依法不需实地核实和业务部门审核事项全部交由税费服务支持中心办结，涉税事项办理时间压缩50%以上；构建"大风控"模式，形成以数据运营为核心、税费种管理为支撑、内部控制为监督的闭环式、全量式对内对外"1+1+1"税费风险监控体系；

创新社保工作模式，由社保非税科以团队形式承接社保非税管理所职责，并将自然人社保费辅导管理职责整合至社保非税科，强化社区网格支撑，使缴费人在社保网格便民服务网点就近享受“一站式”办费新体验，同时创新社保费征缴联合服务模式，实现多部门社保费业务的“一窗办”“一号办”，临柜业务办理量降低约50%，简易业务办理平均等待时间压缩至2分钟。

【税收服务】 双流区税务局推进智能办税，建成四川省首家智能办税服务厅，实现纳税服务内容管理精确化、信息采集分析精准化、需求响应精细化、服务资源调度科学化；创新打造税务健康体检中心，助力纳税人结合体检报告“纠偏补漏”，有效防控涉税风险；联动区工商联开展“春雨润苗 双流在行动”暨助力小微企业“百千万”系列活动，走访小微企业7000余户，促成辖区涉税中介为全区106户小微企业免费记账一年，促成金融机构为247户企业解决融资2.77亿元；联合双流邮政创新推出“双流税递”，寄送发票时同步投递最新税收政策；率先在成都市税务系统实现发票包邮，为3.04万户纳税人寄出发票包裹12.87万个、发票1274.72万份，节约邮寄成本90.17万元；尝试“撤窗办税”，以服务台替代办税窗口，取消工作人员与纳税人“一窗之隔”；创新提供双屏服务，办理流程实时转播，提高业务办理效率。

【税收宣传】 双流区税务局紧扣“税收惠民办实事 深化改革开新局”主题，制定符合区税务局实际及特色的税收宣传要点及重点，创新完善对外宣传形式，从落实政策、优化服务、助力经济社会发展等方面，集成社会宣传资源，统筹开展多形式、多平台的税收宣传活动，增强对外传播能力，集中优势资源建设对外宣传精品；加强网络意识形态阵地建设，推出形式创新、易于传播的融媒体视频作品，其中新媒体视频作品7条、微课和微动画4条，在“学习强国”、“学习兴税”及税务总局微信公众号等国家级渠道及平台推送播放；推出一批高质量的新闻稿件，在各级媒体刊登信息261篇，其中国家级媒体35篇、省市级媒体176篇，《四川：税务健康体检中心为涉税指标健康“把脉问诊”》《川渝合力打造税收征管一体化新样板》《四川税务部门以“数”治税风险体检助企健康发展》《四川省首家智能办税厅正式启动》《深化改革抓落实 四川税务有实招》等稿件被《人民日报》、新华网、《中国税务报》等国家级平台采编；统筹开展一系列上门服务及走访座谈活动，跟进报道各项便民办税专题座谈会及“专精特新”点对点培训会，通过对接地方党委、政府及宣传部门，开展进政府、企业、军营、镇（街道）等宣传30余次，组织开展上门走访、宣传培训座谈40余次，宣传覆盖8000余人。

（贾　茹）

统　计
Statistics

【概况】 2021年，双流区统计局抓好地区生产总值核算及工业、农业、投资、服务业、能源等统计，提高统计数据质量，做到数据“来之有源、据之可查、查之可信、真实可靠”；强化统计基础，加强基层统计标准化建设；完善和建立部门统计管理体系，确保各地数据与上一级汇总数据衔接、综合统计数据与部门统计数据科学衔接；指导全区统计人才队伍建设，开展统计交流与合作；监督管理由中央财政或四川省、成都市、双流区财政提供的统计经费；建设管理全区统计数据库系统和统计信息化系统，贯彻执行国家和四川省、成都市、双流区制定的统计数据库和网络的基本标准及运行规则，实施信息网络管理标准和管理制度，并指导镇（街道）信息化建设；管理全区统计调查数据资源，负责全区统计计算机网络和数据的安全保密。

【统计报表管理】 双流区统计局严格执行国家报表制度、国家统计标准，重点抓好年报和定期统计报表，组织实施全区农林牧渔业、工业、建筑业、批发和零售业、住宿和餐饮业、房地产业、其他服务业等国民经济行业以及能源、环境、投资、人口、收入、科技、社会发展基本情况等领域统计调查；负责全区经济社会发展和重要领域、重点区域监测评价，收集、整理和提供有关调查的统计数据；加强与部门协调，重要事项相互沟通，争取相关部门配合开展专项调查；注重对各部门、镇（街道）统计人员业务指导，规范统计程序，提高统计数据质量。

【工业和能源统计管理】 双流区统计局组织实施全区工业经济、能源环境及有关重点行业、重点产业、重要领域的统计调查、统计监测、综合评价和分析研究，负责单位地区生产总值能耗、单位工业增加值能耗和全社会能源消费量核算；负责收集、整理和提供有关统计调查数据，检查评估有关统计数据质量；参与节能降耗和主要污染物减排目标考核，指导有关专业统计基础工作；清理规模以上工业企业，及时纳入统计；了解工业经济重点镇和重点企业生产经营状况，帮助企业统计人员解决统计工作中具体问题，指导统计业务，为统筹城乡发展做好统计服务；加强统计在工业经济运行动态中的监测监控职能，分析现状，把握趋势，发现运行中苗头性、倾向性问题，超前研究应对措施，提出对策和建议，增强经济运行工作前瞻性和预见性，提高驾驭和调控全区工业经济运行水平。

【农业统计管理】 双流区统计局负责全区农业农村经济统计调查、监测、审核及分析研究；组织实施农业生产条件、经济作物生产情况、设施农业生产情况、茶叶、水果及食用坚果生产情况、林业生产情况、渔业生产情况的统计调查、统计监测和分析研究，负责全区农林牧渔总产值核算；加强农业统计台账审核，夯实农村统计基础工作；组织实施农业统计联网直报，组织实施全区乡村振兴战略统计监测、审核、分析。

【服务业统计管理】 双流区统计局负责全区交通运输、仓储和邮政业，信息传输、计算机服务和软件业，租赁和商务服务业，科学研究和技术服务业，水利、环境和公共设施管理业，教育、卫生和社会工作等服务业重点企业、重点产业、重点领域的统计调查、统计监测和分析研究；组织实施全区批发和零售业、住宿和餐饮业以及商品市场运行状况的统计调查、统计监测和分析研究，参与评估全区旅游产业、对外经济等统计数据；组织实施全区人口、工资、科学研究与试验发展、文化创意产业、企业创新等社会发展、科学进步相关领域的统计调查、统计监测和分析研究，组织实施人口普查、人口抽样调查；承担全区妇女儿童两纲监测；负责收集、整理和提供有关统计调查数据，检查评估有关统计数据质量；指导有关专业统计基础工作。

【综合核算管理】 双流区统计局组织实施全区国民经济核算、投入产出调查，收集、整理和提供国民经济核算资料，开展分析研究；负责组织各专业开展统计数据质量管理，负责重要统计数据质量的审核、监控和评估；组织实施全区国民经济运行的监测预警，建立全区经济社会发展监测评价制度及指标体系，对全区国民经济运行情况、重点区域和重要领域实施监测评价，开展分析研究，提出宏观调控咨询建议；整理、提供和发布综合统计数据；负责全区地方统计调查项目的审批备案，负责全区主要统计指标对外发布，负责功能区统计监测，指导统计基层基础建设。

【统计监督管理】 双流区统计局加大执法力度，拓宽检查领域，加强与部门办联合执法，规范基层基础统计；依法统计，强化数据质量，构建统计数据质量控制体系。统计人员恪守“以求真务实为天职、视数据质量为生命”职业道德，用好统计调查权、信息管理权和执法检查权。

【统计信息化建设】 双流区统计局完成统计内网专项改造工程，加强局机关和各镇（街道）统计信息网络的运行、维护和管理，抓好双流区大数据平台运营管理，筑牢统计网络安全防线。

【统计服务】 双流区统计局深化统计改革，做好重点课题研究，抓好农业发展农民增收调查研究，发挥决策参谋作用；做优、做精统计产品，按时发布《统计公报》，编辑出版统计年鉴，定期提供《统计简报》《统计月报》，加强“每月一情”分析监测；加强宏观经济形势监测分析，做好扩大内需统计监测；抓好应急统计监测，探索建立统计应急体系。

【依法统计】 双流区统计局强化统计数据质量管控，检查全区392家规模以上工业、50家规模以上服务业、50家限上批零住餐企业数据质量，要求上报数据存在差错的企业修正数据；加强统计执法监督，配合成都市统计局对全区30家企业执法检查，处罚检查中出现差异的5家企业，检查全区42家企业；加大统计执法检查力度，与区市场监管局对全区21家规模以上企业开展“双随机”联合抽查。

（王　玲）

审 计
Audit

【概况】 2021年，双流区审计局落实区委和区委审计委员会各项决策部署，围绕中心、服务大局，依法审计、改革创新，开展审计（调查）123个，提出审计建议意见198条，促进增收节支和挽回损失4.56亿元，向区委、区政府报送审计专报、要情10份，获市区奖项11项，14名干部职工受到表彰表扬，为建设践行新发展理念的中国航空经济之都贡献审计力量。

【财政审计】 双流区审计局组织实施区级财政预算执行和决算草案审计及全区71家一级预算单位、106家二级预算单位部门预算执行情况全覆盖审计，开展产业扶持资金、城市治理资金、拆迁资金等专项审计及全区政府性债务、隐性债务审计调查，摸清全区财政总收入和总支出情况，查出预算编制不准确、预算执行率低等问题，督促将非税收入及时上缴国库，清理盘活存量资金1.79亿元，推动科学编制预算、全面评价使用绩效、强化结果运用。

【经济责任审计】 双流区审计局制定《双流区经济责任审计工作联席会议制度》《经济责任审计操作指南》等系列经济责任审计制度文件，强化经济责任审计组织领导和部门协作；组织实施15名领导干部经济责任审计，提出审计建议意见33条，促进完善管理制度20项，促进权力规范运行和反腐倡廉。

【政策跟踪审计】 双流区审计局紧盯成都市"幸福美好生活十大工程"等政策措施落实情况，组织实施方便群众出行工程推进情况、改革优化营商环境配套措施推进情况、学前教育普及普惠政策落实情况等5个政策跟踪审计项目，揭示制度机制运行不畅的根源，就理顺工作机制、防范隐患风险、强化监督管理等提出意见建议，打通政策落实"最后一公里"。

【政府投资审计】 双流区审计局强化对市区重大政府性投资建设项目的全过程监督，对大运会场馆改造工程等9个在建项目开展跟踪审计，对拆迁安置小区和航家园等20个重点重大公共工程项目开展前期准备阶段跟踪审计，提出审计建议10条，督促问题边审边改30个，建章立制3项；全面推行"审结分离"，完善审计复核监督机制，加强对久拖不决项目的调度管理，全年完成政府性工程建设项目结（决）算审计和复核监督94个，结（决）算编制金额21.72亿元，综合核减2.56亿元，综合核减率11.79%。

【国有企业审计】 双流区审计局统筹实施国有企业领导人员经济责任审计及区属国有企业运营管理情况审计监督等专项审计，查出工程建设项目管理不规范等6大类23项问题，提出建议意见并督促问题整改，促进区属国有企业提升市场竞争力和运营能力。

（谢铨璞）

城乡建设与管理

URBAN AND RURAL CONSTRUCTION AND MANAGEMENT

城乡建设规划

Urban and Rural Construction Planning

【概况】2021年，双流区规划和自然资源局执行城乡规划建设法律法规，以项目建设为抓手，推进规划编制、规划管理相关工作。

【城市建设规划】双流区规划和自然资源局牵头编制完成《东升街道环港路西片区城市有机更新综合一体化实施规划》《怡心湖片区33平方千米城市设计》《锦城公园两侧空间布局战略性调整方案》《成都环城生态公园周边九江未来公园社区城市设计》等重点规划，为双流区城市有机更新、产业功能区建设、环城生态公园生态价值转化、未来公园社区建设等重点工作推进提供规划成果。

【工业区块线划定】双流区规划和自然资源局综合考虑国土空间规划编制要求、工业集中发展区现状、公园城市建设、城市增量空间、区域协同发展方面实际，借鉴上海市、深圳市等城市先进经验，按照“严守总量、提质增效、产城融合、刚性管控”原则，在四川省率先启动工业区块线划定，将国土空间规划“三区三线”（“三区”指城镇空间、农业空间、生态空间，“三线”指在城镇空间、农业空间、生态空间划定的城镇开发边界、永久基本农田、生态保护红线三条控制线）方案与法定控规相结合，从经济发展目标、区域空间规模、主导产业人口三个维度，深入分析2025年和2035年工业用地需求量，划定两级工业区块线，实施分级管控，以一级区块线刚性管控和二级区块线弹性管控的模式，形成《双流区工业区块线划定方案》，同步制定双流区工业区块线管理办法，建立全区区块线地理信息数据库，对工业区块动态跟踪、维护和管理，并创新工业用地性质与产业相结合的方式，提升工业用地开发强度，保障双流区及成都市先进制造业发展空间。成果方案受到成都市发改委、市经信委、市规划和自然资源局及双流区委、区政府肯定。

【农村连片发展规划】双流区规划和自然资源局成片连线编制《双流区黄甲街道文庙社区、八角社区、黄水镇云华社区、桂花村四村连片村规划（2019—2035年）》《双流区黄水镇杨公社区、文武社区、扯旗社区、桃荚社区（高石片区）成片连线村规划（2021—2035年）》《双流区彭镇沿河坝村、羊坪社区成片连线规划（2020—2035年）》《双流区黄龙溪镇川江村、大河村、响水村成片连线规划（2021—2035年）》，避免就村说村，做到片区资源共建共享、乡村绿道成环成串。

【规划监督管理】双流区规划和

自然资源局按照规划条件、建设工程规划许可证及其附图、附件和《成都市城市规划管理技术规定(2017)》核实建设项目规划土地,坚持现场核验与集中会审相结合的原则,审查业主申请建设工程规划土地核实项目,对不符合规划核实要求的一次性告知业主和相关部门,由相关部门督促业主整改落实,处理完成后办理相关手续,全年办理建设工程规划土地核实项目72个。

(苏廖丽)

公园城市建设
Park City Construction

【概况】 2021年,双流区建成城区级和社区级绿道62千米,建设小游园微绿地4个。建设"两拆一增"增绿点位46个,建设公园城市示范街区3个,创建成都市级园林式居住小区4个;有序开放红枫海、紫薇海公园,打造网红景观4处,做好19条道路、8个节点修枝美冠,实施200个配电箱美化靓化。全区绿地率41%,绿化覆盖率49.05%,人均公园绿地面积15.6平方米/人。

(谢宇科)

【天府怡心湖片区建设】 天府怡心湖片区位于剑南大道西侧、牧华路南侧,规划面积10平方千米,是"三区三廊三新城"的重点建设区域;依托怡心湖独特的湖景资源,以产城湖营城理念引领带动空港公园城市生态价值转化,实现"人城境业"高度和谐统一;重点发展总部经济、楼宇经济、文旅经济等新经济业态,是四川天府新区、四川自贸试验区和中国西部(成都)科学城的重要组成部分和空港公园城市重要承载地,是生产生活生态"三生融合"的产业新城、品质新城。双流区推进基础配套设施建设,率先启动市政基础设施建设和B区湖滨中心商务区建设,截至2021年年底投入建设资金67亿元,B区建成怡飞大道、怡航路、怡航横街等11条市政道路,总长7.8千米,于2021年4月底投运;A区3条市政道路一标段于2021年11月竣工验收;C、D区在建环湖道路长4.21千米,完成工程量90%;B区湖区和公园建设完成,并于2021年10月1日对外开放;C区湖区水利工程完成。双流区实施产城融合开发,与中交疏浚集团、蔚蓝卡地亚集团、万科集团等先进头部企业结为城市合伙人,推动片区综合开发,投入产出整体平衡;落地建设蔚蓝湖滨城、天府梦想城、日航酒店、新希望、中电子5个商业产业配套项目,落地怡心湖岸、怡湖雅园等7个住宅开发项目,新签约中兴通讯成都新研发基地、亚美国际智慧国际教育科技园等7个产业项目,初步形成产城融合、职住平衡的未来美好公园社区空间布局。

(黄　玲)

【空港中央公园之五湖四海建设】 双流区空港中央公园之五湖四海一期工程位于双流区东升街道航鹰东路,建设面积1100亩,计划总投资11亿元,建设内容包括下穿隧道工程、绿化景观工程、绿道及铺装工程、配套房屋建筑工程、水体工程、配套设施工程。项目分为公园标段和下穿标段,其中下穿标段(白衣上街下穿隧道)于2020年7月17日建设完成。公园标段位于航鹰东路和航林路之间,占地面积1100亩,包含绿化、绿道、管网、景观建筑、桥梁等工程,分3号、4号、5号、6号地块分区建设;于2018年2月开工,截至2021年年底,完成诸葛故居、成学馆和儿童乐园等建筑和构筑物建设以及河湖水体治理、园路和绿道铺设、绿化种植,完成红枫海和紫薇海建设。

(谢宇科)

【凤翔湖音乐创意公园建设】 凤翔湖文创项目总面积2750平方米,建

凤翔湖舞台广场(2021年)　　(供图:空港科创集团)

锦城公园双流段（2021年）（供图：区公园城市绿化服务中心）

设内容包括文化展演舞台及配套设施、看台、风雨棚、玻璃栈道等，致力于打造集公园休闲文化定位、现有景观空间肌理和城市环境发展为一体的新场景，为市民提供游览公园休憩与文娱活动的场所。项目于2020年10月开工建设，2021年8月底完工，建成后被成都市公园城市建设管理局评为2021年成都美丽宜居公园城市“红点”“奇点”（网红打卡点）。

（薛丁文　马耘耘）

【锦城公园双流段建设】 锦城公园双流段总面积12980亩，涉及双流区九江街道、东升街道和西航港街道；新建一级绿道10.8千米、二级绿道39.1千米、特色园5个（茶马古道、蜀仙胜境、诗风圣景、凤求凰、缤纷彩林）和萌宠乐园，配建商业服务设施11栋、林盘（内含商服设施）11栋、驿站44栋，总建筑面积158081平方米。22个商业服务设施及林盘在特色园中有15个，其中蜀仙胜景2个、茶马古道1个、诗风圣景3个、凤求凰4个、萌宠乐园3个、缤纷彩林2个，其余7个在特色园外。锦城公园双流段于2019年5月开工建设，截至2021年年底，一级绿道全线贯通，凤求凰、萌宠乐园、缤纷彩林3个特色园建成并对外开放。

【缤纷彩林园建设】 悦动彩林园位于双流区东升街道成双大道五段西侧，占地面积750亩，以彩叶乔木、花海、旱溪为生态基础，创造具有成都生态人文特征的空中绿色窗景和城市封面形象，配建商业服务设施2栋、驿站5栋，建筑面积19383平方米。缤纷彩林园于2020年4月开工建设，2021年11月建成并对外开放。

【公园城市示范街区建设】 双流区公园城市绿化服务中心结合双流广场改造、2021年大运会筹办实施的基础设施提升工程，建成双流广场街区、成都信息工程大学航空港校区街区、临港路街区3个公园城市示范街区，提升面积668551平方米。

【小游园微绿地建设】 双流区2021年小游园微绿地建设项目包括骑龙滨河休闲游园、双兴带状公园、云燕社区小游园、白塔社区等8个点位。骑龙滨河休闲游园位于怡心街道骑龙社区文华路与嘉美地之间，南北长330米，东西长45米，包含周边几块零星绿地，建设面积1.5万平方米。双兴带状公园位于正公路北侧黄龙大道东侧，绿地周边为住宅用地和工业用地，南北长307米，东西长51米，建设面积17340平方米。云燕社区小游园位于黄水镇云燕社区，绿地面积9800平方米。白塔社区节点位于黄水镇白塔社区，为居住用地，共8300平方米，其中道路旁绿地南北长245米、宽5米，两侧共-

公园城市示范街区——双流广场街区（2021年）（供图：区公园城市绿化服务中心）

锦绣苑新安装的电梯（2021年） （供图：区住建交局）

2450平方米；游园南北长65米、东西长90米，建设面积5850平方米。双兴康养公园位于双兴大道北牧鱼街东侧，南北长282米，东西长371米，为公园绿地，北侧为医疗卫生用地、西侧为住宅用地和商业用地、东侧为教育科研用地、南侧为工业用地。河池儿童乐活游园位于怡心街道河池社区三都汇与华剑路旁，南北长80米，东西长70米，建设面积5600平方米。九龙湖社区休闲运动游园位于空港路四段双华路三段交口，总面积5309平方米，其中球场面积420平方米（篮球场1个）、休憩广场面积380平方米（主入口广场、南入口广场、北入口广场）、健跑步道170米、绿化面积4339平方米，绿地率82%。龙桥自建小区靠港都大街绿地位于龙桥自建小区靠港都大街，为防护绿地，周边为商业用地和仓储物流用地；南北长22米，东西长25米，建设面积532平方米。

【绿道建设】 双流区全年建成空港绿道62千米，其中乡村绿道15千米；打造完成"回家的路"社区绿道50条，其中金河路、左巷右里获评成都市级"最美回家的路"优秀奖。截至年底，全区累计建成空港绿道344千米。

（谢宇科）

【老旧院落和小区改造】 双流区住房建设和交通局坚持"以人为本、因地制宜、多方参与、建管并重"思路，结合"共建共治共享"社区治理，完成九江、东升、金桥等25个城中村改造项目，改造面积481.68万平方米，改造户数6157户，通过双流区财政投资和融资方式完成年度投资8.62亿元；完成九江邹家场1个棚户区改造项目，搬迁居民89户，拆除房屋面积1.5万平方米，发放补偿款1.2亿元；改造完成167个老旧小区共694栋、1.29万户，惠及3万人；完成既有住宅自主增设电梯212台。

（黄　玲）

交通设施建设

Transport Facilities Construction

【概况】 2021年，双流区建成怡心湖A区道路等17条市政道路，新（改、扩）建总长35千米；镇村道路"白＋黑"改造29.95千米；配合四川省、成都市开展机场第二高速、川藏铁路等选线论证、环评、施工图设计等前期工作；在建成都地铁线路3条（8号线二期、19号线、30号线），在建车站8个（不含已开通车站换乘站），在建里程32.04千米；推进双流西站、二江寺站、钟家湾站TOD项目。

【轨道交通建设】 双流区轨道交通规划总里程230千米，共18条线路、83个站点和10个车辆基地，其中通车运营地铁线路6条（3号线、5号线、6号线、8号线一期、10号线、17号线），运营站点24个，运营里程54.6千米（占成都市的10%）。双流区推进成都地铁8号线二期、19号线、30号线建设，成都地铁8号线二期双流段起于莲花站，止于西航港客运中心站（龙港站），长1.9千米，车站1个（西航港客运中心站），截至2021年年底完成总工程量10%；成都地铁19号线起于双流区九江北站，止于天府新区天府新站，双流段长24.02千米，车站7个（九江北站、龙桥路站、T2站、西航港客运中心站、温家山站、怡心湖北站、怡心湖站），截至2021年年底完成总工程量的60%；成都地铁30号线起于双流机场2航站楼站，止于白鹤林站，途经双流区、成都高新区、锦江区、龙泉驿区，双流段长6.12千米，车站7个（顺风村站、珠江路站、谢家渡站、长城路站、临港路站、月儿村站、T2站），截至2021年年底完成总工程量的20%。

【市政道路建设】 双流区全年建成

环港路东段北段（2021年）　　（供图：区公园城市绿化服务中心）

怡心湖A区道路3条、环港路东段北段、幸福新村二期配套道路、光电大道改造工程、双楠城东侧道路线、黄龙溪片区道路PPP项目2条、东航基地东侧道路、大运会东升片区道路2条、大运会西航港片区道路4条、草金路改造工程等17条市政道路，新（改、扩）建总长35千米。

（黄　玲）

【环港路东段北段建设】 环港路东段北段道路长3617米、宽50米，实施面积180580平方米，打通串联永安路、清泰路、三强东路、长冶路等道路及其附属支路，实施道路景观绿化工程及附属设施建设。项目于2018年10月开工建设，2021年10月完成建设。

【黄龙溪片区道路PPP项目建设】 黄龙溪片区道路PPP项目包括岷东大道双流段、剑南大道南延线、双黄路城区段改造3条道路。岷东大道双流段长1.44千米、宽30米，于2017年6月先期实施，2018年10月完成竣工验收并通车。剑南大道南延线长4.34千米、宽60米，景观提升总长度7千米，其中二绕至籍黄路段长4.6千米、籍黄路至黄龙溪景区入口段长2.4千米；景观工程总面积223855平方米，其中侧分带36073平方米、机非分隔绿带14523平方米、骑游道67935平方米、规划道路红线至征地范围线间绿带105324平方米；节点广场250平方米，驿站3座421.99平方米，附属设施1项，道路路灯137盏。剑南大道南延线于2019年5月开工建设，2021年12月完成建设。双黄路城区段改造长2.66千米、宽28米，于2020年7月开工建设，2021年12月完成建设。

【成双大道与西航港大道互通工程建设】 成双大道与西航港大道互通工程总投资2亿元，建设内容包括在西航港大道与成双大道新建2处辅道，辅道总长0.8千米；在成双大道成都方向新建1处调头匝道，总长0.5千米；在成双大道双流方向新建1处下穿调头隧道，总长0.5千米；优化完善成双大道与西航港大道2处辅道，实现四个转换方向互通；取消地面信号灯，新建0.4千米人行过街天桥。项目于2020年12月开工建设，2021年12月完成建设。

（黄　玲　谢宇科）

【镇村公路建设】 双流区全年镇村公路"白＋黑"工程建设总长29.95千米，其中永安镇新景路（景山村段）3.5千米、景山村穿心路1.7千米、新景路（梨园村段）1.46千米、梨园村穿心路1.91千米、梨川路2.32千米、7组路0.51千米、梨川路支路1.6千米共13千米，九江街道高五路3千米、龙通路3.3千米共6.3千米，黄龙溪镇黄佛路1.2千米、古佛新村路3千米、张家山路2.1千米、黄果山路0.8千米、大河嘴景点道路1.25

剑南大道南延线（2021年）　　（供图：区公园城市绿化服务中心）

千米、园星路2.3千米共10.65千米。

【道路安全设施建设】 双流区住房建设和交通局在新（改、扩）建道路基础上，按照道路交通安全设施设置规范和标准，进行标志、标线、指路标牌、隔离设施、信号灯和电子警察等设计和建设，从根本上治理好、清除掉道路交通事故隐患，保障交通环境中人、车、路的利益。

（黄 玲）

污水处理设施建设
Sewage Treatment Facilities Construction

【概况】 2021年，双流区有污水处理厂（站）13座，处理能力30.87万吨/日，航空港污水处理厂三期、牧马山污水处理厂二期、九江污水处理厂一期、西南航空港组团工业集中发展区第六期工业污水处理厂一期进入通水调试阶段，满产后新增污水处理能力26.8万吨/日，厂站处理能力达57.67万吨/日。

【三支四斗截污干管工程建设】 三支四斗截污干管工程是双流区城市治理环境污染的项目之一，是完善整个双流城区城市污水处理系统的重要组成部分。项目位于东升街道，起于九江街道文昌路，终于双楠大道，途经双温路、白衣上街、一杆旗北街、一杆旗南街、涧槽北街、涧槽中街、涧槽南街，敷设DN800~DN1000的污水主干管8千米。项目由成都空港兴城建设管理有限公司建设，于2020年12月开工，2021年9月竣工。

【西南航空港组团工业集中发展区第六期工业污水处理厂一期工程建设】 西南航空港组团工业集中发展区第六期工业污水处理厂一期工程位于怡心街道兰家沟村，采用BOT模式，计划投资3.99亿元，新建规模为5万吨/日的地面污水处理厂，出水主要指标执行《地表水环境质量标准》（GB3838—2002）3类水标准，TN（总氮）标准执行《四川省岷江、沱江流域水污染排放标准》（DB51 / 2311—2016）中“工业园区集中式污水处理厂”排放限值标准，氟化物执行1.5毫克/升，尾水排入锦江河。项目于2020年1月开工，2021年9月通水运行。

【九江污水处理厂一期工程建设】 九江污水处理厂一期工程位于九江街道美湖路，采用BOT模式，计划总投资3.78亿元，新建土建规模4万吨/日、设备安装2万吨/日的地埋式污水处理厂，出水标准执行《四川省岷江、沱江流域水污染排放标准》（DB51 / 2311—2016），尾水排入江安河。项目于2020年2月开工，2021年8月完成主体建设，开始通水调试，2021年12月底开展地面附属设施建设，持续进行通水调试，同步开展消缺工作。

【牧马山污水处理厂二期工程建设】 牧马山污水处理厂二期工程位于黄水镇燕扬路，采用BOT模式，计划总投资8.62亿元，新建规模为9.9万吨/日的地埋式污水处理厂，出水标准执行《四川省岷江、沱江流域水污染排放标准》（DB51 / 2311—2016），尾水排入杨柳河。项目于2020年2月开工，2021年8月完成主体建设，开始通水调试，2021年12月底开展地面附属设施建设，持续进行通水调试，同步开展消缺工作。

【航空港污水处理厂三期工程建设】 航空港污水处理厂三期工程位于西航港街道大湖堰，采用BOT模式，计划总投资9.36亿元，新建规模为9.9万吨/日的地埋式污水处理厂，出水标准执行《四川省岷江、沱江流域水污染排放标准》（DB51 / 2311—2016），尾水排入黄堰河。项目于2020年3月开工，

九江污水处理厂一期（2021年） （供图：区水务局）

航空港污水处理厂三期（2021年）　（供图：区水务局）

2021年9月完成主体建设，开始通水调试，2021年12月底开展地面附属设施建设，持续进行通水调试，同步开展消缺工作。

【公兴（中电子）再生水厂一期工程建设】 公兴（中电子）再生水厂一期工程位于怡心街道兰家沟社区，采用BOT模式，其中一阶段计划投资5.97亿元，处理规模7万吨/日（中电子线4万吨/日、生活线3万吨/日），于2018年3月开工，2020年8月完工投入运营；二阶段计划投资0.85亿元，安装规模3万吨/日的污水处理设施，于2021年4月动工，2021年12月投入运营。

（范钟铁）

电力设施建设

Electricity Facilities Construction

【概况】 2021年，双流区110千伏桂花堰变电站（白家变电站）投运，新增变电容量12.6万千伏安；投资7421万元，完成配农网项目51个，新增架空线路17.42千米、电缆线路40.74千米，新增配变容量1.07万千伏安。

【变电站建设】 双流区"十四五"期间计划新建9座110千伏变电站，其中110千伏桂花堰变电站于2021年12月7日投入运营，是"十四五"期间建成投运的首座变电站，变电容量12.6万千伏安。与之配套的10千伏电缆通道于2021年9月底由空港兴城集团建设完工，满足桂花堰变电站投运后的10千伏配套出线建设需求，保证国网成都市双流供电公司建设的6回10千伏配套出线与变电站同步投入运营，在电网迎峰度冬期间缓解西航港街道片区6条线路的重过载情况。

【输变电工程建设】 双流区110千伏永安输变电工程完工，新增变电容量12.6万千伏安；220千伏江安河、黄甲输变电工程在建，110千伏幸福输变电工程在建，500千伏广都变电站扩建3号变扩建工程、110千伏协和输变电工程开工。

【电力线路工程建设】 双流区220千伏江安河变电站配套的220千伏、110千伏电缆隧道完工，220千伏黄甲变电站配套电力隧道建设完成80%，110千伏幸福变电站配套电力通道完成85%。

【"630项目"攻坚】 国网成都市双流供电公司完成10千伏力瓦线新建工程等"630项目"攻坚，缓解怡心、黄甲片区配网线路超载问题；新增一二次融合环网柜18台、柱上开关81台，提升配网线路自动化水平，减少跳闸范围，为迎峰度夏期间电网安全稳定运行提供保障。

（张　静）

运行人员对桂花堰变电站初验收　（供图：国网成都市双流供电公司）

天然气设施建设
Natural Gas Facilities Construction

【概况】2021年，双流区兴能天然气有限责任公司新建管线86条185.09千米，远传改造G10、G16、G25燃气表687个；扩建黄水撬装柜，补充双流片区气量；逐步建设怡心湖片区管道。双流区第二气源天府新区空港高技术功能区供气管道工程完成可行性研究，第三气源新津花源阀室至双流牧马山配气站管道工程立项开始前期工作。

【天然气管网建设】双流区兴能天然气有限责任公司投资管线项目1562.2万元，新建管线86条185.09千米，其中幸福美丽新村配套燃气管线项目15个29.53千米；整改项目10个，整改管线长度4.2千米；推进工业园区配气站至东升城区D406第二气源管道工程及文星大道至航空港配气站天然气管道工程，分别可增加供气量30万立方米/天、10万立方米/天，保障东升片区及航空港片区天然气供应。

【天然气配气站建设】双流区兴能天然气有限责任公司完成黄水撬装柜扩能改造工程，将下载量由原来的5万立方米/天增加至40万立方米/天，保障东升、九江、彭镇、黄水片区天然气供应。

【天然气用户开户】双流区兴能天然气有限责任公司完成天然气新安装合同开户22199户，其中民用户21891户（包括农民集中安置户1370户）、商业用户247户、工业用户15户、公共集体46户，与2020年同期36048户相比，开户数减少13849户，降幅38.42%。

（张伟盛良）

公建配套项目建设
Public Facility Supporting Projects Construction

【概况】2021年，双流区持续补齐公共服务设施、提升城市品质，按照15分钟生活圈作为社区生活的空间尺度，围绕社区居民日常衣、食、住、行，合理、合规布局教育、医疗卫生、文化体育、商业服务、金融邮电、市政公用、行政管理等基础设施，实现城市合理均衡发展，营造低碳、健康的生活方式和便利、共享的空间品质。

【公共服务设施“三年攻坚”行动】双流区按照成都市中心城区基本公共服务设施“三年攻坚”行动要求，2018—2020年新开工建设公服配套设施项目204个，涉及教育类项目44个、医疗卫生类项目20个、文化类项目19个、体育类项目4个、社区管理类项目3个、社区服务类项目60个、市政公用类项目41个、商业服务类项目13个。2021年年底，项目全部完工。

【安置房建设】双流区加快推进30个安置小区项目建设，总建筑面积693万平方米，建成后可安置74359人；参照商品房标准建成板桥枫林二期等8个安置小区，建筑面积124万平方米，可安置1.3万人。

（黄玲）

城乡环境综合治理
Comprehensive Improvement of Urban and Rural Environment

【概况】2021年，双流区城市管理局贯彻区委、区政府建设中国航空经济之都的决策部署，围绕践行新发展理念的公园城市示范区建设总体目标，坚持干净、整洁、有序、安全的标准，以“迎大运、抓整治、提品质、夯基础”为重点，下足“绣花功夫”，强化精细治理，持续提升全区城乡环境治理水平和城乡环境品质。

板桥枫林二期（2021年）　（供图：区住建交局）

【“大美双流”建设】 双流区城市管理局按照区委、区政府美化提升“24个已开通+12个在建”地铁站点周边形态以及“24个站点24朵花”的要求，持续开展交通枢纽整治提升等9个方面的综合治理，完成3批次110个问题整改，实施双流西站、二江寺站TOD综合开发示范打造试点；创新建立地铁站点周边环境品质提升“1+3+N”的“站长制”工作机制[“1”为属地镇（街道）分管领导任总站长，“3”为区城管局、区公安分局、区综合行政执法局3个部门工作人员任站长，“N”为视情调度的相关责任单位]，按照“镇街吹哨、部门报到”要求，建立联动机制，实施“兵团式作战”，打造提升“大美双流”门户品质；推进城乡人居环境“脏乱差”治理专项行动，选取黄水镇为试点，全域排查“最差院落”，找准小切口、开展大整治，采取净化环境、序化空间、美化节点等方式，全面整治提升，同时采取广泛发动、党员示范、群众参与等方式，深化共建共治共享理念，通过竞进拉练、村规民约、考核评比等，建立“院长制”等长效机制，利用群众智慧、挖掘“孝善”等院落文化，打造节点景观，做到“一村一节点、一村一特色”，经验做法多次在省市媒体宣传报道，并在成都市城管委简报转发；参照成都市“最美最差街道”评选标准、流程，坚持每季度实施“最美最差街道（乡村、社区）”评选活动，全域推进“最美街道”创建活动，黄龙溪镇川龙街、东升街道正通路、东升街道航都大街四段先后被评为成都市“最美街道”，完成东升街道“最差街道”塔桥路、三强东路三段摘帽。

【城市环境品质提升】 双流区城市管理局推进中国航空经济之都城市环境品质全生命周期提升五大行动（规划品质提升行动、建设品质提升行动、管理品质提升行动、运营品质提升行动、治理品质提升行动），坚持项目调度、示范打造、集中整治，组织城市环境品质百日攻坚、大运会赛事场馆周边环境十大突出问题集中整治等专项行动，完成双流国际机场、银河路、双楠大道、双流体育中心共3批示范线路、示范片区打造提升；推进“12+N”[“12”指城市容貌、建筑立面、园林绿化、水环境、环境空气质量、交通秩序、工地、通信及能源设施、航线区域大地景观、高（快）速路及交通枢纽、铁路沿线、农村人居环境整治提升，“N”指校园内部、景区景点等专项整治提升]项城市环境品质提升，双流区投资21.39亿元完成97个项目建设，提升空港公园城市示范区显示度；按照市容秩序、市政设施、建筑立面、空间景观、街巷特色“五整治五提升”的要求，因地制宜植入历史文化、人文景观、运动健身、休闲消费等新场景，完成学府路、长江路、锦华路二段、锦华路三段、临港路、黄河路6条背街小巷及示范街巷市级目标打造提升，督促镇（街道）自主实施18条背街小巷整治提升，有序形成一批“有颜值、有文化、有温度”的背街小巷精品街区；制定印发《全面深化“两拆一增”工作助力美丽宜居公园城市示范区建设三年行动方案》，突出“中优”战略实施重点区、航空经济商务区、大运会赛事场馆区，坚持“应拆必拆、应改必改、应增必增”，利用社区闲置地块、“金边银角”、背街小巷，采取技术指引、场景营造、示范打造的方式，集中打造宜居宜业宜游宜商示范片区，完成龙桥路、银河路与藏卫路交叉口等84个市级目标打造提升，拆除围墙16635米，拆除违建1600平方米，增加绿化面积24万平方米，增加开敞空间40万平方米。

【城乡环境整治提升】 双流区城市管理局按照突出“五边”（场站边、线路边、工地边、铁路边、河湖边）、实现“五化”（夜景靓化、立面净化、交通优化、市容美化、生

“两拆一增”龙桥北路点位（2021年） （供图：区城管局）

态绿化）的要求，推进双流国际机场周边及重要道路沿线环境品质提升集中整治行动，完成2处主题景观项目打造、9个“两拆一增”（拆除公共区域的违法建筑、拆除改造有碍空间开放的围墙、增加城市开敞空间）点位打造提升，清洗7个点位1.2万平方米建筑立面，拆除楼顶招牌8处，规范商铺店招480余处，拆除违规设置户外广告招牌100余个，集中提升国际空港城市显示度；按照城郊接合部环境卫生治理等11个方面整治提升要求，突出“三部”（城乡接合部、区县接合部、镇街接合部）、“五边”等环境薄弱区域，完成成都信息工程大学周边1个市级连片点位整治，督促镇（街道）自主实施并完成9个城郊接合部连片整治，全域深化城郊接合部环境治理攻坚行动。

【城乡环保排查治理】 双流区城市管理局组织开展机场周边及重要道路沿线、成都信息工程大学航空港校区、主要干线道路两侧捡栽捡种乱象综合治理等集中整治；开展固体垃圾专项治理“百日攻坚”行动，整改问题392处；开展再生资源回收站（废品收购站）周边环境专项治理，整改问题193处；开展城乡环境“大排查、大整治”专项行动，整改问题268处；开展城乡人居环境“脏乱差”治理专项行动，整改问题1040处；组织实施固体垃圾乱倾倒乱堆积问题“大排查、大整治”专项行动，清理垃圾死角、河面漂浮物等4.1万处；按照成都市委、市政府关于创建第七届全国文明城市、争创全国文明典范城市的要求，开展创建和谐宜居生活环境专项治理行动，邀请第三方测评专家组织城乡环境综合治理专题培训，采取重点排查、“每日一巡”、派单整改等方式，重点组织实地考察点位延伸排查整治，完成双流国际机场、双流客运站等集中整治，集中整治整改痛点难点问题2000余处。

（杨新领）

景观绿化建设
Landscape and Greening Construction

【概况】 2021年，双流区开展“老公园·新活力”提升行动，打造棠湖公园熏风塔光彩工程、空港云、凤翔湖音乐创享舞台、空港体育公园等“红点”“奇点”景观，“七彩花溪”获“花漾蓉城·2021成都花展”创意金奖；申报成都市级园林式居住小区4个，推动“两拆一增”专项工程、成新蒲绿化整治工程、成都地铁8号线及5号线站点“24朵花”景观项目，在南昌路、绕城高速、接待寺等实施赛事场馆周边及城市重要结点品质提升工程，实施怡心湖B13路、环港路东段等15条道路行道树增量提质，提升城市品质。空港中央公园之五湖四海1100亩建设完成总工程量的96%，红枫海、紫薇海景观初步呈现；成都环城生态公园双流段建设推进，应交地400亩，实交地424亩；天府绿道建设计划建成60千米，已建成锦江绿道16.3千米、剑南大道延伸段绿道15千米等，累计建成62千米。黄龙溪廊桥水乡绿道获评成都市农业农村系统庆祝中国共产党成立100周年暨第四届乡村振兴“十大最美乡村绿道”，双流区入选点赞·文旅新发展——2021品质时尚旅游优选目的地并在全国推广宣传。

【全域增绿实施】 双流区新增绿地面积60公顷，完成棠湖公园熏风塔光彩工程和凤翔湖音乐创享舞台“老公园新活力”公园点位2个，建成骑龙滨河休闲游园、河池儿童乐活游园、黄水镇云燕社区游园等8个小游园、微绿地；完成怡心湖A2路、A6路、B13路、B14路、环港路东段北段、四川省人防综合训练基地东侧道路、剑南大道南延线等15条道路行道树增量提质；结合白河公园风雨亭绿植改造、锦和汽车交易中心屋顶绿化、丰乐示范街区墙体绿化，完成0.8万平方米立体绿化建设；完成锦江绿道16.3千米、环港路东段北段绿道1.53千米、剑南大道延伸段绿道15千米，累计完成绿道建设32.83千米；结合《幸福社区绿道建设工作指引》，融入生活空间、通勤空间、休闲空间场景营造，完成九江环保发电厂专用道路整治工程、扩建艺体中学配套道路、环港路东段北段、怡心湖A区B区配套道路等50条“回家的路”“上班的路”建设；结合锦江绿道、黄龙溪廊桥水乡乡村绿道和五湖四海公园聚落，完成黄龙溪片区、中心公园2个绿道成网成链示范区，完成怡心湖公园和五湖四海一期（红枫海公园）2个绿道公园建设；实施十新林盘、周家粉房、温家山3个林盘保护修复，完成双流广场街区、成都信息工程大学航空港校区街区、临港路街区3个公园城市示范街区建设；创建双流中学1个成都市级园林式单位，创建北辰天麓御府、维也纳森林别墅、逸源香舍、优品时代4个成都市级园林式居住小区，创建川网国际、富豪时代、棠湖泊林城等7个双流区级园林式居住小区；完成锦绣苑小区、华兴苑B区、湾河西街教师公寓等7个老旧小区园林绿化景观改造试点。

【绿化管护】 双流区公园城市绿化服务中心管理的绿地区域主要集中在东升、西航港、协和三大片区，管护总面积820万平方米。常年鲜花主要位于进出双流城区主要通道，如机场路、双楠大道、川藏路、牧华路、华府大道、星空路等以及城区紫东阁、南昌路、西北街、地铁出入口等重要结点，点位总面积22113.58平方米。双流区公园城市绿化服务中心组建专班分片区开展巡查考核，整改发现的问题；坚持管护例会制度，提高参与双流绿化建设、管理的公司及从业人员的责任意识、诚信意识；加大秋季绿化冲洗降尘，定期对管理的道路绿地进行补水，确保植物生机和景观效果，出动水车1000余车次；清理管护盲区和卫生死角，完成乔木缠绕物、钉子、夹板等杂物清理，清理重要道路绿化背景区域积存垃圾并强化后续监管；开展绿化补植补栽，补植草坪、草籽2.1万平方米，补植灌木1800平方米，更换死亡乔木80余株；实施鲜花氛围营造，完成春节、五一、七一等重要节点鲜花氛围营造和常年点位鲜花更新，并按照“变化、调色、应景、亮点、资金”的要求完善鲜花栽植、考核标准，强化鲜花方案设计和日常管理；在全区主要道路、街头绿地、广场绿地、公园、游园等重要结点栽植时令鲜花、彩叶植物总面积2万平方米，增加城市色彩，提升城市品位。

【绿地占用树木移植管理】 双流区公园城市绿化服务中心根据四川省、成都市有关园林绿化的规定，参考成都市公园城市建设管理局的管理模式，对标天府新区，出台《双流区绿地占用树木移植管理办法》，从适用范围、申请及实施主体、审批流程、现场管理、移植树木去向及管护、巡查管控、附则7个方面，规范绿地占用树木移植的管理和流程，重点厘清工程建设中绿地占用树木移植程序，解决权责不清、资金使用不规范、监管不到位等问题，畅通双流区绿地占用树木移植管理的堵点和难点。

（向恒昱　鄢雯颖　刘德睿　谢宇科）

城市管理
Urban Management

【概况】 2021年，双流区城市管理局按照“一流城市要有一流治理”的理念和“城市管理要像‘绣花’一样精细”的要求，聚焦安全、清洁、有序、便民的目标，城市品质不断提升，城市管理各项工作取得明显成效。

【市政设施建设管理】 双流区城市管理局完成九江环保发电厂专用通道改建项目，专用通道全长900米、宽18米，建设内容主要包括道路工程、交通工程、排水工程、照明工程、电力工程、绿化工程等，提升九江片区道路整体形象和居民生活环境；完成广场路、藏卫路南一段等道路人行道提升整治项目，同步完善智慧路灯、城市家具、检查井盖等设施；完成吴家坝北街、三强西路等道路“白+黑”改造，首次在区域内试点沥青超薄罩面技术，提升东升片区车辆行驶质感；对在管道桥及附属设施精细化巡查整治，出动巡查人员2.83万人次、巡查车辆6700车次，处置修补车行道沥青路面78399.6平方米、混凝土路面2090平方米，维修破损、沉陷人行道砖58661.5平方米，维修路缘石13237米，道路沥青油膏灌缝386695米，道路边沟清理8606米，道路边沟维修68米；检测桥梁147座，出具

6月30日，九江环保发电厂专用通道改建完成　（供图：区城管局）

营造国庆节日氛围（2021年）（供图：区城管局）

报告147份，对巡查中发现的桥（隧涵）病害及缺陷整治412座次，对位于大运会比赛场馆及重要保障沿线上的双黄桥、西航港大道进机场高架桥匝道实施桥梁美化涂装6600平方米，在东升城区花园路、双江路等大运会场馆周边及保障线路道路增设60个休闲座椅。

（查　东）

【市容市貌管理】 双流区城市管理局落实“门前三包”（包市容、包卫生、包监督）责任制，与临街机关、团体、学校、商场等新签订责任书1.4万份，知晓率100%、签约率100%，推荐黄龙溪镇川龙街为“市容秩序”示范街；组织开展户外广告和招牌专项安全整治和违法楼顶招牌、“一店多招”、超大超亮招牌专项治理，整治拆除破损招牌395个、违规户外广告1176个、楼顶广告招牌123个、超亮户外广告招牌14个，清理移动灯箱9449个、横幅广告2260幅，消除安全隐患；常态维护共享单车秩序，联合区城管局“红海棠”美丽公园城市党员志愿服务队和区城管团委开展“共享单车集中清理日”等整理及文明宣传活动，提高市民文明骑行意识，规范整理共享单车停放20万辆次；将街道按一类、二类、三类区域分类管控，调度镇（街道）执法中队、社区城管工作站、网格员等加强日常巡查、文明劝导，清理游商、占道经营4.9万起；组织开展临街建筑物外立面清洗、大运会主要保障线路外立面整治等行动，清洗临街建筑物外立面面积1.2万平方米；完成省市区重大活动、重大节日、重大赛事、重大工作城市管理保障任务134次，均做到“零失误”。

（季正宇）

【生活垃圾分类管理】 双流区重点围绕3月1日《成都市生活垃圾管理条例》正式实施的关键节点，从政策研究、设施体系建设、宣传动员、督促检查等方面开展工作。双流区生活垃圾分类覆盖居民小区740个，分类实效达标创建小区522个，城镇社区和农村集中居住区生活垃圾分类覆盖率100%，标准化投放站点2009个，再生资源社区回收站点185个，厨余垃圾分布式处理设施日处理能力达11吨，具备厨余垃圾处理功能的分类转运设施2个，建成标准化大件垃圾拆解设施1个、有害垃圾暂存设施1个、园林绿化垃圾处理设施1个。全区厨余垃圾资源化利用量70272.09吨，可回收物回收利用量278368.3吨，有害垃圾收集量0.385吨，其他垃圾总清运量504970.34吨，回收利用率40.84%。

（付　蕾）

【扬尘污染管控】 双流区城市管理局牵头全区扬尘治理及“工地、运输、消纳”等环节监管，按“动土必管”要求，建立住建、城管、公安等部门“联审联管”“闭环管理”的

黄龙溪镇陈家大院垃圾分类投放设施（2021年）（供图：区城管局）

春节前，双流区综合行政执法局联合区相关部门、镇（街道）、园区管委会集中整治渣土运输车辆违法行为

（供图：区城管局）

渣土处置源头管理机制，建立工地“红黑榜”月通报机制，落实渣土运输“五定”（定道路、定时间、定车型、定牌、定责）管理要求，实行“一证一牌”上路运输，并牵头组织建筑垃圾消纳场和资源化利用项目建设，缓解建筑垃圾处置难问题；建成全区部门、镇（街道）、社区三级网格化管理机制，采取“常规”查、“线上”查、“动态”查等方式，强化扬尘污染防控巡查检查；坚持“日检查、周督办、月通报、季考核”制度，为115个项目办理渣土处置外运手续，为91个项目办理渣土回填手续，为1.57万辆区内运输车辆和5268辆过境运输车辆办理建筑垃圾运输线路牌，对145个项目扣信用分205分，对566个企业（涉284个项目）扣信用分27.475分，26个工地被列入“黑榜”全区通报，查处违规运渣车10599台次，罚款379万元，对209个问题点位下达整改督办。双流区住房建设和交通局采取线上线下结合的方式检查项目裸土覆盖、湿法作业、出入口管控、运渣车管理、房屋市政、国有土地拆除工地非道路移动机械、混凝土搅拌站、建筑工地挥发性有机物排放、重污染天气预警应急响应等扬尘污染防治措施落实情况，重点管控区域内32个项目全覆盖巡查，开展建筑工地巡查1521次（其中线上1361次、线下160次），对双流区正在进行拆除作业的2个国有土地拆迁项目巡查5次；下达责令限期整改通知书28份、停工整改通知书1份、告诫约谈通知书2份、调查通知书10份，将10个涉及扬尘污染违规行为的项目移送双流区综合行政执法局调查处理。

（杨志成　黄　玲）

【公交服务管理】 双流区全年新开、优化公交线路33条，延时服务线路10条，累计运输乘客3430.44万人次，营运车辆上线率95.07%。双流区城市管理局构建“全覆盖、零换乘、高质量、智能化”公交地铁接驳体系，68条公交线路与地铁接驳，占全区公交线路的68%，20个地铁站点与公交站点50米接驳率83.3%，并提升改造迎春桥站、地铁航都大街站等5个公交站台牌；提升公交优质服务，受理投诉123件，处理满意率98.11%；兑现惠民便民承诺，开行3条“学子快线”，解决随迁子女往来九江、黄水、胜利等小学的公交出行问题，完成天府通App、银联云闪付等多样化乘车支付项目落地，在全区1700余座公交站台植入公交信息查询功能；承接双流区新冠疫苗接种运输保障任务，完成2.9万班次、267万人次群众接送；参与疫情防控，出动应急车辆422台次，转运医护人员和留观人员1.1万人次；做好大运会组织保障，选派业务骨干9人专门服务于大运会双流赛区各场馆，完成赛事筹备及测试赛运输保障，获得双流赛区委员会表扬。

（曹　石）

九江新城建设
Jiujiang New City Construction

【概况】 2021年1月8日，中国航空经济之都发展战略研究和评估领导小组2021年第1次会议明确要求将“九江新城规划研究”列入2021年全区发展战略研究重点工作任务。九江新城西至五环路，南至双楠大道，东、北至双流区边界，总面积40平方千米（核心起步区4.26平方千米）；辖东升街道5平方千米、九江街道35平方千米，属于成都“中优”范围；毗邻双流国际机场，与温江区、青羊区、武侯区接壤，与中心城区无缝对接；发展定位为生态九江·未来新城，打造成都市传统工业转型发展的典范区、成都市一流的航空时尚消费引领区、成都市生态价值转换的样板区和一流的智慧韧性城市。双流区城市更新中心落实关于九江新城决策部署，按照“守住底线、均衡利益、转型升级”的要求以及建设产业功能区理念、国际化社区标准，梳理构建“5+5”工作体系，即实施城市安全守底线、公共服务补短板、城市治理强体系、转型升级促发展、营商环境提质效五大工程，治理蛟龙港商业区、厂区、生活区、城中村、道路五大板块。经过治理，蛟龙港城市形象得到有效改观，安全隐患得到有效管控，基层治理打开新局面，深层次矛盾逐渐开始破解。

【新城规划发展】 双流区城市更新中心牵头开展九江新城战略规划研究和空间规划编制，形成研究成果，明确未来发展方向，完成“城中村”更新改造方案编制；会同相关部门完成蛟龙片区各类企业分类转型升级方案编制，推动落后产能淘汰和新经济植入，制定园区产业准入流程和禁入黑名单，清理散乱污企业10家，新引进企业94家（服务业81家，其中餐饮零售类34家、管理咨询类16家、文化娱乐类9家、工程设计类19家、诊疗保健类3家；工业13家，其中机械设备类6家、食品加工类1家、家具制造类2家、广告印刷类4家）。

【新城综合治理】 双流区城市更新中心推动城市管理、综合执法、市场监管等行政职能向片区全覆盖，开展执法检查3806次，行政处罚59件、罚款3.71万元；开展城市“脏乱差”专项整治，集中开展户外广告牌、“牛皮癣”、乱停乱放、出摊占道等专项整治行动，督促蛟龙公司完成14条道路树枝修剪、树池改造、人行道整治和步行街、商场路广场修缮，片区“脏乱差”形象得到有效改观。

【新城安全稳定】 双流区城市更新中心开展片区安全隐患大起底、大整治，开展日常巡查检查10656次，集中整改安全隐患5308处，安全生产行政处罚21家、罚款30.8万元，2021年安全生产事故与同期比下降31%，完成412家工业企业安全隐患全覆盖排查并启动整治；启动18个租赁小区屋顶漏水、消防水压不足、消防通道堵塞等安全隐患整治，督促完成锦绣楠郡小区长达十年消防隐患问题整改，蛟龙港微型消防站建成投用，九江新城特勤消防站启动建设；配合完成省督、央督环保整改事项9件，化解迈什咪兰酒吧噪声扰民、居住小区底商油烟扰民等问题，启动蛟龙污水处理厂提标改造。

【新城公共服务】 双流区城市更新中心以“公共服务向常住人口覆盖”为切入口，围绕片区群众急需解决的读书难、停车难、出行难等问题，启动九江新城中小学、幼儿园和临时停车场建设；制定租赁住户子女就近入学试点方案，推动公共服务由户籍人口向常住人口全覆盖；优化公交车线路，开通居住区直通地铁的公交线路；完成九江新城便民服务分中心建设和蛟龙农贸市场提升改造，协同区住建交通局督促蛟龙公司启动2个租赁小区环境整治工程。

【新城企业服务】 双流区城市更新中心开展“送政策、送服务、解难题”活动，走访企业400余家次，召开“企业咖啡时”活动21场，参加企业260余家、群众90余人，调处企业反映问题631件，片区企业满意度不断提升。

（刘　钊）

资源与生态环境保护

RESOURCES AND ECOLOGICAL ENVIRONMENTAL PROTECTION

土地资源保护

Land Resources Protection

【概况】 2021年，双流区规划和自然资源局处理好经济发展与耕地保护之间的关系，紧盯目标任务，保够基本农田和耕地数量底线，确保基本农田数量不减少、质量等级不下降；完成成都市人民政府下达的闲置土地处置率达到30%的目标任务，完成低效工业用地整改267.9亩。

【国土空间规划编制】 双流区规划和自然资源局根据国土空间规划编制的实际需要和工作安排，完善国土空间规划初步成果，主要包括与“十四五”各专项规划统筹衔接、“三区三线”三轮试划、年度新开及续建项目梳理、交通和人口变化专项研究、“双评价”（资源环境承载力评价、国土空间开发适宜性评价）成果细化完善、现状基数转换汇交、全域用地布局优化、国土综合整治与生态修复、城乡融合片区划分、“一张蓝图”构建等。

【耕地保护】 双流区规划和自然资源局按照《双流区土地利用总体规划（2006—2020年）》（2014年调整完善版）确定的耕地保护目标（23.37万亩）和永久基本农田保护目标（12.71万亩），压实监管责任和镇（街道）党委政府管理责任，紧扣成都市人民政府下达的耕地保有量、永久基本农田保护任务，将耕地动态监管纳入国土空间规划“一张图”监督信息系统重点监测；对各类新增乱占耕地行为做到“零容忍”，发现一起、制止一起、查处一起，坚决遏制耕地“非农化”、严格管控“非粮化”。

【批而未供土地整改】 成都市规划和自然资源局《关于开展2021年度批而未供和闲置土地处置工作的通知》要求，双流区须于年底完成2009—2018年批文中批而未供土地处置面积5784亩。双流区规划和自然资源局通过招拍挂和划拨供地处置批而未供土地面积12566亩，其中2009—2018年批文面积5953亩、2019—2021年批文面积6613亩，并产生年度计划指标4593亩。12月31日，成都市规划和自然资源局向双流区规划和自然资源局下达《关于对2021年批而未供土地处置工作成效突出单位的通报》，对双流区规划和自然资源局的工作提出表扬。

【闲置土地和低效工业用地整改】 成都市规划和自然资源局《关于开展2021年度批而未供和闲置土地处置工作的通知》要求，双流区须在2021年完成闲置土地处置面积545亩，双流区规划和自然资源局完成闲置土地处置11宗、面积1118亩。根据成都市规划和自然资源局、成都市经济和信息化局《关于下达2020—

2021年度存量低效工业用地盘活任务的通知》，双流区低效工业用地整改目标为190亩，通过促建动工方式完成低效工业用地整改267.9亩。

【集体建设用地流转】 双流区全年集体经营性建设用地成交15宗，总面积约518亩，成交金额48087万元。

【征地补偿安置标准修订】 双流区规划和自然资源局按照区委、区政府对全面修订双流区征地补偿安置标准的要求，启动《双流县征地补偿安置实施办法》（双府发〔2009〕30号）修订，经将《双流区征地补偿安置实施办法（征求意见稿）》送各部门及镇（街道）征求意见、将《双流区征地补偿安置实施办法》报区委政法委进行风险评估备案、将《双流区征地补偿安置实施办法》送区人大和区政协相关领导审阅，最终形成《双流区征地补偿安置实施办法（送审稿）》，待区政府常务会议、区委常委会会议通过后实施。

【土地市场管理】 双流区全年完成招拍挂出让宗地23宗，面积1971.22亩，合同金额126.04亿元，其中经营性用地14宗，面积1170.12亩，合同金额112.13亿元；工业（含仓储、机场）用地2宗，面积258.51亩，合同金额0.83亿元；生物城7宗，面积542.59亩，合同金额13.08亿元，保障市民之家、芯谷产业园、盛屯等重大项目落地。

【土地执法监察】 双流区规划和自然资源局完成上级下发的卫片执法，做到月清、季核、年度评估，消除违法用地状态；开展“大棚房”、违建别墅“回头看”，开展农村乱占耕地建房专项行动，完成耕地保护例行督察。双流区规划和自然资源局下设4个基层所，主要负责土地和建设方面的日常动态巡查以及协助业务科室开展自然资源基础性工作，每周对主要道路两旁、园区和城镇发展等重点区域不少于2次动态巡查，对其他区域不少于1次动态巡查，对发现的问题及时制止、及时调查、及时上报和第一时间移交线索，全年核查卫片下发图斑931个、面积16158.42亩（耕地9262.13亩），整治整改涉及违法用地图斑72个、面积857.78亩（耕地577.24亩）。

【不动产登记管理】 双流区不动产登记中心深化“放管服”改革，优化营商环境，开通“企业专窗”“商品房联办专窗”“全市通办专窗”，实现全区首个登记业务“零材料”办理；完成全区“交房即交证”“交地即交证”改革试点安排，“交房即交证”“交地即交证”改革试点被四川电视台多次报道作为典型案例推广，“交房即交证”工作被《中国自然资源报》作为典型案例刊登报道。双流区不动产登记中心全年受理业务173756件，办结登记业务159935件，发放不动产登记证书79940本、不动产登记证明44686本。

（苏廖丽）

水资源保护
Water Resources Protection

【概况】 2021年，双流区水务局继续贯彻落实最严格水资源管理制度，在市水考办对双流区“十三五”实行最严格水资源管理制度考核中，双流区获得优秀等次；指导供水企业完成两会、中高考期间及其他重要活动、赛事的供水保障，推进黄龙溪加压站等项目工程建设，获得第31届世界大学生运动会双流赛区委员会、区委通报表扬。

【水资源管理】 双流区水务局依法推进取水监督管理，管理全区48户固定取水户，核发取水许可证14套，注销3套，下达年取水计划，按季度核定用水量并核定水资源税纳税人申报书；办理疏干排水临时取水79户，核定疏干排水量6125.7万立方米；建设双流区河流水文监测系统，为水资源开发利用、管理和保护提供技术支撑；结合长江经济带小水电清理和央督工作要求，联合区新科局，加强全区5座小水电日常管理，巩固小水电清理成效。

【城镇居民饮用水安全保障】 双流区水务局制定《关于新型冠状病毒肺炎疫情期间供水安全保障工作方案》《关于第31届世界大学生夏季运动会双流赛区供水保障方案》等，指导供水企业完成两会、中高考期间及其他重要活动、赛事的供水保障；为双流赛区“相约幸福成都”系列赛事提供供水保障，获得第31届世界大学生运动会双流赛区委员会、区委通报表扬；指导供水企业配合双流区幸福美丽新村和安置小区建设、推进老旧院落改造、推进物联网水表改造，新增供水管道27千米，接通幸福美丽新村用户1009户，为6个安置小区安装自来水表7289个，为花月小区等20个老旧院落实施自来水一户一表改造1181个，为全区8.7

12月20日，双流区水务局同岷江水厂邀请企业参加“企业咖啡时”活动（供图：区水务局）

万个智能水表提档升级为远传水表；优化营商环境，提升企业用水服务质效，提前服务企业40家、一日办结15家，19家企业享受先安装后补缴工程款政策优惠；加强工程建设，完成黄龙溪加压站、净水分厂污泥浓缩、协和加压站等项目主体工程建设，完成双流西站TOD项目、成双大道与西航港大道互连互通等8条供水管道迁改方案确认、验收，指导岷江水厂完成35个点位供水管网在线压力监测；强化行业监督，监督指导岷江水厂完成全省村镇集中供水工程规范化管理考评并通过成都市级审核评估、四川省级交叉考评；审核岷江水厂供水运行合格证延期，指导岷江水厂在四川省住房和城乡建设厅取得供水企业运行合格证。

【自来水生产与供应】 双流区采用“以自主供水为主，外购管网水补差，多源并重，城乡统筹”的供水模式，区内有3家供水企业，即成都市岷江自来水厂（简称岷江水厂，设计制水能力40万吨/日），成都航都自来水有限公司（简称航都水司，设计制水能力20万吨/日），成都双流西南航空港供水工程有限公司（简称西航水司，转供航都水司趸售的自来水）。自来水厂供区面积1067平方千米，供水覆盖双流区、天府新区、成都高新区中和街道及温江区金马镇，供水总人口266万人（其中双流区147万人）。岷江水厂、航都水司原水取自金马河（擦耳灯盏窝处，原水水质达到国家《地面水环境质量标准》Ⅲ类以上水质要求），采用常规生产处理工艺，出厂水水质均达到《生活饮用水卫生标准》（GB5749—2006）要求。双流区自来水厂全年制水总量20333.82万吨，占74.47%；成都水司补水量6906.04万吨，占25.29%；龙泉水司补水量64.84万吨，占0.24%。全供区全年总供水量27304.70万吨，较2020年增长3.86%；最高日供水量83.16万吨，较2020年增长1.24%；平均日供水量74.81万吨，较2020年增长4.15%。供水管网（DN75以上）总长3958.69千米，自来水用水总户数976116户（其中机械表用户21018户、智能表用户642920户、远传水表312178户）。双流区全年总供水量19029.61万吨，较2020年增长2.72%；最高日供水量56.97万吨，较2020年增长-4.67%；平均日供水量52.14万吨，较2020年增长3.00%。供水管网（DN75以上）总长2333.33千米，自来水用水总户数663055户（其中机械表用户11055户、智能表用户394722户、远传水表257278户）。双流区镇、村、组通自来水率均为100%，自来水普及率99.80%以上。

【节约用水】 双流区水务局通过计划用水管理，促进非居民用户强化单位内部用水管理，促进高效用水，全区年用水1200立方米以上的900余家非居民用户纳入计划用水管理，与263家非居民用户签订计划用水责任书，明确节水主管部门和非居民用户的责任和义务；指导创建为四川省级节水型企业2家、成都市级节水型小区2个、双流区级节水型小区8个、双流区级节水型校园10个、双流区级节水型医院2家，对全区节水工作成绩突出的46家企业（单位）给予48万元节水奖励。3月，双流区水务局获评成都市2020年度城市节约用水工作先进单位。

（范钟铁）

生态环境保护
Ecological Environmental Protection

【概况】 2021年，双流区落实中央、四川省、成都市关于环境保护系列决策部署，树牢生态优先、绿色发展理念，加大投入力度，创新治理手段，开展污染防治攻坚，推进环保督察问题整改，打造美丽宜居空港公园城市，实现生态保护水平、经济发展水平同步快速提升。全区全年5个考核断面及金马河饮用水源水质全部达标，锦江黄龙溪断面稳定保持在Ⅲ类。

【国家生态文明建设示范区创建】 双流区委、区政府开展国家生态文明建设示范区创建，成立由区委主要领导任组长，区政府主要领导、区人大常委会主任为常务副组长，分管区领导任副组长，区级各部门、镇（街道）主要负责人为成员的创建工作领导小组，领导小组办公室设在双流生态环境局，负责领导小组日常工作，统筹协调推进示范区创建。双流区制定印发《双流区创建国家生态文明建设示范区工作实施方案》，对涉及创建的指标逐项分解，明确创建指导思想、总体目标、11个领域40项工作任务。8月5日，经四川省生态环境厅专家组审验，双流区通过预审，与锦江区、武侯区、青白江区等6个区（市、县）共同入围“成都片区第五批国家生态文明建设示范县候选名单”。12月6日，双流区入选2021年度四川省级生态县（市、区）候选名单。

【生态文明体制改革】 双流生态环境局探索实施“碳惠双流”示范建设，创新低碳场景建设、引导实施碳减排项目开发和消纳，上线碳普惠运营平台，量化“碳币”激励机制，对节能减碳行为实施奖励，开展“低碳社区”“低碳园区”建设试点；编制完成《双流区温室气体排放清单》《双流区“十四五”应对气候变化规划》，并通过专家评审。

【环境监测】 双流区生态环境局完成全区环境空气质量、地表水环境质量、声环境质量、农村环境质量及岷江水厂集中式饮用水水源地水质监测和数据上报；持续开展9个镇（街道）、71个出入境断面水质手工监测，完成黄龙溪专项检测20个断面每旬一次手工监测，为水环境治理提供技术支撑；按照“双随机”及信访工作要求，回复百姓环境诉求，配合执法支队完成260余家企业“双随机”及信访投诉执法监测。

【环评审批】 双流区生态环境局优化营商环境，重大建设项目提前介入跟踪办，复杂项目邀请专家指导办，环境影响可控项目承诺办，环评报告表审批时限由30个工作日压缩至6个工作日。全区全年环境影响评价审批项目109个（其中承诺制项目67个），总投资116.93亿元，环保投资1.99亿元。

【环境执法】 双流区生态环境局以解决危害群众健康和影响可持续发展的突出环境问题为重点，深入开展长江经济带生态环境问题整治“回头看”、四川省环保督察、固体废物环境违法行为专项行动、水污染防治、大气污染防治专项执法“一号行动”等专项执法行动，对行动中发现的环境违法行为依法查处，全年立案188件，下达处罚决定书101件，移送公安3件，处罚决定书金额732.22万元。

【环保督察迎检】 双流区生态环境局印发实施《关于双流区环境保护督察办公室、区总河长办公室区环境保护督察工作专班联动机制常态化运行的通知》，从全区各相关单位抽调17名人员成立环督办、区河长联动机制专班，采取“四不两直”（不发通知、不打招呼、不听汇报、不用陪同接待和直奔基层、直插现场）方式对各镇（街道）、职能部门的迎检准备情况以及央督、省督、长江经济带反馈、省市环保督察发现问题和重复信访件办理情况现场督查和“回头看”，对发现的问题现场反馈、现场推动协调解决；聘请专家现场诊断65个点位，形成诊断报告，为精准治理提供决策依据；持续按照“分层级调度整改、红绿灯销号整改、点线面延伸整改”等方式督导案件整改。

【环保督察整改】 双流区生态环境局完成整改并上报销号2017年央督148件案件、省督49件案件、2018年央督“回头看”163件案件；省督交办信访案件67件，扣除7件重复件，实际60件，完成整改57件，3件按时序推进；第二轮中央生态环保督察交办问题193件，办结187件，阶段性办结6件，办结率96.9%。

【长江经济带生态环境问题整治】 双流区生态环境局整改2021年国家移交长江生态环境问题中涉及双流区8个污水排放问题，整改完成2019—2020年长江经济带生态环境问题138件（含自查上报九支三斗散居院落污水治理）。

【环保宣传】 双流区生态环境局借助纸质媒体开展环保成果宣传，在新华网、《中国环境报》等媒体发布宣传文章18篇；以4月22日世界地球日和6月5日环境日为契机，举办多形式环保宣传；借助微信、微博等自媒体平台宣传自制环保宣传片——“忆境·双流”，官方微博发文2600余条，官方微信发稿400余篇。

【环境信访】 双流生态环境局依法

4月22日，双流区生态环境局举行以“珍爱地球，人与自然和谐共生”为主题的“世界地球日”宣传活动　（供图：区生态环境局）

6月4日，双流区生态环境局举行以“人与自然和谐共生”为主题的六五环境日主题活动　（供图：区生态环境局）

及时就地解决群众合理诉求，把解决信访问题的过程作为践行党的群众路线、做好群众工作的过程，全年收到信访投诉1979件，所有信访投诉按时限查处和回复，信访回复率100%。

（杨　锦）

水环境治理
Water Environment Improvement

【概况】　双流区境内河流均属岷江水系，有锦江、金马河、杨柳河、江安河、白河、鹿溪河6条主要河流，长度110.11千米；有牧山干渠、老南干渠2条，长度27.16千米；有主要支渠、排洪沟、低槽沟39条，长度332.65千米；有斗渠、提灌渠557千米。2021年，双流区践行习近平总书记提出的“节水优先、空间均衡、系统治理、两手发力”的治水思路，坚持“节水优先、空间均衡、系统治理、两手发力”新时期治水方针，以河长制为抓手，融入成都水务“116N”（紧扣“天府蓝网”1个目标，贯穿“供排净治”1条主线，夯实“六大支撑”，深入实施节水、水生态治理等N项行动）战略格局，深化“供排净治”一体化改革，采取建管治耦合发力、厂网河协同攻坚，推动水环境质量持续提升，担起筑牢长江上游生态屏障的政治责任。双流区水环境治理取得“十三五”以来最好成绩，5个考核断面水质达标率提高到100%，其中府河黄龙溪Ⅲ类、江安河二江寺Ⅲ类、杨柳河桃荚渡Ⅲ类、白河应天寺Ⅲ类、金马河三界碑Ⅱ类。

【河长制管理】　双流区水务局落实中央和四川省、成都市关于河长制工作部署要求，提升河湖保护和治理能力，聚焦河长制重点工作任务，深化“供排净治”一体化改革，加强工作力量整合，注重健全长效机制，激发多元参与活力。双流区环督办和区河长办合署办公成立“区联动机制办公室”，铺开“区级河长主治、镇级河长主管、村级河长主巡、社区点长溯源、灌区河长联动”治理体系，在成都市率先实施“沟渠长制”和“口长制”，推动河长制管理从河流、干渠向斗农毛渠和房前屋后小微水体延伸，实现区内流域河长制管理全覆盖。

双流区水务局完善“双流河长+灌区河长”常态协调联动治水机制，地方河长同15名灌区河长联动巡河8次、解决问题17个；开展跨区域河长联动共治，与天府新区、眉山市等8个相邻区域召开联席会议4次，跨区区级河长联合巡河2次，协商解决问题8个，实现上下游、左右岸、干支流联动共治；制定实施《双流区2021年河长制工作要点》《双流区锦江流域一二级支流消V专项整治方案》《双流区河长制管理体系责任清单》《双流区河长制管理红黄牌警示红黑榜通报制度》《双流区“河长+检察长”协作机制》，实行“季度小考、年终大考”，推动压力传导、责任落实；将河长制落实情况纳入镇（街道）领导干部自然资源资产离任（任中）审计，加大对重点流域涉水环境问题审计监督力度，推进流域环境持续改善。全区水质达标率由2018年的16.7%提升到100%，锦江黄龙溪国控断面水质由2016年的劣V类提升到Ⅲ类。4月，双流区水务局河长制办公室获“全国工人先锋号”称号。

【河道管理】　双流区水务局制定实施《双流区河道管理范围内违规捡种清理整治专项行动方案》《双流区河道及管理范围内违法采砂专项整治行动方案》，加强“四乱”（乱堆、乱建、乱采、乱占）问题“回头看”，立案查处违法采砂案件1件；完成全区13

条河道管理范围划定，完成成都市级新增石鱼河（双流段）划界成果入库。

【农村水环境治理】 双流区水务局推进农村生活污水治理，落实河长制，在彭镇金河村、木樨社区、柑梓社区以及永安镇双坝村和黄龙溪镇响水村、大河村、川江村修建23座一体化污水处理设施，在九江街道泉水凼社区、大井社区、石井社区修建截污管网23千米，全区完成有效治理的村（社区）52个，行政村农村污水治理率88%，20户以上集中居住区农村污水处理率94%。

（范钟轶）

【建设工程水环境治理】 双流区住房建设和交通局针对建筑工地水环境突出问题，坚持专班专员日常监管制度，加强区域内污染源、污染点位巡查管控，横向到边、纵向到底，精确到每个片区、每条支流、每个点位，厘清底数，建立台账，确保整改措施、进度安排、施工管理到位，及时发现问题解决问题，督促建设项目在项目开工建设前按要求办理取排水手续和制定管控方案；规范设置三级沉淀池，定期清淘排水沟、沉淀池，定期集中抽排化粪池，禁止工地洗车水直排和将泥浆水直排雨水管网造成江河污染，形成常态化巡查监管机制。

（黄　玲）

【黑臭水体排查整治】 双流区河长办、区“三大战役”办制定并印发《双流区全域黑臭水体排查整治专项行动工作方案》，明确部门及镇（街道）责任；区水务局会同双流生态环境局多次组织镇（街道）开展

江安河二江寺段（2021年）　（供图：区水务局）

城市黑臭水体排查治理政策讲解及技术培训，定期调度黑臭水体排查治理，实现“动态清零”。

【金马河流域断面水质改善】 金马河从彭镇金河村汪家渡入双流区境内，流经彭镇和黄水镇，于黄水镇杨公社区崔家林出境，双流区境内全长13.95千米，平均河宽525米。双流区汇入金马河流域的主要支渠、排洪沟、低槽沟10条。双流区水务局按照“区级河长主治、镇级河长主管、村级河长主巡”要求，构建形成“区总河长办统一指挥、区河长办统筹协调、成员单位通力合作、镇（街道）组织实施”的格局，压实流域各级河长职责；完成三支四斗、三支六斗治理项目建设，提升白河水质；完成金马河流域7.5万立方米河渠清淤；实现九江污水处理厂一期、牧马山污水处理厂二期通水调试。金马河流域三个考核断面全面达标，其中杨柳河桃荚渡Ⅲ类、白河应天寺Ⅲ类、金马河三界碑Ⅱ类。

【锦江黄龙溪断面水质改善】 锦江从永安镇毛家湾渡入双流区境内，流经永安镇和黄龙溪镇，于黄龙溪镇夏家沱出境，双流区境内全长20.9千米，平均河宽150米。双流区汇入锦江流域的河流2条（江安河、鹿溪河）、干渠1条（老南干）以及主要支渠、排洪沟、低槽沟17条。双流区水务局梳理出锦江流域35项具体任务，制定责任清单，督促责任单位按时序推进攻坚行动；完成锦江流域8.1万立方米河渠清淤，实现管水全域化精细化、污水全收集全处理、河渠水清岸绿景美；制定印发《锦江水环境治理工作方案》《双流区锦江黄龙溪断面水质达标攻坚行动实施方案》，促进锦江流域水质全面持续好转；实现九江污水处理厂一期、航空港污水处理厂三期、工业污水处理厂、公兴（中电子）污水处理厂一期二阶段通水调试。锦江流域两个考核断面全面达标，其中江安河二江寺Ⅲ类、府河黄龙溪Ⅲ类。

（范钟轶）

【水质自动监测站建设】 双流区新建水质自动监测站26座、水量监测站6座，实时监测主要河流水质水量，各监测点每4小时采集监测一组数据，包括高锰酸盐、氨氮、总磷等重要水质指标以及流量、流速等水文指标，利用平台系统为水质变化分析及溯源等提供数据支撑，采取“月通报＋周通报”预警预报双流区水质状况，同时将水质监控系

统数据接入生态环境监测大数据平台，实现“预警—发现—派件—处置—核验”全流程闭环管理。

（杨　锦）

雾霾治理
Haze Treatment

【概况】 2021年，双流生态环境局通过强化科技手段应用、深化涉气企业帮扶等手段，推动大气污染治理水平持续提升；开展重污染天气应急管控，区委、区政府主要领导亲自安排部署，12名区领导带队督导并现场办公，力保12月底最后5天橙色预警期间空气质量全部优良，逆转空气质量劣势。全区全年完成优良天数280天，$PM_{2.5}$浓度均值每立方米38微克；空气质量综合指数4.22，在全市22个纳入空气质量考核的区县中排名第14位。

【大气污染防治网格化管理】 双流生态环境局持续加大大气污染防治网格化巡查管理力度，依托全区9个镇（街道）和1个工业园区环境保护工作办公室共211名网格员，每日开展网格化巡查，通过使用系统实现网格化动态管控，落实责任人，每个网格配置网格员现场巡查、问题上报及现场处置，全年巡查点位11237个次，发现并督促处理问题1428个。

【大气污染防治“蓝天保卫战”】 双流生态环境局制定《双流区2021—2022年蓝天保卫战冬季战役方案》，明确工作目标、工作任务和时间节点，严格组织实施；梳理并核实双流区严管区域工业企业、施工工地、汽修厂、餐饮企业等污染源名单，强化污染源管控；制定《双流区2021年第四季度大气污染防治强化管控方案》，督查强化管控落实情况。冬季战役期间，双流生态环境局开展20次挥发性有机物走航，督促整改发现的112个问题；开展雷达扫描97天，督促整改发现的179个问题。

（杨　锦）

气象监测
Meteorological Monitoring

【概况】 2021年，双流区气象局在赛事场馆、主要交通干线新建1套大气电场监测仪、3套自动气象观测站和2套交通气象观测站，加强气象保障；实施内涝分析建设项目，提升灾害防御能力；在成都市率先完成“雪山下的公园城市”气象景观监测预报试点建设，发布双流区观雪山指数。

【气候特征】 双流区全年气温正常略偏高，降水正常，日照正常略偏多；年平均气温17.5℃，较常年偏高0.7℃；年极端最高气温38.6℃，与历史极值持平；年极端最低气温-3.4℃，较历史极值偏高1.2℃；年总降水量916.0毫米，较常年偏多4.8毫米。

【强降雨天气】 双流区全年出现强降雨天气过程17次，其中区域性暴雨天气过程8次（分别为5月4日、7月22日、7月26日、8月5日、8月17日、8月18日、8月22日、9月14日），区域性暴雨天气过程次数较常年同期（4次）偏多。最大日降雨量83.7毫米，于7月22日出现在彭镇布市村；最大小时降雨量63.4毫米。

【大风天气】 双流区全年出现大风天气过程11次（分别为5月4日、5月16日、6月2日、7月18日、7月22日、8月4日、8月11日、8月22日、8月25日、9月4日、9月15日），最大风速于6月2日出现在黄水镇桂花社区，达每秒20.8米（9级）。

【高温与寒潮天气】 双流区于7月28日至8月4日出现连续高温天气，日最高气温38.6℃，与历史极值持平；全年出现5次寒潮天气，平均降温6℃左右。

【秋绵雨与干旱天气】 双流区于8月22日至10月20日出现秋绵雨，较常年同期偏多7~10天；5月出现一般夏旱。

【防灾减灾气象服务】 双流区气象局新建（改造）智慧路灯、区域站3个；深入区水务局、区应急管理局等部门调研8次，组织应急演练5次；创新开展上游流域降雨及天气监测预报、预警业务，建立气象灾害性天气预报预警应急“叫应”机制和流程，应对上游降雨对双流区造成的灾害性影响；组织做好17次强对流天气、11次大风、8次区域性暴雨、8次强降温以及7月下旬末至8月上旬高温时段、8—10月持续性秋绵雨等灾害性强天气和大气污染防治、森林草原防灭火等气象监测预报预警服务，启动应急响应16次，发布气象预警信号、信息快报等83期，发布地灾风险提示和预警5期、森林草原防灭火专题材料202期、气象短信590万条。

【农业气象服务】 双流区气象局优化低温霜冻、高温以及农事关键期的农业气象服务，为7358户用户提供特色作物气象保障服务；总结、凝练双流区都市现代农业气象服务成果和案例，打造智慧农业气象宣传应用场景，推动空港花田农商文旅体气象服务示范点建设；率先完成“雪山下的公园城市”气象景观监测预报项目建设，服务农商文旅体融合发展；牵头完成的“成都市两系杂交水稻制种的气象决策技术研究”被四川省学会评为科技进步三等奖。

【公园城市环境气象服务】 双流区气象局优化与生态环境部门会商、联动机制，增设“双流区环境气象专报”等服务产品纳入业务流程，制作发布空气污染气象条件预报355期、专题服务材料8期，为大气污染防治提供决策支撑；落实区委、区政府精准防控要求，与双流生态环境局、成都信息工程大学签订合作协议，结合风场、温湿度特征和企业排污情况联合开展精准防控专项研究；组织开展人工影响天气作业作业保障，发挥人工影响天气作业在大气污染治理中的突出作用。

【重大活动气象保障服务】 双流区气象局完成大运会保障气象监测站点建设，新建1套大气电场监测仪、3套自动气象观测站和2套交通气象观测站，场馆内配备气象预报触摸屏；优化服务产品，开展大运会测试赛——“相约幸福成都”系列赛事专题气象保障服务；全年为重点项目开工、“两考”、国际友城音乐节等20余项活动提供气象保障服务，获区委办、区农业农村局等单位感谢信和双流赛区“相约幸福成都”组委会系列赛事表扬。

【人工影响天气作业】 双流区气象局落实国务院办公厅、四川省人民政府办公厅《关于推进人工影响天气工作高质量发展的意见》，完善双流区人工影响天气作业领导小组工作规则，编制双流区贯彻落实意见；在彭镇炮点开展“安全管理智能化平台”示范建设，人工影响天气作业现代化、信息化水平提升；持续做好炮点规范化管理，做好防雹、改善空气质量、重大活动及重点项目建设人工影响天气作业保障。

【气象行业安全监管】 双流区气象局与区住房建设和交通局、区应急管理局联合发文，共同推进小区物业防雷安全、易燃易爆场所和危化企业防雷安全监管；巩固防雷安全“五有标准”（有防雷安全管理岗位、有防雷安全管理制度、有气象信息接收平台、有防雷设施设备标识牌、有防雷安全知识宣传）规范化建设，将防雷安全纳入全区生产经营单位“安全事故应急预案备案”专项工作；在川网国际花园小区创新开展“五有标准”防雷安全示范建设，获评成都市气象部门创新成果并交流发言；持续开展系留气球全域禁飞安全巡查；结合疫情防控要求以及“我为群众办实事”，创新开通“气象证明”在线申请服务，变气象证明“马上办”为“码上办”，实现零跑腿办理气象灾害证明，获人民网等媒体肯定和宣传报道。

【气象科普】 双流区气象局发挥气象科普优势，打造“双流气象伴你行”科普品牌；探索建立“气象局+学校+校园气象站”的科普模式，与双流中学实验学校联合共建校园气象站并开展气象科普系列课程，双流中学实验学校风云气象站创建为“全国气象科普教育基地”并获“优秀全国气象科普教育基地”称号；成功创建双流区社科普及基地，双流气象科普工作获评“双流区十佳志愿服务项目”。

（廖利娟）

11月19日，区气象局（气象行政执法大队）到黄龙溪加油站开展易燃易爆场所、危化企业防雷安全检查

（供图：区气象局）

3月22日，“3·23世界气象日”全国示范校园气象站授牌仪式举行

（供图：区气象局）

产业集聚发展

>>>> INDUSTRIES AGGREGATION DEVELOPMENT <<<<

成都双流自贸试验区
Chengdu Shuangliu Pilot Free Trade Zone

【概况】 成都双流自贸试验区面积34.01平方千米，涵盖航空枢纽功能区15.05平方千米、西航港开发区12.22平方千米、双流综合区4平方千米、西航港街道2.74平方千米。双流自贸试验区是国家级临空经济示范区、国家级天府新区、中国西部（成都）科学城和中国（成都）跨境电商综合试验区的全域或重要组成部分，拥有全国主要航空枢纽——双流国际机场、综合保税区以及成都空港保税物流中心（B型）、国际快件中心、国际邮件互换局、七大（植物种苗、药品、冰鲜水产品、食用水生动物、水果、肉类、生物制品）指定监管场地（口岸）、三大货站等口岸平台和开放载体。2021年，双流自贸试验区形成改革案例20余个，其中"低空空域目视自主飞行模式"等5项改革纳入四川省复制推广。

成都双流自贸试验区管理局局长：袁顺明（7月离任），杨钒（8月任职）。

【自贸区改革创新】 双流自贸试验区落实《成都自贸试验区2021年工作要点》《进一步深化成都自由贸易试验区改革开放的实施方案》，完成《双流自贸区2020—2021年自主改革清单》63条改革事项，形成改革案例25个，其中"创新开展集成国际转运海关监管新模式"等5项改革案例纳入四川省第五批复制推广。"创新开展集成国际转运海关监管新模式"有效保障后疫情时代"国际供应链"畅通，为客户提供个性化物流解决方案；"创新'目视自主飞行'模式"有效简化飞行计划申报环节，提升通航飞行灵活性、便捷性，提高低空空域使用效率；创新跨关区保税维修协同改革，外送维修件物流费用降低80%，节省5～7天。

【自贸区运营环境优化】 双流自贸试验区升级打造水、电、气、通信报装"一件事"改革2.0版，在四川省率先实现企业水、电、气、通信报装一日办结；建成投运集"关务、政务、第三方服务"于一体的"智慧空港"平台，实现进口货物"事前申报、事中抽检、事后溯源"全流程闭环管理；创新国际快件中心安检前置，实现货物"一次装卸、一次查验、一次通关"，通关效率提高50%以上；投运四川省首家跨境电商新业态体验店"空港一号"；建成投运成都东站、宽窄巷子城市候机楼，提升"两场一体"辐射和服务能力；引入"漫客云"智慧管理平台，实施成渝地区市场主体集群注册服务新模式，新增市场主体6574户，比2020年增长136.65%。

【贸易口岸建设】 截至年底，双流空港口岸聚集冰鲜水产品、食用水生动物、水果、植物种苗、肉类、药品、生物制品七大空运进境指定监管场地（口岸），是中西部地区进境指定监管场地（口岸）门类最齐全的空运进境口岸。

（罗　宇）

西南航空港经济开发区
Southwest Airport Economic Development Zone

【概况】 西南航空港经济开发区位于成都市中心城区西南面，东接天府新区，西邻双流国际机场，南连成都天府国际生物城，北靠成都高新南区，是中国西部（成都）科学城、国家级天府新区（空港高技术产业功能区）、中国（四川）自贸试验区、国家级临空经济示范区的重要承载地，是成都航空经济功能区、成都芯谷两个市级产业功能区的重要组成部分，是成都高质量发展示范区重要工业板块。园区培育形成电子信息、新能源、航空制造与维修、生物医药等临空经济导向突出、先进制造业特色鲜明的产业集群，先后获批成都新能源产业国家高技术产业基地、国家科技兴贸创新基地、国家外贸转型升级基地（电子信息）等7个国家级发展基地，四川院士（专家）产业园、首批四川省“5+1”重点特色园区等8个省级试点示范基地。2021年，园区聚集世界500强企业10家、中国500强企业9家、上市公司及分支机构38家、高新技术企业209家、规模以上企业274家，实现规模以上企业产值1681亿元、税收32.4亿元。

西南航空港经济开发区管理委员会主任：马骏（4月离任），成云波（7月任职）。

【开发区企业发展】 西南航空港经济开发区做好“三送三帮”（送政策、送服务、送物资，帮助融通供应链、帮助解决问题、帮助促进发展）“一对一、个性化”企业服务，动态了解企业发展情况，化解发展难题，加强重点企业和项目资金、能源、用地、人力等要素资源保障服务，确保企业稳产满产；举办“咖啡时深圳一周年政企再聚首座谈会活动”等企业咖啡时活动32场，解决企业困难问题210个，成都中寰流体控制设备股份有限公司成为首批北京证券交易所上市企业、四川天微电子股份有限公司登陆上海证券交易所科创板，川开电气有限公司成为首家供应链金融企业；发放68家企业“园保贷”“科创贷”“壮大贷”贷款51627万元，协助企业授信69亿元；协助通威太阳能、中兴终端等7家企业申报补贴14项，兑现扶持资金15760万元。园区新增市场主体102家、规模以上工业企业30家、专精特新企业5家，培育税收增量企业51家、产值增量企业25家、小精尖企业24家；规模以上工业企业实现产值1681亿元，比2020年增长44.6%，贡献双流区工业产值94%。

【开发区招商引资】 西南航空港经济开发区实施重点产业链“产业图谱”，建立产业链重点企业、核心配套企业、重点项目“三张清单”，制定靶向招引方案，锚定目标企业，带方案拜访，推动项目落地；实现“供土地”向“供平台”转变，增存并举抓招商，新签约引进成渝研究院、建潘德韬科技园、国星宇航等招商引资项目12个，协议投资额98.94亿元；做好园中园项目投资、建设、运营指导，以项目评审方式严把项目入园关，引进租赁型生产项目156个。

【开发区项目促建】 西南航空港经济开发区落实“一个项目、一个专班”工作机制，与企业签订促建承诺书，加强重大工业项目跟踪、协调和服务，重点破解项目建设所需土地供应、能源接入、基础设施配套等问题，促进项目尽快落地、加快建设、顺利投产；实施企业全生命周期管理服务，重点推进项目56个，其中电子科大四期、世正科技一期等10个项目竣工投产，金牌橱柜、烟台睿创、三维大川等8个项目新开工，新易盛、国铁电气等13个项目加快建设，完成工业投资38亿元。园区全年29家企业增资扩能，完成技改投资16亿元。

【开发区基础配套建设】 西南航空港经济开发区制定“批而未供”土地挂牌出让操作标准，盘活低效用地1209亩，盘活厂房15.6万平方米、感知物联网等商业2.2万平方米，48.7万平方米产业载体梯度呈现，屏芯智能制造基地1期、电子科大产业园4期建成投运，成都金发科技创新园1期加快建设，联东U谷1期启动建设；规划布局生产性服务功能配套，完成中电子倒班房、中电子人才公寓等配套住宅7.2万平方米；用好工业用地集中配建保障性住房政策，启动中唐空铁南侧132亩2000套保障性住房建设。

【开发区转型升级】 西南航空港经济开发区于7月制定《关于坚持创新驱动引领西航港经济开发区转型升级的实施方案》，并经区委第十三届十六次全会审议通过，确定转型升级目标、路径；启动编制转型升级规划和设计，开展全域空间规划和创业中心、物联网—京东方片区城市设计，从产业质效升级、功能配套升级、生态品质升级三个维度提出发展策略；启动转型升级战略研究，开展产业图谱、项目管理、企业培育等课题研究，课题成果转化为转型升级重点工作，支撑年度计划、过程把控、年度评估等环节，推动转型升级落地落实。

【开发区创新发展】 西南航空港经济开发区搭建“创业苗圃+孵化器+加速器+产业园”的梯级孵化链条，满足企业不同发展阶段的物理空间和产业发展需求；通过“共建+共管+共享”模式，与四川大学、电子科技大学等6所高校，中科院光电所、中国核动力研究院等34个科研单位深度合作，共建电子科技大学产业园、成都信息工程大学产业园等4个产业园。园区累计建成西航港科技企业孵化中心、电子科技大学科技园（天府园）等国家级创新平台12个，西航港科技企业孵化中心（大学生）创业园、成都信息工程大学科技创新孵化园等省级创新平台14个，院士（专家）工作站13个。

（叶丽萍）

成都芯谷
Chengdu IC Valley

【概况】 成都芯谷位于成都市西南面、双流区西北面，规划建设范围44.8平方千米，其中东区7.2平方千米、西区37.6平方千米，是成都市58个产业功能区之一、成都市规划的杨柳湖城市综合性副中心，是双流区打造千亿级电子信息产业的重要集聚地，规划1.5万亩“井”字形空港中央公园。成都芯谷作为电子信息产业生态圈和人工智能产业生态圈的重要承载地，重点围绕“芯屏端网”四大细分领域，打造国际科创人才首选地、中国电子信息新一极、成都未来公园城市新典范，获批国家级“芯火”双创基地，被列入四川省“5+1”重点特色园区培育名单。成都芯谷研创城获评成都市党建引领示范社区（产业社区）、成都市AAAA级智慧园区，被列为成都市2021年度工业互联网支持项目。2021年，成都芯谷70家规模以上工业企业实现总产值1143亿元，其中电子信息产业产值1107亿元，占比96.9%。

成都芯谷发展服务局局长：谢爽。

【芯谷规划编制】 根据成都市《关于印发〈成都市产业生态圈名录（优化调整后）〉〈成都市产业功能区名录（优化调整后）〉的通知》，成都芯谷规划建设范围调整为44.8平方千米，列入成都市电子信息产业生态圈和人工智能产业生态圈，未来赛道细分领域调整为集成电路、工业互联网、网络信息和人工智能等。成都芯谷启动实施产业功能区规划编制，其中杨柳湖片区总规划面积10.7平方千米，构建杨柳湖生态廊道、科技研发组团、智能制造组团、中央商务组团、人文宜居组团的“一廊四组团”立体化发展格局，重点发展集成电路、网络信息、人工智能、数字文创等产业方向，完成杨柳湖片区开发城市合伙人招标。

【芯谷机构改革】 成都芯谷作为成都市首批4个法定机构改革试点之一，按照成都市委安排部署，以“以职责法定化、组织企业化、运作市场化和非营利化”为方向，探索政府职能转变，深化法定机构改革激发产业功能区活力。1月20日，成都芯谷发展服务局挂牌成立，兼具“政事企三合一”职能，将功能区内社会管理事务职能交由区级相关部门负责，促进发展服务局专注主责主业。

【芯谷招商引资】 成都芯谷围绕电子信息主导产业，聚焦集成电路、网络信息、工业互联网、人工智能等细分领域，以中国电子、中国电科等龙头企业为核心、以产业建圈强链为抓手完善“两图一表”和招商地图，实施精准招商；举办全国工业互联网联盟第十七次工作组会等投资促进活动4场，到北京市、上海市、深圳市等地开展投资促进活动19场，签约云天瀚、多源复合等项目12个，协议投资额73亿元，其中中电金信中国第二总部项目被列入成都市级重大项目，总投资30亿元。

【芯谷项目促建】 成都芯谷推进成都芯谷研创城载体建设，新开工建

成都芯谷展示中心（2021年）　　（供图：成都芯谷发展服务局）

设面积 25.22 万平方米，新建成面积 33.08 万平方米，累计建成科创空间面积 83.3 万平方米。澜至电子、中电九天、成都芯谷展示中心、成都芯谷孵化器、华大九天、蓝润城一期 6 个项目竣工；成都芯谷加速器主体工程竣工，总平施工完成；成都华微主体结构封顶，二次结构完成 90%，设备安装完成 70%；成都芯谷国际创新中心、成都芯谷国际总部中心等项目加快建设。

【芯谷基础配套建设】 成都芯谷加快完善基础配套建设，国芯大道等骨干道路基本通车，研创城骨干路网基本形成，澜至电子北侧道路、中电九天北侧道路投入使用，国际创新中心东侧道路和中国电科成都产业基地骨干路网（一期）纵一路、纵三路、纵六路交地路段具备通车能力，制造区北侧道路交地范围路基加强层施工完成，双流国家羽毛球训练基地北侧道路土方工程施工。“归芯谷”租赁型住房地下室完成施工，主体完成 50%；芯谷小学主体施工；1388 套人才公寓开展装饰装修、总坪铺装及绿化作业；芯谷金融中心展厅完工。成都芯谷引入禧玥合餐饮、全派餐饮、全家便利店等生活配套项目 7 个。

【芯谷企业发展服务】 成都芯谷发展服务局搭建“一对一专班制”，建立企业服务“首问责任制”，结合疫情防控、节日慰问等开展 3 批次全面走访；在疫苗接种、社区防控方面形成常态联动机制，组织园区企业参与疫苗接种，接种率 97.96%；在人才落户、人才认定、子女教育、安居购房等方面服务人才 52 人次；举办“企业咖啡时”生态环境保护专场活动、“企业咖啡时”走进西博会活动等活动 4 场，参与企业 100 家，收集问题困难 150 条，解决率 95%；举办校企双进系列活动 2 场，参与组织“蓉漂人才荟”“蓉漂杯”创新创业大赛等人才活动；梳理和发布高校院所科技成果和企业技术需求“两张清单”，发布区级城市机会清单 35 条，发布新场景 13 个，推荐新产品 13 个。成都芯谷新增企业 124 家，新增规模以上企业 6 家。

（黄镇林）

成都天府国际生物城
Chengdu Tianfu International Bio-town

【概况】 双流区人民政府、成都高新技术产业开发区管理委员会于 2016 年 3 月 14 日签署共建合作协议，启动建设成都天府国际生物城（以下简称生物城）。生物城位于成都市西南，东至锦江，南至第二绕城高速，西临牧马山，北至武汉路和成昆铁路货运外绕线，规划面积 44 平方千米。2021 年，生物城依据产业发展趋势和现实资源禀赋，确定现代生物技术药、化学创新药、高性能医疗器械、专业外包服务和健康服务五大细分领域以及抗体药物、新型疫苗、血液制品、细胞和基因治疗、化学创新药、新型药物制剂、体外诊断、植入介入产品及医用材料、家庭智能诊疗设备、药械研发生产外包服务、医药流通专业服务、高端医疗、智慧健康、健康金融等 14 个子行业为产业发展方向；引进项目 45 个、协议总投资超 200 亿元，完成固定资产投资 120.80 亿元，新增上市企业 3 家，培育上市种子企业 10 家，综合实力位列全国生物医药产业园区第一梯队。

成都天府国际生物城管理委员会主任：曾科。

【生物城科技创新】 成都天府国际生物城重大新药创制国家科技重大专项成果转移转化试点示范基地建设成果通过国家验收。试点示范期间，生物城聚集在研 1 类新药 61 个，在研药械品种 134 个；支持丹葛酚酮胶囊等 89 个新药品种国内（国际）申报，累计承接新药成果转移转化服务879项。生物城新引进功能性平台10个，形成涵盖38个全链条技术创新平台的一站式服务体系，其中与国家卫生健康委医药卫生科技发展研究中心签约共建成都卫生健康科技成果转移转化示范平台，为中心国内首个示范平台。

7月8日，康诺亚生物医药科技（成都）有限公司在香港交易所上市 （供图：区大健康办）

【生物城招商引资】 成都天府国际生物城全年引进产业化项目26个、高端人才团队项目34个，一类新药超20个，三类创新器械超30个；落户中国医药工业百强复星医药创新疫苗总部及产业化基地、中国医药工业百强青山利康总部及高端血液净化制品智慧生产基地、全球检验检测龙头欧陆集团亚太中心国际化检测平台、全球十大CRO查士利华实验动物开发供应平台和创新服务中心等企业项目。

【生物城项目促建】 成都天府国际生物城全年取得征地批文土地面积150.23万平方米，完成大家检验等11宗地73.40万平方米土地供应，其中一桥生物创新药物全球总部及制造基地项目成为成都市首个以“标准地”方式出让的工业用地；新开工贝赛思、蓉生二期等9个项目，完工华西GLP、京东方数字医学中心、诺峰国际制剂生产基地等11个项目；在建项目48个（含20个四川省、成都市重点项目），在建总面积400万平方米，总投资326.77亿元。

【生物城企业服务】 成都天府国际生物城设立“成都天府国际生物城纠纷调解中心”“四川省药品监督管理局成都天府国际生物城工作站”“党群服务中心·蓉城驿站（生物城）站点”以及成都市“蓉易贷”（生物城）服务中心等服务站点；践行“政务服务+产业功能区法庭”协作模式，通过“特色调解空间”“法官工作室”等线下平台以及网络理政第三方评议会优化法律服务供给；依托“生物城·万物生”“企业咖啡时”等活动平台，服务企业300余次；打造国内首个生物医药产业“免申即享”政策服务体系，兑现企业补贴205万元。7月8日，康诺亚生物医药科技（成都）有限公司在香港交易所上市。10月26日，四川汇宇制药股份有限公司在科创板上市。

【生物城金融服务】 成都天府国际生物城首次构建财政资金绩效评价体系，实现新增财政收入7.67亿元；实现母子基金群总规模超66亿元，累计完成对外投资项目32个，总规模6.45亿元；累计设立“Bio品种贷”“Bio入园贷”“Bio人才贷”等7个金融产品，为海枫生物、至善唯新等15家企业提供超3.6亿元授信额度。

【生物城供应链服务】 成都天府国际生物城完成医药和医疗器械第三方物流服务功能体系建设，落地保

4月25日，成都京东方医院开诊仪式举行 （供图：区大健康办）

税库和非保税库相结合的“一库两制”创新服务模式；引入世界500强赛默飞世尔在生物城供应链服务中心建立西部分发中心，完成牛心包瓣膜冷链运输、临床用新冠疫苗等项目仓储服务；实现四川省首单保税物流模式进口生物制品，标志成都市成为继北京市、上海市、广州市后国内第四个具备生物制品保税进口服务能力的口岸。生物城供应链服务中心新增服务企业12家，服务货值2亿元。

【生物城产城融合发展】 成都天府国际生物城启动建设环湖路、国际医疗中心等区域32千米道路及配套管网，累计建成道路45千米。诺博幼儿园获评“成都市二级园”，成都京东方医院开诊营业，天府·菁萃里人才公寓成为成都市首个“开盘即售罄”的人才公寓项目。生物城引入肯德基、每时篮球、塞纳古堡·古酩酒庄红酒餐吧等知名商业项目30个，商业业态面积100万平方米，集聚产业人才6000余人；举办China Open 2021年中国舟钓（路亚）公开赛晋级赛、Bio-Town首届产业社区篮球联赛、“携手生物城·相约浪漫金秋”等赛事活动42场，其中永安湖城市森林公园（蓉舟会）成为四川省首个“青体联冬夏令营”营地。

（罗云飞）

空港商务区
Airport Business District

【概况】 空港商务区位于双流国际机场一跑道西侧，规划面积11平方千米；拥有成都环城生态公园等功能配套项目，成都绕城高速、地铁3号线以及建设中的地铁19号线、规划中的地铁15号线等穿境而过。2021年，双流国际空港产业促进中心在双流区“三区三廊三新城”发展战略中找准定位，以项目建设、招商引资、建圈强链为着力点，推进空港商务区高质量发展。空港商务区有上规上限服务业企业48家，实现营业收入123.33亿元，比2020年增长29.4%；全域实现税收3.66亿元，比2020年增长15.9%，培育税收1000万元以上企业3家，有双流区现代服务业纳税大户前20强11家；强化市场主体培育，有市场主体3838家，其中区内注册2798家；有注册企业1610家，其中新注册企业532家；新引进时尚知名品牌9家，其中首店3家，空港消费活力进一步彰显。

双流国际空港产业促进中心主任：吴东（5月离任），周鹏（5月任职）。

【商务区规划建设】 空港商务区以创新营城理念、厚植绿色生态本底、营造多元消费场景为重点，以时尚服饰、时尚家居、时尚餐饮、时尚休闲娱乐等高端生活性服务业为主优化双楠大道时尚走廊，以会议会

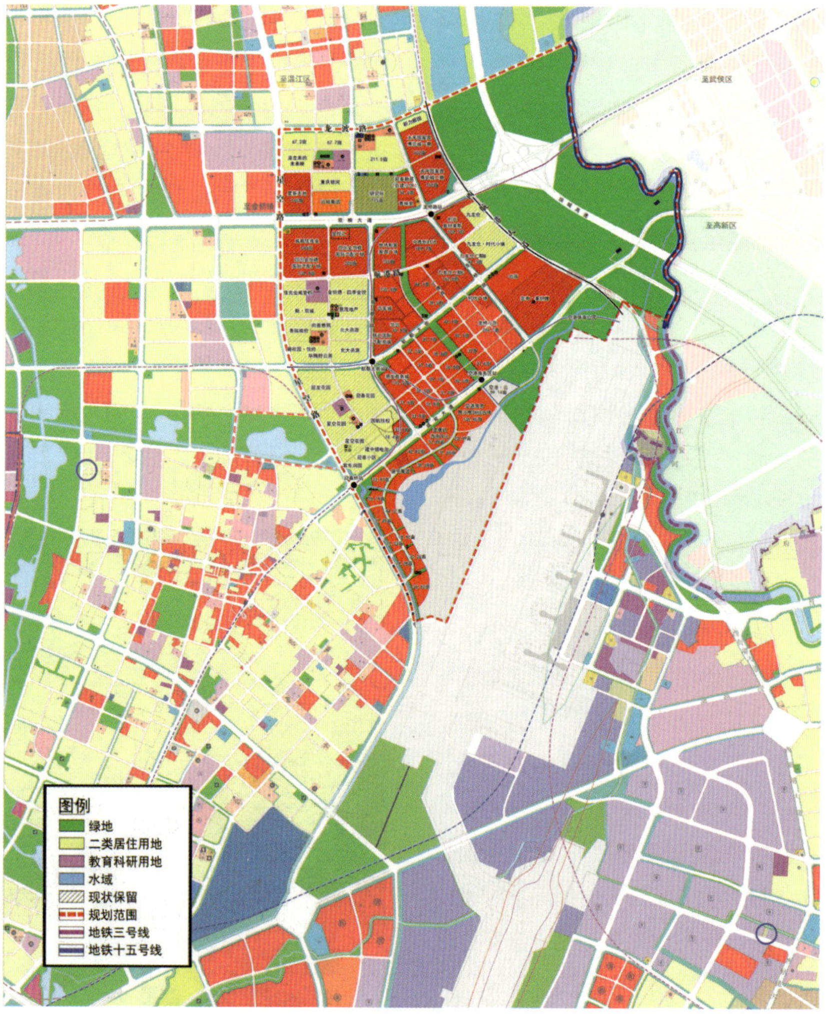

成都双流国际空港商务区规划用地布局示意图　（供图：双流国际空港产业促进中心）

展、总部金融、商业商务等高端生产性服务业为主打造成双大道商务走廊，推进两廊成型成势；加快构建以航空运营保障为支撑，以展示展销、文体旅游为特色，以商业商务、总部金融为引领的“1+2+2”产业体系，着力打造全国一流空港商务区，塑造“人港城产”融合发展新形态，推动“城市的机场”向“机场的城市”深度转型。

【商务区体制机制完善】 空港商务区三级管理机构（空港商圈领导小组、空港商务区指挥部、空港商务区综合党委）召开会议12次，议定事项58项；整合双流国际空港产业促进中心和空港产融公司力量，以“事项清单化、督导常态化、责任具体化”推动工作落实见效；完善高效协调机制，组织相关行业主管部门，不定期召开空港商务区建设发展联席会议，研究解决项目落位、政策落实、供地保障等重大事项，协同解决盛屯项目供地、园区企业标识标牌设置、政策资金扶持等问题20余项。

【商务区招商引资】 空港商务区实行领导班子带头、全体干部参与的招商攻坚行动，加大与行业商协会、产业咨询机构、知名代理机构合作，到北京市、上海市、广州市、深圳市等地走访考察项目31个，参加招商活动11场，举办招商活动4场，引进四川中特峻安企业管理中心等亿元以上项目3个，跟进洽谈项目7个；依托时代·奥特莱斯、双流万达广场等集聚优势，推进太平园二期、金恒德、世代积家、青楠里等存量载体招商，着力引进批零住餐生活性服务产业，打造双楠大道品质生活产业生态圈，引入企业264家、个体294户，存量载体完成招商面积22.9万平方米；打好在建产业载体招商引资提前仗，在成双大道商务走廊招引会展服务、总部经济、进出口展销等产业，建设先进生产性服务业产业生态链。空港商务区于6月签约引进北辰会展集团作为国际会议中心及酒店运营管理团队，提前介入空港商务展示展销综合体项目方案提升和施工建设；引进总投资20亿元的盛屯西区总部基地项目，11月完成1号地块土地移交。12月，锂电新能源材料领先企业盛新锂能集团股份有限公司（深圳证券交易所上市）注册落户空港商务区，注册资本86534万元。

【商务区项目促建】 空港商务区实行班子成员“一对一”包联项目促建，推进澳康达西南中心等在建项目，总面积23万平方米的太平园二期项目主体及外装完工，金悦汇项目主体封顶并于年底完成外立面装饰；敦促中德·创时代项目修改完善设计方案，尽快报规报建；根据《中华人民共和国土地管理法》等法律法规规定，联合职能部门对九龙仓二期地块综合施策；协同配合

空港云与雪山同框（2021年） （供图：双流国际空港产业促进中心）

区级部门按程序开展华兴地块收储。

【商务区基础配套建设】 空港商务区实施双流国际机场周边路网快速化改造，8月环港路通车，10月西航港大道与川航货站节点工程通车，11月成双大道与西航港大道互通工程全面开通，成功构建“空港商务区·双流机场”5分钟通勤圈；完成西航港大道宗申赛纳维侧雨污管网改造，解决长期雨季内涝问题；提升633亩空港体育公园小品景观品质，营造空港·云城市会客厅艺术氛围，空港体育公园成为成都网红新高地，微博热搜最高列全国24位，阅读量2500万次。空港·云城市会客厅于7月投用，截至年底接待团队301个、6467人次。空港商务展示展销综合体项目钢结构安装完成50%，澳康达西南中心项目主体完成50%。

【商务区企业服务】 空港商务区做好企业全生命周期服务，班子成员“一对一”包联下沉社区开展疫情防控、安全隐患排查、综合治理等，下沉社区、在建工地、专业市场、重点企业等检查服务60余次，督促企业完成495项隐患问题整改；开展“企业咖啡时”活动11场，全生命周期服务协调解决企业诉求210件；向空港商务区所在社区、重点企业和在建工地赠送防疫物资价值近10万元，保障企业平稳发展、产业不断壮大；聚焦服务供需不平衡问题，成立空港商务区企业服务工作站，为企业提供政务咨询、贷款融资、产品开拓等服务，构建线上线下咨询服务体系；利用空港商务区微信公众号，传递政策文件、政务信息，提升服务质效。

（彭本常）

航空经济发展

AVIATION ECONOMIC DEVELOPMENT

航空经济运行

Aviation Economic Operation

【概况】 2021年，双流航空经济区完成税收25.1亿元，较2020年增长12.1%；实现外贸进出口859.2亿元，较2020年增长25%，占全区的87.4%；工业产值972.4亿元，较2020年增长64.8%，占全区的54.4%。双流国际机场实现旅客量4011.7万人次，居全国第2位；货运量62.9万吨，居全国第7位。

【"高质量政策""疫情八条措施"奖励政策落实】 双流航空经济区管委会兑付"高质量政策"和"疫情八条措施"资金6454.65万元，兑现企业126家，其中"高质量政策"兑付资金5146.28万元，兑付企业71家，主要包括成都航空飞行员奖励、顺丰国际航线开通、北京飞机维修公司航空维修奖励；"疫情八条"兑付资金1308.37万元，兑现企业55家，主要包括合众兴等跨电贸易公司租金奖励、中航货站等国际货站防疫补贴、汇晨物流等利用综保区铁路运输的奖励。

【现代适航产业发展】 双流航空经济区依托双流综保区发展电子信息及航空维修等现代适航产业，综保区实现工业产值922亿元，增长66%，实现外贸进出口总额827亿元，增长27%，居全国海关特殊监管区域外贸进出口第20位（未含成都高新综保区）。其中，纬创实现工业产值593亿元，增长51%，实现外贸进出口129亿元；仁宝实现工业产值329亿元，增长107%，实现外贸进出口105亿元；四川国际航空发动机维修有限公司实现发动机维修总量158台（境外业务92台），交付159台（境外业务92台），实现主营业务收入50.02亿元。

【精品商务航线枢纽建设】 双流区聚焦"快线化、精品化"，实施精品商务航线枢纽建设三年行动，加速构建"北上广深拉乌"等重要城市商务快线。双流国际机场"北上广深拉乌"商务快线实现起降9.9万次，较2020年增长5.3%；旅客1505.4万人次，较2020年增长9%。

【国际供应链通道打造】 双流区加速构建辐射全球重要枢纽城市的国际全货机航线网络，双流国际机场新开通至伦敦、阿姆斯特丹、达卡等国际全货机定期航线5条，新开国际全货机定期航线数量创历年新高，截至年底国际全货机航线增至15条；建设投运空铁国际联运港，实现依托泛欧泛亚铁路通达欧洲和东南亚，推动双流区构建"空铁"多式联运国际供应链大通道。自9月底投运至年底，空铁国际联运港开通至老挝万象、波兰华沙等班列10列。

【航空物流发展】 双流航空经济区新引进顺丰西部航空货运枢纽、维双供应链等航空物流项目，顺丰四川分拨中心、圆通西南总部基地等航空物流项目建成投运，向国家发展改革委申报建设空港型国家物流枢纽。截至年底，双流航空经济区聚集DHL、UPS、圆通、顺丰等全球100强和全国10强物流企业13家，其中规模以上物流企业47家，全年实现主营业务收入67.9亿元。

【跨境电商发展】 双流区发挥国际空港和保税物流中心（B型）、综保区优势，规划建设跨境电商双流空港、邮政、综保3个成都市级跨境电商产业园区（成都6个），其中邮政产业园获评四川省级跨境电商示范基地（全省6个、成都3个）；根据各个园区特点分别联合邮政国际公司、上海东航资产管理有限公司，打造中国邮政（西部）跨境电子商务服务资源中心、数字贸易共享中心、中国—东盟（四川）自由贸易合作中心等配套项目。截至年底，三大园区聚集跨境电商企业200余家，全年实现跨境电商进出口货值24.61亿元，占全市的82.17%。4月，双流区率先在四川省建成“前店后仓+快速配送”跨境电商体验店——“空港1号”。

（罗 宇）

双流航空经济区建设

Construction of Shuangliu Aviation Economic Zone

【概况】 双流航空经济区是建设国家级临空经济示范区、中国（四川）自由贸易试验区、四川天府新区、中国西部（成都）科学城、中国（成都）跨境电商综试区的全域或重要组成部分，是四川省委构建“四向拓展、全域开放”立体全面开放格局和成都市委建设国际门户枢纽城市的重要承载地，是成都打造航空航天产业生态圈和承担国际门户枢纽城市功能的支撑性功能区，主要发展航空运营服务、航空维修制造、航空物流、航空金融和跨境贸易等主导产业，致力打造全国领先的临空商务门户、泛欧泛亚航空货运枢纽。2021年，双流航空经济区新引进顺丰西部航空货运枢纽、科瑞特保税维修等项目11个，协议总投资50亿元；落地租赁飞机1架（空客A321NEO，协议投资不低于3.8亿元，实际货值4.3亿元）；外贸突破859亿元，增长25.2%；多式联运与仓储营收增幅10.45%，居成都市中心城区第一。双流航空经济区全年实现主营业务收入（产值）规模3016.4亿元，其中航空核心产业营业收入1211.1亿元、工业产值972亿元。

【航空经济区规划发展】 双流航空经济区规划面积80平方千米（含机场两条跑道和三跑道预留区域18平方千米），东至成雅高速、川大路、黄甲大道、双黄大道，南至正公路，西至星空路、藏卫路、长兴路，北至龙渡路、环城生态带；根据产业细分领域和承载城市功能，划分为“一港两翼三基地”。“一港”，即航空港，是航空运营服务核心区，以枢纽服务功能为主，规划面积19.9平方千米，东至西航港大道、黄甲大道，南至五环路，西至机场跑道围网，北至江安河，截至年底聚集国航、川航等九大基地航司以及四川省机场集团、中航油等重点项目，初步形成具有较强竞争力的航空运营服务产业集群。“两翼”为东翼空港科教创新区、西翼空港国际文化旅游区，是主要的产城融合功能配套区。“三基地”为航空研发制造维修基地、航空物流供应链基地、空港现代商贸服务基地，是航空经济主要产业承载区，其中航空研发制造维修基地以维修制造功能为主，规划面积17.5平方千米，包括双流综保区、航空动力小镇和二跑道西侧区域，东至机场第二跑道，南至华牧路，西至广牧路，北至大件路，截至年底聚集四川国际、中国商飞等头部企业，初步形成航空维修制造全国第三极产业地标；航空物流供应链基地以供应链枢纽功能为主，规划面积5平方千米，包括物流园区和五环路南侧区域，东至西航港大道，南至双华路，西至机场围网，北至大件路，截至年底聚集规模以上物流企业47家、头部企业5家；空港现代商贸服务基地以商务、商贸功能为主，规划面积11.2平方千米，东至环城生态带，南至双流机场，西至星空路，北至龙渡路，截至年底国际空港商务区初见雏形，空港云等重点项目建成投运，澳康达西南总部基地等项目加快建设。

【航空产业链构建】 双流航空经济区基本形成以航空运营为主导、航空维修为优势、航空物流为转型、跨境贸易为突破、航空金融为特色的航空产业链，其中航空运营方面聚集国航、川航等基地航空公司9家，聚集中商飞、中航油等重点运营关联企业45家；航空维修方面聚集四川国际、川航维修、国航维修等维修企业17家，具备机体维修、动力装置维修、部附件维修、客改货等维修能力，基本涵盖航空维修产业链主要环节；航空物流方面聚集DHL、UPS、圆通、顺丰等全球100强和全国10强物流企业13家；跨境贸易方面聚集跨境贸易企业超过170家，聚集宝妈环球购等跨境电商优质企业40余家，实现跨境电商进出口货值24.61亿元，占成都市的82.17%；航空金融方面聚集金石飞机租赁、中际租赁等航空金融类企业52家，产业规模突破20亿元。

【航空核心产业发展】 双流航空经济区融入双循环和“两场一体”格局，聚焦航空运营、制造维修、航空金融等核心产业，以功能区为载体，以项目为中心，以生态圈理念、供应链思维，着力补齐航空产业链关键环节、做强核心价值链、提升产业显示度，推动航空经济高质量发展。双流航空经济区全年实现航空核心产业主营业务收入1211亿元、税收25.1亿元，完成工业产值972亿元，增长64.8%。

【航空经济区项目招商】 双流航空经济区抽调20个具有招商基础和经验的人员组成专业队伍，由双流航空经济区管委会领导牵头负责、各分管领导按照产业细分领域具体落实招商，按照产业细分领域组建航空产业、空港商务、航空金融、口岸服务等专业招商分队；根据“两图一表”梳理重点目标企业40家，制定每周外出拜访计划，8月1日至12月31日项目招引攻坚期间由区领导率队外出拜访中国商飞、普惠中国、东航资产等企业35家，获取项目信息30余条；围绕重点区域、重点产业包装策划部附件维修集聚区、东盟中心、航空再制造中心、数字贸易共享中心、保税维修基地5个项目，签约引进顺丰西部航空货运枢纽、民航医学中心等项目11个，协议总投资50亿元。

【航空经济区项目建设】 双流航空经济区加快推动顺丰西部航空货运枢纽、民航医学中心等4个项目312亩供地。中商飞国产民机维修基地、川航APU等5个项目投运，大飞机产业园二期、德邦物流西南总部基地等5个项目加快建设。

（罗　宇）

航空项目建设
Aviation Projects Construction

【概况】 2021年，双流航空经济区管委会以产业链生态圈思维，开展项目招引促建攻坚，新引进顺丰西部航空货运枢纽等亿元以上项目11个，协议总投资50亿元。川航AOC、川航APU等5个项目竣工投运，中商飞二期、德邦物流等5个项目加快建设，兴科蓉、菜鸟2期2个项目实现开工建设。

【航空产业化项目引进】 双流航空经济区新引进顺丰西部航空货运枢纽等项目11个，协议总投资50亿元，空客全生命周期服务项目确定选址落地双流区；围绕补齐航空产业链短板，引进川航科瑞特、航润发动机检测维修等项目；围绕壮大航空金融规模，引进锦心飞机租赁项目。截至年底，双流区落地租赁飞机5架（1架空客A320NEO飞机、1架空客A321NEO飞机、1架空客A330飞机、2架ARJ21飞机），总货值18.6亿元，航空租赁产业规模20.4亿元。

【中国商飞民机示范产业园建设】 中国商飞民机示范产业园二期项目位于双流区广牧路，用地面积72.7亩，总建筑面积32736平方米，其中地上建筑面积29136平方米、地下建筑面积3600平方米，总投资3亿元，建设飞行员体能训练中心、心理辅导中心、综合保障中心等。项目于2020年9月开工建设，截至2021年年底主体完工。

【APU维修厂房建设】 APU维修厂房（一期）项目位于双流综保区内，地上拟建一期厂房5827.93平方米（丙类厂房，一层，层高9.4米）、

APU维修厂房（一期）项目（2021年）　　（供图：双流航空经济区管委会）

中国商飞民机示范产业园二期项目（2021年）（供图：双流航空经济区管委会）

危化品库房200平方米、试车台基础1500平方米、空压机及空调用房132.03平方米、门卫室72平方米，地下拟建消防设备用房792.70平方米、污水处理区160平方米、电力配套设施。项目于2020年10月开工建设，2021年10月建成投运。

（罗　宇）

空港口岸建设与监管

Airport Port Construction and Supervision

【概况】 2021年，双流国际机场监管出入境航班8593架次，比2020年减少30.6%；出入境人员22.56万人次，比2020年减少72.8%。空港口岸监管货量20.6万吨（含航油出口），比2020年增加21.60%，其中普货监管货量16万吨、航油出口监管货量4.6万吨。指定监管场地（口岸）入境票数25票，入境重量85.01吨，入境货值550.16万美元，其中食用水生动物入境33.78吨，比2020年减少96%，货值530.89万美元，比2020年减少24%；水果入境51.23吨，比2020年减少89%，货值19.27万美元，比2020年减少73%。

【口岸应用场景营造】 双流区深化与四川邮政公司合作，由四川邮政公司引入项目公司打造四川省首家“前店后仓＋快速配送”跨境电商新业态体验店——双流“空港一号”跨境电商新业态体验店。体验店位于成都空港保税物流中心（B型）综合业务楼，面积1500平方米，于4月23日开业运营，聚集来自日本、韩国、澳洲、美国等20余个国家和地区，包括母婴用品、服饰鞋包、时尚轻奢、护肤美妆、保健食品等2000余类跨境商品，主要打造集保税仓和实体店相结合的跨境电商展销体验新场景，实现跨境电商“线下门店＋线上商城”新零售运营。

【口岸通关便利化改革】 双流区聚焦口岸通关降本增效，创新“冰鲜水产品两段准入通关”模式；全面实施空港“7*24”小时通关服务，国际贸易“单一窗口”免费申报实现100%覆盖。12月，“智慧空港”综合服务平台（一期）通过专家组验收，建成正式投运。

【递四方跨境供应链西部集散中心一级口岸落户】 2月5日，递四方跨境供应链西部集散中心项目落地双流区。项目旨在布局国际货运枢纽平台，打造研发中心、客服团队及智慧物流研发中心、综合服务中心及跨境转运中心。3月15日，递四方成都—伦敦全货机航线投运。6月30日，递四方成都—马德里客改货航线投运。7月11日，递四方一级口岸落地双流区。递四方全年实现航空货运8573吨，进出口货值9.59亿元。

【空铁国际联运港建成投运】 空铁国际联运港位于双流区黄甲街道，占地面积194亩，建设内容包括新建综保铁路专用线货场及进场道路工程、公兴站改造工程、旗江站改造工程、新建旗江站至公兴站联络线工程等，打造面向老挝、越南的南向通道以及俄罗斯、波兰的西部通道。空铁国际联运港于2011年6月开工建设，2017年11月被评为国家第二批多式联运示范工程，2021年9月建成投运。自投运至2021年底，空铁国际联运港开通至老挝万象、波兰华沙等班列10列，带动成都市新增外贸进出口1.6亿元。

（罗　宇）

9月27日，空铁国际联运港班列首发
（供图：双流航空经济区管委会）

农业和农村

AGRICULTURE AND RURAL AREA

农业和农村经济运行

Agriculture and Rural Economy Operation

【概况】 2021年，双流区贯彻落实中央、四川省、成都市各项决策部署，聚焦城乡空间、形态、业态、公共服务“四个融合”，实施乡村振兴战略，推进城乡融合发展，连续6年获评全省农民增收先进区，并获评全省农经工作典型区，被四川省委、省政府表彰为脱贫攻坚先进集体，被成都市委办公厅、市政府办公厅表扬为农村改革工作先进区。双流区全年农业增加值14.29亿元，比2020年增长4.3%；农业固定资产投资完成7.1亿元；农村居民人均可支配收入34928元，比2020年增长9.5%。

【农村集体产权制度改革】 双流区农业农村局深化农业农村改革，做好合并村农村集体产权制度改革衔接，核查村集体资产，全区118个村（社区）总收入12625.3万元，村平均收入107万元，位列成都市第9名；完成村（社区）财务审计和村级集体经济组织登记赋码，全区由134个村（社区）撤并成118个村（社区），建立127个集体经济组织并登记赋码，并依据《四川省农村集体经济组织条例》指导农村集体经济组织规范运行，坚持商业化逻辑、项目化思维，推行“集体经济组织+社会资本+重大项目”等市场化运营模式，以资源开发型、股份合作型等6种双流模式发展壮大集体经济，实现年收入100万元以上的村集体经济组织30个。

【农业项目建设】 双流区农业农村

8月19日，农技专家指导水稻生产（供图：区农业农村局）

局推进农旅项目建设，加快城投生命健康公园、桃沅岛、棠湖·云栖里等签约项目开工建设，推进山水原乡项目洽谈签约，实施陈家水碾等4个川西林盘保护修复，营造农商文旅体融合发展新消费场景3个；突出区域集中连片、项目集成整合、产村同步推进，新建高标准农田1.4万亩。

【农业经营主体培育】 双流区农业农村局深化土地改革，坚持以家庭承包经营为基础，探索农业经营体制改革，稳定完善土地承包关系，推进规范有序流转，推进农业适度规模经营，发展壮大农业企业、农民专业合作社、家庭农场等新型经营主体，新培育农业市场经营主体30家、成都市级以上农业龙头企业2家。全区有农民专业合作社240余家、家庭农场680家、农业龙头企业19家（其中四川省级龙头企业5家、国家级2家）。双流空港创意现代农业产业园创建为成都市级三星级现代农业园区。

【新型职业农民培训】 双流区农业农村局以粮油、果蔬、水产、农机等产业链从业人员为主要对象，实施完成市级新型职业农民培训100人，其中新型职业农民精英培训20人、新增农业职业经理人培训40人、国家成都农业科技中心人才基地培训20人、乡村专业人才培训20人；实施完成省级高素质农民培训100人，其中省级调训3人、市级调训2人、新型农业经营和服务主体能力提升培训95人。

【富民增收工程实施】 双流区农业农村局通过发展特色产业、促进农民就业、实现资产兴业、分享改革置业增加农民收入，全年农民人均可支配收入34928元，增长9.5%。

（赵友源）

乡村振兴战略实施
Rural Revitalization Strategy Implementation

【概况】 2021年，双流区按照中央、四川省、成都市各项决策部署，坚持问题导向和目标导向，出台《金融助力乡村振兴促进城乡融合发展改革试点方案》等系列政策文件7个，完善服务城乡融合发展的政策机制，推进乡村振兴落地落实；推进8个省市乡村振兴激励奖补项目建设，创建四川省级示范村（社区）2个、成都市级示范村（社区）5个。

【乡村振兴规划编制】 双流区农业农村局编制完成《双流区农业农村现代化“十四五”规划》、“天府农耕”2条成都市级乡村振兴示范走廊规划以及25个村庄规划。

【乡村产业振兴】 双流区坚持“农商文旅体”融合发展思路，把产业链、价值链、生态链等现代产业组织方式导入农业，加快发展休闲农业和乡村旅游，不断延伸产业链，加速融合发展；挖掘古镇文化、三国文化、槐轩文化等历史文化资源，培育出空港花田、帅家院子林盘、黄龙溪·欢乐田园等“IP+产业”、场景体验、文化感知等新业态，黄水镇帅家院子林盘获评成都市乡村振兴“十大川西林盘年度消费新场景”，空港花田、欢乐田园获评“十大乡村周末旅游目的地”。

【乡村人才振兴】 双流区结合村（社区）换届，召开“中国航空经济之都高质量推进城乡融合发展大会暨村（社区）‘两委’干部培训会”，培训全区所有村（社区）干部，提高干部履职能力；创新农村“五类”（农业生产经营、农村二三产业发展、乡村公共服务、乡村治理、农业农村科技）人才引育模式，引进高层次人才10余人；开展新增农业职业经理人培训40人次，新型职业农民培训1342人次，农业职业经理人等级认定和年审考核517人次，

空港花田（2021年） （供图：区农业农村局）

兑付农业职业经理人社保补贴、政策性农险自缴保费补贴 99 人、40.95 万元；开展双流区第二届寻找“社区 BBKing”PK 赛活动暨“空港社治沙龙”9 场；落实创业担保贷款政策，发放创业担保贷款 1190 万元；党建引领城乡社区发展治理专题培训 150 名社区专职工作者，对首次创业且正常经营 6 个月以上的返乡下乡创业农民工给予创业补贴，发放返乡创业农民工创业补贴 1 万元。

吴家染坊（2021年）（供图：区农业农村局）

【乡村公服振兴】双流区推进黄水初中、彭镇初中、胜利初中、黄甲初中 4 所公办初中强校工程实验学校建设，创建成都市级“新优质学校”4 所；完成区第三人民医院、黄甲社区卫生服务中心迁建工程项目建设，创建 1 家社区医院，实现区级医院“三甲”全覆盖；建设基层综合文化服务中心示范点 2 个；推进法定人员参保全覆盖，确保城乡居民基本养老保险参保率达 95%以上，城乡居民基本医疗保险登记率达 99% 以上；持续深化社保扶贫，确保低保对象等困难群体“应代缴尽代缴”和“应发放尽发放”达 100%。

【乡村生态振兴】双流区突出“三生联动”（生产、生活、生态）新模式，践行公园城市发展理念，以化肥农药减量化、畜禽养殖污染治理为重点，采取水溶性高效肥替代传统化肥，推广高效低毒低残留农药等治理方式，开展农业面源污染防治，实现畜禽粪污综合利用率达 98%以上、农作物秸秆综合利用率达 98.8%、农药包装废弃物和农膜回收率达 81.1%，化肥、农药用量保持零增长；实施生态惠民示范工程，加快推进绿道蓝网体系构建，开展川西林盘保护修复，结合山水田林湖草等自然资源和空港观光农业、槐轩文化和古蜀农耕等要素，打造帅家院子、吴家染坊等具有地域文化特色的林盘、农村微景观，构建“城中有田、田中有城”的空港公园城市大美乡村形态。

【乡村组织振兴】双流区以镇村换届优化、配强村（社区）“两委”班子，聚焦选好书记、配强班子，换届后人均年龄 37.5 岁，降低 2.9 岁，具有规划建设、公共管理、农业等专业背景人员 47 名；聚焦重点领域，梳理村（社区）党组织书记风险清单 6 条、权责清单 9 条、负面清单 14 条；出台“四议两公开一监督”导则，“四议”指涉及村发展和村民切身利益的重大事项，要经村党支部会提议、“两委”会商议、党员大会审议后，提交村民会议或村民代表会议讨论作出决定；“两公开”指村级重大事务决议内容公开和实施结果公开；“一监督”指村重大事项的决议和决议实施全过程接受党员、村民监督。制定《村（社区）党组织书记档案管理办法》，规范 8 项工作流程，实行“一人一档”集中管理；明确依法自治事项、协助行政事项、负面事项“三张清单”，开展台账报表、会议文稿、标识标牌、创评活动等专项清理；实行包联培优、驻村帮扶、新老结对、坐班指导，8 名区镇领导包联培育 4 名“好支书”，选派优秀干部担任第一书记和驻村工作队员 10 名，37 名村（社区）党员干部当选区党代表，30 名村（社区）干部当选区人大代表。

【农村人居环境整治】双流区制定印发《双流区优化农村人居环境治理和维护机制试验实施方案》《双流区农村人居环境整治提升工作方案》等文件 9 个，张贴标语 1800 余条，推送微信 1.82 万条，发放倡议书 9.63 万份；开展农村区域清扫保洁和生活垃圾收运全域外包服务，在成都市率先实施厨余垃圾清运处置市场化，农村生活垃圾收运处置体系覆盖率 100%。全区 430 个 20 户以上集中居住区中，405 个具备农村生活污水处理能力，20 户以上集中居住区农村污水处理率 94%。双流区完

黄甲街道八角社区八角水寨幸福美丽新村（2021年）（供图：区农业农村局）

永安镇双坝村新农村远景（2021年）（供图：区农业农村局）

成户厕改造1792户，无害化卫生厕所普及率96.5%以上，建立卫生公厕长效管护制度，管护农村公厕106座，建立村级户厕服务站14个；以散居院落环境整治提升为突破口，集中整治散居院落（林盘）82个；建立健全完善群众参与机制、健全资金保障机制、治理考核机制，激励引导群众参与农村人居环境治理维护，评选示范镇（街道）3个、村（社区）10个、“最美农家”100户，对获评单位给予一次性奖励。

【幸福美丽新村建设】 双流区完成幸福美丽新村建设3个，惠及群众3200余人，整理面积1560余亩；聚力解决新村贷款逾期、集体建设用地流转慢等问题，流转集体建设用地面积500亩，为城乡融合发展资金池增资1亿元；结合幸福美丽新村建设，开展“白＋黑”道路改造18.7千米，加快推进农村道路提档升级；按照“景观化、景区化、可进入、可参与”的理念，建设剑南大道延伸段、乡村绿道15千米；完成黄水镇花龙村、黄龙溪镇响水村“水美乡村”水利设施整治工程，农村自来水普及率100%。

【乡村旅游发展推进】 双流区举办“丰收美好生活·荣耀璀璨航都”——2021年中国航空经济之都农民丰收节庆祝活动暨第二届国家地理标志双流永安葡萄文化季活动，推进模式、项目创新，促进田园景观与林盘、绿道、新村、公园等有机融合，打造“空港花田＋云华新村”“八角水寨林盘＋新村”“黄龙溪古镇＋欢乐田园”等农商文旅体融合发展消费新场景，黄水镇帅家院子林盘获评成都市乡村振兴“十大川西林盘年度消费新场景”。全区全年乡村旅游接待游客1005万人次，实现乡村旅游收入81.69亿元。

（赵友源）

9月29日，2021年中国航空经济之都农民丰收节庆祝活动暨第二届国家地理标志双流永安葡萄文化季活动举行 （供图：区农业农村局）

黄水镇云华新村大地景观（2021年）（供图：区农业农村局）

都市现代农业发展
Urban Modern Agricultural Development

水稻收割 （供图：区农业农村局）

【概况】 2021年，双流区种粮面积8.76万亩，粮食总产量3.9万吨；蔬菜面积18.5万亩，产量30.5万吨；年出栏生猪16540头、小家畜禽家禽118.7092万羽（只），肉类总产量3310.6吨；水产养殖面积保持在8912亩，渔业产量8950吨，实现渔业产值2.03亿元。

【农产品质量安全监管】 双流区建成区、镇、村和生产基地四级农产品质量安全检测体系，建成“三品一标”（无公害农产品、绿色食品、有机农产品和农产品地理标志）提升、认证、奖励体系，推进无公害、绿色、有机认证，全区“三品一标”认证产品72个、无公害农产品基地5个、有机农产品基地4个；推动试行食用农产品合格证制度，对430个农业经营主体实施，开具合格证74.7万张，农产品追溯应用覆盖面超过80%，随机抽检全区农产品合格率99.7%。

【粮油生产】 双流区大春粮油播种面积8.71万亩，其中水稻播种面积4.67万亩、亩产555千克，玉米播种面积1.59万亩、亩产401千克，豆类播种面积0.76万亩、亩产191千克，薯类播种面积0.92万亩、亩产310千克，花生播种面积0.77万亩、亩产240千克；小春粮油播种面积5.4万亩，其中小麦播种面积0.49万亩、亩产318千克，马铃薯播种面积0.55万亩、亩产294千克，豆类播种0.13万亩、亩产149千克，油菜播种面积4.23万亩、亩产162千克。

【经济作物生产】 双流区农业农村局依托现有产业基础，发挥区位优势，坚持以精品、特色、优质为导向，按照优势明显、集中连片、高产稳产原则，因地制宜发展有机蔬菜、绿色水果等优势特色产业，科学布局“双流冬草莓”“双流永安葡萄”等川果川菜标准化生产基地，种植葡萄、梨、草莓、优质桃、蓝莓等特色水果1.21万亩，产量3.34万吨，产值1.86亿元。

【畜牧业发展】 双流区农业农村局划定适宜养殖区域和禁止养殖区域，加快生猪规模养殖场标准化建设，规模养殖场（户）11个，规模化养殖率51%；加强非洲猪瘟等重大动物疫病防控，开展动物防疫外包服务，应免生猪、牛、羊、鸡、鸭以及其他禽类免疫率全部达100%；开展“瘦肉精”检测2125头份，无一例阳性。年末，双流区存栏生猪1.31万头、牛0.03万头、羊0.23万只、家禽38.68万只。

【农机应用】 双流区农业农村局完成主要农作物耕种收机械化作业面积40.5万亩，完成小麦、水稻、油菜、

5月21日，西南地区马铃薯机械化生产现场会在双流区黄水镇举行 （供图：区农业农村局）

双流地理标志产品黄甲麻羊（2021年） （供图：区农业农村局）

土豆等农作物机播、机耕、机收任务，新购先进大中型农机具18台（套），全区农业机械化综合水平89.12%，在全省达领先水平。

【农机服务】 双流区农业农村局主要实施农机购置补贴项目，按照“自主购机、定额补贴、县（乡）结算、直补到卡（户）”方式补贴，审核拨付农机购置补贴中央省市资金96.53万元。

【农产品品牌建设】 双流区农业农村局实施品牌生产体系、营销体系、价值体系构建行动，深化双流冬草莓、双流二荆条辣椒、双流永安葡萄、双流黄甲麻羊、双流枇杷5个国家地标产品国家地理标志农产品的保护与开发利用，9个品牌进入“天府源”目录，“好人家”“大红袍”“环太”等农产品品牌获评四川名牌、中国驰名商标；按照“一村一品”思路，在彭镇、黄水镇率先实施“一村一品”试点，黄水镇花龙村（牧山脆桃）、彭镇舟渡村（郁金）等7个村（社区）申报“一村一品”示范村，黄水镇花龙村（桃）获评2021年成都市“一村一品”示范村镇。

（赵友源）

农业管理
Agricultural Management

【概况】 2021年，双流区农业农村局出动检查人员6325人次、车辆211台次，执法检查农业投入品和农产品生产、经营、使用企业（合作社、基地）380家次，检查品种425个，现场责令整改违规经营户6家。

【农产品质量安全抽检】 双流区农业农村局完成农药残留定量检测950批次，合格率99.1%，有效监测数3.23万个；随机抽检全区农产品合格率大于99.5%，对不合格样品依照规定执行;完成全区草莓、葡萄、桃子专项抽检，合格率99.3%。

【动物卫生监督管理】 双流区农业农村局针对2021年动物重大疫病防控形势，采取多项措施，抓好以非洲猪瘟和高致病性禽流感为重点的重大动物疫病防控；强化市场管理、基础免疫和监测排查，全区重大动物疫病监测无异常，无畜禽异常死亡情况，养殖从业人员健康无异常；建立“3+1”（养殖环节三级网格管理+屠宰环节网格管理）非洲猪瘟防控网格化监管体系，明确一级网格员4人、二级网格员54人、三级网格员127人，将全区生猪养殖场（户）生产情况、生猪来源、非洲猪瘟自检、防疫制度执行、病死猪处置等情况纳入监管内容；制定动物重大疫病免疫技术方案，对散养户实行春秋集中普免、每月实施补免相结合，对规模养殖场由业主按照免疫程序自主免疫的方式开展以禽流感等重大动物疫病强制免疫为主的畜禽基础免疫，确保应免尽免。

【生猪屠宰监督管理】 双流区农业农村局建立重点区域采样检测、疫情分片包村包场排查机制、养殖场户自检阳性处置、疫情有奖举报制度、生猪出栏检疫、运输车辆备案和收购贩运管理、病死猪无害化处理管控等常态化防控措施；建立健全“双随机”抽查制度，对重点区域、目标加大监管力度，对已关闭取缔生猪屠宰场（点）加大巡查监督，在私屠滥宰易发区、多发区开展集中整治行动，严厉打击私屠滥宰、注水或注入其他物质等违法行为，出动排查人员1554人次，发放宣传资料2404份。

【水产渔政监督管理】 双流区农业农村局在鹿溪河、金马河、白河、成都农产品批发市场及成都浩海立方海洋馆等重点河流及场所开展宣传活动13次，发放宣传资料5300余份；设立禁捕通告公示牌24个，完成8个点位渔政执法智能监控系统建设；发放张贴《关于全区天然水域实施全面禁捕的通告》、“长江禁捕 打非断链”宣传海报，在河长公示牌中增加禁捕内容和举报电话；开展打击长江流域非法捕捞和市场销售天然水域非法捕捞渔获物专项行动，清理整治天然水域船舶和违规渔具，联合相关部门对在天然水域使用禁用渔具或电、毒、炸等禁用方法从事天然渔业资源生产性捕捞行为开展专项执法。双流区全年出动巡查人员5199人次，开展联合执法21次，行政处罚25起（简易程序），收缴鱼竿127根，劝阻违法垂钓人员654人次，办理公益诉讼1起，立案查处电鱼案件1起。

【畜禽养殖污染专项整治】 双流区农业农村局印发《养殖污染防治暨排口监管工作方案》，建立《2017以来关闭养殖场（户）监管台账》和《养殖污染源下河排口治理监管台账》，实现2017年禁养区关闭的483户养殖场（户）未出现复养；强化对养殖污染源下河排口监管，实现全区9条流域54个养殖污染源下河排口零排放。全区11户畜禽规模养殖场全部配套粪污处理设施设备，配套率100%；建立296户10个猪单位以上的养殖户的养殖污染治理台账；实现养殖废弃物资源化利用全覆盖，全年畜禽产生粪污量96123吨，资源化利用量96051吨，粪污资源化利用率90%以上。

【耕地撂荒和“非粮化”整治】 双流区农业农村局在成都市率先印发《关于禁止在基本农田上种植草坪的通知》《关于做好耕地撂荒整治促进农业生产发展的通知》《双流区制止耕地撂荒管理办法（试行）》等文件，实施撂荒地整治3600余亩，清退草坪3500余亩，低效果木腾退申报1100余亩，相关经验做法在省市推广。

（赵友源）

林业管理
Forestry Management

【概况】 2021年，双流区森林面积9753.3公顷（林地面积2113.3公顷、非林地森林资源面积7640公顷），森林覆盖率20.91%，森林蓄积量41.67万立方米，林业总产值25.12亿元；林业有害生物应施监测面积3.2万亩，实际监测面积3.2万亩，监测覆盖率100%，无公害防治率100%，经过防治，成灾率为0；对全区范围内提出申请的种子、花卉、苗木等生产场所进行产地检疫，办理产地检疫合格证16份，产地检疫率100%。

【林长制管理】 双流区林长制办公室围绕森林、林地、湿地、公园、绿地、绿道以及生物多样性保护等方面，以聚焦林业园林资源保护发展与安全、聚焦责任化制度化体制机制、聚焦落地性实操性网格体系为抓手，以保护发展林业和园林资源为目标，以制度体系建设为保障，以网格巡查体系建立为措施，构建“区、镇（街道）、村（社区）三级林长＋网格护绿（林）员＋特色林长”的“3+1+N”管理体系，形成“分级管理、属地负责、重点突出、网格覆盖”的林长制组织架构。8月20日至11月8日，双流区《关于全面推行建立林长制的实施方案（征求意见稿）》征求区级部门、各镇（街道）、区属国有投资公司及各园区管委会47个单位意见建议。11月18日，双流区林长制工作专题会召开。11月19日，双流区深化改革委员会审议通过《关于全面推行建立林长制的实施方案》并印发实施。双流区由各党委（党工委）、政府（办事处）主要负责人担任林长，实行“双林长”，全年设立区级林长22人、镇（街道）级林长98人、村（社区）级林长250人。

【森林资源保护】 双流区制定《双流区林长制实施方案》《双流区绿地占用树木移植管理实施办法（试行）》《双流区2021年天然林资源保护工程实施方案》《双流区优化林地林木管理高效服务项目建设工作措施（试行）》等8个管理办法及方案；申报创建成都市级园林式居住小区4个，成都市公园城市管理局现场踏勘验收申报的4个成都市级园林式居住小区，均成功创建；3

4月12日，成都市双流区2021年度“野生动物保护”暨“爱鸟周”宣传活动举行
（供图：区公园城市绿化服务中心）

月19日在锦江公园九江段开展省市党政军领导、区领导义务植树活动。双流区公园城市绿化服务中心组织开展打击毁林专项行动，开展森林督查，完成2020年国家森林督查案件查处，配合区综合执法局查处9宗违法占用林地、6宗违法违规采伐林木案件；完成5个永久使用林地项目林地审批、2个临时使用林地项目林地审批。

【野生动植物保护】 双流区公园城市绿化服务中心开展打击野生动物非法贸易联合“清风行动”，有效震慑乱捕滥猎野生动物违法犯罪活动；开展“爱鸟周”“野生动物保护宣传月”等活动，并通过会议、设立宣传点、发放宣传资料、张贴海报、公告、微信微博转发等方式开展野生动物保护宣传，发放宣传资料、海报2万份，提升公众意识水平；开展野生动物疫情防控，加强对野生动物人工繁育单位防控指导；强化对相关单位的管理监督指导，规范野生动物驯养繁育和经营管理；持续规范开展国家及省重点保护救护管理，全年实施救护68次890余只（头）；开展2021年度生物多样性监测，完善全区生物多样性数据库。

【退耕还林成果巩固】 双流区公园城市绿化服务中心落实退耕还林管护职责，签订退耕还林管护协议；组织人员采取抽查方式开展退耕还林检查验收；通过“一卡通”发放中央、市级、区级补助资金，全年发放各级资金1175195.84元。

【林业科技推广】 双流区公园城市绿化服务中心加大适用技术培训力度，尤其对镇（街道）林业干部、村（社区）干部、种植大户的培训，主要内容有油橄榄种植管理技术培训、城市绿化管护培训等，全年培训林农、新型职业农民100人次；巩固永安镇梨园村和景山村油橄榄种植示范片成果，在春秋季进行管护技术指导，实行科学种植；选派科技人员10人次，先后到东升街道、西航港街道、永安镇、黄龙溪镇等开展科技赶场、科技讲座、科普培训、科普咨询、科普宣传、科技服务等系列活动，发放林业农业科普宣传资料5000余册，接受咨询200余人次；举办线下科技培训班1期、培训100人次，举办线上培训班1期、培训150人次。

【森林草原火灾预防】 双流区公园城市绿化服务中心树牢“生命至上，安全第一”的理念，牵头开展宣传教育、风险隐患、扑火指挥与安全专项整治，配合相关单位开展基础设施建设、体制机制和党政责任落实、队伍建设、违规野外用火查处等专项整治，完成10个方面专项整治目标任务；建立健全群防群治、末端发力、终端见效机制，落实区领导

4月12日，成都市双流区2021年度林业科技普及下乡活动举行 （供图：区公园城市绿化服务中心）

3月29日，双流区公园城市绿化服务中心进行森林防火宣传　（供图：区公园城市绿化服务中心）

包镇、镇（街道）领导包村（社区）、村（社区）包组、组包户4级包保责任机制，划分网格192个，各级签订承诺书204份，实现林区防火责任100%网格化全覆盖；指导各镇（街道）抓好护林员（山头长）包山头、林权权利人和经营单位、坟主亲属包地块和坟头的责任机制落实，督促林区经营管理单位履行防火主体责任，签订防火责任书3283份，落实森林防火山头长73人；通过会议部署、宣传教育、落实人员强化巡护、全覆盖网格化隐患排查整治、设置临时卡点实行扫“防火码”进入、野外用火专项治理等举措，同时强化督促检查，抓实关键期特别是春节和清明节期间防控措施落实，全区连续35年无较大及以上级别森林火灾；开展基础设施能力提升建设，完成新建森林消防蓄水池6个，完成林区蓄水池维护维修13个，完成19套森林防火视频监控语音播报杆设立安装；完成第一次森林草原火灾风险普查2021年外业调查，在成都市第一批次通过省级外业质量检查；完成林区散坟专项调查，摸清全区34170座林区散坟底数；制定印发《双流区举报违规野外用火行为预防森林火灾奖励办法（试行）》《双流区森林草原防灭火标本兼治总体方案（2020—2025年）》《双流区农事用火管理办法（试行）》《双流区森林草原小火打早打了处置指导办法》，确保建章立制到位。

【森林火灾宣传教育与培训】 双流区公园城市绿化服务中心利用电视、融媒体平台等传统媒体和微信、微博、抖音等新媒体，通过宣传报道、制作播放宣传片、警示教育、发送公益短信、集中开展宣讲、设立宣传栏、出动宣传车等方式，开展宣传教育，推动群防群治；创新开展处置扑救森林火灾技能与安全网络培训，全区5个镇（街道）182人参加培训。

（谢宇科）

农田水利
Irrigation and Water Conservancy

【概况】 2021年，双流区继续实施农田水利工程，整治塘堰3口，整治修复渠道31处3.9千米，更换变压器2处，更换水泵电机2处4套，维修闸门及其他设施26处，综合治理水土流失面积2平方千米，农田灌溉水有效利用系数达0.61；保障农田灌溉用水安全，针对重要片区成立10个春灌用水服务小组，强化用水指导、协调用水矛盾，5月底完成关“秧门”和汛末蓄水1018万立方米。

【农田水利保障】 双流区投入375万元，实施完成岁修、黄龙溪镇响

黄龙溪镇响水村水美乡村（2021年）　（供图：区水务局）

水村和黄水镇花龙村水美乡村水利设施整治项目等，整治塘堰3口，整治修复渠道31处3.9千米，更换变压器2处,更换水泵电机2处4套，维修闸门及其他设施26处。

【农业水价综合改革】 双流区水务局做强灌区现代化改造，提高农业灌溉用水利用效率，在重要斗渠分水口安装完成计量设施30个的基础上,将继续安装完成计量设施30个。按照流程，委托采购代理机构公开招标，确定施工单位后开始施工。

【农田水利管理】 双流区水务局批复《水库调度规程》和《防汛抢险应急预案》，专项制定《永安水库应对极端洪涝灾害处置工作方案》；完成水库“三个责任人”培训，水库行政、技术、巡查“三个责任人”全部到位；逐一排查水库防汛物资、大坝及配套设施、水库水位、值守记录、巡查记录、大坝自动化监测系统运行情况等，水库防汛工作组织到位，防汛物资准备充足；遇天气预报有极端天气时打开放水洞，腾库迎汛，水库管理人员24小时值守到位、巡查到位、记录完善；提升水库软硬件水平，升级水库动态监管预警系统，永安水库除险加固工程通过市级验收。

【农田灌溉】 双流区通过实施各项工程，农田灌溉水有效利用系数达0.61，提高农田灌溉用水效率；加强水利基础设施建设及管理，做好用水协调和服务，确保5月底关“秧门”，并完成汛末蓄水1018万立方米。

（范钟铁）

工 业

INDUSTRY

工业经济运行

Industrial Economy Operation

【概况】 2021年，双流区有工业企业2084家（未包括成都天府国际生物城），其中规模以上工业企业431家，制造业主要分布在双流航空经济区、成都芯谷、成都天府国际生物城三个产业功能区和蛟龙工业港（双流园区）。双流区在全国工业百强区排名第80位。

【规模以上工业发展】 双流区新增规模以上工业企业31家，规模以上工业企业总数达393家，全市排名第一；完成规模以上工业总产值1788.45亿元，比2020年增长40.7%，规模以上工业增加值增长15.2%，拉动全区GDP增速4.37个百分点（贡献率50.2%）。

【中小企业培育】 双流区实施中小企业成长工程培育计划，鼓励、引导和促进中小企业做大做强快速成长，建立健全"小巨人""成长型""拟上规"企业信息库，新

双流区工业集群（2021年）　　（供图：区新经济和科技局）

增嘉纳海威、国星宇航等国家级专精特新“小巨人”企业5家（共9家，全市第三），新增四川省级专精特新中小企业27家（全市第二），入库成都市中小企业成长工程192家。

【工业项目建设】 双流区推进工业项目及技改项目79个，完成工业投资111亿元，九芯微、澜至电子等21个项目建成投产，新易盛、金发孵化园等22个项目加快建设，金牌橱柜、住贸机械等19个项目开工建设，前期储备多普勒、虹光电子等17个项目。

（张　伟　盛　良）

航空制造和维修产业
Aviation Manufacturing and Maintenance Industry

【概况】 2021年，双流区航空制造与维修产业发展迅速，7家航空制造维修产业规模以上企业实现总产值56.55亿元，比2020年增长31.6%。

【航空制造维修产业载体建设】 双流区加快协议投资2亿元的四川富丰华林电子科技有限公司北斗/GPS智能终端及运营服务项目（二期）建设，主体已封顶；加快协议投资6亿元的四川安德科技有限公司安德航发装备和航空零部件研发制造基地建设，用地面积120亩，建设具有国内领先水平的航空零组件加工生产线、航空钣金零件成型生产线等，已竣工；加快协议投资5亿元的成都智祥兴智能装备有限责任公司数字化项目建设，用地面积59.62亩，建设智能吊装设备关键传动系统生产线及飞机维修改造平台数字化生产线，截至年底总平方案通过专家会审查。

【航空制造维修产业发展】 双流区有航空制造维修产业规模以上企业7家，实现产值56.55亿元，其中四川安德科技有限公司增速最快，达84.6%，四川飞机维修工程有限公司、成都大鹏纵横智能设备有限公司、成都孚康航空设备有限公司、成都炬鑫航空设备有限公司等均有不同程度增长。从细分领域看，双流区企业主要集中在航空维修、航空零部件、航空发动机、工业无人机领域。从企业规模看，双流区产值过亿元企业4家，其中四川国际航空发动机维修有限公司产值占比高达88.3%。

【四川航空APU保税维修项目建设】 四川航空APU保税维修项目位于双流综合保税区特殊监管区内，占地面积20亩，总投资5亿元。项目由四川航空、成都航利联合投资，是国内首家完全由国有航空公司与国有航空动力装置维修企业联合投资的航空动力装置维修项目；专注民用航空动力装置维修，主要开展民用航空动力装置维修，飞机、发动机部附件维修，航空器改装、制造，航空器及部附件租赁以及航空零备件、航空工装设备等制造。项目于2020年5月开工建设，2021年10月22日竣工投入运营。项目投入运营后年维修量80台左右，主要为川航集团旗下的四川航空和成都航空两家公司提供机队维修保障。

（张　伟　盛　良）

电子信息产业
Electronic Information Industry

【概况】 2021年，双流区电子信息产业围绕“屏芯端核网”细分产业重点领域，实施建圈强链行动，布局上下游配套企业，产业集聚效应和吸附力凸显。全区电子信息产业规模以上企业实现产值1149.63亿元，占规模以上工业企业产值的64.3%，比2020年增长63.3%，约占成都市电子信息制造业的20%。其中，智能终端、新型显示、网络通信设备制造业增长迅速，纬创实现产值593亿元，比2020年增长50.5%；仁宝实现产值329亿元，比2020年增长106.7%；中电熊猫实现产值112亿元，比2020年增长111.2%；新易盛实现产值21亿元，比2020年增长37.5%。

【电子信息产业链打造】 双流区实施建圈强链行动，依托西航港开发区、成都芯谷，发挥综保区口岸优势，强化与成都高新区、天府新区等地合作，加快融入全市产业生态圈，打造“屏芯端核网”全产业链。

【电子信息项目招引】 双流区签约中国信息通信研究院成渝研究院项目、多源复合物联网感知装备研制项目、北京国星宇航“星河”卫星互联网一体化空间基础设施建设项目、中兴新通讯有限公司5G新经济产业园及基金项目、达时科物联网精密量具研发制造项目、四川联合晶体大尺寸蓝宝石光电窗口量产项目、南京金理念信息技术有限公司工业

西航港经济开发区园区（2021年） （供图：区新经济和科技局）

互联网运营研发及智能制造项目等，协议总投资超过115.5亿元。

【电子信息项目建设】 双流区九芯微集成电路IP核研发项目竣工，完成项目入驻；协议投资10亿元的四川省、成都市重点项目澜至电子科技（成都）有限公司智慧家庭终端芯片及车联网信息系统项目完成建设。

【新型显示产业发展】 双流区依托京东方（中电熊猫），集聚成都虹宁、冠石科技、奥希特、熊猫电子等重点配套企业，构建8.6代TFT-LCD新型显示产业生态，实现偏光片、玻璃基板、印刷电路板本地配套率分别为70%、100%、90%。新型显示产业链规模以上企业全年实现产值140亿元，比2020年增长83%。双流区液晶面板出货量占全球液晶面板出货量3%。

【集成电路产业发展】 双流区围绕集成电路设计—晶圆制造—封装测试产业链，引育集成电路相关企业19家，其中设计环节引进瓴盛科技、嘉纳海威、澜至电子等企业10余家，晶圆制造环节建成海威华芯6英寸砷化镓、氮化镓晶圆代工线，封装测试环节拥有新易盛光电芯片封装线、申威处理器测试平台。成都华大九天科技有限公司专注EDA（电子设计自动化）开发工具全流程解决方案，其母公司华大九天在国内排名第一，并于9月2日在创业板上市，成为中国EDA第一股。双流区集成电路产业规模以上企业全年实现产值50.55亿元，比2020年增长30%。

海威华芯（2021年） （供图：区新经济和科技局）

【智能终端产业发展】 双流区围绕智能终端代工、智能电视整机生产、光电设备制造、终端设备研发制造环节，集聚仁宝、纬创、创维、同方等企业20余家。双流区智能终端规模以上企业全年实现产值934.40亿元，比2020年增长64.5%，其中仁宝实现产值329.19亿元，比2020年增长106.7%；纬创实现产值593.33亿元，比2020年增长50.5%。

【成都屏芯智能制造基地项目建设】

成都屏芯智能制造基地项目由成都双流新产城建设发展有限公司投资建设，用地面积483.34亩，总建筑面积58万平方米，其中地块一10万平方米、地块二48万平方米，建设标准厂房及配套工业用房。截至年底，地块一完成五方主体竣工验收；地块二（A区域）主体施工完成，二次结构施工完成，精装修完成80%，幕墙施工完成70%，总平水电管网施工完成60%，总平绿化施工完成50%；地块二（B区域）编制清单。

【成都中电熊猫显示科技有限公司】 成都中电熊猫显示科技有限

中电熊猫生产线（2021年）　　（供图：区新经济和科技局）

公司主要经营薄膜晶体管液晶显示（TFT-LCD）面板和模组、液晶显示器等业务，产品市场包括中国（含中国台湾、中国香港）、韩国、土耳其、埃及、斯洛伐克、巴西、墨西哥等，2021年产值112亿元，比2020年增长111.2%。

（张　伟　盛　良）

生物医药产业
Bioengineering and Pharmaceutical Industry

【概况】 2021年，双流区生物医药产业主要涉及化学药、现代中药、医疗器械、大健康等领域，化学药代表企业有太极集团、锦华药业、云克药业等，现代中药代表企业有恩威制药、康弘制药、国强中药等，医疗器械代表企业有欧赛医疗、浩瀚医疗、联帮医疗等，大健康代表企业有海汇药业等。全区33家生物医药产业规模以上企业实现总产值68.65亿元，比2020年增长12.9%。

【生物医药项目招引与建设】 双流区引进一心堂（四川）大健康智慧医药基地、海南倍特等项目，纽瑞特医疗、国药蓉生建成投产。

【生物医药企业发展】 双流区存量医药制造、医疗器械企业稳步发展，成都市浩瀚医疗设备有限公司开展数字化智能化改造，成都先导药物开发股份有限公司成为西南地区首家科创板上市企业。

【四川恩威制药有限公司】 川恩威制药有限公司有医药制造员工607人，主要生产、销售妇科用药、感冒用药、儿科用药等，有发明专利9件，注册商标206件，多次获成都市和双流区纳税大户、先进纳税单位等称号。2021年，四川恩威制药有限公司实现产值7.83亿元，比2020年增长19.1%。

【成都欧赛医疗器械有限公司】 成都欧赛医疗器械有限公司是研发、生产和销售血液净化系列的高新技术企业，专注于血液净化系列产品深度研发，拥有多项发明专利，拥有多条具有完全自主知识产权的产品生产线。2021年，成都欧赛医疗器械有限公司被评为国家级“专精特新”企业，实现产值2.97亿元，比2020年增长43.1%。

（张　伟　盛　良）

绿色能源产业
Green Energy Industry

【概况】 2021年，双流区以通威太阳能为代表的绿色能源产业增长较快，中建材率先实现碲化镉大面积发电玻璃材料产业化；31家绿色能源产业规模以上企业实现总产值188.57亿元，比2020年增长15.7%。

【绿色能源产业发展】 双流区建立晶硅、碲化镉薄膜等技术路线，聚集光伏产业领域创新平台6个。通威太阳能建成全球首条工业4.0无人电池生产线，出货量连续4年世界第一，全球市场占有率超14%。中建材下线世界第一片大面积碲化镉发电玻璃，产品助力2022年北京冬奥会和成都大运会，全国市场占有率60%。川开电气光伏和新能源微网系统项目入选《工业和信息化部第二批光伏试点示范名单》。双流区5家规模以上光伏企业全年实现产值132.49亿元（占成都市近80%，占双流区规模以上产值的7.4%），近两年年均增长超20%，助力成都打造千亿级光伏产业集群。

【通威太阳能（成都）有限公司】 通威太阳能（成都）有限公司是一家集光伏先进制造技术和光伏应用研发、生产、销售于一体的国家高新技术企业，是通威集团新能源产业战略布局的核心基地，获“国家企业技术

通威太阳能（成都）有限公司（2021年） （供图：区新经济和科技局）

中心”“国家智能工厂”“国家绿色工厂”等称号。2021 年，通威太阳能（成都）有限公司实现产值 115.3 亿元，比 2020 年增长 24.7%。

【成都中建材光电材料有限公司】 成都中建材光电材料有限公司依托中国建材集团致力于高纯金属半导体材料、碲化镉发电玻璃的研发与销售以及光伏系统的设计、安装和运营，是高新技术企业、工信部第四批“绿色工厂”、四川省企业技术中心，生产的高纯材料被应用于高端设备制造等，碲化镉发电玻璃累计带动产值 18 亿元，发电玻璃产品转化效率 15%，实验室转化效率突破 20%。2021 年，成都中建材光电材料有限公司实现产值 1.35 亿元。

（张　伟　盛　良）

新经济产业
New Economy Industry

【概况】 2021 年，双流区新经济企业新增注册数 3995 家，增速 29.3%，四川新易盛、澜至电子等 6 家企业和黄晓雷、董泰伯等 6 人入选全市新经济“双百工程”；发布城市机会清单 200 条，举办成都市“双千”发布会，发布新场景 92 个、新产品 106 个。

【新经济项目招引】 双流区新引进新经济项目 39 个，其中 50 亿元以上项目 6 个，包括通威化合物半导体研发生产基地项目、中兴新通讯有限公司 5G 新经济产业园及基金项目等；10 亿元以上项目 6 个，包括中国成都水生态科技城项目、顺丰西部航空货运枢纽项目等；亿元以上项目 27 个，包括纳微金生物中国总部及创新疫苗研发与一体化动保服务中心项目、红云制药股份有限公司智慧生物医药生产基地项目等。

【新经济应用场景打造】 双流区挖掘新技术、新业态、新模式衍生的新场景，成都千嘉科技有限公司“智慧城市公用事业计量技术创新应用实验室”入选 2021 年度成都市创新应用实验室，川开电气有限公司“园区智慧能源综合管理应用场景”和成都全程德邦物流有限公司“城市大件快递全链路智慧运营示范场景”入选 2021 年度成都市示范应用场景。

【新经济企业培育】 双流区加速新经济企业及人才培育，助推产业能级提升，梯度培育新经济企业 40 家，其中种子企业 31 家、准独角兽企业 7 家、行业领军企业 2 家；建立新经济企业梯度培育全生命周期跟踪服务体系，结合新经济特质梳理重点新经济企业 334 家，纳入重点培育库；制定“一企一策”培育措施，落实服务专员制，在政策服务、疫情防控等关键环节“一对一”对接，当好企业服务生。

（张　伟　盛　良）

能源供应保障
Energy Supply Security

【概况】 2021 年，双流区推动实施能源项目 31 项，江安河变电站配套电力通道等 9 个项目完成建设，怡心湖片区电力工程、协和片区管线迁改电气部分工程等 22 个项目加快推进；新增充电设施 2700 余个，充电桩累计 4500 余个。双流区兴能天然气有限责任公司经营区域覆盖双流区行政区内 9 个镇（街道），开通服务网点 8 个；天然气开户用户 51.26 万户，日均供气量 83.65 万立方米；天然气管道 4008.06 千米，气源分别为华阳总站、香山配气站、华温线黄水阀室；管理双流工业园区配气站、牧马山配气站 2 个配气站。

【输变电工程建设】 截至年底，江安河 220 千伏江安河（明珠）输变电工程完成总工程量的90%，黄甲220千伏输变电工程完成总工程量的80%，白家（桂花堰）110千伏输变电工程竣工投运，永安（凤凰）110千伏输变电工程完工，幸福（双兴）110千伏输变电工程完成总工程量的80%，协和110千伏输变电工程完成总工程量的20%。

【电力供应】 双流区全年全社会累计用电量75.03亿千瓦时，比2020年增长11.92%，其中工业用电量36.64亿千瓦时，比2020年增长1.87%。

【天然气供应】 双流区重点推动黄水撬装柜扩能改造、文星大道至航空港配气站天然气管道、工业园区配气站至东升城区D406第二气源管道3项管道项目建设，提升东升、九江、彭镇、黄水片区天然气供应保障能力，全年全社会供气量4.24亿立方米，比2020年增长5.05%，其中工业供气量2.18亿立方米，比2020年降低2.30%。

【成品油供应】 双流区全年成品油（汽油、柴油和煤油，不含航空煤油）储存、销售94.38万吨，其中油库批发67.50万吨，比2020年降低1.08%；加油站零售26.88万吨，比2020年降低0.59%。

（张　伟　盛　良）

2021年双流区能源供应基本情况表

表5

序号	类别	2020年	2021年	比2020年增长
一、电力（亿千瓦时）				
1	全社会用电量	67.04	75.03	11.92%
2	#全行业用电合计	54.52	61.23	12.30%
3	第一产业	0.192	0.295	53.82%
4	第二产业	35.41	36.49	3.04%
5	工业	35.97	36.64	1.87%
6	第三产业	18.92	24.44	29.19%
7	#城乡居民生活用电合计	12.51	13.80	10.29%
8	城镇居民	9.25	10.23	10.60%
9	乡村居民	3.26	3.57	9.42%
二、天然气（万立方米）				
10	全口径供气总量	40376.93	42415.58	5.05%
11	工业供气量	22298.85	21785.04	-2.30%
12	居民用气量	13587.52	14915.22	9.77%
13	商业用气量	3621.29	4754.18	31.28%
14	CNG	869.27	961.14	10.57%
三、成品油（万吨）				
15	#成品油	—	—	—
16	批发（汽油、柴油）	68.24	67.50	-1.08%
17	零售（汽油、柴油）	27.04	26.78	-0.59%
18	机场航油（煤油）	—	—	—

建筑与房地产业

CONSTRUCTION AND REAL ESTATE INDUSTRY

建筑行业管理

Construction Industry Management

【概况】 2021年，双流区入库列统（规模以上）建筑业企业86家，其中施工总承包特级资质企业1家、一级总包资质9家、二级总包资质27家、三级总包资质19家，专包一级资质8家、专包二级20家、专包三级2家。86家建筑业企业总产值167.9亿元，其中特级和一级企业10家，总产值141.4亿元，占比84.3%；二级总包资质企业27家，总产值13.38亿元，占比8%；三级总包资质和专包资质企业49家，总产值12.92亿元，占比7.7%。双流区住房建设和交通局监管在建项目355个，建筑面积2214万平方米，总投资693亿元，其中房建工程256个，总投资579亿元；市政工程98个，总投资114亿元；交通工程1个，总投资593万元。

【建筑企业资质管理】 双流区全年办理建筑业三级资质82家、资质增项39家、资质信息变更190家、资质注销1家；完成“四库一平台”企业入库业绩核查工资，核查业绩915条；利用工作例会、观看警示教育片等方式，开展深化建筑业企业资质审批突出问题系统治理。

【建设项目招投标监管】 双流区全年受理房屋建筑、市政基础设施、公路交通建设工程项目招标备案242项；国家投资工程建设项目中标备案230项，中标金额2119480.31万元，总房屋建筑面积5035564.2平方米，其中政府投资工程104项，中标金额391433.79万元，房屋建筑面积303991.91平方米。双流区率先实现全标段全流程电子化招标，实行招标文件模板化，全面推行“不见面”开标。

【工程造价管理】 双流区全年办理造价咨询合同备案545项；建设工程合同登记106项，合同金额3548134.16万元，房屋建筑面积5614899.87平方米；竣工结算登记1项，合同总金额5953.91万元，发、承包双方结算金额5566.64万元，房屋建筑面积14176.49平方米。双流区住房建设和交通局核定100个工程安全文明施工措施费费率，每月发放成都市《工程造价信息》71份。

【建设工程质量监管】 双流区住房建设和交通局对区域内报监工程进行质量监督、检查和管理，管理率100%；开展检查2840次，下达责令限期整改通知书191份，按照规范、规定和监督工作导则，对工程的实体质量采取关键部位重点监督和重要部位不定期巡查相结合的监督方式，严把地基基础、主体结构质量关，确保工程结构安全。双流区全年有1个项目通过四川省级安全文明工地评审，43个

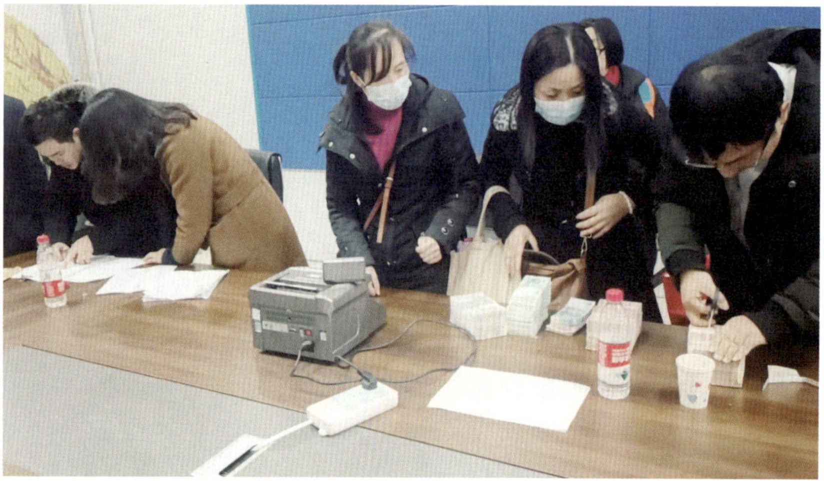

12月31日，新天地·春天里二期项目发放民工工资 （供图：区住建交局）

项目通过成都市级安全文明工地评审，15个项目通过成都市级结构优质工程评审。

【建设工程安全生产管理】 双流区住房建设和交通局对全区建设项目开展包括起重设备专项整治、深基坑专项检查、防高坠专项整治、汛期安全专项整治、食堂食品专项整治、道路交通安全专项整治等专项检查在内的一系列安全生产检查，检查工地12195个次，其中线上检查9410个次、线下检查2785个次，下发责令限期整改通知书327份、停工整改通知书72份、调查通知书47份，对检查发现问题督促单位整改，对298家企业（涉及150个项目）扣除企业信用分、共扣34.55分，对156个项目扣除项目信用分，共扣218.3分。

【绿色施工工地创建】 双流区住房建设和交通局按照房建、市政工地绿色施工工地评分标准，打造绿色施工示范工地，实施差异化管理，严格实施"四节一环保"（节能、节地、节水、节材和环境保护）管控，创建四川省级标化工地1个、成都市级标化工地43个、绿色施工工地27个、绿色标杆工地20个。

【建筑农民工工资纠纷调解】 双流区持续开展建筑农民工权益保障，建立项目实名制管理、工资专户、应急处置等长效管理机制，妥善处置建筑农民工工资拖欠和纠纷案件，全年受理建筑领域农民工工资纠纷投诉192件，涉及纠纷金额2.45亿元，协调处理率100%。全区没有因农民工工资拖欠发生恶性群体性事件。

（黄　玲）

房地产开发
Real Estate Development

【概况】 2021年，双流区完成房地产固定资产投资216.8亿元，比2020年下降2.7%；商品房销售金额380.84亿元，比2020年下降1%。第一、二、三季度房地产规模以上企业工资总额和抽样调查工资总额分别增速8.2%、31%。双流区规划建设人才公寓和产业园区配套住房9954套（其中人才公寓6082套、产业园区配套住房3872套），建设工作有序推进；筹集建设保障性租赁住房项目4个、3225套，其中竣工项目1个、300套，在建项目3个、2925套。

【人才公寓建设和租售】 双流区新筹建人才公寓主要采取商品房配建方式完成261套；续建项目68.29万平方米，按项目进度正常推进；面向双流区和成都高新区人才开展租售，提供"梧桐馨园""梧桐馨园南区""天府菁萃里"人才公寓租售房源2515套。招商天府玺统筹住

金科博翠粼湖人才公寓（2021年） （供图：区住建交局）

房转换方式完成统筹住房307套，30~32号楼完成主体封顶。

【商品房建设与销售】 双流区住房建设和交通局落实"限房价、定品质、竞地价"措施，推进项目上市及租赁住房建设，多渠道增加市场供应，加强市场监管，维护市场平稳，实现产城融合、职住平衡，拉动优质人才创业居住。双流区全年批准商品房预售面积210.21万平方米，比2020年下降34%；商品房销售面积310.13万平方米，比2020年增长4%。

（黄 玲）

3月2日，双流区住房建设与交通局对成都天府国际生物城新建房屋进行白蚁预防处理（供图：区住建交局）

住房管理

Housing Management

【概况】 2021年，双流区有公房2365间，建筑面积14.97万平方米（住宅14.04万平方米、非住宅0.93万平方米）；公租房6071间，向符合公共租赁住房保障家庭实物配租房源5703套。

【公有住房管理】 双流区住房建设和交通局直管公有住房套数2193套，向符合公共租赁住房保障家庭实物配租房源5703套，向49户符合发放公共租赁住房补贴的家庭发放租赁补贴29.33万元。

【单位自建经济适用住房管理】 双流区住房建设和交通局全年巡查、指导、监管在建单位自建经济适用住房项目48次，单位自建经济适用住房2266套全部竣工，分配1749套。

【保障性住房管理】 双流区住房建设和交通局结合双流区保障性住房使用情况，抽查存在问题的24户，督促管理单位建议，清退2套违规使用住房。

【公租房管理】 双流区住房建设和交通局按季度向全区符合公共租赁住房补贴政策的49户保障家庭发放租赁补贴293266.20元。全区公共租赁住房分配218户，退出转入9户。

【房屋安全监督管理】 双流区全年梳理排查出城镇C级危房11处、D级危房10处，其中完成整治C级危房6处、D级危房3处。

单位自建经济适用住房——怡景花园（2021年） （供图：区住建交局）

【房屋白蚁防治】 双流区白蚁防治中心签订城市房屋白蚁预防公共服务协议93份，完成新建房屋白蚁预防施工总面积1120033.16平方米；签订城市房屋白蚁灭治公共服务协议241份，完成既有房屋灭治总面积42660.8平方米；对新建房屋白蚁预防施工及既有房屋（不含装修）白蚁灭治回访、不定期质量检查，严格把关新建预防和回访复查项目的施工质量。

（黄 玲）

住房保障服务
Housing Security and Service

【概况】 2021年，双流区住房保障服务中心建立健全拆迁工作机制，成立双流区征地拆迁工作领导小组；统筹推进全区征地拆迁，重点围绕69个项目拆迁，细化拆迁资金申报表册，启动项目拆迁资金申报流程，清理核查“拆而未用”土地情况，形成征地拆迁钉子户专题报告等；围绕征地拆迁项目推进，指导各镇（街道）做实做细“拆而未用”土地后期安全监管，协助做好2021年度69个项目拆迁涉及的信访维稳、行政复议诉讼等。

【“拆而未用”土地核查】 双流区9个镇（街道）上报“拆而未用”土地130宗45742.27亩。9月，双流区住房保障服务中心启动“拆而未用”土地核查，逐一核实上报宗地，从拆迁、规划、征收、社保、临时使用以及存在问题6个方面逐一建立全区“拆而未用”土地管理台账。截至12月21日，双流区住房保障服务中心完成9个镇（街道）“拆而未用”土地现场核查和上图。

12月28日，双流区住房保障服务中心会同区政府督查室检查指导西航港成都地铁30号线高碑坝停车场项目拆迁
（供图：区住房保障服务中心）

【征地拆迁与管理】 双流区住房保障服务中心建立健全拆迁工作运行机制，成立双流区征地拆迁工作领导小组，拟定双流区征地拆迁工作领导小组议事规则、办公室工作细则和集体土地拆迁安置流程图，明确39个部门的职能职责，经领导小组审议后印发执行。全区全年69个项目下达拆迁面积45779.29亩，完成拆迁26个、占比38%。双流区住房保障服务中心与区审计局于9月对9个镇（街道）18个拆迁项目开展结算检查，12月完成18个拆迁项目专项审计检查。

（刘　薇）

商贸与现代服务业

COMMERCIAL TRADE AND MODERN SERVICES INDUSTRY

商业贸易
Commercial Trade

【概况】 2021年，双流区实现服务业增加值730.37亿元，增速7.4%（排成都市第19位），占GDP的64.6%，其中交通运输、仓储和邮政业占26.4%、其他非营利性服务业占18.4%、其他营利性服务业占16.4%、金融业占12.8%、房地产业占12%、批发和零售业占9.6%、住宿和餐饮业占3.1%；实现服务业固定资产投资438亿元，比2020年增长15.3%。

【国内贸易】 双流区探索建设“保免一体”、公园盒子等新消费场景，打造东航中心云锦天地等新消费场景6个；开展“味美双流”系列美食活动4场，推动综合消费逾7000万元；为大运会双流赛区测试赛提供餐饮服务保障4万余人次；激发“碳达峰碳中和”绿色消费潜力，新能源汽车销售约6000台；建成投运2万平方米汇播时尚产业园，引进产业链企业超过40家。

【国际贸易】 双流区获批国家级进口贸易促进创新示范区、国家外贸转型升级基地（电子信息）、国家级跨境电商综合试验区，落地首旅日航酒店等对外开放合作项目，建成投运宏盟二手车海外基地一期，全区外贸进出口总额总量稳居全市前列；新开通5条国际全货机航线，推动综保铁路专线通车，加快构建“空铁公水”立体化多式联运物流枢纽；依托口岸优势，提高进口便利化水平，培育新型进口商品消费模式，海关总署跨境电商B2B出口试点正常运行，成都爱道品国际贸易有限公司（空港一号）获得跨境电商领域“内外贸一体化”的国家级服务业标准化试点（商贸流通专项），“空港一号”体验店、Chemist Warehouse西部首店开业运营；深化“一带一路”经贸合作，组织企业参加“广交会”等国际展会4场以上。

【商贸流通】 双流区实现社会消费品零售总额443.4亿元，增速12.4%，排名成都市中心城区（“12+2”）第9位、成都市第18位；有服务业市场主体超10万家，其中规模以上、限额以上服务业企业562家，实现营业（销售）收入1046.5亿元，比2020年增长18.2%。其中，亿元以上企业109家，营业收入913.2亿元，比2020年增长22.4%；5亿元以上企业32家，营业收入744.9亿元，比2020年增长24.8%；10亿元以上企业23家，营业收入686.8亿元，比2020年增长26.0%。

【商贸服务业政策落实】 双流区商

12月28日，“公园城市的国际时尚消费目的地打造——聚焦双楠大道时尚走廊”沙龙活动在双流区川投国际酒店举行（供图：区商务局）

务局全年兑现企业扶持资金7927万元，其中传统服务业政策2440.92万元、就地过年385万元、“六稳”奖励547.2万元，并按政策减免企业税费、社保费。

【商贸特色示范街区打造】 双流区根据城南优品道广场星光天地、成都东航中心云锦天地、万科生活里、怡顺晚味、升平街5条街区业态本底、建筑风貌，找准街区自身定位，合理运用“8+4”（公共服务、基础设施、建筑风貌、慢行系统、交互体验、生态环境、管理体系、街区运营八大共性工具和建筑形态、业态内容、商业品牌、运营活动四大差异工具）工具体系，补短板、强弱项，5月打造集活力休闲、艺术文化、风味美食、科技智慧等的多元差异化特色商业街区场景5个，8月通过成都市级综合评价，5条街区均合格，其中城南优品道广场获评900分，入围优秀街区。

【双楠大道时尚走廊沙龙活动】 12月28日，“公园城市的国际时尚消费目的地打造——聚焦双楠大道时尚走廊”沙龙活动在双流区川投国际酒店举行。会上举行星荟天地·漫乐城项目、九江未来社区片区综合开发项目签约仪式，华高莱斯、盈石集团等企业嘉宾围绕时尚双楠打造、国际消费中心城市示范区的建设展开交流。

（杨　潇）

商业综合体
Commercial Complexes

【概况】 2021年，双流区商务局指导时代奥特莱斯、海滨城等大型商业综合体开展“留双过节有温度 美食礼包大派送”留双过节慰问、“爱成都·迎大运”双流美食盛典暨“2021双流名菜”遴选发布活动、“爱成都·迎大运”“社区美空间·幸福生活邻里节”暨空港双流第一届啤酒美食节、“航都幸福荟 空港欢乐购”“爱成都·迎大运”第十八届成都国际美食节双流体验会场暨“双流星美食”活动4场美食节会，举行“2021（第19届）成都新春欢乐购·空港国际潮购节”活动、“2021（第19届）成都新春欢乐购·空港国际潮购节”活动、“2021空港美好生活节新能源汽车推广活动”、“新春欢乐购·万卷齐发”电商直播活动4场促消费活动。

【海滨城购物中心】 海滨城购物中心位于双流区双楠大道下段，于2014年12月31日正式营业，以破吉尼斯世界纪录、四川省科普基地、成都市科普基地、成都市青少年科普教育实践基地的海洋馆——浩海立方、具有国际赛事标准的海滨欧悦真冰场、波音737飞行体验、首家室内地心侏罗纪恐龙馆、海滨城4DMX影院、环冰美食城等特色业态为核心，同时融合多种特色业态，是集旅游、亲子、教育、美食、休闲、购物等多功能于一体的城市综合体，2016年被评为国家AAAA级旅游景区，誉为“全国首家商业旅游综合体”。海滨城购物中心总体量27万平方米，入驻商户389家，2021年客流量1800万人次。

【时代·奥特莱斯】 时代·奥特莱斯位于双流区双楠大道中段，是西南地区首家奥特莱斯，2009年正式营业。时代·奥特莱斯坚持为西南地区消费者提供多样化的购物选择，不断成长完善，为顾客优化购物环境和购物体验，并坚持不断引入国际一线知名品牌，共享成都发展机遇，为成都国际化进程贡献力量，推动城市持续繁华。入驻时代·奥特莱斯的顶尖品牌超过260个，涵盖多种风格及品类，其中国际一线品牌超过55个，2021年销售收入超25亿元，客流量720万人次。

【城南优品道广场购物中心】 城南优品道广场购物中心位于天府新区核心区域新双楠商圈，于2014年7月18日投入运营，是集休闲购物中心、特色街区、住宅、别墅、酒店、写字楼于一体的大型城市综合体；拥有西南首个以游轮为主题的时尚餐饮街区、西南首家悬空玻璃栈道观景台、2000平方米儿童互动探险乐园、5万平方米超大市政广场、成都首家集幼儿园、儿童教育培训及儿童中医业态于一体的社区住宅配套商业。城南优品道广场购物中心总体量23万平方米，营业面积10万平方米，入驻商户161家，2021年客流量1080万人次。

【双流万达广场】 双流万达广场位于双流区星空路，于2016年12月17日开业，商场内涵盖服装鞋帽、餐饮美食、儿童娱乐、精品体验等业态，具有苏宁易购、万达影城、宝贝王、红孩子、大玩家、迪卡侬等14家主力商户以及204家步行街商户。双流万达广场总体量11.62平方米，入驻商户233家，2021年客流量1260万人次。

【成都东航中心】 成都东航中心位于双流区临港路三段，依托国家级临空港示范经济区的区位优势，于2018年9月正式营业。成都东航中心是双流自贸区成都国际航空枢纽综合功能区内集高端商务与吃喝玩乐购为一体的大型商办综合体，覆盖满足消费者多重需求，包括潮流服饰、国际精品、珠宝配饰、特色餐饮，其中成都东航中心一站式购物平台覆盖儿童娱乐、儿童教育、特色街区，使青少年及儿童在校外能够寓教于乐，小资白领在工作之余能有滋有味。成都东航中心总建筑面积22万平方米，其中商业建筑面积6.3万平方米，商户94家，2021年客流量180万人次。

【中海右岸环宇坊】 中海右岸环宇坊位于双流区怡心湖片区，定位为社区家庭生活娱乐中心，于2018年9月开始营业，引进盒马鲜生超市、晟嘉国际影城、麦当劳、星巴克、屈臣氏、美航国际健身、巧虎早教等品牌，旨在打造区域标杆性社区家庭购物中心。中海右岸环宇坊总体量4.1万平方米，入驻商家80家，2021年客流量648万人次。

【北京华联空港购物中心】 北京华联空港购物中心位于空港经济技术开发区，紧邻双流国际机场，3千米范围包括四川大学、西南民族大学等4所大学，定位为一站式时尚社区购物中心，于2013年12月13日正式营业，主要业态有购物、餐饮、娱乐等。北京华联空港购物中心建筑面积6.6万平方米，地下1层、地上5层，入驻商户178家，2021年客流量360万人次。

【蓝光空港COCOMALL】 蓝光空港COCOMALL位于双流区大件路白家段，于2014年9月28日开业，是集娱乐、餐饮、购物、教育培训于一体的大型商业综合体，经营面

“2021（第19届）成都新春欢乐购·空港国际潮购节”活动之“味美留香”成渝美食和精品特产集市（供图：区商务局）

BB · Mall明城购物中心（2021年）（供图：区委史志办）

积 72859 平方米，分 A 馆和 B 馆，有商户 91 家。2021 年，蓝光空港 COCOMALL 客流量 324 万人次。

【BB · Mall 明城购物中心】 BB · Mall 明城购物中心位于双流区主城区核心商圈，地处西安路与仁和路交会处，是双流万达明城集团打造的大型商业综合体。BB · Mall 明城购物中心整个建筑形态及空间设计以“Box 盒子”为概念，利用跨度 50 米的当代艺术空中走廊连通东、西双塔商业，形成室内室外购物双循环，商业面积 12 万平方米；前瞻性融入购物中心与开放艺术街区的双重消费模式，引入时尚购物、休闲娱乐、儿童亲子、餐饮酒吧等全业态布局，其中永辉超市 Bravo、中影新禾影城、大鸭梨烤鸭店、海底捞、烤匠、5:59 Brunch & Bar 等主力店铺均为区域首店，致力打造区域首个“007 全时段消费新场景”，满足消费者多元化购物及生活需求。BB · Mall 明城购物中心于 2021 年 11 月 6 日开业，入驻商家 165 家，主要业态有汽车美容、超市、餐饮、轻餐饮、零售、儿童娱乐、电影院、生活配套。

（杨　潇）

楼　宇
Buildings

【概况】 2021 年，双流区有 5000 平方米以上建成楼宇项目 69 个，总建筑面积 491.71 万平方米，其中商业面积 277.45 万平方米、商务办公面积 214.26 万平方米；整体入驻面积 336.4 万平方米，空置面积 155.31 万平方米，整体入驻率 68.41%，其中办公平均入驻率 55.06%，商业平均入驻率 78.93%，可招商面积（500 平方米以上）162.64 万平方米，商业平均租金每月 59.35 元 / 平方米，办公平均租金每月 41.28 元 / 平方米；闲置低效楼宇 10 个，闲置面积 99.05 万平方米。全区有甲级写字楼 1 栋、市级专业楼宇 4 栋、区级专业特色楼宇 5 栋。12 月 15 日，双流区在中国楼宇经济城市（区）合作交流会上获“2021 楼宇经济发展特别推动奖”。

【楼宇项目建设发展】 双流区通过 5G、大数据、AI 等技术应用赋能太平园二期、澳康达西南总部等增量项目建设，鼓励时代奥特莱斯、海滨城、万达广场等存量项目优化业态、更新场景、促进消费；推动盛和资源总部、新希望怡心湖项目、正源国际荟产城二期 3 个项目开工建设，卡地亚现代城、万科梦想城、华汇天地等 19 个项目加快建设，金太阳装饰城、蓝光 2 个项目建成投运。

【专业特色楼宇培育】 双流区积极培育专业特色楼宇，开展楼宇等级评定。12 月 1 日，成都芯谷研展园（1 栋、3 ~ 6 栋）获评 2021 区级专业特色楼宇。12 月 14 日，在 2021 中国楼宇经济全球合作大会的成都市商务写字楼等级评定授牌仪式上，双流区西藏航空综合办公大楼获评成都市甲级商务楼宇，成为双流区首栋甲级写字楼，成都芯谷研创园、成都天府国际生物产业孵化园 D2 栋获评成都市专业楼宇。

【“共筑新格局　共建经济圈”楼宇经济专题招商推介会】 9 月 24 日，双流区在重庆市举行“共筑新格局 共建经济圈”楼宇经济专题招商推介会，面向四川轻纺集团、万友汽车、百事达汽车等中国 500 强、中国服务业 500 强企业等近 60 家优质企业推介楼宇载体、营商环境，与 25 家企业交流对接，促成 11 家企业达成初步合作意向。双流区通过梳理中国（四川）—东盟自由贸易合作中心、星荟天地等优质楼宇项目 12 个、楼宇载体信息 260 余条，形成《双流区楼宇经济投资机会清单》，在会上邀请中央广电总台、新华网、《光明日报》等25家媒体在线发布，释放500余万平方米、价值200亿元的投资机会，获400余万次点击关注。

（杨 潇）

粮食物资储备
Grains, Oils and Material Reserves

【概况】 2021年，双流区发改局围绕粮食调控、粮食安全和物资储备管理主线，强化粮食流通管理，掌握粮食流通动态，做好粮食宏观调控；做好区级储备增储，完成增储任务；加强储粮专项检查和仓储基础设施建设，提高储备粮储存条件和管理水平；加强救灾物资管理，增强全区应急保障能力。

【粮食调控】 双流区全年粮食购进389508吨（含饲料转化企业用粮），其中从生产者购进113吨、从企业购进389395吨；粮食销售64433.8吨，其中销售小麦8136.5吨。双流区发改局学习宣传新修订的《粮食流通管理条例》，发放宣传资料1000余份；执行粮食流通统计制度，督促入统企业定期上报统计报表，定期和不定期到企业开展抽查检查，确保统计数据真实，上报粮食流通统计月报表12期；开展粮食流通领域市场监管，按照新修订的《粮食流通管理条例》要求，加强粮食收购企业备案管理，新备案企业2家。

【粮食安全】 双流区按照“合理布点、全面覆盖、平时自营、急时应急”原则，调整和充实区级粮油应急供应网点，分别与成都红旗连锁、航都粮油公司等签订12个“粮油应急供应网点”协议，实现全区9个镇（街道）粮油应急供应网点全覆盖；依托航都粮油公司建成日加工能力80吨的粮食应急加工点1个，与中粮（成都）粮油工业有限公司签订《双流区级储备小麦委托应急加工协议》，全区应急加工能力由每天80吨增加到480吨；以烘干中心建设为依托构建粮食产后服务体系趋于完善，全区建成黄水、彭镇和红石3个粮食烘干中心，基本解决双流区农民“晒粮难，储粮难”问题。全区储备粮、油可分别保供33天、13天，在成都市排名第3位。

【粮食监管】 双流区发改局加强区级储备监管力度，开展经常性专项检查，全年开展检查12次，全区政策性粮食账实相符、账账相符、数量真实、质量良好、储存安全，国有控股粮食企业“四无”粮油达95%以上；制定《关于超标粮食收购处置管理办法》《双流区关于重金属超标处置监管工作方案》，对眉山市、绵阳市、德阳市等地定向销售流入双流区1万余吨超期、超标粮食全过程监管20余次；监测2021年粮食质量安全风险，投入资金4万余元，检测样品21批次。

【粮食仓储建设与管理】 双流区落实国有粮食仓储物流设施保护制度，落实“拆一还一、先建后拆”要求，建立粮油仓储物流设施备案管理制度，实施动态管理，强化检查力度，未出现违规拆除、迁移、非法侵占、损坏粮油仓储物流设施及擅自改变其用途或其他保护不力等情况；投入维修资金110万元，完成30个库点代管资产维修；改善粮食仓储基础设施，全区拥有完好仓容8.45万吨（华阳1.2万吨、白家4.55万吨、东升2.7万吨），建成粮食低温库1.75万吨（白家1.75万吨，省级432万元），低温绿色科学储粮占比大幅提高。

【物资储备管理】 双流区发改局根据全区地理位置、灾害风险水平、人口数量、历年灾情等实际，在500名受灾群众基本生活救助物资储备的基础上适当增加部分储备，并按照区疫情指挥部指令，发放救灾帐篷50顶、棉被90床；与成都明渲畜牧发展有限公司和四川鑫明食品有限公司分别签订600吨、100吨猪肉委托储备协议，全区猪肉应急保供天数增至5天。

（周德君）

烟草专卖
Tobacco Monopoly

【概况】 2021年，双流区烟草专卖局（分公司）管辖双流区和天府新区区域，辖区面积1032平方千米，包括14个街道、4个乡镇；管理服务零售客户4533户，其中双流区2759户、天府新区1774户。双流区烟草专卖局（分公司）全年实现总销61600箱，实现税利8.95亿元，比2020年增长1.05%。

【“非法三烟”查处】 双流区烟草专卖局（分公司）全年查获涉烟违法案件601起，查缉“三烟”（假烟、走私烟、乱渠道非法流通卷烟）1589.48

11月19日，双流区烟草专卖局（分公司）稽查员现场清点涉案违法卷烟［供图：区烟草专卖局（分公司）］

万支，涉案总金额1311.27万元；侦破国标二级假烟网络案件1起，办结国标三级假烟网络案件和“5·21”非法经营厅督案各1起，其中“9·27”国标假烟网络案件被四川省2021年度侦办涉烟大案要案专案组评为二等奖。

【烟草市场整治】 双流区烟草专卖局（分公司）将整治违规大户作为市场管控的突破口，突出分类监管、加强错时覆盖，提升监管质量，开展部门联动，紧盯非烟流通、深挖线索源头，提升市场净化水平，全年取缔违法大户34户，市场净化率由98%提升至98.5%；将自动售货机、无人超市等新兴业态纳入日常监管，联合市场监管部门开展“电子烟”市场常态化管控；加强对校园周边清理检查，保护未成年人身心健康，在成都市率先查处向未成年人售烟案例，并引用《中华人民共和国未成年人保护法》相关法条，对违法当事人处以2万元罚款。

【烟草专卖监管】 双流区烟草专卖局（分公司）探索零售终端信用体系建设，运用行政与经济双手段发展诚信户、打击违法户，激发客户诚信经营的内生动力；关注新冠肺炎疫情防控期间行政许可供需问题，创新核查方式，高效便捷完成审批，做到许可证“应办尽办”，新办证711个；强化许可证后续监管，对僵尸户、反复违规户等“应取尽取”，注销许可证122个，歇业许可证353个，与2020年年末比，许可证净增长236个，实现卷烟零售户规模总体稳定；开展“3·15”“6·29”“12·4”和“法律六进”（进机关、进乡村、进社区、进学校、进企业、进单位）等专项法治宣传，发放宣传资料1200余份，接受咨询数100人次，“八五”普法深入推进。

3月15日，双流区烟草专卖局（分公司）在机场开展普法宣传 ［供图：区烟草专卖局（分公司）］

【卷烟营销与市场服务管理】 双流区烟草专卖局（分公司）开展“精准营销平台”专题培训160人次，发放告零售客户书4400余份，召开现场客户座谈3次；建成红码会员店铺222个，累计发展会员5.4万余个，安装智慧收银机235台；针对因机场搬迁、新冠肺炎疫情等影响而导致销量下降的零售客户，从多层面开展指导，助力客户“止滑回稳”，实现卷烟销售环比增长；将“雪茄示范店培育”作为一号工程，组织开展3期近300人次的“雪茄专题培训会”，协助打造雪茄专门店28户，其中精品店1户、专业店6户、特色店9户；疫情期间成立“客户服务小队”，帮扶销售困难客户39户；成立“数字服务小队”，提供24小时在线服务，开展线上专门指导109次，培训7900余人次，推动实现“经营能力逐步加强、客户满意不断提升、市场状态日趋良好”的营销服务新环境。

（黄　怡）

供销合作经营

Supply and Marketing Cooperatives Operation

【概况】 2021年，双流区供销合作社联合社（简称区供销社）围绕四川省、成都市供销社部署要求和双流区委、区政府中心工作，借力两项改革“后半篇”文章，以基层供销社建设为抓手，深入实施“三社”融合发展，稳步推进供销社培育壮大。

【供销社综合改革】 双流区委、区政府调整优化区委农村工作领导小组，将区供销社纳入农业农村改革和发展新型集体经济专项工作、抓党建促乡村振兴和乡村治理专项工作领导小组，支持推动供销社综合改革。双流区供销社深化“双线运行”体系（“以联合社机关为指导的合作经济行业体系＋以社有企业为支撑的经营服务体系”）建设，完善组织体系，强化自身建设，推动供销事业高质量发展，全系统全年实现总购进6.3亿元、总销售7亿元，比2020年分别增长5%和6%，实现利税16.1万元；贯彻落实新发展理念，推进基层供销社建设，把基层组织建设作为做好两项改革“后半篇”文章的基础，巩固提升供销合作社为农服务主业，完成九江街道万家社区村级基层社建设，评定三星级综合服务社1个，黄甲街道长埂社区、东升街道双桂社区、永安镇凤凰里社区3个村级基层社获评“四川省级基层社示范社”。

【农资供应管理】 双流区供销社把加大开放办社作为强化合作经济属性、提升供销影响力的重要抓手，整合优质资源，拓展服务功能，推动农资经营体系向经营与回收一体化转型；强化春耕备耕服务，长效抓好30个农资放心店经营管理，组织供应化肥7713吨、农药155吨、农膜165吨，农资销售额3233万元。

【再生资源回收管理】 双流区供销社抓住生态环境保护契机，印发《关于进一步开展全系统再生资源回收站点专项清理整顿的通知》，开展为期1个月的专项清理整顿，整治所属44个再生资源回收站点和36个农药包装废弃物及废旧农膜回收点，责令搬迁、清场、关闭站点34个；参与农业面源污染防治和土壤污染防治行动计划，实施农药包装废弃物及废旧农膜回收项目建设，规范设立农药包装废弃物回收点30个、废旧农膜回收点6个，回收农药包装废弃物219.7万个，处置15.38吨，回收废旧农膜55.03吨。

8月27日，双流区供销社到城乡经营网点宣传有偿回收农药包装废弃物和废旧农膜政策（供图：区供销社）

【为农服务创新】 双流区供销社指导四川康绿鲜生态农业科技有限公司发展电子商务，开展鲜活农产品产销对接，组织销售农产品8.8万吨，销售额5.75亿元；指导成都汇众农业有限公司开展乡村产业项目，参与农业景观项目开发，在空港花田代种小麦1000亩，形成“风吹麦浪”网红景观，吸引游客近1万人；开展消费帮扶，在社区共享超市设置扶贫专柜2个。

【社区共享超市运营】 双流区供销社推广“三社”融合发展示范经验，建成社区共享超市7家，构建“供销社＋专合社＋服务社”合作新格局，社区共享经济有效发展。东升街道双桂社区共享超市获评成都市委社治委2021年成都社区商业“好项目”。6月16日，中华全国供销合作总社党组书记、理事会副主任韩立平到双流区黄甲街道长埂社区实地调研社区共享超市建设，对双流区创新“三社”融合发展模式激活社区集体经济发展新动能给予充分肯定。

（钟树军）

服务业转型升级
Transformation and Upgrading of Service Sector

【概况】 2021年，双流区有专业市场27个，总占地面积3097亩，总建筑面积268万平方米，涉及商家8500余户，其中西航港街道8个，九江街道6个，东升街道6个，怡心街道4个，黄水镇、彭镇、黄甲街道各1个。黄水新鑫再生资源市场、彭镇二手家具家电市场2个专业市场位于“南拓”区域，其余均属于“中优”区域；经营业态情况是，农副产品类1个，副食品、糖果、酒类2个，汽车及配件类6个，钢材、家居建材类5个，家具、皮革材料类6个，二手车，二手家具家电、废旧物品7个；用地性质情况是，取得商业用地符合城市规划的13个、占地1975亩，工业、办公用地开办的6个、占地310亩（符合城市规划的78亩），下清及租用集体用地的8个、占地719亩。

【服务业市场管理】 双流区商务局按照《双流区推进市场流通类服务业转型发展三年行动计划（2020—2022年）》要求，疏解关闭专业市场2个、腾笼转型专业市场2个、规范整治专业市场4个；提档升级6个农贸市场，开启农贸市场品牌化运营；疏解关闭无证无照及整改不达标再生资源站点422个。

【消费场景示范申报】 双流区商务局按照《成都市财政局、成都市商务局关于下达2020年消费中心城市专项资金预算的通知》精神，组织申报新消费场景空港·云城市会客厅。空港·云城市会客厅位于成双大道东侧、双流国际机场北侧，距机场直线距离1公里，是双流区空港商务区首发项目，定位为集规划展示、场景体验、公共服务于一体的城市会客厅。项目占地面积57.3亩，建筑面积1.2万平方米，建设内容包括展示中心大楼1栋（含地下室）及室外道路、管网、绿化等配套，建筑整体标志性形态取意于“云”，为空港商务区打造的专属形象名片。项目于2020年9月主体完工，2020年12月试运行。双流区商务局2021年对上争取重点培育项目资金200万元。

【三大消费活动开展】 双流区商务局组织全区流通领域相关企业开展促销活动，举办“空港国际潮购节”“空港社区邻里节”“空港美好生活节”三大消费活动。春节期间，双流区商务局牵头组织开展“2021（第19届）新春欢乐购·空港国际潮购节”，通过丰富多彩的新春节目、价值数千万元的新年礼包营造新春文化、生活消费场景，全区大型综合体共举办活动40场次，实现销售1.9亿元，同比增长197.8%，日均客流量24万人次，同比增长131.2%。

7月20日至8月19日，双流区商务局在黄水镇杨公社区印象荷花举行“‘社区美空间·幸福生活邻里节’暨空港双流第一届啤酒美食节”活动，联合区内20余家餐饮企业，设立20个分会场，以餐饮美食消费体验为主，融合商贸、文化、旅游等产业，打造集展示、体验、休闲、品味等于一体的新消费场景，满足社区居民消费升级和多层次多样化生活需求，促进双流区社区邻里生活场景打造。10月1—3日，双流区汽车流通行业协会在双流万达广场组织承办“2021空港美好生活节新能源汽车推广活动”，累计客流超5000人次，现场咨询人数超200人次，留置人数156人、意向订单人数6人，缴纳定金3人，销售汽车3辆，实现销售额近30万元。

（杨　潇）

电子商务业
E-commerce Industry

【概况】 2021年，双流区商务局探索在电子商务领域应用5G、直播、AR / VR等新技术、新模式，促进电子商务行业不断创新发展；加速形成现代物流、现代商贸、新兴金融、跨境电商、高新服务、人力资源等新经济领域比较优势突出的流量经济产业链和生态圈，力促共享经济在交通出行、仓储物流、居民消费、文化旅游等方面取得实效。

【电商新业态发展】 双流区商务局创新打造跨境电商供应链体系服务平台，对接优势商品生产供给与跨境电商出口需求，构建具有比较优势的出口供应链体系，四川邮政“川货天下行”出口平台集聚川货6000余种；发挥中国邮政跨境供应链资源优势和空港保税物流中心功能优势，采取“前店后仓＋快速配送”模式的“空港一号”跨境电商新业态体验店建成投运；建成投运双流邮政跨境电商体验店，力促进口商品通过电商直播、网上旗舰店、社区体验店等渠道逐步形成线上线下融合的销售网络；引入澳大利亚零售头部企业 Chemist Warehouse。Chemist Warehouse 西部首店位于双流航空经济圈东航中心，是西部地区第一家获得海关特殊批准的“保税＋新零售”业态门店；与东航中心联手打造跨境电商新零售的业态标杆，将跨境电商与实体零售业进行优势互补、叠加创新，面向共性需求的基础赛道，推动创新链产业链深度融合，激发消费潜力，促进国内大循环、国内国际双循环。

【电商企业发展】 双流区商务局发挥电商协会行业交流平台和资源互补作用，支持商贸、电商企业建成电商直播间 50 余个，主要售卖鞋服、酒水、花卉、化妆品；依托电商直播产业园、中国邮政跨境电子商务产业园、成都全球跨境电商资源服务中心等园区载体，培育壮大电子商务运营管理、媒体推广、研发设计等产业链企业，主要涉及鞋类、农产品、食品、酒水、餐饮、家居等领域，新引进注册电子商务企业并在跨境电商公共服务平台备案企业 18 家；按照《成都市商务局 成都市财政局关于组织开展 2021 年度成都市跨境电商资金扶持政策申报审核工作的通知》要求，组织辖区符合条件企业申报，申请通过成都市级跨境电商扶持资金项目 25 个。

【跨境电商示范基地（园区）创建】 双流区商务局组织指导区内相关单位按照《四川省商务厅关于开展四川省 2021 年度电子商务示范单位创建活动的通知》要求开展示范创建。中国邮政跨境电子商务（四川·双流）产业园通过提升承载能力、服务功能、保障能力、示范能力，11 月成功申请四川省首批跨境电商示范基地（园区）。

【汇播时尚产业园打造】 双流区双楠大道商圈打造 2 万平方米汇播时尚产业园，以成都女鞋特色产业带为依托，通过对接国内优质直播电商平台、MCN 机构、直播电商服务机构、电商直播企业、鞋类直播头部达人等，形成行业集群效应；打造直播商学院、播商聚集地、产品聚集地、商企聚集地，嫁接淘宝、抖音、快手、腾讯等头部平台资源，以直播为切入点，深化“互联网＋成都制造＋设计师品牌”，集电商直播办公、主播孵化、直播培训、品牌孵化、物流仓储于一体，发挥成都女鞋源头产业优势，打造西部极具影响力的鞋业直播基地。

【中国邮政跨境电子商务产业园发展】 中国邮政跨境电子商务产业园运营面积 14629.47 平方米，入驻运营企业 30 余家；依托邮政自有口岸及全球仓配物流的运营能力，完善服务功能，提升服务能力；通过整合跨境电商上下游企业，形成集“出口运营＋仓储集货＋跨境物流＋孵化培育＋金融服务”等多功能于一体的跨境电商生态链式产业园区，为跨境电商卖家降低运营成本，形成产业聚集效应和规模效应，11 月被认定为四川省首批跨境电商示范基地（园区）。

（杨 潇）

养老服务业
Elderly-care Service Industry

【概况】 2021 年，双流区发展嵌入式养老，以社区为载体，集居家养老、社区养老、专业养老资源，以资源嵌入、功能嵌入和多元的运作方式嵌入为理念，整合居民小区周边养老服务资源，为老年人就近养老提供专业化、个性化、便利化的居家养老服务；以社区养老服务综合体为枢纽，推进“一院一中心多站点”的居家社区养老服务网络，督促指导怡心街道、九江街道建设 2 个社区养老服务综合体。

【养老服务体系建设】 双流区健全以居家为基础、社区为依托、机构为补充、医养相结合、规模适度、覆盖城乡的养老服务体系，实现养老服务与医疗等领域互动发展；加强指导养老机构管理，指导养老机构完善消防设施设备，加强安全管理，发挥公办敬老院社会效益，建立健全覆盖较广、适度普惠的农村养老服务体系，推动农村养老服务业健康持续均衡发展。截至年底，双流区在建 2 个集社区照护服务、医养结合服务、养老生活服务、养老便民服务、对下指导服务等功能为一体社区养老服务综合体，使社区养老服务综合体作为镇（街道）域内的枢纽型养老服务设施，与辖区其他为老服务设施形成网络，打造便民利民“15 分钟养老服务生活圈”。

【养老机构和设施建设】 双流区增强社区养老服务供给能力，建立健全居家养老信息服务平台，鼓励和扶持社会力量建设嵌入社区式养老设施，面向社区开展助餐、助洁、助急、助浴、助行、助医等为老服务；改革完善涉老无障碍设施建设标准，加强面向社区老年人生活服务圈的无障碍规划、设计与适老化改造，推进老年宜居环境建设，推进居家和社区养老服务改革。截至年底，全区有25家养老机构（其中2家停业改造），建设日间照料中心130个、社区养老院5个、老年人助餐点36个、成都市级社区嵌入式养老示范点位5个，建成118个城乡社区养老服务设施，城市社区养老服务设施覆盖率达100%，农村社区养老服务设施覆盖率达93%以上，基本实现居家老年人家门口养老"一站式"服务。

【"颐养居"运营】 颐养居位于双流区城北上街626号，是由成都市福彩资金和双流区人民政府公共财政全额投资建设的公建民营养老机构；占地面积19.8亩，建筑面积29826平方米，建设床位436张，总投资9600万元，是成都市已建成的投入资金最多、规模最大、设施最全的公建民营养老机构。颐养居由四川华孝大德投资有限公司运营，以"让品质养老走进千家万户"为服务宗旨，秉承先进的养老理念、成熟的护理体系及专业的运营管理团队，打造最人性化、科学化的养老模式；通过人员培训、健全管理制度、统一服务标准、机构智能床位监控、社区智能便民设施、居家智能安全和智能健康远程设备，结合全天候24小时呼叫响应和专业化服务队伍，为全区长者提供全方位养老服务，打造四川养老服务品牌；引进养老机构管理先进理念、专业团队，在优化自身服务质量的同时，带动社区养老和居家养老发展，对双流区多元化养老服务体系建设和养老服务水平提高产生推动和辐射作用。2021年，颐养居老人居住数量394人，其中双流区老人207人，占52.5%，营运收入1354万元。

（林海英）

交通运输·邮政·通信业

TRANSPORTATION, POST AND COMMUNICATION INDUSTRIES

交通运输业

Transportation Industry

【概况】 2021年，双流区有锋圣运业有限责任公司、宏宇运业有限责任公司（班线）、成都空港公共交通有限公司、成都市双流巴士公交有限公司4家客运企业，有弘民、天鹅、珊瑚、华客、和谐、府航6家出租汽车公司，有双流客运中心、黄龙溪客运中心、西航港客运中心3个二级枢纽车站，有黄甲客运站1个农村重点站。

【公交运营】 双流区有成都空港公共交通有限公司、成都市双流巴士公交有限公司2家公交公司，有车辆1130辆；有公交线路99条，公交站台牌2241座（含162座电子站牌）；建成投用公交充电场站9个，配套充电桩387个。双流区全年公交营运里程5586万千米，客运量5008万人次，营业收入6177万元。

【双流客运中心运营】 双流客运中心位于双流区东升街道广都大道198号1~3层，是二级客运站，建筑面积30667.35平方米；有客运班线20条、公交线路13条，营运车辆249辆。双流客运中心全年班线发班2.01万班，公交发班23.11万班，客运量693.3万人次，营业收入740万元。

【黄龙溪客运中心运营】 黄龙溪客运中心位于双流区黄龙溪镇嘉禾村，是二级客运站，占地面积36086.8平方米，其中建筑面积5271.1平方米、停车场面积8145平方米、站前广场面积3969平方米；有客运班线2条、公交线路9条，摆渡公交1条，营运车辆112辆。黄龙溪客运中心全年发班11.54万班，客运量123万人次，营业收入245.52万元。

【西航港客运中心运营】 西航港客运中心位于双流区西航港经济开发区双华路三段49号，是二级客运站，总占地面积25733平方米，其中建筑面积16001平方米（多层总共面积）、站房面积2350平方米、候车厅面积1200平方米、售票厅面积110平方米、站前广场面积9000平方米；有客运班线4条、公交线路7条，营运车辆115辆。西航港客运中心全年发班2.9万班，客运量31万人次，营业收入260.33万元。

【黄甲客运站运营】 黄甲客运站位于双流区黄甲街道王家场社区，是便捷客运站，占地面积6600平方米，其中建筑面积3700平方米（多层总共面积）、停车场面积3600平方米；有公交线路3条，营运车辆57辆。黄甲客运站全年发班5.4万班，客运量27万人次，年营业收入44万元。

（曹　石）

邮政业
Post Industry

【概况】2021年，双流区邮政分公司下辖15个金融网点、3个邮务网点、15个代办网点、6个营业部(经营部)；有邮路9条，其中自办邮路1条、外包邮路8条，邮路总长550千米；投递段道220条，其中自办投递段道80条、代办投递段道64条、外包投递段道76条，担负全区9个镇(街道)、106个社区和28个行政村265万人、共1065平方千米的邮政服务。双流区邮政分公司在巩固和拓展疫情防控成效的基础上，筑牢普遍服务、寄递业务、金融业务、电商分销，构建党建、转型、协同、创新、作风"八柱"，坚持用"三个视角"(客户视角、竞争视角、行业最优视角)、"三大规律"(行业规律、市场规律、价值规律)找差距、抓落实；坚持围绕"效益优先发展"的总体思路，坚持"稳中求进"的总基调，夯实基础管理；解析成都市邮政公司经营策略，分析资源配置，融入区域市场，服务地方政府；在疫情防控、安全防护、旺季生产中统筹协调，有序生产，稳步推进各项指标；坚持以绩效指标为指引，实现收入利润双丰收，迈入全省县区级30强县第14名。

【寄递业务发展】双流区邮政分公司完成航空港白家、物流园、公兴五平方、新城汇都商贸城、迎春、华阳石化6个片区的经营前端激活，释放8名员工到一线揽投部揽收，激活片区完成收入207.11万元，比2020年增长53.7%；通过客户"大开发，大走访"及对流失客户回访，实现收入稳步提升，其中增加荣庆客户快包收入411.66万元、科捷特快收入2.31万元和快包收入42.99万元、丰华奶制品收入102.07万元，区域大客户收入占比明显提升；"双十一"抢收快包业务收入553.47万元，特快业务收入224.73万元，实现进口、出口"双破200万件"的历史纪录。双流区邮政分公司寄递专业全年完成5042.71万元，超收绝对值318.71万元。

【代理金融业务发展】双流区邮政分公司落实风险管控体系，"一把手"讲合规活动4次，开展金融全员警示教育活动2次，组织重要岗位人员参观红色革命基地、合规征文比赛、合规文化长廊建设等活动，营造全员"讲合规"的良好氛围；开展"2021年第一次人员集中排查""一二季度日常排查"，排查结论为关注的员工数据从2020年的33名下降到2021年的3名；通过提升理财经理持证率、更换设备、创新客户维护手段，强化驻点支撑对华阳西街营业所按财富管理咨询项目导入执行网点标准进行规划和投入；阶段性的活动增产补收取得突破，其中第二季度阶段性保险竞赛活动创收620.22万元，比2020年增长197.49万元，增幅47%；邮银协同开发信用卡1343张，首刷702张；完成全年金融收入计划。

【集邮与文化传媒专业发展】双流区邮政分公司通过邮票传统文化结合校园庆典实行项目引领，做大定向开发，开发四川省内第一份中学(棠湖中学)录取通知书个性化邮票，开发信息工程学院建校70周年、西南民族大学建校70周年个性化邮票文创品，收入近40万元；年初与双流区集邮协会组织学校参与全国邮票设计比赛，参赛作品获一等奖1个、二等奖2个、三等奖2个、优秀奖12个；建立全省第一个青少年集邮示范基地——双流实验小学"银杏小邮局"，实现区域内大、中、小学校园市场集邮传统文化全突破。双流区邮政分公司围绕区域政务市场精细化走访、维护签订5家全年工会福利客户，形成好利来卡券收入256.91万元、糕点通收入45.92万元，政务福利市场总收入302.83万元，卡券类销售规模全市第一；通过首席营销宣传部政务图书下文，党史类图书政务市场销售54517册，形成收入138.23万元，政务图书销售规模全省县级排名第一；首席带队营销双流区、天府新区教育部门省教四报六刊[《教育导报》《少年百科知识报(童心乐园版)》《少年百科知识报》《教育导报·家教周刊》和《四川教育》《当代职校生(幼儿乐园)》《今日中学生七年级》《今日中学生八年级》《今日中学生九年级》《当代职校生》]征订，校园重点报刊突破200万元，收入规模全市第一。双流区邮政分公司集邮与文化传媒专业全年完成2109.52万元，超收绝对值239.52万元，获"文创销售领军""校园开拓先锋""图书发行专家""报刊业务发展奖""函件业务发展奖"等奖项。

【渠道电商分销专业发展】双流区邮政分公司辖区校园网点转型率100%，转型网点收入、易邮自提数据指标达标率100%，税邮合作双流辖区14个网点开通率100%；落实“1+N”的“支局+站点”，实现金融网点和服务站点客户双引流。双流区邮政分公司渠道电商分销专业全年完成529.43万元，超收绝对值22.43万元。

（包　攀）

通信业

Communication Industry

电信通信

【概况】 2021年，中国电信双流分公司坚持党建统领，“学党史、悟思想、办实事、开新局”主题教育和实际工作有机结合，围绕双流区“航空经济之都”“三区三廊三新城”建设重点，建设网络强国、数字中国，维护网信安全，推动“云改数转”战略实施，获双流区委、区政府颁发的“抗疫情促发展先进集体”“‘相约幸福成都’双流赛区系列赛事先进单位”称号。

【电信网络品质提升】 中国电信双流分公司聚焦客户需求，转变发展模式，加强“网业协同”，围绕“智慧双流”项目打造重点，加快网络建设进度，同时整治网络质差区域、投诉热点区域，新建4G室外基站374个、室内基站27个，解决212个区域无线信号问题，实现网络深度覆盖提质、维护质量提质、优化能力提质、工程建设交付速度提质；为党、政、军、教育、医院和各商业园区等行政、事业单位及各大中小型企业提供基础信息服务，同时为双流区家庭客户提供5G“三千兆+”的网络；结合政府疫情防控和“治理能力和智慧体系现代化”需求，搭建网络平台，投入网络设施设备，在双流区建成首批226个智慧小区，提升群众的“获得感”“幸福感”。

【电信客户服务】 中国电信双流分公司在电信营业厅打造“爱心翼站”，为群众提供服务；聚焦装维基础服务，规范交付标准，提升装维效能，当日修障率从95.11%提升到96.93%，装移准时履约率从91.34%提升到99.03%，客户非常满意率从90.90%提升至97.47%，全程光衰整治合格率从95.97%提升至96.84%，投诉工单36小时办结率提升至90.79%，得到群众好评；按照双流区委政法委、区反诈联席办、区平安办对双流区打击治理电信网络诈骗犯罪工作要求，加大反诈宣传和整治力度，配合处理“12321”（网络不良与垃圾信息举报电话）涉诈38单，侦办涉诈工单40单；向中国电信四川分公司、中国电信成都分公司争取资源，完成双流区教育局智慧监控、公安天网感知源建设、四川德康农牧食品集团IDC托管、新能源5G定制网等重大项目建设和实施，为双流区委区政府、各级行政事业单位和各大园区及企业提供更加全面的物联网、云服务等综合信息化解决方案，为群众提供更加优质的一站式服务，助力区域经济高质量发展。

【疫情防控电信通信保障】 中国电信双流分公司加强防疫常态化管控，疫情发生时，快速投入抗疫通信保障，确保区委、区政府及相关部门疫情防控应急通信需求，为大规模核酸检测提供全方位的网络服务；利用科技赋能，在全区各大小区投入健康码一键扫码“绿码通”产品，解决小区入口防疫核验难的瓶颈问题。11月，成都市抗击新一轮新冠肺炎疫情，中国电信双流分公司疫情防控通信保障工作和“绿码通”赋能科技抗疫受到地方政府的关注和表扬，在双流区电视台宣传。

（高树惠）

移动通信

【概况】 2021年，中国移动双流分公司（简称双流移动）按照双流区统一部署，以建设践行新发展理念的中国航空经济之都为统揽，在保持自身良好发展态势的同时，履行中央企业的政治责任、经济责任和社会责任，开启数字化时代创新发展新征程。双流移动年运营收入超9亿元。

【移动客户服务】 双流移动开展“我为群众办实事”实践活动，推进网络品质提升工程，推进移动服务进万家、进万铺、进万企等；客户规模110余万户，家庭宽带客户超27万户，服务集团客户单位超1.5万家，建设服务网点260余家。

【移动网络提升】 双流移动完善网络基础设施建设，新建基站600余个，实现行政村4G网络100%覆盖，双流全域5G连续覆盖；加快家庭宽带网络能力攻坚，新增家庭宽带端口7万余个，完成1500余个小区全千兆升级，实现移动客户在手机上网、家庭宽带、Wi-Fi使用三个场景下网络速度突破千兆；完成黄水镇、彭镇主要道路光缆序化，完成西安路、顺城街等10个区域通信线路整治，配合双流区人民政府完成城区31条街道光缆下地清查等。

【移动5G发展】 双流移动全年投资超9000万元建设5G基站，成为独立建设5G基站规模最大运营商；升级改造网络，实现5G高清语音（VONR）通话比4G高清语音（VOLTE）接通速度更快、话质更清晰；通过5G信息化为社会发展提供新生态、新动能、新模式，为多个行业提供“智慧警务”“智慧园区”“智慧教育”“智慧文旅”等解决方案，在业内获多个奖项。

【电信诈骗打击】 双流移动与公安机关、镇（街道）、社区进行反诈联动、售卡渠道管控、异常号卡关停，开展警示教育案例学习等，打击电信网络诈骗违法犯罪。

【移动通信保障】 双流移动完成通信保障60余次，派遣应急通信车63辆次，投入保障人员500余人次，完成“中国共产党成立100周年”“2021年全国体操锦标赛”等活动应急通信保障；做好疫情防控期间双流区通信网络与信息化服务、支撑和保障，对人流量集中区域实施现场维护值守，针对医院、核酸检测点、封闭管控区等重点区域，实时监测性能指标及故障处理情况，确保重要保障区域网络和重点网元畅通，同时通过帮助医院在疫情防控期间“一患一护”管控落地，发送防疫宣传、疫苗接种等公益短信超500万条。

（张伟盛良）

联通通信

【概况】 2021年，中国联通双流分公司依托成都联通与所在政府在政务云、一体化协同办公、企业云等项目上不断开展合作，同时在双流区域加快推进智慧治理中心建设，探索“城市智能体”建设，助力信息化及新经济发展，加快5G商用步伐，发展数字经济、共享经济，培育增长点，形成新动能，为双流区高质量发展提供安全、可靠通信服务。

【联通网络建设】 双流区有联通物理站点1252个，联通逻辑站2523个，其中5G站689个、4G站1159个、3G站656个、2G站19个，4G覆盖率98%，5G完成主城区室外全覆盖，西航港、怡心湖等经济开发区5G覆盖率90%。

【联通政务合作】 中国联通双流分公司争取中国联通西南呼叫中心落户双流区，累计为双流区解决1500余个就业岗位，为双流区引进亿元级投资项目3个，其中世纪互联信息孵化园项目基本与区政府达成合作意向，拟落地成都芯谷产业园，GIZ中德工业、红星商业中心2个项目分别与科创集团、西航港开发区洽谈；承接区政府一体化办公平台建设、维护服务，实现52个局委办工作协同、无纸化办公、无接触式办公，安排33人次参与政务局办疫情防控数据梳理、上报，提升工作效率。

【联通服务】 中国联通双流分公司利用信息新技术为防疫抗疫、复工复产服务，累计为区域内上百个社区及公共场所提供3500个疫情防控服务产品，为居民小区提供远程办公、疫情监控云屏、舆情通、热成像、文宣助手等服务；配合属地公安机关发送反诈宣传短信892条，12月25日协同双流区委组织部和属地其他国企共17个单位在双流广场开展“用快闪迎接2022祝愿祖国更加繁荣昌盛”大型主题活动，提供5G反诈宣传门型展架及DM单，用实际行动参与“我为群众办实事——反诈宣传”活动，完成反诈宣传对口群众1000人次。

【联通通信保障】 中国联通双流分公司全年为双流区提供疫情防控、重要会议等应急通信保障60余场次，被区政府评为“2021年度抗疫促发展先进集体”。

【“智慧蓉城”建设】 中国联通双流分公司参与区政府“智慧蓉城”建设，安排11名技术骨干到双流各局委办调研配合对接区政府搭建“城运平台”“数字体征体系”等。

【中国联通天府信息中心建设】 中国联通天府信息中心位于双流区怡心街道，由中国联通双流分公司投资建设，总投资16亿元，天府IDC（互联网数据中心）主要承载四川省公安厅、成都市公安局、电子政务网、交通信息港等政府机关重要数据。项目分两期建设，其中二期总投资6亿元，于2021年1月开工。

（张伟盛良）

旅游业

TOURISM

旅游业发展

Tourism Development

【概况】 2021年，双流区文化体育和旅游局(简称区文体旅游局)争创天府旅游名县、建设世界旅游名城，实施天府文创之港发展战略，落实双流区旅游产业发展及管理工作。全区接待游客1833.67万人次，比2020年增长14.12%；实现旅游综合收入154.72亿元，比2020年增长19.66%。

【天府旅游名县建设】 2月，双流区文体旅游局成立天府旅游名县创建工作领导小组，组建创建工作专班，并与天府新区签订合作协议，一同开展创建。领导小组分别于11月3日、12月21日召开天府旅游名县创建工作领导小组第四次会议、领导小组现场办公会；对表对标梳理双流区创建短板缺项，制定提升硬件品质、强化宣传营销、完善软件资料三大项任务清单；优选17个现场必检点位，制定“品牌建设”“产业发展”“服务环境”3条迎检线路，形成并印发《创建国家全域旅游示范区及天府旅游名县创建工作方案》，由双流区、天府新区党委及政府分管领导督促任务落实。

【全域旅游示范区建设】 双流区实施文旅产业高质量发展三年行动计划，提档升级黄龙溪古镇，与天府新区共创天府旅游名县，争创四川省级全域旅游示范区；按照《双流区创建省级全域旅游示范区工作方案》要求，确定四川省级全域旅游示范区创建宣传方案，开展创建氛围营造，逐步落实具体创建工作。

【旅游品牌打造】 双流区文体旅游局打造“最成都·新食”欢乐田园花卉餐厅、“最成都·新宿”黄龙溪龙吟酒店、“最成都·新玩”永安湖城市森林公园、“最成都·新玩”1860文创公园、“最成都·新游”空港花田5个“最成都·生活美学新场景”；创建品牌旅游饭店3家，其中绿色旅游饭店2家，分别为怡家酒店精选(成都双流广场地铁站店)、怡家城市酒店(成都双流城北机场店)；创建智慧旅游饭店成都华阳美程希尔顿花园酒店。

【旅游项目建设】 双流区全年重点文旅项目11个，其中政府工程项目2个(牧马山蚕丛产业园、天府荆溪茶具博物馆)、产业化项目9个(成都“一带一路”国际艺术中心暨凤翔湖音乐创意公园、天府荆溪茶具博物馆、成都芯智慧音乐博物馆、熊猫国际家园、空港未来城、蓝润数字媒体产业园、黄龙溪古镇提档升级、欢乐田园、空港花田），计划总投资580亿元，主要分布区域为黄水镇、东升街道、黄龙溪镇及彭镇。天府荆溪茶具博物馆、天府荆溪茶具博物馆、黄龙溪古镇提档升级、欢乐田园4个项目竣工投产，牧马山蚕丛产业园、成都“一带一路”国际艺术中心暨凤翔湖音乐创意公园、蓝润数字媒体产业园3个项目在建，熊猫国际家园、空港未来城、空港花田、成都芯智慧音乐博物馆4个项目开展前期工作。

【智慧旅游发展】 双流区文体旅游局建成双流区智慧旅游平台，构建较为完备的旅游大数据资源体系，覆盖区内所有景区（点）、购物场所、酒店及机场、高铁站、客运站等重要场所，有效支撑全区全域旅游规划布局、旅游市场综合监管、全域客流管理与需求洞察、游客行为分析、旅游精准营销与服务等内容。

【旅游宣传推广】 双流区文体旅游局利用微信、微博等多媒体载体不定期推出精品旅游线路“空港花田—永安湖森林公园—空港花田”，发布景区景点活动预告和优惠信息；开展文明旅游宣传，发放景区景点宣传折页4000余份。

【乡村旅游发展】 双流区新创“新旅游·潮成都”主题旅游目的地4个，分别是康养度假主题旅游目的地银榕园、成都鹿溪园艺度假酒店、农业创意主题旅游目的地雨瑞家庭农场和贵苑农庄；文武林盘景区新创为AA级林盘景区。全区全年乡村旅游总人数1005.99万人次，比2020年增长23.5%；实现旅游收入81.69亿元，比2020年增长34.56%。

（黄　超）

旅游管理服务
Tourism Management Services

【概况】 2021年，双流区文体旅游局围绕四川省、成都市旅游工作重点和双流区委、区政府中心工作，通过深入挖掘文化旅游资源，不断完善旅游基础设施，健全旅游服务体系，丰富旅游产品，加大旅游宣传营销力度，开展双流区旅游管理服务。

【旅游行业管理】 双流区文体旅游局通过建立东升街道、西航港街道、九江街道等9个镇（街道）微信服务群，对全区1036家宾馆酒店实施智慧化信息管理，推送疫情防控信息、要求，实时解决企业遇到的问题困难；加强社会旅馆登记管理，完成备案登记383家；完成旅游数据统计，每季度末汇总和审核数据，指导旅游景区及星级酒店在“四川省旅游统计综合管理平台”上填报双流区旅游数据。

【旅游安全管理】 双流区文体旅游局担负新冠肺炎疫情防控责任，落实隔离酒店选点任务，为进港入境航班提供服务，阻断疫情传播“空中渠道”。

【旅游市场管理】 双流区文体旅游局全年处理旅游投诉1530件，其中酒店类711件、旅行社类165件、景区类158件、体育类228件，办结率100%，满意率98.6%。

【假日旅游管理】 双流区文体旅游局完成春节、清明、五一等节假日统计及假日旅游统计综述；加强假日旅游市场安全检查（包括燃气安全检查），对全区国家AAAA级旅游景区、星级酒店、26家星级农家乐以及部分旅行社门市部等涉旅企业进行节前安全大检查，确保假日期间旅游市场秩序安全平稳。

【文明旅游宣传】 双流区文体旅游局加强宾馆饭店、旅行社、景区文明旅游宣传指导，发放文明旅游宣传单5000余份；在旅游纠纷调解过程中，向游客宣讲文明旅游知识1500人次。

（黄　超）

旅游景区景点选介
Tourism Attractions Selection and Introduction

【概况】 2021年，双流区有国家AAAA级旅游景区2个（黄龙溪景区、海滨城景区）、四川省乡村旅游创客示范基地1个（黄龙溪镇）、四川省级旅游度假区1个（黄龙溪景区）、成都市级AA级川西林盘景区1个（文武社区）。

【黄龙溪古镇】 黄龙溪镇位于双流区西南，辖区面积50.4平方千米。黄龙溪古镇街巷总体保持清代鱼骨形路网的传统格局，街面全为石

12月1日，黄龙溪古镇夜景　　（供图：区文体旅游局）

板铺就，宽约 3 米，两侧多为清代保存至今的前店后居联排式民居店铺；建筑均为清瓦屋面，木穿斗结构，竹编夹壁粉墙，部分建筑两侧砌有封火墙。古镇有保存完好的民居 76 座、大院 3 座，有金华庵、三县衙门和古戏台等重点文物保护单位，有火龙、府河船工号子、漂河灯、打更等民间风俗文化。古镇保存有传统建筑面积 3.12 万平方米，其中极具保护价值、特征鲜明、结构良好的清代穿斗式木结构传统建筑 1.37 万平方米。古镇核心区由“一湖两河三寺七街九巷”（龙潭湖，锦江、鹿溪河，古龙寺、潮音寺、镇江寺，镇龙街、复兴街、黄龙新街、黄龙正街、仿清街、上河街、下河街，鱼鳅巷、担水巷、烟市巷、扁担巷、龙爪巷、篙竿巷、蓑衣巷、艄公巷、打更巷）组成。“一街三寺庙，三县一衙门”［黄龙正街上有“古龙寺”“潮音寺”“镇江寺”，黄龙溪属华阳县（今天府新区华阳街道）、彭山县（今眉山市彭山区）、仁寿县的“金三角”地带，遂设三县衙门］是古镇最著名的文化遗存，古街、古庙、古树、古建民居、古码头、古佛洞、古佛堰、古衙门、古风民俗、古崖墓是古镇的十大古景。黄龙溪古镇凭借 2000 多年历史以及保存完好的明、清民居建筑群和民俗文化，先后被评为“四川省级风景名胜区”“中国民间艺术火龙之乡”“全国环境优美小城镇”“中国民间文化遗产旅游示范区”“国家 AAAA 级旅游景区”“中国历史文化名镇”。2021 年，黄龙溪古镇接待游客 381.75 万人次，实现旅游收入 42959.08 万元。

【海滨城】 海滨城景区位于成都蛟龙工业港双流园区，为国家 AAAA 级旅游景区。景区容纳 345 个餐饮、零售、娱乐业态的商家，为消费者提供丰富的购物选择和“上天下海，海玩海购”消费体验，并提供体温监测、酒精消杀、Wi-Fi、观光小火车、租借轮椅、婴儿车等服务；以青少年儿童科普教育为核心，融合创世界纪录浩海立方海洋馆、具有国际赛事标准的海滨欧悦真冰场、波音 737 飞行体验、海滨欢乐剧场、海滨城 4DMX 影院、环冰美食城等特色业态，是集旅游、亲子、教育、美食、休闲、购物等多功能于一体的城市综合体。四川在线、新浪四川、四川省旅游协会等机构结合对全川消费者大数据筛选，为海滨城景区颁发商业星领袖奖、微生活口碑奖、商业类最具活力奖、旅游新生力十强等奖项。2021 年，海滨城景区接待游客 1321.63 万人次，实现旅游收入 91177.71 万元。

海滨城溜冰场（2021年）　　（供图：区文体旅游局）

【黄龙溪·欢乐田园】 黄龙溪·欢乐田园位于双流区黄龙溪镇川江村和大河社区，总占地面积2590余亩，总投资15亿元，是华侨城响应国家新型城镇化和乡村振兴战略打造的国内首个集田园休闲度假、田园观光旅游、田园户外运动、田园科普教育等主题于一体的中国超级田园景区。景区建有大河梯田区、锦城花岛区、川江草海区、鹿溪牧场区、武阳茶谷区、七彩森林区、古佛花溪区七大主题区域，主打田园意境、田园萌宠、田园互动、田园演艺及田园野宿五大产品，囊括九大田园特色体验区、三大创意科技馆、四大童趣亲子乐园、三大动感戏水区、两大田园印象演艺区、三大新晋网红打卡区、两大户外挑战区、两大野趣住宿区以及三大主题美食区等30余个产品。2021年，黄龙溪·欢乐田园接待游客180万人次，实现旅游收入11700万元。

【空港花田】 空港花田位于双流国际机场跑道下降通道限高区域，是双流区贯彻落实乡村振兴战略、推进城乡融合发展的重要抓手，也是

欢乐田园（2021年）　　（供图：区文体旅游局）

空港花田（2021年）　（供图：区文体旅游局）

改善机场噪声区群众生活环境、提升群众生态福祉的民生工程。项目采取“自然生态本底＋熊猫农业景观＋健康绿道风光”方式，大面积种植莜麦牧草形成“大地绿毯”，分区轮作油菜、向日葵形成“熊猫景观”；涉及黄水镇、黄甲街道和东升街道3个镇（街道），打造范围3.7万亩，工程建设范围1.43万亩，管控范围2.27万亩；建设约50千米“郊野型绿道”，提升美化2个幸福美丽新村，构建1000余亩多元形态的水系景观和2300余亩独具魅力的川西林盘，同步配套观景平台、熊猫驿站、生态停车场、游客服务中心等公共服务设施。2021年，空港花田接待游客130万人次，旅游收入2000万元。

【文武林盘景区】 文武林盘景区位于双流区黄水镇文武社区，依托水果、蔬菜、水稻和油菜等农作物种植区以及鱼虾养殖区，打造稻香龙虾、田园花海、樱桃部落、春燕家庭农场等旅游点，成为一个助人体验农耕文化、乡风民俗、亲近自然野趣的网红打卡地。2021年，文武林盘景区接待游客3万人次。

（黄　超）

旅游节庆活动
Tourism Festival Activities

【概况】 2021年，双流区举办“航都幸福荟”“欢乐田园杂技节”等系列活动，加快适航文旅产业化链条和产值生成长效体系构建，推动疫情后社会经济复苏，打响“市民获得感幸福感安全感增长最快的地方”双流名片，助力双流区建设“航空经济之都”和“空港公园城市”。

【欢乐田园杂技节】 5月1—5日，

欢乐田园杂技艺术节（2021年）　（供图：区文体旅游局）

2021 “航都幸福荟” 活动 （供图：区文体旅游局）

欢乐田园杂技节举行。活动聚集世界各地的杂技艺术表演者，演绎柔术、滚灯、环球飞车等杂技。每一个杂技节目都各具特色，高空、地下、水上、空中一切可以看到的场景都充斥着各类特色演绎，展现杂技精粹，让游客感受到杂技艺术的魅力，了解到传统文化的多样多彩。

【双流“航都幸福荟”系列活动】

9月29日，双流“航都幸福荟”第一季在空港花田启动。活动以“1场开幕式+1场品牌地标发布+N场主题活动”形式展开，开幕式上发布熊猫国际家园、空港花田项目概念规划及机会清单，集中展示李文信美术馆、天府荆溪茶具博物馆、成都“芯”智慧音乐博物馆、文物修复展示中心等签约及建成文旅项目，策划许鸿飞雕塑展、非遗原创表演等人文艺术系列活动，加快构建适航文旅产业化链条和产值生成长效体系。

（顺明旻）

教　育

EDUCATION

教育事业发展
Educational Undertakings Development

【概况】 2021年，双流区教育系统落实立德树人根本任务，围绕办好新时代人民满意教育，推动出台《关于加快推进双流教育高质量发展的若干意见》等6项政策文件；统筹推进疫情防控和教育综合改革，保障全区校园安全稳定和师生生命健康，优质教育资源供给能力增强，学校办学内涵品质提升，区域教育综合改革深化，在“双减”落地落实、课程教学改革、教师队伍建设等方面取得新进展，市民教育满意度提升；建立健全教育系统和学校两级联动内部审计机制，防范和控制风险，提高教育资金的管理水平和使用效益，促进党风廉政建设。

【“全国学前教育普及普惠县”创建】 双流区多措并举提升学前教育优质均衡水平，成立区级学前教育集团13个，涵盖各级各类幼儿园76所，构建覆盖公民办幼儿园的学前教育发展共同体；借力8个学前教育片区联盟，分片开展研讨活动，缩小公民办幼儿园办园水平差距；开展转办公办园交流展示活动，引导转办公办园规范管理，提升质量；成立包含86名成员在内的双流区学前教育专家库，发挥专家引领示范作用。3月，双流区按照教育部印发的《县域学前教育普及普惠督导评估办法》，完成国家督导评估程序，被国务院教育督导委员会办公室认定为“全国学前教育普及普惠县”，先后接待27批次来自全国各地的454名代表交流学习。

【教育发展政策体系完善】 双流区教育局研究编制全区教育“十四五”发展规划，制定《双流教育走在前列作出示范十大行动》；对28所学校开展新型教育管理体制运行情况专题调研，研究出台《关于加快推进双流教育高质量发展的若干意见》《关于进一步加强校长园长队伍建设的实施意见》《新体制学校、幼儿园管理办法》等区级教育类文件政策9项，完善教育高质量发展政策体系。

【“双减”政策落实】 双流区教育局坚持把“双减”（减轻义务教育阶段学生作业负担和校外培训负担）作为2021年教育系统“一号工程”，贯彻落实中央、四川省、成都市关于“双减”工作的决策部署，制定实施《关于进一步减轻义务教育阶段学生校外培训负担的措施》等系列文件，推动校外培训机构治理。全区校外教育培训体量显著压减，截至年底，133家义务段学科类培训机构中关停20家、转型101家，压减率90.97%；非学科类培训机构管理权限有序移交，41家证照不齐学科类培训机构于10月30日提前实现动态清零目标。分管区领导就校外培训机构综合治理成绩在成都市“双减”工作会上作经验交流，区教育局在四川省“双减”会上交流发言。全区62所义务教育学校均建立中小学生五项（作业、睡眠、手机、读物、体质）管理清单，全覆盖建立学校作业管理办法和作业公示制度；全区85%以上的义务教育阶段学生能在规定时间内完成作业，99.6%的家长反映此学期老师没有给家长布置作业或要求家长批改作业的行为。双流区学校教学改革、课后服务、延时托管、教师弹性上下班等工作取得突破，在成都市教育局推出的10项“双减”案例中占3项（双流区公办初中学校晚自习服务“零收费全覆盖”案例、东升小学提供课后线上学习咨询和心理咨询案例、棠湖中学实验学校教师弹性上下班案例）、全市第一，市民教育满意度提升。双流区教育局以“双减”政策贯彻落实为契机，巩固区级部门、社会各界支持关心教育良好形势，加大校外违规培训、教师有偿补课等治理震慑力度，双流区教育发展生态全面净化；借力“双减”破解教育高质量发展瓶颈，推动出台区级教育类文件政策5项、区级部门联合发文4项，教师队伍建设、新体制学校管理等教育改革取得新成效，双流区教育高质量发展格局加快形成。

10月26日，双流区“双减”工作专题会召开 （供图：区教育局）

【教育改革】 双流区教育局完善教育督导体制机制，调整完善区政府教育督导委员会组成人员；出台《关于深化新时代教育督导体制机制改革进一步加强督学责任区建设的实施方案》《双流区督学考核及经费管理办法（试行）》等政策和制度，完善督政、督学、评估监测三位一体的现代教育督导体系；提高督政水平，完成学前教育普及普惠国家督导检查反馈问题整改；督促有关部门和镇（街道）依法履行教育职责，区政府履行教育职责情况评价获评成都市优秀等级；加强中小学、幼儿园督学责任区建设，完善13个督学责任区设置，配备责任督学73名，完成聘任区政府第九届督学21名;组织督学针对“双减”工作、五项管理、疫情防控等事项开展3次专项督导，实现全区中小学、幼儿园督导全覆盖；指导新建学校、幼儿园完善办学章程，确保章程公布率100%；制定2021—2022学年度教育工作任务清单，督促学校落实立德树人根本任务；健全评估监测机制，推进教育评价改革，组织开展国家义务教育质量监测、中小学教育质量综合评价监测，双流区获评国家义务教育质量监测优质组织奖、成都市“五育”并举教育质量综合评价先进单位；开展成都市教育现代化、义务教育校际均衡监测，教育现代化发展水平总达成度90.85%，义务教育校际均衡指数为0.45；综合评价2020—2021学年度教育工作目标完成情况，会同成都天府国际生物城管委会完成学校、幼儿园及其办学管理团队年度评估。

【教育信息化建设】 教育部科学技术与信息化司调研双流区教育信息化工作，指导编制《双流区智慧教育发展规划（2021—2025年）》。双流区教育局健全教育信息化支撑体系，丰富教育资源，深化“互联网+教育”等数字校园专项应用，引领数字校园向智慧校园提档升级，为双流区争创全国“智慧教育示范区”和成都市“国家级信息化教学实验区”奠定基础；推进信息化课堂运用场景进入常规教育，主动学习、自主学习和个性化学习形成泛在趋势，以环境虚拟化、资源网络化、活动协作化、学习自主化为目标，促进教育信息化与教育教学深度融合；完成棠湖中学实验学校（东区）等20余所新建、改（扩）建校（园）共1.32亿余元教育装备配备，完成区级智慧教育云平台设计和规划；组织学校师生参与全国、四川省、成都市、双流区各级各类活动比赛，获教育技术类全国奖20项、四川省级奖243项和成都市级奖108项。双流区中小学数字校园建设覆盖率达95%以上，建设5所成都市级“数字学校”示范校，创建2所四川省级智慧教育学校。

【教师队伍建设】 双流区公办学校招聘在编教师152人（引进优秀教育管理人才2人、区外优秀教师39人，到重点师范大学招聘52人，公开招聘49人，公开考核招聘艺体教师3人，接收免费师范生7人），其中博士研究生2人、硕士研究生45人、大学本科毕业生105人，10月到华东师范大学、东北师范大学、西南大学进行2021年度教师招聘，“蓉漂”计划签订48人，硕士研究生占比超58%。双流区教育局探索试点校长职级制，拟制《公办学校（幼儿园）员额教师管理办法》；印发《2021年公办学校（单位）激励岗位设置管理实施方案》，完成326人激励岗位待遇兑现；开展高级教师档案审核，委托区人才交流中心管理编外教师人事档案；与区委组织部、区人社局联合印发《关于进一步加强校长园长队伍建设的实施意见》，加强校园长队伍建设，完成校级干部备案77人；规范各公办学校（幼儿园）内设机构设置，中层干部备案130人；强化师德师风建设，在各学校（幼儿园）开展教职工师德学习活动及师德满意率测评，开展师德师风建设集中整治、中小学有偿补课和教师违规收受礼品礼金问题专项整治。全区新增成都市名师工作室领衔人5名、名校长工作室领衔人1名，新增双流区名师、名校长、名班主任工作室8个，教师获四川省级荣誉称号2人、成都市级荣誉称号72人、双流区级荣誉称号438人。

【德育教育活动】 双流区教育系统做好新时代中小学生思想道德教育，培育中小学生社会主义核心价值观，厚植学生爱党爱国的红色基因，推进中小学生思想道德阵地建设。中共双流区委教育工作委员会庆祝中国共产党成立100周年活动暨党史学习教育领导小组印发《关于“航都少年心向党 红色基因代代传”主题学习教育实施方案》，围绕“党史学习教育”“四史学习”主题，组织全区中小学、幼儿园开展“从小学党史 永远跟党走——航都少年心向党 红色基因代代传”主题学习教育系列活动，将以党史为重点的“四史”学习教育融入学生课堂、学生活动、教育教学全过程，实现课堂内外、线上线下同频共振。双流区教育局开展主题征文、党史竞赛、红色经典诵读、红色基地研学、唱红歌、演讲、绘画、书法、微视频等形式的学习教育活动，着力讲好党的故事、新中国的故事、改革开放的故事、社会主义的故事；开展“小手牵大手”活动，带动近10万户家庭参与党史学习教育；重点抓好青少年心理健康教育，加强青少年心理健康防护体系建设，建立健全心理危机干预机制，印制《双流区中小学心理危机干预工作指导手册》，开展心理健康课程专题教研和培训12期，开展师生心理干预专题培训和实践活动100余场；强化德育队伍建设，德育专项培训2000余人次；做好新时代家庭教育，利用家长学校、家委会、家长会开展家庭教育指导，开展家庭教育指导和实践活动100余场，创建成都市家庭教育示范学校2个；推评成都市优秀班主任标兵2人、优秀班主任28人、优秀德育工作者12人，评选双流区模范家长10名、优秀班主任100人、优秀德育工作者20人。

【招生考试】 双流区完成高考、中考、成人高考、自考、硕士研究生考试、教师资格证笔试、大学英语四六级考试和全国计算机等级考试共12次，其中普通高考全区报名7897人，设置考点3个，考场171个；高中阶段教育学校招生统一考试报名7306人，设置考点5个，考场205个；成人高考全区报名2638人；高等教育自学考试报考总人数12393人，报考总科次27531科次；硕士研究生考试报名2400人；教师资格考试（笔试）2次；全国大学英语四、六级考试2次；全国计算机等级考试2次。

【教育资助】 双流区全年发放教育资助金3920.24万元，受益学生2.51万人次，其中对学前教育“三儿”（孤儿、残儿、家庭经济困难儿）减免保教费，发放资助金166.6万元，受益学生1666人；对学前教育建档立卡幼儿免保教费，发放资助金83.37万元，受益学生321人；对学前教育大成都户籍的城乡低保家庭幼儿、烈士或一级伤残军人且生活困难家庭幼儿、孤儿、残疾儿童及因疾病、意外灾难等原因导致影响家庭基本生活、难以维持子女正常学业的特殊困难家庭幼儿免收保教费，发放资助金5.7万元，受益学生30人；对义务教育阶段家庭经济困难寄宿制学生给予生活补助，发放资助金53.41万元，受益学生442人；对义务教育阶段公办学校就读的民政部门认定的城乡低保家庭学生及特困供养人员中优秀非住宿学生给予助学补助，发放宏志助学金17.87万元，受益学生162人；对义务教育阶段家庭经济困难非寄宿生给予生活补助，发放资助金38.11万元，受益学生738人；对高中教育（含中等职业教育）阶段城乡低保家庭学生免收课本费，发放资助金3.39万元，受益学生77人；对普通高中家庭经济困难学生给予国家助学金（生活补助），发放国家助学金247.8万元，受益学生1298人；免除中等职业学校学生学费2623.21万元，受益学生12886人；免除中等职业学校学生住宿费242.43万元，受益学生5194人；对中等职业学校家庭经济困难学生发放国家助学金412.75万元，受益学生2223人；对中等职业学校优秀学生发放国家奖学金12万元，受益学生20人；对双流籍大学贫困新生给予一次性资助，发放资助金12万元，受益学生25人；实施中央彩票公益金润雨计划，发放交通费1.6万元，受益学生27人。双流区为502名双流籍家庭经济困难大学在校生、大学新生办理生源地信用助学贷款，贷款金额436.01万元；实施“蛋奶工程”，发放鸡蛋10.86万个，受益学生543人，发放牛奶2.98万盒，受益学生149人。

【校园安全管理】 双流区完成中小学、幼儿园专职保安配备、校园封闭管理、“一键式”报警与公安机关联网、视频监控与公安机关联网、护学岗建设、硬质防冲撞设施安装达标率100%，提升学校安全管理信息化、智能化、现代化水平；完成第二批30所中小学卫生室（保健室）标准化建设，提升校园疫情防控能力，加强学校卫生健康工作，保障师生员工健康安全。成都市健康促进与教育示范基地和青少年禁毒教育基地建成投用，提高校园卫生健康工作水平和青少年识毒、防毒、拒毒能力。

【学校疫情防控】 双流区教育局会同区卫健局、区公安分局、区市场监管局等部门对驻区高校、科研院所、中小学、幼儿园共215所学校开展开学复课评估，确保学校安全开学复课；实行校园封闭管理，落实门卫管理、来访人员登记查验、环境消杀、因病缺课追踪、晨午晚检、核酸检测、爱国卫生等工作和制度，按照30天满负荷运行量做好学校防疫物资准备；根据疫情防控要求，摸排师生员工等重点人员情况，分类落实疫情防控要求，累计摸排云南省、内蒙古自治区、陕西省等重点地区涉疫关联人员6000余人，完成师生员工核酸检测采样17万余份，结果均为阴性；派出2154人次下沉全区中小学、幼儿园、校外培训机构开展疫情防控专项督查检查，发现问题318处，全部完成整改；推进师生员工新冠疫苗接种，完成教职员工第一剂20905人、第二剂20775人、加强针13525人，完成12岁以上学生第一剂58760人、第二剂58487人，完成3～11岁学生第一剂113813人、第二剂81571人；加强家校沟通，聚焦疫情下心理健康和线上教育，开展“温暖的问候”、心理疏导、线上课程、亲子活动等活动，做好每名学生教学安排和心理疏导，重点学生实现线上教学全覆盖，做到停课不停学。

【教育对外交流】 双流区开展线上人文交流活动。8—12月，双流中学实验学校完成中国教育国际交流协会CEAIE-AFS中学生国际文化线上交流项目，学校师生通过线上教学的方式为10余名美国学生开展汉语教学和中国文化体验课程，四川省教育对外交流中心授予学校“中国教育交流协会NSLI-Y项目基地

5月13日，成都市双流区校园安全工作会议在双流中学召开（供图：区教育局）

校”称号。9月16日，棠湖小学与奥地利维也纳巴赫音乐学校通过云端举行友好学校签约仪式，两校建立友好伙伴关系，相互借鉴先进教学理念，共享优质教育资源，开拓师生视野，提升教育质量。10月14日，“两岸一家亲·2021蓉台中学生交流研学营开营仪式”在棠湖中学举行。12月25—26日，双流中学实验学校、双流艺体中学、成都电子信息学校4名学生代表双流区参加由四川省外事办公室组织的“2021年四川—广岛友城青少年线上交流会”，双流中学实验学校高二学生达瓦卓玛作为四川省学生代表介绍自己的校园生活。成渝地区双城经济圈国际理解教育联盟成立，四川省双流中学、成都市双流区棠湖小学、成都电子信息学校、双流区实验小学成为联盟第一批成员学校。双流区教育局负责的成都市级课题“基于国际理解的中外人文交流课程建设和实践研究”子课题“国际理解教育学科渗透的探索与实践研究”开题。

【校地合作】 双流区人民政府与成都信息工程大学签订协议，在成都信息工程大学基金会设立航都优秀大学生创业及奖励基金，区政府连续5年每年捐赠20万元，动员社会爱心企业捐赠20万元。

【巴塘援教】 双流区开展“校对校”帮扶，24所中小学幼儿园结对帮扶甘孜州巴塘县26所中小学幼儿园，选派13名教师到巴塘县顶岗支教，2020—2021学年度支教工作考核均为优秀，4人被评为成都市优秀支教教师。双流区教育局于4月2—12日组织接收巴塘县24名副校长到双流区结对学校挂职跟岗培训；5月10—15日组织开展“名师蹲点”送教到巴塘活动，培训巴塘县学校干部教师113人；6月18—26日接收巴塘县30名骨干教师到双流区进行“校对校”跟岗培训；7月1—16日接待巴塘县教育和体育局到区教育局协商研讨深化双流区对口帮扶巴塘县教育“九大工程”（顶岗支教工程、干部教师跟岗工程、名师蹲点工程、讲师团送教工程、格桑梅朵绽放工程、“校对校”帮扶工程、帮困助学工程、教育援建工程、教育科研工程），通过召开座谈会、分层交流、参观学校等方式，凝聚对口帮扶共识；8—10月接收巴塘县1名学校干部到区教育局学前科和区实验幼儿园顶岗锻炼3个月；8月底接收巴塘县13名初中毕业生到双流中学、棠湖中学读高中；9月23—30日接收巴塘县30名班主任到双流区高级研修跟岗培训，在理论研修培训基础上实地跟岗培训，其中9月27—29日接收巴塘县30名班主任到双流区结对学校采取“一对一”导师制培训；10月12—16日选派优秀干部和专家共11人组成讲师团到巴塘县开展送教系列活动，为巴塘县3个名师工作室授牌，为巴塘县教育和体育局捐赠价值10万元的图书，并交流“十四五”教育规划情况，到巴塘县城区和乡镇学校开展师生心理健康教育、学校德育安全、课程建设、“十四五”规划等5场专题讲座，培训巴塘县学校管理干部和教师240人；10月27日至11月3日组织接收巴塘县20名中小学生到双流区开展2021年双流—巴塘格桑梅朵绽放工程“三进”（进家庭、进学校、进成都）活动；12月指导巴塘县教育和体育局向100名巴塘贫困大学生每人发放4000元补助。12月，双流区教育局获评“全国民族团结进步示范区创建工作先进单位”。

4月10日，双流中学办学80年学术交流大会举行　（供图：区教育局）

【双流中学办学80年学术交流大会】 4月10日，双流中学办学80年学术交流大会举行，教育部、四川省教育厅、成都市教育局相关领导以及四川省内外知名中学校长、双流中学师生员工、双流中学校友参加大会。大会由华章幕启、思源致远、弦歌雅韵三个篇章组成，举办“共叙友情·共谋发展”教育论坛和师生展示活动、“初心不改·弦歌不辍”庆祝晚会。各级参会领导、校友和社会各界对双流中学办学80年来取得的成果表示赞扬。

（舒 展）

教育教学
Education and Teaching

【概况】 2021年，双流区教育工作以促发展提质效为目标，推动教育高质量发展取得新成绩、迈出新步伐。双流区学前教育优质资源覆盖率提升至91.6%，新创建成都市级以上名优学校12所，培育双流区级以上名优教师518人；中考、高考教育质量创历年新高，5所普通高中100%被评为优秀学校，实现历史性突破；“双减”工作在四川省交流经验、优秀案例在成都市推广，获“全国学前教育普及普惠示范区”“四川省职工合唱比赛金奖”等奖项46个。

【学前教育】 双流区新建公办幼儿园10所，增加公办学位4140座，公办学位占比55.3%，公办幼儿园在园幼儿占比50.3%，普惠性幼儿园覆盖率83.8%，优质资源覆盖率91.6%。双流区教育局聚焦课程建设，开展全区幼儿园《双流区幼儿园课程建设指导意见（试行）》专题培训，指导幼儿园分类分级开展幼儿园课程建设，规范各级各类幼儿园课程管理，提升幼儿园课程质量；开展成都市等级幼儿园评定、幼儿园办园行为督导评估、学前教育宣传月活动、幼儿园年度专项考核等，强化对幼儿园的过程监管，提升办园品质，提高区域学前教育发展水平。

【义务教育】 双流区教育局执行义务教育免试就近入学政策，双流籍适龄儿童少年公办学校就近入学率100%，安排符合条件的5218名随迁子女入学；落实“双减”政策，减轻义务教育阶段学生作业负担提高教育教学质量成效显著；围绕区域“三课一区”（建设“4+X”课程、建设双流特色高品质课堂、开展基于标准的“教学评一致性”的实践研究课题和建设基于教学改革融合信息技术的新型教与学模式实验区）目标任务，开展中小学“4+X”课程（“国家课程校本化、德育活动课程化、教师专业发展课程阶梯化、综合实践活动课程主题化4个基础课程+X个特色创新课程”）建设，定期召开专题论坛、沙龙6次，四川省、成都市部分名校派代表观摩学习；建设双流特色高品质课堂，开展教师技能大赛、学科大比武等活动，获四川省级奖8节、成都市级奖28节；加强和改进新时代区域教研，全区所有普通中小学全学段全员加入四川省“十四五”规划重点课题“区域开展基于课程标准的‘教学评一致性’的实践研究”，遴选14个项目学校，每个项目学校带领1个科研联组，88个子课题开研。双流区在四川省教学成果奖评选中获一等奖5个、二等奖2个，在成都市教育科研课题阶段成果评审中获奖28个课题，在成都市教学成果奖评选中获奖7项。双流区教育局坚持“五育”（德育、智育、体育、美育、劳动教育）并举，全面实施素质教育，获国家2021年义务教育质量监测优秀组织单位奖，助力创建“智慧教育示范区”“基于教学改革、融合信息技术的新型教与学模式”实验区，推动区域教育现代化高质量发展；实施“义务段校长培训”项目，组织义务段校长班学员到名优学校学习观摩，提升学校现代化治理能力，培养推动区域教育高质量发展的新时代校长；推进“名校”培育，推进黄水初中、彭镇初中、黄甲初中、胜利初中4所学校强校工程“实验学校”建设，双流中学万科学校、彭镇初中、西航港小学、金桥小学建

4月28日，成都市双流区第十届学科教学（技能）大比武表扬大会在双流中学举行（供图：区教育局）

成成都市“新优质学校”，优质教育学位供给持续增长。

【普通高中教育】 双流区教育局深化育人方式改革，深入开展“4+X”课程建设，率先在四川省开展全域高中学校全员分科分层特色选课走班，为学生个性发展提供特需课程，拔尖创新人才早期培养成效显著，23名学生被录取为空军、民航飞行学员，双流中学、棠湖外国语学校获成都市“飞行人才早期培养学校”称号，棠湖中学获成都市“强基计划基地学校”称号，艺体中学获成都市“艺体教育特色学校”称号并作为四川省唯一一所学校在全国高品质学校建设大会上作主题报告；实施评价改革，永安中学被评为成都市综合素质评价基地学校；10月20日召开2021年普通高中教育教学质量分析会，推进高中教育高质量发展。2021年高考，双流区7名学生考入清华大学、北京大学。8月14日，双流区2021届高三毕业生代表分享会举行，分享成长、成人、成才的青春故事，对学生进行感恩教育。双流区在2021年成都市普通高中教育教学质量评估中亮点频出，区教育局连续多年获优秀等级，区教育局、双流中学、棠湖外国语学校（全市共19个单位）在成都市中学工作会上交流经验。

【职业教育】 双流区有中等职业学校8所，在校学生13593人，专任教师876人，生师比15.5：1；有特级教师3人、市区学科技术带头人51人，建成第三批“国家中等职业教育改革发展示范学校”1所、四川省高级技工学校1所，四川省级重点专业4个、成都市级重点专业8个；立项建设四川省级示范中职学校1所、四川省级示范（特色）专业2个。双流区教育局加强中职学校学籍、招生就业、专业建设、学生资助等检查指导，规范办学行为；推进产教融合校企合作常态化、制度化，改革人才培养模式，开展“现代学徒制”“企业新型学徒制”试点；推进“智慧职教工程”，开展“基于现代学徒制产学结合的技术技能人才培养模式”“基于信息技术条件下理实赛一体的建筑技能人才培养模式”“应用型数控技术人才四步四化培养模式”课题研究。双流区创新创业教育成效显著，成都电子信息学校、双流建设职业技术学校被命名为成都市创新创业教育示范学校。成都市机械高级技工学校建设四川省示范中等职业学校、成都电子信息学校建设四川省中等职业学校示范（特色）专业接受四川省级专家组终期评估，双流建设职业技术学校建筑施工专业有序推进四川省中等职业学校示范（特色）专业项目建设。2021年，双流区中职毕业学生4044人，毕业率100%，就业率98.5%，对口就业率93.6%，升入大学就读人数2014人；师生技能大赛获成都市级以上奖301项，承办2021年四川省中职学校学生电子类技能大赛。

【体育教育】 双流区有全国足球特色校（园）21所、示范园1所，全国冰雪特色示范校1所，四川省阳光体育示范校18所、成都市阳光体育示范校19所，成都市级田径、篮球、排球、乒乓球传统校34所，为上级体育部门输送37名优秀运动人才。双流区教育局完善“校内竞赛—校级联赛—选拔性竞赛”多级竞赛体系，举办青少年竞技体育系列赛事21项次；推广武术、空竹、射箭等传统体育项目，鼓励开展冰球、滑雪等冰雪项目，推动“一校一品，一校多品”特色体育项目建设。双流区创建校园足球改革试点区，支持区内5所中小学创建成都市阳光体育示范校；在2021年成都市青少年（学生）运动会比赛中，获田径、足球、乒乓球、网球、羽毛球一等奖，跆拳道、模型、排球、滑雪二等奖，棒球、游泳、啦啦操三等奖等。在2021年四川省第一届“贡嘎杯”青少年校园足球联赛中，双流区足球部分队员代表成都市出战，获小学女子组冠军、高中男子组冠军、初中女子组亚军、初中男子组亚军。双流区教育局于5—6月协助大运会双流赛区委员会对成都信息工程大学排球训练馆、棠湖中学投掷热身场地进行校园环境改造升级、场地设施设备升级等，并完成田径项目、羽毛球项目测试赛。

【艺术教育】 双流区组织开展双流区首届幼儿童话剧比赛、双流区第十三届中小学生艺术节，举办双流区第十三届中小学生艺术节优秀艺术作品展览、双流区中小学生课堂乐器合奏比赛等活动，参与学生两万余人次；组织参加成都市第十三届中小学生艺术节，获区（市）县优秀组织奖1个、优秀学校组织奖4个、优秀个人工作者4名，艺术表演类一等奖10个、二等奖9个、三等奖2个，艺术作品类一等奖19个、二等奖19个、三等奖8个，美育案例一等奖10篇、二等奖6篇，工作坊一等奖1个、二等奖1个；参与四川省第十届中小学生艺术展演活动，双流艺体中学获中学组戏剧比赛第一名；组织双流区音乐教师单项技能（钢琴、声乐）比赛，参与成都市音乐教师技能大赛分别获中学组、小学组声乐一等奖。双流区教师合唱团在四川省职工合唱比赛、成都市教育系统庆祝中国共产党成立100周年教职工合唱比赛、双流区职工合唱比赛中获金奖，参与四川省总工会、省经济和信息化厅、省人力资源和社会保障厅主办的第三届“四川工匠”以及“第七届全国职工职业技能大赛决赛闭幕式”压轴演出；双流区教师舞蹈团多次参与高质量平台演出。

【特殊教育】 双流区教育局完善区域特教服务体系，区特教学校经四川省教育厅、省人力资源和社会保障厅审批发文，取得培智职业高中招生资质，完成首期招生；开展教康结合实验探索，区特教学校被区残联、区教育局等部门联合评定为“定点康复机构”“教康结合实验学校”，在校残疾学生康复课程覆盖率达80%；深化融合教育课程、特教学校课程体系建设，依托“送教上门儿童评估干预系统”，实践探索送教上门个别化课程；强化特教师资队伍建设，以成都市特殊教育师资培训质量监测点建设为契机，通过“线上线下”相结合的形式，分类别开展区域特教师资队伍菜单式培训，探索区域特殊教育师资培养标准、课程、模式；优化资源中心专业履职，通过服务流程规范化、评估工具本土化、巡回指导精准化、课程支持个别化、专业培训定制化、督导评价体系化“六化原则”，提高资源中心履职效能，完成3所幼儿园、2所新建义务段公办学校资源室建设，完善区域“1+5+N”（以1个区级资源中心为龙头、5个片区二级资源教室为骨干、N个三级资源教室为主体）融合教育支持体系，成都市、双流区各级领导及近10个四川省内外特殊教育考察团到双流区调研交流，给予高度评价。双流区以成都市第一名的成绩通过成都市第二期特殊教育提升计划督导评估，区教育局在成都市作交流发言。

【民办教育】 双流区有民办学校210所，其中学历学校18所、幼儿园105所、校外培训机构87家，含义务教育阶段学科类校外培训机构12家，非学科类培训机构150家（已向相关主管部门移交管理权限）。双流区教育局坚持“服务与规范并举”，发挥公办优质学校引领示范作用，对区域内薄弱民办学历学校实施精准扶薄；坚持“公民办一体化”管理，加强对民办学校管理、招生、教育教学、学生实习、学生资助等方面检查指导；依托民办教育联席会议制度，建立部门统筹协调监管机制；按照国家、四川省、成都市规范培训机构办学行为要求，建立“双减”工作领导小组办公室；持续开展民办教育培训机构专项治理，协同相关职能部门联合专项检查，定期公布白名单，促进培训机构规范有序发展。

【社区（终身）教育】 双流区教育局构建“15125”社区教育新格局，1个目标，即温暖瞿上记忆，奠基幸福人生；5育教育，即新市民教育、家庭教育、老年教育、青少年校外教育、残疾人教育；全区12个社区教育学校实现“一街一品一特色”；5大主题教育，即市民文化素养提升、游学体验活动、一村一大戏·月月大舞台文化活动、城乡社区教育品质打造、新型职业农民培训。加强社区教育与老年教育融合发展，老年开放大学“三级”机构100%挂牌，3所老年教育学校完成成都市级标准化建设；开办成都老年开放大学双流分部，首批学员600余名，年培训学习2万人次；以科研为引领，市级、区级社区教育和老年教育科研课题结题，走在四川省、成都市同类工作前列；依托“互联网+社区教育”，免费为市民提供线上线下学习课程1.5万课时，网上注册学习人数12.6%；开展“生活美学进乡村”“大学生进社区”“市民游学体验”等活动，丰富市民精神文化生活；举办“爱成都·迎大运”“市民学英语”“传扬天府文化”等主题教育实践活动；与成都信息工程大学等高校签订校地合作协议，整合高校资源、提升空港社教品质；推进学习型组织、学习型社区、社区教育工作站升级培育创建，建成全国优秀继续教育院校3所、全国特色社区教育学校2所、全国农村学习型镇（街道）6个、全国农村学习型村（社区）4个、全国农村学习型部门3个、全国农村学习型企业2个、全国农村学习型合作社3个、全国终身学习品牌1个、成都市级终身学习品牌1个、成都市级优质社区教育学校3所、成都市级规范化社区教育学校7所、成都市级示范社区教育工作站36个，有全国百姓学习之星3名。

（舒　展）

校园建设
Campus Construction

【概况】 2021年，双流区落实推动中小学、幼儿园“三年攻坚”行动计划和新增公办幼儿园学位等专项任务要求，推进49个学校建设项目，新建成棠湖中学怡心实验学校、机关第一幼儿园等中小学、幼儿园15所，完成改建双流中学一期、扩建黄甲小学等改（扩）建项目6个，新增学位11070座。双流区实验小学风貌改造及扩建工程、四川大学附属小学和幼儿园、九江新城中小学幼儿园等7个项目开工建设。

【幼儿园建设】 双流区完成东升三里幼儿园、东升广都幼儿园、柏顺路幼儿园、龙樾湾西侧幼儿园、富豪新岸东侧幼儿园、金湾美湖二期幼儿园、临江丽苑北侧幼儿园、西航港九龙湖幼儿园8所公办幼儿园新建，新增学位3240座；加快建设协和骑龙幼儿园及配套道路、九江新城幼儿园及配套道路，推进芯谷第一幼儿园、中电科配套第一幼儿园项目前期工作。

【中小学校建设】 双流区完成新建东升星空小学、协和长顺九年制学校和棠湖中学新校区游泳馆，新增学位4410座；完成黄甲小学扩建，新增学位360座；加快建设西航港九龙湖学校、西航港顺风学校、九江小学千子门校区扩建工程、棠湖小学（南区）扩建工程、双流区实验小学校园风貌改造及扩建工程、四川大学附属小学和幼儿园，彭镇小学综合楼食堂扩建及风貌改造、彭镇（金桥）小学师生食堂新建均完成；加快建设双流中学风貌改造工程、东升二中风貌改造工程、成都信息工程大学实验学校常乐校区扩建工程，推进协和初中扩建、中电科配套九年制学校、九江通江中小学和棠湖中学海军航空航天科技馆项目前期工作。

【西航港九龙湖幼儿园建设】 西航港九龙湖幼儿园项目位于西航港街道九龙湖社区，占地面积15亩，总建筑面积7848平方米，主要建设内容包括幼儿园活动用房、服务用房、附属用房及活动场地等，新增学位540座。项目总投资6832万元，于2019年12月开工建设，2021年7月建设完成。

【东升三里幼儿园建设】 东升三里幼儿园项目位于东升街道永安路五段，占地面积14.81亩，总建筑面积6589.51平方米，主要建设内容包括教学用房、运动场、食堂等，配套道路规划宽20米、长250米，新增学位450座。项目总投资5113万元，于2020年4月开工建设，2021年8月建设完成。

【东升广都幼儿园建设】 东升广都幼儿园项目位于东升街道五洞桥北路二段，占地面积5.98亩，总建筑面积4024.96平方米，主要建设内容包括教学楼、食堂、室外运动场等，新增学位270座。项目总投资2646万元，于2020年4月开工建设，2021年8月建设完成。

【协和柏顺路幼儿园建设】 协和柏顺路幼儿园项目位于怡心街道，占地面积15亩，规划总建筑面积6133平方米，主要建设内容包括新建幼儿园活动用房、服务用房、附属用房及活动场地等，规划新增学位450座。项目总投资4937万元，于2020年4月开工建设，2021年8月建设完成。

【实验第一幼儿园建设】 实验第一幼儿园位于东升街道富豪新岸东侧，占地面积13.85亩，规划建筑面积6913平方米，主要建设内容包括新建幼儿园教学用房、办公用房、生活用房等，规划新增学位450座。项目总投资4148万元，于2020年4月开工建设，2021年8月建设完成。

【实验第四幼儿园建设】 实验第四幼儿园位于东升街道龙樾湾西侧，占地面积8.42亩，规划建筑面积5578平方米，主要建设内容包括新建幼儿园教学用房、办公用房、生活用房以及配套道路等，规划新增学位360座。项目总投资4000万元，于2020年4月开工建设，2021年8月建设完成。

【通江幼儿园建设】 通江幼儿园位于九江街道金湾美湖二期，占地面积6.1亩，规划建筑面积4410平方米，主要建设内容包括新建幼儿园教学用房、办公用房、生活用房等，规划新增学位270座。项目总投资2512万元，于2020年4月开工建设，2021年12月建设完成。

【空港第三幼儿园建设】 空港第三幼儿园位于西航港街道临江丽苑北侧，占地面积11亩，规划建筑面积6913平方米，主要建设内容包括新建幼儿园教学用房、办公用房、生活用房等，规划新增学位450座。项目总投资3767万元，于2020年4月开工建设，2021年12月建设完成。

【协和骑龙幼儿园及配套道路建设】协和骑龙幼儿园及配套道路项目位于怡心街道，占地面积9亩，规划建筑面积8213平方米，主要建设内容包括新建幼儿园教学用房、办公用房、生活用房及配套道路，规划新增学位360座。项目总投资5954万元，于2020年6月开工建设，截至2021年年底配套道路建设完工。

【九江新城幼儿园及配套道路新建】九江新城幼儿园及配套道路新建项目位于九江街道，占地面积14.35亩，规划建筑面积6913平方米，主要建设内容包括新建幼儿园教学用房、办公用房、生活用房及活动场地等，规划新增学位450座；建设幼儿园周边配套道路两段，分别长200米、宽30米和长350米、宽20米。项目总投资8089万元，于2021年9月开工建设，截至2021年年底基础开挖完成90%。

【芯谷第一幼儿园建设】芯谷第一幼儿园项目位于东升街道、彭镇，占地面积8.72亩，规划幼儿园建筑面积6500平方米，主要建设内容包括新建幼儿园活动用房、办公及生活辅助用房等，附设托儿班，同步配套紧邻社区服务综合体和停车场1.15万平方米。项目总投资12600万元，截至2021年年底开展前期准备。

【中电科配套第一幼儿园建设】中电科配套第一幼儿园项目位于彭镇，占地面积12亩，总建筑面积9000平方米（含地下室），主要建设内容包括新建幼儿生活单元、活动教室、教师办公室、餐厅等，建设规模18个班，规划新增学位540座。项目总投资5850万元，截至2021年年底开展前期准备。

【西航港九龙湖学校建设】西航港九龙湖学校项目位于西航港街道九龙湖社区，占地面积140.56亩，总建筑面积52053.96平方米，建设内容包括教学楼、综合楼、食堂、运动场及配套道路，G1、G2配套道路设计全长786.65米，规划新增学位3960座。项目总投资49513万元，于2020年12月开工建设，截至2021年年底进行土方开挖。

【西航港顺风学校建设】西航港顺风学校项目位于西航港街道，主要建设内容包括新建教学楼、综合楼、食堂、运动场等，建筑面积2.2万平方米，共2栋，地上3～5层、地下1层，规划新增学位1680座。项目总投资17520万元，于2021年1月开工建设，截至2021年年底，内外装完成35%，总平施工完成30%。

【东升星空小学建设】东升星空小学项目位于东升街道葛陌路，占地面积60.7亩，规划总建筑面积24999.73平方米，主要建设内容包括教学楼、综合楼、食堂、运动场等，设计规模42个班，新增学位1890座。项目总投资20990万元，于2020年4月开工建设，2021年8月建设完成。

【黄甲小学扩建】黄甲小学扩建项目位于黄甲街道王家场上街84号，占地面积30亩，规划总建筑面积1万平方米，主要建设内容包括拆除旧食堂，新建综合楼、师生食堂等，扩建后规划规模36个班，提供学位1620座。项目总投资8571万元，于2020年1月开工建设，2021年7月建设完成。

【九江小学千子门校区扩建】九江小学千子门校区扩建项目位于九江街道万家社区，占地面积46.03亩，规划总建筑面积18676平方米，主要建设内容包括拆除旧临时食堂，新建教学楼、综合楼、师生食堂、地下停车场等，新增学位1620座。项目总投资12215万元，于2020年4月开工建设，截至2021年年底室内装修完成90%，室外装修完成95%，总平施工完成50%。

【棠湖小学（南区）扩建】棠湖小学（南区）扩建项目位于黄水镇，占地面积26亩，总建筑面积12857平方米，主要建设内容包括建设教学楼、综合楼等，规划新增24个班、学位1080座。项目总投资7458万元，于2021年1月开工建设，截至2021年年底内装完成97%，外装完成，总平工程完成50%。

【双流区实验小学校园风貌改造及扩建工程建设】双流区实验小学校园风貌改造及扩建工程项目位于东升街道，主要建设内容包括原校园风貌整体提升、原溢雅楼及溢香楼中间增建教室，新建建筑面积2000平方米；拆除旧食堂，新建4500平方米师生食堂；提升总平及配套管网。项目总投资8175万元，于2021年7月开工建设，截至2021年年底风貌改造完工，扩建部分管线迁改完成95%，支护桩完成。

【四川大学附属小学和幼儿园新建】 四川大学附属小学和幼儿园新建项目位于西航港街道，总占地面积70亩，规划总建筑面积4万平方米，主要建设内容包括新建小学综合楼、教学楼、食堂、报告厅、风雨操场、地下停车场及配套总平绿化，新建幼儿园活动用房、办公及生活辅助用房等，规划新增学位2450座。项目总投资28000万元，于2021年10月开工建设，截至2021年年底降水井施工完成，土方开挖完成50%。

【彭镇小学综合楼食堂扩建及风貌改造】 彭镇小学综合楼食堂扩建及风貌改造项目位于彭镇小学内（彭镇育英街90号），总建筑面积11287.35平方米（其中新建10576.27平方米，新建地下建筑面积711.08平方米），风貌改造面积7150.48平方米，主要建设内容包括拆除原旧食堂，新建综合楼、师生食堂、原建筑物风貌改造等，规划新增学位675座。项目总投资6145万元，于2020年4月开工建设，2021年8月建设完成。

【彭镇（金桥）小学师生食堂新建】 彭镇（金桥）小学师生食堂新建项目位于彭镇，占地面积1.8亩，规划建筑面积4000平方米，新建师生食堂及配套风雨操场。项目总投资2400万元，于2020年4月开工建设，2021年8月建设完成。

【双流中学风貌改造】 双流中学风貌改造项目位于东升街道双流中学校内，主要建设内容包括对校园内既有建筑风貌改造，改造外立面面积2.8万平方米；对校园整体老化电力线路、弱电管网更新改造，实施电力扩容及总平工程。项目总投资5500万元，于2021年10月开工建设，截至2021年年底风貌改造完成55%。

【东升二中风貌改造】 东升二中风貌改造项目位于东升街道东升二中校园内，主要建设内容包括对校园内既有建筑风貌改造，改造外立面面积2.4万平方米；对校园整体老化电力线路、弱电管网更新改造，实施电力扩容及总平工程。项目总投资4500万元，于2021年10月开工建设，截至2021年年底完成风貌改造完成50%。

【协和初中扩建】 协和初中扩建项目位于怡心街道，占地面积107.4亩，规划总建筑面积6万平方米，主要建设内容包括新建教学楼、综合楼、师生食堂、报告厅、体育馆、学生宿舍、地下停车场、运动场及配套绿化总平等，规划新增学位2400座。项目总投资42000万元，截至2021年年底开展前期准备。

【协和长顺九年制学校新建】 协和长顺九年制学校新建项目位于怡心街道，规划建设净用地面积60560.36平方米，规划总建筑面积39327.22平方米，主要建设内容包括地上建筑面积34549.54平方米（含教学及辅助用房、食堂、风雨操场、物管用房、门卫房、架空层、保温层）、地下室建筑面积4777.68平方米（含机动车库、设备用房、垃圾用房），总图工程包括土石方工程、室外排水管网、室外给水管网、室外强弱电工程、绿化景观和围墙以及其他相关配套工程。项目总投资28145万元，于2020年1月开工建设，2021年7月建设完成。

【中电科配套九年制学校建设】 中电科配套九年制学校项目位于彭镇，占地面积51.65亩，总建筑面积3.21万平方米（含地下室），主要建设内容包括新建普通教室、专用教室、公共教学用房、图书馆、报告厅、风雨操场、餐厅等，建设规模初中18个班、小学24个班，规划新增学位1980座。项目总投资20865万元，截至2021年年底开展前期准备。

【九江通江中小学建设】 九江通江中小学项目位于九江街道，总占地面积73.63亩，规划总建筑面积5万平方米，主要建设内容包括新建中小学综合楼、教学楼、食堂、报告厅、风雨操场、地下停车场及配套绿化总平等，规划新增学位2790座，配套实施北侧、东侧两处规划绿地12298平方米。项目总投资35614万元，截至2021年年底开展前期准备。

【成都信息工程大学实验学校常乐校区扩建】 成都信息工程大学实验学校常乐校区扩建项目位于西航道街道，总占地面积41亩，规划新增建筑面积5000平方米，主要建设内容包括新建教学楼及配套总平绿化等，规划新增学位750座。项目总投资3500万元，于2021年11月开工建设，截至2021年年底完成打围，进行管线探测。

【棠湖中学新校区游泳馆建设】 棠湖中学新校区游泳馆建设工程位于彭镇光荣社区（校区内），占地面积3.75亩，规划建筑面积4000平方米，主要建设内容包括将棠湖中学新校区露天泳池改建为封闭式游泳馆，新建游泳池围墙、顶盖等。项目总投资575万元，于2020年6月开工建设，2021年3月投入使用。

【棠湖中学海军航空航天科技馆建设】 棠湖中学海军航空航天科技馆项目位于黄水镇，占地面积15亩，规划总建筑面积1.3万平方米，主要建设内容包括新建航空展览馆、学科科普馆、创新实验馆、功能科技馆、海航班专业教室，配套实施周边绿化总平工程，配套道路长320米、宽20米，沟渠迁改250米。项目总投资14000万元，2021年12月完成项目定位、功能、建设模式和建设规模等策划内容。

（舒　展）

校园活动
Campus Activities

【概况】 2021年，双流区落实立德树人根本任务，把培育和践行社会主义核心价值观融入学校美育全过程；聚焦“教会、勤练、常赛”一体化教学改革思路，完善“健康知识+基本运动技能+专项运动技能”和“艺术基础知识基本技能+艺术审美体验+艺术专项特长”体育美育教学模式；借力“双减”探索体教融合课后服务模式，丰富课后服务体育运动项目和艺术展演活动。

【双流区中小学生艺术节】 双流区教育局按照成都市第十三届中小学生艺术节的要求，组织开展主题为“阳光下成长”的中小学生艺术节，第一阶段于2020年11月18—20日举行，第二阶段于2021年4月6—9日在双流艺体中学、双流棠湖中学举行，72所学校万余名学生参加。艺术节开展校园集体舞、合唱、舞蹈、班级合唱、朗诵、校园剧、器乐、校歌八个集体项目展演，同步开展书法、美术、摄影、篆刻、学生艺术实践工作坊、美育论文（案例）集中评审，精选学生美术作品在双流白河公园禾木美术馆展览并印制学生作品画册258册。

【双流区“5·25”心理健康教育系列活动】 5月25—31日，双流区针对2021年中考考前学生心理特点，帮助考生做好心理调节，开展“用心与你同行”——双流区2021年中考考前心理辅导送教活动；以生命·生活·生涯教育（新“三生教育”）为主题，中学段以“生命教育”和“生涯规划”为主，小学段以“生命教育”和“生活指导”为主，开展班主任心理班会课赛课，提高中小学班主任建班育人能力，促进学生心理健康发展，提升班主任专业化技能。

【双流区首届“最美校园”评比活动】 9月，双流区开展首届“最美校园”评选活动，协和实验小学、永安幼儿园、双流中学、胜利幼儿园、双流区机关幼儿园花园校区、四川大学西航港实验小学、东升第一初级中学、生物城万汇小学、生物城诺博幼儿园、成都信息工程大学红樱实验学校10所学校，以优美的校园环境、先进的育人理念和积极向上的校园文化氛围，被评为“最美校园”。

【双流区第五届青少年校园足球联赛】 2021年10月至2022年5月，双流区第五届青少年校园足球联赛举行，全区45所学校1574名青少年运动员组成的129支代表队参赛。比赛通过308场主客场赛制角逐，决出8个组别24支冠军、亚军、季军代表队及7支超级组冠军队伍，评选出先进个人41人、未来之星129人等个人奖项和优秀组织奖、体育道德风尚奖、各组别等级奖等团体奖项。

（舒　展）

科 技

SCIENCE AND TECHNOLOGY

科技事业发展

Development of Scientific and Technological Undertakings

【概况】 2021年，双流区全社会研发（R & D）经费支出50.75亿元，占地区生产总值的5.07%，高于成都市（3.17%）1.9%；新建院士（专家）创新工作站、产学研联合实验室等平台29个，其中四川省级10个，累计建成创新平台206个（国家级32个）。双流区在全国科技创新百强区排名第31位。双流区新经济和科技局获评“四川省科技系统先进单位”“成都市2021年创新创业服务工作先进单位”“成都市2021年科技金融工作先进单位”“成都市2021年县域创新驱动发展工作先进单位”“成都市2021年校院地合作工作先进单位”。

【科创载体建设】 双流区“一校一策”共建电子科技大学、香港城市大学等5所研究院，以“研究院+

电子科大科技园（2021年）

（供图：区新经济和科技局）

香港城市大学成都研究院（2021年）　　（供图：区新经济和科技局）

产业园”模式布局天府新区大学科技创新园，以“高校+产业园资本+职业经理人”运营模式联建电子科技大学科技园等三大科技园，电子科技大学科技园四期（6.2万平方米）建成投用。全区建成电子科技大学科技园、西航港科技企业孵化中心等创新载体16个，建成创新创业载体面积98.35万平方米，各类创新创业载体累计入驻企业830家。

【高新产业发展】 双流区加大科技企业培育力度，新增高新技术企业109家，有效高新技术企业314家；新增科技型中小企业89家，共349家；高新技术企业主营业务收入1298.64亿元，比2020年增长19%，全市排名第2位。全区高校院所和企业24个项目获四川省科学技术进步奖，其中一等奖4个、二等奖10个、三等奖10个。

【科技成果转化】 双流区新经济和科技局结合成渝地区双城经济圈和中国西部（成都）科学城建设，全年实现技术合同交易额51.4亿元，比2020年增长16.8%，累计促进341项科技成果在双流区落地转化。全区高校院所科技成果就地转化率18.1%。

【科技扶持资金申报】 双流区新经济和科技局通过政策QQ群、微信群、“双流双创”公众号、融媒体中心和下企业调研、考察等时机宣传解读上级政策，提高政策知晓度；组织企业申报成都市级研发准备金、重大科技创新等科技项目105个，获得并兑现扶持资金1853.52万元；组织102家企业申报成都市高新技术企业认定奖励，获得资金1220万元；组织企业申报四川省级重点研发项目、科技成果转移转化项目等47个，获得并兑现资金1920万元。

（张　伟　盛　良）

科技普及
Popularization of Science and Technology

【概况】 2021年，双流区坚持“面向基层、服务发展、惠及群众”的原则，建成科普基地13个；围绕“科技之春”“全国科普日”“科技工作者日”等重要科普节点，突出百年党庆、科技自强、低碳发展等主题，弘扬科学精神，普及科学知识，开展科普活动200余场，受众超200万人次，区人民政府被评为“2021年全国科普日优秀组织单位”；成立双流区科普专家库，聘请10名科技工作者担任“空港科普大使”；利用科普专家专业优势，邀请院士、专家走入中小学，推动科普资源服务教育“双减”，开展“科学家进校园”专题活动10余场。

【“科技之春”科普活动月活动】 3月1—31日，双流区开展以“献礼百年迎大运，科创赋能筑未来”为主题的“科技之春”科普活动月活动。活动通过“线上+线下”的形式举行，线上开展“探秘水下森林”“解密芯科技”“双流科普N种打开方式”等现场体验直播活动，参与群众10万余人次；举行以“崇尚科学，追求真理”为主题的青少年科技、科普作品评选活动，展示优秀“科幻画”30幅、科技作品23个，收集投票1万余次；开展“气象小主播”线上征集活动，收集作品106件，投票19万余次。活动线下开展“学党史，庆百年”活动，开展医学防护活动3场、防震减灾活动2场、防邪活动2场、禁毒宣传活动5场、防火安全活动6场。

【全国科普日活动】 9月24日，“2021年成都市全国科普日双流分场活动暨中国国际科技促进会科普论坛”在双流区举行。美国国家工程院院士陈世卿、科技部中国生产力促进中心协会理事长刘玉兰、中国国际科技促进会会长许军等院士、专家分别就“5G+工业互联网+大数据+脑科学+AI智能超算的前沿应用场景”“中国科技创新与科普”等主题进行科普分享，现场有区内农业、工业、服务业、文化产业的企业科技工作者代表及中小学生共200余人参加。活动采取“线上VR科普主题展+线下科普展和科普论坛”的方式开展，通过网络实时直播、线下科普展和科普论坛实景，群众可通过线上数字展厅体验“科技发展百年征程”“科普赋能美好生活”“科技玩转新未来”三大主题展和同步参与线下活动，线上观看量200余万人次。

（张　伟　盛　良）

科技活动

Scientific and Technological Activities

【概况】 2021年，双流区开展“高效畅行·日新月异主题活动”、第二届区块链人才培养与产业融合发展峰会等双创活动26场。

3月26日，2020年度“菁蓉创孵之星”授牌仪式举行　（供图：区新经济和科技局）

【“科创菁英汇”高效畅行·日新月异主题活动】 “科创菁英汇”高效畅行·日新月异主题活动在双流区川投国际酒店举行，四川大学、成都信息工程大学、西南民族大学、电子科技大学成都研究院等12个科研院所参加活动。活动以“科创菁英汇”为平台和纽带，为在双流区的高校院所及科技工作者搭建面对面交流互动渠道，畅通与高校院所的工作对接机制，收集问题和诉求，统筹协调解决问题。

【“创业天府·菁蓉年汇”活动】 3月26日，2020年“创业天府·菁蓉年汇”在菁蓉汇举行。活动揭晓2020年度“菁蓉创业之星”“菁蓉创孵之星”“菁蓉创投之星”各10人(个)，双流区推荐的成都贝施美医疗科技股份有限公司总经理鄢新章、天府新区西南交大研究院、成都空港创新创业投资有限公司分别获2020年度“菁蓉创业之星”“菁蓉创孵之星”“菁蓉创投之星”称号。

【双流区2021年“全国科技工作者日”活动】 5月30日，双流区科学技术协会、区新经济和科技局在成

5月30日，成都市双流区“科创菁英汇”暨喜迎建党百年诞·致敬科技点灯人主题活动举行
（供图：区新经济和科技局）

6月17日，成都市“新兴向蓉·红色引擎”高校院所与产业功能区联合主题党日启动仪式暨双流专场活动举行　（供图：区新经济和科技局）

都天府国际生物城文化中心联合举办双流区 2021 年“全国科技工作者日”活动，邀请国家知识产权局专利局专利审查协作四川中心、中物院成都科学技术发展中心、成都信息工程大学、电子科技大学科技园、成都芯谷产业园、通威太阳能、千嘉科技等区内重点行业及领域的科技工作者参加。活动以“享绿色发展理念，励红色科创传承”为主题，现场授予 10 名优秀科技工作者为“空港科普大使”，并参观永安湖城市森林公园诺奖林、企业花田、生态水系、路亚基地等项目。活动为科技工作者提供合作交流、共享空港城市发展新机遇的平台，激发科技工作者投身中国航空经济之都建设。

【成都市“新兴向蓉·红色引擎”高校院所与产业功能区联合主题党日启动仪式暨双流专场活动】 6 月 17 日，成都市“新兴向蓉·红色引擎”高校院所与产业功能区联合主题党日启动仪式暨双流专场活动在电子科技大学科技园举行。活动发布高校院所科技成果清单、产业功能区机会清单、企业需求清单、共享平台清单，设置金融投贷、科技成果、劳务用工 3 个现场对接区域，成都信息工程大学、香港城市大学、成都技师学院与产业功能区集中签约。活动通过精准匹配要素资源，促进高校院所、投融资机构与市场主体资源共享、互利共赢，推动科技成果在双流区落地转化。

（张　伟　盛　良）

文　化

CULTURE

文化事业发展

Cultural Undertakings Development

【概况】 2021年，双流区围绕15分钟“公共文化服务圈”，拓展文化阵地，创新活动品牌，深入开展群众文化工作，组织实施文化惠民活动，以高质量多层次均等化的文化供给增强市民文化获得感、幸福感。

【文化基础设施建设】 双流区利用公园跌级水景，改造并建成凤翔湖水上舞台，打造亲民化临水实景演艺载体，可容纳观众1200人。

【基层文化建设】 双流区文体旅游局推进公共文化服务体系建设，指导区文化馆、区图书馆、各镇（街道）综合文化服务中心（服务站）做好免费开放服务；组织群众文化活动，开展“空港群音荟”“走基层”“成都文化四季风”“第四届群众文化艺术节”“百姓大舞台”等系列文化惠民活动220余场，突显精品化、特色化、品牌化；指导各镇（街道）开展文化品牌创建，如

12月9日，“空港群音荟”之“广都印象·传承双流”非遗民俗专场巡演在东升街道优品道广场举行　（供图：区文体旅游局）

黄甲街道“家风文化”品牌、黄水镇“书香润泽童心 阅读相伴成长”读书系列活动、怡心街道“一社一品”活动、永安镇“葆琛乐育文化”品牌活动，基本形成一镇一品牌、镇（街道）有亮点。

【文化市场专项整治】 双流区文体旅游局持续巩固文化市场集中整治成果，针对文化市场无证经营和噪声扰民问题坚持“零容忍”，对文化市场“乱点乱象”问题加大集中整治力度；建立发挥监管执查联动机制，建立横纵整体联动制，横向重点加强与区综合执法局、区公安分局、区生态环境局、区市场监管局等单位沟通联系和开展联合行动，纵向注重整合区级文化市场监管人员、镇（街道）文化协管监督人员、社会治理网格员三级监管力量，开展立体式常态化巡查检查，做到横向到边、纵向到底的联动监管执法机制；开展检查130余次，出动260余人次，开展双随机检查32次；高考、中考期间开展为期1个月的娱乐场所噪声专项巡查，巡查监管娱乐场所273家次，查处15家娱乐场所不按时停业问题，实现零投诉；常态开展宣传教育，发放宣传资料9000余份；注重加强对已整改完成的问题开展“回头看”，保持常态监管高压态势，防止前期整治成效“反弹回潮”，确保文化市场规范有序运行。

（顺明旻）

【文创产业发展】 双流区紧扣成都市委、市政府“建成世界文化名城，打造‘三城三都’城市品牌”决策部署，加强创新天府文化双流表达研究阐发，推动创新天府文化双流表达12大项108小项工作任务落地落实，努力彰显空港公园城市的文化魅力和品牌影响。全区文化创意产业增加值93.53亿元，增幅26.94%，占GDP的8.27%；新增文创园区6万平方米、文创街区3条、文创村（社区）1个、文创空间22个。

【文化项目建设】 双流区引入成都“芯”智慧音乐博物馆，推进空港花田、双流博物馆等重大项目建设，天府荆溪茶具博物馆、何建明书院等项目建成投运，以农商文旅体融合为引领的新业态不断涌现。全区全年重点文旅项目11个，其中政府工程项目2个、产业化项目9个，计划总投资187亿元，主要分布在黄水镇、东升街道、黄龙溪镇及彭镇。截至年底，竣工投产项目5个、在建项目4个、项目前期3个，完成投资9.3亿元。

（蒋　玲　梁　桔　黄　齐　黄　曦　何佳颖　刘云涌　顺明旻）

【文物遗存调查】 双流区文物保护管理所联合成都文物考古研究院、成都市文物考古工作队，邀请四川省文物考古研究院、四川大学、西南民族大学等高校开展双流区牧马山区域旧石器时代遗存调查，出土砍砸器、刮削器等旧石器时代石器标本，是成都平原核心区域首次发现的旧石器时代遗存，对了解牧马山区域的人类早期活动史提供实物依据。

【文物保护】 双流区文体旅游局制定《双流区不可移动文物保护工作导则（送审稿）》和《双流区不可移动文物保护工作方案（送审稿）》，11月3日经双流区文化旅游重点工作专题会议审议并报经区政府同意，将于2022年下发执行。双流区文物保护管理所加强一般不可移动文物维修保护，指导黄龙溪镇开展《2020年8月16日受灾一般不可移动文物保护方案》编制，1月通过专家组评审；指导怡心街道和黄甲街道开展生物城项目拆迁区域一般不可移动文物保护，5月组织专家完成方案评审并下发批复；加大文物保护安全监管，开展安全检查巡查28次，排除安全隐患。

10月29日，四川省、成都市专家在双流区牧马山区域开展旧石器时代遗存调查（供图：区文体旅游局）

2月12日，双流区黄龙溪火龙表演　（供图：区文体旅游局）

【非物质文化遗产传承与保护】 双流区文体旅游局组织开展双流区第二批区级非物质文化遗产代表性传承人申报评审，8月17日公布第二批区级非物质文化遗产代表性传承人，包括黄龙溪“火龙灯舞”项目代表性传承人谢鑫，“双流老妈兔头卤制技艺”项目代表性传承人陈丽，“陈世云剪纸艺术”项目代表性传承人陈世云、陈淑香、游琴舒，“张麻饼传统制作技艺”项目代表性传承人张强。

（顺明旻）

文化阵地

Cultural Fields

【概况】 2021年，双流区有1个国家一级图书馆、1个国家一级文化馆、9个成都市一级综合文化服务中心，3个综合文化服务站，12个图书分馆、80余个图书流转点，12个镇级文化分馆、2个社会分馆，118个村（社区）基层综合性文化服务中心。

【文化馆】 双流区文化馆开展“走基层”、“成都文化四季风”、场馆开放、免费文化艺术培训、“童乐剧”演出、“非遗文创园”手工体验、“新春献福”、摄影书画剪纸展等惠民文化活动103场，其中开展“走基层”文化惠民演出40场，涉及全区各镇（街道）、多个社区、学校、部队等。双流区文化馆和各分馆开设2期免费文化艺术培训，培训项目涵盖舞蹈、美术、书法、声乐、器乐、摄影、曲艺（清音）等艺术门类10余种；开展线下课程3912课次，惠及群众6万人次，开展线上培训93期，点击量124876次。

【图书馆】 双流区图书馆藏书量161万册（含电子书75万册），全年接待读者100万人次，图书借还30万册次；线上线下开展公益讲座、艺术展览、亲子互动体验、话剧演出等200场次，受益群众95万人次；注重数字化、智能化技术应用，引入自助图书借还机、紫外线图书杀菌机等先进设备，实现Wi-Fi全馆全覆盖；采用RFID超高频图书识

6月22日，双流区文化馆开展2021免费文化艺术培训　（供图：区文体旅游局）

双流区图书馆少儿馆（2021年）　　（供图：区文体旅游局）

别技术与图创集群管理系统集成的方式，业务操作便捷，并与成都市图书馆自动化服务平台对接，实现成都市全域范围内通借通还；实行延时开放服务至20时30分，周开馆时间76小；指导基层业务50余次。全区建成12个分馆、85个流转点以及移动图书馆，流转图书3万余册。

【非国有博物馆】 双流区文体旅游局加快特色非国有博物馆招引，成都"芯"智慧音乐博物馆签约落地；洽谈张五常收藏馆，打造以博物馆群落为核心IP的文旅综合体。四川天府荆溪茶具文化博物馆于9月29日对外开放，10月27日经四川省文物局同意完成备案。双流区非国有博物馆全年争取成都市级免费开放补助资金46.1万元、文化产业项目补助资金64.4万元，推进非国有博物馆的建设和发展。

（顺明旻）

四川天府荊溪茶具文化博物馆（2021年）　　（供图：区文体旅游局）

文艺活动
Artistic and Cultural Activities

【概况】 2021年，双流区举行文艺活动32场，其中国际级文艺活动1场、市级文艺活动1场、本地文艺活动30场，包括"航都幸福荟·中秋雅集"、2021年成都国际友城青年音乐周中国航空经济之都双流分会场、第十三届金钟奖艺术家送欢乐下基层慰问演出3场大型文艺活动和"空港群音荟"专场巡演、"一镇一特色·百姓大舞台"群众文艺会演、"成都文化四季风"、"走基层"文化惠民活动等公共文化服务文艺活动29场，线下观众7万余人次、线上观看人数30万余人次。

【"航都幸福荟·中秋雅集"系列活动】 9月19—21日，"航都幸福荟·中秋雅集"系列活动在双流中心公园举行，展现诗意栖居、时尚活力的双流美学生活方式，包括中秋超级月亮乐动文创体验活动、时尚运动

9月19—21日，“航都幸福荟·中秋雅集”系列活动在双流中心公园举行（供图：区文体旅游局）

体验活动、露天电影展映活动，设置大学生活力日、镜花水月疗愈日、花好月圆家庭日三大主题，通过超级月亮艺术装置、非遗文创集市、露天电影展映、民谣乐队演出、户外时尚运动体验等，营造中秋佳节与“爱成都·迎大运”氛围，吸引游客和市民1万余人次参与。

10月23日，2021年成都国际友城青年音乐周中国航空经济之都双流分会场举行演出（供图：区文体旅游局）

【2021年成都国际友城青年音乐周中国航空经济之都双流分会场】 10月23日，2021年成都国际友城青年音乐周中国航空经济之都双流分会场演出在双流区运动公园足球场举行，800余名观众现场观看，线上总播放量近20万人次，得到成都市副市长肯定性批示。

10月24日，第十三届金钟奖艺术家送欢乐下基层慰问演出在双流区运动公园足球场举行（供图：区文体旅游局）

【第十三届金钟奖艺术家送欢乐下基层慰问演出】 10月24日，第十三届金钟奖艺术家送欢乐下基层慰问演出在双流区运动公园足球场举行。金钟奖选手与成都专业院团优秀歌舞演员同台献艺，涵盖声乐、舞蹈、器乐等多种表演形式，

800余名观众现场观看。

（顺明旻）

广电出版事业发展

Development of Radio, Television and Publication Undertakings

【概况】 2021年5月，“全国一网”整合后，成都市兴网传媒（双流）网络有限责任公司更名为中国广电四川网络股份有限公司双流区分公司（简称中国广电双流区分公司），设东升、航空港、九江、彭镇、黄甲、怡心6个经营部，管理维护人员、机构覆盖全区各镇（街道）、村（社区）。双流区委宣传部加强全民阅读活动建设，结合党史学习教育，以“读红色经典 筑书香航都”为主题，开展红色经典阅读季系列活动，开展阅读活动500场次；加强版权管理，登记版权作品4650个，转化作品680个；深入开展“清源”专项行动，查处涉“扫黄打非”类案件16件，销毁非法出版物2万册（份）。

（顺明旻 蒋 玲 梁 桔 黄 齐 黄 曦 何佳颖 刘云涌）

【广电硬件建设】 双流区建设完善广播电视公共服务体系，建成区广播电视公共服务中心1个、镇（街道）广电公共服务网点9个、村（社区）广播电视公共服务代办点40个，广播电视用户划分为29个网格，服务人员200余人，用户服务覆盖率100%；光纤信号覆盖全区9个镇（街道）、118个村（社区），交互式双向互动用户15万余户，宽带用户8万余户，拥有有线广播电视网络干线4600余千米、大小光节点6600余个；建设完成“三级联动”应急广播体系，建成区级应急广播平台1套、镇（街道）级广播平台9套、村（社区）级广播室115个。中国广电双流区分公司在册总用户数30万户，数字电视用户25万户。全区有线电视入户率97%，数字化率、高清普及率100%。

（顺明旻）

【电影管理】 双流区委宣传部落实四川省、成都市、双流区对电影院疫情防控以及安全生产要求，组织电影院负责人开展疫情防控政策和《中华人民共和国安全生产法》培训，组织开展疫情防控以及安全生产巡查50余次，对巡查中发现电影院存在的疫情防控和安全生产隐患督查整改，确保电影行业疫情防控和安全生产经营平稳；联合区应急局、区消防大队、区综合执法局开展专项行动，确保无火灾无责任事故；完成辖区16家电影放映单位年检，向影院拨付中央和四川省级国家电影事业发展专项资金73.22万元。双流区电影放映公司按照“政府购买，群众受惠”的方式开展公益电影放映，年初制定公益电影放映方案，将工作目标与任务分解到12支放映队，明确责任主体、工作标准、完成时限，细化考核指标与考核分值，同时与12支放映队签订目标责任书，实行“分片包干，任务到人”。

（蒋 玲 梁 桔 黄 齐 黄 曦 何佳颖 刘云涌 顺明旻）

【电影放映】 双流区电影放映公司根据公益电影放映计划，侧重利用六一儿童节、八一建军节、“6·26”禁毒日和“12·4”法制宣传日等重要节日和宣传日开展主题放映活动，全年放映公益电影5238场，受益群众158万人次，其中村（社区）放映公益电影4224场、中小学校（爱国主义教育电影进校园）放映公益电影504场、“三进”（驻军、留守儿童、敬老院）放映公益电影330场、“幸福双流·快乐周末”广场坝坝电影公

1月18日，双流区开展四川省第二届“广电惠民服务月”活动 （供图：区文体旅游局）

益放映 180 场。全区 118 个村(社区)实现放映全覆盖。

(顺明旻)

【农家(社区)书屋管理】 双流区委宣传部为全区 118 个农家(社区)书屋配备出版物 10700 册，平均每个书屋配书 91 册，超过国家标准 40% 以上；指导农家(社区)书屋每季度开展阅读活动不少于 1 场。

【全民阅读推进】 双流区委宣传部运用区图书馆、农家(社区)书屋等载体，推进全民阅读“七进”(进农村、进社区、进校园、进军营、进企业、进机关、进家庭)，开展“读红色经典 筑书香航都”主题阅读活动、儿童阅读周、天府书展分会场系列活动；推动城市阅读美空间建设，建设“空港云”、双兴国际社区 Books 青年阅享空间 2 个，藏书 8 万余册，对上争取实体书店扶持经费 10 万元。全区全年开展阅读活动 500 场次。

【版权管理】 双流区委宣传部开展版权保护宣传，开展“绿书签”主题宣传活动 20 场次；打击盗版侵权行为，发放宣传品 2000 份；登记版权作品 4650 个，转化作品 680 个。

(蒋 玲 梁 桔 黄 齐 黄 曦 何佳颖 刘云涌)

融媒体发展

Convergence Media Development

【概况】 2021 年，双流区融媒体中心建成以新媒体平台为传播主体，以电视、报刊、广播为重要支撑的“一体三翼”融媒体矩阵，有 12 个传播平台，用户 230 余万户。

双兴国际社区books青年阅享空间(2021年) (供图：区委宣传部)

【传播平台建设】 双流区新媒体共 9 个传播平台，其中 2 个自持平台(“云上双流”App、空港融媒网站)、1 个微信账号(双流发布)、2 个微博账号(双流发布、空港融媒)、2 个今日头条号(双流发布、双流视界)、2 个其他第三方平台号(抖音双双范儿、微信视频号双流发布)；电视开设《双流新闻》《特别关注》《清风领航 双流观察》《阳光问廉 双流面对面》《委员大讲堂》《空港会客厅》6 档新闻和专题节目(后 5 个非常态化推出)，日播时长 18.5 小时；报刊《空港双流》对开八版大报，每周二、周五出刊，发行量 2 万份；广播 FM100.9 空港之声在全国首创空港广播定制概念，开设《飞行早餐》《可可 C 哩》《空中潮我听》《空中 π 队》《快乐直达》5 档直播节目，直播时长每天 10 小时。政务微博“双流发布”位居全国十大党政新闻发布微博影响力排行榜第 3 名、四川省第 2 名，“空港融媒”微信被成都市委网络安全和信息化办公室评为成都市“优秀政务新媒体”。

【“媒体 + 政务 + 服务”推进】 双流区融媒体中心依托“云上双流”App，开设政务分端，17 个部门 129 项行政许可事项实现“零跑腿”；吸聚就医就学等 40 余项便民服务，打造生活线上助手；策划执行“企业咖啡时”活动，畅通政企沟通交流的渠道，营造重商、尊商、亲商、安商的营商环境；开通线上双流本地“朋友圈”，为网民发声提供“双流号”个人实名认证渠道，网友可以展示所见、所感和所闻，构建起当地最大的市民网络社交圈；聚焦群众急难愁盼问题，打造“市民茶话吧”“社区网格员”“双双帮忙”等线上线下政民互动服务品牌，构建本地舆情社情“蓄水池”，通过舆情转办、“12345”互通互联等手段，月均收集转办社情民意 300 余件，增强市民获得感、幸福感、安全感。

（郑　怡）

新闻宣传
News Publicity

【概况】 2021年，双流区融媒体中心紧扣中国共产党成立100年主题，深入宣传党的十九届六中全会精神、党史学习教育等，发稿5.8万余条次，阅读量5.6亿人次，其中58条阅读量超过10万人次。

【对外宣传】 双流区融媒体中心挖掘双流区经济社会发展取得的成绩，开展上宣外宣工作，向上级媒体送刊播外宣稿件497条（不含网络媒体），其中上送央级媒体刊播11条、省市媒体刊播486条。《欢喜过大年：四川成都黄龙溪·火龙灯舞闹新春》《可爱的中国·老有所养·托起最美夕阳红·121岁长寿老人：六世同堂·乐享小康》等新闻在央视播出，《楼宇间的“田园”》《成都全力推进大运会筹备工作：体育添彩·蓉城增色》等稿件在《人民日报》刊发。

【创优争先】 双流区融媒体中心全年有69件作品获中央、四川省、成都市奖励，获奖数量和质量居成都区（市）县前列。政务微博“双流发布”位居“全国十大党政新闻发布微博影响力排行榜第五名”、四川省第二名，微信“双流发布”长期位居全国百强，“空港融媒”被评为成都市“优秀政务新媒体”。双流区融媒体中心被授予“中国新闻出版研究院融媒体研究基地”“全国县级融媒体中心智媒协同创享空间”两大“国字号”基地，入选“全国县级融媒体中心能力建设十大典型案例”，被新华社新闻信息中心授予“新华社融媒体产品优秀传播奖”。

【新闻队伍建设】 双流区融媒体中心采用“请进来、送出去”等方式加强职工业务技能培训，全年组织职工参加培训42次，参训人数650余人次。

（郑　怡）

卫 生

HEALTH

卫生事业发展
Health Undertakings Development

【概况】 2021年，双流区有医疗卫生机构632家，其中区属医疗卫生机构17家、村（社区）卫生站110家、驻区医疗卫生机构25家、社会办医疗卫生机构480家；开放床位数6132张，每千人床位数4.19张；医疗卫生技术人员11180人，执业（助理）医师数5771人，注册护士数4263人；省市级重点专科（含建设单位）24个。双流区有三级医院7家（“三甲”5家、“三乙”1家、三级1家）、“三乙”疾控机构1家、社区医院3家，在四川省率先实现区级医院“三甲”全覆盖、基层医疗机构“全国优质服务基层行”达标全覆盖。全区高危孕产妇管理率100%，婴儿死亡率2.25‰，5岁以下儿童死亡率3.06‰。

【卫生体制改革】 双流区推进医药卫生体制改革五大制度（基本医疗保障制度、基本药物制度、分级诊疗制度、现代医院管理制度、综合监管制度）建设和公立医院高质量发展等重点领域改革；落实药品耗材采购政策，落实国家基本药物制度省级综合试点；推进分级诊疗制度建设，深化与部省级医院合作办医，区级医院“三甲”全覆盖；加强医药卫生综合监管，开展多元化综合监管体系建设市级试点，深入开展“双随机、一公开”和医疗“三监管”（医疗机构、医务人员、医疗行为监管）；强化医疗保障制度，落实医疗服务价格动态调整政策，推进按疾病组分值付费（DRGS）。

【药品耗材采购政策落实】 双流区落实药品耗材采购政策，全面落实药品和医用耗材零加成销售政策，全区公立医疗机构药品销售让利群众5300万元，医用耗材让利群众2000万元；全面实施国家基本药物制度，区级医疗机构基本药物配备比例达35%以上，基层医疗机构基本药物配备比例达65%以上；推进国家集中采购药品配备使用，完成160余种国家集中采购药品配备使用，降低群众看病经济负担。

【医疗机构基础设施建设】 双流区完成新建双流区妇幼保健院二期业务楼、区精神卫生保健院和迁建公兴社区卫生服务中心、迁建黄甲社区卫生服务中心、提升改造西航港社区卫生服务中心（白家院区）、提升改造彭镇卫生院等工程，配合四川省疾病预防控制中心、成都市第七人民医院推进四川省公共卫生综合临床中心、成都市第七人民医院天府院区三期工程。

【医疗卫生信息化建设】 双流区持

续完善基层医疗机构信息系统，通过“健康双流”微信公众号为辖区居民提供便民服务；区级医疗机构获准互联网医院拍照，并开展线上诊疗服务；指导区内各医疗机构使用四川省免疫规划信息系统、核酸检测信息系统、智慧蓉城·蓉疫控，并提供技术支持。

【医疗卫生人才引育】双流区引进副高级及以上卫生专业人才10名，培育在职正高19名、副高55名；公开面向社会招聘卫生人才31人（研究生6人、本科25人），校园招聘卫生人才35人（研究生31人、本科4人）；24个团队的专项科研课题获四川省、成都市卫健部门立项，1人被评为“第七批四川省中医药管理局学术和技术带头人”、1人被评为“第五批成都市卫生健康系统学术技术带头人”，2人被评为“成都市第四批名中医”，55人申请学历认证。

【省市级重点医疗学科建设】双流区成功申报4个专科（双流区第一人民医院麻醉科、双流区第一人民医院康复医学科、双流区妇幼保健院妇女保健科、双流区妇幼保健院产科）为成都市级重点专科建设单位，东升社区卫生服务中心和黄甲社区卫生服务中心申报为2021年成都市基层中医特色优势专科建设单位。截至年底，全区建成四川省级重点专科（学科）6个、成都市级重点专科（学科）6个，在建四川省级重点专科（学科）2个、成都市级重点专科（学科）10个。

【公共卫生及应急管理】双流区开展新冠肺炎疫情防控，动态调整完善新冠肺炎疫情防控应急预案，开展应急演练；修订完善《双流区洪涝灾害卫生应急预案》《双流区防汛卫生应急预案》《双流区“春运”卫生应急预案》《双流区重污染天气卫生应急预案》《“相约幸福成都”系列赛事活动双流赛区突发公共卫生事件应急预案》；推进紧急医学救援体系建设，做好救护车提档升级，指导成都京东方医院于11月11日创建成为“成都市120网络医院”；加强卫生防疫、流调溯源、采样检测、医疗救援等专业卫生应急队伍建设，加大公共卫生应急物资储备，重大传染病有效处置率100%；做好突发急性传染病和新发传染病、群体性不明原因疾病等监测预警，组织区疾控中心开展突发事件公共卫生风险评估12期、季度评估报告4期。

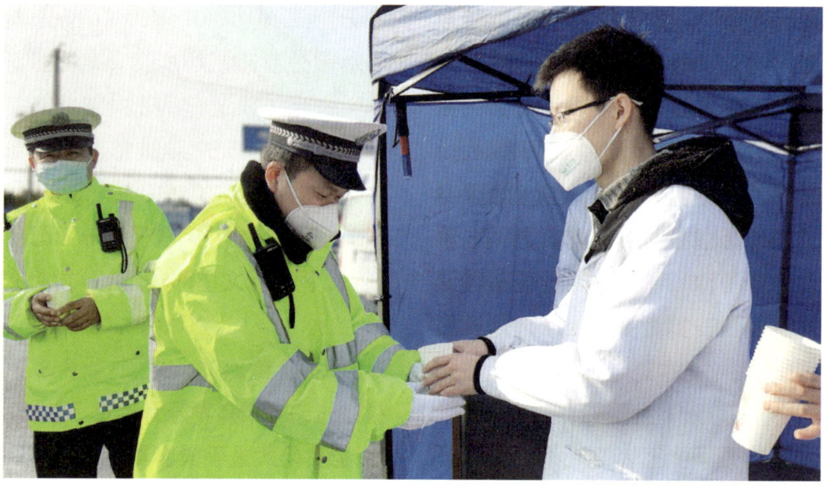

11月8日，双流区黄龙溪镇卫生院为卡点工作人员送上“大锅汤” （供图：区卫健局）

【医疗质量控制】双流区成立33个质控中心，定额补助每个医疗质量控制中心5万元，共165万元；按照专款专用要求和财务规定规范使用经费，建立长效工作机制，发挥质控中心对基层医疗机构的指导帮扶作用。质控中心全年开展业务指导20余次、培训和讲座50余次。

【卫生监管】双流区加强卫生监管，完成国家“双随机、一公开”抽检329次，完结率100%；完成城市管网末梢水、二次供水、现制现售水水质抽检626个，合格率100%。

【中医药服务】双流区推进中医药传承创新发展，区委办、区政府办出台《双流区促进中医药传承创新发展工作方案》，区财政将中医药发展专项资金纳入财政预算；继续开展“城乡中医药一体化”，下派10名中医药人员到基层医疗卫生单位，开展学术指导讲座和业务查房等，提升基层服务能力；开展中医药文化宣传活动40场次，提供咨询服务6800余人次，发放宣传资料15780余份。全区中医药服务量占总服务量57.5%，65岁以上老年人中医药健康管理率73.73%，0～3岁儿童中医药健康管理率85.74%；全年参与疫情防控中医药人员310人，熬制大锅汤1.5万剂次。

【基层医疗卫生服务提升】 双流区持续开展优质服务基层行活动，对表《乡镇卫生院服务能力标准》《社区卫生服务中心服务能力标准》，促进基层医疗卫生机构管理水平和医疗服务能力提升。截至年底，全区12家基层医疗卫生机构均达到“基本”及以上标准，其中西航港社区卫生服务中心、九江社区卫生服务中心、东升社区卫生服务中心、公兴社区卫生服务中心、永安中心卫生院达到“推荐”标准。

8月11日，胜利社区卫生服务中心为黄水镇云华社区121岁朱郑氏老人进行家庭医生签约服务（供图：区卫健局）

【家庭医生签约服务】 双流区以重点人群健康管理为切入点，组建“全科医生为主体，专科医生为支撑、乡村医生为纽带”的“一体两翼、三医协同”服务团队；实行以家庭医生签约服务统领医防，分工制、责任制、全员制并行的管理模式，完善家医团队绩效考评体系，用活考核结果，激发内生动力；创新“全科普签＋专科专签”的双签约模式，根据居民实际需求，提供6类23种个性化签约服务包，健康关怀走深落细；建立“家庭医生团队管理办公室”，落实专人负责家医管理，全程监管服务质量，提升履约能力。全区重点人群家医签约服务率82.81%。

【医疗服务管理】 双流区组织专家按照《成都市年度医疗服务质量与安全考核评估标准（2021年版）》检查辖区内10家基层公立医疗机构和5家民营医院医疗质量。12月，成都市卫生健康委员会组织专家对全市部分医疗机构开展2021年度医疗服务质量与安全考核评估，58家医疗机构参与排名，双流区第一人民医院排名第一。

（邹　媛）

【异地就医管理】 双流区39家定点医院、279家定点诊所（门诊部）、798家定点零售药店省内门诊费用直接结算开通率100%，39家定点医院省内、门诊费用直接结算开通率100%，全年省内异地结算10554人次，统筹基金支付522.37万元，省外异地结算1507人次，统筹基金支付96.25万元。

（姬小丽）

【卫生支援合作】 双流区对口帮扶工作队医疗组累计派出卫生挂职干部5人、“传帮带”工作人员14人，完成双流区卫生系统与巴塘县卫生系统全域结对（4家县级和5家乡镇卫生院）及人员开展管理和业务培训、带教；协助巴塘县疫情防控，完成重症监护治疗病房（ICU）、结核门诊建设，完成波密乡家庭困难

四川大学华西空港医院（双流区第一人民医院）（2021年）　（供图：区卫健局）

监测户“认亲”，长期为其重病父母提供免费专业的医疗服务和家庭生活帮扶；完成送医送药义诊6次，服务民族地区藏族、彝族、汉族群众2000余人次。

（邹 媛）

医院建设
Hospital Construction

【概况】 2021年，双流区新建成投用成都京东方医院、公兴社区卫生服务中心、区精神卫生保健院等，新增床位2598张、社区医院1家，医疗质量不断提升。

【公立医院综合改革】 双流区推进区级公立医院综合改革，加强现代医院管理制度建设，落实党委领导下的院长负责制，制定医院章程，明确医院决策机制、调整运行管理机制、优化医院管理制度。3家区级医院借力部省级医院合作，提升管理和技术水平，率先在四川省实现区级综合类、中医类、妇幼类医院“三甲”全覆盖。

【分级诊疗制度建设】 双流区通过“区管院用”，选派36名区级医院成熟型人才下派到基层医疗机构脱产工作1年，通过加强医院学科能力建设，下沉医务人员到基层医院开展技术帮扶，提升基层医院医疗服务能力，为患者提供同质化医疗服务，推进基层首诊、双向转诊、急慢分治、上下联动，落实分级诊疗制度。

【医联体建设】 成都市第七人民医院与双流区内5家基层医疗机构签订医联体协议，根据基层医疗机构需求，选派优质专业人才定期/不定期进行诊疗服务或业务指导等。12月31日，双流区根据《四川省委组织部四川省卫生健康委员会关于印发2021年脱贫县紧密型医联体人才队伍建设实施方案的通知》要求，由双流区第一人民医院托管巴塘县人民医院，签订为期三年的托管协议。

【“三甲”综合医院创建】 双流区第一人民医院自2019年9月起启动三级甲等综合医院创建，先后邀请国家、省级评审专家22人次到医院开展培训指导，补充急需医务人员30人，完成3轮全院自查自评、2轮医务人员考核考试、4项应急演练、9项质量追踪会演练，梳理完善创建资料，并邀请6名国家级专家完成预评审。4月2日，四川省卫生健康委员会公布双流区第一人民医院为新晋“三甲”综合医院。

【成都京东方医院建设】 成都京东方医院位于双流区生物城中路二段18号，是由京东方科技集团投资建设的集医疗、教学、科研、预防、保健及康复于一体的现代综合医院；按照三级甲等标准修建，占地面积354亩，建筑面积38.5万平方米，开设床位数2000张。项目于2018年12月开工建设，2021年4月完工并投入使用。

【四川省公卫临床中心建设】 四川省公卫临床中心位于双流区黄龙溪镇古佛村，总建筑面积19万平方米，总投资30亿元，增设门急诊医技大楼、住院大楼、后勤保障楼、营养食堂、实验大楼（含P3实验室）、业务大楼（含药物疫苗临床研究基地）、科研教学综合楼（含科研用房、学术交流用房、教学培训用房等）、公共卫生大数据中心、行政楼、应急公寓、地下停车场及附属设备用房等。项目于2020年8月开工建设，2021年12月第二住院综合楼完工，其余楼栋建设按计划推进。

【双流区精神卫生保健院和公兴卫生院建设】 双流区精神卫生保健院和公兴卫生院位于双流区怡心街道荷韵二街999号，占地面积27.86亩，建筑面积19157平方米，总投资1.26亿元，床位数230张，其中精神卫生保健院床位规模150张、公兴镇卫生院床位规模80张，建筑内容主要包括建筑工程、安装工程、室外配套工程、公用工程等。项目于2019年12月开工建设，2021年9月完工，其中公兴卫生院投入使用。

【双流区妇幼保健院二期建设】 双流区妇幼保健院位于双流区东升街道洄槽中街396号，是一所集预防、医疗、保健、教学、科研、康复于一体的三级乙等妇幼保健院，担负全区妇幼保健业务培训与技术指导、托幼机构监管和儿童保健知识管理与培训。双流区妇幼保健院二期项目主要为双流区妇幼保健院住院大楼及配套工程，新增新生儿重症监护、儿童重症监护和成人重症监护等科室；占地面积28.71亩，总建筑面积32565平方米，地上9层、地下2层，床位数330张，总投资1.98亿元。双流区妇幼保健院二期项目于2019年9月开工建设，2021年9月完工。

（邹　媛）

疾病预防控制
Disease Prevention and Control

【概况】 2021年，双流区疾病预防控制工作以新冠肺炎疫情防控为主线，开展监测预警分析，应对处置各类突发卫生事件，统筹做好重大疾病防制，推进慢性病防治、免疫规划等；做好常规监测检验与卫生学评价、技术指导，深入开展健康教育，提升居民健康素养水平；加强人员培训，着力培养疾控人才队伍，提升疾病预防控制工作能力，公共卫生体制机制建设加强。

【传染病防控】 双流区全年无甲类传染病报告；报告乙类传染病12种1792例，死亡27例（艾滋病26例、肺结核1例），报告发病率122.26／10万，比2020年下降40.40%，达到控制目标（成都市250／10万、以区为单位300／10万）；报告丙类传染病4种4712例，无死亡病例，报告发病率321.47／10万，比2020年下降23.39%。

【艾滋病防控】 双流区全人群艾滋病检测覆盖率52.76%，基层检测覆盖率23.65%，CD4检测比例94.97%，配偶检测比例94.98%，抗病毒治疗覆盖率95.76%，治疗有效率98.37%，病毒载量检测率97.51%，孕早期检测率93.07%，孕早期用药率100%，感染孕产妇抗病毒用药率100%。

【结核病防控】 双流区财政局将结核病防治经费纳入财政年度预算，足额落实区级配套经费35.0723万元。各镇卫生院（社区卫生服务中心）结合基本公共卫生服务开展老年人、糖尿病人等重点人群结核病筛查，筛查65岁以上老年人49293人，筛查糖尿病人30429人，筛查病例密切接触者2338人次，未发现肺结核患者。

【血吸虫病防控】 双流区全年查螺1462244平方米，药物灭螺685340平方米；人群监测查病14660人次，查出血清学阳性63人，均用吡喹酮进行扩大化疗；本地人群监测1000人，未查出血清学阳性；开展血吸虫病风险监测，钉螺监测273050平方米，查出有螺面积2080平方米，对检获的102只钉螺全部进行环介导等温扩增技术检测，无阳性钉螺；钉螺输入调查43000平方米，未查见钉螺；野粪调查，未检获虫卵；打捞15千克漂浮物未查见钉螺。

【狂犬病防控】 双流区15家犬伤门诊实行24小时值班制度，全年接诊狂犬病暴露患者17388人次，比2020年增长14.53%，日均接诊48人次；接种人用狂犬疫苗17388人次，疫苗接种率100%；注射狂犬病免疫球蛋白1460人（三级犬伤暴露9413人次），免疫球蛋白使用率15.51%。双流区实现12年狂犬病“零发病”及无一例犬伤多人事件。

【地方病防控】 双流区无本地病例、无境外输入病例，3个疫点均规范处置，及时处置率100%；在12家镇卫生院（社区卫生服务中心）和2所区级医疗机构开展发热病人血检，完成血检553人；甲肿率B超法检查8～10岁学生200名，甲状腺Ⅰ度肿大7人，甲状腺肿大率3.5%，达到国家甲状腺肿大率小于5%的标准；开展重点人群尿碘监测，采集40岁以下育龄妇女、孕妇、哺乳妇女及0～2岁婴幼儿、8～10岁儿童五类人群尿样600份，尿碘合格；在怡心街道、黄甲街道、西航港街道、彭镇开展土源性线虫病和肝吸虫病感染率检测，采样1000人粪便，查出感染者5人，其中蛔虫感染1人、钩虫感染4人，肝吸虫检测阴性，5名感染者全部进行免费驱虫治疗。

【慢性非传染性疾病防控】 双流区四类主要慢性病早死概率10.99%，比2020年下降3.7%，较2015年下降36.40%；恶性肿瘤死亡率164.5／10万，心脑血管疾病死亡率155.67／10万，慢性下呼吸道疾病死亡率99.04／10万，糖尿病死亡率19.17／10万；高血压发病率2056.68／10万，糖尿病发病率1110.46／10万，急性心脑血管疾病发病率1197.88／10万，恶性肿瘤发病率224.21／10万。

【严重精神障碍患者管理】 双流区对符合条件的严重精神障碍患者实施阳光救助，救治165人；1396名患者享受“830”（对严重精神障碍患者提供门诊治疗补助，每人每年补助830元）区级门诊药物治疗补助政策，160名精神分裂症患者通过专科医生复核诊断，符合长效针剂注射要求，享受区级“长效针剂”项目治疗补助。全区全年在管患者3218例，管理率96.2%，在管患者规范管理率

95.46%；在册患者服药率91.84%，在册患者规律服药率81.08%；精神分裂症患者服药率90.93%，规律服药率79.38%；居家患者病情稳定率98.25%，面访率95.99%。截至年底，全区报告严重精神障碍患者3345例，报告患病率4.11‰。

【免疫规划管理】 双流区免疫疫苗接种率均达国家指标要求，适龄儿童免疫疫苗接种率99.01%（应种316352针次，实种313217针次），乙肝疫苗首针24小时及时接种率99.18%；规范管理儿童预防接种门诊，全部实现数字化门诊，13家接种门诊均达AA级及以上预防接种门诊，其中12家达AAA级及以上预防接种门诊（AAAAA级3家），占比92.31%；13家接种门诊均实行儿童预防接种信息化管理，进行儿童接种信息录入、清理和报表，实行数字化服务；疫苗实行扫码出入库，实现疫苗监管信息全程可追溯；加强AEFI（疑似预防接种出现异常反应）监测，规范处置AEFI病例，全年无严重异常反应发生；继续开展60岁及以上户籍老年人肺炎疫苗接种，60岁及以上户籍老年人肺炎疫苗完成接种10885剂，累计接种率65.54%；开展各类人群流感疫苗接种，接种流感疫苗59453剂次。

（邹　媛）

新冠肺炎疫情防控
COVID-19 Prevention and Control

【概况】 2021年，双流区紧扣“外防输入、内防反弹”，突出国际机场入境口岸重要结点，坚持“人物同防”“多病共防”，落实早发现、早报告、早隔离、早治疗“四早”措施，开展疫情监测、流行病学调查、症状人员诊治、居家医学观察、境外输入防控、专业防控指导等工作，在入境人员全流程闭环、隔离酒店环境检测、全员核酸检测、临时封控点管理等方面为成都市提供可借鉴的“双流经验”。

【疫情防控机制和管控标准固化】 双流区在“7·28”“11·2”“12·26”疫情应对中，以边战边改、以战促治为作战方法，先后固化形成19项工作机制、21项工作流程；出台《双流区疫情防控人员保障管理办法》，实行“常态轮值+应急混编”模式，将流调溯源队伍扩充至30支、159人，按战区明确“2专+1辅”采样队伍（2名采样人员+1名信息录入人员）3669人，统筹使用“公立+民营”核酸检测队伍，组建由机关干部、医务、疾控人员787人组成的隔离管控队伍，实行“政府+卫健”双点长制，实现制度规范专业化、防控队伍专业化。

（邹　媛）

【疫情防控信息化管理】 双流区制定《双流区疫情防控信息化建设组工作方案》，组织疫情防控视频调度会议310场，在成都市率先搭建“新冠肺炎疫苗接种小程序”，登记接种1471494人，助力1253622人完成接种。

（郑从林）

【疫情防控宣传和舆论引导】 双流区融媒体中心将疫情防控宣传作为常年性重点内容来抓，发挥电视、电台、新媒体、报刊等平台融合优势，转载中央、四川省、成都市权威新闻，加强政策措施宣传解读和防控知识宣传教育，挖掘在抗击疫情中涌现出的典型人物和先进事迹，增强及时性、专业性，有力引导、权威发声；利用海报、H5、vlog、短视频等传播形式，打造《防疫科普小贴士》《非常日子》《防疫有我》《专家说防疫》《话题：疫情防控　双流在行动》等品牌栏目，并上送中央、省市主流媒体及“学习强国”学习平台，营造疫情防控宣传氛围。

（郑　怡）

3月23日，双流区大数据新冠肺炎疫苗接种微信小程序建设工作会召开　（供图：区行政审批局）

9月1日，双流区进口冷链食品集中监管仓疫情防控应急演练 （供图：区市场监管局）

【疫情防控排查监测】 双流区抓好风险人员排查，8月6日成立双流区疫情防控指挥部来（返）双流风险人员区域协查专班，抽调人员“7*24”小时值守，完成四川省应对新冠肺炎卫生应急调度管理平台、成都市排查系统等分发的排查数据22万人次，专班闭环机制在成都市推广；开展现场流行病学调查排查2.16万人次，其中调查、追踪、管理密切接触者855人、密切接触者的密切接触者3254人；开展机场风险地区来成都航班排查33539人次、隔离酒店监测指导624人次；开展“应检尽检”，采样101701件，其中密切接触者标本20405件、外环境样本10968个、参会等保障人员样本5804件。全区共确诊病例15例（本土1例、境外输入14例）、无症状感染者7例（本土1例、境外输入6例）。

（郑从林　邹　媛）

【市场领域疫情防控监管】 双流区市场监管局制定《冷库疫情防控“平战结合”分级管理实施方案》《冷库分布图》《冷链企业疫情防控重点环节清单图》，对全区冷库实施风险分级分类管理，抽调精干力量组成应急储备队伍，压紧压实“四方”（属地、部门、单位、个人）责任；规范运行监管仓，查验、处理进口冷链食品4713批次13245吨；对药店实行信用监管，倒逼零售药店落实疫情防控主体责任，“拉网式”排查全区897家零售药店4轮，整改问题594家次，指导停业整顿37家次；强化疫苗质量监管，整改问题20个；健全完善以战促治、平战结合、分级分类处置的联动机制，筑牢疫情防控市场监管防线。

（蒋治龙）

【核酸检测】 双流区持续提升核酸采样、检测能力，组建检测人员131名的专业队伍，将全区单日采样、检测能力提高到88万人次、6.48万管、2.78万剂次，累计核酸检测超200万人次。

【新冠病毒疫苗接种】 4月25日，双流区启动大规模新冠病毒疫苗接种，开设大型临时接种点4个、固定接种点6个、小型临时接种点12个，建成接种单元174个，单日接种量最高4.2万剂次。双流区于6月2日完成上半年第一剂接种任务，6月26日完成上半年第二剂接种任务，9月23日完成12岁以上全程接种任务。全区全年接种281.46万剂次（第一剂129.03万剂次、第二剂125.09万剂次、第三剂27.34万剂次）、145.78万人。

（邹　媛）

【医疗救治保障】 双流区建立重大疫情医疗救治费用保障机制，发挥医疗保障在重大公共卫生事件保障支撑作用，将核酸检测纳入医保报销、疫苗接种费用列入医保支出，全年核酸检测医保报销11713人次137.07万元，拨付疫苗接种费用169.6万人次1356.76万元，向双流区第一人民医院拨付救治新冠肺炎医保专项预付金1000万元，向28家医院拨付门特预付金1099万元。

（姬小丽）

【防疫物资保障】 双流区疫情防控指挥部医疗物资保障组制定《双流区新冠肺炎疫情医疗应急物资管理办法》，明确防疫物资采购、管理、使用办法及职责分工；制定《双流区全域管控情况下防疫物资保障方案》，细化全域管控情况下的防疫物资保障措施。双流区人民政府全年采购采样管38.4万个、口罩78.2万个、防护服6.5万件、隔离衣15万件、鞋套13万双、疫苗注射器253.2万只以及酒精、消毒机、消毒液等防疫物资，采购资金1386万元。

【"7·28"疫情应对】 7月28日，成都天府国际机场一名工作人员被诊断为新型冠状病毒肺炎无症状感染者。经流行病学调查，其阳性样本采集前4天在双流区有活动轨迹。事件发生后，双流区立即启动应急响应机制，在区疾控中心成立现场指挥部，实行"扁平化"应急指挥，开展流调溯源，锁定重点人员，划定管控区域，分类实施区域管控，管控密接者36人、次密接者99人，完成4轮核酸检测，结果均为阴性。8月11日，经四川省、成都市专家组现场评估，风险区圈层管理被解除，疫情得到有效控制。

【"11·2"疫情应对】 11月2日，双流区收到成都市疾控推送一例需排查病例信息，赓即激活疫情防控应急体系，在区疾控中心设立现场指挥部，通过采取指挥体系扁平化管理、做实信息协查专班、扩充流调队伍、研判划定临时封控点、重新制定全员核酸检测战区作战方案、建立防疫物资生产企业台账和供应商名录、修正《隔离酒店管控要求》7方面防控措施，排查密接者355人、次密接者3289人，管控临时封控点9个，核查红码3147人、黄码人员29762人，核酸检测59.5万人次，排查风险人员9.1万人次，启用隔离酒店18个，集中隔离4918人，疫情得到有效控制。

【"12·26"疫情应对】 12月26日23时，双流区收到一例阳性病例信息。双流区立即启动疫情防控应急机制，安排流调溯源专班对重点人员流调管控，判定密接者172人，转运至新启用的隔离酒店川港酒店；安排人员对重点场所环境采样，采集病例工作、居住的重点区域环境样本296份；强化医疗机构哨点作用，要求所有医疗机构预检分诊加强问诊；开展风险人员核酸检测，对国际作业区近14天所有工作人员、机场其他区域人员采样，结果均为阴性；追踪风险货物，排查病例参与保障的航班和航班载货，均安排核酸检测和规范消杀。经多方积极处置，疫情得到有效控制。

（邹　媛）

计划生育
Family Planning

【概况】 2021年，双流区办理生育服务证5697件，办证及时率100%，生育登记率100%；出生人口5235人（其中一孩3167人，一孩率60.35%；二孩1933人，二孩率36.92%；多孩135人，多孩率2.58%），人口自然增长率2.47‰。

【卫生计生惠民政策实施】 双流区加大计划生育特殊家庭帮扶力度，提升对象幸福指数，全面落实计划生育奖励扶助和特别扶助对象的资格确认、网上操作、数据上报和资金发放。双流区符合计划生育家庭奖励扶助条件对象23530人（其中国家奖扶19958人、四川省奖扶3434人、成都市奖扶138人），计划生育特别扶助对象1560人，独生子女父母奖励对象30918人，双流区关爱对象316人，通过社会保障卡兑现资金4219.48万元，打卡发放率、发放到位率均达100%。

【计划生育特殊家庭帮扶】 双流区对计划生育特殊家庭实施医疗救助、养老救助、社会救助等方面政策，全年投入369.18万元；特扶对象均有双岗联系人，每月按时入户走访和每周电话慰问，发放特扶人员传统节日及生日慰问金158.2万元，走访慰问计划生育特殊困难家庭、贫困母亲、孤残留守儿童并发放慰问金4万元；落实"两免五优先"（免普通门诊挂号费、免一般诊疗费，优先挂号、优先病情检查、优先取药、优先交费、优先办理住院）政策，计生特殊家庭就医"绿色通道"畅通、家庭医生签约率100%；配套专项资金8万元，在东升街道接待寺社区建设"暖心家园"，配备专业社工、心理咨询师和志愿者，为计生特殊家庭人员提供专业个性化服务。

【托育服务和母婴室建设】 双流区全年完成12家托育机构备案，建设成都市级示范性托育机构2家、双流区级示范托育机构1家，63家幼儿园开设托班，提供托位3995个。双流区卫生健康局会同区综合执法局等8部门，出动车辆24台次、工作人员78人次，联合检查全区托育机构的注册登记备案、综合安全监管、消防和食品卫生安全、传染病防控、科学育儿等情况，发现梳理问题128条，下达书面检查意见书32份，约谈21家机构38人次，收集企业发展诉求12条；开展业务培训2次，发放培训资料汇编180余本；会同区住房建设和交通局等部门对托育机构的选址、周边环境、建筑安全、规划布局、装修选材、饮食加工、卫生设备配置开展联合现场指导26次，符合要求方复函区行政审批局发放营业执照。全区建成标准化母婴室61个，使用面积1005平方米，服务15万人次，发放优生优育等健康宣传资料5万份。

【婴幼儿照护新模式探索】 双流区聚焦顶层设计，落实政府责任，将普惠婴幼儿照护体系建设纳入双流区国民经济和社会发展“十四五”规划和双流区幸福美好生活十大工程；落实监督检查，建立健全区、镇（街道）、村（社区）三级联动、部门协同的综合监管机制，实行托育机构办前现场指导机制、备案登记制度和办托质量评估制度；动员社会力量投资创办托育机构，为辖区群众提供方便可及的普惠性婴幼儿照护服务；建立区级婴幼儿照护服务专家库，向备案托育机构选派健康管理员，依托妇幼保健院早教基地建立托育项目实训基地，推进儿童保健和托育服务融合发展；打造妈妈课堂、母婴热线、空港医卫等线上健康宣教平台，为3岁以下家庭提供母乳喂养、辅食添加、意外伤害预防、常见病防治等方面指导；强化人员培训，在职业学校专门开设幼儿保育系列课程，在设托班的幼儿园和托育机构建立婴幼儿照护服务实训基地25个，提升从业人员能力；强化资金支持，中央预算内投入340万元，支持机构提供普惠服务；落实奖补政策，率先在成都市出台《双流区养老托育机构用水用电用气价格政策》，实现托育机构用水、用电、用气执行居民价格，降低机构开办成本。

（邹　媛）

医疗保障
Medical Security

【概况】 2021年，双流区基本医保参保扩面稳步增长，多层次医疗保障体系初步建成，经办服务水平持续优化，参与国家药品集采、DRGs支付方式改革推进有力，长照险覆盖面扩大，基金监管强度不减。双流区医疗保障局被成都市医保局表彰为2021年城乡居民医疗保险费集中筹资工作先进单位、企业医疗（生育）保险费征收职责划转工作先进集体、医保助力幸福美好生活十大工程先进集体、2021年度成都市生育保险经办管理先进单位、2021年度成都市城乡居民参保数据治理和核查工作先进单位、2021年度长期照护保险经办工作先进单位、2021年度成都市医保便民服务先进单位。

【多层次医疗保障体系完善】 双流区医疗保障局完善以基本医疗保险为主体、医疗救助为托底，商业健康保险、医疗互助共同发展的医疗保障制度体系建设；制定实施《双流区高层次人才医保服务十条工作措施》，助力“双招双引”政策落地落实，全年服务高层次人才187人次；强化内控内审，引入第三方开展医保基金审计；制定《定点医药机构医疗保障主体责任制度》《医保基金案件查处会审制度》《双流区医疗保障重大违法违规违约典型案件以案促改工作实施办法（试行）》。

【医疗政策落实】 双流区医疗保障

4月1日，四川省医保基金监管集中宣传月启动仪式双流分会场在棠湖公园举行　（供图：区医保局）

局组织16家公立和8家民营医疗机构参与国家药品集采，国家药品谈判涉及的112个品种中有96个落地双流区，最高降幅96%，平均降幅52%，7家医院获成都市专项奖励资金142万元，年均为患者减负700万元；落实医疗救助政策，医疗救助2607人次，支付135万元；提高医保资助比例，低保对象参加大病医疗互助补充保险资助比例由30%提高到100%。全区38家定点医院实施总额控制下按病组分值付费改革，按项目付费占比降低到50%以下，科学控制医疗费用不合理增高推进付费方式改革。

【医保基金专项治理】 双流区医疗保障局向卫健、市场监管部门移交线索5条，联合温江区、龙泉驿区、崇州市、郫都区构建“五区联盟”协同监管机制，查处双流区定点医疗机构4家次，追回违规金额5.74万元；通过自查自纠、现场检查、通报曝光、以案促改、“回头看”等治理办法统筹推进基金监管，查处定点医药机构288家次，暂停服务协议67家，追回违规使用医保基金和处违约金166.4万元，公开通报违规医药机构47家。

【医疗服务保障】 双流区基本医疗保险参保91.65万人，城乡居民参保率达99%以上。双流区医疗保障局依托镇（街道）、村（社区）便民服务中心，构建医保服务“三级”网络；建立16个群众身边的医保服务工作站（点），上线医疗费用报销等13项高频服务事项，压缩群众办事时长70%以上；联合银保监双流监管组、双流区保险行业协会和中国人寿、中国平安等7家公司成立“医保+商保”一站式结算服务联盟，通过医保刷卡报销、商保驻点理赔、医院协助结算、线上协作共服的方式，受理商业保险理赔2828件，赔付金额334.74万元；创新方式宣传推介“惠蓉保”，累计参保42万余人次。

【医保跨区域合作】 双流区13家定点医疗机构纳入西南片区跨省门诊费用直接结算，举行成（都）德（阳）眉（山）资（阳）医疗保障同城化合作签约会，与重庆市渝北区签订医疗保障区域协同发展合作协议。

9月28日，“关爱失能百姓 惠及万千家庭”长照政策主题展暨微电影《声音》上线仪式举行（供图：区医保局）

【医保宣传引导】 双流区医疗保障局举行“企业咖啡时”“社区坝坝会”36场次，发放宣传资料2万余份，受众覆盖驻区企事业单位和城乡居民；在镇（街道）、村（社区）便民服务中心及定点医药机构布置专门的政策宣传栏，主创全国首部长期照护保险主题微电影《声音》被人民网、四川省医保局、成都市医保局官网推广。

（姬小丽）

老龄健康

Health of the Elderly

【概况】 2021年，双流区有60岁及以上常住人口13.2万人，占全区人口的13.56%；有医养结合机构5家，提供床位1023张；有2家医疗机构能提供安宁疗护服务，设床位15张。

【医养结合机构建设】 双流区黄龙溪镇卫生院医养中心争取医养结合质量提升行动资金100万元、民政专项资金80万元，完成适老化改造和配套建设后投入运营。双流区为25%（44778人次）的65岁以上老年人提供医养结合服务，为13%（1031人次）的65岁以上失能老人开展健康评估与健康服务。

【老年健康促进】 双流区卫生健康局开展“庆祝中国共产党成立100年”系列活动152场次，举办健康大讲堂10场次；发放健康知识手册2000余本，惠及老年人30360人；举办义诊93场次，发放宣传资料5000余份，惠及群众1.67万人次。全区18家医疗机构创建为老年友善医疗机构。

成都市双流区黄龙溪镇卫生院医养服务中心（2021年）

（供图：区卫健局）

【敬老爱老助老活动】 双流区开展“敬老月温暖重阳”活动，各级领导走访慰问老人3.73万人次，发放慰问金或购买慰问品价值330.25万元；重阳节慰问老年人91名，发放慰问金7.32万元，四川省人民政府副省长到黄水镇云华社区看望慰问全省最长寿（121岁）老人朱郑氏；“智慧助老”服务36次，惠及老人1503人次；开展防范电信诈骗、老年维权活动宣传9场，开展老龄化国情教育“六进”（进机关、进企业、进学校、进社区、进养老机构、进乡村）活动152场次、老年文艺活动55场次，惠及老人1.2万人。

（邹　媛）

健康促进

Health Promotion

【概况】 2021年，双流区按照《成都市2021年爱国卫生工作要点》要求，以常态化疫情防控为重点，开展爱国卫生运动，落实健康成都行动，推进健康城市健康双流建设，筑牢健康环境保障。

【国家和省级卫生城镇创建】 双流区巩固国家卫生城镇创建成果，印发《双流区2021年国家卫生城市复审迎检工作总体方案》，开展城乡环境卫生综合治理，加强监督、考核、问责，坚持每天一检查、每周一暗访、每月一通报，构建形成“区级领导每月牵头总调度，部门、镇（街道）全时段紧密配合，人民群众积极参与”的新时期爱国卫生工作新格局，“国卫”复审引向深入，通过成都市第八次国家卫生城市复审；启动并指导彭镇、九江街道按照《国家卫生乡镇（县城）标准》创建国家卫生乡镇，彭镇、九江街道分别通过国家卫生乡镇省级技术评估；持续抓好卫生镇、村、单位创建和成果巩固，提升四川省级卫生镇、村创建覆盖率，新建四川省级卫生村（社区）4个、省级卫生单位6个。

【“健康城市”建设】 双流区推动全国健康促进县（区）建设可持续性发展，通过国家级健康促进县（区）技术复评省级检查；以“健康细胞工程”建设为具体抓手，以社区、机关、医院、学校、企业、家庭等单位为重点，改进自然环境、社会环境和健康服务，普及健康生活方式，新建成都市级“健康细胞”15个、健康家庭100户。

【妇幼保健】 双流区孕产妇系统管理率98.07%，3岁以下儿童系统管理率98.43%，孕产妇死亡率0/10万，婴儿死亡率2.25‰，5岁以下儿童死亡率3.06‰，新生儿疾病筛查率99.61%，新生儿听力筛查率99.76%，新生儿先天性心脏病筛查率99.82%，婚前医学检查率90.15%，免费孕前优生健康检查目标人群覆盖率125.18%，完成6388人宫颈癌、6550人乳腺癌筛查。双流区妇幼保健院成功创建“三级甲等”妇幼保健院。

【病媒生物防制】 双流区卫生健康

局落实病媒生物防制经费45万元，印发《双流区爱国卫生运动委员会关于开展2021年病媒生物防制工作的通知》，组织召开春秋两季病媒生物防制工作培训会，集中开展春秋季灭鼠、夏秋季灭蚊蝇、灭蟑工作，督促相关行业主管部门做好重点行业、重点单位、重要活动病媒生物防制，邀请成都市级专家为双流区病媒生物防制作专题指导，确保“四害”（苍蝇、蚊子、老鼠、蟑螂）密度控制水平达到国家C级标准；组织开展病媒生物防制示范点创建，新建成都市级病媒生物防制示范点10个；加强“四害”密度监测评估，防控病媒传染病传播和流行，做好大运会双流赛区6个场馆的病媒生物滋生地调查和监测服务，加强“四害”密度及“登革热”等虫媒传播疾病技术指导、监测预警、专业培训、应急预案实施和效果评估等，指导各类PCO服务机构正确选择和使用消杀药械。

【健康促进活动】 双流区制定并印发《双流区2021年深入开展爱国卫生运动推进健康双流建设实施方案》《双流区巩固爱卫健康小环境筑牢疫情防控大防线主题活动方案》，举办“双流区2021年文明健康幸福蓉城知识大赛”、“文明健康·有你有我”健康素养传播网络知识答题活动等活动，围绕“六大常态专项行动”（市民文明健康素养提升专项行动、城乡环境卫生整治专项行动、病媒生物防制专项行动、市场环境卫生整治专项行动、健康细胞工程建设专项行动、公共场所控烟专项行动）和“一月一主题活动”，以部门为龙头开展专项整治行动，深入开展具有双流特色的爱国卫生运动“三个一”（一月一攻坚、一月一扫除、一月一主题）活动，改善人居环境，加强公共卫生环境基础设施建设，以“文明健康，绿色环保”为主题组织开展第33个爱国卫生月活动；推进健康双流建设，落实成都市健康知识普及专项行动，加强区级健康科普工作力量，规范健康科普活动，遴选区级健康科普专家44名，建立首届区级健康科普专家库，开设健康专栏，制作科普视频，组织开展健康巡讲，普及健康科普知识；全面推广控烟，推行健康饮食，倡导健康生活方式，培养健康文明生活习惯。

（邹　媛）

体　　育

SPORTS

体育事业发展

Sports Undertakings Development

【概况】 2021年，双流区完成双流体育中心、中国现代五项赛事中心、棠湖中学体育场3个区属场馆改造提升和测试，成功创建国家体育产业示范基地。

【国家体育产业基地创建】 双流区通过体育服务综合体、体育竞赛表演、健身休闲、体育旅游、体育制造业五大发展重点，构建“一核两带七区”（双流体育产业发展核心区、锦城绿道运动健身带、锦江绿道运动健身带、东升商业中心时尚运动区、黄龙溪体育旅游融合发展区、棠湖体育教育融合发展区、现代五项与马术运动区、黄甲越野摩托车运动区、牧马山高尔夫运动区）体育产业空间布局，形成以三大体育场馆（双流体育中心、中国现代五项赛事中心、四川国际网球中心）为成都对外开放的桥头堡，承担成都建设世界赛事名城的重要任务；以两大训练基地（国家羽毛球四川体育训练基地、成都谢菲联足球训练基地）、社会足球场、豪威马术俱乐部、牧马山高尔夫球场等为代表的时尚运动场地组成的体育场地设施体系，为群众提供多元化体育健身选择；依托体育场馆及赛事组织经验，形成以成

双流体育中心（2021年）　　（供图：区文体旅游局）

都网球季系列赛事和3项自主品牌赛事［空港国际女子电子竞技锦标赛、双流空港国际马拉松、成都（双流）女子半程马拉松］以及各类赛事为支撑的“1+3+N”品牌赛事体系。4月26日，双流区成功创建国家体育产业示范基地。

【国民体质监测】 双流区创新工作模式，坚持服务群众，推进体质监测深入社区、绿道、幼儿园等场所，先后在9个镇（街道）、凤翔湖湿地公园、白河公园、黄龙溪卫生院等开展体质免费监测活动26场，监测人数5462人。

【业余体育发展】 双流区推行青少年业余体育培训多元化，建成市级体育传统校32所、省级2所、国家级1所；建成社会机构竞技体育后备人才培养市级基地4所，向市级以上训练单位输送后备人才18人。棠湖中学外国语学校输送的足球运动员代表四川省参加第十四届全国运动会U20男子足球比赛，获得铜牌，创造四川省该项目历史最好成绩。

【业余体校运行】 双流区业余体校贯彻国家体育总局、教育部印发的《关于深化体教融合促进青少年健康发展的意见》精神，联合区教育局相关部门，整合社会资源推行青少年体育年度竞赛活动计划；承办青少年（学生）体育比赛12项，组织参加成都市2021年青少年（学生）运动会18个项目比赛并以团体总分全市第七名获一等奖。

【学校体育活动】 双流区开展校园体育活动，推行校园班级赛、校园联赛；坚持课外1小时体育活动，培养每名学生掌握1～2项体育项目基本技能；常年开展田径班级赛、游泳“百日游”、校园排球活动、校园篮球活动、校园足球活动、校园乒乓球活动月、校园网球活动、校园武术活动、校园棋类活动、校园模型活动“十大阳光体育活动”，其中排球、田径、乒乓球、棋类、模型活动获成都市一等奖，武术、篮球、足球活动获成都市二等奖，网球活动获成都市三等奖。棠湖小学获2021年四川省校园足球联赛小学女子组冠军。

（顺明旻）

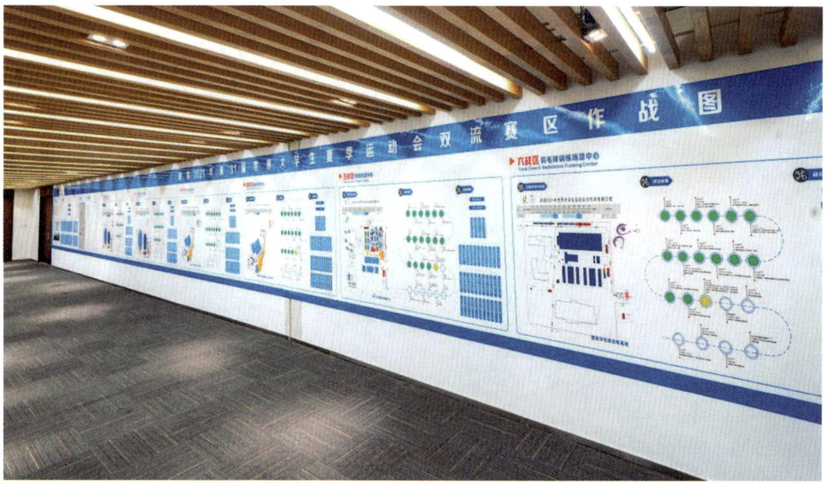

成都2021第31届世界大学生夏季运动会双流赛区作战图 （供图：区大运办）

【大运会双流赛区筹备】 成都2021第31届世界大学生夏季运动会双流赛区承接田径、羽毛球、射箭、水球、网球5个比赛项目和羽毛球、排球2个训练项目，共产生金牌75枚，是承办竞赛项目和参赛选手最多的赛区。大运会双流赛区委员会办公室根据成都大运会执委会重点任务清单，梳理赛区筹办工作重点任务，将赛区划分为七大战区（田径场馆中心、羽毛球场馆中心、水球场馆中心、射箭场馆中心、网球场馆中心、羽毛球训练场馆中心、排球训练场馆中心），明确组织架构、运行机制、作战任务、战役部署；优化场馆运行方案，实施挂图作战，按照时间节点，倒排任务工期，纳入目标管理；组织核心团队人员到龙泉赛区、郫都赛区交流学习，并组织6个场馆中心及赛区后勤保障组核心成员到陕西省，对标学习中华人民共和国全国运动会人员配置、竞赛组织、疫情防控、后勤保障、安保交通等场馆运行相关工作，形成考察报告，提升团队办赛能力。4月23日至6月5日，双流赛区承担网球、田径、羽毛球、水球、射箭5个大项59个小项的测试比赛，产生金牌52枚，来自全国108支代表队1182名运动员参赛。双流赛区的赛事组织、场馆设施、安保防疫等领域经受实战的全面检验，以观众来宾零投诉、场馆运行零差错、安全保卫零事故、交通组织零延误等表现，受到国家体育总局、中国大学生体育协会和成都大运会执委会等领导肯定，达到较好测试效果。测试赛结束后，大运会双流赛区委员会办公室组织开展形式多样的复盘总结活动，各场馆工作小组、场馆中心、赛区委员会分层检视，邀请成都大运会执委会相关工作部全程参与，条、块、面结合，系统剖析测试赛的成功与不足，形成双流赛区测试赛报告特刊，得到成都大运会执委会肯定，赛区及5个比赛场馆全部获得成都大运会执委会第三季度流动红旗；调整充实核心团队，新补充50人进入核心团队，核心团队人员共170人，同时对新补充核心团队人员开展“老带新”“一对一”培训，促进业务能力提升。

【“相约幸福成都”系列测试赛】 4月23—29日，“相约幸福成都”系列赛事活动暨2021年第十四届全国运动会网球项目资格赛在川投网球场馆中心举行。赛事进行比赛194场，设男单、女单、男双、女双、混双五个项目，决出109张参加陕西全运会决赛的门票，其中男子单打32张、女子单打32张、男子双打16张、女子双打14张、混合双打15张。大运频道、看度体育全程网络直播，4月27—29日成都广播电视台公共频道电视直播。

5月14—16日，“相约幸福成都”2021年田径邀请赛在双流体育中心举行。邀请赛由成都大运会执委会主办，中国田径协会协办，大运会双流赛区委员会、双流区人民政府承办，设100米、链球、跳远等43个小项，来自全国26支代表队、492名运动员参赛，产生金牌43枚，现场观众1.3万人次，是成都大运会“相约幸福成都”系列赛事的全要素测试赛。

5月22—30日，“相约幸福成都”2021年全国女子水球冠军赛暨第十四届全国运动会女子水球资格赛在中国现代五项赛事中心游泳击剑馆举行，7支代表队96名运动员、33名随队官员、40名技术官员和裁判员参赛。赛事进行比赛27场，产生金牌1枚，上海队夺冠。

5月27—30日，“相约幸福成都”第24届中国大学生羽毛球锦标赛丁组（超级组）在双流体育中心综合比赛馆举行，来自全国19支大学代表队、126名运动员（外加教练员19人、领队11人、随队人员2人，共158人）参加男子单打、女子单打、男子双打、女子双打、混合双打、混合团体6个项目比赛，产生金牌6枚，接待观众2035人次。

5月29日至6月5日，“相约幸福成都”第十四届全运会射箭项目资格赛在中国现代五项赛事中心举行，30支代表队277名运动员、144名随队官员、44名技术官员参赛。6月3日，男女排名前16支队伍参加男女团体淘汰赛，各决出24名运动员获得第一批全运会决赛资格，诞生团体冠亚季军。6月5日，男女个人排位赛举行，排名前40名运动员获得全运会决赛资格。

（霍陈鑫）

5月22—30日，“相约幸福成都”2021年全国女子水球冠军赛暨第十四届全国运动会女子水球资格赛在中国现代五项赛事中心游泳击剑馆举行

（供图：区大运办）

竞技体育
Competitive Sports

【概况】 2021年，双流区依托现有体育场馆举办“空港双流杯”东京奥运会射箭最终选拔赛、“2020—2021双流空港云上马拉松线下赛”、2021年中国足球协会甲级联赛（第四阶段）等国际国内大型体育赛事13项。

【“空港双流杯”东京奥运会射箭最终选拔赛】 3月29日至4月14日，由国家体育总局射击射箭运动管理中心、四川省体育局主办，双流区文化体育和旅游局、四川省陆上运动学校承办的“空港双流杯”东京奥运会射箭最终选拔赛在中国现代五项赛事中心举行，16名国家队射箭运动员参赛。男子组第一名李佳伦（山东），第二名王大鹏（山东），第三名魏绍轩（吉林）；女子组第一名

3月29日，“空港双流杯”东京奥运会射箭最终选拔赛举行　（供图：区文体旅游局）

4月10日，“2020—2021双流空港云上马拉松线下赛”举行　（供图：区文体旅游局）

12月17日，2021第四届“一带一路”成都全球象棋双人赛举行，赵鑫鑫、唐丹组合获冠军　（供图：区文体旅游局）

吴佳欣（上海），第二名龙晓清（天津），第三名杨晓蕾（江苏）。

【“2020—2021双流空港云上马拉松线下赛”】 4月10日，由中国田径协会指导，双流区人民政府主办，双流区文化体育和旅游局、中国铁建地产西南公司承办的“2020—2021双流空港云上马拉松线下赛”在双流体育中心举行。比赛设置5千米（欢乐跑）和10千米项目，500名选手参赛。王孝成以32分35秒的成绩取得男子10千米组第一名，周莉莉以39分04秒获得女子10千米组第一名。

【2021年中国足球协会甲级联赛（第四阶段）】 11月20日至12月14日，由中国足球协会、四川省体育局、成都市人民政府主办，成都市体育局、双流区人民政府承办的2021年中国足球协会甲级联赛（第四阶段）在双流体育中心举行，12支球队600名运动员参加8轮比赛。武汉三镇队获第一名，梅州客家队获第二名，浙江队获第三名。

【2021年双流区第九届“柳河杯”象棋赛】 12月11日，“爱成都·迎大运”“运动成都”2021年双流区第九届“柳河杯”象棋赛在黄水镇睦邻联盟举行，来自全区各镇（街道）的150余名象棋爱好者参赛。经过7轮较量，李成之获甲组冠军，袁晓勤获乙组冠军，黄水中学学生宋宇鑫获少儿组冠军。

【2021第四届“一带一路”成都全球象棋双人赛】 12月17日，由世界象棋联合会、成都市人民政府主办，中国象棋协会、成都市体育局、

10月14日，成都市第八届全民健身运动会暨2021年成都市老年人绿道健身系列活动（双流站）举行

（供图：区文体旅游局）

双流区人民政府承办的 2021 第四届“一带一路”成都全球象棋双人赛在双流区星宸航都国际酒店举行，线上海外双人组 8 名选手和线下国内双人组 8 名选手参赛。赵鑫鑫、唐丹组合获冠军。

（顺明旻）

群众体育

Mass Sports

【概况】 2021 年，双流区完成“一镇一特色·全民健身活动”和“老年人体育活动”及社区运动节、公园绿道跑等全民健身活动 360 场次，在全区 118 个社区举办“社区运动节”活动 118 场次，开展以大运会为主题的全民健身活动、绿道公园活动 80 场次。

【成都市第八届全民健身运动会暨 2021 年成都市老年人绿道健身系列活动（双流站）】 10 月 14 日，由成都市体育局、成都市体育总会主办，成都市老年人体育协会、双流区文化体育和旅游局承办的“走进绿道 欢度重阳”“爱成都·迎大运”“运动成都”成都市第八届全民健身运动会暨 2021 年成都市老年人绿道健身系列活动（双流站）在双流区凤翔湖森林公园水上音乐广场举行，近 800 名老年健身爱好者参赛。

【2021 年双流区干部职工云健身运动会年度总决赛】 12 月 18 日，由双流区文化体育和旅游局主办的“云动空港”2021 年双流区干部职工云健身运动会年度总决赛在双流区凤翔湖森林公园举行，100 名运动员参赛。樊海东以 26 分 57 秒的成绩，获总冠军。活动是针对疫情常态情况下为提升双流区干部职工身体素质和健康水平，保持运动习惯而打造的一场结合互联网应用技术的个性化云端运动会。

（顺明旻）

体育设施建设

Sports Facilities Construction

【概况】 2021 年，双流区编制完成田径、水球、射箭、羽毛球、网球 5 个竞赛项目场馆运行计划；改善场馆中心设施，应对运营实际需要；抽调场馆中心运行核心团队保障竞赛场馆日常管理运行，确保竞赛期间比赛正常进行。大运会双流赛区 18 个工作组按照职责分工，为场馆中心提供赛事保障，确保赛事运行规范有序。

（顺明旻）

【大运会场馆改造提升】 双流区

改造后的中国现代五项赛事中心游泳馆（2021年）

（供图：区住建交局）

空港体育公园（2021年）　　（供图：区文体旅游局）

涉及双流体育中心体育场（田径比赛和热身场）、双流体育中心体育馆（羽毛球比赛）、中国现代五项赛事中心马术体育场（射箭比赛）、中国现代五项赛事中心游泳馆（水球比赛）和棠湖中学体育场（投掷热身场）5个区属场馆改造项目，总投资1.5亿元。双流区属场馆改造项目由区住房建设和交通局牵头，空港科创集团具体负责，分为双流体育中心、中国现代五项赛事中心和棠湖中学体育场3个标段实施。4月30日，双流体育中心、中国现代五项赛事中心、棠湖中学体育场3个区属场馆改造提升和测试完成。双流区涉及川投国际网球中心（比赛场）、成都信息工程大学体育馆（训练场）、国家羽毛球四川体育训练基地（训练场）3个社会场馆，由场馆业主单位自行实施。根据网球比赛特性，川投国际网球中心比赛场地面层翻新调整至2022年3月实施，其余项目全部完成。

（黄　玲　顺明旻）

【空港体育公园建设】 空港体育公园位于双流区空港商务起步区内，成双大道与西港航大道交叉口南侧，毗邻双流国际机场，占地面积633亩，连接锦城公园和凌云湾生态带，以航空体验为主题，打造以时尚运动、文化休闲、绿道经济等为主的“高颜值”场景，建设特色空港形象展示窗口、人气网红打卡地标和活力市民休闲公园。项目于2020年8月开园，2021年提升改建后，绿化达34.1万平方米、绿道长6.2千米，花林游乐区、花海观览区、形象展示区、休闲运动区分区明显，球类运动场地、体验运动场地、拓展运动场地、极限运动场地等俱全，分布其间的展览、经营、服务等配套建筑1470平方米，地面停车位577个。

（顺明旻）

社会·民生

SOCIETY AND PEOPLE'S LIVELIHOOD

人口与户政管理

Population and Household Administration

【概况】 2021年，双流区户籍户数25.9万户，户籍人口70.4万人，平均每户2.7人，总人口较2020年增加3.2万人，增长率4.7%。2012—2021年，双流区户籍人口呈稳步增长态势，年平均增长率4.2%。全区“一标三实”登记人口数158.4万人，流动人口数98.7万人，流出人口数10.9万人。

【户籍人口管理】 双流区户籍人口迁入31970人，其中省内市外迁入15084人、省外迁入4439人、市内迁入12447人；有4645人申请居住证积分入户，其中办理居住证积分业务的人数2129人，符合居住证积分入户条件的人数2516人。全区人才落户3499人，其中应届大专89人、本科2682人、硕士419人、国外学历27人、博士27人、博士后1人、技能人才254人。

【常住人口管理】 双流区实有人口158.4万人，占全市实有人口的6.9%，较2020年增加4.2万人，其中户籍人口70.4万人，占全市户籍人口的4.5%，较2020年增加3.1万人，增长率4.7%，增量较2020年增加1万人，增速上升50%；来成都人员74.2万人，占全市来成都人员10.39%，较2020年增加9.04万人，增速下滑8.27%。全区有成都市内户籍流入双流人员21.41万人，较2020年增加2.23万人。按实有人口算，全区人口密度由2017年2409人/平方千米增加至2021年3400人/平方千米，增长率41.1%，其中人口密度最大的是西航港街道11413人/平方千米，最小的是永安镇565人/平方千米。

【流动人口登记管理】 双流区全年登记流入居住人员98.7万人，其中东升街道、西航港街道、九江街道、怡心街道登记流入居住人员87.6万人，占全区登记流入居住人员总数的88.7%；其他镇（街道）登记流入居住人员11.1万人，占全区登记流入居住人员总数的11.3%。东升街道、西航港街道为全区流入人口居住最为集中地区。流入居住人员从成都市内其他区（市）县流入双流区22.4万人（占比22.7%），从省内其他市（州）流入双流区60.4万人（占比61.2%），从省外流入双流区15.9万人（占比16.1%）。流入居住人员中，男性51.95万人，女性46.75万人，有效弥补双流区户籍人口女多男少情况，优化双流区人口性别结构。东升街道、西航港街道、九江街道、怡心街道流入居住人员性别比例接近1∶1。永安镇出现流入居住人员男性明显多于女性的情况，主要原因为成都天府国际生物城建设，涌入大量外来施工人员，需加强区域治安防控。流入居住人员中，18岁以下9.68万人，占9.8%；18～60岁81.03万人，占82.02%；60岁以上老年人8.01万人，占8.12%。流入居住人员年龄处于16岁以下低龄人口和60岁以上老龄人口所占比例较低，总比例17.98%左右，16～60岁年龄阶段人口占82.02%，其比例远超户籍人口中劳动年龄阶段人口，对缓解双流区人口老龄化趋势起到积极作用。黄龙溪镇老年流入居住人员较多，反映出黄龙溪镇存在大量养老机构，区外老年人在此养老居住的情况较为常见。2017—2021年，双流区流入居住人员总量从66.3万人增长到98.7万人，增长率48.9%，超过全市平均增长率。流入居住人员的快速增长是双流区人口增长的主要因素。

（胥　翔）

居民生活

Residents Life

【概况】 2021年，双流区城镇居民人均可支配收入55557元，比2020年增长8.3%；农村居民人均可支配收入34928元，比2020年增长9.5%。

2021年双流区城镇居民收支与生活状况调查情况表

表6

指标名称	2021年（元）	2020年（元）	比2020年增加（元）	增幅
可支配收入	55557	51299	4258	8.3%
一、工资性收入	34386	32047	2339	7.3%
二、经营净收入	6455	5808	647	11.1%
三、财产净收入	5965	5385	580	10.8%
四、转移净收入	8751	8060	691	8.6%
消费支出	34238	31125	3113	10.0%
一、食品烟酒	11201	10538	663	6.3%
二、衣着	3312	2954	358	12.1%
三、居住	6005	5507	498	9.0%
四、生活用品及服务	2013	1857	156	8.4%
五、交通通信	3934	3527	406	11.5%
六、教育文化娱乐	4606	3880	726	18.7%
七、医疗保健	1880	1745	135	7.7%
八、其他用品和服务	1288	1118	170	15.2%

2021年双流区农村居民收支与生活状况调查情况表

表7

指标名称	2021年（元）	2020年（元）	比2020年增加（元）	增幅
可支配收入	34928	31898	3031	9.5%
一、工资性收入	19411	17782	1629	9.2%
二、经营净收入	8854	8089	765	9.5%
三、财产净收入	3838	3483	355	10.2%
四、转移净收入	2825	2545	280	11.0%
消费支出	23902	21769	2133	9.8%
一、食品烟酒	7917	7360	557	7.6%
二、衣着	2233	2038	195	9.5%
三、居住	3574	3260	314	9.6%
四、生活用品及服务	918	812	106	13.1%
五、交通通信	4213	3887	326	8.4%
六、教育文化娱乐	2299	1953	346	17.7%
七、医疗保健	2278	2045	234	11.4%
八、其他用品和服务	470	414	56	13.5%

（陈燕英）

民生工程
People's Livelihood Projects

【概况】 2021年，双流区深入实施高品质公共服务倍增工程，再次获评中国“最具幸福感城区”。

【教育工程建设】 双流区聚焦建设“高品质”好学校，新建中小学、幼儿园15所，新增学位9720个，实现公办幼儿园在园幼儿占比50.3%，普惠性幼儿园覆盖率83.8%，被国务院教育督导委员会认定为首批“全国学前教育普及普惠区”。

【卫生工程建设】 双流区聚焦提供更加优良的健康服务，推进四川省公卫临床中心、四川省妇幼保健院天府院区等9个建设项目，新增床位2598张，在全省率先实现区级医院“三甲”全覆盖，基层医疗机构“全国优质服务基层行”实现达标全覆盖，累计接种新冠病毒疫苗240.23万剂次，双流接种模式全省推广。

【文旅工程建设】 双流区聚焦打造雅韵时尚的文旅新场景，出台《关于弘扬中华文明创新天府文化双流表达的决定》，完成160个项目、约1.6万亩地下文物勘探，包装策划黄龙溪古镇等项目10余个，新增阅读美空间和微空间15个，举办文化惠民活动700余场。

【体育工程建设】 双流区聚焦营造崇尚运动的生活新风尚，打造四川国际网球中心、空港体育公园等体育消费新场景2个，实现区体育中心、五项赛事中心等免费（低收费）开放，服务57万人次，开展全民健身运动320余场次，成功创建“国家体育产业示范基地”。

（蒋　玲　梁　桔　黄　齐　黄　曦　何佳颖　刘云涌）

社会治安综合治理
Public Order Comprehensive Governance

【概况】 2021年，双流区社会治安综合治理工作坚持新发展理念，围绕建设中国航空经济之都战略部署，突出工作重点，深化任务落实，推进更高水平的平安双流建设，确保全区社会大局持续稳定，社会治安形势总体平稳。

【社会治安防控体系构建】 双流区做优综治工作顶层设计，成立由区委、区政府主要负责人担任组长、副组长的平安双流建设领导小组。双流区平安双流建设领导小组办公室按照综治重点工作、平安双流建设目标等要求，形成27条具体职能职责，制定相关工作方案和工作细则，确保平安建设各项工作运行平稳顺畅、稳步推进；深入推进市域社会治理现代化试点，131项试点任务建设完成46项，其余85项持续推进；打造品牌项目52个，推出东升街道“三大三快”智慧治理体系建设、西航港街道城市网格化治理“四个一”建设、彭镇香榭林居二期智慧小区建设等10个市域社会治理现代化示范项目；持续深化扫黑除恶专项斗争，巩固三年专项斗争成效，完善常态化机制；聚焦信息网络、自然资源、交通运输、工程建设四大领域乱点乱象问题，分行业领域制定专项整治方案，挽回经济损失2900万元，发现整治问题442个；开展人民禁毒战争，针对重点区域、重点行业、重点场所、重点人群定期开展常态化集中清查；加强寄递物流行业规范化管理，落实实名收寄、收寄验视、过机安检“三项制度”；打击电信网络新型违法犯罪，制定深入推进打击治理电信网络新型违法犯罪12条措施，构建“党政主抓、政法主打、行业主防、全民参与”的反诈工作体系，研发“金钟罩”反诈预警微信小程序，实现科技反制覆盖率100%，电信网络诈骗案件立案2429件、打击处理人数278人；加强社会治安重点地区排查整治，排查发现治安重点地区数145处，整治治安重点地区145处；开展为期3个月的社会治安整治六大专项行动，清查中小旅馆、娱乐服务场所、出租房屋、游戏室、网吧等重点场所8299家次；织密基层治安防控，健全“1+3+N”（“1个社区民警+综治服务队员、网格员、辅警+群防群治力量”）专群联动模式，加强社会治安立体化防控，打造巡逻防控新格局。全区设立107个治安卡点、8个“四道防线”卡点，设置25条必巡线路，依托45个社区警务室，构建一支由专职巡警、巡逻防控辅警、网格员和综治巡逻队员共3500余人组成的专兼职巡逻防控队伍，投入街面治安巡逻力量7万人次；启动“红袖套”一级响应2次、二级响应5次，参与社会面治安巡防。

【社会治安综治平台建设】 双流区印发《进一步规范综治中心运行指导意见通知》，指导各级综治中心开展网格化服务管理、矛盾纠纷多元化解、治安乱点综治等，不断优化升级“大联动·微治理”平台功能，常态开展视频指挥调度。全区各级综治中心接入视频资源7406路，其中“雪亮工程”1379路、社会面监控3747路、“慧眼工程”视频2280路，各类视频用于治安防范、城市管理巡查，通过视频巡查发现并处理问题29706件。

【网格化服务管理】 双流区组织西航港街道和彭镇两个镇（街道）探索网格事项外包试点，提升网格化服务管理效能；完善网格工作机制，细化网格职责、规范工作流程、建强网格队伍、做实奖惩激励，强调“721”（专职网格员居住地在工作网格的，不得低于网格总量70%；居住地不在工作网格但在工作网格社区的，不得高于网格总量20%；居住地不在工作网格所属社区，但距工作网格步行15分钟以内的，不得高于网格总量10%）一线工作制，确保网格员“常驻在网格、工作在网格、考核在网格”。全区网格员全年报送处理问题隐患38.76万件，排查劝调矛盾纠纷24597件，网格e家建设覆盖80万人；加强基础信息采集，采集更新大联动系统“一标三实”信息288.08万条，对比区公安分局提供数据量，“一标三实”信息总量录入完成80.54%；强化网格事件上报处理，报送事件44.50万件，办结42.29万件，办结率95.03%；做实特殊人员走访，走访特殊人员151829人次，完成规定的104.88%，推送发现异常情况19821件，派出所、司法所、卫生所签收9608件，签收比例48.78%。

（杨　恒）

社区发展治理

Community Development Governance

【概况】 2021年，中共双流区委城乡社区发展治理委员会（简称区委社治委）贯彻落实中央和四川省、成都市、双流区关于加强基层治理体系和治理能力现代化建设的部署要求，以建设践行新发展理念的中国航空经济之都为统领，深化党建引领城乡社区发展治理实践，着力构建更具活力、更有效率、更加公平的超大城市中心城区现代化治理机制，“四区协同”治理机制获全国“2021民生示范工程”推荐案例，农村社区“嵌入式”治理的双流实践被《四川发展》刊载。全区建设成都市级示范社区22个、示范小区12个，打造产业社区3个、主题社区4个，获评成都市百佳社区6个、百佳小区6个，获评四川省乡村治理示范村（社区）2个，成功创建四川省级乡村振兴先进镇1个、示范村2个和成都市级示范村5个。

【党建引领社区发展治理】 双流区在东航中心、优品道、海滨城等大型商业综合体嵌入设置党群驿站，与成都华侨城黄龙溪投资发展有限公司、四川航空集团等结对共建，构建党建同心圆“四区协同”（社区治理下沉小区、覆盖到园区、延伸到景区、融入商区）治理新模式；建设小区党群服务站147个，完成社区党群服务中心亲民化改造41个；打造社区“微党校”，常态化开展党员教育和市民培训，实现党员教育全覆盖；结合“两项改革”后半篇文章，选优配强社区“两委”1278人，举办中国航空经济之都高质量推进城乡融合发展大会暨村（社区）“两委”干部培训会。

【社区多元治理体系建设】 双流区发动多元主体参与社区疫情防控，动员1098名机关干部、710名年轻后备干部以及社区工作者、基层民警、网格员、楼栋长、物业人员和专业社工等12.2万名基层人员共建防线，进网格、进小区、进楼栋；完善社区志愿服务体系，发展社区志愿者，培育优质社区志愿服务项目，开展“爱成都·迎大运”“防疫有我·爱卫同行”等主题志愿服务活动296场次，参与18476人次；培育发展社区基金（会），指导双基金（双流区社区发展基金会）聚合政府、企业及社会资源，搭建社区共治共建共享平台；完成3个小区试点信托制物业管理服务，探索推行“物业+社工”模式，发挥社会组织专业优势，有效整合小区资源，协同多元主体共同参与小区治理服务。

【社区人力资源管理】 双流区推进社区工作者专业化队伍建设，换届后社区专职工作者1278人；建立双流区社区专职工作者应知应会考试题库，完成全区9个镇（街道）村（社区）“两委”应知应会基础知识考学；开展双流区第二届“社区BBKing”PK赛活动暨“空港社治沙龙”10场，邀请25名专家、学者参加；开展2021年双流区党建引领城乡社区发展治理专题培训，150名村（社区）副书记参加；开展“爱成都·迎大运”社区共建共治共享行动，成功创建成都市级“最美大运社区”1个，6名社区导游获评成都市“最美社区导游”。

【社区发展治理经费管理】 双流区为全区118个村（社区）划拨城乡社区发展治理保障资金9111.98万元，对全区9个镇（街道）及所辖全部118个村（社区）2020年度城乡社区发展治理专项保障激励资金管理使用开展全覆盖审计和全过程绩效评价，更新区级城乡社区发展治理专项保障资金项目优质供给者资源库，召开建设幸福美好生活示范新城区2021年度"社治群英汇·携手爱社区"专项保障激励资金项目对接暨社区商业需求清单发布会；召开4期年度业务培训会，完成2021年度资金规范使用抽查；启动全域"e"管家平台数据录入，制定印发双流区城乡社区发展治理创新突破项目评选激励办法。

【社区党群服务中心亲民化改造】 双流区落实"最小化社区办公场所、最大化群众活动空间"要求，实施社区党群服务中心亲民化改造41个，把社区党群服务中心打造成居民"易进入、可参与、能共享"的邻里中心和温馨家园。

【社区微更新项目打造】 双流区坚持以群众需求为导向，实行"社区党组织引领、社区规划师指导、社会组织引导、居民群众参与、社会企业支持"的多元参与模式，对社区公共区域品质不高、长期闲置、利用不足、功能不优的微型公共空间和老旧建筑进行精心设计、功能改造、立体美化、景观提升，提档升级社区环境，营造高品质和谐宜居社区场景，完成社区微更新项目21个。黄水镇白塔社区"五彩调色板绘就水美乡村"、黄甲街道王家场社区"黄桷树下的记忆"分别获2021成都市"幸福生活·美好社区"社区微更新项目竞赛一等奖、三等奖。

【"15分钟社区生活服务圈"打造】 双流区围绕优化服务布局、丰富服务业态、提升服务质效，推进政务服务、文体休闲、医疗养老等于一体的"一站式"服务，构建政务服务、商业服务、卫生健康服务、养老服务、教育服务、公共安全服务、交通出行服务、文体服务八大服务圈，制定出台《双流区打造15分钟社区生活服务圈行动方案》，打造"15分钟社区生活服务圈"32个。

【社区商业发展】 双流区组织开展2021年"社治群英汇·携手爱社区"专项保障激励资金项目对接暨社区商业需求清单发布会，征集形成2021年双流社区商业需求清单，涉及社区商业新场景新产品新服务46项，打造社区商业消费场景2个、特色商业街区5条，成都东航中心·云锦天地、万科第五城生活广场入选2021成都市社区商业优秀项目，"老邻居"双桂社区共享超市入选2021年成都社区商业"好项目"，万科第五城生活广场入选全国社区综合服务中心创新试点项目。

（刘 佳）

应急管理
Emergency Management

【概况】 2021年，成都市双流区应急管理局在区委区政府坚强领导下，全面落实安全生产责任制，加强应急能力体系建设，深入开展安全宣传"五进"活动，全力推进年度重点工作落地落实，双流区应急管理工作获得新突破。被成都市双流区委评为"2021年度九江新城转型升级工作先进集体""第二届全国县级融媒体中心能力建设年会服务保障工作突出贡献单位""2021年度双流区建设幸福美好生活十大工程突出贡献集体"。

（刘文华）

【应急预案体系建设】 双流区修订印发《双流区防汛应急预案》《双流区极端洪涝灾害应急预案》，制定《双流区应对极端洪涝灾害总体工作方案》以及能源保障、公共交通停运、道路交通处置等13个子方案，明确应对极端洪涝灾害的工作流程、信息发布、应急处置等内容；制定《双流区2021年汛期应急作战手册》，以黄龙溪为例，制定双流区防汛应急处置流程；组织全区9个镇（街道）和118个村（社区）参加应急预案编制业务线上培训，指导镇（街道）、村（社区）做好防汛应急预案修编。

（范钟铁）

【应急能力体系建设】 双流区完善开通至镇（街道）、村（社区）视频调度系统，组建9个镇（街道）综合应急救援队，组织演练94场次，复盘火灾、水灾、舆情等6类突发事件应急处置，实物储备救灾物资12478件（套）［区级储备4993件（套）、镇（街道）储备7485件（套）］，协议储备猪肉400吨、瓶装水240万瓶、食糖食盐30万袋。

【应急管理体系完善】 双流区应急管理局牵头每季度召开工作例会安

1月13日，双流区应急委办公室组织应对低温雨雪冰冻灾害应急演练 （供图：区应急局）

排部署，制发文件335份、提醒督促函51份，督查行业部门、镇（街道）和园区39个，督办整改事项7件，区委主要领导5次、区政府主要领导2次作出肯定性批示。

【应急信息网络构建】 双流区结合实际合理规划，在智慧治理中心、区应急局和9个镇（街道）搭建部、省、市、区、镇街"五级连通"的应急指挥信息网，同步建成"一主两备"的应急指挥场所；推进智慧应急物联终端接入，为257户独居老人、独居残疾人安装智能烟感报警系统，并全部接入"双流区智慧消防实时监测云平台"。

【应急安全协同联动机制构建】 双流区应急管理局建立和落实部门、镇（街道）横向协同机制、应急救援物资全链条保障衔接机制，同时与双流机场集团、武警警官学院、区人武部等驻区大单位建立应急安全联动机制。

12月16日，双流区举行镇（街道）综合应急救援队技能比武活动 （供图：区应急局）

【自然灾害风险普查】 双流区制定8个方案细则，组织行业培训6次，发放宣传资料2万份，制作宣传视频1个，应急系统三大类数据（综合减灾能力、公共服务设施、历史灾害信息）均通过成都市级审核质检。双流区风险普查工作做法4次被人民网推广交流。

【应急处置管理】 双流区应急管理局以复盘彭镇"6·14"火灾、黄龙溪"8·16"水灾等突发事件为例，规范火灾、水灾等6类应急处置流程。

【应急演练】 双流区组织开展专项预案演练14次，45个区级部门、9个镇（街道）约2100人参加演练，演练内容涉及防汛、森林防火、疫情防控、食品安全、道路交通、生态环境、地震及生产安全等方面；组织开展区级部门预案演练46次，演练内容涉及消防安全、疫情防控、防汛应急处置、防暴处突、化粪池有限空间应急、油品泄漏应急演练、社会稳定、金融风险防控、生产运行保障等方面。

【应急宣传教育】 双流区应急管理局举办"应急大讲堂"14期，购置《安全生产法释义》《中国应急管理发展报告（2021）》《地方应急管理》等12类276册书籍开展读书活动；组织应急技能云端大比武和安全文化作品展示活动，投放宣传单、招贴画1.5万份，推送小广播、短视频 18 条，制作伴手礼、口袋书 1500 余份，分类分批、线上线下举办专家讲座、专题辅导 31 场次，受训 3356 人次；在市级以上媒体发稿 115 篇，“双流应急”政务微博上半年排名“全国十大应急管理微博”第六；在全省应急管理系统新闻宣传工作会上交流“五个坚持”（坚持以习近平总书记重要论述为统揽，坚持以安全事故形势分析研判为基础，坚持以突发事件高效应对处置为抓手，坚持以常用安全生产法律法规为重点，坚持以公共安全防范常识普及为支撑）的做法，被中国应急管理报社表彰为全国应急管理新闻宣传暨学报用报先进单位。

（曾银龙　朱兴玲）

安全生产管理

Production Safety Management

【概况】 2021 年，双流区发生生产安全事故 8 起，死亡 9 人，事故 24 小时入库率、7 天直报率均为 100%，未发生迟报和瞒报情况。

【安全生产责任制健全】 双流区委、区政府联合印发《双流区安全生产巡查工作制度》，区安全生产委员会办公室印发《关于纵深推进安全生产清单制工作的通知》《双流区安全生产责任落实细化清单》《关于建立健全安全生产暗访检查和隐患通报督促整改机制的通知》《关于建立“两书一函”制度（试行）推动安全生产责任落实的通知》，以安全生产巡查、清单制管理、暗访暗查和“两书一函”（约谈通知书、督促限期整改通知书、提醒敦促函）警示约谈等方式压紧压实责任，区委、区政府领导综合督导 4 次、区安办专项督查 4 次，发出提醒函 34 份，约谈部门 6 个、镇（街道）4 个，视频调度镇（街道）28 次、村（社区）97 个，为消除监管盲区、堵塞监管漏洞提供支撑。双流区安全生产清单制责任制过程考核的做法被《中国应急管理报》推广。

【安全生产主体责任落实】 双流区安全生产委员会办公室印发《双流区落实企业安全生产主体责任三年行动 2021 年度工作任务书》《双流区 2021 年应急管理基层基础工作要点》，通过开展“企业咖啡时”、“市民茶话吧”和组织现场观摩学习等形式，强化安全培训教育和主体责任落实；分批次组织全区工贸企业专项培训会 6 次，印制《安全生产专项整治三年行动资料汇编》500 本，分 6 个小组对全区工业企业安全检查，指导怡心街道和东升街道成功创建规范化镇（街道），创建标准化企业 82 家，其中 74 家为规模以上工业企业；推进企业作业现场规范化建设，研究设定厂容厂貌、安全文化、生产车间、仓库存储 4 个单元 20 项指标，对企业作业现场安全管理状况量化评分，在各镇（街道）、园区和各行业领域培育打造 30 余家示范企业，组织现场观摩活动 20 次；完成落实全员安全生产责任制，建立安全生产技术和管理团队，建立安全风险防控体系、企业“一张网”信息化管理系统，完善和落实企业安全生产诚信、承诺公告、举报奖励和教育培训等制度，建立健全企业风险管控和隐患排查治理体系，建立向负有安全生产监督管理职责的部门和企业职代会“双报告”制度。

【安全生产监管】 双流区安全生产委员会办公室建立落实安全生产巡查、安全生产季度述职、区安委会季度例会、区安办月度例会（专题会）、每月城市安全工作联席会 5 项制度机制，调整优化部门（镇街）安全生产监管履职清单；印发《进一步抓实安全生产工作十条措施》，对超高层建

11月29日，双流区应急局开展重点片区工贸企业安全生产检查　（供图：区应急局）

筑物业管理公司明确强化9项防范火灾事故措施；建立31个大类、188个中类、626个小类工贸企业名录库；建立“1个总体+18个综合+N个专项”预案体系，指导部门、镇（街道）、村（社区）修订完善预案18类52种，完善预案备案机制，完成生产经营单位预案联审会签备案385家，依案组织应急演练94场次。

【安全生产排查整治行动】 双流区抓实“迎大庆防风险保安全”大排查大整治活动，坚持提高站位抓统揽、分片包联抓排查、分类分级抓整治、精细精准抓实效，31名区领导、60个部门（单位）、9个镇（街道），聘请32名专家参与，先后实施两轮大排查大整治和10个重点领域（城中村全面改造、老旧场镇整治、老旧市场调迁改造、化工企业隐患整治、电动车安全整治、黑臭水体整治清零、散乱污企业动态调迁、燃气电力供水管网管线安全隐患整治、重型货车安全运行治理、建设工地安全环境综合整治）综合治理，排查整治安全生产类问题隐患11445项。双流区持续开展安全生产专项整治三年行动，印发《关于推进安全生产专项整治三年行动2021年阶段工作的通知》，梳理分解2个专题、8个专项整治内容，制定整改制度措施13340条；坚持严实“七项制度”（专题报告制度、分析通报制度、清单管理制度、调度抽查制度、现场办公制度、集中会诊制度、排名激励制度）、发力“七个机制”（专班运行机制、领导包联机制、联动协调机制、督查督办机制、执法查处机制、公开曝光机制、比学赶超机制）、精准“三个规范”（工作责任规范、工作清单规范、工作流程规范），8个专班的牵头部门、27个责任部门以及9个镇（街道），成立检查组152个，出动人员2.4万人次，排查整治问题隐患13046项。双流区多措并举筑牢岁末年终安全生产“铜墙铁壁”被四川省人民政府进行政务工作交流推广。

【安全生产违法行为查处】 双流区安全生产委员会办公室落实全省“创安2021”监管执法行动、全市差异化精准执法统一部署，按照“双随机、一公开”和行政执法“三项制度”（行政执法公示制度、行政执法全过程记录制度、重大执法决定法制审核制度）规定，推进危险化学品、道路交通、建筑施工、市场监管、文化旅游、工贸6个重点行业领域“互联网+”等执法行动。全区全年查处安全生产一般违法行为117件，执法效能排名成都市第一；安全生产监察执法人员到岗率100%，行政执法直报率100%，安全生产违法案件按时办结，事故起数、死亡人数同比实现“双下降”。

【安全生产宣传教育】 双流区安全生产委员会办公室在安全生产月、防震减灾日等重要节点推进安全宣传“五进”，进企业4452家次，进学校480所次，进社区192个次，进家庭3.3万户次，进农村25场次；举办“企业咖啡时”“市民茶话吧”活动24场次，开展集中咨询日活动200余场次、“小宣讲、小测试、小赠送”普法宣传活动186场次。

【消防安全管理】 双流区开展电动自行车、物流仓储场所、大型商场市场等领域消防安全专项整治，对高层建筑、城中村、安置小区等“一对一”施策，城乡火灾比2020年下降18%；推进智慧消防建设，243家企业、39个社区院落联入管控系统，完成174个智慧小区建设；受理办结市民群众消防信访件712件；制定101个网格“一山一案、一林一策”，设置75名“山头长”，组建半专业扑火队5支105人、群众性扑火队26支392人，设置卡点42个，杜绝森林火灾。

6月22日，双流区在东升街道优品道广场举行“安全生产月”集中宣传咨询活动 （供图：区应急局）

【安全生产月活动】 双流区委及26个区级部门、9个镇（街道）、5个园区、3个区属国有公司采取中心组学习（扩大）会、安全生产专题会、全局干部职工会等方式组织观看《生命重于泰山——学习习近平总书记关于安全生产重要论述》，中心组学习56次，参与2445人次；组织集中学习观看283场，参与13212人次；开展安全生产“大讲堂”“大家谈”“公开课”“微课堂”和在线访谈、基层宣讲76场，参与5685人次。6月22日，双流区在东升街道优品道广场举行“安全生产月”集中宣传咨询活动，设置20个咨询台、42张展板，发放安全宣传资料9000余份，发放灭火毯、应急包、雨伞等安全生产宣传“小礼物”1500余件，受理咨询约700人次。双流区9个镇（街道）、园区、区属国有公司等单位相继开展安全宣传咨询日活动50场，参与11811人次。

（宋砚丁）

防灾减灾
Disaster Prevention and Reduction

【概况】 2021年，双流区降水量916毫米，其中汛期总降水量763.7毫米、较历史同期784.6毫米偏少2.7%，8月降水量238毫米、较历史同期偏多19.7%。全区全年主要经历7场暴雨天气过程，最大点位雨量83.7毫米。多次较强降雨造成区内主要河流水位涨幅明显，但均未发生超警戒水位洪水。全区汛期未出现险情、灾情和人员伤亡，各项防汛工作平稳有序。

5月17日，双流区应急管理局检查防汛准备落实情况 （供图：区应急局）

【防汛体系构建】 6月10日，双流区防汛抗旱指挥部由区水务局调整至区应急局。指挥部由区政府主要领导任总指挥，区政府分管应急管理和分管水务的领导共同担任指挥长，由分管水务的领导负责日常工作，区人武部副部长任第一副指挥长，区水务局局长、区应急局局长任常务副指挥长。双流区防汛办与区气象局建立汛期会商机制，保障准确掌握每天、每时雨情趋势，并将协商结果通过预警短信、微信群传递至各防汛责任人，实现防汛精准安排和部署；区水务局建立“区—镇（街道）—村（社区）”三级防汛体系，健全气象、水务、规自、应急等监测预警联动机制，加大对气象灾害、洪涝灾害和地质灾害会商研判。

【防汛抢险队伍建设】 双流区组建防汛抢险队伍451支，抢险人员9251人，落实驻区部队抢险力量和运输车70辆；组织防汛专业骨干集训，培训冲锋舟操作手32人，组织装备使用、水上救援等应急技能训练700余人次；邀请水旱灾害防御专家对指挥部成员单位、镇（街道）、村（社区）防汛责任人开展业务培训，确保换届调整后相关责任人员迅速熟悉防汛工作。

【防汛物资保障】 双流区储备防汛袋类20.2万条、救生衣5100余件、照明灯具3600余套、移动抽水泵820余套、冲锋舟13艘、橡皮艇32艘、发电机154台、水上救人飞翼2台，储备帐篷、折叠床、棉衣裤等7类20余个品种16338件生活类救灾物资，协议储备粮油16800吨。

（刘文华　范钟铁）

【汛期防汛度汛】 双流区建立与上游天府新区、温江区等区县雨情、水情信息全流域共享和协调联动机制，依托视频会议系统，完善区气象局、区水务局、区应急局和各镇（街道）的降雨预警、会商调度机制；为应对暴雨黄色预警，区委、区政府主要领导召开防汛工作专题会议和调度会5次，防汛指挥部发布预警短信7700余条，召开区内视频调度会15次，开展专项督查2次，检查督促镇（街道）和指挥部成员单位值班和度汛准备。

（范钟轶）

【内涝防治】 双流区汛前完成江安河防洪治理工程双流段、青兰沟防洪综合整治工程一期、府河永安段防洪治理工程等主体部分，形成防洪能力，整治防洪河道16.5千米；强化排水管网、泵站及河道清淤维护，对全区1799千米雨污水管、32988万余个雨箅子以及103519个供水、雨污、通信、电力等井盖开展巡检和清淤整改，淤堵河道清淤清障75千米，总清淤量15.65万立方米；启动病害排水管网普查前期工作，协调眉山市彭山区对锦江黄龙溪下游1.2千米淤堵河段疏浚。

【防汛安全隐患排查整治】 双流区防汛指挥部开展防汛隐患梳理排查，对排查出的9处江河险工险段、37处内涝点位挂图作战，明确度汛责任人，落实“一点一策”度汛措施；排查全区15处下穿立交、8处地质灾害隐患点、312处地下停车场、40处涉水在建工地，落实度汛措施。8月11日，剑和路与剑南大道路口发生积水问题，双流区防汛指挥部进行应急抽排，协调天府新区，在25日内完成雨水收集系统整改，汛期内未再出现积水。

（刘文华　范钟轶）

【森林草原防灭火】 双流区应急管理局印发《双流区森林草原防灭火指挥部会商研判机制工作调度机制信息共享机制的通知》，组织编制《双流区森林草原防灭火标本兼治总体方案（2020—2025年）》；强化野外火源管控措施，行政处罚4起违规野外用火；完成森林草原防灭火党政同责体系考核4大类21项考核内容。全区未发生森林草原火灾。双流区森林草原防灭火工作2次受到四川省级表彰表扬、3次被四川省级部门推广交流，4月3日、4月5日制作的《森林防火人人有责》情景短片先后2期被应急管理部官方微博推广宣传。

【地震应急体系建设】 双流区成立区应急委，下设抗震救灾指挥部，指挥部办公室设在区应急局；完善人员组成，制定指挥部及办公室工作规则，形成地震监测预测、震灾预防和应急救援等职责分工，构建统一协调顺畅的防震减灾救灾工作机构体系；建立成员单位之间、救援队伍之间信息互通、资源共享、有效支援、相互配合工作机制，实现部门联动和区域协作，强化“军民联动、警民联动”，形成抗震救灾合力；推进应急避难基础设施建设，5月27日完成双流区第一人民医院、双流区妇幼保健院等14个地震预警系统安装；完成Ⅰ类应急避难场所建设规划，印发《双流区应急避难场所管理办法》，将双流区体育中心Ⅱ类应急避难场所改造升级为Ⅰ类应急避难场所。

【地震监测管理】 双流区加强地震活动性研究，配合推进国家地震烈度速报与预警工程建设，强化监测预警信息服务；强化地震监测预报预警属地责任，要求相关镇（街道）安排专人负责；加强全区7个地震监测台站观测环境保护，落实全区震情监视跟踪和应急防范准备。

5月12日，双流区应急管理局联合西航港街道在成都信息工程大学举行“5·12”防灾减灾日宣传活动

（供图：区应急局）

【防震减灾宣传】 5月12日，双流区结合防灾减灾日“减轻灾害风险　守护美好家园”主题，开展防灾减灾知识宣传，发放宣传资料2万份。防灾减灾宣传周（5月8—14日）期间，双流区通过手机短信向全区手机用户发送“防灾减灾日”短信约5000条，引导群众重视灾害风险；通过网络答题的形式开展防灾减灾知识宣传，参与人数约6000人，提高公众防灾减灾意识。

【防灾减灾演练】 双流区开展14次

专项预案演练，共45个区级部门、9个镇（街道）、2100余人参加演练，演练内容涉及防汛、森林防火、疫情防控、食品安全、道路交通、生态环境、地震及生产安全等方面；通过桌面推演、队伍拉动、实战演练等方式，开展46次区级部门预案演练，演练内容涉及消防安全、疫情防控、防汛应急处置、防暴处突、化粪池有限空间应急、油品泄漏应急演练、社会稳定、金融风险防控、生产运行保障等方面。

（曾银龙）

9月28日，双流区人社局举行“幸福美好生活 社保伴你行”社保政策宣传活动 （供图：区人社局）

劳动和社会保障
Labor and Social Security

【概况】 2021年，双流区人社局强化就业优先政策，健全就业公共服务体系，保障重点群体就业，支持新就业形态发展，推动实现更加充分更高质量就业；深入实施民心社保、智慧社保、廉洁社保建设，持续实施全民参保计划，完善社保基金风险防控体系，提升社会保障质量；强化劳动关系矛盾源头治理、动态管理与应急处置，建立规范有序、公正合理、互利共赢、和谐稳定的劳动关系。

【就业促进】 双流区人社局深入实施就业优先战略和更加积极的就业政策，全区实现城镇新增就业1.54万人，城镇失业人员再就业8803人，就业困难人员就业1292人，新增吸纳大学生就业创业3988人，城镇登记失业率3.35%，动态消除“零就业”家庭；落实援企稳岗政策，向用人单位拨付就业补贴1677.6万元；加强困难人员就业帮扶，为高校毕业生、农民工等重点人群提供公共就业保障，发放失业保险金1.08亿元、技能提升补贴782万元、在校大学生求职创业补贴282万元、灵活就业社保补贴200万元；搭建招聘平台，开展“春风行动”“就业援助月”“民营企业周”等专项行动，举办就业招聘会149场，提供岗位35.99万个次，达成就业意向1.63万人；与重庆市渝北区、资阳市乐至县、甘孜州巴塘县等地联合举办就业招聘会9场，达成就业意向1062人；深化技能培训，以校企合作形式为通威太阳能、中电熊猫等企业开展新型学徒制、项目制培训和以工代训等培训11.38万人次，拨付培训补贴1.21亿元；利用2个农民工返乡创业园，按照“创业+项目孵化”模式，助力835名农民工创业；依托双流空港青年（大学生）创业孵化中心等双创平台，入驻项目81个，发放创业担保贷款1655万元，带动就业3000人。

【社会保障】 双流区人社局实施全民参保计划，推进新从业人员、农

9月16日，双流区2021年度工伤预防工作联席会议暨工伤预防工作启动会议召开 （供图：区人社局）

民工等群体应保尽保，全区城镇职工基本养老保险、城乡居民养老保险参保人数分别达54.16万人、7.16万人；保障重点人群参保，为4043名被征地农民办理参保，为1491名符合条件的贫困人口、低保对象等困难群体代缴2021年城乡居民基本养老保险；兑现养老保险待遇，为14.69万名退休人员发放养老金35.43亿元，社会化发放率100%；优化社保经办服务，实行"综合柜员制"，推进"不见面"服务，将51项社保经办业务下沉127个社保基层网点；开展社保政策宣传58场，经办业务71万件。

【劳动保障】 双流区人社局完善维权机制，创建区劳动纠纷"一站式"多元化解联动处置中心，建立全区保障农民工工资支付考核细则，落实"月检查"制度，组建工作专班，召开拖欠农民工工资形势分析专题会8次，实行部门联合"一站式"调处，畅通24小时投诉举报电话；强化依法执法，开展"和谐劳动关系宣传月"和劳动维权执法检查，处理劳动维权线索1.25万件，依法纠正和妥善处理欠薪行为545起，追发工资2700万元，企业职工劳动合同签订率97.8%；组织实施2021年度工伤预防宣传和培训，处理工伤认定1139件、劳动能力鉴定1033件，受理劳动人事争议仲裁案2341件。

（毛利和）

民政事务
Civil Affairs

【概况】 2021年，双流区民政局稳妥推进镇（街道）区划调整改革和村（社区）建制调整改革，稳步推进两项改革"后半篇"文章；落实惠民保障政策，推进全龄友好包容社会营建工程，逐步细化养老服务体系建设；在全市率先成立人口服务管理工作委员会，由区四套班子主要领导任主任，全面领导人口服务管理。全区社会组织发展健康有序，社工人才队伍结构不断优化，基本社会服务提质增效。

【基层政权建设】 3月20日，双流区13个村委会、105个居委会、331260名选民通过直接投票的方式选举产生新一届村（居）委会班子成员。双流区118个村（社区）选举产生716名村（居）民委员会成员，其中主任118名、副主任117名、委员481名。3月26日前，双流区935个村（居）民小组完成村（居）民小组长、889名村民代表、6491名居民小组代表、居民小组议事会、居民议事会、居务监督委员会等10个配套组织和机构成员及其负责人推选。

【镇（街道）行政区划调整】 双流区行政区划内各镇（街道）行政区界线测绘成果资料报四川省、成都市民政业务主管处室审核，4月勘界成果由四川省民政厅备案。4月，双流区镇（街道）行政区划调整后更新的行政区划图，经四川省地理信息测绘局审核，获得行政区划地图核发审核号。

【社会组织建设】 双流区有社会组织485家（社会团体123家、民办非企业362家）。双流区社会组织第二综合党委推动双流区民政局主管的社会组织党建工作全覆盖，在社工机构党组织中搭建"红'社'护航"交流平台，2名党支部书记分别被成都市委、双流区委表彰。双流区民政局依法监督管理社会组织，定期开展社会组织年度检查，持续打击整治非法社会组织；组织专家进行社会组织等级评估，指导提升社会组织服务能力，全区获得评估等级的社会组织11家；开展社会组织扶持发展公益创投项目，聚焦老年人、儿童、妇女、残疾人、困难群众等群体，投入155万元，实施35个项目，开展小组活动139次、服务3006人次，开展社区活动169场、服务8288人次，为118个服务对象开展个案专业服务、服务521人次，服务走访、入户、调研、会议等活动9164人次。社会组织投身疫情防控，线上排查32230人，线下排查10041人，社工、志愿者参与21662人次，防疫宣传7928人次，健康监测121037人次，个案服务2478人次，援助服务4670人次。

【社工人才队伍建设】 双流区有持证社工人才932人（社工员105人、初级社工667人、中级社工160人）。双流区民政局建立社会工作服务体系，印发《双流区社会工作服务站（室）建设实施方案》，将区社会关爱援助中心、区社会组织孵化基地、镇（街道）社会组织服务平台融合建立为社会工作服务体系，建成1个区社工总站、9个镇（街道）社工站；开展社工实务实训，开展专题培训14次，参与180人次，培育实务人才20人、督导人才15人、管理人才15人，提升社工人才专业能力水平；遴选出第一届双流区社会工作专家智库成员11人。

【城乡低保】 双流区民政局规范低保工作，实现低保工作程序化、标准化、规范化管理。截至12月，全区城市低保492户673人，12月发放低保金58.782万元，全年救助8030人次，发放低保金694.40万元；农村低保1167户1936人，12月发放低保金140.04万元，全年救助23310人次，发放低保金1682.52万元。

【特困供养】 截至12月，双流区农村特困供养人员398人，其中集中特困供养人员292人、散居106人，12月发放53.73万元，全年供养4872人次，发放农村特困供养人员基本生活费和护理经费693.6万元；城市特困供养人员19人，其中集中供养特困人员11人、散居8人，全年供养233人次，发放城市特困供养人员基本生活费和护理经费21.205万元。

【儿童救助保护】 双流区民政局抓好孤儿、困境儿童、事实无人抚养儿童保障，摸底排查，逐一核实身份，防止漏报瞒报；落实监护责任，对核实认定的孤儿与社会散居孤儿的监护人签订协议，并对孤儿基本生活管理及孤儿养育情况提出要求，明确监护人的职责和义务。截至12月，全区有集中孤儿15人、社会散居孤儿23人，12月发放6.075万元，全年救助459人次，发放孤儿基本生活费73.305万元；困境儿童30人，12月发放3万元，全年救助387人次，发放困境儿童生活补助金38.7万元；事实无人抚养儿童35人，12月发放4.681万元，全年救助325人次，发放事实无人抚养儿童生活费43.372万元。

【临时救助与关爱援助】 双流区民政局完善城乡一体化社会救助体系，妥善解决困难群众临时性突发性生活困难；救助因危重疾病、人身意外伤害、火灾、教育支出过大等临时性、突发性原因造成基本生活出现暂时困难的家庭，截至12月，临时救助1633人次，发放救助金166.30万元；专项资金援助5人次16446元，宏志生救助13人次52000元，阳光圆梦资助困难大学生29人次143980元；按时足额发放救济金，核减死亡人员，全年发放1297人次，发放救济金51.88万元。

【婚姻及收养登记管理】 1月1日和6月1日，双流区分别启动“跨区通办”和“跨省通办”业务。截至12月，双流区婚姻登记处办理“跨区通办”业务815件、“跨地市通办”业务393件、“跨省通办”业务48件。全区全年办理结婚登记5227件、离婚登记1977件，补发结婚登记证1783件、离婚登记证341件；办理收养登记1件。双流区民政局与区档案馆对接，将2015—2017年的34456件婚姻档案移交至区档案馆。

【殡葬惠民补贴】 截至12月，双流区殡葬改革服务站审批殡葬惠民补贴申请2755份，其中普通人群惠民殡葬补贴2683人、特定人群惠民殡葬补贴72人，拨付补贴资金1296512元，其中市级资金328451.1元、区级资金968060.9元。

【慈善事业发展】 双流区慈善会开展“阳光圆梦”和“阳光宏志”助学工程，通过线下会议宣传和线上推文宣传的方式向镇（街道）、村（社区）及辖区内居民宣传助学项目；按照《双流区民政局关于印发进一步完善重大疾病社会援助制度的意见（修订版）的通知》实施疾病援助，对符合条件的困难群众应救急救，全年重大疾病援助和专项资金社会关爱援助项目援助81人次78.40万元，援助率100%；携手更多爱心人士推动双流区公益慈善事业发展，组织各类慈善宣传活动，动员全社会力量参与慈善捐赠，发挥区慈善会平台功能和作用。

（林海英）

民族宗教事务
Ethnic and Religious Affairs

【概况】 2021年，双流区民族宗教事务局坚持以习近平新时代中国特色社会主义思想为指导，贯彻中央民族工作会议、全国宗教工作会议精神，以法治方式推进民族宗教工作，以创新精神解决突出问题，维护全区民族宗教领域和谐稳定。

【民族团结进步创建】 9月14日，双流区委召开常委会扩大会议，传达学习中央民族工作会议及相关会议精神。双流区民族宗教事务局在多民族共居的社区、小区组织中央民族工作会议精神学习宣讲活动，发放《中央民族工作会议精神20问》《习近平总书记金句摘录》等宣传资料近1000份；发挥民族工作协管员和民族工作亲情服务团作用，妥善处理民族矛盾纠纷5起，确保民族领域安全稳定。民族团结进步的"双流做法"被海南省、青海省西宁市等全国各地考察学习组12批次参观考察，"334"即"三个强化"（强化党建引领、强化制度保障、强化设施建设）、"三个带动"（民族干部带动、自治组织带动、民族文艺带动）、"四项嵌入"（嵌入共居社区、嵌入共学社区、嵌入共乐社区、嵌入共事社区）。民族工作举措做法在全市民宗局长会议上作书面经验交流。1月19日，双流区被国家民族事务委员会命名为第八批全国民族团结进步示范区。12月，双流区委统一战线工作领导小组印发《巩固全国民族团结进步示范区工作实施方案》，系统梳理民族团结进步巩固工作，明确责任单位和完成时限；同月，双流区东升街道广都社区被命名为全省第三批民族团结进步教育基地。

【少数民族流动人口服务管理】 双流区民族宗教事务局在社区、学校等层面开展民族政策法规、民族基本理论、民族基本知识宣传教育，构建平等、团结、进步、和谐的民族关系；开展多种形式的交流活动，促进四川大学、西南民族大学等高校与双流区在志愿服务、大学生社会实践、社团组织培育、少数民族流动人口管理等方面的合作；搭建四川大学、西南民族大学等高校与双流区在民族工作等方面的沟通交流协作机制，促进校地合作、基层治理，让更多科研成果和项目落地双流、服务双流。

【宗教团体和场所建设】 双流区民族宗教事务局全年向区佛教协会和区天主教爱国会拨付资金25万元，支持佛教协会和天主教爱国会开展办公场所改造提升、购置办公设备等；培养选拔政治上可信、作风上民主、工作上高效的领导班子，健全完善宗教团体章程和教内制度，发挥宗教团体应有作用；指导应天寺传承"诗书画"三绝，与木刻书画非遗传承相结合，依托诸葛井和应天茶文化，打造文化寺院，8月项目正式启动；指导大佛寺以芙蓉花为主题，开展生态寺院打造；支持宗教场所开展维修维护，消除安全隐患，向宗教场所拨付补助资金30万元，通过补贴撬动的方式，完成永祚寺外部电力线路更换和地下室漏水整治、应天寺开裂围墙修补等。

【和谐寺观教堂创建】 双流区民族宗教事务局在佛道教场所开展文明敬香、免费赠香、以鲜花替香烛祭祀等活动，全区佛道教场所100%杜绝高香大烛行为；开展"大庙带小庙"活动，帮助条件较差的寺院改善基础条件，为信众创造干净、环保、舒适的环境；在宗教界深入开展和谐理念教育活动，发扬中国各宗教追求和平、倡导和谐的优良传统，发掘宗教文化中的和谐智慧资源，鼓励支持宗教界人士深入阐扬宗教和谐理念，为建设民主法治、公平正义、诚信友爱、充满活力、安定有序、人与自然和谐相处的社会主义和谐社会贡献力量。

【宗教事务管理】 双流区民族宗教事务局针对春节、清明节、劳动节、国庆节期间等重要时间节点，召开安全生产工作会议4次，印发《双流区宗教活动场所安全工作专项整治三年行动方案》《双流区民宗局"迎大庆防风险保安全"专项行动工作方案》等，要求各场所以消防、食品安全、疫情防控为重点，做好安全工作；联合镇（街道）开展检查20余次，查找问题隐患16条，对发现的问题和隐患提出整改意见并明确整改时限，把事故隐患苗头消除在萌芽之中；不定期检查各场所疫情防控措施、应急预案、物资储备、隔离点设置等情况，督促各场所提高思想认识，抓实抓细疫情防控，严格外来人员管控，严控聚集性宗教活动；规范基督教"以堂带点"点位管理，加强对基督教领域非法活动的排查和打击力度，配合相关部门处理双流区群众参与非法宗教活动10起。11月3日，双流区委统一战线工作领导小组2021年第1次全体会议召开，书面传达学习习近平总书记有关宗教工作重要批示、中央统一战线工作领导小组专题会议和有关文件精神，四川省委、成都市委宗教工作领导小组（扩大）会议精神，《宗教事务条例》和《宗教工作应知应会手册》。12月13日，双流区委常委会学习贯彻全国宗教工作会议精神。

（魏玉章）

街道·镇

SUB-DISTRICTS AND TOWNS

东升街道
Dongsheng Sub-district

【概况】 东升街道毗邻双流国际机场，东连西航港街道和武侯区，南接黄甲街道、黄水镇，西邻彭镇，北靠九江街道；街道办事处驻东升街道三强西路212号。2021年，东升街道辖区面积52.3平方千米，其中建成区面积38.2平方千米、耕地面积1.27平方千米；辖紫东阁、白鹤、广都、接待寺、迎春桥、龙桥、花月街、五洞桥、长兴、芦蒿、双桂、棠湖、丰乐、永福、普贤、葛陌、清泰、花园、永乐、双巷、三里坝、城塔、三义桥23个社区，有居民小组191个；有常住人口49.55万人，户籍户数21.74万户，户籍人口24.45万人；人口出生率6.04‰，人口自然增长率2.99‰，人口密度9500人/平方千米。

东升街道自隋仁寿元年（601年）一直为双流治所，迄今1400余年，几经易名，先后称城会、城厢、城中区、中心镇、城关镇。1992年，原东升乡、永福乡、城关镇撤销，合并建立双流县东升镇。2004年，东升镇撤销，实行街道办事处管理体制。2014年10月，天府新区晋升为国家级新区，东升街道属于天府新区成都片区规划范围。东升街道交通条件优越，空港优势突出，是双流城区面积最大、聚集人口最多、经济占比最重、城市生态最优的镇（街道），先后获全国民族团结进步模范集体、中国乡镇之星、全国最佳乡镇、全国小康示范镇、全国安全社区、四川省级园林街道、四川省级卫生街道和四川省级社会治安综合治理模范街道等称号。

2021年，东升街道对标学习上海市长宁区程家桥街道“加强基层建设创新社会治理”做法，探索实践“三针”工作法，即通过提站位、强执行、增效能，培养基层干部成为勇于担当的“钢针”、精准施策的“银针”、细致入微的“绣花针”，广都社区、五洞桥社区、欣和苑、水务小区被评为2021年成都市党建引领百佳示范社区（小区）；统筹推进疫情防控和经济社会发展，打赢“7·27”“11·2”两场疫情防控歼灭战，完成“11·10”11万人次核酸检测演练。街道全年实现全口径工商税收30.43亿元、地方税收10.5亿元，培育新增市场主体9358家，农村人均可支配收入35617元，城镇人均可支配收入56378元。

中共东升街道工作委员会书记：刘伟；街道办事处主任：李召林（5月离任），付家毅（5月任职）。

【营商环境优化】 东升街道针对群众堵点难点问题，推行“审批不见面”“适老服务”“私人订制”等便

东升街道第二届艺术节（2021年）　　（供图：东升街道）

民措施，建成5个全域办理便民服务站；精准服务企业，组建服务专班，创新服务企业方式，聚焦堵点难点问题，开展上门问需服务，提供从设立、准入准营、运营等环节的“打包服务”。

【城市建设】 东升街道推进社区发展治理“三年行动·五项计划”，坚持“开放、共享、集约”理念，注重城市美学应用，完成“诸葛大院”“海棠VI”等共享服务型阵地建设，创新开展“七彩长兴”“五微城塔”等125个特色项目；延续烟火韵味，完成锦绣苑“318国道小径”、禾稼小院“双流农业记忆”小区等29个老旧院落改造；加强环境治理，完成优品道广场、1860文创公园等整治提升，正通路成功创建“成都市最美街道”，金河路获评“成都市环境治理示范街区”。

【安全与信访】 东升街道开展“治重化积”（治理重复信访、化解信访积案）工作，群众工作之家获评成都市先进集体、“人民满意窗口”，代表双流区接受国家信访局调研得到高度评价；深入开展法律“七进”（进机关、进学校、进社区、进乡村、进寺庙、进企业、进单位）活动，普法与依法治理工作得到司法部肯定，五洞桥社区获评全国民主法治示范社区；持续深化“五网四图三治”（“五网”即组织网、责任网、宣传网、信息网、服务网，“四图”即资源图、责任图、态势图、流程图，“三治”即行业自治、街区自治、院落自治）精细治理模式，有效处理网格事件96205起，排查化解基层矛盾纠纷6375件，整改安全隐患652条、火灾隐患500余起，成功处置警情147起，再次获评“四川省级安全社区”。

【社会民生】 东升街道新建中小学1所、幼儿园4所，新增学位3450个；开展文艺会演、公益教育、展览、阅读等群众文化活动970余场（含社区活动）；协调完成老旧小区水电气改造2500户；按时完成兵役登记100%，开展退役军人就业合作，为下岗志愿兵推荐公益优质性岗位，被命名为双拥模范街道、全国示范型退役军人服务中心（站）；主办网络招聘会7次，为外来务工等人员提供岗位3600个，新增城镇就业4412人。

【庆祝中国共产党成立100周年系列文化活动】 东升街道为庆祝中国共产党成立100周年，开展“百年党史·书香机关”专题读书汇、“学党史 强信念 跟党走”专题宣讲、“学党史、感党恩”“永远跟党走”志愿宣讲、“我和党的100个故事”群众性宣讲、“传承红色基因”主题作品创作、献礼中国共产党成立100周年“峥嵘百年·与党同行”摄影巡

11月6日，东升街道举办廉政文化主题书画展　　（供图：东升街道）

11月29日，东升街道举行第二届艺术节主题活动（供图：东升街道）

展、“共享美好生活·奏响春天序曲”草坪音乐会、“回顾光辉历程·致敬幸福时代”短视频展播、《我的爸妈是共产党员》《幸福东升的幸福生活十大场景》微视频制作、“百年风华忆峥嵘 扬帆奋进启新程”庆祝中国共产党成立100周年文艺会演等系列文化活动。

【廉政文化主题书画展】 11月6—11日，东升街道举行以“丹青颂盛世 彩墨绘航都”为主题的廉政文化主题书画展，庆祝中国共产党成立100周年，展示文化东升、人文东升、廉政东升、魅力东升、幸福东升。书画展不仅有双流区书画家作品，还有四川省、成都市和全国部分书画名家的作品，旨在用文化激活城市发展，用文化提升社区温度，让老百姓的精神文化生活更丰富。

【第二届艺术节主题活动】 11月29日，东升街道在城南优品道开展2021双流区东升街道第二届艺术节主题活动。活动现场展出2021年东升街道综合文化服务中心和其他艺培机构的绘画、板画、扎染、手工等作品。晚会通过“民族振兴 国风肆起”“印象东升 幸福生活”“传承金典 弘扬传统”三个篇章，让群众感受辖区向善向美的精神文化氛围，在充满正能量的文化浸润中找到认同感、归属感。

（何　源）

西航港街道
Xihanggang Sub-district

【概况】 西航港街道位于双流区西部，地处国家级天府新区规划范围内和四川省级开发区腹心地带，是成都市城市南移的前沿阵地；由原双流区文星镇和白家镇合并而来，北接武侯区，东邻天府新区华阳街道，西与双流国际机场毗邻；街道办事处驻西航港街道新街280号。2021年，西航港街道辖区面积38.9平方千米，其中建成区面积38.2平方千米、耕地面积800亩；辖白家场、花红、机场路、成白路、江安、近都、常乐、桂花堰、蜀星、龙港、九龙湖、星月、寺圣、光明、湖夹滩、莲花16个社区，有居民小组101个；有常住人口46万人，户籍户数49068户，户籍人口11.6万人；人口出生率5.65‰，人口自然增长率4.21‰。

1953年，华阳县分区设置，白家乡属第二区管辖。1941年文星乡设置，1985年文星乡建制撤销，设置文星镇。1992年白家乡建制撤销，设置白家镇。2005年8月，文星镇和白家镇建制撤销，设立西航港街道，是双流县第一个撤镇设立的街道。西航港街道西与双流国际机场毗邻，东与白家火车站毗邻；有四川大学、信息工程学院、西南民族大学、现代职业学院4所大学。

2021年，西航港街道完成全口径税收15.32亿元，其中地方税收5.1亿元；完成固定资产投资6.99亿元；上规工业企业9家，完成工业企业产值111.48亿元、比2020年增长7.41%；上规服务业企业43家，服务业增加值增幅镇（街道）排名第一批次；新增市场主体9915户，新增企业2779家，在全区率先完成净增目标数；完成限额以上单位消费品零售额20.18亿元，增长6.2%；外贸进出口额5.77亿元，同比增长38.51%；城乡居民人均可支配收入分别为56323元、35666元，分别增长8.6%、9.6%。

中共西航港街道工作委员会书记：沈登军（1月离任），徐雪峰（2月任职）；街道办事处主任：朱笑天。

【营商环境优化】 西航港街道按照《双流区推进市场流通类服务业转型发展三年行动计划（2020—2022年）》要求，规范商品交易市场管理，推进宏盟二手车市场转型发展和周边环境综合整治；依托四川航空、西藏航空、东方航空及西南民族大学等着力培育一批高等级楼宇和专业特色楼宇，打造一批高品质商业商务场景，聚集一批航空特色和校地合作的总部型企业或创新型企业；按照《成都市打造社区商业消费新场景构建社区优质生活服务圈工作方案（2018—2022年）》，完成以海鲜体验为特色的成农批星街、以“商务总部楼宇+时尚生活”为特色的东航云锦天地、以熊猫文化为特色的近都青瓦巷熊猫集市、以市井美食为特色的“和美坊”4条特色街区打造。

【城市建设与发展】 西航港街道落实双流区第十四次党代会、区委十四届二次全会暨区委经济工作会议精神，按照“三区三廊三新城”战略布局，聚焦城市精细化治理、空港公园城市建设、高质量发展动能、市民美好生活向往等，完成《双流区西航港片区城市转型发展总体策划（送审稿）》；完成环城生态区项目集体土地拆迁及458亩交地，完成地铁30号线一期工程220亩用地移交，成雅西侧道路项目余1户国有土地上企业（成都日杂公司）；结合“两拆一增”，按照“一点一策一方案”原则，完成交警二中队周边及机场路辅道点位微绿地打造，在西航港新街与羊双路交会处、卓越南城旁新建生态停车场，在西航港大道与大件路交会处、川大路与成白路交会处等地块进行景观打造。

【基层社会治理】 西航港街道以实现“规范化精细化的常态管理”为目标，创新构建“1+11+16+151+N”（1个以街道行政区划划分的一级网格+11个按照路网划定的二级街区网格+16个以社区为单元划分的三级网格+151个根据小区楼幢、人口数量、居住集散程度、企事业单位等划分的四级微网格+N个以社会多元化参与群体为主划分治理单元的五级网格）五级网格体系，形成上下联动、多方参与、反向关联、相互考核的运行机制，做到问题早发现、早处置、早反馈，提升基层社会治理能力和水平，全年开展专项联合整治31次，排查“九小”（小学或幼儿园、小医院、小商店、小餐饮、小旅馆、小歌舞娱乐场所、小网吧、小美容洗浴场所、小生产加工企业）场所4.3万家次，采集“一标三实”人口信息10.57万户31.7万人，发现处置网格事件11.6万件；在3个农民安置小区（百家苑二期、星月花园一二期、临江丽苑三期C区）安装人脸识别系统，完成8个商业小区16路人脸识别系统和33个小区66台红外线测温智能化改造；新增5G基站160个、总数550个，在治安乱点和监控盲点新增221个监控点和“慧眼工程”摄像头120台，将学校、市场、商超、加油站等重点场所的监控全部接入大联动指挥中心，与公安“天网”联网应用，确保辖区全域覆盖、全时监控，实现“一屏管街办”。星月社区申报为党建引领示范社区、智慧社区，西航港街道联合腾讯打造智慧星月2.0，打造嵌入式智慧养老平台、智慧垃圾分类点、智慧生活服务、智慧平安服务四大智慧应用场景。

【信访工作】 西航港街道推动信访积案化解，加大西航港街道法治建设委员会实战运用，坚持“一人一策”“一事一策”，推动“三张清单”（社会风险隐患、历史遗留问题、信访突出问题）和信访积案化解，完成化解24件；做好中国共产党成立100周年、国庆及党的十九届六中全会等时段信访工作，社会重点矛盾风险隐患“大起底”清单案件17件（稳控类10件），化解16件，化解率94%；完成2020年第一批“治重化积”攻坚化解案件7件，完成2021年10月第二批“治重化积”攻坚化解案件9件。

【网络理政】 西航港街道制定《西航港街道网络理政诉求办理工作管理办法》，建立网络理政“12345”闭环管理机制，监测和分析网民关注的热点和难点，做到“投诉必受理、受理必回复、回复必报告”，全年收到群众诉求工单1万余件，举办市民茶话吧80余场，70余件群众“急难愁盼”的问题得到解决。

【污染防治】 西航港街道收到四川省环保督察主办件5件，均按整改措施整改到位；梳理归类2017年、2018年、2021年省督央督及长江经济带问题主办件10件、协办件67件，全部按照行业分类分发至相关办公室开展“回头看”，均无反弹；完成不达标河流桑家沟、黄堰河整治，完成黄堰河成白路社区段、江安社区段清淤，新建管道和泵站将江安散居院落居民生活污水全部收集并泵入污水管道，新建管道将西航港新街高碑桥头居民生活污水收集并接入成雅西侧辅道；开展消除黑臭水体攻坚战，消除江安散居院落、康桥品上等大面积黑臭水体。

【社会民生】 西航港街道推进安置房建设，和航家园南园除19栋外其余楼栋11月底基本完成建设，团结馨园南苑12月底完工，和航家园东园完成6栋主体，和航家园北园9月进场建设；完成教师公寓、邮政家属区、海峡楼、原工业公司宿舍老旧院落改造，完善水电气公共配套设施；新建空港一幼、空港二幼，新增学位900个；提档升级"空港191"平台，截至年底举行线下招聘会12场，邀请企业341家次，累计提供就业岗位1600个，539人与单位签订就业意向协议，并举行线上招聘会9场，8.13万人次参与，742人通过直播招聘就业；创新"一镇一艺术特色"公服品牌，打造"西航港琵琶艺术特色之乡"，成立"西航港街道天府琵琶艺术团"；举行"百姓大舞台"和"空港群音荟"等文化活动巡演24场、全民健身活动50余场、公益电影放映20余场、文化培训100余场，文旅公服效能监测排名全市第一；指导街道和13个社区便民服务中心亲民化改造和提档升级，实现"一窗办、内部流转、一窗出件"的一站式服务，同步实现24小时自助服务区建设，全年接办件4.3万件，打通服务市民的"最后一公里"。

【新冠肺炎疫情防控】 西航港街道落细落实中央和四川省、成都市、双流区疫情防控决策部署，从制度机制上完善防控体系，坚持精准施策，以管控到位筑牢"防疫屏障"。"7·28"常乐社区新冠肺炎疫情发生后，西航港街道成立疫情防控临时党委，组织调度7个一线临时党支部和11个专业工作组，对温哥华南苑、空港首座、金港华府、常乐小区等14个区域实行圈层管控，开展4轮核酸检测，检测71302人次，全部呈阴性。8月11日凌晨，管控区域全面解封。常乐疫情结束后，西航港街道组织多轮工作复盘，总结经验、查堵漏洞、补齐短板，创新制定7张工作图，构建"五级同航"网格疫情防控体系，提升常态化精准防控和应急处置能力；强化疫情应急储备，设置3个战区16个分区136个点位，配置700名采样人员，检测能力达45.7万人次，织密"防控网"、筑牢"防疫墙"。

（李宇嘉）

九江街道
Jiujiang Sub-district

【概况】 九江街道位于双流区城北2.5千米，距双流国际机场5千米；东临武侯区，南靠东升街道，西靠温江区，北接青羊区；街道办事处驻九江街道鸿雁路319号。2021年。九江街道辖区面积37.6平方千米，其中建成区面积10.54平方千米、城镇面积3.6平方千米、耕地面积10.9平方千米;辖泉水凼、蛟龙、石牛、龙池、邹家场、大井、万家、金岛、马家寺、通江、石井11个社区，有居民小组82个；有常住人口17.47万人，户籍户数1.8万户（其中农业户数9080户），户籍人口4.55万人（其中农业人口26113人），服务人口38万人；人口出生率1.45‰，人口自然增长率6.63‰，人口密度9735.5人/平方千米。

九江街道原名甘泉里，江安河流经九江形成一个葫芦状的九道弯，民众称这段河为九曲江。北宋熙宁二年（1069年），河边修有一座"玄天观"古刹，生意人在道观周边建房兴场，简化"九曲江"而取名"九江"并沿用至今。九江街道形成"五纵（四环路、千子门路、五显庙路、星空路、双温路）五横（双楠大道、文昌路、草金路、观庄路、成新蒲快速通道）"城市主干道路网；成都地铁17号建成投用，13号、15号、19号线加快建设。

2021年，九江街道新培育上规服务业16家、工业6家，68家规模以上企业总产值71.23亿元；实现固定资产投资7.26亿元，服务业收入3.89亿元,社会零售总额46亿元，外贸进出口到位5.2亿元；完成全口径税收116152万元，其中地方税收33862万元；城镇和农村居民人均可支配收入分别为59810元、34963元，分别增长12%、11%。

中共九江街道工作委员会书记：罗钢（5月离任），刘继芳（5月任职）；街道办事处主任：卢鸿（5月离任），李华章（5月任职）。

【项目拆迁与建设】 九江街道完成未来公园社区、五环路、锦城公园、九江新城公服配套、网安片区B2道路、江安河220千伏输变电工程配套电力通道、解决历史遗留问题、新力南侧配套道路工程8个项目684户1367人、13家企业、3家企业（苗圃）拆迁；保障泉水河综合整治、九江新城中小学及幼儿园、九江消防站、网安片区B2道路、江安河220千伏输变电工程配套电力通道、双楠城东侧道路、未来公园社区展示中心、锦城公园8个项目进场。

9月16日，九江街道综合执法协调办公室工作人员在蛟龙社区人民食堂土碗菜店铺处开展"节约粮食"宣传
（供图：九江街道）

【市场管理】九江街道规范辖区7家专业市场管理，清查无证照经营85家、街道内经营区外注册企业68家；强化主体培育，开展机关干部"一对一"包联服务139家规模以上企业，新增培育市场主体4615家。

【环境治理】九江街道完成成新蒲以北18707米污水管网、65座沉淀池修建，辖区170个排口实现"一口一策"，江安河、白河水质常年保持在Ⅱ至Ⅲ类水体，泉水河市级断面考核扣缴经费从176万元降至105万元；"两断三清"（断水、断电和清原材料、清机器设备、清成品）搬离"散乱污"企业87家、再生资源回收站点136家，全年$PM_{2.5}$比2020年下降21.38%，PM_{10}比2020年下降19.1%，六项指标（$PM_{2.5}$浓度、PM_{10}浓度、臭氧8小时第90百分位数、一氧化碳浓度、二氧化氮浓度、二氧化硫浓度）综合指数比2020年下降5.59%，在全区空气质量指数同比变化改善排名第五；按期整改回复央督投诉主办件4件、协办件51件；将"治乱"与"提质"相结合，开展泉水凼、马家寺、邹家场场镇区域和铁路沿线城乡环境整治，专项整治万科第五城、蜀镇、泉水片区游商，办理行政处罚73件；完成高五路、九江供电所"背街小巷"整治和雁葫路"最差街道"整改，实施草金路、双温路等干道节点打造和"小游园"建设，启动成蒲高铁沿线整治，提升环境品质。

【安全与信访】九江街道开展全域风险辨识，在115家单位和30个安置小区安装智慧烟感报警装置，组建34个小组清单化督促3683家单位查改隐患1164个，排查仓储物流、"散乱污"企业、老旧房屋隐患742项，被评为成都市安全生产月先进单位；以党建为引领，构建"四个一+N"（一名包案领导、一个工作专班、一次会商研究、一套化解方案，志愿者、乡贤、妇联、工会等N种力量）化解模式，办结"治重化积"专项积案22件，化解一批访龄10年以上且在全省具有"影响力"的信访老案；调解矛盾纠纷702件，开展重点区域、重点时段治安整治27次；办结涉黑涉恶线索10条，被双流区委、区政府评为"扫黑除恶专项斗争工作先进集体"；开展打击治理电信网络诈骗犯罪专项整治，"金钟罩"反诈公众号注册20万人以上；加强禁毒工作，开展禁毒宣传"八进"（进社区、进企业、进学校、进网络、进家庭、进农村、进场所、进单位）活动18次，利用微信等平台推送毒品预防知识、禁毒公益片4次，6月在成都市禁毒工作推进会上作经验交流。

【社会民生】九江街道改善公共服

2月10日，九江街道举行"我们在一起"网络春晚
（供图：九江街道）

务，在蛟龙港试点推进基本公共服务向常住人口全覆盖；结合党史学习教育，深入开展“我为群众办实事”，解决蛟龙锦绣楠郡消防等“急难愁盼”问题47个；解决922名外来务工人员子女就学问题，为辖区公办学校补助教育经费98万元；新建五桐幼儿园、蛟龙馨贝蓓幼儿园托幼服务中心，保障适龄儿童入学；分类推进“双减”（减轻义务教育阶段学生作业负担和校外培训负担）工作，“一校一策”关闭全部7家校外学科类培训机构并退费；妥善解决长达10年的社保遗留问题，为927名群众购买社保；建成蛟龙全龄友好型社区；实施救助57人，发放资金8.18万元；巡访慰问在册低保户112户168人、低保边缘户7人、其他民政对象200余人；开展“一镇一特色·百姓大舞台”活动12场次、其他活动90余场次、公益培训300余班次、全民阅读26场次，举行“社区运动节”13场次。

【新冠肺炎疫情防控】 九江街道统筹常态化新冠肺炎疫情防控力量551人，组建老党员、“五老志愿者”等12支党员志愿者队伍；设置核酸监测点位38个，开展核酸检测应急演练14次；完成疫苗接种28.92万人次。九江街道党工委被双流区委评为疫情防控先进党组织。

（苏　存）

黄甲街道
Huangjia Sub-district

【概况】 黄甲街道地处双流区东南、牧马山中段，东连怡心街道和西航港街道，南接黄水镇和永安镇，西邻黄水镇和东升街道，北靠东升街道和西航港街道；街道办事处驻黄甲街道王家场上街28号。2021年，黄甲街道辖区面积58.77平方千米，其中场镇面积4平方千米（王家场场镇2.6平方千米、双华场场镇1.2平方千米、青云寺场镇0.2平方千米）、农用地面积17813.22亩（耕地12585亩、园地738.57亩、林地3201.04亩、养殖水面1288.61亩）；辖王家场、双华、文庙、长埂、八角、一里坡、青云寺7个社区，有居民小组53个；年末常住人口18785户7.2万人，户籍户数9103户，户籍人口2.6万人，实际管理服务人口13万人；人口出生率2.1‰，人口自然增长率-0.03‰，人口密度1225人/平方千米。

黄甲街道在元朝以“覃家巷”存在，清代乡人黄甲因祖辈有功受封，于是建场。黄甲街道叠加承载“中优”21.6平方千米、“南拓”37.2平方千米，是双流区东西南北多向通勤开放、“空铁公水”多式联运体系的重要枢纽，成昆铁路、成雅高速、成乐复线等交通要道穿境而过，五环路在境内4.5千米，与正公路、西航港大道、航枢大道、天保大道等城市主通道形成以“四纵四横”为骨架，与五城区（锦江区、青羊区、金牛区、武侯区、成华区）、天府新区、新津区等无缝对接的道路交通网络体系；辖区40平方千米处于产业功能区范围，其中承载国家级临空经济示范区13.3平方千米、中国（四川）自由贸易试验区28.9平方千米、四川省级西航港经济开发区19.4平方千米、成都市级航空经济区近30平方千米、成都天府国际生物城5.04平方千米，聚集航空动力小镇、浩朗科技园、物联传感科技园等10个专业化产业园区，4平方千米综保区全域处于黄甲街道范围；辖区有企业2501家，其中以中电熊猫、通威太阳能、仁宝、纬创、汇晨物流、航宇超合金、恩威药业等为代表的龙头企业74家（规模以上企业66家），在关键核心技术、知识产权、品牌影响力、市场占有率方面具有显著优势，具备较强的全产业链整合能力和强链补链功能，促成电子信息、航空航天、生物医药、绿色能源等高端制造业及多式联运和运输代理、装卸搬运和仓储等现代服务业集群集聚。

2021年，黄甲街道完成全口径税收4.81亿元，地方留存税收1.74亿元；规模以上工业总产值314亿元，比2020年增长36%；服务业营业收入10.34亿元，增长75.4%；限上批发零售住宿餐饮业总产值55.9亿元，外贸进出口总额4.5亿元；城镇和农村居民人均可支配收入分别为55486元、34240元，分别比2020年增长8%、8.3%。

中共黄甲街道工作委员会书记：尹宏波（5月任职）；街道办事处主任：唐婧（1月任职）。

【项目建设】 黄甲街道推动空客再交付中心、五环路等项目征地拆迁，保障中电子东侧道路、青兰沟综合整治、幸福110千伏输变电工程等重点项目进场建设，协调推进黄甲社区卫生服务中心迁建等民生项目按进度实施；完成黄甲大道双华段、三叶街红旗连锁至长埂新居段、黄桷树下街3条街道改造提升，实施双华场兴业一街及双华广场改造项目，启动场镇第五立面整治。

【乡村振兴】 黄甲街道依托社区共享超市搭建助农增收平台，为牧山粮食酒、二荆条豆瓣、黄甲麻羊等6家土特产品生产商家提供代售服务，仅收取产品经营管理成本费用，累计实现代售营业额10万元；围绕空港花田，发展乡村旅游项目，由社区书记带领社区居民到先进地区学习经验；依托毗邻空港花田150亩土地，引进第三方平台公司，打造旅游示范区;实施社区“领头雁”，以一带多模式，发展旅游配套项目，形成人人参与模式。

【大排查大整治】 黄甲街道组织召开大排查大整治工作部署会，传达学习双流区委、区政府部署要求，研究制定安全生产、环保督察、信访维稳风险隐患大排查大整治工作方案，建立“每日汇总、每日研判、每日督办”推进机制和“社区吹哨、科室报到、动态上账、协同整改、跟踪回访”闭环销号机制，累计出动排查工作人员982人次，排查企业388家次、农户1250户、商超店铺2330家次、农家乐60家次、再生资源回收站57家次，排查整治安全生产问题隐患358项、环保督察问题隐患95项、信访问题隐患19项。

【环境治理】 黄甲街道强化生态环境“三治一增”（治霾、治水、治堵、增绿），完成黄甲牌坊、清水塘、彭丹公等雨污管网改建项目，有序推进双华场场镇居民散污整治；推进商品房小区违法建设整治“利剑行动”和违法占用耕地专项整治；实施以农村河边、路边、山边、屋边洁化绿化美化为内容的“四边三化”行动，推进全域生活垃圾分类试点，创新开展美丽乡村联创活动。

【渣土治理】 黄甲街道系统开展渣土专项整治，成立以街道主要领导为组长的渣土整治领导小组，制定《关于进一步加强建筑渣土管理工作实施办法》，创新实施设卡严控，街道自筹资金100余万元，在航空经济区、航空动力小镇等拆而未建土地及偏僻地段设立检查卡点7个，聘用专职盯靠人员21名，实行日间至少1人、夜间至少2人的24小时巡查值守制度，全年开展专项督查4次，发现卡点问题3个，处罚涉事单位3家，扣除考核金1200元，转运建渣200余车，清扫污染道路5000余米。

【党史学习教育】 黄甲街道采取“线上+线下”“集中轮训+竞进拉练”“微阵地+微课堂”等形式，深入学习贯彻党的十九届六中全会精神，组织专题宣讲培训78场，线上平台浏览参学30万人次，开展“学习强国”党史知识竞赛活动3场，打造党小组活动角、党史文化廊等“微阵地”22处，开展党史分享会、坝坝会等“微课堂”学习31场；结合庆祝中国共产党成立100周年，带动党员每人至少为群众办1件实事，解决群众急难愁盼问题1442件。

【新时代文明实践精品范例打造】 黄甲街道成立文明实践志愿服务队，开展便民、环境整治、文明劝导等文明实践志愿服务；整合辖区餐饮、美发类生活服务行业爱心商户，成立文明实践志愿商家服务队伍，为环卫工人、弱势群体持续性提供关爱服务；根据职工和社区能人兴趣差异，成立唱歌、夜跑、电竞等“乐享联盟”系列草根社团，帮助企业职工融入社区生活；调动社会资源，通过辖区居民募捐、集市商家留存、创新共享经济的方式，建立社区微基金，用于帮扶社区留守儿童、特殊家庭、空巢老人等弱势群体。黄甲街道新时代文明实践所获评成都市新时代文明实践精品范例并位列全市第一名。

【“有事来协商”平台搭建】 黄甲街道创新搭建“有事来协商·众事好

黄甲街道新时代文明实践所（2021年）
（供图：黄甲街道）

10月10日，空港新居民大学开学典礼暨美好生活节启动仪式在双兴国际社区举行　（供图：黄甲街道）

商量”基层小微协商平台，推进“群众的事情群众议、社区的事情商量办”，促成街道、社区、群众多方面对面沟通解决实际问题；围绕特色街区打造、小区环境提升等工作，开展小微协商8场次，带动群众、商家等参与协商128人次，协商议定65件实事全部按时办结。

【空港新居民大学创办】 黄甲街道以办大学的理念办社区，首创空港新居民大学。黄甲街道采取“校院企地合作＋群团共建”的方式，整合区内外高校资源，将四川大学、西南民族大学等院校的100个专业、1050名教师资源向产业青年开放，为产业青年提供终身学习的平台；针对产业青年对生活配套、文体活动等集中需求，改造近2万平方米生活空间，辐射近1000家企业、服务近10万名产业工人；组建“新经济联合党委”，建立“社区＋街道＋园区＋部门”的联动服务机制，带动26家企业加入“产业社区发展治理联盟”；创设社区公益基金、引入部门专项基金、企业社会捐赠资金，以“市场化＋公益化”模式保障青年阅享空间、空港新居民大学等项目可持续运营。

【“文轩Books青年阅享空间”开放】 10月7日，双流区与文轩集团共建的空港“文轩Books青年阅享空间”对外开放。阅享空间位于黄甲街道双兴国际社区，共2700平方米，上下两层，藏书4万册，可供购买或租借，同时社区产业工人可在这里喝咖啡、听讲座、共享办公等。

【第23届黄甲麻羊美食文化系列活动】 12月10—21日，黄甲街道举行第23届黄甲麻羊美食文化活动。活动通过摄制微电影《一碗羊肉汤》，集结网红美食博主，联合空港融媒开展“您好，这里是新黄甲”主题活动，以网络平台流量为依托宣传黄甲麻羊美食文化节；制作“麻小二”文创产品，开发麻羊文创产品20余个品类，加强特色文创IP“麻小二”推广；借力央视新闻网、新华社等中央、省级媒体宣传报道34篇，微信公众号阅读量超2万人次；通过构建“网红美食博主打卡黄甲餐饮美食”矩阵，抖音平台播放量超800万人次。微电影《一碗羊肉汤》在微信、微博、抖音、快手等社交媒体平台累计播放量超25万人次。黄甲街道开展集文化性、美食性、观赏性、参与性、回味性为一体的“暖Young行冬”系列活动，在清晨为基层服务岗位人员及产业园区工人等送爱心商家现熬羊肉汤；开展“冬至惠民系列活动”，将剪纸、糖画、泥人等非遗艺术进行麻羊主题创作，同时以丰富多彩、贴近生活和充满地方特色的文艺演出活动，营造节日气氛，增添群众的幸福指数。

12月21日，黄甲街道开展“暖冬靓汤行”志愿服务活动，给3000名“蓉漂”产业工人送去羊肉汤　（供图：黄甲街道）

【新冠肺炎疫情防控】 黄甲街道组织调度8000余人次参与一线新冠肺炎疫情防控，并发挥党员先锋模范带头作用，召集辖区党员、志愿者、网格员、群众四个队伍，参与社区疫情防控；严控重点场所，对学校、养老机构、超市、农贸市场等重点场所每日消毒、亮码扫码登记监督检查；完善应急核酸检测作战预案，开展实战演练3次；组织疫苗接种60814人次。

（雷慧淋）

怡心街道
Yixin Sub-district

【概况】 怡心街道位于双流区东部，东临天府新区，北接成都高新区，南靠成都天府国际生物城，西连黄甲街道；街道办事处驻双流区政府街41号。2021年，怡心街道辖区面积30.41平方千米，其中建成区面积12平方千米；辖藕塘、公兴场、草坪、双塘、兰家沟、高峰、骑龙、红瓦、三江、清河、河池、长顺12个社区，有居民小组102个；年末常住人口185957人，户籍户数26989户，户籍人口71216人，实际服务人口213773人；人口出生率7.79‰，人口自然增长率5.46‰。

2019年12月28日，怡心街道由原协和街道和原公兴街道部分区域整合成立。怡心街道驻有核动力研究院、四川省文化产业学院、国家专利审查协作四川中心、武警警官学院、西南交大研究院等大型科研院所，有“三纵”（剑南大道、华府大道、黄龙大道从北向南纵穿）、“三横”（双华路、牧华路、正公路从东向西横贯）的便捷交通。成都地铁5号、6号线全线开通，19号线全面开建，规划建设14、15号线；二江寺TOD项目加快建设，近期规划怡心湖北、钟家湾2个站，怡心湖10月1日开园。

2021年，怡心街道聚焦把怡心个性特质转化独特优势，探索剑南大道科创走廊和怡心湖建设实践路径；对标学习成都高新区桂溪街道营商环境建设经验，推出怡心街道营商环境改革举措1.0版，涵盖8个领域23条措施；持续营造政务、城市、营商、消费四个环境，打造双流区“企业最好做生意的地方”改革示范区。怡心街道登记在册市场主体12680户，比2020年增长30%，新办涉税市场主体2000户；完成固定资产投资5.99亿元；实现工业投资3.93亿元，工业产值117.14亿元，工业增加值增速18.59%；实现服务业固定资产投资2.5亿元，规模以上服务业营业收入比2020年增长2.76%；限额以上社会消费品零售比2020年增长142.6%，社会消费品零售总额增长23.2%；城乡居民人均可支配收入分别为35143元、55849元，分别增长9.1%、8.1%。怡心街道7个创新举措受到上级表扬肯定，改革创新被人民网、《四川观察》等媒体刊载。

中共怡心街道工作委员会书记：邓永清（5月离任），李德文（5月任职）；街道办事处主任：李德文（5月离任），李吉（5月任职）。

【政务环境营造】 怡心街道深化“放管服”改革，探索组建“公共业务”窗口和24小时自助服务区，整合集成服务事项，精简办事流程，在全区率先全面推行“一件事打包办”，推动关联事项从简单整合向深度融合转变，实现20余项服务事项“一网通办、一窗通办”，改革创新做法在成都市政务中心官网推广，8月4日被人民网刊载；推行投诉意见联调联处，建立网络理政、网上信访、网络舆情、网格发现、信访接待室“四网一室”联调联处机制，将涉营商环境方面的投诉和意见纳入街道“四网一室”联调联处，党工委书记、街道办事处主任带头，班子成员责任包干，调处解决生产经营单位涉办证、生态环境保护、消

10月1日，怡心湖开园　　（供图：怡心街道）

防等方面问题37条，办理满意率100%，“四网一室”机制创新得到双流区委书记肯定批示；针对企业招工难、成本高和市民群众就业难的问题，联合企业针对性开展技能培训5轮、培训结业164人，并搭建线上线下招聘会4场，为398家企业提供招工服务，提供就业岗位1847个，为3家小微企业办理创业担保贷款，为9名大学生办理创业补贴；全年经办社保、医保业务2万余件，满意率99.9%。

【城市环境营造】 怡心街道加强对路面破坏、占用城市道路、照明、绿化等市政设施以及占道挖掘城市道路期满未清理现场、恢复原状的施工现场的监管力度，打击有关市政设施及对绿化垃圾处置不当的违规行为，维护整洁有序的城乡环境；根据人口分布、管理面积细分疫情防控网格，组织机关党员干部、社区干部、网格员进网入格，形成平战结合的精细管控组织体系，筑牢防疫安全；以“平安建设”“智慧治理”工程为抓手，突出怡心城市治理特点，安全网络布控覆盖城市全域，通过“信息智能推动城市治理现代化、安全韧性推动防控体系现代化、平安智慧推动基层治理现代化”建设，辖区治安案件发生率较2020年下降50%。

【营商环境营造】 怡心街道发挥党工委“粘性”功效，综合考量各方利益、需求，搭好覆盖全域、扁平一体、运行有效的治理“大舞台”，实现多方面资源、各方面力量有机链接、统筹利用，形成组织优势、政策资源、要素配置最大化；依托“区域党建绘好同心圆·全域社治建强共同体”活动，破解驻地单位不同隶属的“体制之痒”，推倒驻区单位互不往来的“阻隔之墙”，30个驻地单位与60家企业商家互联互助“组团发展”，全年签订实施战略合作协议80个；走访中建三局、水电五局、二江寺TOD等单位，搜集到青年人才成家难的问题，举行“乐享怡心、与你友约”青年交友活动，促进青年人才联谊、扎根怡心；选取具有代表性、涵盖不同行业门类的大、中、小、微企业和商家200家，开展痛点堵点“大征集”“大调研”，依托“企业咖啡时”活动召开系列座谈会，邀请三方经济学专家评估，从收到的近300条意见建议中梳理问题清单及政策建议，针对企业反映的突出问题，将16项意见建议纳入改革举措，促进辖区企业发展壮大。

【消费环境营造】 怡心街道以党建为抓手，建立党员、商户两本台账，搭建社区与商户“1+1”桥梁，再由党组织牵头成立商居联盟，双向助力，实现抱团发展，将清河记忆打造成一条由66个商家和老人儿童休闲娱乐项目组成的美食休闲街；打造夜间晚味商业街，成立怡顺晚味商业运营管理中心以及商居联盟，商居联盟通过建阵地、定机制、树盟约、月会议、兑积分等形式形成商居联动，拉动怡顺晚味特色商业街区品牌效应，吸引星巴克、盒马鲜生、巧虎、链家等近100家商户入驻，呈现出一核多元的态势。

【新冠肺炎疫情防控】 怡心街道建立“七级联防联控机制”（由社区“两委”任小区长全面防疫、街道聘用人员任小区防疫组长专职防疫、机关党员干部任小区临时第一书记指导防疫、驻片科室负责人任社区临时第一书记靠前指导防疫、驻片领导任片区防疫总指挥督导指挥防疫、街道调研员成立督查专班督导防疫、街道主要领导全面巡查督导指挥防疫），统筹疫情防控力量，压紧压实防控责任，形成有人指挥、有人跟进、有人落实、有人协助、有人检查的队伍闭环管理；线上纪实管理工作落实情况，每日填报小区疫情防控存在的问题及图片信息，落实小区疫情防控“六件事”（配好小区门口“八件套”、掌握小区排查“五要素”、谨记居家隔离“六要六不要”、提醒健康监测“四记牢”、落实小区内部“六个有”、宣传个人防护“五个要”）、小区门口“八件套”[一个报到登记处、一支值守队伍、一套防控表、一套到访码、一支体温枪（或仪）、一个随时提醒牌、一块专题宣传栏、一个临时隔离点]和“见人就查”的防控要求，筑牢辖区安全防线。

【就地过年推行】 怡心街道开展春节“四送”（送春节疫情防控指南、送健康知识宣传单、送春节慰问祝福信、送防疫需求爱心物资）入户排查宣传行动，排查返乡人员、重点人员、安全隐患，调查民生需求，截至1月31日入户见面宣传排查48487户124806人，实现全覆盖；在各小区开展“最年味儿小区”评选活动，并给予优胜小区一定奖励，其中清河社区中海右岸小区、三江社区棠湖柏林城小区、红瓦社区红瓦华府锦苑小区获一等奖，清河社区格林城小区和保利叶语小区、骑龙社区美城云庭小区、兰家沟社区

7月23日，怡心街道藕塘社区暑期公益托管班开展“蓉城幸福家，伴你成长”心手相牵暑期儿童活动
（供图：怡心街道）

荷韵怡苑小区、长顺社区长顺家园小区获二等奖，长顺社区西派国樾小区、藕塘社区德商华府天骄小区和九龙仓时代上城小区、河池社区三都汇朝外小区和三都汇朝九小区、三江社区宏达世纪丽景小区和三江悦府小区、草坪社区通瑞月光湖小区、双塘社区金河苑小区、骑龙社区骑龙家园小区获三等奖。

【暑期公益托管班开设】 怡心街道自7月12日起陆续开设11个暑期公益托管班，开展托管服务，为有需求的家庭提供自主多样的选择，解决小学生暑期“看护难”问题。11个暑托班课程活动形式多样、内容丰富、各具特色，每个班都有专门的志愿者老师策划组织每一堂课，为孩子解答学习中遇到的困惑及暑期作业难题。暑托班的开展，妥善解决一部分家长暑假带孩子的烦恼，并让一部分没有条件参加课外兴趣班的孩子有机会学习课堂以外的知识和培养兴趣爱好。

【“百姓大舞台”系列活动】 怡心街道策划“百姓大舞台”系列活动，推出一批讴歌中国共产党、讴歌祖国、讴歌人民、讴歌英雄的文艺演出，打造一系列正能量的舞蹈演出、诗歌朗诵、歌咏比赛、健身赛事等活动。4月13日，怡心街道“百姓大舞台”系列活动——“垃圾分类新时尚　绿色生活我先行”文艺会演在清河社区广场举行。演出现场，《山河美》《生命至上人民至上》《我在春天等你》《最美的中国》《站在草原望北京》《欢乐中国梦》等舞蹈表演，表达中国共产党与人民群众血肉相连、生死相依的鱼水情，讴歌中国共产党带领人民创造历史、铸就伟大精神、实现飞跃以及取得的中国奇迹；《环保小卫士》《垃圾分类我先行》等情景剧小品表演，向居民普及垃圾分类基本常识，倡导从日常生活入手、从小事做起，争当垃圾分类的倡导者、参与者，有效处理生活垃圾。

【庆祝中国共产党成立100周年书法、摄影主题展】 6月28日，怡心街道庆祝中国共产党成立100周年书法、摄影主题展在三棵树广场举行。展览作品以展示怡心街道发展变化、人们幸福美好生活和歌颂中国共产党的恩情为主，展示来自怡心街道各社区文化达人和摄影爱好者120余件作品。

【“永远跟党走”主题演讲比赛决赛】 9月23日，怡心街道举行“永远跟党走”主题演讲比赛决赛，12名区域党建联盟成员单位代表和辖区12个社区“两委”代表共30余人参加。1人获特等奖，2人获一等奖，4人获二等奖，5人获三等奖。

【怡心街道社治人才挑战赛总决赛】 12月7日，2021怡心街道社治人

6月28日，怡心街道举行庆祝建党100周年“讴歌怡心发展，书写幸福人生”书法主题展　（供图：怡心街道）

12月7日，怡心街道社治人才挑战赛总决赛举行　（供图：怡心街道）

才挑战赛总决赛举行。从“社区书记”“社区副书记”“社区委员”三场分赛脱颖而出的10位主讲人以及在双流区2021“社区BBKing”PK赛中表现优异的社区干部代表，共话怡心践行新发展理念、推动高质量发展的社区探索与实践故事。藕塘社区党委副书记温麒麟获“2021怡心街道社治人才挑战赛”年度总冠军。

（蒲　霞）

彭　镇
Pengzhen Town

【概况】 彭镇位于双流区西北，距双流国际机场6千米；东接东升街道、九江街道，南邻黄水镇，西通崇州市，北靠温江区；镇政府驻彭镇交通路三段70号。2021年，彭镇辖区面积77.38平方千米，其中建成区面积4.8平方千米，29.41平方千米纳入成都芯谷产业功能区，有红石、金桥、柑梓、彭家场4个场镇；辖柑梓、金湾、羊坪、彭家场、木樨、布市、歧阳、燃灯、光荣、兴福、金桥、鲢鱼、红石、合水、新安、新安16个社区和岷江、永和、金马、金河、临江、舟渡6个村，有村（居）民小组150个；年末常住人口94648人，户籍户数26242户，户籍人口84843人；人口出生率4.11‰，人口密度1096人/平方千米。

彭镇始建于明朝，因清初蜀中大诗人彭端淑家族移居此地而得名彭家场，“川西夫子”刘沅出生于此，是槐轩文化的发源地；有原中共川西擦耳联络站、“徐家英烈”纪念碑和“词坛飞将”乔大壮墓等遗址，均为全区红色爱国主义教育地标点位；有观音阁老茶馆、彭镇老街和双流艺体中学3个成都市文化地标，有羊坪社区刘沅墓、光荣社区王氏墓群和彭家场社区观音阁老茶馆3个双流区级文物保护点位，其中观音阁老茶馆是游客到双流区必到“打卡地”，被誉为“活着”的古镇、摄影家的“天堂”；彭家场社区永丰街111~131号建筑物于2018年年初被成都市人民政府列入第十批历史建筑保护名录。彭镇紧邻8500亩生态湿地公园，金马河穿境11千米，杨柳河穿境12千米，自然风光秀丽；秉承生态优先、绿色发展的理念，按照整体优化、协调共生、适度开拓的原则，结合幸福美丽新村建设和农村人居环境整治，推进城乡面貌有机更新；依托成新蒲都市现代农业示范带建设，利用丰富的农村土地资源储备，发展优势产业，持续做精做优蓝莓、草莓、火龙果等特色水果产业，构建一、三产业良性互动格局。

2021年，彭镇有市场主体10739户，规模以上工业企业32家，规模以上服务业企业18家；固定资产投资5.59亿元，规模以上工业产值34.99亿元；完成全口径税收4.45亿元，其中地方税收1.48亿元。12月，

彭镇观音阁老茶馆（2021年）　（供图：彭镇）

彭镇“党建引领形魂并重　建设幸福美好家园”获中国民生发展论坛组委会颁发的“献礼建党百年”基层党建与民生发展优秀案例。

中共彭镇委员会书记：张梅；镇政府镇长：杨俊（杨俊于2020年11月任职）。

【镇村两级换届】 6月23—24日，中国共产党彭镇第八次党员代表大会召开，出席代表133名，其中女代表53名，选举产生新一届镇党委委员9名，其中书记1名、副书记2名；选举产生新一届镇纪委委员5名，其中书记1名、副书记1名。彭镇于1月8日完成22个村（社区）党组织换届选举，3月20日完成村（社区）村（居）委会换届选举。换届后，彭镇新进“两委”干部54人，“两委”干部共235名，平均年龄46岁，比上届年轻2岁，大专及以上学历占73%，比上届增长10%。

【国家卫生乡镇创建】 彭镇于4月启动国家卫生乡镇创建，先后召开动员大会、创卫工作推进会、现场办公会等38次会议安排部署工作；在镇、村（社区）主要街道、窗口单位等公共场所悬挂创卫宣传标语，营造创卫氛围，宣传爱护环境卫生、遵循社会秩序、除害防病等健康教育知识；定期开展城乡环境专项整治活动，清扫背街小巷，着力解决乱停乱放、占道经营、乱堆乱放等突出问题。9月，彭镇以成都市最高分828分通过四川省爱卫办专家创建国家卫生乡镇暗访。

【乡村振兴战略实施】 彭镇以土地整理项目为契机、以人居环境整治为抓手、以都市现代农业为主线，纵深推进乡村振兴战略，构建“特色镇＋川西林盘＋田园综合体＋农业产业园”模式，依托成新蒲都市现代农业示范带，推动槐轩文化小镇、桃源小镇建设，建成“金马乡韵·空港桃源”田园综合体和陵江桃园等14个产业基地，打造提升“老茶馆”等5个文旅地标，打造升级21个川西林盘，启动保护修复胡家店子等11个川西林盘，获评双流区乡村振兴先进镇；通过实施污水治理、户厕改造、垃圾分类、生态修复、植绿增绿“五大行动”，建成舟渡村等6个“厕所革命示范村”、岷江村等15个“美丽四川·宜居乡村”，临江村获评成都市“十大人居环境优美村”并获评四川省级乡村振兴示范村，鲢鱼社区等3个村（社区）获评成都市级乡村振兴示范村，羊坪社区等4个村（社区）获评双流区农村人居环境整治示范村，彭镇代表双流区接受农业农村部检查验收，获评2021年度双流区级农村人居环境整治示范镇。

【安置小区建设】 香榭林居二期安置小区位于光荣社区，主要安置天威新能源、阳光车站、城中村改造、白河路延伸段、彭镇小学、杨柳湖等项目拆迁人员，安置1090户3011人；幸福新村二期安置小区位于兴福社区，主要安置成蒲高铁、成温邛快速路、九江500千伏电力线、五桐庙地铁停车场、幸福新村二期及配套道路、黄水—核桃村电力线迁改、五桐庙地铁停车场沟渠迁改项目拆迁人员，安置605户2350人。香榭林居二期与幸福新村二期分别于8月和12月建设完工并分房安置。

【草头堰便桥改建】 草头堰便桥位于木樨社区5组，原为1973年修建的过水渡槽，后加盖水泥板改为便桥。因便桥原设计宽度、承重有限，导致人员、车辆通行存在安全隐患。草头堰便桥（跨杨柳河便民桥）改建工程于2019年12月20日立项，2020年11月25日开工建设，2021年5月26日竣工投用。便桥投用后，解决杨柳河两岸木樨社区近2000人的交通出行问题，《成都日报》等主流媒体专题报道。

彭镇兴福社区幸福新村二期（2021年）　（供图：彭镇）

【城乡社区发展治理】 彭镇以镇级社治支持中心作为“一核”，在鲢鱼、歧阳等村（社区）建立6个社区治理服务站，在吴家染坊、香榭林居二期、新安家园、彭镇老街文创院落、金湾小区、沿河小区等小区、新村、散居院落设立12个社治微点，“一核多元”辐射22个村（社区）277个小区院落；通过定制新型小区智慧管理、马哥金牌调解室、儿童友好社区议事会、精品林盘整治、农业公园建设、“布衣之光”文化聚落、校地合作文创IP打造等社治服务包16个，匹配镇级资金348万元，整合社治、文旅、城乡建设、小区治理、群团服务资金2480万元，引入社会资金2880万元，按照“示范指导＋理论教学＋实践探索”的教学模式，开展社区导游、社治Talk秀、通讯员等培训12次，培育一支55人的社治队伍。木樨社区党委副书记费小娟获“成都最美社区导游”称号，鲢鱼社区党委书记刘剑获双流区首届“社区BBKing冠军”，舟渡村党委书记张衡、临江村党委副书记马松被聘为双流区微党校本土讲师。

5月29日，彭镇开展“阅读‘悦’美”亲子阅读活动　（供图：彭镇）

【城乡环境综合治理】 彭镇坚持城乡环境综合治理与社区发展治理同部署、同推进、同提升，美化周边环境，优化群众出行体验，整治提升道路5条，绿化提升道路4万平方米，亮化小区18个，改造街面4条，修建改造便民停车场3个，新规划停车位580余个。

【信访案件化解】 彭镇按照“合理诉求解决到位、不合理诉求解释到位、生活困难帮扶到位、违法行为依法处理”要求，以化解信访积案、处置重信重访为突破口，通过“压实责任、创新方法、三管齐下”多方面发力，解决一批案情复杂、久拖未决的信访积案，提升信访工作实效。4月底，全镇9件“治重化积”案件全部得到实质性化解。

【文化事业发展】 彭镇结合本土“槐轩文化”，先后组织开展“刘沅故里·问道槐轩”文艺巡演、社区运动节、全民健身活动和“韵味彭镇·畅扬文化”各类亲子活动近100场，惠及群众4万余人；依托当地文化资源打造“为爱护航·优学步道”，完成槐轩庐墓升级改造，与成都理工大学共建成都理工大学文化艺术创作实践基地。

【党史学习教育】 彭镇通过多种途径，丰富教育形式，在省、市、区媒体刊载“我为群众办实事”特色亮点，在微博、微信公众号等宣发平台转发学习党史学习教育和习近平总书记重要讲话精神信息，在社区（小区）重要路口刊载庆祝中国共产党成立100周年宣传海报，制作易拉宝、临时展架等宣传画；组织全镇164名党员到成都战役纪念馆开展红色教育培训，组织镇党委班子成员到各基层党组织开展“微宣讲”20余次，聘请专家开展讲座6次，组织基层党员群众通过生活会、主题党日、“坝坝会”、读书会等形式开展学习活动80余次，发放《论中国共产党历史》《中国共产党简史》等党史学习教育书籍3911册，颁发“光荣在党50年”纪念章514枚。

【“企业咖啡时”活动】 彭镇开展各类“企业咖啡时”子活动，先后举行新春企业大拜访、业务技能大比拼、“彭镇搭桥，春风送岗”现场招聘会、创新提升分享交流会、安全知识技能竞赛和企业家沙龙等活动，畅通企业与政府交流平台，协调帮助企业解决用电保障、员工招聘、社区服务等问题29个，帮助80余家企业达成招聘意向152人。

【鲢鱼社区首届红枫节】 11月，彭镇鲢鱼社区举办首届红枫节。活动依托社区产业联盟，整合樱桃、蓝莓、花卉、吴家染坊记忆体验馆等社区

11月，彭镇鲢鱼社区举行首届红枫节　　（供图：彭镇）

产业资源，既为社区居民提供就近就业岗位，又扩大社区产业影响力，带动社区产业发展，为社区打造乡村文旅示范基地奠定基础。

【新冠疫苗接种】 彭镇全年完成18～59岁人群新冠疫苗第一针53129剂，新冠疫苗第二针52410剂，新冠疫苗加强针32532剂；完成60岁以上人群新冠疫苗第一针11952剂，新冠疫苗第二针11646剂，新冠疫苗加强针5569剂。

（陈凌旭）

黄水镇
Huangshui Town

【概况】 黄水镇位于双流区西南部，距双流国际机场5千米；东与黄甲街道接壤，南与新津区花源镇交界，西与彭镇毗连，北与东升街道紧邻；镇政府驻黄水场镇顺河上街1号。黄水镇辖区面积68.92平方千米，其中建成区面积8平方千米、耕地面积28.04平方千米；辖杨公、文武、扯旗、桃荚、红桥、板桥、长沟、楠柳、白塔、云华、桂花、应天寺12个社区和花龙1个村，有村（居）民小组112个；年末常住人口56765人，户籍户数18685户，户籍人口56944人；全年出生人口333人，人口出生率5.85‰，人口自然增长率2.00‰，人口密度823.6人/平方千米。

黄水镇因杨柳河流经镇境“水漱山石色异”得名。1992年10月，经四川省人民政府批准，由黄水乡与杨公乡合并为黄水镇。2019年12月，因双流区行政区划调整，胜利镇并入黄水镇。境内有瞿上城、东汉崖墓群、三官堂等历史遗迹，以及山寺圣灯、涌泉山瀑等“双流古八景”，建于清代嘉庆年间的柳南桥和百年古榕树为小镇平添古韵。胭脂脆桃、牧山香梨、二荆条等特色农产品为黄水镇农商文旅融合发展提供广阔空间。川藏路、双楠大道、大件路、成新蒲快速路、天保大道（在建）和成绵乐高铁穿境而过，成都地铁3号线和10号线在此汇集，顺丰四川分拨中心、圆通西南总部基地建成投运，德邦西南总部基地等10余个项目加快建设，黄水镇成为成都芯谷、空港商圈、空港花田等重大产业项目的主要承载地。

2021年，黄水镇完成全口径工商税收3.98亿元，占目标任务的122.98%；完成地方税收1.32亿元，占目标任务的112.82%；实现规模以上工业产值50亿元，较2020年增长16.28%；完成全社会固定资产投资4.33亿元，其中农业投资0.14亿元、工业投资0.86亿元、服务业投资3.33亿元；城乡居民人均可支配收入分别为51155元、34425元，分别增长8.10%、8.70%。

中共黄水镇委员会书记：袁甫（2月离任），夏勇（2月任职）；镇政府镇长：颜仁敏（5月离任），詹倩（5月任职）。

【营商环境优化】 黄水镇服务企业发展，以重大适航产业为牵引，推动镇域经济高质量发展，顺丰四川分拨中心、圆通西南总部基地建成投运，德邦西南总部基地等10余个项目加快建设；开展“企业咖啡时”12场，为企业解决用电、用工等问题169个。全镇市场主体增至7700家，净新增企业345家。

【乡村振兴战略实施】 黄水镇召开村（社区）集体经济发展工作专题会，统筹盘活全镇闲置资源资产资金，为各村（社区）“量身定制”集体经济发展壮大方案，指导13个村（社区）全覆盖建立股份合作社，云华社区、白塔社区年集体经济收入均超100万元；整合资金4000万元，统筹杨公、文武、扯旗、桃荚4个社区共1.8万亩土地资源，聘请成都市农林科学院等专业团队指导，聚力打造空港创意都市现代农业园

空港创意都市现代农业园区（2021年）　（供图：黄水镇）

区，成功创建全区首个成都市三星级农业园区；成立黄水镇农村土地流转审查委员会，规范农村土地流转管理，流转土地1300余亩，保障农业产业项目落地；采取“长牙齿”的硬措施，加强耕地保护，强化受让方资格审核和项目审查，杜绝农用地无序流转；推进新村建设整理指标原址流转，桂花社区天保大道以南空港花田区域13宗（32个地块）、493.9亩土地已提交成都农村产权交易所双流分所挂网流转。9月26日，黄水镇获评四川省首届乡村文化振兴魅力乡镇。

【征地拆迁与项目建设】 黄水镇保障项目建设，完成天保大道、环港路南延线、加速器四期和纬龙等7个项目2872.25亩征地拆迁，推动冰雪世界、五环路、顺丰南侧道路等项目共2349.06亩拆迁扫尾；推进天保大道、中电科配套道路、圆通项目和配套道路等10余个重大项目建设，广牧路A1线建成通车。

【城市精细化管理】 黄水镇提升城乡宜居品质，整治提升宜城路、维新街、红桥干道3条背街小巷，推进成贵客专（黄水段）沿线环境品质提升，完成大件路、黄温路等6个“两拆一增”项目，增绿面积10亩；健全组织体系、完善收运工序、强化专项宣传，稳步推进临空花园、瞿上新村等小区垃圾分类试点，云华新村分布式餐厨垃圾处置中心多次代表双流区接受重庆市涪陵区等省内外相关单位参观学习；投入专项资金120余万元，推动黄水镇综治中心智慧化升级，完成114处雪亮工程建设，临空花园成功创建双流区级智慧小区。

【社区发展治理】 黄水镇创新社区发展治理，探索实施“推动1条主线+打造‘3微’功能+做实4项服务+强化5个保障”的“1345”红色末梢基层治理模式，推动社区发展治理延伸到小区、覆盖到院落、扎根到家庭，以微阵地开展微治理、微课堂实现微教育、微服务解决微民情；搭建多方沟通平台，建成“小区党组织+自治组织+物业服务机构”三方联动的治理机制，实现党建引领进商品房小区；完成文武社区、白塔社区党群服务中心亲民化改造，规划推动板桥美食街打造，花龙村、白塔社区瞿上新村分别获成都市级示范社区、示范小区称号，板坡雅舍获评成都市社区美空间。

【城乡环境治理】 黄水镇制定《关于进一步加强生态环境保护的十大工作方案》，将生态环境保护细分为水生态、再生资源回收等十大领域，组建十个专项工作组，分类开展专项整治；四个“第一时间”加快推进涉环保投诉处理，分管领导联系、召开会议专题研究、回访群众征求意见、全程跟踪督察问效，涉

白塔社区板坡雅舍（2021年）　（供图：黄水镇）

白河（2021年） （供图：黄水镇）

央督主办件2件、协办件4件，涉省督协办件4件，均完成整改销号；投入1500余万元完善排水基础设施建设，新建雨污管网8.7千米，修复病害管网0.75千米，黄水、原胜利场镇实现雨污分流，牧马山污水处理厂（二期）进入调试阶段，杨公场镇微型污水处理设备提标改造完成；持续打好大气、水、土壤污染防治“三大战役”，依法关停再生资源回收站点67家，推进秸秆综合利用和工地扬尘治理，清理农业生产废弃物10余吨，镇村两级河长开展巡河3500余次，发现解决问题330个，杨柳河、白河水质稳定在Ⅲ类标准。

【“平安黄水”建设】 黄水镇完善安全监管机制，深入开展隐患排查“亮剑行动”，排查整改安全生产隐患885个；聚焦交通安全隐患风险，全覆盖开展风险排查整改，全年交通事故起数比2020年下降11%；组建“战旗红”志愿服务队等应急救援队伍3支，开展综合应急演练4场、防火防洪演练3场，提升快速反应、联动处突能力；深入开展政法队伍教育整顿，常态化推进扫黑除恶，持之以恒抓好防邪禁毒，全年刑事、行政案件数量比2020年下降15.32%。

【社会民生】 黄水镇启动建设文武新村，杨公新村二期7月底建成交房，改善372户1344名群众居住环境；解决中央环保督察组巡查四川交办的桂花社区4组飞机噪声扰民问题，完成桂花社区噪声区82户258人自愿申请搬迁；投入资金近1000万元用于加强完善辖区16个统规统建安置小区、7个幸福美丽新村管理，规范提升小区保安、保洁和绿化，对屋面漏水、墙面破损、设施设备等进行维修，改善小区基础设施，消除安全隐患；在全区率先开展散居院落整治提升，选取26个“最差院落”试点先行，院落环境面貌明显改善，相关经验做法作为全省“我为群众办实事”实践活动典型案例受到四川电视台报道；开展党史学习教育“我为群众办实事”，收集解决S14公交线路优化等群众急难愁盼问题204件；投入近640万元，保障改善低保4020人次、“五保”888人次和高龄群众2万余人次的基本生活；落实教育“双减”政策，加强对全镇13家校外培训机构督查管理；加大教育卫生投入，完成黄水卫生院改造提升，棠湖小学（南区）扩建工程年底前完成，新增学位1080个；举办就业招聘会7场，新增城镇就业2458人；开展“一镇一特色·百姓大舞台”活动24场，惠及群众3余万人次；投入20万元，升级打造黄水镇综合文化服务中心，新购置图书2000余册；举行“书香润泽童心·阅读相伴成长”系列活动24场，惠及群众5000余人；举行“棋乐无

12月2日，黄水镇综治队员开展应急演练 （供图：黄水镇）

穷·汇聚黄水”社区象棋联赛等文体活动30余场，吸引1万余名群众参加；组建天府低音提琴艺术团和天府唢呐艺术团，开办少儿书法、成人古筝等公益培训130班次，营造“爱成都·迎大运”浓厚氛围。

【新冠肺炎疫情防控】黄水镇建立疫情防控督查通报机制，对农贸市场、生鲜冷链、散居院落等重点场所、重点行业实行“每日督查、定期通报、限时整改”，形成工作专报、督查通报65期；统筹统调资源力量，组织动员党员干部群众1万余人次下沉小区（院落）参与疫情防控，打赢7月底、11月初两轮本土疫情防控“攻坚战”；制定《黄水镇大规模核酸检测战区作战方案》，划分为13个作战分区，设置52个核酸应急检测点和143个采样通道，配置95名采样人员，确保满足全员核酸检测需求；建立防疫物资“消耗—调配—补充”应急预案，以机关集中储备为基础、卫生院和家庭储备为补充，规范储备口罩10万余个、酒精1000余升、消毒液50余件，确保物资供应充足、安全高效；组建以党员、退役军人为主的志愿者应急服务队，增强应急处置能力；整合调配40余亩社区土地，建立双流区板桥社区疫苗接种点，抽调精干力量组建服务专班，为全市、全区群众接种疫苗超76万剂；配合抽调16名机关党员干部到隔离酒店、机场专班等防疫一线参与防疫服务，服务国内外返成都乘客1200余人次。7月30日，黄水镇党委被成都市委组织部通报表扬为双流区唯一一个疫情防控先进基层党组织。

（车思涵）

永安镇
Yongan Town

【概况】永安镇地处双流区东南部，背倚牧马山，距双流国际机场19千米；东邻天府新区，西与新津区交界，南接黄龙溪镇，北连黄甲街道、怡心街道；镇政府驻永安镇学士街87号。2021年，永安镇辖区面积56.75平方千米，其中建成区面积5.66平方千米、耕地面积32673亩；辖付家坝、凤凰里、松柏3个社区（涉农社区）和三新、景山、双坝、梨园4个村，有村（居）民小组86个；年末常住人口35367人，户籍户数11860户，户籍人口36102人；全年人口出生率7.27‰，人口自然增长率0.56‰，人口密度623人/平方千米。

三国蜀汉时期，诸葛亮南征曾在此制造木牛流马，故名木马镇，后“傅氏一族”由湖广迁居于此，以耕读传家，留下“一门五进士”的佳话，故又名傅家坝。此地先后出现光绪翰林院士傅世炜、近代“平民教育家”傅葆琛、革命烈士傅狂波和刘则先、全国自强模范傅启敏等名人。1992年，原永安、红花两乡合并成为永安镇。永安镇生态本底良好，森林覆盖率28%，水域面积占4.6%；锦江穿镇而过，永安段全长11.4千米，常年水质保持Ⅲ类；建成开放10千米永安湖绿道示范段、26.5万平方米条条河湿地公园，形成以永安湖森林公园为核心的三级绿道体系。永安镇是全国最大的优质地瓜种子繁育基地、成都市核心蔬菜基地，盛产二荆条辣椒、付家坝韭黄、红提葡萄、地瓜种子，被誉为“永安四绝”，其中二荆条辣椒、双流永安葡萄均为国家地理标志保护产品。永安镇获评国家级卫生乡镇、国家级现代农业综合示范基地和全国造林绿化百佳乡镇。

2021年，永安镇完成全口径税收13305万元，比2020年增长47.23%；完成地方税收4740万元，增长59.37%；实现规模以上工业产值23.24亿元，增速9.7%；完成固定资产投资3.78亿元，完成率110.09%；城乡居民人均可支配收入分别为55297元、35094元，分别增长8.9%、9.6%。

中共永安镇委员会书记：朱光春；镇政府镇长：任小利（5月离任），赵兴荣（5月任职）。

【征地拆迁与安置】永安镇完成国永线电力沟槽、毛家湾片区市政道路、松柏片区市政道路、锦南苑西地块项目征地拆迁，累计征地面积196.7116亩，用地面积851.6837亩；拆迁租地业主29家，拆迁安置1727人，完成11211名在外过渡人员过渡费管理发放。

【生物城建设】永安镇完成成都天府国际生物城1669.9亩用地范围拆迁，交地面积1195.54亩，保障国际医疗中心、贝赛思学校等12个重点项目落地落位；实施宜居工程，推进湖润家园、锦江河畔、牧马驿、锦南苑4个安置小区建设，其中7月建成湖润家园安置小区住房1357套，564户1746名群众迁到新居，引入生物城运营公司开展商业化物业管理服务；孵化园576套青年公寓入住率100%，天府菁萃里、天府领地城约3000套商品房对外销售。

7月26日，永安镇湖润家园分房，安置户喜领新房钥匙 （供图：永安镇）

【乡村振兴】 永安镇在锦江以东片区引入城投天府颐谷、碧欧田园、新农高科等6个乡村振兴项目，5个项目完成集体经营性建设用地流转114亩；培育市场主体995个，农业固定资产投入1.68亿元；“双11”期间借助网络直播平台，助推销售梨园村1.5万余千克爱媛橙，为合作社增收20万余元；举行第二届国家地理标志双流永安葡萄文化季，承办双流农民丰收节等重大活动。“永安乡村振兴课堂”被评为国家级“终身教育学习品牌项目”，三新蓝莓家庭农场获“四川省级示范农场”称号，葆琛乐育书院建成开放。

【城市管理】 永安镇对场镇太平街一二段、四兴街、翰林街、文化一二路、南通路二三段实行非现执法，增设机动车、非机动车车位300余个，建设停车场4处（车位400余个）；完成场镇街区市政道路及配套设施提升整治、四兴街文化广场停车场出入口道路建设及临时烧烤夜市规范、场镇街区路边配电箱美化提升、太平街与南通路交会处环岛美化提升整治、剑南大道永安段红绿灯口绿化景观提升改造，完成双坝村“两拆一增”围墙改造、梨园村节点打造、辖区成昆铁路沿线环境品质提升整治、永安大桥金马街桥洞美化、文化广场功能提升改造、文化一路垃圾分类示范街点位项目；在全镇集中居住小区开展垃圾分类市场化运行管理，完成双坝、梨园、凤凰里等村（社区）6处生活垃圾转运点改（扩）建。

【社区发展治理】 永安镇构建“一核三共”（以党建引领为核心，平台共建、多元共治、发展共享为支撑）社区治理体系，创新举措受到中央广播电视总台等媒体关注；开展示范社区创建行动，付家坝社区获评四川省首批乡村治理示范社区、成都市百佳示范社区，凤凰里国际化产业社区获评成都市2021年度十佳志愿服务社区，付家坝社区被评为成都市“书香社区”。

【生态环境保护】 永安镇打好蓝天保卫战，建立“例行检查＋重点抽查”工作制度，出动车辆3660台次、人员3538人次，检查工地大气污染工作1.37万个/次，约谈扬尘类问题项目10家，发放责令整改通知书10余起，立案查处23起，其中结案19起，罚款金额11.75万元。永安镇打好碧水保卫战，建立“一口一长”制，排查整治直排锦江排口污染源，确保污水不下河；修建污水管网10余千米、三级沉淀池124个，100%收集锦江200米岸线内所有散居农户生活污水，避免污水直排；完成太平街雨污分流管网和太平沟、杜家沟污水管网建设，完成场镇沿锦江1400米污水管网病害治理，解决部分场镇雨污混流、污水淤泥黑臭等问题。永安镇打好净土保卫战，制定《永安镇关于进一步加强农业面源污染治理的工作方案》，与各村（社区）、农业种养企业及土地承包人签订目标责任书和监管承诺书200余份；确定锦江200米范围2580亩高效肥替代试点区，减少化肥使用量100余吨，试点区化肥利用率提高到40%；实施农资经营台账管理，源头管控农药化肥等面源污染物资，设立9个农药包装废弃物回收点，有偿回收处置废弃农药包装袋（瓶）、废旧农膜近104万个。永安镇2021年空气质量优良天数比率为93.3%，比2020年上升4.7个百分点。永安湖获评成都市十大最美河湖，条条河湿地公园成为成都市民网红打卡地；锦江永安、黄龙溪国控断面常年稳定保持Ⅲ类水质，受到中央第五生态环境保护督察组组长、四川省人民政府省长、成都市委主要领导等领导“点赞”。

【森林防火】 永安镇摸排森林防灭火情况，制定《永安镇森林防灭火作战图》，明确重点山头21个，设置卡点36个、巡山人员20人、森林防灭火蓄水池13口，设立综治中心、双坝村2个微型消防站；与7个村（社区）、80名村干部、160名护林员层层签订森林防火责任状，常态化开展森林防灭火应急演练，全域巡查确保“封住山、看住人、管住火”；将“文明祭祀”纳入村规民约，设置鲜花等祭祀用品集中销售点3个，组织开展“鲜花祭故人”“杯酒寄哀思”等文明祭扫活动8场。

【信访办理】 永安镇建立信访矛盾化解联席会议制度，分析研判信访形势、信访积案、信访突出问题以及上级信访交办件；明确镇领导包案包办责任制，12名镇领导下沉到群众来访接待站轮流接访，妥善处理征地拆迁、新村建设、新生儿分配等突出信访问题，解决上级转办件62件，办结率100%；聚焦重点行业、领域，梳理出“治重化积”“今冬明春”等信访矛盾案件类型；健全“信访登记、信访办理、重点信访案件、信访查阅”4本信访台账，梳理信访矛盾62件，对复杂疑难事件，创新镇党委政府提级会商、司法介入机制，优化信访事项督查督办机制，开展专项治理，实行“月调度、季通报”；落实“五个一”（一个问题、一名领导、一套班子、一个方案、一抓到底）、“五包”（定责任包重点、定领导包化解、定措施包扶助、定机制包排查、定实效包督导）工作责任制，建立“一人一策、一人一案”机制，深入开展信访重点领域、重点群体、重点问题、重点人员“四重攻坚”化解整治活动，将63个案件逐一分配、逐一突破，比2020年下降25%，办结率100%，满意率95%。

【社会民生】 永安镇设立6个综合服务窗口，129项办理事项实现一窗办理“零差别”；对接成都天府国际生物城园区企业，召开现场招聘会4场、线上招聘会2场，提供工作岗位600余个，实现用工签约400余人；城镇新增就业1461人，城镇下岗失业人员再就业911人，就业困难人员再就业50人，富余劳动力向非农产业新增456人；完成民政对象参保，资助313人149075元；完成贝赛思和永安经营性地块东侧2个项目征地41人社保参保，完成新双黄路、生物城南路13批次征地483人社保参保；城乡居民医疗保险参保22912人，全镇医保参保率99%；受理农民工维权案件21起，调解成功20起，推送劳动仲裁1起，兑现农民工工资30.69万元；化解景山、双坝、梨园新村建设农民工欠薪引起的不稳定因素，与成都天府国际生物城联动，妥善处置欠薪案件13起。4月，京东方医院开诊。永安湖城市公园被授牌四川省永安湖路亚运动竞训基地、四川省永安湖路亚运动青少年培训基地。

【新冠肺炎疫情防控】 永安镇按照永安镇、成都天府国际生物城一个指挥中心同步防控机制，常态化召开疫情防控工作联席会，暗访督查重点场所、重点人员疫情防控措施落实情况，排查成都市外返永安镇人员4820人、重点人员882人；形成《永安镇（生物城）全员核酸检测采样分区作战图》，设置3个作战分区、17个采样点位、44个大联动网格，按1名镇领导、1名村（社区）负责人设置分区指挥机制，覆盖人口约4.8万人；创新实行疫苗接种点双点长制，完成疫苗接种逾40.6万人次，单日最高接种1.2万人次；完成疫苗加强针接种5518522人，12周岁以上人群第二剂接种28213人，接种率91.39%，未接种2655人。

【生物城（永安镇）综合行政执法中队揭牌】 5月6日，生物城（永安镇）综合行政执法中队揭牌成立，成为成都市首个以产业功能区命名的执法中队。执法中队为双流区综合行政执法局派驻永安镇机构，主要承担永安镇252项行政处罚事项、3项行政强制事项，全年立案查处

5月6日，生物城（永安镇）综合行政执法中队揭牌仪式举行 （供图：永安镇）

10月14日，"九九重阳节·浓浓敬老情"永安镇"一镇一特色·百姓大舞台"文艺会演在凤凰家园小区举行
（供图：永安镇）

行政处罚案件56件，其中环保扬尘类25件、能源类1件、生活垃圾类8件、市容秩序类2件、建设类（夜间施工）5件、市政类2件、餐厨垃圾类3件、占道经营类7件、其他类3件。

【"一镇一特色·百姓大舞台"系列活动】 永安镇利用重要时间节点，以"党的百年华诞""传承葆琛乐育文化""弘扬非遗文化""爱成都·迎大运""社会主义核心价值观"等为主题，分别在付家坝社区、松柏社区、凤凰里社区、景山村等7个村（社区）开展文艺演出14场。演出结合本地文化演艺资源，每场不低于12个节目，融合声乐、器乐、舞蹈、魔术、杂技、川剧、曲艺、小品等表演形式，惠及群众1万余人次。

【第二届国家地理标志双流永安葡萄文化季活动】 9月29日，2021年中国航空经济之都农民丰收节庆祝活动暨第二届国家地理标志双流永安葡萄文化季活动在成都天府国际生物城文化中心举行。活动结合双流区特色民俗文化、农时农事，以一场表演、一场展览、一场展销、一场体验、一个宣传"五个一"活动为重点，既体现双流优秀农耕文化，又展现农民新时代精神和双流乡村振兴成果。国家地理标志产品永安葡萄、二荆条辣椒和"非遗"剪纸、竹编作为农产品和文化艺术品参加展销节。

（饶文涛）

9月29日，2021年中国航空经济之都农民丰收节庆祝活动暨第二届国家地理标志双流永安葡萄文化季活动在成都天府国际生物城文化中心举行
（供图：永安镇）

黄龙溪镇
Huanglongxi Town

【概况】 黄龙溪镇位于双流区东南部边缘，东临天府新区，南接眉山市彭山区，西靠新津区，北承永安镇；镇政府驻黄龙溪镇黄龙大道四段2799号。2021年，黄龙溪镇辖区面积50.4平方千米，其中建成区面积2.1平方千米、景区面积1.21平方千米；辖黄龙、古佛、嘉禾、白马、大河5个社区和响水、川江2个村，有村（居）民小组59个；有常住人口31072人，户籍户数9350户，户籍人口30282人；人口出生率3.34‰，人口密度600人/平方千米。

黄龙溪镇是中国第三批历史文化名镇、中国民间艺术（火龙）之乡、国家AAAA级旅游景区、四川省首批特色小镇。黄龙溪古镇历史悠久，拥有一湖（卧龙湖）、两河（府河、鹿溪河）、六寺（镇江寺、潮音寺、古龙寺、大佛寺、观音寺、金华庵）、七街（复兴街、正街、新街、横街、仿清街、上河街、下河街）、九巷（鱼鳅巷、烟市巷、扁担巷、龙爪巷、篙竿巷、蓑衣巷、艄公巷、担水巷、打更巷）、十古（古街、古庙、古树、古建民居、古码头、古佛洞、古佛堰、古衙门、古风民俗、古崖墓）景点；景区面积1.21平方千米，其中核心景区面积0.04平方千米，常住人口5500人；景区有商家607户（其中餐饮109户、住宿116户、工艺品109户），有酒店（客栈）116家、床位3531个。

2021年，黄龙溪镇地区生产总值由2020年28亿元增长到33.05亿元，增长15.28%；地方税收1300万元，比2020年增长20%；固定资产投资由2020年的4.28亿元增长到7亿元，增长38.86%；规模以上工业增加值比2020年增长10%；服务业增加值比2020年增长9%；社会消费品零售总额比2020年增长10%；村级集体经济收入超1190万元，比2020年增长71.36%；城镇、农村居民人均可支配收入分别为55866元、34745元，分别增长8%、10.1%。

中共黄龙溪镇委员会书记：赵成俊（5月离任），李召林（5月任职）；镇政府镇长：邓建（5月离任），师孟军（5月任职）。

【城乡规划建设】 黄龙溪镇推进总体规划、镇区控制性详细规划等规划编制，实现村庄规划全覆盖；明确“1123”（古镇核心示范引领、新场镇区域延伸支撑、两个示范带串联、三个功能区协同发展）发展思路，加快构建“一核引领、一城支撑、两带串联、三区协同”的城乡融合发展格局；新增镇村公路40.1千米，养护镇村道路146.5千米，建成7千米锦江绿道、1.7千米旅游环线，剑南大道、岷东大道等交通主干道建成通车；启动13.5千米天然气主管网建设，推进青冈咀林盘保护修复项目。

【文旅产业发展】 黄龙溪镇打造如鱼化龙古文化共享空间、“黄龙溪×言几又”公共阅读空间、“有心汇客”古镇会客厅等特色体验场景，举行“码头新生活·赶场黄龙溪”主题帐篷集市2季，携手双流书法家协会打造“书写复兴”沉浸式书法文化展；探索“政府+社区+企业”模式，结合李家院子等9个散居院落林盘整治，植入民宿、文创等业态；围绕“田、林、水、院”四大核心要素，建设文化墙、植景、植绿等，推进陈家院子、陈家水碾林盘保护修复，实现“景区+园区+院落（林盘）”协同发展。

【综合治理】 黄龙溪镇健全以党组织为核心的“1+3+1+N”新型基层治理体系，新建企业党组织1个、自治组织44个、群众参与的治理队伍27支，推动构建共建共治共享新格局；推进“平安黄龙溪”建设，稳控不稳定因素2个，化解6件“三张清单”案件、2件中央治重化积案件，成为全区第一个治重化积清零镇（街道）。

【环境治理】 黄龙溪镇开展中山路环境连片整治，川龙街获评成都市、双流区“最美街道”；完成天府新区集输气管道工程拆迁、嘉禾馨苑安置点规划区内危房拆迁，拆除成都第二绕城高速黄龙溪收费站古镇鱼庄农家乐，历时7年的历史遗留问题取得突破；美化亮化正回路沿线周边等，增绿1万平方米；更换四分类垃圾桶300个，新建改建垃圾分类投放点52处，完善收运体系、强化专项宣传，深化陈家院子垃圾分类示范小区带动作用，在嘉禾嘉苑、嘉禾铭苑开展垃圾分类试点，以点带面提升垃圾分类实效。黄龙溪镇开展水生态治理，投入2000余万元，完成龙王庙沟水生态治理及生态修复工程、佛洞街污水管网建设工程，改造张家山小区等13个一体化污水处理设施，锦江黄龙溪断面水质由劣Ⅴ类改善提升至Ⅲ类，通过2次环保央督；落实“河长制”，巡河1437次，发现并整改完成问题115个；落细“口长制”，全镇238个排口责任到人，持续推进水环境改善。黄龙溪镇开展大气污染治理，建立300人巡查监督队伍，按照动土必管原则，加强剑南大道等27个工地监管；落实镇、村、组、户四级秸秆禁烧责任，推进秸秆综合利用，开展餐饮油烟污染专项整治行动，关闭再生资源回收站13个，空气优良天数保持全区第一。黄龙溪镇开展土壤污染治理，实施农药化肥“减量控害”，定期不定期巡查6家农资经营店，杜绝违禁农业投入品销售；关停设施落后、效益差的养殖场2家，对40家养殖场采取资源化、无害化和减量化治理办法，强化畜禽养殖污染防治。第二轮中央环保督察期间，黄龙溪镇成为全区唯一“零派件”镇（街道）。

【安全管理】 黄龙溪镇落实安全生产“一岗双责”，修订完善《安全生产责任制管理办法》；组建应急救援队伍1支、半专业扑火队伍1支，开展综合应急演练4场、防洪专项演练2场，提升快速反应、联动处突

10月1日，黄龙溪镇举行庆祝中华人民共和国成立72周年文艺会演　（供图：黄龙溪镇）

能力；开展大排查大整治行动，督促市场主体落实安全生产主体责任，整改安全风险隐患1300处。

【社会民生】黄龙溪镇支持学前和义务教育优质均衡发展，落实教育“双减”政策，加强对镇域内校外培训机构督查管控；深入开展爱国卫生运动，大河社区、川江村、响水村成功创建四川省级卫生村；对困难群体就业援助、托底帮扶，发放困难残疾人生活补贴39.38万元、低保金295.41万元、“五保”供养金护理费113.31万元，扶持43名贫困残疾人发展种养殖业，城镇登记失业率控制在4%以内；征地农民参保499人，城乡养老保险参保1727人，城乡居民医疗保险参保率99%；开展“百姓大舞台”活动12场，惠及群众1.2万人；实行镇文化站图书馆365天免费开放和图书借阅，依托白马社区双流图书馆分馆举办阅读活动25场，惠及群众1500余人；举办社区运动节、全民健身活动14场，协办空港双流中国象棋比赛2场，鼓励群众参加体育达标赛、体质达人赛，营造“迎大运”浓厚氛围。大河小关山聚居点竣工分房，惠及群众75户228人。黄龙溪镇退役军人事务站通过国家级退役军人服务站省级验收。

【新冠肺炎疫情防控】黄龙溪镇根据新冠肺炎疫情防控新形势新要求，完善疫情防控指挥体系，配强工作力量；落实疫情常态化防控举措，动员组织26103名群众接种新冠疫苗，筑牢疫情防控防线；完善应急预案，优化19个应急核酸检测点位、64条通道设置，开展大规模核酸检测应急演练2次，做好紧急情况战前准备动员。

（周亚茹）

12月26日，黄龙溪镇综合文化站开展绘画展览活动　（供图：黄龙溪镇）

附　录

APPENDIX

荣 誉 榜
Honor List

国家部（委）级先进单位和个人

2021 年双流区获评国家部（委）级先进单位一览表

表 8

获奖单位	荣誉称号	颁奖单位	颁奖时间
双流区	全国民族团结进步示范区	国家民族事务委员会	2021 年 1 月
双流区	2018—2020 年全国计划生育优质服务先进单位	国家卫健委	2021 年 1 月
双流区	全国学前教育普及普惠县	国务院教育督导委员会办公室	2021 年 3 月
双流区	国家体育产业示范基地	国家体育总局	2021 年 4 月
双流区	第六届“万步有约”健走激励大赛全国优秀健走示范区	中国疾控中心	2021 年 11 月
双流区	第六届“万步有约”健走激励大赛进步奖	中国疾控中心	2021 年 11 月
双流区公安分局	节约型机关	国家机关事务管理局、中央直属机关事务管理局、国家发展改革委、财政部	2021 年 8 月
双流区教育局	国家义务教育质量监测工作“优秀组织单位”	教育部基础教育质量监测中心	2021 年 12 月
双流区卫健局	节约型机关	国家机关事务管理局、中央直属机关事务管理局、国家发展改革委、财政部	2021 年 8 月
双流区卫健局	全国优秀健走组织单位奖	中国疾控中心慢病中心	2021 年 11 月
双流区卫健局	卫生行政管理系统行业赛“三等奖”	中国疾控中心慢病中心	2021 年 11 月
双流区水务局河长制办公室	全国工人先锋号	中华全国总工会	2021 年 5 月
双流区融媒体中心	新华社融媒体产品优秀传播奖	新华通讯社新闻信息中心	2021 年 7 月
双流区融媒体中心	全国县级融媒体中心能力建设十大典型案例	新华社	2021 年 12 月
双流区文化馆	一级文化馆	文化和旅游部	2021 年 12 月
永安乡村振兴课堂	全国终身学习品牌项目	中国成人教育协会	2021 年 11 月
彭镇退役军人服务站	全国示范型退役军人服务中心（站）	退役军人事务部	2021 年 7 月
双流中学实验学校风云气象站	2021 年度全国优秀气象科普教育基地	中国气象局、中国气象学会	2022 年 1 月

2021年双流区获评国家部（委）级先进个人一览表

表9

姓名	工作单位	获奖名称	颁奖单位	颁奖时间
胡冬毅	双流区公安分局棠湖派出所	个人嘉奖	公安部	2021年10月

四川省级先进单位和个人

2021年双流区获评四川省级先进单位一览表

表10

获奖单位	荣誉称号	颁奖单位	颁奖时间
双流区	住户监测调查先进区	国家统计局四川调查总队	2021年1月
双流区	对口帮扶涉藏地区和彝区贫困县先进集体	四川省委、省政府	2021年5月
双流区	四川省2020—2021年度“宣传民主法治建设”工作先进单位	四川省人大常委会办公厅	2021年10月
双流区公安分局法制大队党支部	全省公安机关最强党支部	中共四川省公安厅委员会	2021年7月
双流区档案馆	四川省档案工作先进集体	四川省档案局、省人力资源和社会保障厅	2021年11月
双流区教育局	职工合唱比赛金奖	四川省总工会	2021年6月
双流区教育局	四川省第十六届校园影视教育成果展示交流活动“优秀组织奖”	四川省电教馆	2021年9月
双流区水务局	四川省水利系统先进集体	四川省水利厅	2021年1月
双流区投促局	北方区域重大项目落地保障服务工作先进单位	四川省人民政府驻沈阳办事处	2021年12月
双流区文化体育和旅游局	四川省体育工作突出单位	四川省体育局	2021年1月
双流区气象局	2021年四川省气象科学技术进步三等奖	四川省气象学会	2021年7月
双流区总工会	四川省五一劳动奖状		2021年7月
双流区残疾人联合会	残疾人之家	四川省人民政府残疾人工作委员会、省人力资源和社会保障厅	2021年12月
西航港社区卫生服务中心	四川卫生健康系统先进集体	四川省卫健委、省人力资源和社会保障厅	2021年3月
永安镇付家坝社区	四川省首批乡村治理示范社区	四川省委城乡基层治理委员会	2021年3月

2021年双流区四川省级先进个人一览表

表11

姓名	工作单位	获奖名称	颁奖单位	颁奖时间
李云寿	双流区人大常委会办公室	四川省“宣传民主法治建设”工作先进个人	四川省人大常委会办公厅	2021年10月
马　勇	双流区公安分局治安管理大队	全省公安系统成绩突出个人（二等功）	四川省公安厅	2021年1月
梁世雄	双流区公安分局刑侦大队	四川省扫黑除恶专项斗争先进个人	四川省扫黑除恶专项斗争领导小组、省委政法委、省人力资源和社会保障厅	2021年3月
施应平	双流区公安分局	全省政法队伍教育整顿省级指导组先进个人	四川省委政法委员会	2021年7月
吴　桃	双流区人民法院	教育整顿省级指导组先进个人	四川省政法队伍教育整顿领导小组办公室	2021年7月
钟　倩	双流区人民法院	全省法院司法警察第15期警衔首授晋升培训班优秀学员	四川省高级人民法院	2021年11月
李　莉	双流区人民法院	全省法院优秀庭审	四川省高级人民法院	2021年12月

续表 11

姓名	工作单位	获奖名称	颁奖单位	颁奖时间
杨晓芬	双流区教育局	2021 年四川省招考工作先进个人	四川省教育考试院	2021 年 9 月
王　芬	双流区气象局	2021 年四川省气象科学技术进步三等奖	四川省气象学会	2021 年 7 月
杨丰恺	双流区气象局	2021 年四川省气象科学技术进步三等奖	四川省气象学会	2021 年 7 月
高楷祥	双流区气象局	2021 年四川省气象科学技术进步三等奖	四川省气象学会	2021 年 7 月
韩　静	双流区气象局	2021 年四川省气象科学技术进步三等奖	四川省气象学会	2021 年 7 月
黄玉蛟	双流区工商联	四川省“万企帮万村”精准扶贫行动先进个人	四川省“万企帮万村”精准扶贫行动小组、省人力资源和社会保障厅	2021 年 5 月
漆贵春	双流区工商联	四川省“万企帮万村”精准扶贫行动先进个人	四川省“万企帮万村”精准扶贫行动小组、省人力资源和社会保障厅	2021 年 5 月
胡贵平	双流区工商联	四川省“万企帮万村”精准扶贫行动先进个人	四川省“万企帮万村”精准扶贫行动小组、省人力资源和社会保障厅	2021 年 5 月

成都市级先进单位和个人

成都市优秀共产党员、优秀党务工作者、先进基层党组织名单

一、优秀共产党员

泽　洛　东升街道白鹤社区欧城党支部书记

钟　刚　区第一人民医院（四川大学华西空港医院）副院长

樊明建　区委教育工委书记，区教育局党组书记

余永磊　区规划和自然资源局详规科科长、规划展览馆馆长

二、优秀党务工作者

曾俐华　西航港街道“两新”党建指导员

李晓佳　九江街道蛟龙社区第一书记

三、先进基层党组织

成都市双流区红海棠社会组织服务中心党支部

中电九天智能科技有限公司党支部

成都市双流区黄水镇白塔社区党委

成都市双流区行政审批局机关党委

成都棠湖外国语学校党委

2021 年双流区获评成都市级先进单位一览表

表 12

获奖单位	荣誉称号	颁奖单位	颁奖时间
双流区	县级及以上饮用水水源地水质达标率 100%的区	成都市大气、水、土壤污染防治“三大战役”领导小组办公室	2021 年 1 月
双流区	水质改善成效明显（水质类别同比改善两个类别）的区	成都市大气、水、土壤污染防治“三大战役”领导小组办公室	2021 年 1 月
双流区	8 个国省考核断面水质优良率 100%的区	成都市大气、水、土壤污染防治“三大战役”领导小组办公室	2021 年 1 月
双流区	成都市“两项”改革优秀集体	成都市村（社区）体制机制改革领导小组、市乡镇（街道）行政区划调整和体制机制改革领导小组	2021 年 2 月
双流区	生态环境保护党政同责工作先进单位	成都市委办公厅、市政府办公厅	2021 年 8 月
双流区	成都市青少年学生运动会田径比赛“一等奖”	成都市体育局	2021 年 10 月
双流区	2021 年三季度重大项目招引促建工作进入产业化项目招引“红榜”	成都市委督查室、市政府督查室、市发改委、市投促局	2021 年 11 月
双流区	2021 年服务国家总体外交工作担当作为先进集体	成都市委办公厅、市政府办公厅	2021 年 12 月

续表12

获奖单位	荣誉称号	颁奖单位	颁奖时间
双流区	2021年成都市精神卫生防治技能竞赛团队三等奖	成都市卫健委	2021年12月
双流区	2021年成都市精神卫生防治技能竞赛情景演练三等奖	成都市卫健委	2021年12月
双流区人民法院	维护妇女儿童合法权益先进集体	成都市中级人民法院	2021年1月
双流区人民法院审判管理办公室	“管理提升年”主题实践先进集体	成都市中级人民法院	2021年2月
双流区人民法院	2021年《998法治大讲堂》普法先进单位	成都市委全面依法治市委员会办公室	2021年11月
双流区人民法院	2021年度全市法院“民事庭审优质化优质庭审竞赛”先进集体	成都市中级人民法院	2021年11月
双流区人民法院	成都法院民事庭审优质化庭审竞赛组织奖	成都市中级人民法院	2021年11月
双流区教育局	“安全生产月”“安全生产蓉城行”优秀单位	成都市人民政府安全生产委员会办公室	2021年1月
双流区教育局	学校爱国卫生运动优秀征文和摄影作品评选工作“先进组织单位”	成都市教育局	2021年6月
双流区教育局	成都市第十三届中小学生艺术节“优秀组织奖”	成都市教育局	2021年6月
双流区教育局	全市第十七届中小学电脑制作活动“优秀组织奖”	成都市教育局	2021年8月
双流区教育局	第三届成都市教师美术书法篆刻作品展活动“优秀组织奖”	成都市教育局	2021年9月
双流区教育局	全市青少年足球运动项目“体育道德风尚奖”	成都市教育局	2021年9月
双流区教育局	成都市优秀童谣谱曲暨传唱推广活动“优秀组织单位”	成都市教育局	2021年10月
双流区教育局	全市第七届法治课赛课、模拟法庭和校园电视台法治节目竞赛活动“优秀组织单位”	成都市委宣传部	2021年11月
双流区教育局	成都市第37届青少年科技创新大赛“优秀组织奖”	成都市教育局	2021年12月
双流区教育局	成都市第六届中小学生校园书画化创评活动“优秀组织奖”	成都市委宣传部	2021年12月
双流区教育局	成都市青少年科技体育锦标赛“优秀组织奖”	成都市教育局	2021年12月
双流区教育局	全市青少年足球运动项目“一等奖”	成都市教育局	2021年12月
双流区教育局	普通高中教育教学质量“优秀等级”	成都市教育局	2021年12月
双流区教育局	全市教师教育教学信息化大赛工作“优秀组织单位”	成都市教育局	2021年12月
双流区教育局	2021年度教育资助工作“优秀单位”	成都市教育局	2021年12月
双流区教育局	成都市第六届寻找社区好老师活动“优秀组织单位”	成都市教育局	2021年12月
双流区公安分局	公务员集体三等功	成都市委、市政府	2021年6月
双流区水务局	全市水土保持工作先进集体	成都市水务局	2021年2月
双流区水务局	全市农村水利工作先进集体	成都市水务局	2021年2月
双流区商务局	区域协同发展先进单位	成都市商务局	2021年2月
双流区商务局	现代商贸产业生态圈建设先进单位	成都市商务局	2021年2月
双流区商务局	安全生产和信访维稳先进单位	成都市商务局	2021年2月

续表 12

获奖单位	荣誉称号	颁奖单位	颁奖时间
双流区商务局	疫情防控和生活必需品市场保供先进单位	成都市商务局	2021 年 2 月
双流区商务局	外贸稳增长先进单位	成都市商务局	2021 年 2 月
双流区商务局	服务贸易创新发展先进单位	成都市商务局	2021 年 2 月
双流区商务局	促消费工作先进单位	成都市商务局	2021 年 2 月
双流区投促局	2021 年度重要平台签约单位	成都市投促局	2021 年 12 月
双流区投促局	投资环境营销先进单位	成都市投促局	2021 年 12 月
双流区投促局	2021 年成都市驻华南地区先进单位	成都市人民政府驻深圳办事处	2021 年 12 月
双流区投促局	2021 年投资促进和综合服务先进单位	成都市人民政府驻深圳办事处	2021 年 12 月
双流区投促局	2021 年投资促进和综合服务先进单位	成都市人民政府驻上海办事处	2021 年 12 月
双流区文化体育和旅游局	“成都文化四季风·劲舞暖冬”群众舞蹈大赛优秀组织工作奖	成都市文化广电旅游局	2021 年 1 月
双流区文化体育和旅游局	总分馆建设先进单位	成都市文化广电旅游局	2021 年 1 月
双流区文化体育和旅游局	体育产业工作先进集体	成都市体育局	2021 年 4 月
双流区文化体育和旅游局	体育事业工作先进集体	成都市体育局	2021 年 4 月
双流区文化体育和旅游局	全市青少年非遗传承竞技展优秀组织工作奖	成都市文化广电旅游局、市教育局	2021 年 6 月
双流区文化体育和旅游局	成都市首届戏剧小品、曲艺原创作品大赛优秀组织工作奖	成都市文化广电旅游局	2021 年 7 月
双流区文化体育和旅游局	2021 年度成都非遗抖音作品评选推广活动组织工作奖	成都市文化广电旅游局	2021 年 11 月
双流区卫健局	成都市医疗机构感染防控知识技能竞赛团体三等奖	成都市卫健委	2021 年 2 月
双流区卫健局	2021 年成德眉资中医经典竞赛团体二等奖	成都市卫健委、市中医管理局	2021 年 10 月
双流区卫健局	成都市 2021 年百万职工技能大赛妇幼健康技能比赛一等奖	成都市总工会、市卫健委	2021 年 11 月
双流区卫健局	2021 年第二届“成渝双城杯”暨成都市第四届“蓝盾杯”卫生健康监督执法技能竞赛团体三等奖	成都市卫健委	2021 年 11 月
双流区卫健局	2021 年成都市卫健系统疫情防控先进集体	成都市卫健委	2021 年 12 月
双流区卫健局	2021 年成都市农村户厕改造提升创新课件奖	成都市爱国卫生运动委员会办公室	2021 年 12 月
双流区卫健局	2021 年成都市“文明健康　幸福蓉城”知识大赛组织奖	成都市爱国卫生运动委员会办公室、市精神文明建设办公室	2021 年 12 月
双流区卫健局	成都市工人先锋号	成都市总工会	2021 年 12 月
双流区卫健局	2020—2021 年成都市“安康杯”竞赛优秀组织单位	成都市总工会、市卫健委、市应急管理局	2021 年 12 月
双流区医保局	2021 年城乡居民医疗保险费集中筹资工作先进单位	成都市医疗保障局、国家税务总局成都市税务局	2021 年 2 月
双流区医保局	企业医疗（生育）保险费征收职责划转工作先进集体	成都市医疗保障局、国家税务总局成都市税务局	2021 年 2 月
双流区医保局	医保助力幸福美好生活十大工程先进集体	成都市医疗保障局	2021 年 8 月
双流区医疗保障事务中心	2021 年度成都市生育保险经办管理先进单位	成都市医疗保障事务中心	2021 年 12 月
双流区医疗保障事务中心	2021 年度成都市城乡居民参保数据治理和核查工作先进单位	成都市医疗保障事务中心	2021 年 12 月

续表 12

获奖单位	荣誉称号	颁奖单位	颁奖时间
双流区医疗保障事务中心	2021年度长期照护保险经办工作先进单位	成都市医疗保障事务中心	2021年12月
双流区医疗保障事务中心	2021年度成都市医保便民服务先进单位	成都市医疗保障事务中心	2021年12月
双流区气象局	全市气象部门2021年目标考核优秀单位	成都市气象局	2022年1月
双流区图书馆	成都阅读协会理事单位	成都阅读协会	2021年4月
双流区图书馆	服务创新先进单位	成都市图书馆学会	2021年12月
双流区图书馆	信息报送工作先进单位	成都市图书馆学会	2021年12月
双流区文化馆	成都市迎新年群众文艺会演暨2021年度全民艺术普及培训成果展"优秀组织奖"	四川省文化馆、成都市文化馆	2021年12月
怡心街道	成都市"人民满意窗口"	成都市信访局	2021年1月
怡心街道办事处	成都市"厕所革命"工作先进单位	成都市"厕所革命"领导小组办公室	2021年1月
彭镇人民政府	成都市"两项"改革先进集体	成都市村(社区)体制机制改革领导小组、市乡镇(街道)行政区划调整和体制机制改革领导小组	2021年2月
永安镇	家庭工作先进集体	成都市妇女联合会、市精神文明建设办公室	2021年6月
永安镇	2021年成都市"健康细胞工程"建设中健康街道	成都市健康城市建设领导小组	2021年12月
永安镇付家坝社区	2021年书香社区	成都市全民阅读活动指导委会办公室	2021年12月
永安镇凤凰里社区	2021年成都市十佳志愿服务社区	成都市委宣传部、市精神文明建设办公室	2021年12月
永安湖	最美河湖	成都市河长制办公室	2021年4月
双流区中医医院	成都市事业单位脱贫攻坚专项奖励先进集体	成都市委组织部、市委统战部、市直机关工委、市人社局、市农业农村局	2021年2月
四川川投国际网球中心开发有限责任公司	成都市体育产业示范单位	成都市体育局	2021年12月

2021年双流区获评成都市级先进个人一览表

表 13

姓名	工作单位	获奖名称	颁奖单位	颁奖时间
侯　峰	双流区委政法委	成都市扫黑除恶专项斗争工作表现突出公务员(嘉奖)	成都市委、市政府	2021年6月
何志军	双流区人民法院	全市法院"五类执行案件"先进个人	成都市中级人民法院	2021年1月
杨　伟	双流区人民法院	全市法院民事诉讼程序繁简分流改革试点工作先进个人	成都市中级人民法院	2021年2月
张楚敏	双流区人民法院	"管理提升年"主题实践先进个人	成都市中级人民法院	2021年2月
杨维薇	双流区人民法院	一站式多元解纷和诉讼服务体系建设先进个人	成都市中级人民法院	2021年2月
陈　红	双流区人民法院	抗击新冠肺炎疫情表现突出的个人(个人三等功)	成都市中级人民法院	2021年3月
付　琪	双流区人民法院	抗击新冠肺炎疫情先进个人	成都市中级人民法院	2021年3月
韩莉萍	双流区人民法院	扫黑除恶先进个人	成都市中级人民法院	2021年3月
苏建兵	双流区人民法院	个人三等功	成都市中级人民法院	2021年3月
陈　科	双流区人民法院	全市法院"致敬百年——礼赞新时代　永远跟党走"诗歌(原创)诵唱大赛优胜奖	成都市中级人民法院	2021年6月
李文里	双流区人民法院	全市法院"致敬百年——礼赞新时代　永远跟党走"诗歌(原创)诵唱大赛优胜奖	成都市中级人民法院	2021年6月
韩莉萍	双流区人民法院	个人嘉奖	成都市委、市政府	2021年7月
郑家森	双流区人民法院	优秀离退休干部党员	成都市委组织部、市委老干部局	2021年7月

续表 13

姓名	工作单位	获奖名称	颁奖单位	颁奖时间
周　跃	双流区人民法院	2021 年度全市法院“百优裁判文书”	成都市中级人民法院	2021 年 7 月
黄红斌	双流区人民法院	2021 年度全市法院“百优裁判文书”	成都市中级人民法院	2021 年 7 月
蔡　俐	双流区人民法院	2021 年度全市法院“百优裁判文书”	成都市中级人民法院	2021 年 7 月
邱盛林	双流区人民法院	2021 年度全市法院“百优裁判文书”	成都市中级人民法院	2021 年 7 月
蔡　俐	双流区人民法院	成都法院“百优庭审”	成都市中级人民法院	2021 年 9 月
李　莉	双流区人民法院	成都法院“百优庭审”	成都市中级人民法院	2021 年 9 月
周艳飞	双流区人民法院	成都法院“百优庭审”	成都市中级人民法院	2021 年 9 月
韩莉萍	双流区人民法院	成都法院“百优庭审”	成都市中级人民法院	2021 年 9 月
李　莉	双流区人民法院	成都法院民事庭审优质化庭审竞赛先进个人	成都市中级人民法院	2021 年 11 月
李　莉	双流区人民法院	成都法院民事庭审优质化庭审竞赛十佳法官	成都市中级人民法院	2021 年 11 月
张　超	双流区人民法院	2021 年度成都市法院刑事诉讼实战大练兵暨刑事庭审实质化“十佳法官（合议庭）”	成都市中级人民法院	2021 年 12 月
刘永森	双流区教育局	成都市“厕所革命”工作先进个人	成都市“厕所革命”领导小组办公室	2021 年 1 月
翟云飞	双流区教育局	成都市事业单位脱贫攻坚专项奖励先进个人	成都市委组织部、市委统战部、市直机关工委、市人社局、市农业农村局	2021 年 2 月
罗　丽	双流区教育局	成都市第二期特殊教育提升计划实施工作成绩突出个人	成都市人民政府教育督导委员会办公室	2021 年 5 月
杨晓芬	双流区教育局	成都市招考工作先进个人	成都市招生考试委员会	2021 年 6 月
薛钧文	双流区教育局	成都市招考工作先进个人	成都市招生考试委员会	2021 年 6 月
肖　念	双流区教育局	成都市“五好家庭”暨家庭工作先进个人	成都市妇女联合会、市精神文明建设办公室	2021 年 6 月
邹晓志	双流区教育局	成都市 2021 年优秀督学	成都市人民政府教育督导委员会	2021 年 9 月
袁　霞	双流区投促局	2021 年投资促进和综合服务先进个人	成都市人民政府驻上海办事处	2021 年 12 月
黄　丹	双流区投促局	2021 年投资促进和综合服务先进个人	成都市人民政府驻上海办事处	2021 年 12 月
王天瑜	双流区投促局	优秀学员	九三学社成都市委	2021 年 12 月
赖　伟	双流区卫健局	成都统一战线“同心战役”先进个人	成都市委统战部	2021 年 2 月
赖　伟	双流区卫健局	2020—2021 年成都市“安康杯”竞赛优胜班组先进个人	成都市总工会、市卫健委、市应急管理局	2021 年 12 月
王　瑞	双流区卫健局	2020—2021 年成都市“安康杯”竞赛优胜班组先进个人	成都市总工会、市卫健委、市应急管理局	2021 年 12 月
罗　欢	双流区气象局	2021 年度全市汛期重大气象服务先进个人	成都市气象局	2021 年 11 月
周　瑾	双流区气象局	2021 年度成都市气象服务先进个人	成都市气象局	2022 年 1 月
樊艳菊	双流区公园城市绿化服务中心	2021 年成都市“两拆一增”先进个人	成都市“两拆一增”工作办公室	2022 年 3 月
王良红	双流区第一人民医院	成都市事业单位脱贫攻坚专项奖励先进个人	成都市委组织部、市委统战部、市直机关工委、市人社局、市农业农村局	2021 年 2 月
汪　娜	双流区第一人民医院	“永远跟党走、奋进新时代”演讲比赛优秀奖	成都市卫健委	2021 年 7 月

双流区级先进单位和个人

在推进与四川省机场集团合作及研究“两场一体”格局下双流机场机遇对策工作中作出突出贡献的单位和个人名单

（2021 年 4 月 14 日）

一、突出贡献单位

区航空经济局
区卫健局
区公安分局
区文体旅游局
区城管局
区市场监管局
区住建交通局
双流生态环境局
区统计局
区财政局
区规划和自然资源局
区商务局
区税务局
空港产业促进中心
东升街道
西航港街道
黄甲街道
黄水镇
空港科创集团

二、突出贡献个人

彭　芸　综保区党工委委员、管委会副主任，区自贸局副局长
熊　雄　区航空经济局创新发展部部长
韩　林　区航空经济局航空产业部部长
张恒宇　区航空经济局办公室主任
安　钧　区卫健局党组成员、区疾控中心主任
赖　伟　区卫健局医政科科长
杨　窈　区卫健局疾控科副科长
彭学军　区公安分局治安管理大队大队长
曾　阳　区公安分局机场路派出所副所长
赵天宇　区城管局副局长
付　蕾　区城管局市容科科长
张明建　区商务局副局长
周　毅　区商务局流通产业科科长
向瑞华　区税务局副局长
张　雷　区税务局水源管理科科长
张茂军　区财政局副局长
刘桂蓉　区财政局国库科科长
高　放　区文体旅游局副局长
袁京蓉　区文体旅游局公共服务科科长
余永磊　区规划和自然资源局详细规划管理和建筑规划管理科科长
唐　萌　空港产业促进中心商务发展部副部长
何　健　区市场监管局营商环境服务科科长
缪文琳　区住建交通局公路建设科副科长
陈　琴　双流生态环境局行政审批与建设项目管理科科长
王　玲　区统计局综合核算科科长
周克俭　东升街道党工委委员、办事处副主任
李　泽　东升街道营商环境办工作人员
张海霞　西航港街道人大工委主任
林浩洋　西航港街道二级主任科员
胡丽萍　黄甲街道综合便民服务中心副主任
梁　聪　黄水镇副镇长
张　皓　空港科创集团办公室主任

2021 年双流区“建功航都最美奋斗者”名单

（2021 年 6 月 9 日）

杨文栋　通威太阳能（成都）有限公司
毛维成　核工业西南物理研究院聚变科学所
李　军　川开电气有限公司
贺海华　成都芯谷产业园发展有限公司
张　雷　成都云天励飞技术有限公司
古　玲　通威太阳能（成都）有限公司
钟　敏　中唐空铁科技有限公司
刘志高　成都西子孚信科技有限公司
曾　莉　正源控股股份有限公司
罗洪青　成都标建铝业有限公司
陈　号　成都机场世茂睿选尚品酒店
肖　菊　中国电信股份有限公司双流分公司
程洪利　成都空港建设管理有限公司
薛　芳　成都田园城市酒店管理有限公司
邬茂君　成都南方家俱有限公司
邱亚敏　成都噜噜花园农业有限公司
郭小红　黄龙溪一步乡村农家小院
赵　贵　双流永安镇斯尔顿家私厂
李锦松　成都泰顺物流有限公司
胡和平　四川汇宇制药股份有限公司
苟　渊　成都家园国际酒店有限公司
李　灿　四川永亨实业有限责任公司
杨　惠　成都全程德邦物流有限公司
周冬梅　尚志鞋业（四川）有限公司
潘锦功　成都中建材光电材料有限公司
史世琴　四川新财印务有限公司
赵伟杰　成都华府机动车检测有限公司
涂　红　四川金恒德西部控股集团

有限公司
张利沙 成都欧尚超市有限公司东升店
杨富才 中国商用飞机有限公司四川分公司
冯骥 川开电气有限公司
周凯 成都千嘉科技有限公司
李剑 成都国铁电气设备有限公司
韩倩 成都航宇超合金技术有限公司
骆吉明 成都百德邮政专用设备制造有限公司
毛小娟 四川双新制药有限公司
焦平萍 中电彩虹智慧照明科技有限公司
魏江伟 成都久和传动机械有限公司
王鹏 成都市九天家私有限公司
王培曦 中禾飞阳科技有限公司
潘叶兵 成都迪卡洛家具有限公司
史志强 四川永信建设工程有限公司
黎小波 四川中林建设有限公司
康媛媛 四川飞机维修工程有限公司
陈世龙 仁宝电脑（成都）有限公司
胡玉建 成都南玻玻璃有限公司
薛娟 成都华侨城黄龙溪投资发展有限公司
余勇 成都新易盛通信技术股份有限公司
何应平 成都中建材光电材料有限公司
贺洪波 成都中寰流体控制股份有限公司
邓小兵 四川华体照明科技股份有限公司
许方华 成都派斯光科技有限公司
马天赐 成都华微电子科技有限公司
陆紫微 成都诺和晟泰生物科技有限公司
邱杨文 成都双流西南航空港供水工程有限公司
刘斌 邮政双流分公司
何美淋 中航物业管理有限公司成都分公司
赵文平 双流区黄龙溪百安草莓种植专业合作社
杨先东 双流区胜利牧山香梨种植专业合作社
刘承林 成都市双流社区发展基金会
刘贤虎 双流敬老志愿者服务中心
黄彬 双流天然气公司
陈颖 区文旅体创意产业联合会
何潇 邮政储蓄银行双流区支行
王岚 国盛证券有限责任公司成都剑南大道证券营业部
张露予 中国工商银行股份有限公司成都双流支行
刘毅 空港花田建设发展有限公司
岳巍 空港科创投资集团有限公司
钟丽 空港创新创业投资有限公司
吴炎 空港文化旅游投资集团有限公司
付世美 空港兴城投资集团有限公司
汪开平 空港兴城建设管理有限公司
何斌 成都双流建工建设集团有限公司
曹玉英 四川顺道律师事务所
汤琳 四川天虎保安服务有限公司
邓波 成都市岷江自来水厂
侯辉武 航都粮油有限公司
王欢 双流区众成社会工作服务中心
周宇霞 双流区光点社会工作服务中心
余春梅 蛟龙港海滨城购物中心
宋盛全 成都市鑫盛瑞吉物流有限公司
胥金 成都派斯光学有限公司
周媛媛 双流区兴能天然气有限责任公司
林春兰 四川鑫福润投资管理有限公司
熊熙若 精量电子（成都）有限公司
郭全春 成都安迪生测量有限公司
冉江陵 成都银龙油料贸易有限公司
黄龙 成都恒坤光电科技有限公司
孙方伟 成都金发科技新材料有限公司
卢勇 成都空港公共交通有限公司
付天宇 成都空港现代服务业发展有限公司
游华均 四川南玻玻璃有限公司
杨小亮 双流禾苗社区工作服务中心
李达 成都市康凤鞋业有限公司
喻凤强 成都灵生配送服务有限公司
何志成 四川金桥物流有限公司
朱彤 成都双流新宁捷通物流有限公司
苟新容 成都越海全球物流有限公司
吴建容 四川天味食品集团股份有限公司
唐兵 四川成都空分配套阀门有限公司
纪本千 兴发铝业（成都）有限公司
张小茹 成都景山电子科技有限公司
田慧 太极集团四川太极制药有限公司
陈建军 成都盛帮密封件股份有限公司
何玉红 大陆希望集团希望森兰科技股份有限公司
尚崇军 成都市双流巴士公交有限公司
苏益华 成都华龙旅游开发有限公司
何华英 成都市青龙环卫有限公司
尤德春 四川恒升天洁环境管理有限公司双流分公司
张军 双流区东升中心敬老院
卢敏 东升街道迎春桥社区
候琴 东升街道葛陌社区
夏倩 东升街道广都社区

周　锐　东升街道龙桥社区
余正春　东升街道双巷社区
赵　勇　东升街道紫东阁社区
周贸勤　西航港街道湖夹滩社区
韩中泽　西航港街道莲花社区
罗　强　西航港街道江安社区
谢梦丽　西航港街道龙港社区
刘　杰　西航港街道近都社区
刘绍莉　西航港街道九龙湖社区
裴　爽　九江街道蛟龙社区
邓长林　九江街道石井社区
倪小艳　九江街道马家寺社区
罗　兵　九江街道万家社区
冯玉灵　怡心街道清河社区
徐　慧　怡心街道三江社区
罗　君　怡心街道草坪社区
孔劲松　怡心街道三江社区
段连富　黄甲街道王家场社区
陈　聪　黄甲街道长埂社区
蔡　欣　黄甲街道双华社区
付　容　黄甲街道青云寺社区
王洪雨　彭镇燃灯社区
罗伟超　彭镇合水社区
周化伟　彭镇新安社区
郑　旭　彭镇布市社区
马　松　彭镇临江村
黄　忠　黄水镇云华社区
廖叶宇　黄水镇白塔社区
赵海林　黄水镇楠柳社区
刘建英　黄水镇长沟社区
张小花　黄龙溪镇嘉禾社区
梁　燕　黄龙溪镇响水村
熊海淘　黄龙溪镇川江村
陶永忠　永安镇松柏社区
吴　迪　永安镇凤凰里社区
付春兰　永安镇双坝村
伍工志　永安镇梨园村
惠　佳　东升街道
刘　建　西航港街道
白俊军　九江街道
苏婉婷　九江街道
李秀兰　怡心街道
姜　峰　黄甲街道
尹　建　彭镇
王庭立　彭镇
杨凤华　黄水镇
杨　敏　黄龙溪镇
邱永福　西航港开发区管委会
万沛然　成都芯谷发展服务局
邱文瀚　区委办
胡仕芳　区人大办
舒爱萍　区政府办
徐　琼　区政府办
罗　冲　区政协办
刘　欧　区纪委监委机关
杨维薇　区法院
孙　毅　区法院
王海霖　区检察院
李　瑶　区检察院
郑贵安　区委组织部
何世冕　区委宣传部
黄建平　区委宣传部
李洪兵　区委政法委
张　灵　区委统战部
耿学燕　区委社治委
温建梅　区委编办
王　琨　区委巡察办
李思健　区委史志办
欧阳欢　区委党校
董　鑫　区档案馆
易孟秋　区发改局
罗　旭　区新科局
曹如峰　区公安分局黄龙溪派出所
刘　圳　区公安分局广都派出所
扎西青措　区公安分局棠湖派出所
李　月　区公安分局航都派出所
邓成旺　区公安分局机场路派出所
裴忠毅　区公安分局治安管理大队
赵　明　区公安分局交警大队
廖天武　区公安分局交警大队
陈晓雪　区公安分局法制大队
蒙立崴　区看守所
刘　丹　区民政局
康敬章　区财政局
夏　瑜　区人社局
黄　萍　区规划和自然资源局
王　波　双流生态环境局
李　斌　区住建交通局
费涵峄　区住房保障服务中心
谭　敏　区城管局
曹　杰　区综合执法局
胡　锐　区综合执法局
陈章君　区综合执法局
曾　尹　区行政审批局
罗肖丽　区行政审批局
陶　沁　区农业农村局
柴笑梅　区供销社
雷　敏　区公园城市绿化服务中心
胡红燕　区商务局
段正清　区投促局
邓　盛　区投促局
罗欣然　区文体旅游局
赖　伟　区卫健局
邓飞翔　区退役军人局
文　翼　区应急局
钟德桂　区审计局
程枭枭　区国资金融局
刘　钊　区城市更新中心
何　健　区市场监管局
王　玲　区统计局
罗星鸿　区信访局
薛　睿　区医保局
何　洪　区税务局
潘雪彬　区税务局
熊毅维　区气象局
李佳春　区航空经济局
胡　晓　区总工会
余　芳　团区委
贾丽娜　区妇联
徐旭东　区工商联

廖　华　区残联
彭丽娟　区红十字会
肖　迪　区公共资源交易中心
马榕骏　区融媒体中心
焦　阳　区融媒体中心
李　丹　区融媒体中心
周　茜　空港产业促进中心
向　芳　区临空服务业管委会
曾　瑛　国家统计局双流调查队
王彬宇　中国人民银行双流支行
赵　涛　四川银保监局双流监管组
陈　伟　区航鹰路消防救援站
杨　丽　区消防救援大队
梁　甄　区市场管理中心
刘　昊　区政务服务中心
王　静　区城乡排水设施管理所
陈艳芳　区棠湖公园管理处
刘　亮　区环卫所
李开明　江安河流域管理服务站
张成彬　区建设工程施工安全监督站
雷思勤　区农业技术推广中心
薛钧文　区教育考试中心
杜江涛　四川省双流中学
本成军　双流中学实验学校
李中军　四川省双流棠湖中学
张泽刚　成都棠湖外国语学校
邬志英　双流区东升第二初级中学
王仕芬　双流区公兴初级中学
李　丽　双流区东升迎春小学
钟洪艳　双流区实验小学
廉　洁　成都天府国际生物城万汇小学
张雪梅　双流区协和幼儿园
罗　艳　双流区黄甲幼儿园蓝天分园
杨华福　四川省双流艺体中学
刘贤切　成都电子信息学校
刘　宇　成都市机械高级技工学校
李　艳　双流区特殊教育学校
王丹丹　双流区第一人民医院
刘翠华　双流区中医医院
陈庆丽　双流区妇幼保健院
杨　革　双流区疾病预防控制中心
干霞莉　双流区卫生职业教育培训中心
林　淋　双流区第二人民医院
刘　伟　双流区东升社区卫生服务中心
王　敏　双流区公兴社区卫生服务中心
史小玉　双流区九江社区卫生服务中心
王　磊　双流区西航港社区卫生服务中心
李战平　成都双流爱民综合医院
戢晓霞　成都双流贸园医院有限公司

双流区优秀共产党员、优秀党务工作者、先进基层党组织名单

（2021年6月28日）

一、优秀共产党员

郭培元　东升街道紫东阁社区议事会成员
张松林　东升街道团工委书记
夏　倩　东升街道广都社区党委副书记、居委会副主任
邱　波　东升街道棠湖社区党委书记、居委会主任
倪　彬　东升街道社区卫生服务中心工会主席
雷素芳　西航港街道光明社区党员
李德强　西航港街道营商环境建设办公室主任
刘英豪　西航港街道花红社区党委书记、居委会主任
张海霞　西航港街道党工委委员、人大工委主任
熊佑明　西航港街道莲花社区环卫队队长
方　毅　西航港街道社区发展办公室副主任
游应海　九江街道泉水凼社区景秀泉城第二党支部党员
吴祖荣　九江街道综合办公室主任
胡　伟　区综合执法局九江中队四级主任科员
白俊军　九江街道综合执法协调办公室工勤人员
闫红艳　九江街道老兵粮油经营部负责人
徐双富　怡心街道长顺社区老年协会党支部党小组长
孔劲松　怡心街道三江社区退役军人党支部书记
徐天绪　怡心街道便民服务站主任
江　蓉　怡心街道综合便民服务中心副主任
刘　冲　怡心街道党工委委员、办事处副主任
刘　芬　怡心街道高峰社区党支部委员
谢云华　黄甲街道王家场社区党员
陈　聪　黄甲街道长埂社区党委书记、居委会主任
史云锋　黄甲街道双华社区党委委员、纪委书记
冯连发　彭镇金湾社区第一党支部党员
翟　钧　彭镇新安社区党委书记、居委会主任
颜　萍　彭镇综合便民服务中心管理八级职员
陈　捷　彭镇民生服务办公室主任
范　琴　彭镇歧阳社区党委副书记
刘本福　黄水镇云华社区党员
朱　冕　黄水镇党委委员、政法委员
张　滔　黄水镇红桥社区党委委员
王仕华　黄水镇关心下一代工作委员会常务副主任
朱少清　黄水镇白塔社区党员

杨凤华　黄水镇水利服务站副站长
薛　平　黄龙溪镇企业联合党支部书记
张小花　黄龙溪镇嘉禾社区党委书记、居委会主任
郭　锐　黄龙溪镇营商环境建设办公室主任
罗向林　黄龙溪镇副镇长、武装部部长
罗　箭　黄龙溪镇综合执法协调办工勤人员
金乾秀　永安镇退休一党支部党员
唐传刚　永安镇综合便民服务中心主任
李开强　永安镇梨园村党委书记、村委会主任
黄源锦　永安镇景山村新街党支部书记
王素琼　区人大离退休党支部党员
汪永兴　区老年大学校长
应跃龙　区人大常委会机关二级调研员
李云寿　区人大办研究室主任
胥　华　区政府办综合科负责人
高秀文　区政协离退休党支部党员
焦建萍　区政协机关二级调研员
谭泽建　区纪委监委研究室副主任
龚文书　区法院立案庭庭长
宋朝成　区检察院退休党支部党员
吴　拓　区检察院综合业务部主任
郑贵安　区委组织部四级调研员
文　婧　区归国华侨联合会（区党外人士服务中心）主任
张恩朝　区委政法委三级主任科员
刘志刚　区委政研室城市战略研究科科长
刘　佳　区委社治委社区治理科副科长
周志明　区委编办机构编制科副科长
欧阳欢　区委党校办公室主任
曾先林　区棠湖中学实验学校党委书记、校长
罗开强　东升第一初级中学退休教师
周锦文　区公安分局东升退休党支部书记
蒙立崴　区看守所副所长
陈　勇　区民政局副局长
何　斌　区民政局工勤人员
谢寒梅　区人社局人才服务中心副主任
张　涛　区住建交通局副局长
马　毅　区城管局四级调研员
曹优德　区综合执法局局长
杨志明　区行政审批局政府雇员
左丽媛　区水务局节约用水管理中心副主任
陈先俊　区农业农村局离退休第一党支部书记
王义建　区农业农村局政策法规科科长
黄　超　区文体旅游局办公室主任
晋良宽　区中医医院退休党支部党员
宋祖玲　区妇幼保健院党委副书记纪委书记
文　翼　区应急局危险化学品安全监管科科长
刘　刚　区公共资源交易中心综合部副部长
蒋松涛　区融媒体中心主任编导
万　梅　区税务局局长
付　毅　区总工会工人俱乐部主任
张恒宇　区航空经济局办公室主任
朱云飞　区生物产业管委会安全生产监督管理部部长
欧阳志勇　空港科创集团工会副主席
周娅娜　空港发展集团建管公司综合管理部经理
赵　津　空港兴城集团产投发展公司规划建设部部长
刘　勋　成都千嘉科技有限公司技术顾问
叶　婷　电子科技大学科技园（天府园）产业招商总监、妇女联合会委员
陈　锐　成都金发科技新材料有限公司技术经理
陈世龙　仁宝电脑成都有限公司党支部书记、工会副主席、研发处主任工程师
魏启强　四川飞宇电力股份有限公司党支部书记、总经理助理、工会主席
贺海华　成都芯谷产业园发展有限公司党支部书记、总经理
杨现良　四川南都国舰新能源股份有限公司党支部书记、副总经理
唐　军　成都大唐房地产经纪有限公司党总支书记、董事长
邱福平　成都益民物业管理有限责任公司总经理
黎方素　中远海运航空货运代理有限公司成都分公司党支部书记、总经理
唐　建　圆通速递锦江四部负责人
蒋　猛　成都中建材光电材料有限公司副总经理
李怀玉　川开实业集团有限公司党委副书记、工会主席
王　欢　双流区众成社会工作服务中心党支部书记、主任
袁　成　成都棠湖外国语学校初中政治教研组组长
黄文海　四川海帆律师事务所党支部书记、主任

二、优秀党务工作者

廖明莉　东升街道白鹤社区党委副书记
潘　高　东升街道五洞桥社区党委副书记

易文建 东升街道龙桥社区党委书记、居委会主任
黄勇淇 西航港街道机场路社区党委书记、居委会主任
熊章程 西航港街道党群办公室主任
马腾飞 西航港街道莲花社区党委书记、居委会主任
王　飞 九江街道泉水凼社区党委副书记
余仕平 九江街道党群办公室主任
曾万富 怡心街道长顺社区党总支委员
付德军 怡心街道兰家沟社区党委书记、居委会主任
王岭峰 黄甲街道党群办公室副主任
彭贤友 黄甲街道八角社区党委书记、居委会主任
杨　洁 黄甲街道青云寺社区党委副书记
唐晓玎 彭镇党委委员
刘兴成 彭镇歧阳社区党委书记、居委会主任
宿　丹 黄水镇新型社区服务办公室副主任
廖　雯 黄水镇党群办公室一级科员
刘一桦 黄龙溪镇党群办公室主任
潘小龙 黄龙溪镇黄龙社区党委副书记
刘　炯 黄龙溪镇综合办公室主任
张建华 永安镇党群办公室工作人员
张金茂 永安镇双坝村党委副书记
程文辉 区委办机关第六党支部书记
郑晓雪 区政协机关党委专职副书记
高才清 区纪委监委退休党支部书记
曾云龙 区委政法委副书记
汪　茜 区委宣传部文艺电影科八级职员
周德君 区发改局办公室副主任
王晓宇 区新科局新经济发展科科长
王志平 区公安分局经开区派出所党支部委员、教导员
史良莉 区司法局机关党委专职副书记
杨　红 区财政局机关党委书记
王　钰 双流生态环境局机关党委专职副书记
陈节龙 区城管局机关第二党支部书记
冯蕾竹 区综合执法局机关党委专职副书记
刘　梅 区审计局机关政府投资审计科副科长
蒋　涛 区国资金融局机关办公室副主任
黄　鳌 区市场监管局餐饮服务监管科副科长
袁　钊 区医保局医保事务中心审核稽核科副科长
雷　蕾 区妇联副主席
周　茜 空港产业促进中心综合协调部部长
许　钒 空港发展集团党委办公室党建主管
李冬梅 成都纽瑞特医疗科技股份有限公司党支部副书记
吴杭询 星宸航都国际酒店有限公司党支部书记
夏欣仪 成都诺和晟泰生物科技有限公司党支部书记
邓利娟 成都中节能领航科技股份有限公司党支部书记、综合管理部主任、工会主席
张思奇 四川双银创促科技有限责任公司党支部书记、总经理
康秀华 成都市晨曦电力有限责任公司办公室主任
周朝华 成都锦华药业党委书记、副总经理
张　娅 派驻九江街道“两新”党建指导员

三、先进基层党组织

东升街道紫东阁社区党委
东升街道白鹤社区党委
东升街道接待寺社区党委
东升街道社区卫生服务中心党支部
西航港街道社区卫生服务中心党支部
西航港街道近都社区党委
西航港街道龙港社区党委
西航港街道九龙湖社区党委
九江街道机关党委
九江街道蛟龙社区党委
九江街道马家寺社区党委
九江街道社区卫生服务中心党支部
怡心街道藕塘社区党委
怡心街道高峰社区党支部
怡心街道公兴社区卫生服务中心党支部
黄甲街道一里坡社区党委
黄甲街道王家场社区党委
黄甲街道社区卫生服务中心党支部
彭镇新安社区党委
彭镇金湾社区党委
彭镇临江村党总支
彭镇昆山社区党总支
黄水镇应天寺社区党委
黄水镇楠柳社区党委
黄水镇卫生院党支部
黄龙溪镇黄龙社区党委
黄龙溪镇古佛社区党委
永安镇付家坝社区党委
区第二人民医院党支部
永安镇凤凰里社区党委
永安镇机关第一党支部
区政协机关第二党支部
区法院离退休党支部
区委组织部机关第一党支部
区委党校机关党支部
东升小学党总支
区公安分局法制大队党支部

区公安分局黄龙溪派出所党支部
区人社局机关党支部
区公园城市绿化服务中心退休党支部
区卫健局机关第一党支部
区信访局机关党支部
区税务局第二税务所党支部
成都空港公共交通有限公司党支部
通威太阳能（成都）有限公司党委
成都全程德邦物流有限公司党支部
四川华体照明科技股份有限公司党支部
成都联帮医疗科技股份有限公司党支部
成都海威华芯科技有限公司党支部
双流中学实验学校党委

双流区疫情防控处置工作先进集体和先进个人名单

（2021年8月20日）

一、先进集体

区委办
区政府办
区委宣传部
区委社治委
区公安分局
区卫健局
区商务局
区司法局
区城管局
区综合执法局
空港科创集团
东升街道
西航港街道
东升街道紫东阁社区党委
西航港街道常乐社区党委
西航港街道机场路社区党委
西航港街道寺圣社区党委

二、先进个人

梁　飞　区委办主任
何　颖　区委办妇工委主任
柏世波　区政府办副主任
王　林　自贸试验区双流管理局副局长
董　睿　区纪委监委二级主任科员
田曼璐　区委组织部四级主任科员
韩国梁　区互联网新闻信息中心主任
任　玲　区互联网新闻信息中心管理八级职员
罗丹阳　区委宣传部新闻宣传科工作人员
陈利青　区委社治委四级主任科员
张　阳　区财政局支付中心四级主任科员
王　轩　区公安分局党委副书记、政委
吴美峰　区公安分局政治处民警
赵　伟　区公安分局警务保障室民警
冯琳栋　区公安分局治安管理大队民警
司　韵　区公安分局交警大队二中队副中队长
朱　江　区公安分局交警大队民警
刘亚巍　区公安分局巡警大队三中队中队长
张　勇　区公安分局东升派出所民警
胡　平　区公安分局机场路派出所民警
张诗启　区公安分局黄水派出所民警
尼玛泽仁　区公安分局西航港派出所副所长
刘朝贵　区公安分局怡心派出所民警
高　峰　区商务局党组书记、局长
黄河平　区市场管理中心管理九级职员
欧　强　区市场监管局党组副书记、副局长
罗　毅　区审计局二级主任科员
李　闵　区环卫所副所长
鲁晓勇　区环卫所工作人员
刘　娜　区卫健局办公室主任
朱　葵　区司法局机关党委书记
赵建国　区司法局西航港司法所所长
陈　兰　区农业农村局农产品质量安全中心主任
任　弋　区人才服务中心副主任
张　威　区新科局党组成员、副局长
邬念军　区综合执法局党组成员、副局长
卢洪彬　区综合执法局办公室主任
兰渝程　区综合执法局第一执法大队建设执法中队负责人
刘　伟　东升街道党工委书记
付家毅　东升街道党工委副书记、办事处主任
刘映红　东升街道党工委委员、办事处副主任
彭仲波　东升街道民生服务办主任
王　佳　东升街道紫东阁社区居委会委员
沈登军　西航港街道党工委书记
朱笑天　西航港街道党工委副书记、办事处主任
熊章程　西航港街道党群办主任
王晓艳　西航港街道综合办四级调研员
王　节　西航港街道综合办工作人员
李维刚　西航港街道市民服务中心主任
刘　琴　西航港街道纪工委副书记
李德强　西航港街道营商环境建设办主任
袁显明　西航港街道财政审计办主任
李　强　西航港街道综合便民服务中心副主任
杨兴虎　西航港街道常乐社区党委书记、居委会主任
李　燕　西航港街道机场路社区党员志愿者
查　莉　区妇幼保健院副院长

胡　静　区第一人民医院护理部主任
杨丽萍　区中医医院运营管理科科长
颜小琴　区疾控中心重大疾病防制科科长
张　勇　西航港街道社区卫生服务中心办公室主任
龙　春　西航港街道常乐社区卫生站医生
侯渝蓉　彭镇卫生院院长
甘　波　双流仁港医院医生
胡永超　京东方医院院感部负责人
高　亮　区法律服务志愿者协会会长
李界平　区法律服务志愿者协会专职人民调解员
袁　翊　四川建宜律师事务所主任
吴　蒙　空港科创集团党委委员、副总经理
缪　静　空港科技服务集团有限公司综合服务部部长
高小夫　双流聚源资产经营管理公司物业管理中心职员

文献资料

Documents and Literature

双流区人民代表大会常务委员会工作报告

（2021年12月24日，在双流区第十九届人民代表大会第一次会议上）

成都市双流区人大常委会主任　陈　琳

五年工作的回顾

回望双流区十八届人大常委会履职奋进的五年，是双流立足新发展阶段、贯彻新发展理念、服务和融入新发展格局，高质量建设中国航空经济之都的五年，也是坚持和完善人民代表大会制度、全面推进依法治区、加强新时代人大工作和建设并取得明显成效的五年。五年来，在区委的坚强领导下，区人大常委会坚持以习近平新时代中国特色社会主义思想为指导，深入贯彻党的十九大和十九届二中、三中、四中、五中、六中全会精神，坚持党的领导、人民当家做主、依法治国有机统一，在坚定正确政治方向上旗帜鲜明，在坚持人民主体地位上矢志不渝，在围绕中心服务大局上担当尽责，在联系代表服务群众上倾情用力，在推进人大事业发展上创新力行，为推动双流区经济发展稳中有进、民生福祉持续改善、社会大局和谐稳定发挥了地方国家权力机关的积极作用。

这五年，区人大常委会始终坚持把党的全面领导作为人大工作的首要政治原则，坚定政治机关第一属性，锚定正确政治坐标，把党的领导贯穿于人大依法履职的全过程和各方面。

一、坚决维护核心，始终在对表对标上旗帜鲜明

深入开展“两学一做”学习教育、“不忘初心、牢记使命”主题教育和党史学习教育，砥砺使命初心，补足精神之钙，筑牢信仰之基。深刻领会习近平总书记关于地方人大及其常委会工作、推进成渝地区双城经济圈建设、建设践行新发展理念的公园城市示范区、“三个转变”重要指示精神，切实增强“四个意识”、坚定“四个自信”、做到“两个维护”。“第一议题”传达贯彻重要会议、重要文件精神102次，学习新思想，践行新理念，推动新发展。“智慧人大”指尖履职、“代表之家”建设、预算绩效管理“双流经验”全国推广，人大制度宣传、代表建议办理、营商环境监督等6项工作获得省、市人大表彰。

二、紧密围绕中心，始终与区委决策部署同向发力

坚持把党委工作指向作为人大努力方向，主动对接区委重大决策部署，谋划落实138项监督议题，

依法召开50次区人大常委会会议，听取审议279项工作报告，从法律上和制度上保证区委重大决策部署通过法定程序转化为全区人民的共同意志。自觉维护区委统揽全局、协调各方的领导地位，召开代表大会、依法换届选举、谋划年度工作、完善机构设置等重大问题和重要事项，主动请示报告区委67件次。牵头推进污染防治“三大战役”、蛟龙港转型升级，全面推进依法治区、新冠肺炎疫情防控、国际空港商务区建设等58项区委重点工作。助推成都天府国际生物城率先探索行政区与经济区适度分离取得成效，建成“中国生物医药最佳园区”；对348件招商引资合同进行合法性审查，65次专项督导重大基础设施建设、专项检查“三无企业”整治，为打造新时代“三个地方”献计出力，确保区委中心工作在哪里，人大工作就跟进到哪里。

三、广泛凝聚人心，始终在助推大事要事上善为善成

坚持“人大是人民的人大”，观大势、盯大事，毫不犹豫地站到一线，伸出肩膀扛起应尽的政治责任。区十八届人大召开8次代表大会，开创双流人大68年履职历史上的次数之最。287名人大代表坚持人民至上，胸怀“国之大者”，察民情、接“地气”、聚民智，既齐聚一堂共谋公园城市建设、产业体系构建、生态绿色发展大计，又将心比心化解“急难愁盼”、增进民生福祉，还把人民对美好生活的向往汇聚成干货满满的1435件议案建议，共同求取最大公约数，画出最大同心圆。航空经济专题调研、“代表巡河”特色监督等42项工作获得省、市人大和区委肯定性批示。

这五年，区人大常委会始终坚持把依法治区作为党领导人民治理国家的基本方式，依照法定职责、限于法定范围、遵守法定程序，实施精准监督有效监督，推进治理体系和治理能力现代化。

一、精准对接深化改革任务，强化经济运行监督

紧扣区委深化重点领域改革、优化主导产业布局、做强空港门户枢纽功能用劲发力，全面推进“三答”“三改”。聚焦航空经济、电子信息、生物医药三大产业发展，听取航空经济发展、产业功能区建设、成都芯谷项目促建专项报告，促进产业生态圈构建、产业集聚成链发展。聚焦流量价值转化、体制机制优化、营商环境国际化创新突破，视察自贸试验区建设、工业经济运行、空港商务区建设，开展中小企业促进法执法检查，调研中小企业融资难、融资贵问题，推进“便民办税春风行动”和“最多跑一次”改革。聚焦扶贫攻坚、乡村振兴战略实施，听取精准扶贫暨对口帮扶报告，视察都市农业创新，调研怡心湖项目、华侨城项目建设，促进农商文旅体融合发展。专题询问市四套班子现场办公会议精神落实，聚焦安置房建设、拆迁区域围而不建等工作短板，奔着问题去、盯着问题查、追着问题改，展现人大监督“铁腕气质”。

二、精准对接高质量发展要求，深化预算审查监督

推进“全方位、全过程、全覆盖”预算绩效管理改革，管好政府“钱袋子”。听取财政预决算报告、预算调整报告、审计工作和审计查出问题整改报告，推动出台全过程预算绩效管理实施办法，建立审计查出问题整改监督机制。坚持以项目绩效、单位整体绩效指标体系建设为抓手，建立支出标准体系、预算联网监督系统和专家咨询制度，强化“事前”绩效目标编审、“事中”预算执行监控、“事后”评价结果运用，推进人大预算审查监督重点向支出预算和政策拓展，财政预算绩效管理改革迈上新台阶。改革经验《中国财经报》宣传报道。连续3年听取国资管理综合报告和专项报告，促进国资管理提质增效。定期听取政府性债务管理报告，督促化解债务存量，杜绝新增隐性债务，展现人大监督刚性约束。

三、精准对接绿水青山向往，守护良好生态家园

坚决贯彻习近平总书记“突出公园城市特点，把生态价值考虑进去”重大要求，以两轮央督、省督为契机，五年如一日咬定“绿水青山”不放松，彰显打好污染防治三大战役的“角色”担当。紧紧扭住大气污染防治短板、水环境治理关键环节、土壤污染安全隐患、央督案件整改反弹开展持续监督，连续五年听取环境状况和环境保护目标完成情况报告，专题听取断面水质报告、环保督察问题整改报告。聚焦城市品质提升，视察空港公园城市、公共交通建设，17次调研生活垃圾分类、人居环境整治、空港花田和天府绿道建设，为做强城市功能、做靓城市颜值献计献策。强化大气、水、土壤、固废执法检查，打好现场检查、台账管理、督促整改“组合拳”，让法律制度落实与工作实际有力“咬合”。73次现场检查环保问题整改、

固废危废处置、污水收集处理，24次视察调研饮用水源保护区整治、污水厂站管网建设、城乡综合治理、智慧水务建设。全省首推“代表巡河”主题监督，497名市、区、镇三级代表携手，推动“河（湖）长制”全面实施，共护一江清流，督促解决问题96个。锦江黄龙溪国控断面水质提升两次受到习近平总书记肯定，锦江双流段作为全省唯一河流入选全国10条“最美家乡河”，推动在全省率先实现空气监测子站建设镇（街道）全覆盖，市人大高度评价双流人大环保监督“抓得专业、抓出了实效”。

四、精准对接幸福美好期盼，厚植共享民生福祉

民生无小事，枝叶总关情。坚持把群众关切所系，作为民生监督所向，多解百姓之忧、多谋民生之利。聚焦“幸福和谐双流行动计划”，民生实事年初推行代表票决制，年中检查项目推进，年底视察完成情况，构建全过程监督“闭合链条”。19名代表担任民生实事监督员，按月检查、季度抽查、年底督查，推动民生项目从“效果图”变为“实景图”。聚焦“幸福美好生活十大工程”，听取全龄友好包容社会营建、生活成本竞争力提升、稳定公平可及营商环境建设报告，合力共建“中国最具幸福感城区”。关注“一老一小”，听取医养融合养老发展报告，开展母婴保健法执法检查。专题询问学前教育高质量发展，并对照任务清单“回头看”，推动按期完成公办园学位占比50%任务目标，高质量通过“全国县域学前教育普及普惠区”督导评估。始终把人民安居乐业、安危冷暖放在心上，专题调研残疾人就业，帮助解决低保人群实际困难，确保共创共享民生暖阳。视察教育事业、卫生事业发展，调研世警会、大运会筹备和赛事名城建设，推动幸福美丽新村建设和城中村治理改造，为打造新时代“市民获得感幸福感安全感增长较快的地方”献计献策。

五、精准对接良法善治期许，维护社会公平正义

深入学习习近平法治思想，推动宪法和法律贯彻实施，不断提高运用法治思维和法治方式深化改革、推动发展、维护稳定的能力。全面推进“七五”普法，开展会前学法17次，作学法尊法守法用法的表率。参与上级人大49项立法调研，收集反馈立法修法建议52件，推进立良法、促善治。推动“一府两院”依法行政、公正司法，支持区监察委依法实施监察、开展工作。备案审查政府规范性文件17件。聚合依法治区力量，监督支持扫黑除恶，推进“法治空港”“平安双流”建设。探索“执法检查+”新模式，联动上级人大检查环境保护法、食品安全法等12部法律执行情况，监督工作经验全市交流。视察区人民法院执行工作、基层法庭建设，听取刑事庭审实质化改革、深化案件繁简分流机制改革报告，推动智慧法院建设、员额制改革。视察、旁听和评议法院庭审案件21件。视察区人民检察院未成年人刑事检察工作，听取民事行政诉讼、公益诉讼、落实认罪认罚从宽制度报告。调研未成年人司法保护、法律援助工作。接待群众信访793件次，推进涉法涉诉信访积案化解。

这五年，区人大常委会始终坚持把民主集中作为国家组织形式和活动方式的基本原则，聚民心、议大事、保落实、促善治，依法决定重大事项、选举任免国家机关工作人员。

一、抓关键重长远，讨论决定重大事项

紧扣经济社会发展目标任务，坚持每年听取上半年国民经济和社会发展计划执行情况报告，按季度分析经济形势，跟踪监督经济运行情况，督促做好“六稳”工作，落实“六保”任务，确保大会批准的计划和预算全面贯彻执行。邀请业界专家和专业领域人大代表讨论教育布局、医疗卫生资源布局、生态文明建设、供水排水4个专项规划，对天府新区国土空间规划、镇（街道）行政区划调整提出审议意见。听取“十三五”规划纲要中期评估报告，审议“十四五”规划编制报告，督促吸纳群众智慧、代表意见、基层经验，确保规划契合中央精神、符合发展实际、顺应人民期待、引领未来发展。推进重大决策科学化民主化法制化，依法作出69项决议决定。

二、抓规范重程序，依法进行选举任免

坚持党管干部与人大依法选举任免相统一，严格执行选举任免的法律规定，规范任职提请、介绍见面、任职陈述、审议表决程序，建立法律知识考试、宪法宣誓制度，人事任免工作日臻完善。强化任后法律监督和工作监督，督促正确行使好党和人民赋予的权力。五年来，共选举任免国家机关工作人员535人次，任命区人民法院人民陪审员336名，实现任前法律知识考试和宪法宣誓全覆盖，为地方国家机关正常运转提供强有力的组织保障。

三、抓风气重纪律，精心组织换届选举

切实肩负人大换届选举组织责任，准确把握法律要求、时代要求、工作要求，坚持把强化组织领导、细化安排部署、优化队伍建设、深化正风肃纪贯穿全过程，倒排时间节点，细化任务清单，压紧压实责任。严把代表政治关素质关结构关，确保代表先进性代表性广泛性，做到全面过硬。依法划分选区，开展选民登记，规范提名推荐，精心组织疫情背景下的投票选举。统一组织代表候选人与选民见面，督办选民提出问题225件，让口头许诺不“打白条”。行政区域内的19个镇（街道）、176个选区依法选举产生区十九届人大代表450名、新一届镇人大代表320名。代表选举过程风清气正、纪律严明，是一次发展全过程人民民主的生动实践。

这五年，区人大常委会始终坚持把人民当家做主作为社会主义民主政治的本质特征，充分发挥人大代表参与决策、桥梁纽带、监督推动、榜样示范作用，接地气、察民情、聚民智，保证人民通过人民代表大会行使国家权力。

一、创新履职平台载体，智慧“家站”硕果累累

双流人大工作历来善于继承，敢于创新，勇于超越。原胜利镇人大“代表之家”引领全市规范“建家”、常态“回家”、全面“兴家”，东升、中和等6个镇（街道）“代表之家”“社区联络站”建设捧回全市殊荣。华阳街道人大首创“书院听政”“代表学法”，铸就“金字招牌”。黄龙溪镇人大把“代表之家”放到“掌上”，代表“指尖”履职成为全省示范，全国各地69批次人大同行考察取经。全市率先建成代表建议、批评和意见网上办理系统，实现代表建议全流程在线办理。“智慧人大”平台、“代表巡河”App、微信小程序促进“线上+线下”融合，让代表履职更加便捷。选民成为代表的“粉丝”，常态围观代表履职，《中国人大》推介双流掌上“代表之家”“圈粉”经验。

二、创新履职服务保障，主题主体更加鲜明

紧扣人大代表工作“源头活水”，多措并举激活代表履职“一池春水”，让人大工作更有基础、更有温度、更有凝聚力。创新联动机制，“四级”代表同堂学法、同心抗疫、协同监督，“走基层、进社区”，走访企业群众，收集反馈问题。健全重大情况通报、列席常委会会议、参加重点监督和“双联系”4项制度，拓展代表对常委会和专委会工作的参与，保障代表知政知情。引导代表深度调研、熟悉议题，提高审议发言“含金量”。鼓励代表“亮身份”、践承诺，回原选区向选民述职，架好“连心桥”，打通联系服务群众“最后一公里”。“学习提能行动”从全覆盖到精准化，分阶段、分层次、分专题开展24期履职培训，基础培训重业务、专题培训讲操作、骨干培训促精进，确保“新手”快速上手，骨干成长为“专家”。

三、创新议案建议办理，答复落实量质齐升

坚持把群众的“表情包”作为检验代表工作的“晴雨表”，做实代表建议办理，密切同人民群众的联系。贯彻“内容高质量、办理高质量”要求，支持代表履职“下深水”，多提“金点子”；常态化听取“一府两院”代表建议办理报告，坚持主任会议成员领办重点建议，督促承办单位“马上就办”，做到件件有着落、事事有回音。表彰36个人大工作先进单位，推动办理工作由答复型向落实型、满意型转变。创新开展2次专项工作评议，检查组实地调研，测评会不回避矛盾，不淡化问题，118名代表现场打分，进行满意度测评。评选59件年度优秀代表建议，鼓励代表争当“履职明星”，30名代表为建设新天府、新航都贡献67个“金点子”，2名代表获评省、市劳动模范。重塑航空经济比较优势、推动城市有机更新等建议被区委全会报告吸纳，转化为促发展、惠民生、暖民心的政策措施。

这五年，区人大常委会始终坚持把政治机关、权力机关、代表机关、工作机关定位作为自身建设努力方向，夯实履职基础，增强工作实效，与时代同步伐、与实践同发展、与改革同频率。

一、严守纪律规矩，把强化理论武装摆在首位

坚定落实新时代党的建设总要求，发挥党组把方向、抓大事、做决策的政治保证作用，努力成为服务中心大局的标杆、优化政治生态的中坚、依法履职的典范。机关党员一心向党，走上井冈山，走进西柏坡，重走长征路。推进党支部标准化规范化建设，主题党课、参观廉政教育基地、党史教育现场教学增强政治建设自觉性和坚定性，“党员固定日”活动、集体过“政治生日”增强政治责任感和历史使命感。18名学习标兵先学一步，15名党员义工走进社区，14名党代表对口企业、帮扶群众。全区人大工作者不负韶华，专注人大事业，懂人大、强自身、“打十环”，务实精进屡建新功。

二、突出专业理性，把提升履职能力作为重点

加强履职规范化制度化建设，修订完善常委会、主任会议议事规则，制定党组工作规则、常委会组成人员守则，建立健全听取审议工作报告、规范性文件备案审查、代表视察、代表专题调研、专题询问、专项工作评议、执法检查等15项管用实用的履职制度体系，指导各专委会制定工作规则、对口联系办法。着力构建区委谋划什么、“一府一委两院”就落实执行什么、人大就监督推动什么的“工作闭环”。完善执法检查“全链条”工作流程，推进专题询问程序科学化、工作常态化，探索形成坚持“一个中心”、打造“两支队伍”、行使“三项职权”、开展“四维监督”工作范式。深化“大学习、大调研、大走访”活动，不断提高改革攻坚、调查研究、建言献策能力，39篇调研报告为区委、区政府提供决策参考。

三、彰显担当作为，把加强作风建设作为关键

始终把政治过硬、作风过硬、本领过硬作为自身建设的重要内容，全面建设讲忠诚有信念的政治机关、讲法治有权威的权力机关、讲宗旨有情怀的代表机关、讲责任有担当的工作机关。全面培养高水平思考、高效率执行、高标准复命的工作习惯，锤炼攻坚克难、奋发有为的责任担当，敢于监督、善于监督的严实精神，树立和保持团结奋进、主动作为的人大形象。积极宣传人大制度，讲好人大故事，传播好人大声音。连续2年获评全省宣传人大制度先进，《中国人大》和省市主流媒体以《讲好双流人大故事从一二三四说起》《以人民为中心，打好监督“组合拳”》等为题报道35篇次。

各位代表，同志们！回首过往的奋斗路，翘望前方的奋进路，我们对人大制度的人民底色由衷赞美，对人大制度的巨大成就光荣自豪，对人大制度的似锦前程充满信心。过去五年，我们始终把坚持和完善人民代表大会制度作为光荣使命，把依法有效行使各项职权作为神圣责任。工作中取得的成绩，得益于区委的正确领导、“一府一委两院”的支持配合、全体代表的奉献付出、各级人大工作者的辛勤努力和广大人民群众的大力支持。在此，我谨代表区十八届人大常委会表示衷心感谢和崇高敬意！

我们也清醒地认识到，区人大常委会的工作与宪法和法律要求、党和人民的期待、新时代赋予的新使命还存在一定的差距。创新监督方式、提升监督质效还需巩固提升，服务代表履职、督办代表建议还需加力加劲。这些问题都需要在今后的工作中高度重视、切实解决，更好地履行宪法和法律赋予的职权。

五年来人大工作的经验体会

各位代表，回顾五年的工作实践，我们对坚持和完善人民代表大会制度，做好地方人大工作，有以下共同的认识和体会：

一是坚持区委的全面领导是做好人大工作的根本保证。实践证明，自觉把党的领导贯彻到人大依法履职的全过程，就是要牢固树立党的意识，在思想上清醒、在政治上自觉、在行动上坚定，积极争取区委支持，围绕中心服务大局，不断增强人大工作的向心力、凝聚力、执行力，确保全区人大事业始终沿着正确的方向前进。

二是坚持人民属性让人大履职更接地气、更有底气。实践证明，坚持以人民为中心，就是要坚持以民为先、根植于民、造福于民。要把双流人民对幸福美好生活的向往和对中国航空经济之都建设的愿景作为奋斗目标，深入了解人民群众的实际困难与愿望呼声，推动解决环保、教育、医疗、养老等急难问题，在发展中补齐民生短板、促进社会公平正义，让人民赋予的权力更好地服务人民。

三是探索创新是增强人大工作活力的根本途径。实践证明，加强新时代人大工作和建设，就是要坚持创新发展理念，主动适应双流经济社会发展新变化、民主法治建设新要求，推动人大工作与时俱进。镇（街道）人大在联系代表、服务选民的最前沿，是最具创新活力的“实验田”，要发挥代表主体作用，鼓励镇（街道）人大在法律框架内探索创新，不断丰富和发展全过程人民民主的实践形式。

四是汇聚工作合力必须正确处理监督与支持的关系。实践证明，巩固提升人大监督质效，就是要坚持在区委统一领导下，正确把握决定与执行、监督与支持的辩证关系，实现人大与“一府一委两院”的良性互动。既要分工负责、协调一致，又

要直面问题、督促改进，切实与区委中心工作合拍，同“一府一委两院”合力，与人民群众愿望合心，从整体上增强党的执政能力。

未来五年人大工作的努力方向

各位代表，今后五年，是双流高质量建设中国航空经济之都，高水平推进基层治理体系和治理能力现代化的关键时期，也是发展全过程人民民主的全新征程。区十八届人大常委会已完成历史使命，但加强新时代人大工作和建设依然任重道远。新一届人民代表大会已经组成，区十九届人大常委会也即将选举产生。

今后五年，区十九届人大常委会将全面贯彻中央和省委、市委、区委人大工作会议精神，紧紧围绕区第十四次党代会重大决策部署履职行权。区人大常委会工作的指导思想是：坚持以习近平新时代中国特色社会主义思想为指导，深入学习贯彻习近平总书记对四川及成都工作系列重要指示精神，坚定落实中央和省委、市委、区委重大决策部署，统筹推进“五位一体”总体布局，协调推进“四个全面”战略布局，抢抓成渝地区双城经济圈建设机遇，坚持以人民为中心，以推动高质量发展为主题，大力推进“三区三廊三新城”建设，加快打造新时代“三个地方”，高质量建设中国航空经济之都，高水平推进基层治理体系和治理能力现代化，推动公园形态与空港城市肌理相融、公园场景与人民生活相适、生态空间与生产生活空间相宜，为成都建设践行新发展理念的公园城市示范区而努力奋斗！

2022年的工作建议

2022年，区十九届人大常委会将阔步向前，踏上全过程人民民主的赶考路，开启双流新时代人大工作和建设新篇章，助力描绘高质量建设中国航空经济之都时代新画卷。

一、努力成为自觉坚持中国共产党领导的政治机关，以更加坚定的自信发展全过程人民民主，提高政治判断力、政治领悟力、政治执行力

全面贯彻党的十九届六中全会精神，旗帜鲜明坚持党对人大工作的领导，旗帜鲜明用习近平新时代中国特色社会主义思想统揽人大工作，确保人大工作正确政治方向。全面贯彻中央人大工作会议精神，深刻认识和把握全过程人民民主重大理念，旗帜鲜明走中国特色社会主义政治发展道路，对照“四个要看、四个更要看”标准，发展全过程人民民主。全面贯彻中央全面依法治国工作会议精神，旗帜鲜明以习近平法治思想为指导，把宪法精神内植于心、外践于行，提高运用法治思维和法治方式深化改革、推动发展的能力。全面贯彻区第十四次党代会精神，旗帜鲜明坚持以人民为中心，旗帜鲜明围绕中心大局谋划和开展工作，紧扣区委“三区三廊三新城”建设、加快打造新时代“三个地方”等重大决策部署选定监督议题，汇聚发展合力，以优异成绩迎接党的二十大召开。

二、努力成为保障人民当家做主的国家权力机关，以更加强烈的担当依法履职行权，实施正确监督、有效监督、依法监督

聚焦中国百强区晋位跃升，推动经济高质量发展。视察西航港开发区转型升级，推动提升产业发展质效，争创国家级经济技术开发区。调研成都芯谷发展，推动做大做强电子信息主导产业，做精做细产业细分领域。加强预算审查监督，深化支出标准体系建设。加强全面预算绩效管理的监督，实现预算和绩效管理一体化。加强政府债务监督，稳妥化解存量债务，杜绝新增隐性债务。专题监督国有自然资源管理，推动健全国资管理制度体系。聚焦国家生态文明示范区创建，共建宜居生活家园。推动深化中央环保督察发现问题整改，促进大气、噪声、土壤和水环境系统治理。听取环境状况和环境保护目标完成情况的报告，检查《成都市大气污染防治条例》实施，向碳达峰、碳中和目标坚定迈进。推动乡村振兴战略实施，调研示范村建设和川西林盘打造，催生更多农商文旅体融合场景。聚焦公共服务优质均衡，促进精准供给能力提升。视察“幸福美好生活十大工程”暨民生项目实施，调研就业帮扶工作，深化“我为群众办实事”活动，让市民生活更有品质。调研教育“双减”政策落实情况，支持学前教育和义务教育均衡发展。聚焦基层治理体系和治理能力现代化，力促社会和谐安定。充分发挥区人大专门委员会职能作用，围绕构建更具活力、更有效率、更加公平的超大城市中心城区现代化治理机制献计出力。推动“八五”普法规划实施，让法治成为全社会共同信仰。开展《四川省农村集体经济组织条例》执法检查，听取区人民法院贯彻实施《中华人民共和国民法典》、区人民检察院经济犯罪检察专项工作报告，视察双流区“成都大运会”筹备情况，努力创造让群众看得到、摸得着、感受得到的人大监督业绩。

三、努力成为始终同人民群众保持密切联系的代表机关，以更加务实的举措激发代表活力，促进依法履职、勤勉履职、高效履职

坚定履行代表政治责任。加强代表政治、思想、作风建设，模范遵守宪法法律，做政治上的明白人。当好党和国家联系人民群众的桥梁，最大限度调动积极因素、化解消极因素，展现新时代人大代表风采。着力提升代表履职素能。牢固树立人民公仆意识，忠实代表人民利益和意志，依法参加行使国家权力。系统推进代表履职培训，努力建设一支德才兼备、服务人民、善于履职的代表队伍。丰富代表联系群众的内容和形式，督促代表接地气、察民情、聚民智、惠民生，做到民有所呼、我有所应。加强代表工作能力建设。牢固树立服务代表的理念，坚持从“需求端”出发抓好代表培训，细化改进代表工作的具体措施，支持和保障代表依法履职。强化“三区”工作协同，支持天府新区人大工委、成都高新区人大工委依法组织代表开展闭会期间履职活动，提高代表工作整体水平。

四、努力成为担负宪法法律赋予的各项职责的工作机关，以更加严实的标准深化自身建设，适应时代要求、发展要求、工作要求

加强制度机制建设。完善常委会议事制度和工作规则，优化监督工作流程，使人大及其常委会的运转既体现广泛的民主性、代表性，又便于召集会议、讨论决定重大问题，提高审议质量和议事效率。锻造过硬干部队伍。突出专业化发展方向，把常委会和专委会组成人员培训提上重要议事日程，创新培训形式，丰富培训内容，打造政治坚定、尊崇法治、勤勉尽责的人大工作者队伍。巩固提升工作质效。抓住具有普遍性、倾向性的突出问题，抓住事关长远、事关全局的重大问题，正确处理监督与支持关系，推动监督工作由程序性监督向实质性监督转变、由浅层次监督向深层次监督转变、由单一的监督方式向多形式多渠道方式转变，努力创造让区委放心、让人民群众满意的新时代人大工作和建设新业绩。

各位代表！时代是出卷人，我们是答卷人，人民是阅卷人。让我们更加紧密地团结在以习近平同志为核心的党中央周围，在区委的坚强领导下，不负明天的伟大梦想，无愧今天的使命担当，埋头苦干、勇毅前行，忠实履行宪法和法律赋予的职责，在新时代新征程上展现新气象新作为，高质量建设中国航空经济之都，高水平推进基层治理体系和治理能力现代化，为成都建设践行新发展理念的公园城市示范区而努力奋斗！

中国人民政治协商会议第十一届双流区委员会常务委员会工作报告

（2021年12月22日，在政协第十二届双流区委员会第一次会议上）

成都市双流区政协主席　李德龙

过去五年工作的回顾

五年来，双流区政协坚持以习近平新时代中国特色社会主义思想为指导，认真贯彻中共十九大和十九届二中、三中、四中、五中、六中全会精神以及四川省委、成都市委、双流区委决策部署，牢牢把握团结和民主两大主题，以助推高质量建设中国航空经济之都为统揽，坚持区委中心工作推进到哪里，政协履职就跟进到哪里，高标准要求，高质量协商，高水平议政，高品质提升，充分发挥专门协商机构的职能作用，广泛凝聚共识，推动全区政协事业在继承中发展、在发展中创新，开拓团结民主、务实进取、蓬勃发展的新局面，为全区经济社会高质量发展作出积极贡献。

这五年，我们高举旗帜，坚定信念，把坚持人民政协正确的政治方向贯穿始终

落实第一议题，强化理论武装。

严格落实“第一议题”制度，始终把学习贯彻习近平新时代中国特色社会主义思想和习近平总书记重要讲话精神作为思想政治建设的重中之重，把习近平总书记关于加强和改进人民政协工作的重要思想作为指导政协工作的根本遵循。五年来，通过党组会议、中心组理论学习会议、常委会会议、主席会议、委员培训会议等多种形式，开展集体学习研讨320余次，坚持第一时间学、全面系统学、联系实际学、持续跟进学、带着感情学，真正做到学思用贯通、知信行统一，巩固团结奋斗的共同思想政治基础。

坚定政治定力，把准正确方向。毫不动摇坚持中国共产党的领导，坚定不移地走中国特色社会主义政治发展道路，增强“四个意识”、坚定“四个自信”、做到“两个维护”。认真学习贯彻中央、省委、市委、区委政协工作会议精神，不断增强人民政协责任意识。深入开展“两学一做”学习教育、“不忘初心、牢记使命”主题教育和党史学习教育，注重体现政协特色，推动“四史”学习教育，增强同心同德推进新时代中国特色社会主义事业发展的思想自觉、实践力量。

加强思想引领，凝聚政治共识。把坚持和发展中国特色社会主义、实现中华民族伟大复兴的中国梦，作为团结奋斗的最大思想政治共识和最大公约数，通过政协协商平台，把全区各民主党派基层组织、人民团体和各界人士团结凝聚到高质量建设中国航空经济之都的目标上来。以庆祝改革开放40周年、人民政协成立70周年、中国共产党成立100周年等为契机，举办“我为航空经济之都献一策”“当好新时代的政协人”“学党史·筑同心”等专题学习讨论活动，广泛凝聚发展共识、改革共识和政治共同体共识。

这五年，我们聚焦主业，紧贴中心，把注重加强协商机构的作用发挥贯穿始终

聚焦“三个转变”，多形式开展协商议政。深入学习贯彻习近平总书记视察成都双流时提出的“三个转变”重要指示要求，组织部分常委、委员现场交流学习，围绕推进工业经济高质量发展开展专题协商，提出将双流区打造成为“三个转变”先行区等意见建议。区政协主席会议成员带队走访60余家重点企业，宣讲“三个转变”重大要求，鼓励企业在“三个转变”中展现新的作为。召开主席会议、常委会会议、界别会议，围绕航空经济、电子信息和生物医药三大主导产业，扎实开展专题调研、协商、视察，形成《关于推进双流高质量发展的调研与思考》等调研报告12篇，得到区委主要领导肯定性批示，部分意见建议已转化为具体的工作措施。围绕双流区“十四五”规划的制定，开展常委会专题协商，提出意见建议38条。成都高新区、天府新区的委员围绕高新技术产业发展、公园城市示范区建设等重点工作积极议政建言。

聚焦“走在前列作出示范”，多角度开展参政议政。认真贯彻市委提出的双流要在全市经济社会发展中“五个走在前列作出示范”重要要求，召开区政协委员“聚焦五个走在前、助力示范做贡献”专题座谈会，向全体委员发出《倡议书》，号召委员在“走在前做贡献”中展现新的形象。组织委员围绕转换城市发展动能、产业功能区建设、生态优先绿色发展、主动融入“双循环”、建设幸福美好生活新城区等选准切口，开展调研，撰写提案和反映社情民意。在青年委员和女委员中开展以“青春献时代·委员书华章”“创新奋进‘十四五’·巾帼委员建新功”为主题的座谈活动。按照区委安排，主席会议成员牵头或参与全区校地合作共建、大运会双流赛区筹办、空港商务区建设、天府文创之港建设、“七五”普法工作、教育高质量发展等重点工作，推动“走在前列作出示范”走深走实。

聚焦“三个地方”，多领域开展专题协商。每年全会期间，围绕区政府工作报告开展协商，区政府领导班子集体听取各民主党派基层组织、工商联、无党派人士和各委员界别组意见建议。围绕全区国民经济和社会发展、党风廉政建设和反腐败工作、国际化营商环境建设、民营经济发展、自贸试验区建设、产业功能区建设等重要议题开展协商议政，助力打造新时代企业容易做生意的地方。围绕优化生态环境、社区发展治理、乡村振兴战略实施、空港公园城市建设、公交线网优化调整等重点工作开展调研视察，助力打造市民获得感幸福感安全感增长较快的地方。围绕全区人才队伍、教师队伍、司法队伍、社会志愿者队伍建设以及新生代企业家培育等重点课题，开展专项议政，助力打造干部人才心齐气顺只争一流的地方。

这五年，我们践行宗旨，勤勉履职，把努力促进民生实事的落地落实贯穿始终

积极参与疫情防控。新冠肺炎疫情发生后，区政协坚决贯彻落实区委疫情防控决策部署，向广大政协委员发出倡议，带领区政协机关干部和政协委员积极投身防控一线。主席会议成员深入镇（街道）、村（社区）、留观点和重点企业带头战“疫”，督促责任落实，协调解决具体问题。发挥委员移动履职平台、小范围协商座谈、提案办理、反映社情民意信息等作用，就疫情防控、复工复产、稳定社会预期、加强依法治理等积极建言，报送意见建议54条。编印的《携手抗疫·特刊》直观记录双流政协抗疫斗争的实情实景。政协委员立足各自岗位，积极参与救治病人、捐款捐物、稳岗稳产、纾解情绪等工作，助力夺取疫情防控和实现经济社会发展目标“双胜利”，以实际行动展示责任担当。区政协抗疫工作得到省政协领导的肯定性批示。10名政协委员荣获省、市、区抗疫先进个人。

聚焦民生反映民意。坚持人民政协为人民，致力于增进民生福祉和促进社会发展，委员们深入基层开展调查研究，五年来，共提出和反映社会民生和群众生产生活相关的提案513件、社情民意402件。关于加强食品安全监督、健全养老服务体系、加大水环境治理等民生提案得到有效办理，意见建议得到落实，让百姓增加更多的获得感、幸福感和安全感。关于残疾人专用停车位设置、关心关爱留守学生、棚户区改造等社情民意，经区政协专题协商后，移交政府相关部门办理，助推相关工作开展。政协提案和社情民意的办理过程逐步成为政协委员关注民生、反映民意的过程，成为区委区政府及其部门倾听群众意见、回应群众呼声的过程。

推动民生实事办理。在委员中广泛开展“助力巩固脱贫、助推乡村振兴”专项活动，结合双流实际，委员们围绕助力发展特色产业、协力健全完善保障体系、推动公园城市乡村表达、推进基层治理体系和治理能力现代化等专题开展调查研究。按照市政协要求，组织委员对双流援建巴塘民生工程项目建设开展视察监督。着眼于生活品质改善，举办老旧小区改造、城市公园绿化品质提升等协商交流会。聚焦幸福美好生活十大工程建设，开展特邀监督，民生实事特邀监督员对民生项目建设进度和质量开展“全覆盖”协商式监督，有效助推民生工程建设。常态化开展白河水环境治理民主监督，提出的《关于白河18号排口治理工作的建议》等报告，得到区委主要领导肯定性批示，有力助推白河水质改善。

这五年，我们守正创新，务实进取，把竭力增添基层政协的生机活力贯穿始终

创新工作理念。着眼于更好体现政协工作的时代性、创新性，围绕更好落实区委对政协工作的新部署、新要求，创新提出“党委谋什么，政协就议什么；政府干什么，政协就助什么；群众盼什么，政协就促什么；委员做什么，政协就帮什么”的履职理念，推动政协工作聚焦中心、融入中心、助力中心。对全体政协机关干部和政协委员提出“思想不跑偏、说话不跑调、履职见成效”的基本要求和“三感四动五提升”的工作要求，使政协工作更适应时代要求，更具有时代特征，得到省、市政协和区委领导的充分肯定。

创新协商互动。着眼于在更宽领域、更广平台上推进协商工作，创新政协跨区域协商互动。与重庆市渝北区政协共唱“双城记”，围绕航空枢纽共建、航空产业共兴等开展“1+1”协商活动，助力成渝地区双城经济圈建设。与新津区和眉山市东坡区、彭山区、仁寿县政协围绕区域融合发展开展“2+3”协商活动，助力省委成德眉资同城化发展和市委重大决策的推进。与简阳市、青白江区、宜宾市翠屏区、泸州市龙马潭区政协围绕门户城市开放合作，开展“2+2+1”协商活动，助力五区（市）融入省委“一干多支、五区协同”发展战略。区政协创新同一性质议题跨区域协商形式，走出协商履职的新路子。

创新履职形式。着眼于新时代政协委员要有新样子、新形象的要求，注重搭建平台、创设载体，积极鼓励委员发挥主体作用，创新履职形式。支持委员建立“委员民情联络站”，把“民情民意收集箱”建到百姓家门口。鼓励委员设立“委员工作室”，发挥委员专业特长，开展调研，使委员建议更接地气、更有底气。组建政协委员专家智库，围绕全区经济社会发展重大问题和前沿问题高质量建言，专题召开“中国航空经济之都怎么建·政协委员专家智库来建言”座谈会，区委主要领导到会听取意见建议并给予充分肯定。“魅力空港·委员讲堂”走上电视，更加鲜活地讲述政协故事，天府新区委员组打造的“麓山夜话·委员讲堂”被多家中央、省、市媒体报道。委员讲堂已成为凝聚发展力量、展示委员风采的重要品牌。

创新基层工作。着眼于推进政协协商民主广泛多层制度化发展，在区委的高度重视下，全区9个街道、镇建立政协街道工作委员会、政协镇联络委员会，实现政协协商平台向基层延伸全覆盖。创新“有机构、有人员、有阵地、有制度、有保障”的“五有”机制，确保基层政协协商工作顺利开展，双流区政协协商平台向基层延伸全覆盖的经验做法被全国政协关注。参加省政协“有事来协商”平台建设试点，创建“有事来协商·众事好商量”特色协商平台，形成在全省推广的小微协商“1234”工作法，各政协街道工委、镇联络委围绕区域重点工作和群众民生热点问题开展小微协商108次，实现政协协商与基层协商的有效衔接，助力解决群众家门口的揪心事烦心事操心事，为全省区（市、县）政协开展小微协商提供示范。

创新理论研究。着眼于理论是行动的先导，扎实开展习近平总书记关于加强和改进人民政协工作的重要思想学习研讨，双流区作为全省唯一区（市、县）政协参加全国政协理论研讨会，交流工作经验。加强基层政协工作的重大理论研究和实践经验总结，形成《提高调查研究能力与人民政协要“说得对”》《创新工作理念、服务发展大局》《对人民政协性质定位的再认识》《政协专委会要“实起来、专起来、活起来”》等一批高质量研究成果，多次在省、市政协理论研讨会上作交流发言，12篇理论文章入选全国和省、市政协相关刊物。区政协理论研究成果得到全国和省、市政协理论研究会的高度肯定。

这五年，我们坚持团结，加强联谊，把大力弘扬两大主题的责任意识贯穿始终

加强合作共事。把加强思想政治引领、广泛凝聚共识作为政协工作的中心环节。加强与各民主党派基层组织、工商联和无党派人士的团结合作，建立各民主党派基层组织参加政协工作共同性事务和主席会成员联系各民主党派基层组织机制，通过多种方式为他们更好地发挥作用创造条件。五年来，走访联系各民主党派基层组织、工商联和无党派人士32次，各民主党派基层组织共提交集体提案78件，提交会议发言50余篇。重视和发挥少数民族和宗教界委员的作用，为双流区经济社会发展贡献力量。

深化交流交往。加强与省、市政协的联系，积极争取指导支持，主动向省、市政协汇报工作，双流区政协成为全省政协24个定点联系单位。配合省、市政协在双流开展关于西部陆海新通道、空港自由贸易区、普惠教育、黑臭水体治理等调研视察。扎实开展对标工作，走出去学习交流省内外先进区（市、县）政协“创新委员履职平台”等经验做法。五年来，接待全国、省、市政协领导到双流指导工作和调研视察68批次，接待外地政协来双调研考察240批次。

注重文化联谊。突出政协文化建设，加强文史资料工作，完成《双流文史资料选辑》和《华阳国志·注译》编印，与省内外相关区（市）县政协建立文史资料交流机制，在更广范围讲述双流历史、传播双流故事。编印《双流政协》杂志10期，《双流政协》办刊水平和质量得到各界好评。区政协书画院以妙笔丹青的独特形式，讴歌新时代双流，展示双流文化，彰显双流形象。以庆祝改革开放40周年、庆祝新中国成立70周年、庆祝中国共产党成立100周年等为主题举办书画展。多次与兄弟区县政协书画院开展美术书法联展活动。选送的部分优秀作品在全国、全省书画展上获奖。

这五年，我们夯实基础，强化管理，把不断提升自身建设的能力水平贯穿始终

切实加强政协党的建设。深入学习贯彻中央、省委、市委关于加强新时代人民政协党的建设的意见要求，切实加强区政协党的政治建设、思想建设、组织建设、作风建设、纪律建设。创新建立党员委员双重组织生活“三在前”机制，实现党的组织对党员委员的全覆盖、党的工作对政协委员的全覆盖，《人民政协报》《四川政协报》进行深度报道。区政协党组、机关党组严格履行管党治党主体责任，支持派驻区政协机关纪检监察组履行监督责任，机关第二党支部获评“中国航空经济之都建设先锋党支部”。党员干部的纪律规矩意识切实增强，党内政治生活更加规范，党风廉政建设不断深化，进一步形成风清气正的政治生态和干事创业的精神风貌。

做好委员管理服务工作。按照“懂政协、会协商、善议政，守纪律、讲规矩、重品行”要求，坚持靠前服务、强化管理，健全完善委员服务管理、履职考核、退出机制等6个制度，做到委员服务、考核、监督和激励工作有据可依。坚持委员向界别述职、常委向常委会述职制度。实施“委员进高校培训工程”，举办到中国人民大学、西安交通大学等高校培训5期，实现委员高校培训全覆盖。在政协机关设立“委员之家”，接待委员来信来访180

件次，协助解决委员反映问题，让委员感受到政协大家庭的温暖。五年来，委员们始终保持奋斗者的姿态和干劲，不停步、不懈怠，写好每年的“委员作业”，交出合格的履职报告，展示委员的风采。

扎实推进机关自身建设。以《政协章程》为遵循，建立和完善覆盖会议组织、经常性工作、自身建设等制度体系，使政协履职更加规范有序。制定完善《区政协机关党组贯彻落实“三重一大”事项集体决策制度实施办法》等各类制度13个，大力加强“政治型、学习型、服务型、高效型、创新型”机关建设，不断提升区政协机关管理服务水平。加强干部队伍建设，全面落实干部积分管理制度，深入推进“三答三改”，重视和关心政协干部培养，打造适应中国航空经济之都城市能级和新时代政协工作的干部队伍。

各位委员，五年来，区政协工作取得的成绩是中共双流区委坚强领导和市政协有力指导的结果，是区人大、区政府支持的结果，是历届区政协老领导、老同志奠定基础的结果，是区级各部门、各镇（街道）的积极配合的结果，更是全体政协委员、政协机关干部团结奋斗的结果。在此，我代表区政协常委会，向大家表示衷心的感谢并致以崇高的敬意！

在看到成绩的同时，我们也清醒地认识到工作中存在的问题和不足，主要表现在：协商议政质量有待进一步提升，民主监督机制有待进一步完善，“有事来协商·众事好商量”平台建设有待进一步深化，委员队伍建设有待进一步加强，等等。这些问题和不足，我们将高度重视、认真研究、切实改进。

五年工作的主要体会

五年来，十一届区政协在实践探索中积累了一些有益经验，形成了一些认识和体会。

必须坚持党对政协工作的领导。坚持党对政协工作的领导是人民政协必须恪守的根本政治原则。政协是政治组织，必须旗帜鲜明讲政治，把党的领导贯穿于政协各项工作的始终。五年来，十一届区政协自觉接受区委的领导，坚持重大事项请示报告制度，始终与区委在思想上同心同德、目标上同心同向、行动上同心同行，做到区政协一切重要工作在区委的领导下开展，一切重要活动围绕区委中心任务进行。

必须坚持人民政协的性质定位。人民政协作为统一战线的组织、多党合作和政治协商的重要机构、人民民主的重要实现形式，是国家治理体系的重要组成部分，是具有中国特色的制度安排。五年来，十一届区政协依照政协章程，发挥好专门协商机构的独特作用。利用好政协话语权，建言献策；发挥好政协的影响力，凝聚共识，使政协协商载体更加多元，协商平台更加广阔，协商形式更加多样，协商内容更加丰富，协商效果更加突显。

必须坚持人民政协的两大主题。团结和民主是人民政协存在和发展的依据，团结就是力量，民主才有活力。五年来，十一届区政协高举爱国主义、社会主义旗帜，坚持大团结大联合，寻找最大公约数，画出最大同心圆，不忘老朋友，结交新朋友，真诚交挚友，倾心交诤友。商以求同，协以成事，营造团结氛围，活跃民主气氛，提倡热烈而不对立的讨论、真诚而不敷衍的交流、尖锐而不极端的批评，增进共识、促进团结，不断扩大朋友圈。

必须坚持协商为民的履职理念。这是人民政协履行职能的鲜明政治立场和价值要求，是以人民为中心的发展思想在人民政协的具体体现。五年来，十一届区政协坚持围绕“关注民生，倾听民声，反映民意”开展协商议政，务实建言。把更好满足人民日益增长的美好生活需要作为区政协全部工作的出发点和落脚点，努力让人民群众感受到政协离自己很近、委员就在身边。

必须坚持开拓创新的精神追求。这是人民政协事业发展的不竭动力和源泉，是提升政协履职能力和水平的必然要求。五年来，十一届区政协坚持把创新作为动力导向，创新履职理念，创新基层协商平台和委员履职平台，建立“有事来协商”机制，营造浓厚的创新氛围，让探索创造的智慧火花充分涌流，推动区政协工作出新出色出彩，紧跟新时代步伐，踏准主旋律节拍，充满工作活力。

必须坚持政协委员的主体地位。这是人民政协工作的优势所在、活力所在，是搞好政协工作的前提、基础和关键。五年来，十一届区政协坚持用事业凝聚委员、用实践锻炼委员、用机制激励委员，引导委员既“懂政协、会协商、善议政”，又“守纪律、讲规矩、重品行”，始终牢记“四个一线”工作要求，用恪尽职守来诠释责任，用奋发有为来回应期望，培养政协情怀，奉献政协事业，以实实在在的业绩展示形象。

今后工作的建议

新一届区政协要以习近平新时代中国特色社会主义思想为指导，在中共双流区委的坚强领导下，全面贯彻中共十九大和十九届二中、三中、四中、五中、六中全会精神，认真落实中共双流区第十四次代表大会精神，坚持以人民为中心，坚持团结和民主两大主题，抢抓成渝地区双城经济圈建设机遇，聚焦“三区三廊三新城”建设，加快打造新时代“三个地方”，不断提升政治协商、民主监督、参政议政水平，广泛凝聚共识，为高质量建设中国航空经济之都，高水平推进基层治理体系和治理能力现代化，为成都建设践行新发展理念的公园城市示范区贡献更多双流政协力量。

坚持政治引领，在思想建设上促深化。必须坚持党对政协的领导，牢牢把握人民政协是政治组织的根本属性，不断提高政治判断力、政治领悟力、政治执行力，切实把加强思想政治引领落实到区政协履职工作各方面和全过程，增强“四个意识”、坚定“四个自信”、做到“两个维护”。持续深入学习习近平总书记关于加强和改进人民政协工作的重要思想，加强基层政协工作理论研究和实践探索。深化党史学习教育成果，充分发挥人民政协重要阵地、重要平台、重要渠道作用，不断增进广大政协委员政治认同、思想认同、理论认同、情感认同，夯实共同思想政治基础。

坚持服务中心，在议政建言上多作为。按照区第十四次党代会描绘的美好蓝图，围绕区委提出的“必须树牢有感发展导向、必须坚持协同融合路径、必须胸怀多作贡献格局”的要求，切实加强协同互动，以新担当、新风貌展现政协新作为。要在“三区三廊三新城”方面建诤言，通过调研、视察、反映社情民意、提案督办等形式，助推相关工作落实。要在高质量推动经济发展、高质量建设空港公园城市、高质量构筑门户枢纽优势、高质量提供优质均衡公共服务、高质量推进城市现代化治理等重点任务，找准发力点、着力点，开展互动协商、民主监督。

坚持开拓创新，在协商监督上求实效。拓宽协商民主途径，进一步健全各类型、各层次协商制度，持续深化“有事来协商·众事好商量”协商平台建设，不断创新协商形式，不断提高协商质量。创新民主监督形式，探索界别视察监督、专委会对口监督、特邀民主监督等新形式，常态化开展民主监督，提高民主监督实效。抓好协商成果运用，加强对协商成果全程跟踪，强化“回头看”，力争通过沟通反馈、持续用力、跟踪督促等措施，推动协商有回音、见成效。

坚持履职为民，在改善民生上添助力。紧扣幸福美好生活十大工程实施，围绕呵护好孩子教育、守护好市民健康、保障好民生底线、构建好敬老体系等事关群众民生福祉的领域，组织委员深入一线、走近群众，开展调研视察，提出对策建议，努力使改革发展的成果惠及更多的群众。深化“我为群众办实事”实践活动，围绕持续提升高品质公共服务精准供给能力，推动基本公共服务向常住人口全覆盖，选好议政建言重点，助力双流市民生活更有品质、更加幸福。

坚持团结联谊，在凝心聚力上下功夫。把广泛凝聚共识，协力区委厚植执政基础，作为团结联谊的出发点。积极引导各民主党派基层组织、工商联、无党派人士、民族宗教界人士和广大政协委员把凝聚共识融入视察考察、调查研究、协商履职活动中，积极营造合作共事的良好氛围。最大限度把政协委员和各界人士的积极性和创造性调动起来，把政协组织优势不断转化为团结联谊优势。完善区政协领导对口联系专委会、专委会联系界别、界别委员联系群众等制度，进一步深化政协工作向基层延伸，助力基层治理。

坚持固本强基，在能力素质上抓提升。按照“懂政协、会协商、善议政，守纪律、讲规矩、重品行”的要求，以强化责任担当为重点，完善委员履职工作规则，加强委员学习培训，为委员履职搭建平台，支持委员多形式履职。践行“四个一线”要求，深入推进“三答三改”，切实提升区政协机关干部的素质能力。压紧压实党建政治责任，创新党建内容和形式，深化党员委员双重组织生活“三在前”机制，推动党的组织对党员委员全覆盖、党的工作对政协工作全覆盖，以党建高标准推动履职高质量。

各位委员，同志们，中共双流区第十四次代表大会吹响了发展新号角，绘就了美好新蓝图，指明了前进新方向！让我们更加紧密地团结在以习近平同志为核心的中共中央周围，在中共双流区委的坚强领导下，为高质量建设中国航空经济之都，高水平推进基层治理体系和治理能力现代化，为成都建设践行新发展理念的公园城市示范区贡献更多双流政协力量！

名词解释

1.“四史”：党史、新中国史、改革开放史、社会主义发展史。

2.“三个转变”：中国制造向中国创造转变、中国速度向中国质量转变、中国产品向中国品牌转变。

3.“三个地方”：新时代企业容易做生意的地方、市民获得感幸福感安全感增长较快的地方、干部人才心齐气顺只争一流的地方。

4.“三感四动五提升”：“三感”，全体政协干部和委员切实增强对政协事业的荣誉感、责任感、使命感；“四动”，带头勤动脑、会动手、善动口、常动脚；“五提升”，提升政治把握能力、调查研究能力、联系群众能力、合作共事能力、协商议政能力。

5.“1234”工作法：推进政协协商与基层协商有效衔接。“1”，即构建1个协商体系；“2”，即打造建言资政、聚智献策的平台和增进共识、凝心聚力的平台；“3”，即健全议题提出、协商运行、跟踪问效三大机制；“4”，即创新收集问题、提出问题、回应问题、解决问题四个环节。

6.“三在前”：双流区政协创新中共党员委员双重组织生活“三在前”机制，即双重组织生活在委员学习培训之前、在委员履职活动之前、在政协重要会议之前。

7.“三重一大”：重大事项决策、重要干部任免、重大项目投资决策、大额资金使用。

8.“三答三改”：“三答”即中国航空经济之都是什么、怎么建、谁来建，“三改”即改工作范式、改工作标准、改工作作风。

9.“四个一线”：全国政协主席汪洋在全国政协习近平总书记关于加强和改进人民政协工作的重要思想理论研讨会上讲话指出：人民政协处于凝心聚力第一线、决策咨询第一线、协商民主第一线、国家治理第一线，是党和国家一线工作的重要组成部分。

10.“三区三廊三新城”：“三区”即国家级经济技术开发区、国家生态文明建设示范区、国家全域旅游示范区，“三廊”即剑南大道科创走廊、双楠大道时尚走廊、成双大道商务走廊，“三新城”即成都芯谷、天府怡心湖、天府国际生物城。

双流区2021年国民经济和社会发展计划执行情况及2022年国民经济和社会发展计划草案的报告

（2021年12月23日，在双流区第十九届人民代表大会第一次会议上）

成都市双流区发展和改革局局长　曾学良

一、过去五年国民经济和社会发展计划执行情况

2017年以来，双流区坚持以习近平新时代中国特色社会主义思想为指导，牢记习近平总书记亲临双流视察所作“三个转变”重大嘱托，在中央省市和区委坚强领导下，在区人大区政协监督支持下，坚定以建设践行新发展理念的中国航空经济之都为统揽，抢抓机遇、创新攻坚，全区153项工作受到国家和省市表彰表扬，中国百强区排名由38位提升到29位，连续2年获评全省县域经济发展强区，连续2年获评“中国最具幸福感城区”。

航空经济发展迈上新台阶。地区生产总值成功突破千亿大关，三次产业结构优化为1.6：33.5：64.9，累计完成固定资产投资2590亿元、居全市第4位；产业功能区亩均产值、亩均税收实现“双提升”，单位地区生产总值能耗、二氧化碳排放量实现“双下降”；中国电子、中国商飞、中兴通讯等龙头企业加速聚集，市场主体突破15万户、“四上”企业达1270户，分别是2016年的2.4倍、2倍，聚集世界500强企业43家、上市企业7家、高新技术企业267家、专精特新“小巨人”9家；可支配财力达227.6亿元、增长63%，一般公共预算收入增长70.2%。

改革开放创新迸发新动能。战略性重组3家区属国企，资产规模

超1600亿元、较2018年改革前增长90%，空港兴城、空港发展实现AA+评级；“空铁联运一单制货物运输模式”等3项案例全国推广，飞机融资租赁在全省率先实现突破；7家基地航司扎根双流，新开通货运航线14条，新增进境商品指定口岸4个；中国西部（成都）科学城双流分区加快规划建设，布局西部光源等大科学装置3个，吸聚国家级重点实验室等创新平台110个；全社会研发投入增长90%，科技成果就地转化率由14.5%提升到18.1%。

空港门户形象实现新改观。天府国际生物城成型成势，怡心湖惊艳亮相，成都芯谷蓄势待发，空港商务区重装启航，空港花田、空港体育公园、永安湖相映生辉；环港路等70条道路建成通车，6条地铁、24个站点投入运营，4500亩空港中央公园、344千米空港绿道联网成片；大气、水、土壤污染防治取得新成果，$PM_{2.5}$下降52%，空气优良天数增加116天；水质考核断面达标率由50%提高到100%，锦江黄龙溪水质改善受到习近平总书记肯定。

人民幸福生活谱写新篇章。城乡居民人均可支配收入分别达5.5万元、3.5万元，增长44.5%、53.9%。华西空港医院、京东方医院、成都七医院等8所医院建成投用，率先在全省实现区级综合类、中医类、妇幼类医院“三甲”全覆盖；财政累计投入103.5亿元保障教育优先，新增省级示范性高中2所，新改扩建中小学（幼儿园）73所，新增学位4.7万座；成功创建国家级体育赛事产业示范基地，高水平承办第18届世警会等体育赛事，重大国际赛事承办数量居全省之首；投入70亿元为被征地农民购买社保，发放失业保险金10.7亿元。

城市治理能力得到新提升。持续整改城乡环境“负面清单”，创新城乡环卫一体化改革，拆除违法建设406万平方米，完成“两拆一增”点位295个、增加开敞空间120万平方米，金河路等7条街道获评全市“最美街道”；纵深推进“扫黑除恶”，违法犯罪警情下降38.7%；开展信访“大起底”“治重化积”行动，信访总量下降12.1%；打造“15分钟社区生活服务圈”62个，商品房小区“1+211”自治管理模式被央视新闻联播点赞，获评全国社会治理创新示范区。

二、2021年国民经济和社会发展计划执行情况

2021年，全区深入贯彻党的十九大和十九届二中、三中、四中、五中、六中全会精神，全面落实习近平总书记对四川及成都工作系列重要指示精神和省委、市委重大决策部署，认真执行区十八届人大第七次会议审议批准的《政府工作报告》、2021年国民经济和社会发展计划，落实区人大审查意见，坚定不移贯彻新发展理念，坚持稳中求进总基调，紧紧围绕区第十四次党代会目标，高质量建设践行新发展理念的中国航空经济之都，2021年实现地区生产总值1120亿元、增长12%左右（预计数，下同），获评高质量发展十佳县（市、区）、国际化高质量发展环境建设标杆城区。

（一）产业发展质量稳步提升

适航产业持续壮大。坚持做大做强航空经济、电子信息和生物医药等现代适航产业，主导产业产值（营收）突破2200亿元，战略性新兴产业产值超1000亿元，先进制造业占规模以上工业产值比重达70%，完成固定资产投资554.6亿元、增长13.5%；新签约引进亿元以上产业化项目42个、协议总投资781.3亿元，16个项目认定为市级重大项目。航空产业聚焦航空枢纽服务、航空制造与维修等关键环节强链补链，新引进科瑞特保税维修等亿元以上项目13个、协议总投资75亿元，国产民机维修基地、川航APU等14个项目竣工投运，航空核心产业规模超1200亿元。电子信息聚焦“芯屏端网”重点环节，澜至电子、九芯微等9个项目建成投产，世界级面板显示龙头企业京东方增资成都中电熊猫，纬创、仁宝分别实现产值580亿元、300亿元，分别增长45%、90%，推动全区电子信息产值首次突破1000亿元。生物医药产业聚焦生物技术药、新型化学药、高性能医疗器械等领域，新引进费森尤斯奥美德、查士利华等500强项目，新引进项目协议总投资150亿元，京东方数字医学中心等11个项目竣工，欧林生物、康诺亚、海创药业3家企业顺利上市或过会，天府国际生物城建成生物科创园85.1万平方米，在全国生物医药产业园综合竞争力排名第4位，全区大健康产业实现产值210亿元。西航港开发区获评为四川省首批“5+1”重点特色园区。

市场活力持续提升。市场主体数量壮大，中国商飞、中国电子、中兴通讯等一批头部企业加速聚集，新增市场主体3.2万户，其中新增企业9500户，新增“四上”企业200家。规模以上工业企业方阵扩容至

393家，占全市11%、排名全市第1位。中寰流体成为北交所成都“第一股”，新易盛、通威太阳能成为全市行业领军企业，天味食品、星达铜业等9家企业上榜成都制造业100强。新认定总部企业9家，总部企业营业收入突破500亿元，成都航空、四川特驱分别首次入选四川服务业、民营企业100强；嘉禾印象等5家企业获评成都市社会企业。梯度培育新经济企业40家，其中种子企业31家、准独角兽企业7家、行业领军企业2家，存量新经济企业突破1.3万家；海威华芯、百德邮政成为全省新经济示范企业，澜至电子等6家企业入选全市新经济“双百工程”。评定专业特色楼宇3栋，全区专业楼宇达11栋（市级4栋、区级7栋）、建筑面积达56万平方米，成功培育西藏航空综合办公大楼为双流区“首栋”甲级写字楼。

空港消费稳健增长。打造消费商圈，构建双楠大道时尚消费、环高校活力消费、跨境消费、老城区慢生活消费等多元消费空间，时代奥特莱斯成为全川最成熟的国际品牌折扣店，老城区明城购物中心建成投运，大型商业综合体达12个。营造消费场景，建设“保免一体”、公园盒子等新消费场景9个，升平街等5条特色商业街区打造完成；“绿道+场景”成功入选全国文旅融合创新典范案例。推进网络消费，创新打造全川首个“前店后仓+快速配送”的“空港1号”跨境电商体验店，获评国家级服务业标准化试点，中国邮政（四川双流）跨境电商产业园获评省级跨境电商示范园区；四川电商直播产业园集聚直播及关联产业链企业100余家，实现电子商务网络零售额280亿元、增长40%。推动传统市场转型，城南优品道广场星光天地等3处商业综合体获评市级夜间经济示范点，疏解关闭川达闲置机电市场，引导珠峰二手车市场、西部货车与工程机械市场腾笼转型；提升改造农贸市场6个。全年社会消费品零售总额达438亿元、增长11%。

要素保障坚强有力。全社会用电量达68.8亿千瓦时，增长14%，其中工业用电量33.7亿千瓦时，增长3.8%；江安河变电站配套电力通道、板桥枫林二期外电工程等4个项目建成，全区电网容载比达1.67，幸福变电站进线及10千伏电力通道、白家电力通道等27个项目加快建设，布局充电设施4200余个。全社会供气量达4.2亿立方米，增长5.7%，其中工业供气量2.1亿立方米；黄水撬装柜扩能改造、文星大道至航空港配气站天然气管道等3个项目建成，日供气能力达150万立方米/天。全年供水量达2.7亿吨、增长3.7%，完成黄龙溪加压站、协和加压站建设，健全完善剑南大道供水管网等设施，日供水能力达74万吨/天。工业厂一期等6座污水处理厂全部投运，污水处理能力达57.8万吨/日。新建成5G基站900余座，累计建成2800余座，重点产业园区和核心商圈5G全覆盖。推动设立总规模3亿元的天使投资基金，新增设立总规模1.5亿元的英飞科创基金；全区股权投资基金达26支、总规模243亿元，累计投资项目79个，投资金额116亿元；空港发展集团成功发行3亿美元境外债，创2021年中西部地区区属国企最低发行利率；招商引资扶持方式从“财政直补”向“投补结合、以投为主”转变，获市委、市政府主要领导肯定性批示。创新设立区人才综合服务中心，人才总量超40万人；召开“中国航空经济之都人才工作大会”，发布实施《双流区空港科创人力资源协同创新政策措施》，推动项目和人才“双招双引、相互促进”，引进产业紧缺人才1235名，省级重大人才工程计划4人、团队2个。

（二）改革创新持续深化

院校企地合作深入发展。联手香港城大、电子科大等知名高校共建8个产业园（研究院）入驻企业和项目460个，建成电子科大科技园、西航港科技企业孵化中心等创新载体16个（国家级孵化器2家、国家级众创空间2家），引进高层次人才190人，孵化高价值科技成果481项，促进科技成果落地转化341项。电子科技大学产业园举办第四届全国集成电路“创业之芯”大赛成都专场，建成四期B区创新载体6.3万平方米。协调解决高校院所发展需求，为四川大学、成都信息工程大学妥善处理土地遗留问题，为中科院光电所投入1.6亿元完成光电大道、水电气管网等改造。组织开展“科创菁英汇”等各类双创活动30场，实现技术合同交易额50亿元、增长47%；核动力研究院获评中国专利金奖。

科技创新成效显著。主动融入中国西部（成都）科学城，构建“一核两区两走廊”功能布局，重点打造“基础研究—成果转化—产业创新—经济发展”创新生态链。有效发明专利达3442件、居全市第4位，有效注册商标2.2万件、居全市第7位；国星宇航入选工信部人工智能产业创新重点任务揭榜优胜单位，成都欣科药业获评四川省科学技术进步一等奖，通威太阳能获评四川专利三等奖。实施高新技术企业倍增计划，建立“科技型初创企业—科技型中小企业—高新技术企业—创新领军企业”梯度培育机制，筛选甄别500余家企业建立培育库，高新技术企业主营业务收入达1150亿元、增长5%。深入实施知识产权强区，被省发展改革委评为探索知识产权转移转化服务市场化配置机制试点单位，引导希望森兰等5家企业参与11项国际标准、国家或行业标准制（修）订。

营商环境不断优化。工程审批改革深入推进，实施“扩大告知承诺制范围”等19项改革举措，工程建设项目审批缩减至8个工作日、非工业项目14个工作日，17个部门288项行政许可事项实现“一颗印章、全程审批”，能源通讯“当天报、当天装”。全面推行企业住所申报登记制改革，企业开办时限压缩至2.5个小时，企业开办“零费用”，为新开办企业免费刻制印章，为企业节省成本285.7万元；企业简易注销公告时间由45天压缩到20天。开展“送奖牌、送政策、送服务”活动，为294家重点企业送去全口径税收50强、工业产值50强等11类奖牌584个，为58家企业兑付“六稳”工作突出贡献奖1488万元。打造“企业咖啡时”3.0版，全年开展活动278场，收集企业诉求1474件，办结率99.8%、满意率98.9%；建成企业幸福中心运营空间1.8万平方米，开展幸福托管营、幸福派等活动40余场；新建成成都芯谷企业幸福中心，集成人才落户、人才认定、子女教育等126项服务事项。开展“市民茶话吧”活动548场、参与人数达到1.2万人次，解决疑难问题543件。

重点领域改革深入推进。深化自由贸易改革，“创新开展集成国际转运海关监管新模式”等5项改革全省复制推广，创新实施快件中心安检前置，货物全流程操作效率提升50%；创新保税维修“备案制”改革，推动川航APU保税维修成为全国首个保税维修备案制项目。探索利用存量建设用地进行开发建设的市场化机制等2项工作纳入四川省要素市场化配置改革试点。深化国资国企改革，围绕重大战略新设空港绿道公司等专业化公司，空港资本集团加快组建，完成国有企业经理层任期制和契约化管理改革。深化财政制度改革，完善镇（街道）财政体制和全面实施零基预算改革，健全政府投资建设项目工程、城市清扫环卫等支出标准体系，切块管理重点专项资金，提高财政资源配置精准性。深化综合执法改革，厘清主管部门、行政审批、执法部门职责，结合市场监管领域“局队合一”改革，推动形成运转高效执法体系。推进两项改革“后半篇”，19个镇（街道）行政区划界线经省民政厅审核备案，村（居）民委员会换届选举全面完成。

（三）城市功能加快完善

城市形象日益提升。持续推进“三区三线”划定，稳步开展国土空间规划编制。优化怡心湖片区城市设计和控制性详细规划，完成成都环城生态公园周边区域双流区未来美好公园社区规划等18个重点规划。召开中国航空经济之都规划建设大会，发布14个规划建设领域配套政策，推动城市规划建设系统性突破。以片区综合开发模式招引优质城市合伙人，全面推进怡心湖、环港路西片区、成都国际航空科技产业园等重点区域开发建设。完成东升顺城街、丛桂街等5条道路建筑外立面美化，双流广场片区整体实现有机更新。交通路网日益完善，草金路双流段完成主线施工，剑南大道南延线通车；打通天府六街、广牧路等断头路，完成幸福新村二期配套道路等道路建设（改造）项目10个，建成道路17.6千米；在城区30个重要路口采取交通信号灯分时段配时，主干道通行效率提升20%。地铁8号线二期、19号线、30号线加快建设，累计6条地铁、24个站点实际运营；双流西站TOD主体结构施工，二江寺站TOD主体结构封顶。乡村振兴深入推进，黄水镇成功创建乡村振兴省级先进镇，新增省级示范村2个、市级示范村5个，建成黄龙溪大河村等幸福美丽新村3个；永安镇周家院子等4个林盘修复加快推进；新建高标准农田1.38万亩，新培育农业经营主体30家，其中市级以上农业龙头企业2家。

城市生态日益改善。推进生态文明示范创建，持续按照“八定”基本办法整改央督、省督及长江经济带督查问题。持续开展三大战役攻坚，空气优良天数276天，$PM_{2.5}$浓度均值38微克/立方米，空气质量综合指数改善程度全市第一；建成26座水质自动监测站，锦江黄龙溪、江安河二江寺等5个考核断面、金马河饮用水源水质全部达标；完成28个地块土壤污染调查，转移1142

家企业危险废物8.3万吨；疏解关闭再生资源回收站点422个。推动生态价值转化场景营造，新增空港绿道85.6千米，空港中央公园引入何建明工作室、李文信美术馆等文创场景，环城生态公园萌宠乐园、凤求凰、缤纷彩林3个特色园试点开放，黄龙溪廊桥水乡绿道获评全市“十大最美乡村绿道”，空港花田获评全市“十大乡村生态价值转化案例”。

城市文化日益凸显。持续推进天府旅游名县和全域旅游示范区建设，以全域视角整合优化文旅资源，建成文旅新地标5个，凤翔湖文化演绎空间、天府荆溪茶具博物馆项目竣工投运，举办成都国际友城青年音乐周双流分会场活动、第一季航都幸福荟等3个系列IP活动，接待游客1596.1万人次、增长14%，实现旅游总收入143亿元、增长24.3%。高水平承办中国足球甲级联赛第四阶段比赛、水井坊杯·城市网球赛总决赛等体育赛事，开展群众性文体活动300余场，惠及30余万人次。保护传承历史文化，牧马山蚕丛文化产业园（双流区博物馆）加快建设，推进省级文物保护单位金华庵等3项不可移动文物保护，完成145个项目、1.5万亩地下文物调查勘探。

（四）枢纽功能不断增强

航空枢纽加快建设。与民航、机场合作优化转场方案，推动川航、国航等基地航司增加宽体机和“北上广深拉乌”等商务快线投放量；建成投运全省首个空铁联运城市候机楼——东站城市候机楼，获市委主要领导肯定性批示；新开通伦敦等国际货运航线5条，引进顺丰西部转运中心、递四方等重大货运平台2个；实现旅客吞吐量3950万人次，货邮吞吐量61万吨。建成投运年处理能力300万吨的空铁国际联运港，被评为国家第二批多式联运示范工程；12月4日中老国际班列正式发车，打通成都通往东南亚快捷国际铁路通道。

开放合作深入推进。发挥自贸区、进口贸易促进创新示范区和进境指定监管场地（口岸）优势，新增外贸进出口备案企业40家，实现外贸进出口额900亿元、增长15.2%，实际到位外资28.2亿元；深化“一带一路”经贸合作，实现“走出去、引进来”双向并重，组织企业参加“广交会”等各类国际展会4场以上，鼓励仁宝、纬创、中电熊猫等重点外贸企业扩大外贸进出口业务。区域合作持续深化，优化完善全区主动融入成渝地区双城经济圈建设工作机制，与重庆市渝北区在投资促进、产业协作等7个领域形成长效合作机制，渝北—双流政务服务事项实现“川渝通办”，合作举办双城消费节、建设双流名优馆；省公卫临床中心、猪八戒知识产权大数据公共服务平台等川渝合作重大项目加快建设，知识产权大数据公共服务平台成功招纳服务机构390家。双流航空经济区、成都芯谷、西航港开发区列入成眉高新技术产业带重点支持发展园区。全年到位市外内资155亿元。

（五）民生福祉全面提升

扎实抓好疫情防控。坚持“人、物、环境同防”，构建社区防控区、镇（街道）、村（社区）、小区（院落）四级责任制，组建流调队伍159名、采样人员2466名、检测人员127名、医疗救治100名四支专业队伍，创新开展疫苗接种、核酸检测战区作战，成功应对“7·28”“11·2”疫情处置，每轮疫情后开展疫情防控复盘，固化19项工作机制和管控标准，成为全市可借鉴经验。针对医疗机构疫情防控建立三级督查、网格化包点机制。全区单日核酸采样、检测、新冠疫苗接种能力分别达88万人次、6.48万管、2.78万剂；核酸检测超100万人次、接种疫苗252万剂次，接种量居全市第3位；“政府主导、财政出钱、住建建设、社治找人、卫健打针、镇（街道）管理、部门保障”接种工作运转模式全省推广。服务2558个航班、入境旅客2.9万人，拦截境外输入病例60名，无本地关联病例发生。

教育事业不断提质。建成棠湖中学怡心实验学校、机关第一幼儿园等15所中小学、幼儿园项目及艺体中学改扩建等6个项目，新增学位9720座。普惠性幼儿园覆盖率82.2%，公办幼儿园在园幼儿占比50.3%，学前教育优质资源覆盖率达91.6%，被国务院教育督导委员会认定为首批“全国学前教育普及普惠区”。新建第九批区级名师工作室30个，获评市级以上荣誉称号74人、区级荣誉称号448人。“双减”工作扎实推进，压减证照齐全学科类校外教育培训机构93家，义务段学科类教育培训机构压减69.9%。教育惠民成效明显，发放助学金3.9亿元，受益学生2.5万余人次，高标准通过市第二期特殊教育提升计划督导评估。

卫生事业持续增强。成功创建部省级医院合作办医“双流典范”，新增省市级重点专科（建设单位）5个；引育高级职称专业技术人员70名，培育省市级学科带头人4名，区属医疗机构高级职称人数占卫技人员比例提高至12.6%；省公卫临床中心、市七医院三期等6个项目顺利推进。与省市级医院建立专科联盟，构建“3家区级+12家基层”医联体，实施“区管院用”“城乡中医药一体化”，东升社区卫生服务中心创建社区医院，基层医疗机构全部达到“全国优质服务基层行”标准，基层医疗卫生机构诊疗量占全区总量51%，人均预期寿命提升至81.6岁，重点人群家庭医生签约服务率达82.8%。全面取消药品、耗材加成，扎实开展国家基本药物制度省级综合试点，3家区级医院和12家基层医疗单位基本药物使用率分别达30%、60%，使用国家集采药品190种，中选药品价格平均下降70%。提升“一老一小”服务水平，优化更新“养老关爱地图”，创建老年友善医疗机构18家，城乡养老服务设施覆盖率分别达100%、93%；新建儿童早期发展指导中心1家和示范性托育机构3家；在全市率先成立区未成年人救助保护中心，成立儿童社工专业委员会，开展线上线下未成年人保护法治宣讲21场次、生理心理健康讲座16场次，惠及3600余人。

社会保障系统性提升。完善多层次医疗保障体系，城乡居民基本医疗保险参保率达98%；扎实推动异地就医结算，将13家定点医疗机构纳入西南片区跨省门诊费用直接结算单位，群众看病就医更加便捷；推广“惠蓉保”，累计参保42万余人次、居全市前列。将核酸检测、疫苗接种纳入医保报销，分别拨付137.1万元、1356.8万元；将低保对象大病医疗互助补充保险资助比例由30%提高到100%。解决就业1.5万人，城镇登记失业率3.29%，向用人单位拨付吸纳就业等补贴1020万元；为2210家退役军人企业和吸纳退役军人就业企业减免税收6379万元。建成梧桐馨园、天府领地康府等人才公寓2915套，新（改）建租赁住房2126套，提供公租房5678套；改造老旧小区41个，既有住宅增设电梯30台。实施救助补助，医疗救助2607人次、补助资金达135万元；实施城乡低保、特困供养和特殊儿童兜底救助，促进社会关爱援助与慈善救助有效衔接，救助困难群体4万余人次，创建区域慈善示范社区2个；建成区级精神障碍社区康复服务中心，精神障碍患者摸排率100%。

（六）社会治理稳步提升

创新推进小区精细治理。组建小区管理服务中心，构建“小区吹哨、部门报到”工作格局，着力破解870个无专业物业小区管理难题。有序推动22个示范社区、12个示范小区建设，付家坝社区、川江村被评为四川省首批乡村治理示范村（社区）。完成社区党群服务中心亲民化改造41个、社区微更新项目21个、社区美空间建设点位4个，其中板坡雅舍获评第三批成都市社区美空间；打造“15分钟社区生活服务圈”32个、社区商业消费场景2个、市级“社区运动角”3个；燕楠智慧农贸市场、空港农贸市场等4个智慧农贸市场投入运营。万科第五城生活广场入选全国社区综合服务中心创新试点，成都东航中心·云锦天地等入选2021成都市社区商业优秀项目，东升街道老邻居双桂社区共享超市入选2021年成都社区商业“好项目”。成功创建“最美大运社区”1个，在“天府社区游”App成功上线社区旅游点位6个、“最美社区游线”2条。

深入开展平安双流建设。构建立体化治安防控体系，全区违法犯罪总警情同比下降20.3%。大力整治黄赌毒违法犯罪，“黄赌”警情同比下降6.8%。深入落实“反诈十条”，开展“铁腕反诈攻坚会战”，电信网络诈骗案件立案数下降19%、打击处理人数上升50.7%。开展电动自行车、物流仓储场所、大型商场市场等领域消防安全专项整治，城乡火灾下降8.5%。开展“春雷行动2021”等整治行动，受理市场投诉举报咨询2.1万件，办理满意率95.8%。推进矛盾纠纷多元化解，在16个派出所设置驻所人民调解室，实施“7*24”小时跟班调解，调解各类矛盾纠纷8000余件，调解成功率达90.8%。

稳步推进智慧城市建设。搭建项目全生命周期监管平台、“动土必管”平台，建成智慧应用场景20个。构筑全区“空港智慧警务”系统、改造智慧路灯2589柱。在区智慧治理中心植入应急指挥要素，开通区应急局至镇（街道）、村社视频调度系统。推进智慧消防建设，243家企业、39个社区院落联入管控系统，为257户独居老人、独居残疾人家庭安装智能烟感报警装置。

2021年所取得的成绩，是区委坚强领导、区人大监督指导、区政协大力支持、全区人民共同努力的结果。在看到成绩的同时，也要清楚地看到，双流区经济社会发展仍存在不足和短板：科创资源、口岸平台优势等挖掘还不够充分，城市品质离精品城区还有不小差距，区域发展还不够均衡，产业质效还有待提升，基层治理体系还需进一步完善、治理能力还需进一步加强。

三、2022年国民经济和社会发展计划草案

2022年是落实区第十四次党代会精神的开局之年，我们将坚持以习近平新时代中国特色社会主义思想为指导，深入学习贯彻习近平总书记对四川及成都工作系列重要指示精神，坚定落实中央省市和区委重大决策部署，抢抓成渝地区双城经济圈建设机遇，坚持以人民为中心，以推动高质量发展为主题，大力推进"三区三廊三新城"建设，加快打造新时代"三个地方"，高质量建设中国航空经济之都，为成都建设践行新发展理念的公园城市示范区贡献更多双流力量。2022年发展主要预期目标是：地区生产总值增长8%以上、力争10%，规模以上工业增加值增长9%以上、力争11%，服务业增加值增长9%以上、力争11%，社会消费品零售总额增长11%以上、力争13%，一般公共预算收入增长8%以上、力争11%，固定资产投资增长15%以上、力争20%，城镇居民人均可支配收入增长7.5%以上、力争8%，农村居民人均可支配收入增长8%以上、力争8.5%。

（一）着力创新链与产业链高效协同，以创新引领高质量发展

打造剑南大道科创走廊。主动融入国家科技创新体系，携手天府新区、成都高新区、武侯区打造剑南大道科创走廊。加快谋划剑南大道科创走廊规划建设，争取将剑南大道科创走廊纳入中国西部（成都）科学城建设，与天府大道形成"科创双走廊"，高起点规划建设怡心湖新经济示范区、生命科学创新区，先行打造剑南大道科创走廊合作示范区。积极引育创新平台，用好核动力研究院、四川大学、西南核物理研究院等高校院所，开展原始创新和关键核心技术攻关，集中布局大科学装置、天府实验室等创新载体；依托西南联交所科技分所"第一生产力平台"建立科技成果超市，支持西南交大研究院建设四川省跨高校中试研发平台，推动中科院成科中心面向关键器件的创新成果产业化公共服务平台建成投运，与天府新区协同打造中科院光电所科技成果转化基地。提升协同创新能力，健全科创走廊产学研用科创体系，支持高校、科研机构、企业共建联合实验室、新型研发机构，争取航天科工、中国信通院等国家级科研院所在双流区落户或建立分支机构。充分发挥国家知识产权局四川协作中心作用，建好用好知识产权大数据公共服务平台，建立举报知识产权重大违法行为奖励机制。

推动产业集群发展提升成果转化率。健全科学研究、技术转移、成果转化全价值链体系，促进科技创新成果本地资本化、产业化和市场化。提升创新成果转化效率，发挥电子科大科技园等国家省市级创新载体及各类科技创新平台作用，推进众创空间、科技企业孵化器、大学科技园、创新创业基地等平台建设，新增重点实验室、产学研联合实验室等创新平台5个以上，新增高新技术和科技型中小企业160家以上，全社会R&D支出达到52亿元，占地区生产总值4%以上。实施科创三年行动计划，探索以鼓励职务科技成果转移转化、设立高校科研院所成果转化基金的方式，推动校院企地科技成果就地转化40项，完成技术合同交易额50亿元以上，引育工业设计、知识产权代理等科技服务业企业3家以上。联手成都信息工程高标准建设集成电路、网络空间安全、区块链3个新型产业学院。启动建设中核智慧科技园、电子科大国家大学科技园5期（B区），建成川大院士研究中心，创新载体利用率达75%。

加速聚集天府创新人才。差异化制定人才引育计划，擦亮"天府人才第一区"品牌，办好"蓉漂人才荟""科创菁英汇"等16场活动引才聚才，引进高端领军人才50名、产业紧缺人才1500名以上，大院大所、龙头企业、行业领军企业、海外青年等4类榜单人才实施"双招双引"。深化航都人才综合服务中心及"航都人才之家"服务平台建设，新植入科技金融、法律咨询等服务。打造空港人力资源协同创新中心、航都人才双创孵化基地、新型产业技术研究院、航都人才主题公园，构建全周期全链条全方位高品质人才服务体系。

（二）着力适航产业建圈强链，推进经济高质量转型

打造具有比较优势的适航产业。以产业生态圈为引领，以重点产业链及重点细分领域为突破，推动产业能级大幅提升。电子信息围绕"芯屏端网"4大细分领域坚强发力，做强集成电路、新兴显示、高端软件、人工智能等重点产业链，突破光电芯片、高速光模块等核心技术，推动中兴通讯、通威化合

物半导体等重大项目落地，支持中电熊猫实施超大尺寸8K新型氧化物显示面板智能工厂技改提升，支持纬创实施制造智能自动化设备升级，力促产值突破1000亿元，成为成都世界级电子信息产业生态圈重要承载地。航空制造维修聚力打通“整机—发动机—设备系统—维修保障”产业链，推动空客再交付中心等项目加快建设，支持四川国际攻坚CFM56及LEAP系列发动机维修细分领域，力促实现产值80亿元；加快建设民航西南地区医学中心，推动民航适航审定中心落户，打造民航功能平台项目集群。积极承办国际航空培训第七届峰会，鼓励中国商飞、成都航空建设国产民机产业示范园，国航、藏航等扩大模拟机训练中心和培训基地，形成“141部+142部+147部”民航培训全产业链；用好自贸试验区、综合保税区优势，发展飞机、发动机、模拟机等租赁全产业链，紧盯川航、成航等基地航司发展规划和飞机需求，有序推进飞机融资租赁项目集群化落地。生物医药布局创新药、高端医疗器械、健康服务等重点产业链，推动迈克生物IVD产业园、一桥生物项目建设，支持康弘、扬子江海汇等医药企业做大做强，以“保税仓储+冷链物流”模式发展适航医药供应链产业，力促实现产值80亿元。以“三廊”为支撑做优现代服务业，做强航空物流、现代商贸、文体旅游等区级优势产业链，聚力发展总部经济、跨境电商、绿色金融等新兴业态，延展特色会展、供应链管理等细分领域，推动生活性服务品质化发展、生产性服务业向链条化延伸。确保德邦物流西南总部基地、顺丰四川分拨中心等项目竣工投用，推进兴科蓉总部结算中心、中国水电五局总部基地、万科梦想城等项目建设，形成现代服务业新的增长点，生产性服务业占服务业增加值比重超50%。推动产业数字化低碳化，依托中国工业互联网研究院等平台载体，打造海汇药业、捷翼电子等智能工厂、数字化车间标杆，培育华为云等工业互联网特色优势平台，打造“5G+工业互联网”试点示范；推动新能源、新材料、绿色食品等存量企业技改升级、低碳转型，力促产值达330亿元。

提升国际空港消费品质。打造双楠大道时尚走廊，推动奥特莱斯发展成为时尚购物目的地，力促中德·创时代、九龙仓二期项目开工建设，推动星荟天地漫乐城引进优质品牌店、旗舰店，加快推进公园城市高品质生活空间（双楠大道）示范街区（一期）建设，引导双流万达、海滨城等商业综合体优化业态、更新场景，构建百亿级时尚消费商圈。打造成双大道商务走廊，依托“两廊一湾三公园”空间，布局总部经济、航空金融等业态，加快聚集高能级主力店、主力品牌、创新类企业，推动盛屯西区总部基地开工建设，空港商务区展示展销综合体、澳康达西南中心主体完工。推动传统市场升级，加快推进金恒德等专业市场规范整治和成农批外迁及原址新项目建设。实施“电商+物流”，推动中国邮政“川货天下行”跨境电商供应链平台升级扩容，依托综保区跨境电商园区、电商直播产业园等发展跨境电商、直播电商，引入、培育知名MCN机构2家以上，电子商务网络零售额超300亿元，增长10%。强化楼宇载体招商，培育亿元楼2栋、甲级写字楼1栋、专业特色楼宇3栋。

培育壮大市场主体。新增市场主体3万户、其中企业1万家，入库“四上”企业250家，新增上市（挂牌）企业8家，培育专精特新“小巨人”企业2家。聚焦高端芯片、先进航空装备、智能制造等9个细分领域，紧盯行业龙头、“六类500强”、细分行业领军企业，采用“龙头企业+基金+产业生态建设+载体”的发展模式，引进亿元以上项目65个，实际到位市外内资165亿元、实际到位外资4亿美元以上。继续开展区政府质量奖认定评选，培育纽瑞特医疗等重点企业成为新经济梯度企业，新增新经济企业3300家以上，落地区块链、大数据等新经济项目20个以上，供给智慧生产等场景应用10个、发布城市机会清单100条以上，培育准独角兽企业8家。

持续做好要素保障。加快划定“三区三线”，高质量编制完成国土空间规划和镇级片区国土空间规划。按照“严守总量、提质增效、产城融合、刚性管控”原则在全省率先划定工业区块线，建立工业区块线地理信息数据库，制定双流区工业区块线管理办法，以“法定专项规划+控规”管理模式精准提升工业用地开发强度。探索推广多种供地方式，推行工业用地“标准地”改革，试点“标准地+承诺制+拿地即开工”，实现带指标出让工业用地，工业用地占出让土地不低于30%。抓好土地闭环管理，出台征地补偿安置实施办法，推进批而未供和闲置土地处置，力促29个签约征地未动工项目开工建设。建成220千伏黄甲及110千伏幸福、协和变电站,220千伏电网容载比提升至1.74,110千伏电网容载比提升至1.86,启动220千伏尖长一二线、尖石二线电力线路迁改配套电力通道建设。新建天府新区空港高技术功能区供气管道工程。设立40亿元重大产业化项目投资基金,促进高质量“以投促招”;持续优化金融环境,设立科技支行1家,引导符合条件的保险公司设立科技保险专营机构,新增股权投资基金3支、基金规模20亿元。创新开展“政企银保投”合作试点,民营企业贷款增长10%以上。

（三）着力城市绿色低碳发展,推动空港公园城市高质量建设

争创国家级经开区。坚持创新驱动引领西航港开发区转型升级,全面对标国家级经开区创建标准和先进园区补短板。规划引领优布局,高起点编制54.9平方千米全域空间规划和10.4平方千米物联网—京东方片区、2平方千米创业中心起步区城市设计,先行实施屏芯—金发科技组团、物联网园区等试点区域转型升级,打造创业中心北侧116亩商业用地。做优产业强支撑,围绕京东方等龙头企业完善产业链,促进天味食品等优势企业做大做强,加快建设航空动力产业园,形成航空制造维修、电子信息等产业承载新支撑,园区实现产值1600亿元;启动西航港开发区空间布局调位至电子信息产业园区、物联网园区、综保区双流园区等片区,夯实升级国家经开区基础。提升用地资源效益,推动低效企业腾笼换鸟、增资扩产,盘活低效用地1000亩以上;用好1.1万亩代征地,鼓励园区企业破墙开放,建设亲水活力廊道等生态公园,串联打造慢行步道3千米、小型景观5处。加强生产生活配套,配建租赁型住房、标准厂房30万平方米以上;布局天府怡心湖城市级生活圈,推动西航港开发区创建省级循环化改造示范试点园区。

争创国家生态文明建设示范区。持续攻坚三大战役,强化雾霾、臭氧、移动源等污染精细化管控,开展7家重点企业废气加密监测,空气优良天数达280天以上,$PM_{2.5}$浓度达到国家二级标准、35微克/立方米,单位地区生产总值能耗降低3.2%以上;完成金马河、白河排洪渠及水毁修复工程,拓展锦江入河排口智慧监控运用效能,实施水质水量同步监测;加强土壤污染隐患排查和风险防控。提升绿化品质,推动“红枫海”“紫薇海”开园运营,打造双流广场段中央绿化带等城市门户品质节点10个,打造社区花园4个,建成公园城市示范街区3个,新增绿道20千米,增补景观绿化1.8万平方米,实现“300米见绿、500米见园”。促进低碳交通,新增(优化)公交线路20条,建成充电站12座、充电桩600个,新增新能源公交车300辆。推广低碳建筑,完成公共建筑节能改造3万平方米,确保新建项目绿色建筑达标率达70%以上。支持低碳技术,鼓励西南化工研究院等科研机构开展碳捕集利用与封存技术攻关;建成建筑垃圾资源化利用项目、完成餐厨垃圾无害化处理(一期)项目迁建。完成重点环境问题整治,按期整改完成长江经济带2件、省督10件,32件央督阶段性办结件全部办结。

争创国家全域旅游示范区。实施文旅高质量发展三年行动计划,创建天府旅游名县。挖掘转化广都文化、槐轩文化等本土特色文化IP,引进三联生活思想库等文旅项目7个,加快建设“一带一路”国际艺术中心等8个项目,建成牧马山蚕丛文化产业园(双流区博物馆)、成都芯智慧音乐博物馆,制作“航都双流城市地标图库”,推出“双流百位历史名人”文艺精品,在机场航标灯两侧打造“航都之恋”生态观光家庭农场,营造文化体验新场景。精心办好第31届世界大学生夏季运动会等重大赛事,高质量举办国际网球系列赛事、“空港双流杯”全国象棋比赛等4项大型国内IP赛事。开展全区非遗资源普查,新增非遗代表项目或传承人3个(名),举办第八届成都国际非物质文化遗产节黄龙溪火龙灯舞艺术活动。依托天府荆溪茶具博物馆等创建一批工业旅游、研学旅游示范基地,推动黄龙溪古镇按AAAAA级景区标准提档升级,提升打造农商文旅体融合新消费场景10个以上,建成彭镇永和村、黄龙溪古佛社区幸福美丽新村,高水平呈现彭镇尹家巷、黄水镇刘家林等4个精品林盘,实现旅游总收入150亿元。

高标准打造“三座新城”。成都芯谷围绕打造全国集成电路创新策源地,以杨柳湖片区综合开发为引领,高起点编制芯谷功能区规划,加快推进芯谷先导区1号绿地、杨柳湖配套道路等项目,建成高品质科创空间130万平方米,新聚集企业200家以上,落地百亿级企业1家;加快建设芯谷中学等服务配套,引入书吧、咖啡厅、健身房等生活配套,聚集各类人才2万人。天府

怡心湖围绕打造中国西部（成都）科学城标杆新城区，编制完善城市设计，开发打造5～8千米半径的城市级配套生活圈，加快建设天府梦想城、日航酒店等项目；推进怡心湖C、D、E区片区综合开发，完成华府大道（双华路至起步区北干道）路面改造和怡心湖C、D区环湖市政道路建设，将怡心湖片区11条道路打造为规范停车严管示范道路，塑造大美怡心·科创未来品牌形象，聚集各类人才3万人。天府国际生物城围绕打造世界一流生物产业园区，深化与成都高新区合作共建机制，优化赛默飞、平行实验室、协同创新中心3个创新平台运营模式，提升创新及技术服务能力；建成天府菁萃里等人才公寓51.8万平方米，推进京东方医院养老服务机构审批，协同双流区二医院建设社区服务中心，开展诺博幼儿园"托幼一体化"试点，持续完善城市功能，聚集各类人才3万人。

（四）着力全面开放改革，推动空港门户枢纽优势高质量构筑

推动"客货并举"发展。聚焦融入"两场一体"，打造全国知名精品商务航线枢纽，聚焦"北上广深拉乌"等中心城市持续提升各航司宽体机投放比例，推动AB类航线、商务快线、宽体机占比持续提升；投运公务机FBO，形成年1200架次公务机保障能力。加快构建全球货运航线网络体系，打造双流至美国、欧洲和亚太地区的全货机货运干道，新开通国际货运航线3条以上，形成覆盖全球五大洲枢纽城市的航空货运网络，构建泛欧泛亚航空货运枢纽。加快洽谈顺丰航空西部总部，依托川航物流基地等项目，培育打造首家全货运基地航司。丰富"航空+"多式联运对外开放通道，每周往返"中老""中越"铁路班列5列以上，每周开行"双流—钦州"西部陆海新通道和"中欧班列"2列。配合地铁19号线二期建设工作，推进双流国际机场和天府国际机场互联互通。

深度释放口岸平台优势。依托安检前置空侧延伸功能推动DHL布局国际航空快件转运中心，力促递四方跨电产业园等项目规模化运营。协同建设川渝自贸协同开放示范区，与重庆空港、寸滩保税港合作打造世界级机场群。以四川—东盟中心为载体，联合东航集团积极招引东盟国家贸易机构和企业，促进西部与东盟国家贸易合作，打造落实中国东盟全面战略伙伴关系的合作平台。拓展口岸应用场景，发挥好空港口岸、跨境电商综试区等优势，争取获批跨境电商药品进口零售试点。

提质发展外向经济。主动"走出去"，到京津冀、长三角、粤港澳大湾区等地举办主题推介活动4场次以上；聘请知名企业、行业协会高管等"招商大使"20名，探索开展委托合作招商。提升外贸能级，配合做好戴尔项目协议洽谈，解决仁宝、纬创等重点外贸企业用工、配套等问题，支持跨境电商企业做大做强，鼓励一般贸易企业应用跨境电商拓展业务，发展航空维修、物流等领域服务贸易。加快"双向开放"，抢抓进博会等重大活动契机，积极引进国际采购结算中心、跨境电商西南物流中心，新招引落地服务贸易商、外贸综合服务平台企业5家以上，力促新增外贸主体40家。依托自贸区、综保区等平台，支持区内企业开拓国际市场，实现"买全球、卖全球"，外贸进出口额达1000亿元以上。全面融入成渝地区双城经济圈、支撑服务成都都市圈，推动西航港片区与成都高新区天府一至五街无缝对接，支持天府新区整合资源建设成都科学城，与成都东部新区协同打造泛欧泛亚国际门户枢纽；推进川桂产业合作示范园建设，放眼全国全球寻找更多合作伙伴。

持续优化国际化营商环境。提升政务服务水平，整合企业开办为1个环节，推进线下开办"即到即办、立等可取"，推动水、电、气外线接入施工审批服务时限再压缩1/4，在各镇（街道）便民服务中心设置"24小时"政务自助服务区；优化占道施工审批服务，最大程度避免"施工挖爆管""拉链工程"等问题。拓宽"跨省通办"范围，深入开展"金牌管家"服务，继续推进"证照并销"一件事改革。动态更新"零跑腿"事项清单，提升企业投资项目"不见面审批"事项覆盖率。依托"企业咖啡时""科创菁英汇"等平台，实施惠企政策"精准推送""免申即享"服务，及时兑现扶持资金。丰富"企业咖啡时"内涵外延，开展省外篇、重庆篇，打造线下载体点位、"企业咖啡时"商学院等。创建四川省深化政务公开促进基层政府治理能力提升先行县试点，打造四川省基层政务公开特色名片。

深化重点领域改革。深化自贸改革，完成20项自贸试验改革任务，力促形成可复制可推广经验；抓好综保区保税维修功能拓展、争取经营性租赁收取外币租金试点等一批服务航空产业链关键环节的"硬骨

头”改革，争取飞机租赁SPV公司依托融资租赁母公司资质按差额计算增值税。深化国资国企改革，推进空港资本集团设立运行和股权划转，同步开展AA+评级；西开区转型升级区、芯谷杨柳湖片区、东升环港路西片区、九江未来社区等片区综合开发全面开工，加快盘活云璟铂樾、怡心湖52亩等7宗存量经营性用地，力促经营性收入增长30%以上。深化财政改革，开展全过程预算绩效管理，优化预算支出审核流程，实行全流程电子支付；围绕重点产业链强链补链，提升财政支出中产业支出占比。持续做好两项改革“后半篇”文章，推进小区（院落）民主协商提能增效行动，形成适应城市发展战略的城市工作体系和现代治理体系，培育省级百强镇2个。

（五）着力改善民生福祉，推动优质均衡公共服务高质量供给

优化教育文化服务供给。扩大优质教育供给，完成西航港顺风学校等8个中小学（幼儿园）建设项目，新增学位5310座，引育区级以上名优教师400名，健全教师专业提升激励机制。全力创建国家教育政策先行先试示范区、教育改革发展经验模式推广示范区，支持双中、棠中建成成都领航高中，艺体中学建设省一级示范高中，永安中学创建省二级示范高中。创建省示范性幼儿园3所、市一级幼儿园2所、市义务段新优质学校2～3所，普惠性幼儿园覆盖率达83%、中小学优质学校覆盖率达75%；实施42所公办中小学幼儿园卫生室（保健室）标准化建设。开展中等职业教育“三名工程”，推动职业教育、民办教育、成人教育协调发展，全力推动成都电子信息学校、成都市机械高级技工学校创建省中等职业教育星级名校。深入落实“双减”政策，推动133家学科类培训机构“营转非”，整治清理112家证照不全校外培训机构，建立覆盖全区中小学的精品作业资源库，学生学业监测基本目标达标率增长5%、校际差异度降低5%，确保残疾儿童少年义务教育入学率达99%以上。丰富公共文化供给，开展“航都幸福荟”第二季系列活动，打造市级基层综合文化服务中心示范点2个，群众性文体活动300场以上，惠及群众30余万人次以上。

打造优质卫生服务。常态化开展疫情防控，加强重点人员和场所监测预警，从严管控隔离点、采样点、检测点、医院院区、机场周边“三点一区一边”，执行“每月督查+飞行督查”，建强流调溯源、核酸采样等4支专业队伍，统筹固化流调辅助、标本转运、采样辅检3支协助队伍，筑牢疫情防控坚固防线。加快空港亚心心脏病医院等9个项目建设，区三医院（区精神卫生保健院）挂牌投用，新建区妇幼保健院发热门诊，全区新增床位700张。深化三家区级医院与华西等部省级医院合作办医，建成省市级重点（特色）专科3个、市级基层特色专科2个，区妇幼保健院创建中医工作示范单位。柔性引育高级卫技人员100名。推动医保公共服务向常住人口全覆盖，扩建医保工作服务站（点）至20个以上。创建“全国中医药工作示范区”，创建成都市基层二级乙等医院1家。

提升社会保障水平。创新人口服务管理，推动残疾人托养、困境儿童关爱等103项公共服务向常住人口全覆盖，建设市民幸福中心2个。搭建“空港191”“云直聘”等线上招聘求职平台，举办“春风行动”等各类专场招聘会150场以上，新增城镇就业1.5万人以上，城镇登记失业率控制在4%以内；开展大学生、退役军人、返乡创业农民工创业培训1500人，实现就业创业3100人。城乡居民参保率达99%，新增保障性租赁住房700套、人才公寓500套，按照商品房标准建设安置小区20个，为符合住房保障家庭按收入比例发放租金补贴。在东升、西航港、黄甲街道高标准建设社区养老服务综合体3个，65岁以上老人健康管理率达70%。新增怡心、九江街道2个精神障碍社区康复站点。建设婴幼儿托育场所4个，打造儿童早期发展指导中心，孕产妇和3岁以下儿童系统管理率分别达100%、98%；打造未成年人救助保护中心，整合区救助管理站和区综合福利中心儿童部资源，完善提高服务功能。严格落实退役军人及优抚对象服务保障，切实为驻区部队办实事、解难题；推动军民互促深度发展，提升军属烈属服务水平。

（六）着力建设安全韧性城市，推动现代化城市高质量治理

切实加强社会治理。以国土空间规划引领全区规划系统性重塑，完成九江新城等重要区域城市设计，实施九江新城未来公园社区、环港路西片区、东升老双中医教片区等区域城市有机更新。出台道路通勤提升规划导则，加快双楠大道西延线等31条道路建设，完成航都大街全段、白衣上街等10条道路提升整

治；加快推进二江寺、双流西站等3个TOD综合开发。深入开展城乡环境综合治理，打造提升“两拆一增”点位40个，每季度评选“最美最差”街道和小区院落；深化违法建设治理，创建示范镇（街道）2个、示范村（社区）10个、示范小区40个；改造欧香花园等老旧小区20个，为既有住宅增设电梯30台以上，实施社区微更新项目9个，有序推进870个老旧院落实现专业物业管理。畅通各类主体参与社会治理途径，常态化举办“市民茶话吧”“有事来协商”等活动，推动社情民意快速收集、限时办结、闭环管理，在东升、西航港、黄甲街道建设矛盾纠纷多元化解片区中心3个。

切实保障城市安全。提升应急响应和救援能力，健全综合执法、城管、交通联动机制。运用成都市城市安全风险管理、安全隐患排查等4个信息系统及时解决道路交通、建筑施工、城乡消防等领域隐患问题，确保生产安全事故起数下降15%。全面推广“国家反诈中心”App、“蓉城反诈卫士”微信预警小程序，做到科技反诈全覆盖。保障食品安全，巩固“市场—检测—监管”新模式，果蔬肉菜食品生产、餐饮、流通三个环节快速检测2.5万批次以上；严格冷链规范管理，开展冷链食品疫情防控专项整治，守住进口冷链食品疫情防控底线。保障区级粮油储备，抓好粮食低温库和智能化项目建设，保障粮油市场供应充足价格稳定，建成高标准农田1.1万亩，粮食和蔬菜种植分别稳定在8.7万亩、15万亩。

建设智慧城市。新建成5G基站1000个以上、打造5G智慧应用场景30处以上，争创四川省新型智慧城市试点区。加快推进110指挥中心、智慧治理中心等多中心并轨运行，争取“智慧蓉城”建设试点。启动城市安全运行态势“一屏全观”、安全运行调度“一网统管”、安全风险处置“一键响应”建设；推进5000路人像感知点位、2843路高清天网、200路车辆卡口、智能交通系统、高空鹰眼等感知设备有机融合，支持华体照明、千嘉科技等企业参与新型基础设施建设。推动双城经济圈政务数据资源共享共用拓展智慧应用场景。

文件目录
File Catalog

2021年双流区委部分文件一览表

表14

发文字号	文件名称	发布日期
双委发〔2021〕1号	关于制定成都市双流区国民经济和社会发展第十四个五年规划和二〇三五年远景目标的建议	1月6日
双委发〔2021〕2号	关于弘扬中华文明创新天府文化双流表达的决定	1月7日
双委发〔2021〕3号	关于加强新时代人大工作和建设的实施意见	2月27日
双委发〔2021〕6号	关于印发《成都市双流区贯彻〈中国共产党机构编制工作条例〉实施方案》的通知	4月2日
双委发〔2021〕9号	关于推进2021年全面从严治党、党风廉政建设和反腐败工作的意见	7月2日
双委发〔2021〕10号	印发《贯彻落实〈中共成都市委关于高质量建设践行新发展理念的公园城市示范区高水平创造新时代幸福美好生活的决定〉的实施方案》的通知	8月10日
双委发〔2021〕12号	印发《关于坚持创新驱动引领西航港经济开发区转型升级的实施方案》的通知	9月22日
双委发〔2021〕13号	关于印发《成都市双流区落实四川省生态环境保护例行督察成都市督察意见整改方案》的通知	8月24日
双委发〔2021〕14号	关于高质量推进中国航空经济之都城乡融合发展努力在乡村振兴中走在前列作出示范的实施意见	9月3日
双委发〔2021〕15号	关于加快推进双流教育高质量发展的若干意见	9月8日

2021 年双流区委办公室部分文件一览表

表 15

发文字号	文件名称	发布日期
双委办〔2021〕1 号	关于印发《2021 年全区经济工作要点》的通知	2 月 10 日
双委办〔2021〕2 号	关于印发《成都市双流区迎接四川省生态环境保护督察工作方案》的通知	3 月 30 日
双委办〔2021〕3 号	印发《关于贯彻落实“三重一大”事项决策机制的实施办法》的通知	5 月 31 日
双委办〔2021〕6 号	印发《关于全面推行建立林长制的实施方案》的通知	11 月 30 日
双委办发〔2021〕1 号	关于印发《成都市双流区创建国家生态文明建设示范区工作实施方案》的通知	1 月 8 日
双委办发〔2021〕2 号	关于印发《成都市双流区表扬 2020 年度重点企业开展“送奖牌、送政策、送服务”活动方案》的通知	1 月 25 日
双委办发〔2021〕4 号	关于印发《成都市双流区建设新时代“企业最容易做生意的地方”若干措施》的通知	1 月 27 日
双委办发〔2021〕6 号	关于表扬 2020 年区属国有企业国有资产产权办理工作先进集体和先进个人的通报	2 月 7 日
双委办发〔2021〕7 号	关于印发《成都市双流区服务保障市民群众就地过年十五条措施》的通知	2 月 8 日
双委办发〔2021〕9 号	关于表扬 2020 年度全区宣传工作先进单位和先进个人的通报	3 月 5 日
双委办发〔2021〕10 号	关于表扬 2020 年度全区政法工作先进单位和先进个人的通报	3 月 5 日
双委办发〔2021〕12 号	关于表扬 2020 年度全区农村改革和农民增收工作先进单位的通报	3 月 26 日
双委办发〔2021〕14 号	关于表扬 2020 年度城乡社区发展治理工作先进集体和先进个人的通报	4 月 7 日
双委办发〔2021〕15 号	关于表扬村（社区）“两委”换届工作先进集体和先进个人的通报	4 月 7 日
双委办发〔2021〕17 号	关于表扬 2020 年度组织工作先进集体和先进个人的通报	4 月 9 日
双委办发〔2021〕19 号	关于表扬在推进与省机场集团合作及研究“两场一体”格局下双流机场机遇对策工作中作出突出贡献的单位和个人的通报	4 月 14 日
双委办发〔2021〕20 号	关于印发《2021 年政协协商和民主监督计划》的通知	4 月 14 日
双委办发〔2021〕23 号	关于做好全区“两优一先”评选表彰工作的通知	5 月 31 日
双委办发〔2021〕24 号	关于表扬 2021 年双流区“建功航都最美奋斗者”的通报	6 月 9 日
双委办发〔2021〕25 号	关于印发《双流区教育系统“迎大庆防风险保安全保稳定”专项行动工作方案》的通知	6 月 9 日
双委办发〔2021〕26 号	关于印发《成都市双流区安全生产、环保督察、信访维稳风险隐患大排查大整治工作方案》的通知	6 月 18 日
双委办发〔2021〕27 号	关于 2020 年度镇（街道）和区级部门目标绩效考评先进单位的通报	6 月 22 日
双委办发〔2021〕32 号	关于成立成都市双流区迎接第二轮中央生态环境保护督察工作领导小组的通知	7 月 1 日
双委办发〔2021〕34 号	关于进一步做好主汛期防汛减灾和地质灾害防治工作切实保障人民群众生命财产安全的通知	7 月 16 日
双委办发〔2021〕35 号	关于表扬双流区疫情防控处置工作先进集体和先进个人的通报	8 月 20 日
双委办发〔2021〕36 号	关于印发《成都市双流区 2020 年度国际化营商环境建设工作“三个名单”》的通知	8 月 20 日
双委办发〔2021〕38 号	关于表扬第四届“中国医师节”双流区优秀医师的通报	9 月 3 日
双委办发〔2021〕39 号	关于表扬第 37 个教师节双流区先进集体和先进个人的通报	9 月 3 日
双委办发〔2021〕41 号	关于学习宣传贯彻中国共产党成都市双流区第十四次代表大会精神的通知	11 月 1 日
双委办发〔2021〕42 号	关于表扬区第十四次党代表大会会务保障工作先进集体和先进个人的通报	11 月 9 日
双委办发〔2021〕43 号	关于印发《成都市双流区走访企业“三送三帮”活动方案》的通知	11 月 10 日
双委办发〔2021〕44 号	关于表扬 2021 赛迪全国百强区创建工作先进单位的通报	11 月 18 日
双委办发〔2021〕45 号	关于表扬全国民族团结进步示范区创建工作先进单位和先进个人的通报	12 月 14 日

2021 年双流区人民政府部分文件一览表

表 16

文号	文件标题	发文日期
双府发〔2021〕2 号	关于印发《建立成都市双流区重大产业化项目投资基金推进补改投实施方案（试行）》的通知	12 月 17 日

2021 年双流区人民政府办公室部分文件一览表

表 17

文号	文件标题	发文日期
双办发〔2021〕1 号	关于成立成都市双流区地下管线普查成果更新工作领导小组的通知	1 月 22 日
双办发〔2021〕2 号	关于成立成都市双流区就业工作领导小组的通知	2 月 5 日
双办发〔2021〕3 号	关于印发《2021 年〈政府工作报告〉确定的主要目标任务责任分解方案》的通知	2 月 9 日
双办发〔2021〕4 号	转发区住建交通局区应急局关于成都市双流区房屋建筑、道路桥梁和人员聚集场所安全风险大排查大整治工作方案的通知	2 月 26 日
双办发〔2021〕5 号	关于印发《成都双流自贸试验区承接实施调整后的首批省级下放管理事项的工作方案》的通知	3 月 3 日
双办发〔2021〕6 号	关于印发《成都市双流区关于促进 3 岁以下婴幼儿照护服务发展的实施方案》的通知	3 月 23 日
双办发〔2021〕7 号	关于印发《机场第二高速（成乐高速扩容）建设项目指挥部工作方案》的通知	4 月 7 日
双办发〔2021〕8 号	关于印发《成都市双流区应急避难场所管理暂行办法》的通知	4 月 12 日
双办发〔2021〕9 号	关于印发《成都市双流区绿地占用树木移植管理办法（试行）》的通知	4 月 16 日
双办发〔2021〕10 号	关于印发《成都市双流区关于进一步改进政府投资项目建设监督管理的措施》的通知	4 月 20 日
双办发〔2021〕11 号	关于转发区规划和自然资源局《成都市双流区 2021 年度地质灾害防治方案》的通知	4 月 20 日
双办发〔2021〕12 号	关于印发《成都市双流区政府投资小额工程管理办法（试行）》的通知	4 月 21 日
双办发〔2021〕13 号	关于确定 2021 年度双流区消防安全重点单位的通知	4 月 27 日
双办发〔2021〕14 号	关于调整区防汛指挥部成员的通知	4 月 29 日
双办发〔2021〕15 号	关于印发《成都市双流区权责清单管理实施方案》的通知	5 月 8 日
双办发〔2021〕16 号	关于印发《成都市双流区全面推行证明事项告知承诺制实施方案》的通知	5 月 8 日
双办发〔2021〕17 号	关于印发《成都市双流区森林草原防灭火应对处置预案》的通知	5 月 11 日
双办发〔2021〕18 号	关于调整成都双流自贸试验区建设工作领导小组有关事项的通知	5 月 24 日
双办发〔2021〕19 号	关于印发《双流区农村土地流转管理实施细则》的通知	6 月 22 日
双办发〔2021〕20 号	关于印发《全区公务用车安全管理专项教育整顿工作方案》的通知	6 月 21 日
双办发〔2021〕21 号	关于调整成都市双流区根治拖欠农民工工资工作领导小组的通知	6 月 29 日
双办发〔2021〕22 号	关于印发《成都市双流区项目投资促进“三大转化攻坚”行动方案》的通知	6 月 10 日
双办发〔2021〕23 号	关于印发《成都市双流区下放镇（街道）县级行政权力事项清单》的通知	7 月 6 日
双办发〔2021〕24 号	关于印发《成都市双流区人民政府 2021 年度法治政府建设工作要点》的通知	7 月 6 日
双办发〔2021〕25 号	关于调整成都市双流区生活垃圾分类处理工作领导小组的通知	7 月 9 日
双办发〔2021〕26 号	关于成立成都市双流区竣工验收委员会的通知	7 月 7 日
双办发〔2021〕27 号	关于印发《成都市双流区机关事业单位办公区物业管理服务工作规范（试行）》和《成都市双流区机关事业单位食堂餐饮服务工作规范（试行）》的通知	7 月 10 日
双办发〔2021〕28 号	关于成立成都市双流区房地产市场平稳健康发展领导小组的通知	7 月 8 日
双办发〔2021〕29 号	关于印发《关于调整镇（街道）财政体制实施意见》的通知	7 月 23 日
双办发〔2021〕30 号	关于进一步规范国有土地上房屋征收与补偿有关工作的通知	7 月 27 日
双办发〔2021〕31 号	关于印发《成都市双流区臭氧重污染天气应急预案（2021 年版）》的通知	8 月 5 日
双办发〔2021〕32 号	关于表扬 2020 年度区招投标审查工作先进单位和先进个人的通报	8 月 9 日
双办发〔2021〕33 号	关于印发《双流区碳达峰碳中和 2021 年工作计划》的通知	8 月 4 日
双办发〔2021〕34 号	关于成立“大棚房”问题专项清理整治行动“回头看”协调推进小组的通知	8 月 25 日
双办发〔2021〕35 号	关于印发《成都市双流区 2021 年教育惠民十件实事》的通知	9 月 2 日
双办发〔2021〕36 号	关于印发《成都市双流区“最美校园·最差校园”评选工作方案》的通知	9 月 8 日
双办发〔2021〕37 号	关于印发《成都市双流区技能人才队伍建设引育激励办法》的通知	9 月 29 日
双办发〔2021〕38 号	关于印发《成都市双流区关于做好当前重点工作奋力完成全年经济增长目标任务的通知》的通知	10 月 15 日
双办发〔2021〕39 号	关于印发《成都市双流区森林草原防灭火标本兼治总体方案（2020—2025 年）》的通知	11 月 8 日
双办发〔2021〕40 号	关于宣布失效和继续有效的规范性文件的决定	12 月 27 日

调研报告
Research Reports

推进基层治理体系和治理能力现代化的双流实践

（2021 年 11 月）

中共成都市双流区委书记　鲜荣生

2021 年 4 月，中共中央、国务院印发《关于加强基层治理体系和治理能力现代化建设的意见》，提出“基层治理是国家治理的基石，统筹推进乡镇（街道）和城乡社区治理，是实现国家治理体系和治理能力现代化的基础工程”。2021 年 10 月出台的《成渝地区双城经济圈建设规划纲要》，就健全城乡基层治理体系作出专条阐述、专门安排。四川省委紧紧围绕推进城乡基层治理制度创新和能力建设，提出 10 个方面工作举措，为治蜀兴川再上新台阶提供了有力保障。成都市委将“建好幸福城、提升幸福感”作为时代考题，加快推进“智慧蓉城”建设，构建起全景呈现常态运行、精准预警风险隐患、及时有效处理处置、高效应对突发情况、责任追溯可评可考的闭环工作体系。

成都作为全国新晋超大城市，经济总量大、公共服务集中，不仅处在国家建设、发展和安全的战略要冲位置，也是城市治理体系和治理能力现代化建设的“领头雁”。双流是成都中心城区，近年来人口总量高速增长，2021 年常住人口达到 147 万人、居成都第 2 位，预计 2025 年该数字将近 200 万人，建成区人口密度达到 1.6 万人 / 平方千米，具有研究样本价值。统筹推进镇（街道）和城乡社区基层治理，先发地区有哪些经验？双流自身还存在什么问题？今后如何深化？对此，我们就基层治理路径开展了专题调研，通过“解剖麻雀”的方式，总结经验、检视问题、研究对策。

一、对标先进：基层治理的创新样板

双流始终将中心城区基层治理放在更宽广视野去审视。课题组通过实地调研和资料分析，梳理出以下做法和经验启示。

（一）上海“党建引领”走在前列。长宁区以区域化大党建构建“党建共同体”，实施社区书记核心能力建设，区域党建“朋友圈”越来越大，更多资源、服务下沉基层一线。普陀区组建区级社区治理综合服务中心，突出楼宇服务功能，将楼宇、小区“党建 + 治理现代化”的“溢出效应”延伸至周边社区。

（二）北京“吹哨报到”唱响全国。平谷区推出联合执法“乡镇吹哨、部门报到”工作机制，要求相关单位必须在乡镇吹哨后 30 分钟内报到，“条”“块”合力不断增强。密云区进一步延展“吹哨”主体，推动由镇（街道）向群众拓展，“吹哨报到”向“接诉即办”深化转变。

（三）深圳“数字改革”全域推进。南山区通过建设可视化数字平台，整合人口、交通、消费、警务等各类数据，实现“一网通办”“一网统管”。宝安区进一步明晰统筹、联动、管理、服务 4 个方面、90 项职能职责清单，建立城市数据大脑和社区小脑，打造民生诉求统一处理平台。

二、自我检视：积极应对基层治理存在的主要问题

实现基层党建、居民自治、公共服务三个重心下移，是破解城乡二元结构的治理之道。近年来，双流以信息应用为平台、以技术手段为支撑，推动基本社会面由“管控”向“治理”转型，初步构建起“党委领导、政府负责、社会协同、公众参与、法治保障”的治理格局。但与先发地区比，还存在一些差距和短板。

（一）系统治理组织体系不优。超大城市中心城区治理更需要各方主体齐抓共管，目前网络理政、“大联动、微治理”、数字城管、公安110、网上信访等平台数据存在部门化、碎片化局限，共享不足、协同不够，信息交叉、重复处置等情况时有发生，基层治理的及时性、针对性和精细化服务做得还不够。

（二）党建示范引领作用不强。部分小区、楼宇、商圈、两新党组织作用发挥不够，基层党组织活动阵地缺乏、资源整合能力较弱，部分党组织深度介入小区治理有限。基层治理人才短缺，目前村社“两委”干部中，持证社工和有专业社治背景的不足100名。

（三）多元主体协同治理不够。青年人对社会治理事务不够关注、参与意愿不强；社会组织、社会企业总体呈现散、小、弱的特征，专业化、差异化、品牌化不突出。机关单位“大院意识”和社会主体“围墙意识”破除较难，社会公共服务资源不足与驻区单位资源闲置的问题并存，“共享易、共治难”现象依然存在。

（四）治理资源导入基层不足。部门资源集成不够，治理平台融合不畅、治理力量联动不足，战时存在力量配置短促、资源消耗过大的问题。社会组织参与不够，群团组织和驻区单位在基层治理中显示度不高，不能满足超大城市中心城区治理需求。

三、路径探索：服务成都超大城市治理的对策措施

习近平总书记指出，“治理”和“管理”一字之差，体现的是系统治理、依法治理、源头治理、综合施策。落实“四个治理”原则，必须坚持战略导向、目标导向和问题导向，聚焦回应市民诉求和解决基层治理难题，着力优体制、固根基、扬优势、补短板，构建具有超大城市中心城区特色的基层治理体系和治理能力现代化格局。

（一）坚持系统治理，构建一核多元治理架构。一是坚持党建引领核心。在未建立党组织的楼宇商圈、产业社区、小区院落，通过单建、联建、党建带群建方式，加快实现党的组织全覆盖、党员服务全参与。激活党组织书记带头作用和服务功能，选拔机关党员直接蹲点小区院落、商超楼宇，对情况复杂的小区，安排社区党组织成员兼任小区党组书记，指导小区党建、自治组织建设、物业服务和智慧小区建设等工作。二是激活自治共建力量。引入专业公司整体托管、集体经济组织领办物业，有序推进全区870个老旧小区实现专业物业管理服务。大力推广“物业＋社工”模式，支持物业从业人员参加社会工作者考试，探索社会工作和物业工作融合发展。引导小区党组织、业委会及其他社会力量主动参与社区、小区治理全过程，通过评优选先、资金奖励等方式营造共建共治共享氛围。三是统筹社会组织合力。持续引导社会组织参与城市治理，加大政府向社会组织购买服务力度，面向全国引进优秀社工人才，将实绩突出、市民公认的社工人才纳入全区人才队伍统一服务。推行“社治＋群团”模式，强化团委、妇联、工会等群团组织自身具备的社会治理功能，把触角进一步延伸到青少年、职工、企业经营者等社会群体，实现因地制宜式差异化公共服务供给。

（二）坚持依法治理，切实筑牢法治保障体系。一是推进全域普法教育。树牢全社会法治意识，营造自觉守法、遇事找法、解决问题靠法的法治良序，稳步推进全民普法教育普及率达到85%以上，建设市级以上法治示范村（社区）2个。开展法治空港和法治政府建设，依托新媒体云平台、“12348”公共法律服务热线、四川法网，设置“中国航空经济之都公共法律服务工作站”，建设公共法律服务综合平台。二是完善社会风险防控体系。深化社会稳定风险防控和“三张清单”工作制度，做实“群众工作之家”矛盾纠纷排查、信访全程代理、人民建议征集3项职能，常态化推进“市民茶话吧”“有事来协商”等活动，及时精准回应市民、企业和人才诉求。三是持续优化政务服务。围绕市民急需急盼的服务内容，以市场主体和市民获得感幸福感安全感为评价标准，深化“放管服”改革，健全企业全生命周期服务体系，持续做优“企业咖啡时”等政务服务品牌，实现政务审批事项“全程网办”，让数据多跑路，市民少跑腿。

（三）坚持源头治理，推动重心前移标本兼治。一是科学划分综合治理网格。整合疫情防控、问题发现、综治维稳、人口服务等功能，根据管理面积、人口分布将综治队员、协管员、民生战线“服务生”精准划分至全区553个综合网格，科学匹配基层干部、社会志愿者等力量开展精细管理服务。探索组建“3+1+N”片区治理专班（“3”即两委干部、居民小组长、综合网格员，“1”即小区联络专员，“N”即小

区党组织、自治组织、物业人员、居民骨干等），不断凝聚基层治理工作合力。动态开展“网格评估优化”工作，实时检验网格工作实效与人岗适配情况，实现社会治理一网统管。二是聚焦最小单元靶向发力。发挥“两委一中心”（区委社治委、区人口服务管理委员会、区小区管理服务中心）治理架构主体功能，借鉴“吹哨报到”机制，在各个镇（街道）加挂“小区管理服务办”，做实社区环境与物业管理委员会，建强“区—镇（街道）—社区”三级联动体系，把社治各项工作延伸到小区这一最小基本单元中去，力争80%的问题吸附在社区、镇（街道）得到解决，其余事项由“两委一中心”快速反应、及时回应，精准派单、限时办结。三是全域开展社区小区“体检”。衔接城市“体检”标准，分类制定社区小区“体检”指标体系，整合各部门资源力量建立“体检”队伍，分片区开展小区楼栋、人居环境、流动人口、技防安全等各方面“体检”工作。强化反馈问题整改，定期召开社区小区管理服务调度会，集中研究、解决一批小区共性问题。建立动态更新、数据翔实的小区“明白库”，开展库内数据分析研究，推动符合社区小区发展实际政策措施的落地落实。

*（四）坚持综合施策，推动治理成果可感可及。*一是科技赋能推进智慧治理。布局智慧管理系统平台，开发“幸福双流”智慧小区管理系统，配套前端感知源，运用5G、大数据等技术手段对采集数据进行分析、比对、推送，集成居民服务需求报事、门禁扫码验码、线上流调溯源、疫情防控排查等功能，夯实智慧社区建设基座，实施小区云端治理。打通多层多圈数据壁垒，整合公安、综治、环保、民生等部门数据资源，健全数字孪生城市建设机制，一体推进5G高质量网络和智慧应用建设，推动实现“一屏通览、一键通办”。二是精心优化民生服务供给。围绕推动102项基本公共服务项目向常住人口全覆盖，着眼量质齐升，推动“空港一刻钟便民生活圈”建设，加快提升社区公共服务水平。聚焦“一老一小”重点群体，在老年人活动频繁的社区、公园、银行、市场等公共场所开展适老化改造，建设社区养老服务综合体；坚持“从1米高度看城市”，打造儿童友好空间、建设儿童友好社区。三是底线思维建设安全韧性城市。完善市政基础设施，将城市安全韧性标准融入城市规划、建设、治理、运营全过程，加强地上地下空间一体统筹规划、综合开发、建设利用，构建高标准城市通勤体系，提高交通“治已病”和“治未病”能力。完善以战促治机制，搭建联动协同的制度框架，特别是在公共卫生领域加强疫情常态化防控，形成全天候、系统性、现代化的城市运行安全保障体系。

携手扩大国际门户枢纽城市“开放之窗”
——打造“一带一路”供应链核心节点和资源配置中心的思考

（2021年12月）

中共成都市双流区委副书记、成都市双流区人民政府区长　杨　钒

航空作为最快速、最灵活的供应链组织方式，是后疫情时期，推动对外开放极为可靠和值得信赖的通道引擎。近年来，成都深入贯彻习近平总书记关于融入“一带一路”“双循环”等重大指示，在国家开放大局中找准方向、创新表达，提速建设国际门户枢纽城市。在国家民航“转段进阶”、成都“两场一体”开局之际，我们全力与四川航空、四川省机场集团等单位结为“城市合伙人”，共商携手助力成都打造国际门户枢纽城市的路径。

一、现状和机遇

在国家和省市关心支持下，双流借力国际机场枢纽优势，逐步聚集3家民航管理机构、9大基地航

司，产业发展、辐射能力在中西部首屈一指。

一是“顺势而上，趁势而为”开放平台进一步吸聚。双流全力构筑“深耕欧非、加密美澳、覆盖亚洲、突出东盟”航空大通道。现有航线374条，其中国内228条、国际131条、全货机15条；建成综保区、空铁联运港、保税物流中心、3大货站、7大指定监管场地。2020年，旅客吞吐量4074.2万人次、全国第二，货邮吞吐量61.7万吨、全国第七，是全球最繁忙十大机场之一。外贸进出口745.8亿元、全市第二，跨境电商规模占全市超50%。2021年1—9月，旅客吞吐量3286.3万人次、全国第一。

二是“以港兴区，以区促港”产业能级进一步增强。双流以空港为核心，打造航空运营、制造维修、航空物流等6大产业集群。形成14平方千米机场运营区、2平方千米航空维修区、3.8平方千米航空物流区，聚集机场集团等驻场单位20家，国航维修、川航维修等维修企业16家，UPS等全球100强物流企业13家。2020年，航空经济营收830亿元，航空总周转量增幅居全国前10强机场第1位。2021年1—9月，航空经济营收实现910.5亿元、增长46.2%。

三是“你中有我，我中有你”发展共识进一步凝聚。“两场一体”格局下，如何用好航站楼、停机位等大量新释放出的宝贵资源，双流区和省机场集团都迫切希望成为“合作共同体”，打破“红线”最佳时机到来。加之后疫情时代，补齐供应链短板上升为国家战略，国家部委相继出台《关于促进航空货运设施发展的意见》等多个文件，对拥有宝贵空侧资源的双流，布局公务机FBO基地、航空会展、转运中心等高端项目创造了绝佳机会。

二、不足和短板

知不足，然后能自反。通过对标法兰克福、上海虹桥等成熟枢纽与迪拜等新兴枢纽，我们在推动泛欧泛亚开放方面，航线布局、航班波打造上还有较大发展空间。

一是份额不优、中转率低，关键指标缺乏支撑。主基地航司份额、中转率、最短衔接时间是体现枢纽价值的关键指标。从航司市场份额看，国航在首都机场占44%（非疫情年度2019年数据为例，下同）、东航在浦东机场占39%、南航在白云机场占51%，在双流机场占比最高的国航仅23%，缺乏对市场具有较强影响力的基地航司。从中转率看，亚特兰大机场64%、法兰克福机场60%、首都机场12%，双流机场仅3.7%。从最短衔接时间看，迪拜机场20分钟、法兰克福机场45分钟、浦东机场和双流机场100分钟，这些都是制约国际门户枢纽城市打造的瓶颈。

二是标兵渐远、追兵迫近，虹吸效应不断稀释。客运方面，2019年周边昆明长水机场4807.6万人、西安咸阳机场4722.1万人、重庆江北机场4478.7万人，体量较大，均排名靠前。货运方面，受限于航权限制、成本偏高，规模仅67.2万吨位列全国第6位，仅为浦东、白云的18.5%、35%，国际货量14.6万吨，仅开通10条国际货运航线，与郑州（30.5万吨、29条）、重庆（15.9万吨、18条）差距较大。

三是结构不优、质效不高，产业韧性仍需提升。虽入驻四川国际、国航维修等重点企业，但聚集上下游企业尚未形成带动效应，缺乏天津空客（上下游企业35家）、厦门太古（吸引16家企业）等带动强、影响广的头部企业；缺少国家民航重点实验室、国家工程研究中心等航空“硬核”平台；航空研发制造、航空培训等产业链细分领域、价值链核心环节较为薄弱。

三、下一步工作重点

事成于和睦，力生于团结。今年国家和省市相继发布《国家综合立体交通网规划纲要》《成渝地区双城经济圈建设规划纲要》《“十四五”现代物流发展规划》等，释放发展航空产业，打造成渝世界级机场群等重大信号。在全球供应链新浪潮中，更应找准“合伙人”，共引航空头部企业、共建“双循环”门户枢纽。

（一）树立全球视野，建设第四大门户复合型枢纽。打造精品商务航线枢纽。加快实施《精品商务航线枢纽三年行动》，用好“属地+机场+第三方票代+基地航司”联动模式，鼓励国航、川航等基地航司投放更多宽体机、执飞更多AB类航线，构建至“北上广深拉乌”等重要城市商务联合快线，力促到2023年商务门户主要指标达到全国领先水平。打造机场城市候机楼。利用城市机场和空铁联运中转优势，在高铁枢纽、省内著名旅游景点、市内繁华商业区等点位布局城市候机楼，增强双流机场对周边省市的虹吸效应，提升成都航空枢纽中转率。在成都东站城市候机楼投运的基础上，力促宽窄巷子城市候机楼年底建成，远期探索乐山、都江堰等省内著名旅游景点城市候机楼建设。打造公务机 FBO 基地。利用城市机场优势和“两场一体”释放的时刻、航站楼等资源，依托金鹿、亚航等 5 家公务机企业，规划打造公务机 FBO 基地。

（二）增强链式思维，构建连接亚蓉欧的货运通道。加密全球货机航线网络。国际货运方面，重点围绕邮政、递四方、海程邦达等货代企业需求，加强与国货航、川航等航司合作，打造至欧美澳和亚太地区国际全货机通道，到 2025 年新开通不低于 10 条国际全货机航线，构建形成 20 条以上覆盖全球重要节点城市的航线网络。国内货运方面，加强与顺丰、圆通等合作，打造至京津冀、长三角、大湾区 3 条国内货运干线通道和进藏航空货运主通道。打造西部航空转运中心。落户顺丰航空项目，力促引进京东物流、法国 DPD（法国邮政）等头部项目，将双流机场打造成继北京、杭州、深圳之后的第四个区域国际航空转运中心，构建外连欧亚、内接鄂州的通道格局；支持 DHL、递四方等物流集成商，利用快件中心空侧延伸优势，布局区域航空转运中心；鼓励物联云仓构建“大数据仓储 + 云仓科技 + 数字化运营 + 数据增值服务”数字供应链生态网络，提升物流智能化水平。培育首家货运基地航司。学习借鉴郑州经验，抓住疫情下部分航司经营困难契机，借助机场集团等行业资源和重要信息，探索收购参股国外优质航司可行性。畅通“空铁联运”体系。与中国铁路成都局集团有限公司合作，高水平运营空铁国际联运港，打造高能级“空铁公水”多式联运枢纽。11 月开通经钦州港的空铁海西部陆海新通道，12 月开通跨洲际陆海新通道。

（三）用足民航资源，增强全球航空产业话语体系。塑造航空维修比较优势。横向拓展维修全产业链，打造集“航线维护、整机、发动机、部附件维修、再制造”于一体的维修基地，分步推进 ARJ21 机体维修和部附件维修能力建设，拓展 C919 维修业务。纵向深挖发动机细分领域，做深发动机“维修、拆解、租赁、销售及其零部件制造”等环节。布局重大功能平台。攻坚民航机载航电设备适航审定中心，打造具备设计、研发、制造等功能的部附件产业园；建设民航校飞中心，发展飞行校验、通讯导航验证等产业；推动民航西南地区医学中心，提升航线运输和通航运输安全飞行保障能力；同时，提升航油航化审定中心服务能级。打造航空制造产业高地。攻坚亚洲首个再交付中心项目，培育飞机拆解、客改货等新兴产业。加快落地民航 ATG 总部项目，拓展航电设备研发制造、民航应用程序开发等产业。依托航空动力小镇，推进加德纳航空形成机翼批产能力，融入空客全球产业体系，支持成都航宇获取发动机含铼高温叶片适航认证，提升制造产业链国际竞争力。打造跨境贸易中转枢纽。争取海关支持，探索“线下自提”“保免一体”模式，引进递四方跨电产业园等项目。发挥生物医药产业优势，对上争取跨境电商零售进口药物试点资格。打造西部航空金融中心。拓展打造飞机整机、备用发动机、飞行模拟机等航空租赁全产业链条，重点切入高原飞机租赁特色细分市场，规模化发展航空租赁产业，打造全国航空租赁第四级。

（四）聚焦价值转化，推动对外开放城市繁荣互促共兴。重塑城市形态。探索以“五湖四海”衔接环城生态公园，以景观走廊串联空港中央公园白河景观带，优化成新蒲景观生态廊、双楠大道生态廊，推动生态空间由“十字形”向“井字形”延伸，实现双流机场“两翼齐飞”。重构交通体系。借鉴虹桥机场人流组织方式，规划改造高速、地铁、快速路，完善慢行系统，打造动静相宜的空港通勤圈。营造消费场景。围绕“游、购、住、娱”等消费需求，打造空港花田等网红旅游打卡地，升级奥特莱斯等一线消费场景，规划五星级酒店和甲级写字楼，构建与国际接轨的时尚商业集群。做强商务服务。借鉴“星耀樟宜”先进经验，提升航站楼智能化水平，升级打造航站楼商业和机场站前区，高水平运营东航中心、绿地 T7、东盟中心等综合体，加快建设空港“城市会客厅”。

统计资料

Statistical Data

2021年成都市双流区国民经济和社会发展统计公报

（2022年5月19日）

成都市双流区统计局　国家统计局双流调查队

2021年，双流区贯彻落实上级决策部署，坚持稳中求进工作总基调，以建设践行新发展理念的中国航空经济之都为统揽，围绕“高质量发展攻坚年”主题，科学统筹疫情防控和经济社会发展。全年全区经济呈现稳中有进、进中提质总趋势，高质量发展取得新成效，实现“十四五”良好开局。双流区连续两年获评四川省县域经济发展强区和“中国最具幸福感城区”，位列全国综合实力百强区第29位、赛迪全国百强区第32位。

一、综合

（一）全域双流经济运行基本情况

2021年，全域双流（面积1067平方千米，下同）实现地区生产总值1837.57亿元，增长9.5%；其中一产业增加值32.82亿元，增长3.9%；二产业增加值499.49亿元，增长10.1%，三产业增加值1305.26亿元，增长9.5%，三次产业结构比为1.8：27.2：71.0。固定资产投资增长15.7%；实现社会消费品零售总额733.61亿元，增长13.7%；完成一般公共预算收入192.46亿元，增长20.7%，地方税收收入166.14亿元，增长15.4%。常住人口272.3万人。

2021年全域双流地区生产总值及增长速度一览表

表18　　单位：亿元、%

指标	绝对量	比2020年增长
地区生产总值	1837.57	9.5
第一产业	32.82	3.9
第二产业	499.49	10.1
第三产业	1305.26	9.5

2021年，全区实现民营经济增加值995.58亿元，增长8.3%。其中，一产业增加值4.03亿元，增长8.0%；二产业增加值381.42亿元，增长2.9%；三产业增加值610.13亿元，增长11.8%，民营经济增加值占地区生产总值比重54.2%。

（二）新双流经济运行基本情况

2021年，新双流（面积466平方千米，下同）实现地区生产总值1130.56亿元，增长8.7%。其中，一产业增加值14.29亿元，增长4.3%；二产业增加值385.90亿元，增长11.5%；三产业增加值730.37亿元，增长7.4%，三次产业结构比为1.3：34.1：64.6。固定资产投资增长13.7%；规模以上工业增加值增长19.3%；实现社会消费品零售总额443.41亿元，增长12.4%；全口径财政收入284.27亿元，增长2.1%，其中一般公共预算收入91.25亿元，增长17.7%，地方税收收入76.32亿元，增长11.7%；城镇居民人均可支配收入55557元，增长8.3%；农

2021年新双流地区生产总值及增长速度一览表

表19　　单位：亿元、%

指标	绝对量	比2020年增长
地区生产总值	1130.56	8.7
第一产业	14.29	4.3
第二产业	385.90	11.5
第三产业	730.37	7.4

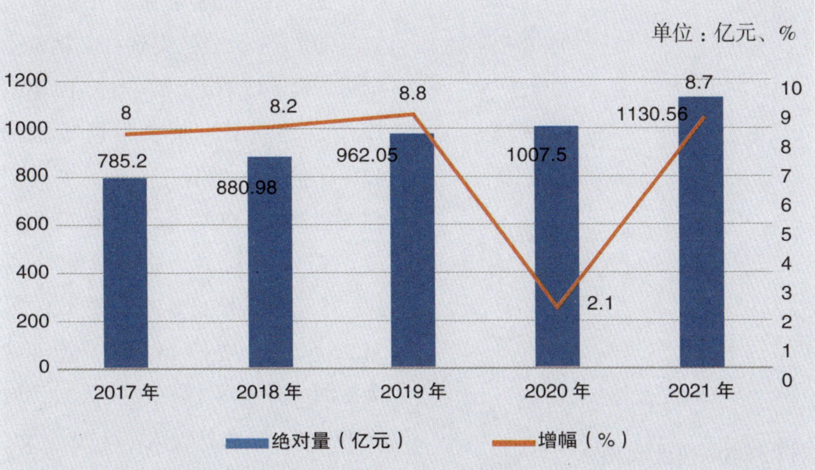

图 1　2017—2021 年新双流地区生产总值及增长速度示意图

村居民人均可支配收入 34928 元，增长 9.5%。常住人口 149.01 万人，按常住人口计算，人均地区生产总值 76490 元，增长 3.8%。

2021 年，全区实现民营经济增加值 620.15 亿元，增长 8.9%。其中，一产业增加值 1.81 亿元，增长 10.6%；二产业增加值 315.84 亿元，增长 5.3%；三产业增加值 302.5 亿元，增长 12.7%，民营经济增加值占地区生产总值比重 54.9%。

二、农业

2021 年，全区完成农业总产值 24.17 亿元，增长 4.7%。粮食面积 8.76 万亩，产量 3.9 万吨，经济作物面积 25.47 万亩，油料面积 5.0 万亩，水果产量 4.09 万吨。

2021 年，全区深入推进乡村振兴工作，黄水镇成功创建四川省乡村振兴先进镇，新增省级示范村 2 个、市级示范村 5 个，建成黄龙溪大河村等幸福美丽新村 3 个；永安镇周家院子等 4 个林盘修复加快推进；新建高标准农田 1.38 万亩，新培育农业经营主体 30 家，其中市级以上农业龙头企业 2 家。

三、工业、建筑业和房地产

（一）工业

2021 年，全区实现工业增加值 345.88 亿元，增长 15.2%，其中规模以上工业增加值增长 19.3%，实现主营业务收入 1866 亿元，利税总额 81 亿元，利润总额 64 亿元。完成规模以上工业总产值 1788 亿元，增长 40.7%。

2021 年，全区电子信息规模以上企业实现工业总产值 1149.63 亿元，同比增长 63.3%；绿色能源规模以上企业实现工业总产值 188.57 亿元，同比增长 15.7%；航空制造与维修规模以上企业实现工业总产值 56.55 亿元，同比增长 31.6%；生物医药规模以上企业实现工业总产值 68.65 亿元，同比增长 12.9%。

2021 年，全区纳入统计的规模以上工业企业 393 户。

（二）建筑业

截至 2021 年底，全区拥有建筑施工企业 86 家，其中总承包企业 57 家。全年全区建筑业总产值增长 13.4%。

（三）房地产业

全年全区房地产开发投资下降 2.7%。商品房销售面积 273.2 万平方米，其中住宅销售面积 139.9 万平方米。实现商品房销售额 307.47 亿元，其中住宅销售额 234 亿元。

四、固定资产投资

2021 年，全区固定资产投资增长 13.7%。其中，一产业投资增长 5.1%；二产业投资增长 10.2%；三产业投资增长 14.9%。民间投资下降 15.5%，占固定资产投资比重 36.3%。

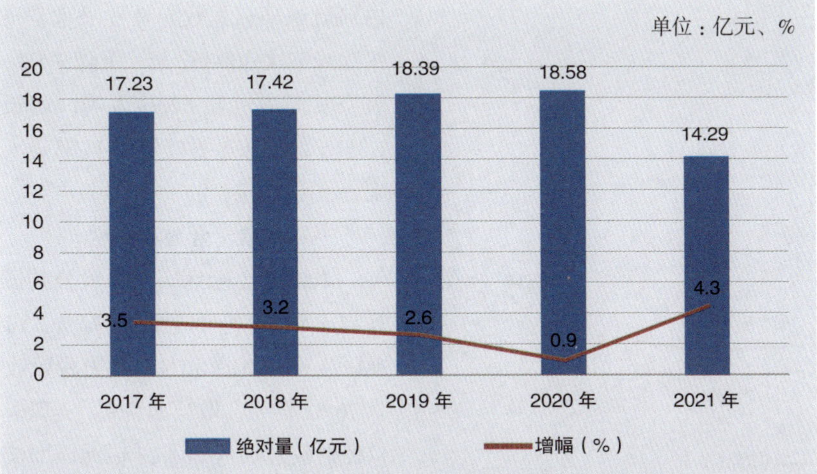

图 2　2017—2021 年第一产业增加值及增长速度示意图

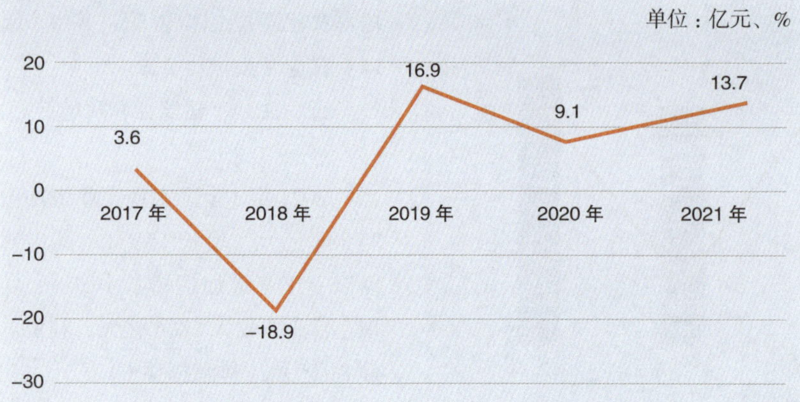

图 3　2017—2021 年固定资产投资增长速度示意图

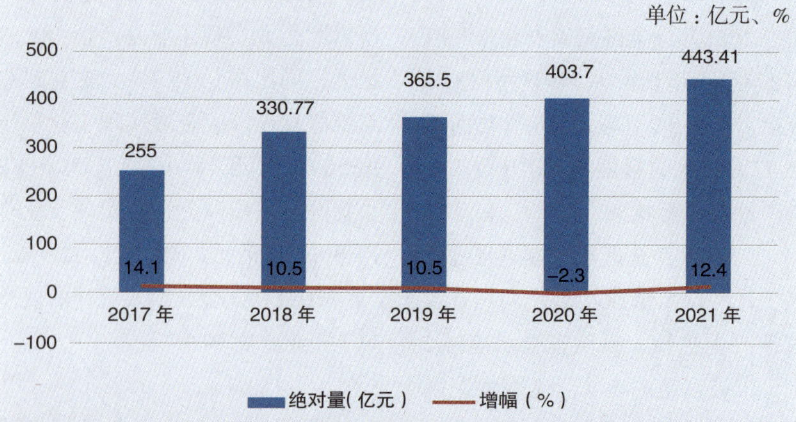

图 4　2017—2021 年社会消费品零售总额及增长速度示意图

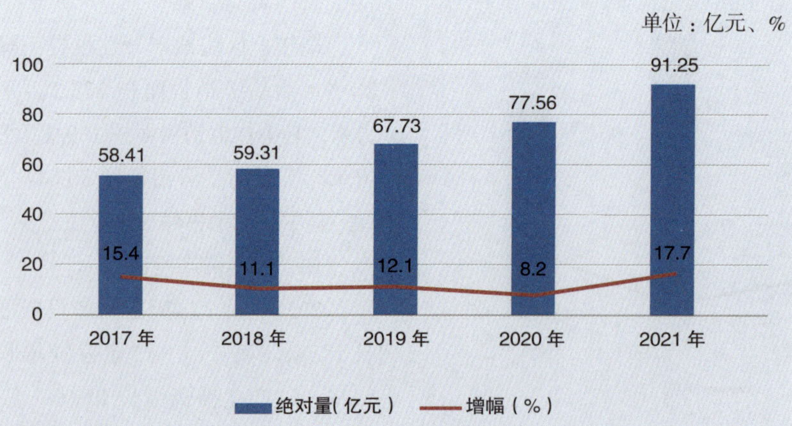

图 5　2017—2021 年一般公共预算收入及增长速度示意图

五、国内贸易和旅游

2021 年，全区实现社会消费品零售总额 443.41 亿元，增长 12.4%。按经营地统计，城镇实现零售额 421.03 亿元，增长 11.7%；乡村实现零售额 22.38 亿元，增长 27.5%。按消费形态统计，商品零售收入 389.35 亿元，增长 8.9%，餐饮收入 54.06 亿元，增长 46.9%。全年共接待国内外游客 1833.67 万人次，增长 14.1%，旅游总收入 154.72 亿元，增长 19.7%。

六、对外开放

2021 年，全区实现外贸进出口总额 981.3 亿元，增长 25.6%。全区实际利用外资 29.57 亿元，实际到位内资 159.66 亿元，新签约引进重大项目 16 个，新签约引进重大项目落地 13 个。

七、交通运输和邮电

2021 年，全区交通运输、仓储和邮政业完成固定资产投资 22.7 亿元，实现交通运输、仓储和邮政业增加值 192.50 亿元，增长 5.3%。全区公路里程 914.38 千米，公路桥梁总计 239 座（含乡道、村道，不含 86 座县级以上公路桥梁）。全区内河航道通航里程总计 6 千米。飞机起降架次 300862 架，下降 3.5%，航空货邮吞吐量 62.94 万吨，增长 1.8%；航空旅客吞吐量 4011.75 万人次，下降 1.5%。

八、财政、金融和保险

2021 年，全区实现一般公共预算收入 91.25 亿元，增长 17.7%，占地区生产总值的 8.1%，地方税收收入 76.32 亿元，增长 11.7%。实现全口径财政总收入 284.27 亿元，增长 2.1%，其中全口径税收收入 156.40 亿元，增长 8.6%；全口径财政总支出247.86亿元，其中一般公共预算支出111.65亿元，增长9.1%。

2021年，全区金融机构人民币存款余额2165.77亿元，增长14.5%，其中住户存款余额1300.38亿元，增长12.3%；金融机构人民币贷款余额1634.64亿元，增长17.7%。

2021年，全区人寿保险业实现保费收入5.7亿元；财产保险业实现保费收入7.7亿元，其中政策性农业保险1151万元，涉农贷款投放130.3亿元。

九、科学技术和教育

2021年，全区认定通过高新技术企业380家。截至2021年底，实现高新技术产业营业收入1298.64亿元；实现技术合同交易额51.4亿元；全区建有各级创新平台209个，其中国家级33个、省级99个、市级77个。全区新获专利授权5053件，其中发明专利756件；全区有效发明专利拥有量3604件。

2021年，全区普通高考（包括职教）参考人数4879人。全区拥有普通中学5所，职业高中8所，在校学生2.65万人；小学23所，初中12所、九年一贯制学校18所、十二年一贯制学校2所、特教校1所，在校学生10.12万人；幼儿园154所，在园幼儿5.02万人，学龄儿童入学率124%。

十、文化、卫生和体育

2021年末，全区公共图书馆1个，馆藏图书162万余册，其中纸质图书87.7万册、纸质中文报纸510种，电子图书75万册、电子期刊6500种。全区有大型公共体育场馆6个，镇（街道）综合文化服务中心（服务站）12个，网吧152家，歌舞娱乐场所65家。2021年，40场“走基层”文化惠民演出、144场“月月大舞台”、5238场公益电影、217场线上线下图书馆公益活动、86场线上线下全民阅读活动、310场次全民健身体育活动和400场次青少年竞赛与培训，让100余万人次群众受益。

2021年，全区拥有各级医疗卫生机构633家，其中医院50家，基层医疗卫生机构578家，专业公共卫生机构3家，其他卫生机构2家。拥有床位数6139张，医疗卫生技术人员11180人，其中执业（助理）医师5771人。

全区孕产妇死亡率为0，孕产妇死亡漏报率为0；婴儿死亡率2.3‰，5岁以下儿童死亡率3.1‰。

十一、城市建设和安全生产

2021年末，全区公路通行里程866.386千米（不含高速），城市道路长651.31千米，建成区面积123平方千米，道路面积1789万平方米，其中人行道面积125万平方米。绿化覆盖面积6034.38公顷，公园绿地服务半径覆盖的居住用地面积2700公顷，公园9个，公园面积292.86万平方米。全年空气质量优良天数280天，空气质量优良天数比例76.7%。

2021年末，全区天然气供气管道长4190.67千米，天然气销售总量4.24亿立方米，其中居民家庭用气量1.49亿立方米；生产水的自来水厂3个，供水管道长3958.69千米，综合生产能力60万立方米/日，城市自来水供水总量27304.70万立方米（含天府新区成都直管区部分区域）。

全年交通事故62件，下降3.1%。火灾事故480件，下降20%。

十二、人民生活和社会保障

2021年，全区城镇居民人均可支配收入55557元，增长8.3%；农村居民人均可支配收入34928元，增长9.5%。城镇居民每百户拥有彩色电视机141台、洗衣机105台、电冰箱109台、摩托车8辆、移动电话295部、空调204台、家用汽车81辆。农村居民每百户拥有彩色电视机144台、洗衣机104台、电冰箱107台、固定电话2部、移动电话293部、空调136台、生活用汽车69辆、摩托车29辆。

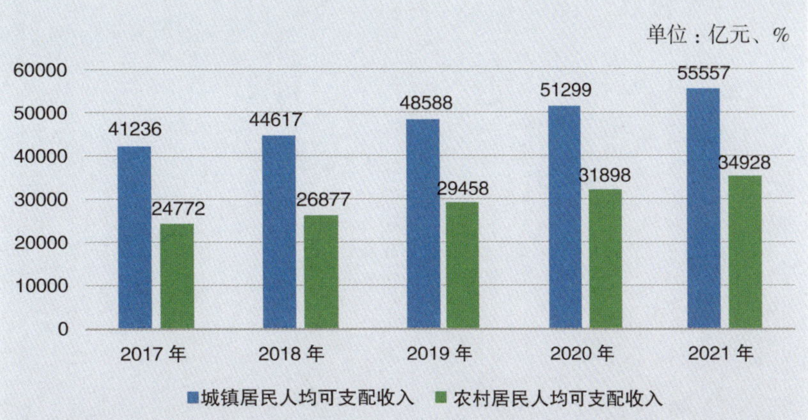

图6　2017—2021年城镇及农村居民人均可支配收入情况示意图

2021年，全区城镇职工养老保险参保54.19万人；城乡居民养老保险参保7.16万人，参保率达95%；城乡居民基本医疗保险参保46.05万人，参保登记率达99%；城镇登记失业率为3.35%。

2021年，全区救助农村低保2.33万人次，发放低保救助金1682.52万元；救助城市低保0.80万人次，发放低保救助金694.40万元，救助率达100%。累计医疗住院救助城乡困难群众1345人次，发放医疗救助金151.1万元，其中城市医疗累计救助98人次，发放医疗救助金10.98万元；农村医疗累计救助1247人次，发放医疗救助金140.12万元，救助率达100%。

2021年，全区共有14310名80岁及以上的高龄老年人享受高龄津贴，补贴金额1683.18万元；全区共有2078名90岁及以上的高龄老年人享受高龄津贴，补贴金额578.97万元；全区共有53名100岁及以上的高龄老年人享受高龄津贴，补贴金额38.16万元。

2021年，区残联资助3686名符合条件的残疾人及残疾学生儿童参加城乡居民基本医保保险、大病医疗补充保险；完成298名0～15岁学生儿童、残疾儿童康复训练；对137名重型精神病患者实施阳光救助。双流区对250名精神病患者实施免费服药救助服务；残疾人事业取得新进展。

十三、人口

2021年末，全区户籍人口70.43万人，其中城镇人口54.78万人，乡村人口15.65万人。2021年全年出生人口5235人，死亡人口2937人，人口自然增长率为2.47‰，全区符合政策生育率为99.98%。常住人口149.01万人，比上年末增加2.43万人，增长1.7%。其中，城镇人口115.96万人，常住人口城镇化率77.82%，比上年末提高2.78个百分点。

注：

1. 本公报数据为2021年快年报数据；综合部分包括全域双流（面积1067平方千米）和新双流（面积466平方千米，辖5个街道、4个镇，涉及105个社区、13个村）两个口径数据，其余部分均为新双流数据。

2. 地区生产总值、各行业增加值绝对数按现价计算，增幅按可比价格计算。

3. 根据第四次全国经济普查结果，对2017—2020年地区生产总值、三次产业及相关行业增加值等相关指标的历史数据进行了修订。

4. 根据第四次全国经济普查结果，对2017—2019年社会消费品零售总额历史数据进行了修订。

索　引

INDEX

编制说明

一、本索引为《双流年鉴（2022）》的内容分析索引。

二、本索引按汉语拼音字母（同音字按声调）顺序排列。索引词条用宋体字标明。数字表示该词条内容所在页码，后面的拉丁字母（a、b、c）表示栏别（从左到右）。

三、内文中的“特载”“大事记”“附录”类目，以及内文照片、表格、彩色插页未做索引。

四、本索引内容有交叉的词条，在索引中重复出现，可以通过同一词条的不同页码进行检索。

A

艾滋病防控　261a
安全管理　311c
安全生产监管　281c
安全生产排查整治行动　282a
安全生产违法行为查处　282b
安全生产宣传教育　282c
安全生产月活动　283a
安全生产责任制健全　281a
安全生产主体责任落实　281b
安全与信访　290a、294b
安置帮教　132b
安置房建设　166c
安置小区建设　302b

B

“百年历程　档案记忆”档案展　56b
“百姓大舞台”系列活动　300a
“保‘未’花季·护航行动”启航仪式暨首轮宣讲活动　113c
巴塘援教　237a
版权管理　255a
办公用房管理　89a
保障性住房管理　211b
北京华联空港购物中心　215c
变电站建设　165b
标准化管理　145a
缤纷彩林园建设　161b
殡葬惠民补贴　287b
病媒生物防制　267c
不动产登记管理　174b
“不见面”开标项目实施　141a
部门决算管理　155a

C

财税体制改革　154c
财政绩效监督管理　155a
财政金融与保险　31b
财政审计　158a
财政收入　154b
财政收支平衡　154c
财政预算执行　155a
财政支出　154b
参政议政　102a、102c、103c、104c、

105c、106c、115a
餐饮安全监管　147a
残联组织建设　116c
草头堰便桥改建　302c
“拆而未用”土地核查　212a
拆违治违专项行动　87a
产业发展配套建设　137b
产业功能区建设　137c
产业功能区纠纷调解中心成立　130a
产业功能区司法服务　129c
产业结构优化　137a
常规巡察　43a
常住人口管理　275b
成都东航中心　215b
成都京东方医院建设　260b
成都欧赛医疗器械有限公司　206b
成都屏芯智能制造基地项目建设　205c
成都市“新兴向蓉·红色引擎”高校院所与产业功能区联合主题党日启动仪式暨双流专场活动　248b
成都市第八届全民健身运动会暨2021年成都市老年人绿道健身系列活动（双流站）　273a
成都信息工程大学实验学校常乐校区扩建　243c
成都中电熊猫显示科技有限公司　205c
成都中建材光电材料有限公司　207a
成品油供应　208c
成双大道与西航港大道互通工程建设　163c
成渝双城通关合作　35a
诚信模范塑造　143b
城南优品道广场购物中心　215a
城市管理　308a
城市管理行政执法　84c
城市环境品质提升　167b
城市环境营造　299a
城市建设　290a
城市建设规划　159a
城市建设和安全生产　31c
城市建设与发展　292a
城市精细化管理　305a
城乡低保　287a
城乡规划建设　311a
城乡环保排查治理　168a
城乡环境整治提升　167c
城乡环境治理　305c
城乡环境综合治理　303a
城乡社区发展治理　303a
城镇居民饮用水安全保障　174c
储粮管理　152c
畜禽养殖污染专项整治　199a
川渝自贸协同开放合作示范区建设　32c
传播平台建设　255b
传染病防控　261a
“创业天府·菁蓉汇”活动　247b
创优争先　256b
慈善事业发展　287c
促进台企发展　50c
长江经济带生态环境问题整治　176c

D

大风天气　179c
“大美双流”建设　167a
大排查大整治　296a
大气污染防治“蓝天保卫战”　179a
大气污染防治网格化管理　179a
大运会场馆改造提升　273c
大运会双流赛区筹备　270b
代理金融业务发展　224b
单位自建经济适用住房管理　211b
档案安全管理　55c
档案行政管理与宣传　55b
档案接收与征集　55a
档案利用与编研　55a
档案信息化建设　55c
党风廉政建设联防联控机制建立　99a
党建引领社区发展治理　278b
党史学习教育　46c、296b、303b
党史学习教育阵地建设　56b
党外代表人士队伍建设　49c
党政机构职能体系完善　51a
“道交一体化”处理　131a
道路安全设施建设　164a
道路交通治安防控　126a
德育教育活动　235b
地方病防控　261b
地情资源开发与利用　58b
地形地貌　29b
地震监测管理　284c
地震应急体系建设　284b
递四方跨境供应链西部集散中心一级口岸落户　192b
第23届黄甲麻羊美食文化系列活动　297b
第二届国家地理标志双流永安葡萄文化季活动　310b
第二届艺术节主题活动　291a
第十三届金钟奖艺术家送欢乐下基层慰问演出　253a
电力供应　208a
电力线路工程建设　165c
电商企业发展　221a
电商新业态发展　220c
电信客户服务　225b
电信网络品质提升　225a
电信诈骗打击　226a
电影放映　254c
电影管理　254b
电子信息产业链打造　204c
电子信息项目建设　205a
电子信息项目招引　204c
电子政务项目管理　82b
东升二中风貌改造　243b
东升广都幼儿园建设　241b
东升三里幼儿园建设　241b
东升星空小学建设　242b
动物卫生监督管理　198b
兜底保障　116c
对口协商　94b
对口援建巴塘县　49c
对台交流活动　50c
对外交流合作　53a
对外交流活动　53b
对外开放　31b

对外开放合作　34c
对外宣传　47c、256a
多层次医疗保障体系完善　265c

E

儿童救助保护　287a

F

罚没物资管理　88b
法律服务　132a
法律援助　132b
“法治公安”建设　126b
法治宣传教育　124a
法治阵地建设　132c
反腐败推进　99c
防汛安全隐患排查整治　284a
防汛抢险队伍建设　283b
防汛体系构建　283b
防汛物资保障　283c
防疫物资保障　264a
防疫物资募捐管理　119b
防灾减灾气象服务　179c
防灾减灾演练　284c
防震减灾宣传　284c
房管园林行政执法　85c
房屋安全监督管理　211c
房屋白蚁防治　211c
“放管服”改革　81c
非法地面卫星接收设施专项整治行动　87c
非法行医专项打击行动　87c
“非法三烟”查处　217c
非公经济人士统一战线　49a
非国有博物馆　252a
非物质文化遗产传承与保护　251a
分级诊疗制度建设　260a
凤翔湖音乐创意公园建设　160c
服务业市场管理　220a
服务业统计管理　157a
妇联组织建设　111c
妇女儿童关爱行动　112a
妇女儿童权益保护　112a
妇女儿童阵地建设　111c
妇女就业创业促进　112b
妇幼保健　267c
富民增收工程实施　194a

G

干部队伍建设　44c
干部培训　59a
高温与寒潮天气　179c
高新产业发展　246a
“高质量政策”“疫情八条措施”奖励政策落实　189a
告知承诺制推进　81c
耕地保护　173b
耕地撂荒和“非粮化”整治　199b
工程造价管理　209b
工会换届选举　107a
工会组织建设　107b
工匠培育与服务　108b
工商联换届选举　114b
工商联思想建设　114c
工商联组织建设　114b
工业和建筑及房地产业　30c
工业和能源统计管理　156c
工业区块线划定　159a
工业项目建设　204a
公安政务服务　126c
公共服务设施“三年攻坚”行动　166b
公共机构节能　88c
公共卫生及应急管理　258a
公共娱乐服务场所治安防控　126a
公交服务管理　171b
公交运营　223a
公立医院综合改革　260a
公民思想道德建设　37c
公务用车管理　89a
公务员和参公人员管理　45b
公兴（中电子）再生水厂一期工程建设　165a
公益诉讼检察　127c
公有住房管理　211a
公园城市环境气象服务　180a
公园城市示范街区建设　161c
公正司法　122c
公证服务　131c
公租房管理　211c
共青团组织建设　109b
“共筑新格局　共建经济圈”楼宇经济专题招商推介会　216c
供销社综合改革　219a
股权投资产业发展　153b
固定资产与投资　31a
广电硬件建设　254a
广告监管　144b
规范化接待场所建设　90c
规划行政执法　84a
规划监督管理　159c
规模以上工业发展　203b
轨道交通建设　162c
国际供应链通道打造　189c
国际贸易　213b
国际友城建设　53a
国家和省级卫生城镇创建　267b
国家生态文明建设示范区创建　176a
国家体育产业基地创建　269a
国家卫生乡镇创建　302a
国民体质监测　270a
国内贸易　213a
国内贸易和旅游业　31a
国土行政执法　84a
国土空间规划编制　173a
国有企业融资管理　148c
国有企业审计　158c
国有资产经营管理　148c
国资国企改革　148b
国资国企管理体系完善　148a

H

海滨城　229b
海滨城购物中心　214c

"航都幸福荟·中秋雅集"系列活动　252c
航空产业化项目引进　191b
航空产业链构建　33b、190c
航空港污水处理厂三期工程建设　164c
航空核心产业发展　191a
航空经济大讲堂　35b
航空经济区规划发展　190b
航空经济区项目建设　191b
航空经济区项目招商　191a
航空物流发展　189c
航空项目招引建设　33c
航空制造维修产业发展　204b
航空制造维修产业载体建设　204a
合同监管　144b
和谐寺观教堂创建　288b
河道管理　177c
河长制管理　177b
核酸检测　263b
黑臭水体排查整治　178a
"红海棠"行动　46a
红十字会组织建设　118b
后勤服务管理　89c
"互联网＋政务服务"模式运用　82b
户籍人口管理　275a
欢乐田园杂技节　231c
环保督察迎检　176b
环保督察整改　176c
环保宣传　176c
环港路东段北段建设　163a
环境保护行政执法　85c
环境监测　176a
环境信访　176c
环境执法　176b
环境治理　294a、296a、311b
环评审批　176b
换届纪律监督　98c
黄赌毒违法犯罪打击　125c
黄甲客运站运营　223c
黄甲小学扩建　242b
黄龙溪·欢乐田园　230a
黄龙溪古镇　228c
黄龙溪客运中心运营　223b
黄龙溪片区道路 PPP 项目建设　163a
汇播时尚产业园打造　221b
会务服务保障　89b
惠民救助　118c
婚姻及收养登记管理　287b

J

机构编制管理创新　51c
机构编制监督检查　52a
机关党风廉政建设　57b
机关党组织建设　57a
机关事业单位工资管理　80c
机关事业单位人事管理　80c
机关思想教育与宣传　56c
机关疫情防控与宣传　57b
基本建设投资项目管理　139a
基层社会治理　292a
基层调研　59c
基层文化建设　249b
基层医疗卫生服务提升　259a
基层政权建设　286b
基层组织建设　44b
急需紧缺专业选调生培养　45c
集成电路产业发展　205b
集体建设用地流转　174a
集团融资管理　149b、151a、151c
集团项目管理　150a
集团项目建设　149c
集邮与文化传媒专业发展　224b
计划生育特殊家庭帮扶　264c
计量管理　145a
纪检监察系统作风建设　98c
纪检监察组织建设　98b
寄递业务发展　224a
家庭医生签约服务　259a
假日旅游管理　228c
价格补贴联动机制实施　138c
价格监测预警　138b
价格监督检查执法　144c
价格收费政策落实　138b
检察司法改革　128a
建设工程安全生产管理　210a
建设工程水环境治理　178a
建设工程质量监管　209c
建设行政执法　85b
建设项目招投标监管　209b
建筑农民工工资纠纷调解　210b
建筑企业资质管理　209b
"健康城市"建设　267b
健康促进活动　268b
交通行政执法　85a
交通邮电　31b
交易平台智能化建设　140b
交易项目管理与服务　140c
教师队伍建设　235a
教育档案行政执法　86a
教育对外交流　236c
教育发展政策体系完善　233b
教育改革　234b
教育工程建设　277a
教育信息化建设　234c
教育资助　235c
节约用水　175c
结核病防控　261b
界别协商　94c
"金财大平台"管理　155a
金马河流域断面水质改善　178b
金融保障　36c
金融风险防范　153b
金融小环境建设　153a
锦城公园双流段建设　161a
锦江黄龙溪断面水质改善　178b
经济运行监督　65c
经济责任审计　158b
经济作物生产　197b
精品商务航线枢纽建设　189b
精神文明示范创建　38a
敬老爱老助老活动　267a
九江通江中小学建设　243c
九江污水处理厂一期工程建设　164b
九江小学千子门校区扩建　242c
九江新城幼儿园及配套道路新建　242a

九三学社组织建设　106a
救护培训　119a
就地过年推行　299c
就业创业服务　108a
就业促进　285a
就业培训　117a
卷烟营销与市场服务管理　218c
军队离退休干部服务管理　134a
军警联防联治　136b

K

开发区创新发展　183a
开发区基础配套建设　182c
开发区企业发展　182b
开发区项目促建　182c
开发区招商引资　182b
开发区转型升级　183a
康复服务　117b
“科创菁英汇”高效畅行·日新月异主题活动　247b
科创载体建设　245c
科技成果转化　246a
科技扶持资金申报　246b
科技教育　31b
科技普及　120b
“科技之春”科普活动月活动　246c
科学立法　122a
课题规划和立项　120a
课题研究　59b
空港第三幼儿园建设　241c
空港花田　230c
“空港双流杯”东京奥运会射箭最终选拔赛　271c
“空港税务先锋　退役军人之家”成立　134b
空港体育公园建设　274b
空港新居民大学创办　297a
“空港智慧警务系统”建设　126c
空港中央公园之五湖四海建设　160c
空铁国际联运港建成投运　192c
控告申诉检察　127c
口岸通关便利化改革　192b
口岸应用场景营造　192b
跨境电商发展　190a
跨境电商示范基地（园区）创建　221a
狂犬病防控　261b
困难职工帮扶　107c

L

蓝光空港 COCOMALL　215c
劳动保障　286a
劳动保障执法　87a
老干部活动阵地建设　60b
老干部生活待遇落实　60b
老干部正能量活动　60c
老干部政治待遇落实　60a
老干部志愿服务　60c
老旧院落和小区改造　162b
老年健康促进　266c
理论学习与宣讲　46b
联通服务　226c
联通通信保障　226c
联通网络建设　226b
联通政务合作　226b
“廉影双流”摄影巡展活动　100c
廉政文化主题书画展　291a
鲢鱼社区首届红枫节　303c
粮食安全　217a
粮食仓储建设与管理　217b
粮食监管　217b
粮食领域腐败问题专项整治　99c
粮食调控　217a
粮油库存检查　152c
粮油生产　197a
“两红两优”评选　110c
“两新”组织建设　44b
烈士褒扬纪念　134b
林业行政执法　86a
林业科技推广　200b
林长制管理　199c
临空经济示范区规划建设　34a
临空经济示范区基础设施建设　34b
临时救助与关爱援助　287b
留学人员服务行动　49c
流动人口登记管理　275b
楼宇项目建设发展　216b
旅游安全管理　228b
旅游行业管理　228b
旅游品牌打造　227b
旅游市场管理　228b
旅游项目建设　227c
旅游宣传推广　228a
律师服务　132a
绿道建设　162a
绿地占用树木移植管理　169b
绿化管护　169a
绿色能源产业发展　206c
绿色施工工地创建　210a
“绿色通道”建设　140a

M

慢性非传染性疾病防控　261c
矛盾纠纷多元化解　125a
矛盾纠纷排查化解　130b
贸易口岸建设　182a
“媒体＋政务＋服务”推进　255c
“美好空港·幸福双兴”空港新居民大学开学典礼暨“兴·集”美好生活节启动仪式　113c
免疫规划管理　262a
民办教育　240b
民革组织建设　101a
民建组织建设　103c
民进组织建设　104a
民盟组织建设　102b
民生价格控制　138c
民生领域监督　66a
民生实事　117c
民事行政检察　127b
民事审判　128b
民营企业服务　34c
民主党派和无党派人士统一战线　48b
民主监督　94c

民族团结进步创建 287c
民族宗教人士统一战线 49b
牧马山污水处理厂二期工程建设 164c

N

内涝防治 284a
农产品品牌建设 198a
农产品质量安全抽检 198b
农产品质量安全监管 197a
农村集体产权制度改革 193a
农村连片发展规划 159c
农村人居环境整治 195c
农村水环境治理 178a
农机服务 198a
农机应用 197c
农家（社区）书屋管理 255a
农田灌溉 202c
农田水利保障 201c
农田水利管理 202b
农业 30c
农业经营主体培育 194a
农业农村行政执法 84b
农业气象服务 180a
农业水价综合改革 202a
农业统计管理 157a
农业项目建设 193c
农资供应管理 219b

P

彭镇（金桥）小学师生食堂新建 243a
彭镇小学综合楼食堂扩建及风貌改造 243a
批而未供土地整改 173b
“平安黄水”建设 306a
普通高中教育 239a

Q

企业残疾人协会成立 117c
企业服务 115a
企业服务优化 36b
企业管理 153a
“企业咖啡时” 36c
“企业咖啡时”活动 303c
“企业咖啡时”海外人才专场活动 54c
企业上市管理 153c
气候特征 29c、179b
气象行业安全监管 180b
气象科普 180c
枪爆危领域治安防控 125c
强降雨天气 179b
侨务管理 50a
侨资引进 50b
青年人才服务 110a
青少年关爱行动 110a
庆祝中国共产党成立100周年书法、摄影主题展 300c
庆祝中国共产党成立100周年书画展 96c
庆祝中国共产党成立100周年系列文化活动 290c
秋绵雨与干旱天气 179c
区划沿革 29a
区镇村集中换届 44c
渠道电商分销专业发展 224c
权益维护 117b
全国科普日活动 247a
全国文明典范城市创建 37a
全国县域共青团基层组织改革试点 110c
“全国学前教育普及普惠县”创建 233a
全民阅读推进 255a
全域旅游示范区建设 227b
全域增绿实施 168c
“群众工作之家”建设 90c
群众性精神文明建设 37b

R

人才保障 36c
人才队伍建设 45a
人才服务 81b
人才公寓建设和租售 210c
人才引育 81a
人大代表履职服务保障 66c
人大代表履职平台打造 66c
人大代表议案建议办理 66c
人大换届选举 65b
“人港城产”融合发展 34b
人工影响天气作业 180b
人民生活和社会保障 32a
人事依法选举任免 66b
“蓉城星力·同心文港”书画展 105a

S

三大消费活动开展 220b
“三甲”综合医院创建 260b
“三献”宣传 119b
三支四斗截污干管工程建设 164a
扫黑除恶专项斗争 125c
“扫黄打非”专项行动 87a
森林草原防灭火 284b
森林草原火灾预防 200c
森林防火 308c
森林火灾宣传教育与培训 201b
森林资源保护 199c
商标监管 144b
商贸服务业政策落实 213c
商贸流通 213c
商贸特色示范街区打造 214a
商品房建设与销售 211a
商事登记制度改革 81c
商务能源行政执法 85b
商务区规划建设 186c
商务区基础配套建设 188a
商务区企业服务 188b
商务区体制机制完善 187a
商务区项目促建 187c
商务区招商引资 187a
少数民族流动人口服务管理 288a
社工人才队伍建设 286c
社会保障 285c
社会风尚引导 112c
社会服务 102a、103a、104a、105a、106a、106c、115b
社会民生 290c、293a、294c、306b、309b、312a

社会稳定风险评估　125a
社会依法治理　123b
社会与大型活动治安防控　126a
社会治安防控体系构建　277b
社会治安综治平台建设　277c
社会治理创新　129b
社会组织建设　286b
社科成果评奖　120a
社科基地建设　120b
社情民意收集与办理　95b
社区（终身）教育　240b
社区党群服务中心亲民化改造　279a
社区多元治理体系建设　278c
社区发展治理　305c、308b
社区发展治理经费管理　279a
社区共享超市运营　219c
社区矫正　132b
社区人力资源管理　278c
社区商业发展　279b
社区微更新项目打造　279a
涉台事务　50b
涉台宣传　50b
涉外活动服务　52c
涉外事务管理　52b
审判司法改革　129a
审批服务管理　82c
生活垃圾分类管理　170c
生态环境保护　308b
生态文明建设监督　66a
生态文明体制改革　176a
生物城（永安镇）综合行政执法中队揭牌　309c
生物城产城融合发展　186a
生物城供应链服务　185c
生物城建设　307c
生物城金融服务　185c
生物城科技创新　184c
生物城企业服务　185a
生物城项目促建　185a
生物城招商引资　185a
生物医药企业发展　206b
生物医药项目招引与建设　206a
生猪屠宰监督管理　198c
省市级重点医疗学科建设　258a
时代·奥特莱斯　215a
实验第四幼儿园建设　241c
实验第一幼儿园建设　241c
食品安全防范体系建设　146a
食品流通安全监管　146c
食品生产安全监管　146b
史志宣传教育　58c
市场管理　294a
市场规范监管　144a
市场监管行政执法检查　143c
市场领域疫情防控监管　263a
市场主体培育　144a
市场主体信用管理　143b
“市民茶话吧”活动　83a
市容市貌管理　170a
市政道路建设　162c
市政设施建设管理　169c
事业单位登记管理与公示　52a
适航基金运行　153c
输变电工程建设　165c
输变电工程建设　207c
暑期公益托管班开设　300a
数字史志建设与运用　58b
“双减”政策落实　233c
双流“航都幸福荟”系列活动　232b
双流客运中心运营　223b
《双流年鉴（2021）》编纂出版　58b
双流女企业家协会三八专场直播活动　113a
双流区“5·25”心理健康教育系列活动　244b
双流区 2021 年“全国科技工作者日”活动　247c
双流区第五届青少年校园足球联赛　244c
双流区对日招商网络推介会　54a
双流区妇幼保健院二期建设　260c
双流区红十字应急救护职工技能大赛　119b
双流区纪委全体会议　97c
双流区精神卫生保健院和公兴卫生院建设　260c
双流区人大常委会负责人名单　61b
双流区人大常委会工作机构及负责人名单　62a
双流区人大常委会会议　63a
双流区人大专门委员会及负责人名单　61b
双流区人民代表大会　62a
双流区人民政府常务会议　69a
双流区人民政府负责人名单　67b
双流区人民政府工作部门及负责人名单　67b
双流区人民政府全体会议　68b
双流区实验小学校园风貌改造及扩建工程建设　242c
双流区首届“最美校园”评比活动　244c
双流区委常委会会议　40c
双流区委机构及主要负责人名单　39b
双流区委领导名单　39b
双流区委全体会议　40b
双流区政协“有事来协商·众事好商量”暨“助力巩固脱贫　助推乡村振兴”工作推进会　94a
双流区政协常委会会议　92b
双流区政协十二届一次会议　92b
双流区政协十一届五次会议　92b
双流区政协主席会议　93c
双流区中小学生艺术节　244b
双流荣誉　29c
双流史志馆建设开馆　57c
双流万达广场　215b
双流中学办学 80 年学术交流大会　237c
双流中学风貌改造　243a
双流走进东盟博览会主题推介会　54b
双楠大道时尚走廊沙龙活动　214a
双拥共建活动　134c
双拥共建结对　134c
双拥共建文化宣传　135a
水产渔政监督管理　199a
水务行政执法　84c
水质自动监测站建设　178c
水资源管理　174c
税收服务　156a
税收收入　155c
税收宣传　156a

税收征管　155c
司法所建设　132c
司法体制改革　124b
思想建设　101c、102c、103c、104b、105b、106b
思想政治教育　110a
四川大学附属小学和幼儿园新建　243a
四川恩威制药有限公司　206b
四川航空 APU 保税维修项目建设　204b
四川省公卫临床中心建设　260b
四川省首届红十字应急救护技能大赛　119c
四川省一体化政务服务平台运维　82b
“颂歌献给党·奋进新征程”双流区职工合唱比赛　108c
诉非“大超市”运行　129c
诉源治理　130c

T

棠湖小学（南区）扩建　242c
棠湖中学海军航空航天科技馆建设　244a
棠湖中学新校区游泳馆建设　244a
特困供养　287a
特殊教育　240a
特许经营权管理　139a
特种设备安全监管　145c
提案办理　95a
体育工程建设　277a
体育教育　239b
天府旅游名县建设　227a
天府怡心湖片区建设　160a
天然气供应　208b
天然气管网建设　166a
天然气配气站建设　166a
天然气用户开户　166a
“铁腕反诈攻坚会战”开展　125c
通江幼儿园建设　241c
通威太阳能（成都）有限公司　206c
统计报表管理　156c
统计服务　157c
统计监督管理　157b
统计信息化建设　157c
投资促进活动　143a
投资环境营造　141c
图书馆　251c
土地市场管理　174a
土地执法监察　174a
退耕还林成果巩固　200b
退役军人服务保障　133b
退役军人就业安置　133c
退役军人权益维护　134a
退役军人优抚　133a
托育服务和母婴室建设　264c

W

外事接待服务　52c
网格化服务管理　278a
网络安全监管　47c
网络理政　82a、292c
为农服务创新　219c
违纪违法案件查处　99c
卫计行政执法　86a
卫生工程建设　277a
卫生计生惠民政策实施　264c
卫生监管　258c
卫生体制改革　257b
卫生支援合作　259c
未成年人检察　127c
未成年人思想道德建设　38a
文创产业发展　250a
文化馆　251a
文化基础设施建设　249b
文化旅游资源　29c
文化市场联合执法行动　87b
文化市场专项整治　250a
文化事业发展　303b
文化体育和旅游行政执法　86c
文化项目建设　250b
文联组织建设　115c
文旅产业发展　311b
文旅工程建设　277a
文旅市场疫情防控执法检查　88a
文明旅游宣传　228c
文体服务　117b
文体卫生　31c
文武林盘景区　231c
文物保护　250c
文物遗存调查　250b
“文轩 Books 青年阅享空间”开放　297b
文艺创作　115c
文艺活动　116a
文艺交流　115c
污染防治　292c
物资储备管理　217c

X

畜牧业发展　197b
行政处罚案件办理　88a
行政处罚案件审理　88a
行政管理体制改革　51a
行政审判　128c
行政执法信访及网络理政　88b
西航港九龙湖学校建设　242b
西航港九龙湖幼儿园建设　241b
西航港客运中心运营　223c
西航港顺风学校建设　242b
西南航空港组团工业集中发展区
第六期工业污水处理厂一期工程建设　164b
闲置土地和低效工业用地整改　173c
现代化产业体系建设　137a
现代适航产业发展　189b
线上庭审推行　129a
献礼建党百年图书编纂　58a
乡村产业振兴　194b
乡村公服振兴　195a
乡村旅游发展　228a
乡村旅游发展推进　196b
乡村人才振兴　194c
乡村生态振兴　195a
乡村振兴　296a、308a
乡村振兴规划编制　194b
乡村振兴战略实施　302a、304c
乡村组织振兴　195b
“相约幸福成都”系列测试赛　271a
项目拆迁与建设　293c

项目建设 295c
项目建设管理 151a、151c
项目评审管理 139c
项目招标投标管理 138c
消防安全管理 282c
消费场景示范申报 220a
消费环境营造 299b
消费者权益保护 144c
小游园微绿地建设 161c
校地合作 237a
校园安全管理 236a
校园周边文化市场专项整治行动 87b
协和柏顺路幼儿园建设 241b
协和初中扩建 243b
协和骑龙幼儿园及配套道路建设 242a
协和长顺九年制学校新建 243b
“心手相牵”暑期关爱儿童活动 113b
芯谷第一幼儿园建设 242a
芯谷规划编制 183b
芯谷机构改革 183c
芯谷基础配套建设 184a
芯谷企业发展服务 184b
芯谷项目促建 183c
芯谷招商引资 183c
新城安全稳定 172b
新城公共服务 172c
新城规划发展 172a
新城企业服务 172c
新城综合治理 172b
新的社会阶层人士统一战线 48c
新冠病毒疫苗接种 263b
新冠肺炎疫情防控 113a、293a、295a、298a、299b、307a、309c、312b
新冠疫苗接种 304a
新经济企业培育 207c
新经济项目招引 207b
新经济应用场景打造 207b
新时代文明实践精品范例打造 296c
新时代文明实践与志愿服务 38b
新闻出版与电影管理 47a
新闻队伍建设 256c
新型显示产业发展 205a
新型职业农民培训 194a
信访案件化解 303a
信访办理 309a
信访工作 292b
信访工作新格局探索 90a
信访举报受理 100b
信用政策落实 143b
刑事监督 127b
刑事检察 127a
刑事审判 128b
幸福美丽新村建设 196a
幸福美丽新村建设融资 153c
“学党史、感党恩、跟党走”知识竞赛 102b
学前教育 238a
学术沙龙活动 120c
学校体育活动 270a
学校疫情防控 236b
血吸虫病防控 261b
巡察队伍建设 44a
巡察整改 43c
巡察制度完善 43c
汛期防汛度汛 283c

Y

烟草市场整治 218a
烟草专卖监管 218b
严重精神障碍患者管理 261c
扬尘污染管控 170c
养老服务体系建设 221c
养老机构和设施建设 221c
药品耗材采购政策落实 257b
药品监管 147a
野生动植物保护 200a
业余体校运行 270a
业余体育发展 270a
“一警通办”系统建设 126c
“一镇一特色·百姓大舞台”系列活动 310a
医保基金专项治理 266a
医保跨区域合作 266b
医保宣传引导 266c
医联体建设 260a
医疗服务保障 266b
医疗服务管理 259b
医疗机构基础设施建设 257c
医疗救治保障 263c
医疗器械监管 147b
医疗卫生人才引育 258a
医疗卫生信息化建设 257c
医疗政策落实 265c
医疗质量控制 258b
医养结合机构建设 266c
依法行政 122a
依法统计 157c
依法执政 121a
依法治区推进 66a
怡心街道社治人才挑战赛总决赛 300c
移动5G发展 226a
移动客户服务 225c
移动通信保障 226a
移动网络提升 225c
“颐养居”运营 222a
义务教育 238b
艺术教育 239c
异地就医管理 259b
疫情防控电信通信保障 225b
疫情防控机制和管控标准固化 262b
疫情防控排查监测 263a
疫情防控信息化管理 262c
疫情防控宣传和舆论引导 262c
婴幼儿照护新模式探索 265a
营商环境营造 299a
营商环境优化 289c、291c、304c
营商环境政策体系构建 35c
应急安全协同联动机制构建 280b
应急处置管理 280c
应急管理体系完善 279c
应急救援 119a
应急能力体系建设 279c
应急信息网络构建 280a
应急宣传教育 280c
应急演练 280c
应急预案体系建设 279c
拥军优属保障服务 135b
“永远跟党走”主题演讲比赛决赛 300c

“有事来协商”平台搭建　296c
幼儿园建设　241a
预算审查监督　65c
远程异地评标　141a

Z

再生资源回收管理　219b
渣土治理　296b
招大引强　142a
招商策略研究　141c
招商促进行动　142a
招商队伍建设　142c
招商引资　115a
招商支持政策制定　142a
招生考试　235c
招投标营商环境建设　36a
镇（街道）行政区划调整　286b
镇（街道）体制机制改革　51b
镇村公路建设　163c
镇村两级换届　302a
镇志编纂启动　58c
征地补偿安置标准修订　174a
征地拆迁与安置　307c
征地拆迁与管理　212b
征地拆迁与项目建设　305a
政策跟踪审计　158b
政法队伍教育整顿　125a
政府采购管理　155b
政府投资审计　158c
政府债券争取　155b
政务服务优化　36a
政务公开　81c
政务环境营造　298c
政务数据管理　82c
政务新媒体宣传　47b
政协工作宣传　95c
政协理论研究　95b
政协双流区委员会负责人名单　91c
政协双流区委员会专门委员会及负责人名单　92a
政协双向发力制度完善　95c
政协调查研究　95b
政协委员服务管理　95c
政协专委会和界别建设　95b
知识产权保护　147b
执行工作　128c
职工关爱　108a
职工技能大赛　108c
职工维权　108b
职业教育　239a
志愿服务　110b
致公党组织建设　105b
“智慧城市”建设　82a
智慧旅游发展　228a
“智慧蓉城”建设　226c
智慧食安监管打造　146a
“智能司法”打造　131a
智能终端产业发展　205c
中电科配套第一幼儿园建设　242a
中电科配套九年制学校建设　243c
中共双流区第十四次代表大会　40b
中国（四川）—东盟自由贸易合作中心建设　32b
《中国共产党成都执政实录·双流篇（2020）》编纂出版　58a
中国共产主义青年团双流区第十五次代表大会　111a
中国联通天府信息中心建设　226c
中国商飞民机示范产业园建设　191c
中国少年先锋队双流区第二次代表大会　111a
中国邮政跨境电子商务产业园发展　221b
中海右岸环宇坊　215c
中小企业培育　203c
中小学校建设　241a
中心工作监督　65c
中央八项规定精神贯彻落实　99b
中医药服务　258c
重大活动气象保障服务　180a
重大事项讨论决定　66b
重点工作推进　65b
重点领域专项监督　99a
重点项目评审　139c
专题协商　94b
专项巡察　43b
专业化公司成立　149b
专业技术人才管理　81a
专业特色楼宇培育　216c
资产管理　152c
自来水生产与供应　175a
自贸区改革创新　181b
自贸区运营环境优化　181c
自然灾害风险普查　280c
宗教事务管理　288c
宗教团体和场所建设　288b
综合行政执法改革　51b
综合行政执法体制改革　83c
综合核算管理　157b
综合执法能力素质提升　83c
综合治理　311b

“11·2”疫情应对　264a
“12·26”疫情应对　264b
“15 分钟社区生活服务圈”打造　279b
“2020—2021 双流空港云上马拉松线下赛”　272c
“630 项目”攻坚　165c
“7·28”疫情应对　264a
2021 第四届“一带一路”成都全球象棋双人赛　272c
2021 年成都国际友城青年音乐周中国航空经济之都双流分会场　253a
2021 年双流区“致敬奋斗者”颁奖活动　109a
2021 年双流区第九届“柳河杯”象棋赛　272c
2021 年双流区干部职工云健身运动会年度总决赛　273b
2021 年双流区纪委（区监委）负责人名单　97a
2021 年中国足球协会甲级联赛（第四阶段）　272c
APU 维修厂房建设　191c
BB·Mall 明城购物中心　216a